普通高等教育经济管理科学规划教材

现代货币金融学

主　编　刘立平
副主编　黄永兴　金道政

中国科学技术大学出版社
·合肥·

内 容 简 介

本书以现代经济学理论为基础,联系国内外金融改革的实践和现状,广泛汲取国内外金融学科的最新研究成果,主要阐述了货币、信用、金融市场、金融机构以及金融改革、开放与监管等方面的基本知识与基本理论。全书分 4 篇,共 15 章。

本书结构严谨,内容丰富、新颖,理论联系实际,深入浅出。既有货币金融基本知识、基本概念和基本理论的介绍,也有对国内外货币金融理论和实践问题的深层次阐述,内容全面,通俗易懂。本书的主要适用对象为高等院校本科经济、管理类相关专业学生,也可作为成人高等教育相同及相近、相关专业学生的教材或教学参考书。

图书在版编目(CIP)数据

现代货币金融学/刘立平主编. —合肥:中国科学技术大学出版社,2012.4
ISBN 978-7-312-02982-0

Ⅰ. 现⋯ Ⅱ. 刘⋯ Ⅲ. 货币和银行经济学—高等学校—教材 Ⅳ. F820

中国版本图书馆 CIP 数据核字(2012)第 005992 号

责任编辑:张善金
出 版 者:中国科学技术大学出版社
地　　址:合肥市金寨路 96 号　邮编:230026
电　　话:发行部 0551—3602905　邮购部 0551—3602906
网　　址:http://www.press.ustc.edu.cn
印 刷 者:安徽江淮印务有限责任公司
发 行 者:中国科学技术大学出版社
经 销 者:全国新华书店
开　　本:710mm×960mm　1/16
印　　张:42.25
字　　数:805 千
版　　次:2012 年 4 月第 1 版
印　　次:2012 年 4 月第 1 次印刷
印　　数:1—4000 册
定　　价:55.00 元

前　言

从理论上说,金融学应该包括宏观金融、微观金融和公司金融三个部分。宏观金融是从宏观角度研究货币以及金融体系运行中的功能和效应,并探讨货币运行与经济运行之间的关系,注重的是金融活动的运行机制;微观金融是以资本市场为主要研究对象;公司金融则是从金融体系运行的角度研究公司的融资行为。宏观金融、微观金融和公司金融构成一个较为完整的金融学体系。本书是在宏观金融的层面上研究金融,其宗旨和研究目的是揭示货币、银行等金融领域所固有的内在规律,以便为政府制定正确的金融政策、提高金融效率、促进经济和金融业发展等提供服务。

1991年1月,邓小平同志在视察上海时曾指出:"金融很重要,是现代经济的核心。金融搞好了,一着棋活,全盘皆活。"①这深刻揭示了金融在现代经济中的特殊地位及其举足轻重的作用。

2001年12月,中国正式加入世界贸易组织,金融业改革步伐加快,并正式分步骤地对外开放。2002年12月,中国证监会和中国人民银行联合发布的《合格境外机构投资者境内证券投资管理暂行办法》正式实施,QFII制度在中国拉开了序幕。这是将中国资本市场纳入全球化资本市场体系所迈出的第一步。2003年3月,《关于国务院机构改革方案的决定》批准国务院成立中国银行业监督管理委员会(简称"中国银监会")。至此,中国金融监管"一行三会"的格局形成。

到2011年12月11日,中国正式加入WTO已经整整十年。十年来,我国金融业发生了巨大的变化。从总体上看,目前我国金融业在提高竞争力,促进行业与国际接轨,引进外资,改善投资环境,促进金融市场发展和完善的同时,也面临诸多的难题与挑战:巨大的竞争压力,优秀人才流失,宏观金融政策的实施效果受到冲击,部分入世条款可能会造成垄断行为,金融风险增加,金融监管

---

① 邓小平.邓小平文选[M].第3卷.北京:人民出版社,1993:366.

现代货币金融学

难度增大,等等。因此,当前我国金融事业的发展迫切需要一大批具有扎实的理论基础和勇于探索、敢于实践的专业人才和高素质的管理人员。正是基于这一需要,我们经过两年多的充分酝酿、精心策划,在《现代货币银行学》的基础上,进行认真修订、补充和完善,编写了这本《现代货币金融学》教材。

本书是在广泛汲取国内外金融学科的最新研究成果和总结我国经济、金融体制改革实践的基础上编写而成的,也是我们长期从事货币金融学教学和研究工作的体会与总结。全书分4篇,共15章。第1篇:货币、信用与利息,包括货币与货币制度、信用与信用工具、利息与利息率3章;第2篇:金融市场与金融机构,包括金融市场与金融机构体系、商业银行、中央银行、非银行金融机构4章;第3篇:货币理论与货币政策,包括货币需求、货币供给、货币均衡与失衡、货币政策与金融调控4章;第4篇:金融改革、开放与监管,包括金融创新与金融工程、金融与经济发展、开放经济下的货币与金融、金融监管4章。本书不仅囊括了传统货币金融学的主要内容,还加入了大量近年来金融业最新的变化及一些引发争议的内容,是为经济、管理类相关专业大学本科生编写的专业基础理论课教材,同时也可作为金融系统干部自学和报考硕士研究生的参考用书。

本书在编写过程中,我们不仅给出了现有相同或相近教材的基本内容,同时还将国内外货币金融理论及相关专题的最新研究成果合理地纳入本书体系结构之中,以弥补有关教材之不足。不仅如此,我们还力求运用最新资料和数据,试图客观而又及时地反映国内外货币、金融领域改革与发展的现状和成果,探索货币金融学说的最新发展动态与趋势。

本书由刘立平担任主编,负责拟定大纲、组织编写并对全书进行修改和总纂;黄永兴、金道政担任副主编,负责对部分章节的修改和完善。篇章具体编写分工是:刘立平负责编写第1、11和15章;黄剑负责编写第2、3章;金道政负责编写第4、12和13章;黄永兴负责编写第5、6和8章;刘丽萍负责编写第7、9章;潘晴负责编写第10、14章。

在本书的编写过程中,我们参阅了大量的文献、数据和资料,在此也向引文的诸位作者表示感谢。

限于编者的水平,书中不妥之处在所难免,恳请同行专家、学者以及广大读者朋友不吝赐教,批评指正。

编 者
2012年1月

目　次

前言 ·· (i)

第 1 篇　货币、信用与利息

第 1 章　货币与货币制度 ··· (3)
　1.1　货币起源及其形态的演变 ··· (3)
　1.2　货币的本质、职能和作用 ··· (12)
　1.3　货币的定义及货币层次的划分 ··· (28)
　1.4　货币流通及其规律 ·· (34)
　1.5　货币制度 ··· (40)

第 2 章　信用与信用工具 ··· (62)
　2.1　信用的产生与发展 ·· (62)
　2.2　信用形式 ··· (70)
　2.3　信用工具 ··· (80)
　2.4　信用在经济发展中的作用 ··· (98)

第 3 章　利息与利息率 ·· (104)
　3.1　利息及其本质 ··· (104)
　3.2　利率及利率体系 ·· (108)
　3.3　利率的决定、变动与作用 ··· (116)
　3.4　利率管理体制 ··· (128)

第 2 篇　金融市场与金融机构

第 4 章　金融市场与金融机构体系 ·· (139)
　4.1　金融市场概述 ··· (139)
　4.2　金融市场体系 ··· (145)

  4.3 我国的金融市场 ··· (158)
  4.4 金融机构概述 ·· (164)
  4.5 西方国家的金融机构体系 ···································· (169)
  4.6 我国的金融机构体系 ··· (182)

第5章 商业银行 ·· (195)
  5.1 商业银行概述 ·· (195)
  5.2 商业银行的主要业务 ··· (204)
  5.3 商业银行的经营管理 ··· (234)
  5.4 商业银行风险及管理 ··· (250)

第6章 中央银行 ·· (257)
  6.1 中央银行概述 ·· (257)
  6.2 中央银行的主要业务 ··· (269)
  6.3 我国的中央银行 ··· (275)

第7章 非银行金融机构 ··· (284)
  7.1 保险公司 ··· (285)
  7.2 投资银行 ··· (297)
  7.3 信托公司 ··· (305)
  7.4 投资基金 ··· (311)
  7.5 其他非银行金融机构 ··· (326)

第3篇 货币理论与货币政策

第8章 货币需求 ·· (337)
  8.1 货币需求的诠释 ··· (337)
  8.2 传统货币数量论 ··· (339)
  8.3 凯恩斯的货币需求理论及其发展 ························ (343)
  8.4 弗里德曼的货币需求理论 ···································· (355)
  8.5 西方货币需求理论的总结与启发 ························ (361)

第9章 货币供给 ·· (366)
  9.1 货币供给的一般理论 ··· (367)
  9.2 存款货币的创造与消减过程 ································ (370)

9.3 货币供给的决定因素 (377)
9.4 货币供给理论的发展 (386)

第10章 货币均衡与失衡 (392)
10.1 货币均衡及其条件 (393)
10.2 货币失衡及其调整 (400)
10.3 通货膨胀 (405)
10.4 通货紧缩 (429)

第11章 货币政策与金融调控 (439)
11.1 货币政策及其目标 (439)
11.2 货币政策工具 (449)
11.3 货币政策的传导机制与中介指标 (457)
11.4 货币政策效应 (467)
11.5 我国货币政策与金融调控 (471)

第4篇 金融改革、开放与监管

第12章 金融创新与金融工程 (487)
12.1 金融创新的背景及动因 (488)
12.2 金融创新的主要内容 (495)
12.3 金融创新的作用与影响 (500)
12.4 我国的金融创新 (510)
12.5 金融工程 (514)

第13章 金融与经济发展 (526)
13.1 金融发展与经济发展 (527)
13.2 金融抑制与金融深化 (530)
13.3 国外金融自由化的实践与启示 (541)
13.4 我国的金融改革与深化 (550)

第14章 开放经济下的货币与金融 (561)
14.1 国际交往中的货币——外汇 (561)
14.2 汇率的决定与变动 (564)
14.3 国际收支的均衡与失衡 (578)

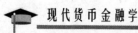

14.4 国际货币制度及其改革 ·············(591)
14.5 开放经济条件下的政策选择 ·············(605)

第15章 金融监管·············(615)
15.1 金融监管概述 ·············(616)
15.2 金融监管的内容和手段 ·············(626)
15.3 金融监管体制 ·············(633)
15.4 我国的金融监管 ·············(649)

参考文献 ·············(666)

第1篇

货币、信用与利息

第 1 章 货币与货币制度

第 1 章 货币与货币制度

本章导读

货币是商品交换的产物。在现代商品经济体系中,货币扮演着一个极其重要的角色,货币的运动状态对一个国家乃至世界的经济金融活动至关重要。因此,货币基本理论,即人们对货币的本质、职能和作用等问题的看法或观点,是货币金融学的基础。

货币本身是商品生产和交换发展的产物,在商品生产和交换的发展过程中,货币的形式、有关货币发行和流通使用等相关内容也在不断地发生变化,从而形成不同的货币制度。货币制度既是一国经济制度的重要组成部分,同时货币制度的内容也需要与经济发展的水平相适应,并随着社会经济发展的变化而进行调整,因此在人类经济发展不断进步的同时,货币制度也出现了一系列的演变发展过程。

本章主要介绍货币起源及其形态的演变;货币的本质、职能与作用;货币的定义及货币层次的划分;货币流通及其规律;货币制度的形成及构成要素、货币制度的演变,以及我国货币制度的主要内容。

1.1 货币起源及其形态的演变

人们常说:"货币使世界转动。"不论这句话是真还是假,货币本身确实以惊人的速度围绕世界转动。从过去用金银来进行购买到现在只用一张塑料卡片就可以完成支付,货币总是处于经济交易的中心。① 总之,在现代社会中,日常生活离不开货币,经济的运转也必须依靠货币。人们几乎每天都与货币打交道,从不同途径获得货币收入,并用它来购买商品和享受各种服务。当今社会,货币一般是

---

① [美]迪恩·克罗绍.货币银行学:银行系统的原理和货币政策对现实的影响[M].吕随启,译.北京:中国市场出版社,2008:1.

以纸币的形式出现。但实际上,货币最早并不是纸币。中国最早的货币产生于夏代,那是四千年前的事,货币主要是海贝、布帛和农具;世界上其他地区曾使用牲畜、象牙、可可豆等作为货币。那么,货币是如何产生的呢?为什么形形色色的货币会殊途同归,都演变为金属货币、纸币甚至电子货币了呢?为此,我们首先来考察有关货币起源的学说和货币形态的演变过程。

1.1.1 货币的起源

人类社会在地球上已有百万余年的历史,但货币却只不过是几千年以前才开始出现的事情。

一般认为,货币是商品生产和商品交换长期发展的产物。然而,货币究竟是怎样产生的?对于这个问题,西方学者有着各种不同的解释,但在马克思之前,没人能够真正科学地准确阐明货币的起源、本质与职能。正是马克思的货币理论,为人们解开了千古"货币之谜"。

1. 货币是便利交换的产物

货币的出现是与交换联系在一起的。根据史料的记载和考古的发掘,在世界各地,交换都经过两个发展阶段:先是物物直接交换;然后是通过媒介的交换。在古埃及的壁画中可以看到物物交换的情景:有用瓦罐换鱼的,有用一束葱换一把扇子的。我国古书中有这样的记载:神农氏的时候,"日中为市,致天下之民,聚天下之货,交易而退,各得其所"。这也是指物物交换。在交换不断发展的进程中,逐渐出现了通过媒介的交换,即先将自己的物品交换成作为媒介的物品,然后再用所获得的媒介物品去交换自己所需要的物品。

古希腊的亚里士多德(Aristotle,公元前384~公元前322)曾有这样的描述:"一地的居民有所依赖于别处居民的货物,人们于是从别处输入本地所缺的货物,而抵偿这些收入,他们也得输出自己多余的产品,于是(作为中间媒介)'钱币'就应运而生了。"这种钱币是"中介货物",是"某种本身既属有用而又便于携带的货物。"[①]我国司马迁在《史记·平准书》中有这样的论断:"农工商交易之路通,而龟贝金钱刀布之币兴焉",即货币产生于交换的发展中。南宋叶适提出:"钱币之所起,起于商贾,通行四方",[②]都已接近于货币是在商品交换过程中自发产生的观点。

英国古典经济学家亚当·斯密(Adam Smith,1723~1790)在《国民财富的性

[①] 亚里士多德.政治学[M].北京:商务印书馆,1991:26.
[②] 千家驹,郭彦岗.中国货币史纲要[M].上海:上海人民出版社,1986:265.

质和原因的研究》(1776年,简称《国富论》)中,从物物交换的不便与困难引出货币,进一步指出:"自分工确立以来,各时代各社会中有思虑的人,为了避免这种不便,除自己的劳动生产物外,都随时在身边带有一定数量的某种物品,这种物品在他想来,拿去和任何人的生产物交换,都不会被拒绝。"这种不会被拒绝的物品就是作为交换工具的货币。

现代西方经济学家一般都认为,货币是为了克服物物交换的困难而产生的,是便利交换的产物。他们认为物物交换有四大缺点:一是缺少共同的单位来衡量和表示各种商品和劳务的价值;二是交换双方"需求的双重巧合"和"时间的双重巧合"难以完全一致;三是缺少用于将来支付的单位;四是没有储存一般购买力的方法。正是由于这些缺陷,物物交换必然发生如下交易成本:

(1) 寻求成本。即为了寻找可能的交易对象时所产生的成本,包括所花费的时间与费用。

(2) 机会成本。即将资源(如人力等)用于迂回交易过程时所失去的其他方面投资的收益。

(3) 直接成本。即实际进行交换时的成本,如雇人搬运等。

显然,纯粹的物物交换是一种效率非常低下而成本相对较高的一种交易方法。因此,创造某种形式的货币,便利商品和劳务交换,减少进行交易所需要的时间和精力,将会大大促进专业化和生产率的增长。货币出现以后,不仅消除或降低了物物交换的缺点与交易成本,而且拓宽了人类的生产、消费、贸易等活动,极大地提高了社会的福利。

2. 马克思的论证:价值及其形式

马克思认为,只把货币作为克服物物交换困难的技术手段来理解,而不从商品的内在矛盾和商品价值形态的发展来认识是肤浅的。他根据大量的历史资料,在分析商品交换发展以及与其相适应的价值形式发展过程中,揭示了货币的起源。

货币是存在于商品经济中的经济现象。它随着商品经济产生而产生、伴随商品经济的发展而发展;在没有商品经济的地方,就没有货币现象。因此,货币与商品相辅相成、不可分离。马克思曾经指出:"只要理解了货币的根源在于商品本身,货币分析上的主要困难就克服了"。[①] 马克思主义经济理论告诉我们,商品是指为市场交换而生产的劳动产品。商品具有使用价值和价值二因素,因而商品也

---

① 马克思.政治经济学批判[M].北京:人民出版社,1976:48.

就有两种表现形式,即以使用价值表现的自然形式和以交换价值表现的价值形式。

价值形式的发展是和商品交换的发展历史进程相一致的,价值形式的发展经历了简单的或偶然的价值形式、扩大的或总和的价值形式、一般的价值形式和货币形式四个阶段。可见,以货币来表现价值,是价值形式长期发展的最后结果。

1) 简单的或偶然的价值形式

在原始社会末期,生产力水平低下,人们很少有剩余产品进行交换,商品交换的行为仅是偶然的。在这种偶然的交换中,商品价值的表现也是简单的。即一种商品的价值由另外一种商品来表现,如1只绵羊与2把斧头相交换(即1只绵羊＝2把斧头)。在这一交换关系或等式中,绵羊和斧头所处的地位不同,所起的作用也不同。绵羊与斧头交换,只能通过斧头表现自己的价值,绵羊起着主动作用;斧头处于等价形态,成为表现绵羊的价值的材料,起被动作用。

简单的、偶然的价值形态虽然反映的只是产品转化为商品的萌芽状态,但它却包含着一切价值形态以及货币的秘密。

2) 总和的或扩大的价值形式

随着第一次社会大分工——农业和畜牧业的分离,物物交换的范围扩大,商品交换日益频繁和具有规律性,一种商品经常地与一系列商品交换,如1只绵羊有时换5千克茶叶,有时又换2把斧头,有时又换10千克粮食,等等。即:

$$1 只绵羊 = \begin{cases} 或5千克茶叶 \\ 或2把斧头 \\ 或10千克粮食 \\ 或其他商品 \end{cases}$$

这样,一种商品的价值,已经不是偶然地在另一种商品上表现出来,而是经常地由一系列商品表现出来。但是,在每一次具体的交换行为中,只能有两种商品发生交换,这时,一种商品(如5千克茶叶)就排斥其他商品(如2把斧头、10千克粮食)充当表现商品价值(如1只绵羊)的材料。因此,在总和的或扩大的价值形式中,等价物是特殊的等价物。

总和的或扩大的价值形式使商品价值的表现不完整,不统一,缺少共同的单位来表现商品价值。因此,直接物物交换的实现必须以交换双方相互需要对方的劳动产品为前提,这对商品交换来说是极其困难的。

3) 一般的价值形式

随着社会分工和商品交换关系的发展,生产者逐渐把自己的商品先换成一种大家都愿意接受而又可经常用来交换的商品,然后再去换取所需的商品。这样,自发地逐渐分离出一种作为交换媒介的商品,商品交换都通过这一媒介物进行。所有商品同时用一种商品来表现自己的价值,就是一般价值形态,如5千克茶叶、2把斧头、10千克粮食等都与1只绵羊相交换,它们的价值均以绵羊表现出来。即:

$$\left.\begin{array}{l}或5千克茶叶\\或2把斧头\\或10千克粮食\\或其他商品\end{array}\right\}=1只绵羊$$

在这里,商品的价值表现是简单的和统一的,因而是一般的。一般价值形态中的等价物成为表现一切商品价值的材料,是所有商品共同的、一般的等价物。一般等价物出现以后,商品交换发生了本质变化,从直接的物物交换发展为通过一般等价物作媒介的间接交换。

4) 货币价值形式——货币的产生

即一切商品的价值固定地由一种特殊商品来表现,它是价值形式的最高阶段。在历史发展过程中,不同阶段、不同地区往往采用不同的商品作一般等价物,如牲畜、皮革、蚌、贝、农具、猎具等,各种商品交替地、暂时地发挥一般等价物的作用。但是,人们发现这些商品作一般等价物很不方便,具有质量不统一、不便分割或合并、携带储藏不方便等缺点。而金属不仅可以避免这些缺点,还具有适宜作为货币的特点。例如,金属质地均匀,可任意分割或合并,经久耐磨不变质,量小价值大,便于携带和储藏等。因此,金属是表现商品价值最适当的材料,并逐渐发展到由某种金属充当一般等价物,成为货币商品,这就是货币价值形式。可见,货币是商品经济发展的必然产物,它根源于商品,并伴随着商品经济的发展而自发地产生的。

需要说明的是,上述一般价值形式与货币价值形式并没有根本区别,不同之处仅在于:一般价值形式中的一般等价物是不固定的,在货币价值形式中,一般等价物是固定的。

马克思的剖析以最完整的劳动价值论为基础,通过价值形式的发展推导出货币的起源,即货币是在商品交换的长期发展过程中起一般等价物作用的特殊商品,它是经过价值形态发展的各个阶段而产生的。正是马克思运用这种分析方法,科学地揭示了货币之"谜"。从中可以看出:

(1) 货币是在商品交换过程中,为了适应交换的需要而自发地从一般商品分离出来的。

(2) 商品变成货币是商品经济的内在矛盾——私人劳动与社会劳动之间的矛盾发展的产物,因为解决这一矛盾,只有通过交换,而货币正是为解决这一矛盾,以适应商品经济发展的需要而自发地产生的。

(3) 商品变成货币是一个漫长的历史过程(历经四种价值形式),是一个由低级向高级的发展过程。

1.1.2 货币形态的演变与发展

货币形态,亦称货币形式,是指以什么货币材料(简称"币材")来充当货币。不同的货币形态适应了不同的社会生产阶段和历史阶段的需要。在商品经济社会,货币的存在形式是一个重要问题,不仅关系到一个国家的货币制度,在现代信用货币制度下,更是关系到各国货币当局或中央银行控制货币供应的能力与方法的重要方面。纵观货币的发展历史,货币形态的发展演变,大体上经历了足值货币(含实物货币和金属货币)、代用货币(表征货币)、信用货币三个阶段,这个过程也是货币价值不断符号化的过程。

1. 足值货币

足值货币(full-bodied money)是货币发展的早期形态。任何货币,如果作为非货币用途的价值,与作为货币用途的价值相等,则统称为"足值货币"或"商品货币",即它是兼具货币与商品双重身份的货币。它在执行货币职能时是货币,不执行货币职能时是商品。商品货币作为足值货币具有两个基本特征:①本身具有十足的内在价值,既可以作为一般商品消费,也可以作为货币进行流通。这种实物作为普通商品的价值与充当货币的价值是相等的。②在与其他商品相交换时,是以自身所包含的实际价值同商品世界一切商品相交换的,是一种内在价值的等量交换,即以其内在价值量的大小来决定交换的比例。

商品货币主要有实物货币和金属货币两种形态。

实物货币是货币形式发展最原始的形式。在人类经济活动史上,许多商品曾在不同时期、不同国家扮演过货币的角色,如牲畜、贝壳、布帛、粮食、斧头、金属等都充当过货币。据青铜器的铭文、考古挖掘和古籍记载:我国最早的货币是贝,因此,至今很多与财富有关的汉字,其偏旁也多从"贝",如货、财、贸、贷、贫、贱、账等;在日本、东印度群岛以及美洲、非洲的一些地方,也有用贝作货币的历史。在古代欧洲的雅利安民族,在古波斯、印度、意大利等地,都有用牛、羊作为货币的记载。拉丁文的"pecunia"(意为"金钱")来源于"pecus"(意为"牲畜");印度现代的货币名称"rupee"则来源于"牲畜"的古文"rupye"。此外,如古代埃塞俄比亚曾用盐作货币;非洲和印度等地曾以象牙为货币;而在美洲,曾经充当古老货币的有烟草、可可豆等。

起先,许多实物货币自身均存在着难以克服的缺陷,它们或体积笨重,不便携带；或质地不匀，难以分割；或容易腐烂，不易贮存；或体积不一，难于比较，等等。随着商品交换的发展，实物形态的商品货币就逐渐由内在价值稳定、质地均匀、便于携带的金属货币替代了。

金属货币是典型的足值货币。世界各国货币发展的历史证明，金属作为币材，一般是从贱金属（如铁、铜等）开始的，最普遍、使用时间最久的是铜钱，我国最古老的金属铸币也是铜铸币。后来，这些贱金属逐步让位于金、银等贵金属，这是一个普遍的规律，因为金银所具有的天然属性最适宜于充当货币商品。金属货币最初没有固定形状和重量，而是采用条块或块状形式，每次交易时都要重新鉴定其成色和重量，相当繁琐。因此，这类金属货币又称为"秤量货币"。随着商品交换的发展，人们把货币金属铸成具有一定形状、一定重量，并具有一定成色的金属铸币，大大便利了流通。金属铸币作为本币一般在一国内流通，具有自发调节货币流通功能。

金属铸币的出现和使用，由于克服了秤量货币的某些弊端，因而促进了商品交换的发展，但金属铸币也有其自身的缺陷或不足：

（1）交易额小于铸币面值时，则难以行使交换媒介手段职能。

（2）大额交易时，携带大量铸币又显过于沉重且有相当风险。

（3）由于流通中磨损等原因而减轻分量，使铸币面值与实际价值不符。

为了克服上述缺陷，出现了用耐磨损的贱金属铸造的辅币（如铜钱等），以满足小额交易需要；出现了某种可随时兑换为金属货币的信用凭证（如银票等），以满足大额交易之需要；有关国家政府及时收回已磨损的铸币，重新铸造。但诸多行为使得花费在货币上的费用提高了，更何况金属，特别是贵金属也有一个自然资源和劳动生产率的限制问题存在，难以克服。于是，渐渐地出现了代用货币。

2. 代用货币

代用货币（representative money），又称为"表征货币"，是指由政府或银行发行的、代替金属货币执行流通手段和支付手段职能的纸质货币，它是作为实物货币特别是金属货币的替代物而出现的。代用货币的一般形态是纸制的凭证，故称纸币。这种纸制的代用货币，尽管其自身价值低于货币价值，是一种不足值货币，但由于它们都有十足的金银等贵金属作为保证，持币者有权随时要求政府或银行将纸币兑换为金银货币或金银条块，因此，代用货币能在市面上广泛流通，被人们所普遍接受。

代用货币最早出现在英国。在中世纪之后，英国的金匠为顾客保管金银货币，他们所开出的本票形式的收据，可以在流通领域进行流通；在顾客需要时，这些收据又随时可以得到兑换，这是原始的代用货币。货币作为流通手段的特性是充当交换媒介,是交换的手段,而不是交换的目的。对于交易者来说,他们所关心的并不是流通手段本身有无价值或价值量的大小,而是能否起媒介作用。

典型的代用货币是可兑换的银行券。银行券是随着资本主义银行的发展而首先在欧洲地区出现的代用货币,其主要特征有:①银行券是由银行发行的可以随时兑现的代用货币;②银行券的发行必须具有发行保证,一般分为黄金保证和信用保证;③早期银行券的发行是分散的,由各家商业银行凭自己的信誉和能力发行,后来各国或地区的中央银行逐渐垄断了银行券发行。

代用货币较实物货币或金属货币有明显的优点:

(1) 印刷纸币比铸造金属货币的成本大大降低。

(2) 纸币比金属货币更易携带和运输。

(3) 避免金属货币流通所产生的一些问题。如在金属货币流通条件下,若金属货币的法定价值和实际价值发生偏差,人们往往把实际价值较高的金属货币收藏、熔化或输出国外,而实际价值较低的金属货币则继续在本国流通,出现"劣币驱逐良币"现象①。

19 世纪末、20 世纪初,在银行券广泛流通的同时,贵金属货币的流通数量日益减少,显现出代用货币终将取代实物货币或金属货币流通的趋势。在第一次世界大战以前,只是在战时或经济动荡的非常时期,一些国家才会停止银行券的兑现。然而,由于代用货币的发行数量取决于金属准备量,不能满足增加货币量的需求,况且,大量闲置的金属准备只存放在仓库里,造成巨大的浪费。因此,在第一次世界大战中,世界各国普遍出现了的银行券停止兑现的现象。第一次世界大战后,有些国家虽曾一度实行有条件兑换金块或外汇的制度,但随着 20 世纪 20 年代末和 30 年代初金本位制的崩溃,世界主要国家的银行券完全成为不兑现的货币,现代信用货币终于取代代用货币而成为世界货币舞台上的主角。

3. 信用货币

信用货币(credit money)是以信用作为保证,通过一定信用程序发行,充当流通手段和支付手段的货币形态,是货币发展中的现代形态。可见,信用货币产生的客观基础是信用关系的存在和发展。信用货币的主要特征是:

(1) 信用货币是一种"不足值货币"。信用货币的自身价值(即实际价值)低于其货币价值(即名义价值)。

(2) 信用货币是一种价值符号。信用货币不再代表任何贵金属,不能与金属

---

① "劣币驱逐良币"现象,首次由 16 世纪英国铸造局长、金融家、商人托马斯·格雷欣(Thomas Gresham)发现,故又称"格雷欣定律(法则)"(Gresham's Law)。

第1章 货币与货币制度

货币兑换。

(3) 信用货币是债务货币。经济生活中的现金(包括纸币和辅币)和存款是银行的负债。

(4) 信用货币具有强制性。国家可以通过法律手段确定其为法定货币;银行可以通过发行货币,强制社会向他提供信用。

(5) 信用货币具有管理货币的性质。现代经济生活中,国家可以通过中央银行来控制和管理货币的流通。

信用货币是代用货币进一步发展的产物,而且也是目前世界上几乎所有国家采用的货币形态。从历史观点而论,信用货币是金属货币制崩溃的直接后果。1929~1933年的世界性经济危机和金融危机,迫使各国相继放弃金本位制,实行不兑现的纸币流通制度,所发行的纸币不能再兑换金属货币,于是信用货币应运而生。除了直接的历史因素外,信用货币的演进也有其经济发展内在的根源。根据经验,政府和货币当局发现,只要纸币发行量控制适宜,即使法定纸币没有十足的金银准备,社会大众对纸币仍会保持信心。事实上,当今世界大多数采用信用货币制的国家,均具有相当数量的黄金、外汇、有价证券等资产作为发行信用货币的准备,但是各国政府或货币当局不再受十足准备的约束。根据政策需要决定纸币的发行量,这已是公众接受的事实。

信用货币的主要形态有:

(1) 辅币。辅币多以贱金属(如铜、镍等)铸造,自身所含的金属价值低于其货币价值。辅币一般由政府独占发行,由专门的铸币厂铸造,其功能主要是承担小额或零星交易的媒介手段。

(2) 纸币。纸币是指由政府发行并由国家法令强制流通使用的、以纸张为基本材料的货币。可见,纸币发行权一般为政府或政府的金融机关所垄断,发行机关多数是中央银行,也有的是财政部或货币管理局等政府机构。纸币的主要功能是承担人们日常生活用品的购买手段。

(3) 存款货币。银行存款种类很多,主要有活期存款、定期存款和储蓄存款。此外,还有大额可转让定期存单、可转让支付命令账户、自动转账服务账户和定活两便存款账户等新形式。银行存款有以下优点:①可以避免丢失和损坏的风险;②传输便利,降低运输成本;③实收实支,免去找零的麻烦;④汇票等票据可以在一定范围内背书流通。随着信用制度的发展,银行存款在信用货币中的比重几乎占绝大部分,甚至一些小额交易,如顾客对零售商的支付、单位对职工工资薪金的发放等,也广泛使用这种类型的货币。

(4) 电子货币(electronic money)。电子货币是指电子计算机系统存储和处理的存款。电子货币是现代商品经济高度发达和银行转账结算技术不断进步的产物,同时,也反映了支付手段的进化。电子货币完全具有货币的职能,而且货币载体已经由纸质转变为电子质,由实体货币转变为虚拟货币。目前电子货币主要有两种形式:一类是卡式电子货币,即用特种材料做成的,具有真实购买力的多种用途预付卡(如各种各样的信用卡、储值卡、电子钱包等);另一类是软件式电子货币,即通过使用特定的软件,将货币价值利用计算机及网络进行转移的支付系统。在这里,顾客在购物、享受服务或通过网络进行交易时,计算机自动将交易金额分别记入双方的银行账户。电子货币具有转移迅速、安全和节约费用等优点,虽与存款货币并无本质区别,但却代表着现代信用货币形式的发展方向。

此外,国家发行的短期债券(即国库券)、银行签发的承兑汇票,以及其他特殊种类的短期证券等,可在货币市场上随时通过转让、贴现、抵押等多种形式变现,转化成现实的购买手段和支付手段。我们一般称其为"准货币(quasi-money)"或"近似货币(near money)",也是目前发展中的信用货币形式之一。

1.2 货币的本质、职能和作用

货币的本质是最基本的货币理论,也是货币理论中争论得最激烈的问题之一。当代凯恩斯主义的集大成者,被称为经济学的最后一个通才,美国诺贝尔经济学奖第一人——保罗·萨缪尔森(Paul A. Samuelson,1915~2009)在其名著《经济学》有关货币的章节中,引用了金·哈伯特的一句名言:"在一万人中只有一人懂得通货问题,而我们每天都碰到它。"可见,货币貌似简单,实际上却极其复杂。然而,货币的本质问题是最复杂的问题,19世纪中叶,英国有一位议员格莱顿曾经说过这样一句话,就是"在研究货币本质中受到欺骗的人,比谈恋爱受欺骗的人还要多。"现实情况也确实如此,直至今日,关于货币的本质问题仍然存在着大量的争论。与货币的本质密切相关,货币的职能和作用,也是货币理论中的基本问题。货币的职能是指货币作为一般等价物所发挥的作用与功能,它是由货币本质决定的,是货币本质的具体体现;而货币的作用则是指货币职能实现所产生的社会经济后果。

1.2.1 货币的本质

对于货币本质的认识,在西方货币学说史上历来存在着两种对立观点,即"货币金属论"和"货币名目论"。货币金属论强调货币的内在价值,将货币与贵金属混为一谈;而货币名目论则否定货币具有内在价值,认为货币只是一种符号或票券。这两种学说显然具有片面性,都只看到货币的某些特点,没有形成全面客观的认识。而马克思提出"一般等价物"理论,科学完整地概括了货币本质。

1. 货币金属论

货币金属论(metallic theory of money),又称"金属主义的货币学说"。该学说将货币与贵金属混为一谈,认为货币是一种商品,它必须有实质价值;进而又认为货币必须是贵金属,货币的价值由金属的价值决定。

货币金属论是一种最古老的货币理论,理论渊源可追溯到古希腊的亚里士多德和重商主义者。亚里士多德在他的《伦理学》一书中,已提出了朴素的货币金属论主张。他认为货币之所以能够成为衡量一切财物价值的尺度,并成为交换的媒介,是因为货币本身具有价值。同时,他又认为货币不是自发产生的,而是由人们的协议或由国家法律所规定的,因而其价值是可以随意变更的,这却属于货币名目论的观点。可以说,亚里士多德的货币理论包含着货币金属论和货币名目论的萌芽。

15世纪重商主义(mercantilism)兴起,他们提出鲜明的货币金属论观点。他们认为,财富就是货币,货币也就是财富,生产只是创造财富的前提,国际间的流通才是财富的直接来源,因此,只有对外贸易才能增加一国的货币数量。以威廉·斯塔福(William Stafford,1554~1612)为代表的早期重商主义者,仅强调货币是财富;而以托马斯·孟(Thomas Mun,1571~1641)为代表的晚期重商主义者,则进一步强调只有贵金属才是一国的真正财富。

后来英国古典经济学家亚当·斯密和大卫·李嘉图(David Ricardo,1772~1823)等,也都是货币金属论的倡导者。他们竭力主张货币是一种商品,必须具有十足的价值,只有金属货币才是真正的货币,金本位制特别是金币本位制才是最理想的货币制度。他们认为,铸币的价值并不取决于面值,而是决定于铸币本身的含金量,因而他们反对用纸币和银行券代替金属货币流通,也反对用降低铸币重量或成色的办法,人为地提高铸币的名义价值。

2. 货币名目论

货币名目论(nominal theory of money),又称"名目主义的货币学说"。与货币金属论相反,货币名目论完全否定货币的商品性和货币的实质价值,而仅从观念形态上分析货币的本质,主张货币只是一种符号、一种票券、一个名目上的存在,能够充当货币完全是由于国家授予其权力。

货币名目论是在与重商主义的斗争中发展起来的,主张货币名目论的主要有巴本、贝克莱、孟德斯鸠和斯图亚特等。他们从不同角度论述了名目主义的货币学说。

1) 货币国定论

货币国定论又称货币法定论，它是从国家法律和行政力量的角度来阐述货币本质的一种理论，该理论的早期代表人物是英国经济学家巴本（Nicholas Barbon，1640～1698）。他在《铸币论》中认为货币是国家创造的，其价值由国家的权威规定，"由于国家的权威，才赋予铸币以价值。"他否认货币具有实质价值，认为铸币上的印鉴并非铸币重量或成色的证明，而只是"铸币价值的指令"。现代货币国定论的倡导者是德国经济学家克纳普（G. F. Knapp，1842～1926）。他在《货币国定论》（1905 年）一书中，主张"货币是法制的创造物"。他认为，货币金属论只能说明足值的金属货币，而不能说明纸币等其他货币。他声称货币的本质就在于它是一种支付手段，而支付手段具有多少价值单位，则由国家的法制决定。

货币国定论将货币这一经济范畴转化为法律范畴，犯了概念性错误。货币的产生及其价值决定受经济规律支配，绝不是国家法制的创造物。而各国通货膨胀或通货紧缩的实践，也证明了这一货币定义是站不住脚的。

2) 货币职能论

货币职能论是从货币的交换过程所具有的流通手段、支付手段等职能的角度来说明货币本质的一种理论。该理论认为货币不具有内在价值，它的价值来自于流通手段和支付手段。货币不是因为有价值才投入流通，而是因为作为流通手段和支付手段才具有价值。英国哲学家贝克莱（George Berkeley，1685～1753）在他的《质问者》一书中写道："难道金、银或纸币不只是用来计算、记载和监督的记号或符号吗？……难道货币实际上不只是转移和记载这种权力的符号或记号，而这种符号用什么材料做成都是无关紧要的吗？"可见，他认为货币只是一种符号，可以用任何材料制成，纸币更优于金属货币，因为纸币的成本和流通费用明显低于金属货币。

上述观点在现代颇有影响，但这种观点是不正确的。因为，货币的职能是货币本质在商品经济中的具体表现。不能充当一般等价物的商品不能成为货币，也就无所谓执行货币的职能。此外，货币职能论的代表人物还有法国的海尔弗里希（K. T. Helfrich，1872～1924）、门格尔（Carl Menger，1840～1921）和瓦格纳（A. H. G. Wagner，1835～1917）等。

3) 货币符号论

货币符号论又称货币票券论，该理论认为货币只是代表商品价值的一种符号。法国启蒙思想家和法学家孟德斯鸠（Charles Montesquieu，1689～1755）曾倡导货币符号论，他说："货币为表示一切商品价值的符号，如银币为商品价值的符号一样，纸币则为银币价值的符号。"

孟德斯鸠认为纸币是金属货币的符号是可取的,而说金属货币是商品价值的符号就大错特错了。金属货币和商品各自具有内在价值和使用价值,金属货币是表现普通商品价值的一般等价物,而绝不仅仅是一种符号。此外,早期货币符号论的代表人物还有洛克(John Locke,1632~1704)、休谟(David Hume,1711~1776)等,第一次世界大战(以下简称"一战")后的代表人物主要有奥地利经济学家熊彼特(J. A. Schumpeter,1883~1950)、德国的彭迪生(Bendixen,1864~1920)以及瑞典经济学家卡塞尔(K. G. Cassel,1866~1945)等。

4) 货币观念论

货币观念论又称货币抽象论,该理论从观念的角度来分析货币的本质,认为货币只是一个观念的计量单位。孟德斯鸠曾把货币分为真实货币与观念货币,真实货币具有一定的重量与成色,观念货币则为货币单位的名称。英国经济学家斯图亚特(James Denham Steuart,1712~1780)在货币理论上把观念货币论发挥得更完全。当他着眼于货币的价值尺度说明货币的本质时,认为货币是一个观念的计量单位。他说:"货币单位不能同任何一部分价值有固定不变的比例,也就是说,它不能固定在任何一定量的金、银或任何其他商品上……货币只是具有等分的观念标准。"一战后的德国经济学家李夫曼(R. liefmann)也主张货币观念论。他认为,货币不是任何实体,从本质上看,它只是一种无形的计算单位,仅存在于人们的观念中。显然,这种观点明显是错误的。因为,货币之所以能够成为计量单位,首先在于它是客观存在的人类劳动的产品,而不是存在于人们头脑中的观念的东西。此外,货币观念论只强调了货币的价值尺度,而忽略了其他职能,并且混淆了价值尺度与价值标准两个不同的概念。

综观货币名目论的上述几种主张,基本错误在于只强调了货币的一部分职能,而忽视了货币的另一部分职能,从而否认了货币的商品性及其内在价值,仅把货币看成是一种符号。

综上所述,货币金属论者从货币的价值尺度、储藏手段和世界货币的职能出发,认为货币与贵金属等同,货币必须具有金属内容和实质价值,货币的价值取决于贵金属的价值。货币名目论者从货币的流通手段、支付手段等职能出发,否定货币的实质价值,认为货币只是一种符号,一种名目上的存在。货币金属论是货币金、银本位制的产物,随着20世纪初金本位制度的崩溃,其影响力正日益减弱。目前在西方货币学说中,占统治地位的是货币名目论,这从西方经济学教科书对货币的定义中可见一斑。当代美国著名经济学家米什金的《货币金融学》将货币定义为:"货币或货币供给是任何在商品或劳务的支付或在偿还债务时被普遍接受的东西。"①这些定义都没有科学地抓住货币的本质,但对于货币经济分析也有一定的可用之处。不同的学说虽有其合理内涵,但都没能在科学、全面的基础上概括货币的本质。这些学说均是将货币的本质与货币的职能混为一谈,都只是从货币的某些个别职能认识和论述货币本质,因而也都是与客观实际不完全相符的片面理论。

3. 马克思的货币本质理论

马克思在对价值形态发展的历史长河的研究中揭示了货币的本质,把货币定义为:货币是从商品世界中分离出来的、固定充当一般等价物的商品,并能反映一定的生产关系。

1) 货币是商品

货币是商品,它与商品世界的其他商品一样,都是人类劳动的产物,是价值和使用价值的统一体。正因为货币和其他一切商品具有共同的特性,即都是用于交换的人类劳动产品,它才能在交换、发展的长期过程中被逐渐分离出来,成为不同于一般商品的特殊商品,即货币。

2) 货币是一般等价物

货币是商品,但却不是普通的、一般的商品,它是从商品世界中分离出来的、与其他一切商品相对立的特殊商品。货币商品不同于其他商品的特殊性,就在于它具有一般等价物的特性,发挥着一般等价物的作用,这是货币最重要的本质特征。货币商品作为一般等价物的特性,具体表现在两个方面:一是表现和衡量一切商品价值的材料或工具;二是它具有与其他一切商品直接相交换的能力,成为一般的交换手段。

货币商品不同于一般商品,还在于其使用价值的两重性特点。一方面,货币商品与其他商品一样,按其自然属性而具有特殊的使用价值,如金可作为饰物的材料等;另一方面,更重要的是,货币商品还具有其他商品所没有的一般使用价值,这就是发挥一般等价物的作用。

3) 货币是固定充当一般等价物的商品

人类社会价值形态自发发展的历史长河,包括由简单的、偶然的价值形态到总和的、扩大的价值形态,再到一般价值形态。在一般价值形态充当一般等价物的商品很多,但它们不是货币,因为它们只是在局部范围内临时性地发挥一般等价物的作用;货币则是固定充当一般等价物的商品,是在一个国家或民族市场范

---

① [美]米什金.货币金融学[M].北京:中国人民大学出版社,1998:47.

围内长期发挥一般等价物作用的商品。

4）货币是生产关系的反映

固定充当一般等价物的货币是商品经济社会中生产关系的体现，即反映产品由不同所有者所生产、所占有，并通过等价交换实现人与人之间社会联系的生产关系。因此，货币体现一定的社会生产关系，这是马克思货币本质学说的核心。

由于商品经济存在于迄今为止社会历史发展的不同阶段，货币也就成为不同社会形态下商品经济共有的经济范畴。不能把特定社会形态中货币职能的发挥视同货币的本质，如不能因货币转化为资本而把货币本质定格为资本家剥削工人阶级的工具，因为毕竟货币不是资本。商品经济的基本原则是等价交换，不论是什么样的人，持有什么样的商品，在价值面前一律平等，都要按同等的价值量相交换。同样的货币，不管在什么样的社会形态中，也不论是存在于谁的手中，都是作为价值的独立体现者，具备着转化为任何商品的能力。

1.2.2 货币的职能

关于货币的职能，马克思的货币理论认为，货币在与商品的交换发展过程中，逐渐形成了价值尺度、流通手段、储藏手段、支付手段和世界货币五种职能，其中价值尺度和流通手段是货币的最基本职能；而现代西方经济学的货币理论则认为，货币具有交换媒介、价值标准（亦称计算单位）、价值储藏、延期支付或未来支付的标准等职能。从形式上看，二者没有多大差别，但其实际内容是有差异的。

1. 价值尺度

货币在表现商品的价值并衡量商品价值量的大小时，发挥价值尺度的职能。这是货币最基本、最重要的职能。作为价值尺度，货币把一切商品的价值表现为同名的量，使它们在质的方面相同，在量的方面可以比较。货币之所以能执行这种职能，是因为：①各种商品和劳务本身都包含有价值，它们之间客观上存在着价值的可比较关系，即"比价关系"；②货币本身只是充当一般等价物的商品，它也有自己的价值。

以货币衡量商品和劳务价值，大大简化了市场上商品交换价值的衡量问题。如果在物物交换条件下，商品种类为 n，则交换比率总数为：

$$C_n^2 = \frac{n \times (n-1)}{2}$$

当 $n=3$ 时，交换比率总数为 3；当 $n=10$ 时，交换比率总数为 45；而当 $n=1\,000$ 时，交换比率总数为 499 500，依此类推。当 n 超过一定数量后，交换比率总数将接近天文数字，计算极为耗时费力。而以货币作为价值尺度，人们只需比较商品之间以货币表示的相对价格即可,交换比率总数将减至 n,计算时间大为节省。当商品种类 n 为 3,10 和 1 000 时,则交换比率总数也分别是 3,10 和 1 000。此外,各种资产和负债、收入和支出,都能用共同的货币表示、比较和计算,大大简化了会计工作。

货币执行价值尺度职能,具有如下特点:①它是商品的内在价值尺度,即劳动时间的外在表现。商品价值的大小,是由凝结在该商品中的劳动时间来决定的。所以,劳动时间是商品的内在价值尺度。正如马克思指出的那样:"货币作为价值尺度,是商品内在价值尺度即劳动时间的必然表现形式。"①但商品价值不可能由各单个商品生产者耗费的劳动时间来表现,只能借助于货币外化出来,所以货币是商品的外在价值尺度。②它可以是观念上的货币,但必须具有十足的价值。因为货币执行价值尺度,即商品生产者在给商品规定价格时,只要想象中的或者是观念上的货币就行了,并不需要有现实的货币。所以,货币作为价值尺度是抽象或观念的,因为价值本身就是抽象和观念的。但是在抽象的或观念的价值尺度背后,执行价值尺度的货币本身必须具有十足的价值,如果它没有价值,就不可能用来衡量价值,这就像本身没有重量的东西不可能用来衡量重量一样。③它具有完全的排他性、独占性。因为充当价值尺度的只能是一种商品,只有这样,商品价值才能得到真正统一的表现。④货币执行价值尺度职能要通过价格标准这个中间环节来完成。因为不同的商品有不同的价值量,这就要求借助于价格标准来表现为数量不等的单位货币。

所谓价格标准,是指包含一定重量的贵金属的货币单位。在历史上,价格标准和货币单位曾经是一致的,如我国过去长期使用"两"(16 两为 1 斤)②为价格标准,即货币单位;英国有"镑"(1 镑白银)作为价格标准,也是货币单位。但随着商品经济的发展,货币单位名称和货币本身重量单位名称分离了。其主要原因是:①外国货币的输入。如我国清代外国货币输入中国,促使中国货币单位名称脱离了金属重量单位名称,改"两"为"圆"。②随着财富的增长,贱金属币材由贵金属代替。③国家铸造不足值的货币。

价值尺度和价格标准是两个既有严格区别又有密切联系的概念。其区别是:①价值尺度是在商品交换中自发地形成的;而价格标准则是由国家法律规定的。

---

① 马克思,恩格斯. 马克思恩格斯全集[M]. 第 23 卷. 北京:人民出版社,1975:112.
② 本书中用到的两、斤、尺、寸、里等均为我国旧时的计量单位。1984 年 2 月 2 日,我国国务院颁布了《关于在我国统一实行法定计量单位的命令》,从 1986 年起,一律采用法定计量单位(古籍除外)。以下不再说明。

②金充当价值尺度职能,是为了衡量商品价值;规定一定量的金作为价格标准,是为了比较各个商品价值的不同金量,并以此去衡量不同商品的不同价值量。③作为价值尺度,货币商品的价值量将随着劳动生产率的变化而变化;而作为价格标准,是货币单位本身的重量,与劳动生产率无关。其联系表现在,价格标准是为货币发挥价值尺度职能而作出的技术规定。有了它,货币的价值尺度职能作用才得以发挥。因而价格标准是为价值尺度职能服务的。

综上所述,马克思经济学中的货币价值尺度理论是建立在劳动价值论的基础上的,货币之所以作为衡量其他商品价值的尺度是因为货币与其他一切商品一样,是劳动的产物,本身凝结着价值。货币发挥价值尺度的职能不过是在货币与商品价值对等的基础上,把商品的价值表现为货币的若干量。而西方经济学中的价值标准,不是建立在劳动价值论的基础之上,在他们看来,货币发挥价值尺度职能,是因为衡量价值需要共同的单位,如把长度单位确定为米、尺,又把重量单位确定为克、吨那样。

对于我国人民币是否具有价值尺度职能,经济理论界持不同意见。有些学者认为,货币执行价值尺度必须是具有内在价值的货币商品,人民币是纸币,是价值符号,所以它不具备价值尺度职能。有些学者则认为,货币的价值尺度是作为商品价值的一种表现形式,它可能由本身无内在价值的价值符号来担当。其实,我国人民币之所以能执行价值尺度职能,是因为它代表着一定的价值量。至于这"一定的价值量"是什么?曾有过"黄金派"和"商品派"两大派别之争。"黄金派"认为,人民币客观上代表一定的金量,它是黄金的符号,代表货币商品去衡量、计算其他商品的价值。"商品派"认为,货币形式已发展到一个新的阶段,当今世界黄金已不起货币商品的作用,人民币稳定主要以国家所掌握的大量商品为基础。

2. 流通手段

货币充当商品流通的媒介,就执行流通手段职能。作为价值尺度,货币证明商品有没有价值,有多大价值;而作为流通手段,货币实现这种价值。因为与物物交换不同,商品生产者先以自己的商品换成货币,然后再以货币换得自己所需要的商品。每一次交换都通过这种商品—货币—商品(即 W-G-W)形式,这就是商品的流通。商品流通是个系列过程:一种商品形态变化的过程,是第一种商品形态变化的结束,又是第二种商品形态变化的开始。货币不断地在这种交换中起媒介作用,这种作用就是流通手段。W-G-W 是由 W-G(卖)和 G-W(买)两个形态变化构成的。W-G,是商品转化为货币,马克思称这"是商品的惊险的跳跃"。而 G-W,在市场经济条件下,一般是容易实现的。

货币执行流通手段职能,具有以下特点:①必须是现实的货币。因为商品生产者出卖商品所得到的货币是现实的货币,才证明他的私人劳动获得社会承认,成为社会劳动的一部分。这里,货币充当商品交换的媒介不能是观念上的,必须是现实的货币。②不需要有足值的货币本体,可以用货币符号来代替。因为货币流通是指货币作为购买手段,不断地离开起点,从一个商品所有者手里转到另一个商品所有者手里的运动。这里,货币在商品生产者手中只是转瞬即逝的要素,它马上又会被别的商品所代替。货币作为流通手段只是一种媒介,所以单有货币的象征存在就够了。③包含有危机的可能性。在货币发挥流通手段职能的条件下,交换过程分裂为两个内部相互联系而外部又相互独立的行为:买和卖。这两个过程在时间上和空间上分开了,货币流通手段的职能"包含着危机的可能性"。

作为流通手段的货币,最初是金属条块,但每次流通都需要鉴别真假,测其成色,进行分割。由此,货币从金银条块发展到铸币。铸币是国家按一定成色、重量和形状铸造的硬币,它的出现极大地方便了流通。但因铸币在流通中不断磨损,使其实际价值低于名义价值,但仍按其名义价值流通,这就意味着"在货币流通中隐藏着一种可能性:可以用其他材料做的记号或用象征来代替金属货币执行铸币的职能"①。于是,没有什么价值的纯粹象征性的纸币就出现了。可见,作为流通手段的货币的币材形式的变化,主要是由货币作为流通手段只是一种媒介的特征所决定的。

值得注意的是,货币执行流通手段职能,必须满足以下三个条件:①作为货币的物品是每个商品或劳务持有者都愿意接受的。这样,就使得持有了货币也就具有了充分的选择能力,可以选择自己认为最为有利的物品或劳务,可在最有利的时机进行购买,用最有利的方式来处置货币。②货币的购买力必须相对稳定。如果同一货币单位的购买力在一段时间内波动不定,那么,交换活动就会陷入混乱或不公开之中。在多种货币并存的条件下,人们就会用稳值货币"驱赶"贬值货币。③货币单位的分割和重组不会导致货币本身的质变。例如,把一头牛分为10块,那么其中的每一块都不再是牛了;即使把这10块再合在一起,它也不再是一头牛了。在这种情形下,牛(以及其它动物,如羊、马等)就不宜作为货币。但如果是黄金,则情形就不同了,它可任意划小或重组。

在执行流通手段的购买活动中,货币选择商品能力的大小,主要取决于两个条件:①商品和劳务数量与种类的多少。两者一般呈正比关系。②货币数量的多少。对个人而言,两者成正比关系;对社会来说,只要不超过商品流通的需要量,

---

① 马克思,恩格斯. 马克思恩格斯全集[M]. 第23卷. 北京:人民出版社,1975:145.

也呈正比关系。可见,货币在购买中选择商品和劳务能力的大小,归根到底取决于商品经济的发展水平。

我国人民币具有流通手段职能。人民币是我国唯一合法的通货,它代表一定的价值量与各种商品相交换,使各种商品的价值得以实现。人民币的流通具有普遍的接受性、垄断性和独占性。随着商品经济和信用制度的发展,货币执行流通手段职能的一些领域逐渐被支付手段所代替。人民币发挥流通手段职能,除要具有与一切商品直接交换能力外,还需要有相对稳定的购买力。人民币的购买力(即交换价值)是价格的倒数。在我国,人民币购买力的变动是通过物价指数的变动表现出来的。因而,要稳定人民币的购买力,首先要稳定物价。稳定物价的主要因素取决于人民币适量的供给和是否具有满足人民群众需要的各种各样的商品保证。

上面的阐述说明,马克思的货币流通手段职能,着重于说明货币作为商品流通的媒介。而媒介商品流通必须有三个当事人出现,其中两个商品所有者,一个货币所有者。商品流通不过是两种商品的物物变换,即从一种使用价值变为另一种使用价值。而西方经济学中的交换中介论,是指人们为了克服物物交换的困难所采取的技术措施,它不回答货币发挥这一职能是否以货币发挥价值标准职能为前提,相反,在更多的情况下是将流通手段职能放在价值尺度职能之前。

3. 储藏手段

当货币由于各种原因退出流通领域,被持有者当作独立的价值形态和社会财富的绝对化身而保存起来时,这时,货币就停止流通,发挥储藏手段职能。马克思把这种现象称之为货币的"暂歇",现代西方学者则称之为"购买力的暂栖处"。

执行储藏手段的货币有两个显著特点:①它必须既是现实的货币,又是足值的货币。作为价值尺度的货币,可以是观念的货币;作为流通手段的货币,可以是价值符号;而作为储藏货币必须是实实在在的货币,最典型的形态是储藏具有内在价值的货币商品,如黄金或铸币。②作为储藏手段的货币,它必须退出流通领域,处于静止状态。处在流通领域中的货币发挥流通手段和支付手段职能,退出流通领域的货币才是执行储藏手段职能。

随着商品经济的发展,货币储藏除了作为社会财富的绝对化身外,其作用进一步加强,具体表现在:①作为流通手段准备金的储藏。即商品生产经营者为了保持再生产的连续性,能够在不卖的时候也能买,就必须在平时只卖不买,并储藏货币。②作为支付手段准备金的储藏。即为了履行在某一时期支付货币的义务,必须事前积累货币。③作为世界货币准备金的储藏。即作为平衡国际收支差额而用。

储藏货币具有自发地调节货币量的特殊作用。当流通中需要的货币量减少时,多余的货币便自动退出流通进入储藏;当商品流通需要货币量增加时,部分储藏货币会加入流通以满足其需要。所以,储藏手段既是流通中的排水沟,又是引水渠。

货币执行储藏手段职能时,必须满足下列三个条件:①货币的价值或购买力稳定;②便于存入和取用(这是货币的灵活性的要求);③安全可靠。如在市场经济条件下,纸币流通与通货膨胀紧密相连,谁也不愿意储藏不断贬值的纸币。因此,马克思认为纸币不能作为储藏手段。但他在分析可以兑换黄金的银行券时指出:"危机一旦爆发,……将会发生对市场上现有的支付手段即银行券的全面追逐。每一个人都想尽量多地把自己能够获得的货币储藏起来,因此,银行券将会在人们最需要它的那一天从流通中消失。"① 可见,纸币能不能发挥储藏手段职能的关键在于它能否稳定地代表一定的价值量。如果货币币值不稳定,便丧失了价值储藏职能,而贵金属和实物则成为保值工具。

同时还应看到,货币并非唯一的价值储藏形式,甚至不是最有利的价值储藏形式。在现代经济中,人们可以通过持有短期期票、债券、抵押凭证、股票、家具、房屋、土地以及其他物品来储藏价值,其中的某些形式还将带来高于储蓄利息的收益,或在储藏中增值。这种储藏价值的多元形式为后续的银行业和信用制度的形成和扩张提供了客观条件。

在我国人民币稳定的前提下,也可以发挥储藏手段职能。当然必须指出,人民币发挥储藏手段职能与黄金储藏有不同之处,它有严格的量的限制,如果货币发行过多,不仅现有的人民币不能发挥储藏手段职能,就是原有储藏的部分,也将转化为现实的流通手段和支付手段,从而冲击市场。

4. 支付手段

货币的支付职能又称为延期支付的标准,是指当货币作为价值的独立形态进行单方面转移(即并非伴随着商品运动)时所执行职能。如货币用于清偿债务,以及支付赋税、租金、工资等所执行的职能。

由于商品经济的不断发展,商品生产和商品交换在时空上出现了差异,这就产生了商品使用价值的让渡与商品价值的实现在时间上分离开来的客观必然性。某些商品生产者在需要购买时没有货币,只有到将来某一时间才有支付能力。同时,某些商品生产者又急需出售其商品,于是就产生了赊购赊销。这种赊账买卖

---

① 马克思,恩格斯. 马克思恩格斯全集[M]. 第 24 卷. 北京:人民出版社,1975:598~599.

第1章 货币与货币制度

的商业信用就是货币支付手段产生的起源。

一般地说,货币执行支付职能作用,必须满足下列三个条件:①货币的购买力不降低;②购买者(债务人)应支付一定数量的利息;③确保到期偿还债务。与流通手段相比较,货币执行支付手段职能有以下特点:①作为流通手段的货币,是商品交换的媒介物;而作为支付手段的货币,则不是流通过程的媒介,成为补足交换的一个环节。②流通手段只服务于商品流通,而支付手段除了服务于商品流通外,还服务于其他经济行为。③就媒介商品流通而言,二者虽都是一般的购买手段,但流通手段职能是即期购买,支付手段职能是跨期购买。④流通手段是在没有债权债务关系的条件下发挥作用,而支付手段是在存在债权债务关系下发挥作用。⑤商品赊销的发展,使商品生产者之间形成了一个很长的支付链条,一旦某个商品生产者不能按期还债,就会引起连锁反应,严重时会引起大批企业破产。所以,支付手段职能的出现与扩展为经济危机的可能性变为现实性创造了客观条件。

在我国,人民币执行支付手段职能,在范围和数量上都大大超过了货币作为流通手段的职能。这里可以看出,人民币的支付手段职能,绝大部分是通过国家银行的非现金结算实现的,表现为存款货币的流通,以银行为中心的货币循环。这种循环既反映着银行与各单位信用关系的消长,同时也反映一些单位利用银行的贷款或存款来向另一些单位购买商品或劳务。所以,存款货币的流通具有二重性,它既是货币流通的过程又是信用活动的过程。现实生活中,这两个过程又是交织在一起的,发挥支付手段职能的货币同发挥流通手段职能的货币一样,也是处于流通过程里的现实的货币,所谓流通中的货币指的就是这两者的总体。

5. 世界货币

随着国际贸易交往的发展,货币超越国界,在世界市场上发挥一般等价物作用时,执行世界货币职能。

理论上说,世界货币只能是以重量直接计算的贵金属。而铸币和纸币是国家依靠法律强制发行,只能在国内流通的货币,不能真实地反映货币具有的内在价值。按照马克思对典型金本位条件下的科学论述,货币充当世界货币必须脱掉自己原有的"民族服装",还原成金银本来面目。马克思指出:"货币一越出国内流通领域,便失去了在这一领域内获得的价格标准、铸币、辅币和价值符号等地方形式,又恢复原来的贵金属块的形式。"①

---

① 马克思,恩格斯. 马克思恩格斯全集[M]. 第23卷. 北京:人民出版社,1975:163.

但在当代,一些西方主要发达国家的信用货币,如美元、欧元、日元、英镑等,成为世界上普遍接受的硬通货,在国际间发挥着作为世界货币的三种效能,即支付手段、购买手段和财富转移的作用。这一方面是因为发行这些硬通货的国家经济发达,国力强大,国际政治经济地位较高,因此其货币也较坚挺;另一方面也是国际金融发展的结果,近几十年来,欧洲美元市场、离岸金融业务发展,也促使了这些信用货币的全球化。

我国人民币具有一定的稳定性,在一定范围内已被用作对外计价支付的工具,并在1996年底实现在经常项目下的可兑换。与此同时,黄金仍没有完全退出历史舞台,它仍然是国际间最后的支付手段、购买手段和社会财富的储藏和转移形式。因此,关于世界货币在当代国际经济间运动的形式,是一个需要研究和作出科学回答的新问题。

以上货币的五种职能有机地联系在一起,它们都体现货币作为一般等价物的本质。因为一般等价物区别于普通商品的两个基本特点是:货币能表现一切商品的价值;具有和一切商品直接交换的能力。正是因为货币能表现一切商品的价值,因此它具有价值尺度职能;正因为货币能与一切商品相交换,因此它具有流通手段职能。所以价值尺度和流通手段是货币最先出现的两个基本职能。当货币的这两个基本职能进一步发展以后,才会出现储藏手段职能。至于货币的支付手段职能既与货币两个基本职能有密切的关系,又是以储藏手段职能为前提的。世界货币职能是货币前四个职能的继续和延伸。从历史和逻辑上讲,货币的各个职能都是按顺序随着商品流通及其内在矛盾的发展而逐渐形成的,从而反映了商品生产和商品流通的历史发展进程。货币五大职能也绝非孤立存在,而是有内在联系的。

1.2.3 货币的作用——货币与经济的关系

不同社会制度下货币运动所处的具体经济条件不同,货币的作用也各不相同。货币运动和社会再生产密切相联,所以正确、全面地分析货币的作用,必须联系不同社会的经济发展状况和整个社会再生产过程来加以探讨。关于货币的作用,实际上亦是探讨货币与经济的关系问题。依据马克思关于商品流通决定货币流通的科学论断,经济发展决定货币作用的发挥。但是,货币作为一个独立的价值形态对经济的发展并不是被动的,也有其反作用。这种反作用,可能是促进作用,也可能是促退作用。从货币研究的历史过程看,如何理解货币与经济的关系,如何评价货币的作用,人们的认识并不一致。

第1章 货币与货币制度

1. 西方古典学派认为货币运动是实质经济运动的一层"面纱"

西方古典经济学关于货币与经济关系的理论是建立在"萨伊定律"(Say's Law)①基础之上的。早在18世纪,法国经济学家萨伊(J. B. Say,1767~1832)就认为,货币只是一种交换的媒介,在以产品交换货币、货币交换产品的两道交换过程中,只是在一瞬间起作用,货币不过是一个乘数因子,不过是覆罩在实物经济上的一层"面纱"。英国古典经济学家穆勒(J. S. Mill,1806~1873)曾经认为:"在社会经济中,没有什么东西从本质上来说比货币更不足道的了;它仅仅是一种发明物,用来节省时间和劳动。它是一种机器,用来把事情办得便捷,没有它,同样能办事,只是不那么便捷罢了。"②这也是"货币面纱论"(Veil-of-money Concept 的意译)关于货币作用的典型论述之一。而"货币中立说"的代表人物之一、瑞典经济学家魏克塞尔(J. K. G. Wichsell,1851~1926)则认为,货币对经济过程来说是中立的,即否定货币对经济的作用固然是错误的,但夸大货币对经济的作用的观点同样是错误的。

古典学派的货币数量论认为,货币供应的增长仅仅能够同比例地提高价格水平,而不能影响其真实产出。如欧文·费雪(Irving Fisher,1867~1947)曾指出:"通货的扩张不能使农场主和工厂的产品增加,也不能使运货火车或货车速度加快。工商业发展取决于自然资源和技术状况,不决定于货币的数量。整个生产、运输和销售机制,是具体生产设备能力和技术问题,这些都与货币数量无关。"③其结论是,货币数量的变动仅仅会影响物价和货币工资率,而对真实产出、就业量和实际工资率等实质因素没有什么影响。古典学派将整个经济划分为实质部门和货币部门,前者能影响后者,而后者无法影响前者。剑桥学派的马歇尔(Alfred Marshall,1842~1924)并不十分看重货币以及价格涨落对经济生活的影响。在他看来,货币不过是一种方便交易的工具或媒介,是使资本得以流通和经济得以

---

① 萨伊定律的核心思想是"供给创造其自身的需求"。这一结论隐含的假定是,循环流程可以自动地处于充分就业的均衡状态。它包含三个要点:①产品生产本身能创造自己的需求;②由于市场经济的自我调节作用,不可能产生遍及国民经济所有部门的普遍性生产过剩,而只能在国民经济的个别部门出现供求失衡的现象,而且即使这样也是暂时的;③货币仅仅是流通的媒介,商品的买和卖不会脱节。根据萨伊定律,在一个完全自由的市场经济中,由于供给会创造自己的需求,因而社会的总需求始终等于总供给。

② 转引自:[美]米尔顿·弗里德曼,罗斯·弗里德曼. 自由选择[M]. 胡骑,席学媛,安强,译. 北京:商务印书馆,1982:261.

③ 转引自:[美]保罗·M·霍维慈. 美国货币政策与金融制度:下[M]. 谭秉文,戴乾定,译. 北京:中国财政经济出版社,1980:102.

顺利运行的助溶剂或润滑剂。货币数量的增减除了影响价格水平以外,对它履行上述职能并无妨碍。

古典经济学家一般认为货币流通速度是稳定的,因而根据剑桥方程式 $MV=PQ$,在实体经济不发生变动的情况下,M 与 P 的变化成正比,即货币数量的增加只会引起等量的通货膨胀,不会对实体经济产生影响。

2. 马克思认为货币从属于真实的经济运动

马克思的货币理论是很丰富的。他关于货币与经济关系的表述是简洁而明确的。马克思从商品交换的发展导致货币产生出发,得出:货币流通的前提是商品流通,只要理解了货币的根源在于商品本身,货币分析上的主要困难就克服了。根据马克思的货币流通规律,货币量的多少最终受到商品量的制约。货币流通量只有符合货币需求量,货币运动才是正常的,否则就不正常。马克思认为,商品是第一性的,货币是第二性的,货币运动从属于商品运动;而货币的反作用仅仅表现为当货币供应符合货币需求量时,就会促进商品生产和流通的顺利进行;当货币供应违反货币流通规律的时候,就会阻碍商品的生产和流通。因此,货币供应量受制于货币需求量,而货币需求量又是由商品流通量所决定的。经济发展是由实质性因素(主要指劳动力和生产资料)决定的,如果没有生产要素的存在,凭空创造货币,不仅不会引起真实经济的增长,而且还会造成货币贬值和物价上涨。

马克思的货币理论与古典学派的货币理论有着很大的区别。马克思将商品与货币作为一个统一体来研究,认为货币流通与商品流通密不可分,商品数量决定货币数量,货币是经济的内生变量;而古典学派的货币数量论则将经济整体划分为实物部门和货币部门,把货币作为一个外生因素,认为货币数量可以直接影响价格水平。但有一点应当承认,古典学派的"面纱论"和马克思的货币理论表述了一个共同的观点,即货币运动不表现为生产活动的实质性因素,因而对实质经济不产生直接影响。①

3. 凯恩斯认为货币供应变化在短期内会对实体经济产生影响

当代英国著名经济学家凯恩斯(J. M. Keynes,1883～1946)也属于剑桥学派成员,在货币与经济的关系问题上,最初几乎完全接受马歇尔的观点,认为货币总的来说不是一个很重要的问题,货币数量的变动对经济不会发生持久和重大的影响,任何人为地提高价格的政策势必埋下金融危机的祸根。然而一战后欧洲货币体系的混乱以及失业、通货紧缩等尖锐问题的出现,迫使剑桥学派开始重视货币

---

① 曹凤岐. 货币金融管理学[M]. 北京:北京大学出版社,2008:19.

问题,而且出现了观点上的分歧。凯恩斯开始反对传统的货币数量论,认为货币数量的增加与价格上涨没有直接的对等关系。在凯恩斯的模型中,货币量变动在短期内会对实质经济产生影响,而超过一定时间才会影响价格水平。其过程是:货币数量变动首先造成货币供应与货币需求之间失去平衡,从而引起利率的变化;利率变动后自然影响到预期的资本边际效率,从而引起投资水平的变动。当"利率降低到一特定量时,投资将增加若干","投资增加一特定量时,有效需求将增加若干"。① 投资水平变动后引起就业、产量和收入的变化。投资需求构成社会有效需求的重要组成部分,在消费倾向不变的情况下,投资支出将按照一定的倍数影响总支出,此即"投资乘数效应"。

凯恩斯打破了传统货币数量论所认为的货币数量与价格同比变动的结论,但他并没有否定货币数量对物价水平的影响作用。凯恩斯认为,当就业、产量和收入增加到一定程度时,就会引起生产成本的上升。因为随着产量的增加,资源的供给弹性减至为0,引发要素价格的上涨,最终带动产品价格的上涨。

凯恩斯还认为,公众的投机性货币需求对利率有较强的敏感性,投机或投资的利率弹性较大。在需求不足的萧条经济中,中央银行可以通过变动基础货币来影响公众的投机性货币需求,从而影响货币市场上债券的供求关系,进而影响市场的利率水平,反过来影响商品市场上投资的大小,从而改变总产出的水平;同时,公众的预期是有限理性的,名义工资的增加诱使其增加劳动供给,从而增加产出。因此,政府在一定程度上可采取积极的货币政策来干预经济,刺激经济的增长。

4. 货币学派认为货币数量只能影响名义收入,但可以通过货币机器的稳定运行促进实质经济的增长

以当代美国著名经济学家弗里德曼(Milton Friedman,1912~2006)为代表的货币学派认为货币对经济是很重要的,但同时认为货币数量的变动仅能影响名义收入。他说:"货币数量对各种名义数量、名义收入,即以货币表示的收入水平——货币乃决定物价的重要因素——是极其重要的。"②弗里德曼不同意凯恩斯有关扩张性货币政策可以刺激投资、减少失业的观点。他指出,在增加货币供给的初始阶段,通过降低利率、刺激投资,能够引发产出增加、失业减少的短暂效果。但是,这种效果是建立在工人具有"货币幻觉"的前提下,即工人尚未意识到

---

① [英]约翰·梅纳德·凯恩斯. 就业、利息和货币通论[M]. 上海:商务印书馆,1983:257.

② [美]米尔顿·弗里德曼. 最适货币量论文集[M]. 林钟雄,译. 台北:台湾中华书局,1974:303.

真实工资下降,仍愿意接受雇主按原有工资水平继续雇用的条件,因而市场失业率可以暂时低于自然失业率。但是当工人不再具有货币幻觉时,就会要求提高工资以弥补物价上涨的损失,雇主不得不提高工资,以至于实际工资回升到原来的水平,此时,雇主就会随着对劳动需求的下降而减少就业岗位的提供,导致失业增加,并回复到原来的自然失业率水平。因此,弗里德曼认为增加货币数量并不能从根本上增加产量、减少失业。货币数量只能"盯住任一名义数量——汇率、价格水平、名义国民收入水平,它不能盯住真实数量——真实利率、失业率、真实国民收入水平。"①

弗里德曼虽认为货币数量不能决定真实收入水平,但认为货币运动对经济有重要的影响作用。他说:"货币固然只是一部机器,但它是一部极其有效能的机器。若无货币,我们就无法展开对过去 200 年我们经历的产出与生活水平的快速增长。""因为货币业已深入我们的社会,一旦它发生了纷扰,就会扩散而影响其他机器的操作。"②因此,货币政策的目标只有一个,那就是稳定货币,从而保证经济的稳定发展。为此,弗里德曼提出了一个稳定货币的所谓"单一规则",即货币供应必须同经济增长的客观要求相一致。弗里德曼描述,放慢货币增长率,开始时可能会带来经济增长率降低的副作用,但从一个较长时期看,通货膨胀率降低,经济比较平衡发展;与此同时,会产生经济快速增长的趋势。

1.3 货币的定义及货币层次的划分

关于货币定义的争论由来已久,在西方国家已有一百多年的历史。我国改革开放以来,也有不少这方面的理论论争。西方经济学家对货币定义的争论,主要围绕两个相互关联的问题而展开,即从内涵上揭示货币的基本特性,来回答"什么是货币"的问题,以及从外延上确定货币所应包括的内容或范围,即货币的层次,来回答"货币是什么"的问题。前者是后者的前提和基础,后者是前者的运用和表现。

1.3.1 货币的定义

"货币"一词在日常生活中运用非常广泛,它的含义似乎是很明显的。然而,

---

① [美]米尔顿·弗里德曼.最适货币量论文集[M].林钟雄,译.台北:台湾中华书局,1974:117.

② [美]米尔顿·弗里德曼.最适货币量论文集[M].林钟雄,译.台北:台湾中华书局,1974:118.

第1章 货币与货币制度

在经济学里货币具有特定的含义,要给货币下一个精确的定义却相当困难。为了避免混淆,我们必须澄清货币的经济学定义与人们日常生活中的习惯用法之间的区别。

在日常生活里,货币一词常常用来表示许多不同的概念。主要有:

(1) 将货币视为通货或现金。比如说"你带钱了吗?",这句话里的钱显然指的就是现金。把货币仅仅定义为现金,对于经济分析而言是过于狭窄了。因为可开列支票的存款在流通领域中与现金一样,都可用以支付所购买的商品与劳务。如果我们把货币定义为现金,那么我们就难以把货币与人们所进行的全部购买活动联系起来。事实上,正是因为货币与购买相关联,才使货币问题引起人们极大的兴趣。因此,在现代经济学中必须把可开列支票的存款与现金一起包括在货币的定义之中。

(2) 货币等同于财富。比如说"他很有钱",这句话意味着他不仅有一大笔现金和存款,还有债券、股票、珠宝、字画、房子、汽车等。把货币定义为财富,从而把货币与股票、债券、不动产等相混同,那么在经济分析中就无法界定货币的基本特性。事实上,货币作为一般等价物,是社会财富的一般性代表,但货币并不等同于社会财富本身,它只是社会财富的一部分。在美国,货币大约只相当于财富总量的2%,即使是最广义的货币也不超过财富总量的10%[①]。可见,把货币定义为财富显然又太宽了。

(3) 将货币等同于收入。比如说"他的工作很好,能赚很多钱",这句话里的钱就是指收入。收入是一定期限内的流量,而货币是某一时点上的存量,若把货币定义为收入,那么货币量将无法计量。比如,有人告诉你张三的收入为3万元,那么,你只有在得知他是每年还是每月收入这3万元之后,才能确定他的收入是高还是低。而如果有人告诉你他口袋里有1 000元的话,你对这笔钱的量是完全确定的。

至此,我们可以看出,虽然货币一词经常被人们使用,但其含义却是难以界定的。

那么,究竟什么是货币呢? 如前所述,马克思从劳动价值论出发,认为货币是从商品中分离出来的、固定充当一般等价物的商品。

由于西方经济学家对于货币的起源、本质和职能有着不同的看法,这导致了他们在"什么是货币"这个问题上存在着分歧。

---

① [美]小劳埃德·B·托马斯.货币、银行与经济活动[M].北京:中国财政经济出版社,1992:6.

— 29 —

1. 从合法性来定义货币

货币的定义较早见于英国的哈托依(R. G. Hanetey)在其《货币与信用》(1928年)一书中对货币定义的表述。他认为货币就是法律规定的(或法律力量赋予的)支付债务的手段。可见,这种定义是以货币国定论为基础的。

哈托依认为,国家之所以要把一些东西规定为货币,原因有二:一是为了提高它的可接受性;二是便于确定债权人和债务人在结清债权债务关系时,用以进行支付的东西的法律地位。任何东西,只要政府赋予它以法定的清偿力量,债权人就不能拒绝接受。

这种看法较片面,没有将银行存款或信用货币定义在货币之内。尤其不能解释恶性通货膨胀时出现的情况:此时,法定货币并不能很好地行使货币职能,相反,非法定货币,例如一些票据和外币甚至实物却更能为人们所接受。

2. 从货币的职能来定义货币

有的经济学家强调货币的价值标准职能,认为具有衡量其他物品价值的物品就是货币;有的则强调货币的交易媒介职能,认为货币是交易的媒介、支付的手段,在经济主体间提供经济交流的便利。

3. 从普遍接受性来定义货币

很多著名的经济学家都从这个角度来定义货币。如英国经济学家马歇尔(Alfred Marshall,1842~1924)认为,货币是在一定时间或地点购买商品或劳务时,或支付开支时能毫不迟疑地为人们所普遍接受的东西。凯恩斯认为货币是具有一般购买力的、能被用来结清债务合同和价格合同的东西。弗里德曼则把货币看成是购买力的暂栖所(处),指货币具有为一般人能接受的交易媒介的职能。这种定义包含了前面两种定义的内容,又弥补了它们的不足。

关于什么是货币,现在尽管有着不同的理解和表述,但基本上是将货币定义为:人们普遍接受的用于支付商品、劳务和清偿债务的物品。

4. 货币的阶段定义

也有人认为,货币应该分为两个阶段定义:

一是古典货币。古典货币是指任何一种可以执行交换媒介、价值尺度、延期支付标准和完全流动的财富的储藏手段等功能的商品,都可被看作是古典货币;从商品中分离出来固定地充当一般等价物的商品,就是古典货币;古典货币是商品交换发展到一定阶段的产物。古典货币的本质就是一般等价物。

二是现代货币。现代货币是指以某一权力机构为依托,在一定时期、一定地域内推行的一种可以执行交换媒介、价值尺度、延期支付标准及作为完全流动的财富的储藏手段等功能的凭证。一般可以分为纸凭证及电子凭证,就是人们常说的纸币及电子货币。

古典货币与现代货币的区别在于：古典货币本身是商品，本质就是一般等价物，不依附于任何的权力机构，不会随权力机构的消亡而消亡。现代货币是一种凭证，依托于某一权力机构而存在，随权力机构的消亡而消亡。可以说现代货币在作为交换媒介、价值尺度、延期支付标准方面功能绝非古典货币所能比拟，但作为财富储藏手段方面的功能要逊色于古典货币，即使储存再多的凭证其功能也会随权力机构的消亡而消亡。

1.3.2 货币的层次

根据前述货币的本质和定义，为了货币管理的需要，人们将货币划分为若干个层次。现实经济中存在着形形色色的货币，许多新的金融工具也都不同程度地具有一定的货币性。这就给货币供给和货币供给量的计量带来新的问题，即货币或货币供给的层次划分问题。所谓"货币层次"(strata of money)，通常是指根据货币的流动性的原则，以存款及其信用工具(可统称为"金融资产")转换为现金所需时间和成本作为标准，对货币划分的层次。

1. 货币层次的划分及其依据

西方经济学家在质上或内涵上将货币定义为交易媒介和支付手段，反过来说，凡是在商品经济运行中充当交易媒介和支付手段的物品就是货币。显然，这在足值的金属货币流通阶段不存在什么疑问。然而，随着金属货币过渡到银行券、纸币，再到汇票、支票等信用流通工具，情况就有些不同了。这些纸制的货币符号和信用流通工具也能在一定程度上、一定范围内、一定期限内充当交易媒介和支付手段，它们都或多或少地具有一定的"货币性"，它们和金属货币相比，只是货币性程度不同而已。货币性程度不同，对经济的影响也不同，这不可轻视。因而哪些东西应视为货币，哪些东西不应视为货币的问题就引起了西方经济学家的重视和争论。

对"货币是什么"的争论，可以追溯到英国19世纪40年代在"通货主义学派"与"银行主义学派"之间展开的"通货论争"。他们对货币的定义截然对立：以奥维尔斯顿(Lord Overstone, 1796~1883)为代表的通货学派认为，只有金属货币和银行券才构成货币，其他各种信用工具都不是货币；而以图克(Thomas Tooke, 1774~1858)为代表的银行学派则认为，不仅金属货币和银行券是货币，而且活期存款等信用工具也应属于货币范畴，因为它们同样发挥交易媒介的功能。这是关于货币是什么的第一次大争论，这种争论几乎一直延续到现在。

与西方国家对货币定义的研究一样，对货币层次指标系列的认识，也有一个历史发展过程。19世纪上半叶,大多数国家处于金银复本位货币制度时期,当时发行的银行券,从来不被人们视为货币,而只是当作向银行兑换金属货币的凭证。早在19世纪就已开始了银行汇票和银行支票的结算方式,但当时也没有人意识到可转账的活期存款就是货币。到19世纪下半叶、20世纪初,各国中央银行先后成立,客观上要求中央银行对经济和金融动态能有较正确的了解和评价,在此情况下,才将银行券和活期存款看成是货币。到20世纪50年代,世界各国普遍流行关于可转账的活期存款和纸币同样是货币,以及其他存款也构成不同层次货币的主张。货币发展历史的进程证明,货币概念的确定会增强中央银行宏观控制的有效性。

目前,世界各国普遍以金融资产流动性的强弱作为划分货币层次的主要依据。所谓"流动性",是指金融资产能及时转变为现实购买力并不蒙受损失的能力。流动性越强的金融资产,现实购买力也越强。流动性程度不同的金融资产在流通中周转的便利程度不同,从而对商品流通和各种经济活动的影响程度也就不同。因此,按流动性强弱对不同形式、不同特性的货币划分不同的层次,对科学地分析货币流通状况,正确地制定、实施货币政策,及时有效地进行宏观调控,具有非常重要的意义。

可见,人们一般根据流动性的大小,将货币供应量划分不同的层次加以测量、分析和调控。按照国际货币基金组织(IMF)的口径,货币层次一般可作如下划分:

1) M_0(现钞)

M_0不包括商业银行的库存现金,而是指流通于银行体系以外的现钞,包括居民手中的现金和企业单位的备用金。这部分货币可随时作为流通手段和支付手段,因而具有最强的购买力。

2) M_1(狭义货币)

M_1由M_0加上商业银行的活期存款构成。由于活期存款随时可以签发支票而成为直接的支付手段,所以它同现金一样是最具流动性的货币。M_1作为现实的购买力,对社会经济有着最广泛而直接的影响,因而是各国货币政策调控的主要对象。

3) M_2(广义货币)

M_2由M_1加准货币构成。准货币一般由定期存款、储蓄存款、外币存款以及各种短期信用工具,如银行承兑汇票、短期国库券等构成。准货币本身是潜在的货币而非现实的货币,但由于它们在经过一定手续后,能够较容易地转化为现实的货币,进而加大流通中的货币量,故称之为亚货币或近似货币。由于M_2包括了一切可能成为现实购买力的货币形式,因此,对研究货币流通的整体状况具有重要意义,尤其是对货币供应量的计量以及对货币流通未来趋势的预测,均具有独特的作用。

在 IMF 的口径下,各国对货币层次的具体划分各不相同,而且还随着本国经济和金融市场的变化进行相应的调整。实践中,虽然各国对 M_0、M_1、M_2 的定义不尽相同,但多是根据流动性的大小来划分的,M_0 的流动性最强,M_1 次之,M_2 的流动性最差。例如,从 1971 年 4 月至 1986 年 3 月,美国先后约 8 次改变了货币层次划分的内容,可谓调整频繁。1984 年 3 月,美国联邦储备银行公布的"货币层次系列"分别是:

(1) M_1=通货+旅行支票+商业银行的活期存款+可转让提单+自动转账的储蓄存款+信贷协会股份存款账户+互助储蓄银行活期存款

(2) $M_2=M_1$+货币市场存款账户+储蓄存款和小额定期存款+即期回购证券协议存款+美国居民持有的即期欧洲美元存款+货币市场互助资金

(3) $M_3=M_2$+大额定期存款+中期回购证券协议存款+金融机构持有的货币市场互助基金存款+美国公民持有的中期欧洲美元存款

(4) $L=M_3$+其他流通资产(包括银行承兑票据、商业票据、财政部债券、美国储蓄公债等)

欧盟在货币层次划分方面,相对于美国有很大的差别。欧洲中央银行将货币分为狭义货币、中间货币和广义货币三个层次,具体划分如下:

狭义货币:M_1=流通中现金+隔夜存款

中间货币:$M_2=M_1$+期限为两年以下的定期存款+通知期限三个月以内的通知存款

广义货币:$M_3=M2$+回购协议+货币市场基金(MMF)+货币市场票据+期限为两年以内的债券

日本现行的货币层次划分为:

M_1=现金+活期存款

$M_2+CD=M_1$+准货币+可转让存单

$M_3+CD=M_2+CD$+邮政、农协、渔协、信用合作和劳动金库的存款以及货币信托和贷方信托存款

此外,还有广义流动性,它等于"M_3+CD"加回购协议债券、金融债券、国家债券、投资信托和外国债券。

我国对货币层次的研究起步较晚,按照 IMF 的口径,我国现阶段是将货币供应量划分为四个层次,其含义分别是:

(1) M_0=流通中现金,即在银行体系以外流通的现金

(2) $M_1 = M_0 +$ 活期存款,即狭义货币(供应量)

(3) $M_2 = M_1 +$ 定期存款+储蓄存款+其他存款,即广义货币(供应量)

(4) $M_3 = M_2 +$ 金融债券+商业票据+大额可转让存单等

在上述四个层次中,M_0 与消费变动密切相关,是最活跃的货币;M_1 反映居民和企业资金松紧变化,是经济周期波动的先行指标,流动性较强,仅次于 M_0;M_2 流动性偏弱,但反映的是社会总需求的变化和未来通货膨胀的压力状况,通常所说的货币供应量,主要指 M_2。此外,$M_2 - M_1$ 称为准货币,流动性较弱。M_3 是考虑到金融创新的现状而设立的,暂未测算与公布。

2. 货币层次划分的现实意义

迄今为止,关于货币供应量层次的划分并无定论,但根据资产的流动性来划分货币供应量层次,已为大多数国家政府所接受。近年来,一些发达国家政府对货币供应量的监控重点已逐渐由 M_1 转向 M_2 或更高层次的范围。

货币是引起经济波动的一个重要因素,货币供求的变化对国民经济的运行产生着重大的影响,调控货币供应量,使其适应经济发展的需要,已成为各国中央银行的主要任务,可见,对货币供应量层次的划分具有重要的意义。各国对货币供应量层次的划分,目的是为了把握流通中各类货币的特定性质、运动规律以及它们在整个货币体系中的地位,进而探索货币流通和商品流通在结构上的依存关系和适应程度,以便中央银行拟订有效的货币政策。有关国家的中央银行通过对货币供应量指标的分析,可以观察分析国民经济的变动,考察各种具有不同货币性的资产对经济的影响,并选定一组与经济的变动关系最密切的货币资产,作为控制的重点,有利于中央银行调控货币供应。

1.4 货币流通及其规律

1.4.1 货币流通的基本原理

1. 商品流通和货币流通

商品流通是指以货币为媒介的商品交换。其运动形式为:商品—货币—商品。货币流通是指在商品交换过程中,货币作为流通手段和支付手段所形成的连续不断的运动。或者说,是货币在交换过程中同商品不断换位的运动。

商品流通决定货币流通。在商品流通中,货币不断地由买者手中转到卖者手中,货币的这种不断的运动是完全依赖于商品流通的。如果没有可供交换的商品,也就不需要作为商品交换媒介的货币。而没有商品交换,也不会形成货币流通。货币流通是商品流通的结果,商品流通是货币流通的前提。因此,货币流通在构成、数量和速度方面无一不受制于商品流通。如果商品流通的数量和价格发生变化,为商品交换服务的货币流通量也会发生变化;同样,当商品的流通速度发生变化时,货币的流通速度也会发生同方向的变化;当商品的流通范围扩大时,货币的流通范围也会扩大,反之货币的流通范围会缩小。

货币流通对商品流通具有反作用。在纸币流通的情况下,适应商品流通需要的货币流通,是商品流通正常进行的前提。当货币流通量少于商品流通量时,商品的价值往往不能顺利实现,从而使商品流通迟滞;而在货币流通量超过商品流通量时,商品就会供不应求,物价就会上涨,通货就会紊乱。因此,要使得社会经济正常发展,就必须重视货币流通,使之能够适应商品流通的需要。

不仅如此,货币流通还有其自身的特点:

(1) 在货币流通中,作为流通主体的货币形态始终不变。

(2) 在货币流通中,作为媒介的货币不会退出流通,而是在媒介商品交换过程中不断运动。

(3) 货币流通取决于交换的发展程度和社会对于流通手段和支付手段的需要程度。

(4) 货币流通具有相对独立性,它可超越商品流通形成自身的运动。如由于借贷、交纳赋税、租金和支付工资等,也会引起货币流通。

综上所述,商品流通与货币流通是矛盾的统一体,主要矛盾在商品方面。货币流通对于商品流通也有积极的反作用,认真组织货币流通,使货币供应量与商品流通需要基本相吻合,对于促进经济的发展,保证商品流通的正常运转都有重大的意义。

2. 货币流通的形式

现代的货币流通有两种形式:现金流通和非现金流通(即转账结算流通)。现金流通,也称现钞流通、现金结算,是指以纸币和铸币作为流通手段和支付手段,即以现款直接完成的货币收付行为。非现金流通,也称非现金结算、转账结算,是指各经济主体在银行存款的基础上,通过在银行存款账户上转移存款的办法来进行的货币收付行为。现金流通和非现金流通构成统一的货币流通。

现金流通和非现金流通实际上是统一的和相互联系的。因为货币流通本身是统一的,无论是现金流通还是非现金流通,都是由商品流通引起的,都在发挥着货币的职能作用,所以两者具有密切的联系,主要表现在:

(1) 两者在一定条件下可以互相转化。由于商品交易,购货方可以要求银行将货币款转给售货方,进行转账结算,这是非现金流通。但售货方收到货款,可以提取现金,用以日常的小额支付,这又转化为现金流通。这种转化会引起两种形式货币量的此增彼减,也会对银行的信用扩张和收缩带来影响。当现金流通转化为非现金流通,银行的存款来源就会增加,银行以此发放贷款,就会造成信用的扩张;反之,则会造成信用的收缩。

(2) 无论流通中的现金,还是银行存款,都是在银行信用基础上发生的信用货币,两者在性质上是一致的。

但是,现金流通和非现金流通也有一些区别,主要表现在:

(1) 两者的服务对象不同。现金流通主要服务于与个人有关的货币收付和其他一些小额的零星货币收支;而非现金流通,主要适用于大额商品交易或其他大额货币的收支。

(2) 两者受银行控制的程度和调节方式不同。现金流通是与个人有关的货币收付,人们可以自由支配,不可能被直接干预。而且现金交易的钱货两清,使得银行难以监控它的来龙去脉。非现金流通是货币周转和银行信用业务交织在一起的,由于集中在银行办理,因此非现金流通是处在银行的监督和管理之下的。

值得注意的是,现金流通和非现金流通的区别是相对的。在发达的商品经济社会中,对各个经济主体在两种货币流通中究竟采用哪种形式,是没有任何限制性规定的。在购买商品和支付劳务等货币收付中,经济主体可以完全根据自身的意愿和方便的程度来选择货币支付的方式。当然随着整个金融支付制度的发展,电子货币的使用,非现金流通方式日益成为主要的货币流通方式。

1.4.2 货币流通规律

货币流通规律是指商品流通所决定的货币需要量的规律。货币流通史表明,用于流通和支付的货币,是各式各样的,长期以来是金属货币流通。但当今世界的货币,多是纸币流通,纸币属于信用货币。因此对货币流通的考察,需要分别考察金属货币的流通和纸币的流通,以探求其运动的规律。

1. 金属货币流通及其规律

1) 金属货币流通

金属货币流通是指在金属本位制度下的货币流通。在货币流通史上,以足值的金属货币流通的时间比较短。这是因为足值的金属货币在流通中要磨损,以及社会生产力的发展,流通中商品量的增加,也需要用其他价值代表来代替足值的金属货币。

长期以来,人们以金作为贵金属货币的代表。金除自然生成外,与其他的贵金属一样,是人类对自然物质进行加工的结果。金生产出来后,只是商品而不是货币,当金的生产者将其作为商品投入流通才是货币。金开始以块状的形式进入流通,这时一定量的金与一定量的商品相交换,商品的价值表现为一定量的金,金的价值表现为一定量的商品。以后金以铸币的形式进入流通,这时一定量的铸币与一定量的商品相交换,商品的价值表现为一定量的铸币,铸币的价值仍然表现为一定量的商品。无论是哪种形式,实质都是金作为商品的价值实现。

但是金这种商品进入流通与其他商品进入流通有所不同:首先,它的流通形式是 G-W,而不是 W-G,因为它不需要通过流通转化为货币,而是需要同其他商品相交换。其次,金与其他商品交换后进入流通,而其他商品与金交换后退出流通。再次,金作为货币是在它进入流通以后。在它进入流通以前,生产者生产的金只是商品。

以块状和铸币的形式与其他商品交换后进入流通的金为出卖商品者所有,货币作为卖方产物意味着代表已实现的商品价值形式,这样的产物需要转化为买,否则就不能实现商品流通。只有不断连续的买卖,才能实现商品流通。因此,货币作为卖方产物的意义在于它为媒介实现两种商品及其他更多商品的交换。

金生产者将金铸成货币投入流通与商品生产者将商品转化成货币后再投入流通是有所不同的,前者不代表已实现的商品的价值形式,后者是已实现的商品的价值形式。前者表示货币与商品的交换,后者表示商品与商品的交换。前者表明金生产者通过交换将黄金分配给一切交换者,同时表明商品交换者通过交换将自己产品的部分给金生产者分配,这种交换没有媒介物,实际是金与商品的直接交换,也就是物物交换;后者表明商品生产者之间以金为媒介进行的交换。

2) 金币必要量规律

货币流通是由商品流通决定的,流通中究竟需要多少货币量与实际进入流通的商品量密切相关。

货币的流通手段职能是实现商品价格,商品的价格是在进入流通以前就有的。若进入流通的商品价格总额大,要求实现商品价格的货币就多;若进入流通的商品价格总额小,要求实现商品价格的货币就少。所以,流通中所需要的作为流通手段的货币量首先是由商品价格总额决定的,排除货币流通速度因素,流通中的货币总量应与进入流通的商品价格总额相等。货币具有流通速度,即同一枚货币在一定时间里可以交换的次数。由于在一定时间、空间内,同一枚货币能反复在许多次交换中发挥作用,能够实现多倍的商品价格,因此货币的流通速度越快,实现既定的商品价格所需要的货币量就越少;反之,则需要的货币量就越多。

在金作为货币的条件下,流通中的货币量以若干单位的金量表现出来。在等价交换和金币的流通速度为1的条件下,这若干单位的金所包含的价值量应等于待实现的商品价格总额所反映的价值量。若生产金的劳动生产率变动,则单位金的价值量也随之变动。假定流通中待实现的商品价格总额所反映的价值总量不变,则流通中所需要的金量与单位金的价值高低成反比,即单位金的价值量高,所需要的金量少,反之则所需要的金量多。

金币流通规律表明,流通中的货币量主要取决于商品价格总额,与商品价格总额成正比,与货币流通速度成反比。

2. 纸币流通规律

关于纸币流通规律,马克思指出:"纸币流通的特殊规律只能从纸币是金的代表这种关系中产生。这一规律简单说来就是:纸币的发行限于它象征地代表金(或银)的实际流通的数量。"①可见,纸币流通规律就是纸币的流通量决定于它所代替的流通中所需的金属货币量。

既然纸币是代表金币流通,那么纸币的流通规律是由代表金币流通中产生。如果纸币的发行量在它代表的金量的限度内,则不仅其总量与流通中必要的金量相当,而且其单位货币的价值与单位金币的价值也相同。这时纸币完全代表的是金币的流通。

但是,人们从货币流通的历史和现实发现:发行的纸币量与流通中必要的金币量是很难相当的。这是因为:纸币发行量适应金币流通的需要量有一个过程;纸币发行量变化引起单位纸币价值量的变化也有一个过程;如果纸币流通的速度加快,虽然发行量没有增加,但是单位纸币价值量仍然会减少。而纸币流通的速度减慢,虽然发行量增加,单位纸币价值量也不会改变。这意味着纸币发行量与单位纸币价值量的变化要受其他变量的影响,发行量的变化引起单位纸币价值量的变化存在时间间隔。单位纸币价值量的变化直接反映在价格上,并以价格量的变动表现出来,这两者通常不存在时间间隔。因为在不存在含金量或含金量虚设的情况下,单位纸币价值量的变动不能用纸币自身来判断,而必须借助于商品价格的变动来反映。上述的情况呈现出如图1.1所示的变化关系。

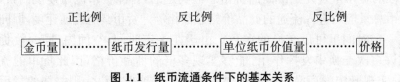

图 1.1 纸币流通条件下的基本关系

---

① 马克思,恩格斯.马克思恩格斯全集[M].第23卷.北京:人民出版社,1975:147.

图 1.1 说明,价格的变化直接地受纸币交换的制约,间接地受纸币发行的制约。这种关系还表明:纸币流通规律以金币流通规律为基础,同时反作用于金币流通规律。其基础作用体现为:

(1) 纸币流通总量决定于流通中的金币量。

(2) 由于纸币流通总量决定于流通中的金币量,单位纸币的价值量所代表的金量是一定的。

(3) 由于单位纸币所代表的金量是一定的,所以能用纸币的单位去估计商品的价格。

(4) 由于商品价格是按纸币单位确定的,所以才产生纸币发行量受制于商品价格总量。

其反作用体现为:纸币发行总量超过它所能代表的金币量,会使金币流通规律的作用削弱甚至消失。这里金币流通规律是指在商品价值总额为一定的条件下,商品价格的高低决定于单位货币的价值。反过来说单位货币的价值高低决定商品价格的多少。如果纸币发行量大于金币量,纸币单位的含金量就会降低,那么以纸币单位表示的价格总量增加。从这一角度说,金币流通规律似乎仍然在发挥作用,但这只是理论的抽象。现实经济中,在纸币超量发行的条件下,单位纸币的价值量会变得难以捉摸,这时商品的价格直接决定于商品的供求关系。

综上所述,纸币流通规律和金币流通规律存在着一定的区别,前者是纸币自身的价值决定于纸币的发行量,后者是金币发行量决定于金币自身的价值。由于金币本身具有价值,因而其需要量由它本身的价值与商品价值的比例关系决定。由于纸币本身没有价值,因而其需要量由它代表的价值与商品价值的比例关系决定。总之,两者的共同点是以自身的价值或代表的价值与商品价值的比例关系来决定实现商品价格需要的货币量。可见,金币流通规律是基本规律。当纸币与金币的关系遭到破坏时,纸币流通中就会出现任意发行、纸币贬值和物价上涨的现象。正如马克思所指出的:"当纸币数量适当时,纸币完成的并不是它作为价值符号所特有的运动,而它特有的运动不是从商品形态变化直接产生的,而是由于它同金的正确比例遭到破坏产生的。"[①]

3. 货币需要量和货币流通量

货币需要量,又称货币必要量,是货币流通规律的主要内容。它表明在一定

---

① 马克思.政治经济学批判[M].北京:人民出版社,1975:103.

时期内,为保证生产和流通正常运行所需要的货币量,以及决定货币必要量的因素。流通中货币必要量(M)取决于三个因素:待实现的商品总量(Q)、单位商品价格(P)和单位货币平均流通速度(V)。待实现的商品总量与单位商品价格的乘积(QP),则是一定时期待实现的商品价格总额;单位货币流通速度是指同一单位货币在计划期内媒介商品交易的次数。货币流通规律用公式表示为:

$$M = \frac{Q \times P}{V} \qquad (1.1)$$

该公式表明,流通过程对货币的需要量与待实现商品总量、商品价格水平成正比,提供市场的商品数量越多,商品的价格水平越高,则流通过程对货币的需要量越多;同时,流通过程对货币的需要量与货币的流通速度成反比,货币流通速度越快,流通中所需货币量越少。该公式在严格的数学意义上应写为:

$$M = (P, Q, V) \qquad (1.2)$$

在金属货币流通的情况下,公式的左边单纯地由右边决定。必须注意的是,在纸币流通制度下,不仅公式右边的因素制约 M,M 也能影响这些因素。因为在以货币政策作为主动调节经济运行过程的经济体制下,控制和调节货币流通的目的,不再是为了恢复和保持货币流通过程自身的平衡,而是为了实现既定的宏观经济目标。M 受人为调节的作用,在一定程度上是外生的。这意味着任何水平的 M 都能使得公式平衡,为此需要增加某些约束条件使该公式右边的值确定于理想的水平,如"价格水平稳定"、"适度的经济增长率"、"充分就业"、"国际收支的平衡"等,货币必要量便能最终确定。

货币需要量和货币流通量是两个不同的概念,货币必要量是指流通过程对货币的客观需要量,它是客观性质的量,不取决于人们的主观意志;货币流通量则是流通中实际存在的货币数量,通常又称为货币供给量。实际存在的货币流通量通常并不等于货币必要量,为了保证货币供给与货币需求相适应,必须掌握流通过程对货币的需要量,以便控制货币供给,使货币流通量满足经济发展的客观需要。

1.5 货币制度

1.5.1 货币制度及其构成要素

1. 货币制度及其形成

货币制度是指一个国家(或地区)为了保障本国(或本地区)货币流通的正常

第1章 货币与货币制度

与稳定,对货币发行和流通的各个要素所作出的系统的法律规定的总和,简称为"币制"。完善的货币制度能够保证货币和货币流通的稳定,保障货币正常发挥各项职能。依据货币制度作用的范围不同,货币制度包括国家货币制度、国际货币制度和区域性货币制度;根据货币的不同特性,货币制度分为金属货币制度和不兑现的信用货币制度。

货币制度是随着商品经济的发展而逐步产生和发展的,直到近代(资本主义经济制度建立后)才形成比较规范的制度。

1) 前资本主义社会的货币流通

在前资本主义社会,就已经有了广泛的货币流通。在经历一段时间的实物货币之后,各国普遍进入了金属货币时代。最初的金属货币是以金属的自然条块形式流通的,由于每一块金属的重量不同,成色也有差别,所以在每次交易时都必须鉴定成色、测定重量,然后按交易额的大小来进行分割,这给商品交换带来很大不方便。在这种情况下,一些在商界有影响的大商人在货币金属上打上自己的印记,标明其重量和成色以便流通,这便是最初铸币。然而一个商人的信誉毕竟是有限的,随着市场的扩大,需要对金属铸块作出更有威信的证明。拥有政治权力的国家最具这种威信,于是,国家集中铸造具有一定形状、成色、重量,并打上印记的铸币。

铸币是按照国家的法律规定,用一定重量的金属,以一定的形式铸造以后,并标明其重量和成色的金属块。我国是世界上最早出现铸币的国家。在殷周时就有铜贝币,到春秋战国时期的刀币、布币,这些都是按法定程序铸造的铸币。

前资本主义社会货币流通具有以下特点:

(1) 铸币权分散。这是前资本主义货币流通的重要特点。奴隶社会的希腊几乎每一城邦都铸造自己的铸币,当时曾有1 500~2 000所造币局。中世纪的西欧,由于封建社会经济与政治的割据,造币事业非常分散,如当时德国属于各封建领主的造币局就有600多所,此外还有很多独立的城邦有造币权。中国封建社会尽管在政治上高度统一,但是在白银的铸造上却是极其分散的。一是名目繁多,有元宝、马蹄银、宝银、锞等等。二是没有一定的形式和重量,大小轻重悉由各银楼自定。三是秤制不同,同是一两,却有平本、漕平、关平、市平轻重之不同。四是成色不同,同是元宝,又有足宝、二四宝等区别。

(2) 货币材料基本是贱金属。流通中铸币的币材主要是银、铜等价值较贱的金属,黄金一般只在巨额交易中使用,这与前资本主义社会商品经济不发达是相适应的。奴隶社会中,希腊的铸币币材是白银。罗马在公元前3世纪以前用铜,以后是白银。西欧的中世纪铸币币材也主要是银,从公元13世纪起,才在意大利、英国和法国陆续铸造发行金币。中国从春秋到清末的2 000多年时间里,铸币币材主要是铜,白银虽然广泛使用,但还是称量货币。

(3) 铸币不断变质。铸币在长期流通中,会因磨损而使其重量减少,从而使名义价值与实际价值背离,成为不足值货币。不足值铸币仍然按照名义价值进行流通。这种不足值货币和足值铸币一样流通的事实,后来普遍为国家利用。国家为了维持庞大的财政开支,经常有意识地降低铸币的成色、重量,铸造不足值铸币。雅典在公元前407~公元前406年曾发行仅镀一层白银的铜铸币。罗马曾铸造仅含2%白银的所谓"银"币。中国汉初把12铢重的"半两"减轻为3铢的"荚钱";南北朝时出现的"鹅眼钱",1 000文积起来还不到3寸。铸币逐渐变成了货币的符号。

由于铸币流通的分散性和变质性,前资本主义社会的货币流通极为混乱。货币流通的混乱又使正确计算成本、价格、利润和广泛建立信用联系发生困难,不利于资本主义生产和流通的发展。为了清除这种障碍,资产阶级在取得政权后先后颁发了有关货币流通的法令和规定,改变了货币流通的混乱状况,逐步建立了统一的、完整的资本主义货币制度。

2) 资本主义货币制度的建立

资本主义经济制度的核心是统一的市场,这就需要有统一、稳定和规范的货币流通制度。为了发展资本主义经济,取得政权的资产阶级,对货币制度的改革提出三个方面的要求:一是要求有统一的货币制度。货币制度统一的标志就是把分散的货币铸造权集中起来,由国家政权垄断。二是要求有稳定的货币流通。稳定的货币价值有利于厂商正确地计算成本和利润,顺利实现再生产和扩大再生产,同时也有助于信用关系和发展,为商品生产和流通创造有利条件。三是要求货币流通有较大的弹性。即货币流通能够适应国民经济的周期性变化进行扩张和收缩。

因此,为了改变当时货币流通的紊乱状况,各国政府先后以法令或条例的形式对货币流通做出种种规定。这些规定包括以下几个方面的内容:一是建立以中央银行为唯一发行机构的统一和集中的货币发行体系,垄断货币发行;二是就相对稳定的货币单位做出相应的规定,以保证货币制度的稳定;三是就贵金属充当币材并能自发调节流通中的货币量做出规定。西方国家政府在资本主义上升时期为克服货币流通混乱的状况,将已颁布的本位货币金属、货币单位、货币铸造、发行和流通程序、发行准备等法令和条例集中起来制度化的过程,就是资本主义货币制度的形成过程。

第 1 章 货币与货币制度

2. 货币制度的构成要素

从资本主义国家建立起统一的货币制度以来的几百年间,尽管货币制度几经变迁,各国的货币制度也各有特色,但其构成的基本内容和要素是基本一致的。一般而言,货币制度的构成要素包括以下一些基本内容。

1) 规定货币材料

规定一国货币用什么材料制作,是建立货币制度的首要步骤。大体而言,确定不同的货币材料就形成不同的货币制度。如果用黄金作为本位货币材料,那就是金本位制度;如果用白银作为本位货币材料,那就是银本位制度;如果同时用黄金和白银作为本位货币材料,那就是金银复本位制度;如果不用金属而是用纸作为主要货币材料,那就是纸币制度。使用哪种材料制作本位币不是任意规定的,而是由客观经济条件所决定的,多是对已经形成的客观现实在法律上加以肯定。在资本主义初期,商品经济还不发达,商品交易规模也不大,用白银作为货币材料已能满足流通的需要。而当商品经济发展了,商品交易规模扩大了以后,白银因其价值含量较低并且价值不够稳定而不能适应流通需要,此时黄金开始进入流通,成为本位币材料。到 20 世纪初,由于商品经济进一步发展,商品交易的规模已远远超过了黄金存量规模。如果再坚持用黄金作为货币材料,必然会阻碍商品经济的发展,所以黄金不再流通,取而代之的是纸币制度。目前,由于各国都实行不兑现的信用货币制度,因而对货币材料不再做明确规定。

2) 规定货币种类

规定流通中的货币的种类是一国货币制度的重要内容①。流通中的货币即通货一般包括本位币与辅币两种。本位币是一国的基本通货,是一国的法定计价结算货币,也被称为主币。在金属货币流通的条件下,本位币是指货币金属按照国家规定的货币单位所铸成的铸币,这时的本位币具有足值的特点;而在信用货币阶段,各国的本位币则表现为不可兑换的银行券和纸币。辅币是本位币以下的小额货币,供日常零星交易和找零之用的小额通货,无论是在金属货币流通时期还是在信用货币阶段,辅币一般都是由贱金属制造的不足值货币。值得注意的

---

① 通常,每个国家都只使用唯一的一种货币,并由中央银行发行和控制。不过也存在例外,亦即多个国家可以使用同一种货币。如在欧元区国家通用的欧元,在西非经济共同体的法郎,以及在 19 世纪的拉丁货币同盟,名称不同但能在联盟内部自由流通的等值货币。此外,一个国家或地区也可以选择别国的货币作为法定流通货币,如巴拿马选择美元作为法定货币。不同国家的货币还可能使用相同的名字,如在法国和比利时使用欧元之前,它们和瑞士的货币都叫法郎。

是,有些国家的货币没有辅币,或者虽然有辅币,但是由于币值太小而只是理论上的换算单位,而没有发行实际的货币,比如日元、韩元等。

3) 规定货币单位

这包括两个方面:货币单位的名称和货币单位的"值",即每一货币单位的价值,在1973年"黄金非货币化"协议产生之前,货币单位的价值就是指每一货币单位所含的货币金属的重量。

一般而言,一国货币单位的名称往往就是该国货币的名称。如里拉①,是意大利货币单位的名称,也是货币的名称。若几个国家同用一个单位名称,则在前面加上国家名。如法郎,是很多国家采用的货币单位名称,前面加上国名,就成了各该国的货币名称,如法国法郎②、瑞士法郎等。中国有些特殊,货币名称是人民币,货币单位的名称是圆(元),两者不一致。

货币单位的确立更重要的是确定币值。在铸币流通的时候,就是确定单位货币包含的金属重量和成色;在代用货币流通的时期,就是确定本国货币单位代表的金属量。如美元按1934年法令,所含货币金属黄金的量为0.888 671克;英镑按1870年铸币条例,其含金量为7.97克;中国在1914年曾规定货币单位的名称为"圆",并规定1个银圆的含银量为0.648两。在黄金非货币化后,流通中只有不可兑换的信用货币,如何确定货币单位的值就成了一个有争议的问题。显然,货币单位的值已不能通过规定含金量来表示,货币单位的"值"变成了其实际能购买的流通中的商品价值,因为这本身较难测算,所以有的学者就认为,确定货币单位的值则转变为如何维持本国物价体系的稳定和本国货币与外国货币的比价的稳定,也就是货币对内价值和对外价值的双稳定。至于何为稳定,这与政府的货币政策有关,可能要求波动幅度不超过一定范围,也可能要求自己的币值偏低或偏高。

4) 规定各种通货的铸造、发行和流通程序

通货是指流通中的现金,一般包括本位币和辅币。其具体形式在金属货币制度下,表现为金属货币、纸币和银行券;在信用货币制度下,表现为纸币、辅币和银行券。不同种类的通货有不同的铸造、发行和流通程序。

---

① 意大利里拉(Lina,1861～2002),意大利、梵蒂冈、圣马力诺等国的货币单位,现已被欧元取代。

② 法国法郎(Franc)诞生于1360年,在欧元于2002年1月1日正式上市后,法国官方决定,从2002年2月17日午夜起,法国法郎停止合法流通,由欧元取代。

第1章 货币与货币制度

(i) 本位币

金属货币制度下的本位币是一种足值的铸币,并有其独特的铸造、发行与流通程序,具有自由铸造的特点。在金属货币流通的条件下,本位币可以自由铸造。这里的自由铸造有两方面的含义:一是每个公民都有权把货币金属送到国家造币厂请求铸成本位币;二是造币厂代公民铸造本位币,不收费用或只收很低的造币费。

本位币的自由铸造具有十分重要的经济意义。首先,自由铸造可以使铸币的名目价值和实际价值保持一致。铸币的实际价值是指铸币本身的金属价值。由于公民可以随时把货币金属送到国家造币厂请求铸成铸币,所以铸币的名目价值就不能高于其实际价值,否则就必须用法律手段来规定其名义价值;又由于持有铸币的人可以随时将它熔化为金属块,铸币的名目价值就不能低于铸币的实际价值,否则人们就会将铸币熔毁,退出流通领域。其次,本位币的自由铸造可以自发地调节货币流通量,使流通中的货币量与货币需要量保持一致。当流通中的货币量不足时,公民会把金属块请求造币厂铸成铸币,投入流通;当流通中的货币量过多时,公民又会自发地将铸币熔化成金属块,退出流通。除此之外,金属货币流通时期各国往往规定本位币有磨损公差。在金属铸币流通制度下,铸币流通会有自然的磨损,不法之徒还有意削边、擦损。为了保证本位币的名目价值与实际价值相一致,从而保证其无限法偿能力,各国货币制度中通常都规定有每枚铸币的实际重量低于法定重量的最大限度,即铸币的磨损公差。

(ii) 辅币

辅币在铸造、发行与流通程序上具有以下特点:

(1) 辅币用较贱的金属铸造。之所以用贱金属铸造辅币,是因为辅币流通频繁,磨损迅速,如果用贵金属铸造,损耗太大,而这种损耗属于流通费用,对社会资源来说是一种虚耗。因此,铸造辅币应该尽量使用贱金属,以节省流通费用。

(2) 辅币是不足值的铸币。辅币之所以铸成不足值货币,是因为辅币只是本位币的一个可分部分,如果辅币按其包含金属的价值流通,随着生产力的提高,主币和辅币两种不同金属的价值发生变化,主币和辅币的固定兑换比例就不能保证,辅币就失去了其作为辅助货币的作用;同时,如果辅币铸成足值货币,当辅币币材价格上升时,大量辅币就会被私自熔化,这将造成辅币不足。因此,辅币按面额流通,不能依靠其所含金属的价值,而只能依靠法律规定的与主币的固定兑换比率。

(3) 辅币可以与本位币自由兑换。辅币的价值虽然低于名目价值,但法律规定,辅币可以按固定比例与本位币自由兑换,这样就保证了辅币可以按名目价值流通。

(4) 辅币实行限制铸造。所谓限制铸造,即只能由国家铸造。由于辅币的实际价值低于其名目价值,铸造辅币就会得到一部分铸造收入,所以铸造权由国家垄断,其收入归国家所有。同时,因为辅币是不足值的,限制铸造也可以防止辅币排挤本位币。

(iii) 信用货币时期纸币的发行和流通程序

虽然银行券和纸币的材料可以是相同的,但最初银行券和纸币的含义并不相同。因为银行券最早是作为代用货币出现的,它是银行发行的一种债务凭证。在银行业发展的早期,银行券是由商业银行分散发行的,19世纪以后各国才集中统一由中央银行发行。而作为信用货币的纸币,是指以国家信用为担保而发行和流通的纸制货币。在当代社会经济中,银行券和纸币已基本成为同一概念。这是因为:一是各国银行券已经不再兑换金属货币;二是各国的纸币已经完全通过银行的信贷程序发放出去。两者已经演变成为同一事物。

在信用货币流通阶段,贵金属铸币退出流通,本位币的自由铸造制度也就不存在了,但本位币的无限法偿规定以及辅币的铸造流通制度却保留了下来。纸币和不可兑换的银行券由政府或中央银行印制,是通过银行信贷程序而进入流通的。一般是中央银行贷款给商业银行或其他金融机构,后者再贷款给企业和个人。企业和个人从银行得到一笔贷款后,首先是在其账户上增加同样数额的存款。由于有了存款,即可以开出现金支票提取现金,这样铸币、纸币和不可兑换的银行券通过贷款投入流通;由于有了存款,就可以开出转账支票,由银行把一个存款账户上的存款转移到另一个存款账户上去,这样就出现了支票存款通货的流通。可见,无论是现金通货还是存款通货,都是通过银行贷款程序投入流通的,这与金属铸币通过自由铸造投入流通有着根本区别。

5) 规定货币的支付能力

用法律规定货币的支付能力是现代货币制度的重要内容,其具体形式表现为无限法偿和有限法偿。

无限法偿,即法律规定某种货币具有无限制的支付能力,无论每次支付的数量有多大,也无论是属于何种性质的支付,支付的对方均不能拒绝接受,否则被视为违法。具有这种资格的货币,是各国的本位币。本位币是法定作为价格标准的基本通货,各国法律规定,在货币收付中无论每次支付的金额多大,用本位币支付时,受款人不得拒绝接受。其具体形式在金属流通时期为充当本位币的铸币,在信用货币时期为纸币和银行券。支票存款虽然是信用货币的组成部分,但是一般不具有无限法偿的资格。

有限法偿,即法律规定在每一次支付行为中使用某种货币的数量受到限制,在一定的金额内其支付能力受到法律保护,超过一定的限额,其支付能力不受法律保护,受款人可以拒绝接受超过限额的部分。有限法偿主要是针对辅币规定的,这主要是为了防止辅币充斥市场。如美国规定,10分以上的银辅币每次支付限额为10元;铜、镍所铸造的分币,每次支付限额为25分。但为了使过多的辅币能自动流回国家手中,有限法偿货币在向国家纳税或向银行兑换时不受此数量限制。

6) 准备金制度

准备金制度又称金准备制度。准备金制度分为两种情况:一是在金属货币与银行券同时流通条件下,为了避免银行券过多发行、保证银行券信誉,发行机构按照银行券的实际规模保持一定数量的黄金;二是纸币流通条件下,发行纸币的金融机构(中央银行或者商业银行)维持一定规模的黄金。发行货币机构按照一定要求与规则持有黄金就是黄金储备制度,是货币制度的一项重要内容,也是一国货币稳定的基础。多数国家的黄金储备都集中由中央银行或国家财政部管理。

在金属货币流通的条件下,黄金储备主要有三项用途:第一,作为国际支付手段的准备金,也就是作为世界货币的准备金;第二,作为时而扩大时而收缩的国内金属流通的准备金;第三,作为支付存款和兑换银行券的准备金。在当代世界各国已无金属货币流通的情况下,纸币不再兑换黄金,黄金准备的后两项用途已经消失,但黄金作为国际支付的准备金这一作用仍继续存在,当一个国家出现国际收支逆差时,可以在国际市场上抛售黄金,换取自由外汇,以平衡国际收支。

目前,各国中央银行发行的信用货币虽然不能兑换黄金,但是为了稳定货币的对内、对外价值,仍然普遍保留着发行准备制度。各国准备制度不一致,但归纳起来,作为发行准备金的一般有三类:黄金,外汇,国家债券、商业票据等有价证券。当货币价值出现背离时,一国政府可以动用此类准备金作为稳定币值的工具。

1.5.2 货币制度的演变与发展

概括地说,货币制度可分为两类,即金属货币本位(以贵金属作为本位货币)和信用货币本位(不是以有价值的商品作为本位货币,又称纸币本位或不兑现本位)。从历史上看,货币制度自产生以来,先后经历了由银本位制、金银复本位制、金本位制到现在的不兑现信用货币制度四个发展阶段。

1. 银本位制

银本位制(silver standard)又称银单本位制,是指以白银作为本位币币材的一种金属货币制度。它是历史上出现最早、实施时间最长的一种货币制度。银本位制又分为银两本位和银币本位两种形式。银两本位是以白银的重量单位——"两"作为价格标准,实行银块流通的货币制度。银币本位则是以一定重量和成色的白银,铸成一定形状的本位币,实行银币流通的货币制度。在银本位制度下,银币可以自由铸造和自由熔化,并具有无限法偿能力;白银或银币可以自由输出和输入;银行券可以自由兑换成银币或等量的白银。

白银在前资本主义是主要币材,这与前资本主义社会经济发展的水平是相适应的,因为那时经济不够发达,商品交易主要是小额交易,规模很小,因此对货币的需要量也不大,白银价值较低,适合这种交易的需要。在货币制度萌芽的中世纪,许多国家就实行银本位制。在纪元前及公元纪年之初期,欧洲许多国家,如英国、法国、意大利等,均曾有银币流通。16世纪到19世纪,银本位制在世界许多国家盛行。

银本位制的主要缺陷:一是白银的价值相对较小;二是白银价值不稳定。由于白银储藏量相对丰富,白银的开采技术提高较快,使白银的产量较多,导致白银价值不断下降。例如,在1870~1935年间,白银价格就有四次大的波动,其总的趋势是黄金需求大量增加,供不应求;白银需求减少,而供应却在增加,结果使得金银比价差距愈来愈大(参见表1.1)。而作为一种货币金属,只有当其价值能保持相对稳定,才适合于作货币材料,才能保证货币价值的稳定性。随着资本主义经济的发展,商品交易规模日益扩大,大宗商品交易日益增多,用白银这种价值相对较低的货币进行支付,就出现了许多不便。如一笔大宗交易往往需要支付大量的白银,对交易商来说,在参与交易时,要携带大量的白银。而在交通不发达、信用制度比较落后的条件下,携带大量白银既不方便,也不安全。商品货币经济的发展需要有价值含量更高、更稳定,携带更方便的货币,一些国家开始采用黄金作为货币材料。到20世纪初,除了中国、印度、墨西哥等少数经济落后的国家仍实行银本位制外,主要资本主义国家都早已放弃了这种货币制度。

表1.1 伦敦金银市场上金银比价的变化情况

年 份	1860	1870	1880	1890	1900	1910	1920	1930	1932
金银比价	1∶15	1∶15.5	1∶18	1∶19.7	1∶33	1∶39	1∶45	1∶53	1∶73.5

资料来源:何泽荣.现代货币银行学教程[M].成都:西南财经大学出版社,1990:26.

2. 金银复本位制

金银复本位制(gold and silver bimetallic standard)是指以黄金和白银同时充当本位币币材的一种金属货币制度。随着商品货币经济的发展,在商品交易中对金银两种贵金属的需求都增加了,白银主要用于小额交易,黄金则用于大宗买卖,形成了白银与黄金都作为主币流通的局面。客观上产生了建立金银复本位制的要求。16世纪,随着新大陆的发现,墨西哥和秘鲁丰富的银矿和巴西丰富的金矿先后被开采出来。大量的金银从美洲流入欧洲,促成了金银复本位制的实行。16～18世纪,欧洲国家的金银纷纷都可以自由地输出输入,各国普遍进入金银复本位制。

金银复本位制具有以下特征:
(1) 金银两种货币都可以自由熔化和自由铸造。
(2) 金银两种货币都具有无限法偿的能力。
(3) 金银两种货币都可以自由输出输入。
(4) 金银两种货币都可以与代用货币(如银行券等)自由兑换。

金银复本位制由于黄金和白银同时使用,因而货币材料充足,不会出现通货紧缩的现象;金币和银币在交易中可以相互补充,即大宗交易使用金币,小额交易使用银币,大大便利了商品流通,因而这种货币制度曾对经济发展起过一定的促进作用。但是,这种货币制度又存在重大缺陷,因而在前后经历了如下一些形态后,金银复本位制最终被金本位制所代替。

1) 平行本位制

平行本位制即金币和银币是按照它们所包含的金银实际价值进行流通的,也即金币和银币是按市场比价进行交换的。其特点是,国家对两种货币的交换比率不加规定,由市场自由确定,因而比价波动频繁,从而造成交易混乱,货币制度极不稳定。例如,英国1663年铸造的金基尼和原来流通的银先令并用,两者按它们所含有的生金、生银的市场比价进行交换。这种货币制度的缺点是显而易见的。因为在金银复本位制下,商品具有金币和银币表示的双重价格。金银市场比价波动必然引起商品双重价格比例波动,使商品交易遇到很多麻烦。

2) 双本位制

为了克服平行本位制带来的问题和困难,国家便以法律规定金币和银币之间的固定比价,即金币和银币是按法定比价进行流通和交换的。例如,法国曾规定:1金法郎=15.5银法郎。这样做虽然可以避免金银实际价值波动带来的金币和银币交换比例波动的情况,能克服平行本位制下"双重价格"所产生的弊病,但这种做法又违背了价值规律。当金银的法定比价与市场比价不一致时,就产生了"劣币驱逐良币"(bad money drives out good)的现象。由于这一现象是由16世纪英国财政大臣托马斯·格雷欣(Thomas Gresham)发现并提出的,所以又将这一现象发生的规律称为"格雷欣法则"(Gresham's Law)。

格雷欣法则即劣币驱逐良币规律,是指在金属货币流通条件下,当一个国家同时流通两种实际价值不同,但法定比价不变的货币时,实际价值高的货币(亦称良币)必然被人们熔化、收藏或输出而退出流通,而实际价值低的货币(亦称劣币)反而充斥市场。例如,当国家规定1金币=15银币的法定比价,而市场比价为1金币=16银币时,人们就会先按市场比价用1个金币换16个银币,然后按法定比价用15个银币换1个金币,其结果可多得一个银币。当人们每次用15个金币按市场比价换取银币,然后再按法定比价换回金币时(不考虑兑换费用),就会多得一个金币。人们就会将多得的金币收藏或熔化成金块或输出国外。如此循环往复,必然使流通中的价值含量相对高的金币越来越少,价值含量相对低的银币充斥市场。这一规律的发现告诉我们:一个国家在同一时期内只能流通一种货币,如果同时使用两种货币,在金属货币流通条件下就会出现"劣币驱逐良币"的现象。

劣币驱逐良币规律曾在美国货币史上有所表现。美国于1791年建立金银复本位制,它以美元作为货币单位,规定金币和银币的比价1∶15,但当时法国等几个实行复本位制的国家规定金银的比价1∶15.5。也就是说,在美国金对银的法定比价低于国际市场的比价。这样,人们可以在美国取得1盎司黄金,把它输送到法国去换15.5盎司的白银,然后又将15.5盎司的白银运回美国,在美国购买1盎司黄金,剩下半盎司的白银,除了弥补运输费用以外,还可以得到一笔利润。于是黄金很快就在美国的流通界消失了,金银复本位制实际上变成了银本位制。1834年,美国重建复本位制,金银的法定比价重新定为1∶16,而当时法国和其他实行复本位制的国家规定的金银比价仍然是1∶15.5,这时就出现了相反的情况。由于美国银对金的法定比价定得比国际市场低,因此金币充斥美国市场,银币却被驱逐出流通领域,金银复本位制实际上又变成了金本位制。

3) 跛行本位制

在金银复本位制向金本位制过渡时,曾在一些国家出现过一种"跛行本位制"(limping standard)。在这种制度下,法律规定金币和银币都可以成为本位币,两者之间有兑换比率,但金币可以自由铸造,而银币却不能自由铸造。由于银币实行限制铸造,遂使银币的实际价值与其名义价值无法保持一致,银币的名义价值唯有取决于银币和金币的法定兑换比率。实际上,此时的银币已经起着辅币的作用,演变为金币的价值符号。19世纪70年代的一些欧洲国家,如法国、比利时、瑞士、意大利等都曾采用过这种货币制度。然而,跛行本位制事实上已不是典型的复本位制,是由复本位制向金本位制过渡时期的一种特殊的货币制度。

3. 金本位制

金本位制(gold standard)又称金单本位制度,就是以黄金作为本位币币材的金属货币制度。由于金银复本位制是一种不稳定的货币制度,对资本主义经济发展起了阻碍作用,甚至导致货币制度事实上的"复辟"和倒退。为了保证货币制度的稳定性,更好地发挥货币制度对商品经济的促进作用,英国率先实行了金本位制①。之后,德国、法国、比利时等欧洲国家相继实行金本位制度。1897 年俄国和日本也宣布实行金本位制度,1900 年美国也宣告黄金为唯一的本位币金属。至此,资本主义国家差不多都实行了金本位制,金银复本位制随着消失了。

金本位制在实行的过程中经历过以下三个主要阶段:

1) 金铸币本位制

金铸币本位制简称金币本位制(gold specie standard),它是最早、也是最典型的金本位制,盛行于 1880～1914 年间。在这种制度下,国家法律规定以黄金作为货币金属,即以一定重量和成色的金铸币充当本位币的货币制度。金币本位制具有以下三个特征:

(1) 金币可以自由铸造、自由熔化,而其他金属货币包括银币则限制铸造。这既保证了货币的实际价值和其所代表的名义价值相符,也保证了金币的价值能自发地适应流通中的需要。

(2) 金币可以自由流通,价值符号(辅币和银行券)可以自由兑换为金币。规定各种价值符号能够按其面额价值兑换成金币。这就使价值符号能稳定地代表一定数量的黄金流通,从而保证货币价值稳定。

(3) 黄金在各国之间可以自由地输出输入。由于黄金在国际上可以自由流动,就可以充分发挥黄金的世界货币职能,也有利于保持各国货币汇率的稳定,从而促进国际贸易的发展。

总体而言,金币本位制是一种相对稳定的货币制度。这种相对稳定性主要表现如下两个方面:一是在实行金币本位制的国家内,货币数量适当。由于金币可以自由铸造,就保证了货币数量与商品流通需要量相一致。当货币数量超过需要量时,货币可退出流通,被储藏或熔化;当货币数量不足时,被储藏的金币又可返回流通领域,金块又可被铸成金币投入流通使用。由于货币数量能自发地适应商品流通的需要,所以货币一般不会发生贬值。二是在实行金币本位制的国家内,其货币的对外汇率相对稳定。在实行金币本位制下,黄金可以自由地输出输入,金币又都有含金量。因此,各国货币之间的汇率是由铸币平价决定的。铸币平价就是两种货币的含金量之比。当外汇汇率高于铸币平价及黄金运输费之和时,会导致黄金输出;当外汇汇率低于铸币平价减黄金运输费时,会导致黄金输入。黄

---

① 当时的英国经济力量强大,在国际贸易中占较大优势,它需要有一种稳定的、价值较高的货币行使流通职能。1816 年英国颁布法令,宣布实行金本位制度。

金的输出输入会影响一国货币准备金及货币数量,进而引起价格变动,影响进出口状况,从而能起到调节国际收支和汇率的作用,使汇率保持相对稳定。

由于金币本位制是相对稳定的货币制度,所以在实行金币本位制的约一百年时间里,资本主义经济有了较快的发展。首先,稳定的币值保证了商品流通顺利开展,也有助于厂商准确地核算成本、价格和利润,从而有利于生产的发展;其次,稳定的币值使债权债务的契约关系保持正常,促进了信用关系及信用制度的发展;第三,相对稳定的汇率有利于国际贸易和资本流动的顺利开展,促进了国际经济关系的相对稳定。

但是,随着资本主义经济的发展,各国之间矛盾的日益加剧,加之金币货币制度自身也并非完美无缺,从而导致这种货币制度的稳定性日益削弱。这是因为:

(1) 黄金生产量的增长幅度远远低于商品生产增长的幅度,黄金不能满足日益扩大的商品流通需要,这就极大地削弱了金铸币流通的基础,这是金币本位制重要的内在缺陷。

(2) 世界黄金存量的分配极不平衡。如1913年末,美、英、法、德、俄五国占有世界货币黄金存量的三分之二,这种现象严重削弱了其他国家铸币流通的基础。

(3) 人为的对于金币本位制的破坏。自由兑换和黄金的自由输出入是金币本位制存在的重要基础,而在第一次世界大战爆发后,少数强国为了准备瓜分殖民地的战争,一方面用黄金购买了军火,另一方面发行大量纸币弥补财政赤字,这就不能保证价值符号的自由兑现,从而削弱了价值符号与金币自由兑换的基础。同时一些国家从本国利益出发,用关税壁垒限制贸易往来,包括限制黄金在国际间的自由输出入,从而影响了黄金在国际间流通。

第一次世界大战后,金币本位制遭到破坏,导致许多国家放弃了金本位制。1924~1928年资本主义出现了一个相对稳定时期,主要资本主义国家的生产恢复到第一次世界大战前的水平,各国相继恢复金本位制,但由于金本位制的基础被削弱,不可能恢复典型的金本位制。当时,除美国外,其他国家只能实行没有金币流通的金块本位制和金汇兑本位制。

2) 金块本位制

金块本位制(gold bullion standard)亦称"生金本位制",是指在国内不铸造、不流通金币,只发行代表一定黄金量的银行券(或纸币)来流通,而银行券(或纸币)只能达到一定数量后才能兑换金块的货币制度。金块本位制虽然没有金币流通,但在名义上仍然为金本位制,并对货币规定有含金量。如法国1928年的《货币法》规定,法郎的含金量为0.065克纯金,并规定有官价。在金块本位制的条件

第1章 货币与货币制度

下,虽然不允许自由铸造金币,但允许黄金自由输出入,或进行外汇自由交易。银行券是流通中的主要通货,但不能直接兑换金币,只能有限度地兑换金块。如英国在1925年规定,银行券每次兑换金块的最低数量为1700英镑;法国1928年规定至少须21.5万法郎才能兑换黄金。这么高的兑换起点,实质上等于剥夺了绝大多数人的兑换权利,从而限制了黄金的兑换范围。金块本位制是不铸造、不流通金币,银行券。

实行金块本位制可节省黄金的使用,减少了对黄金履行准备量的要求,暂时缓解了黄金短缺与商品经济发展之间的矛盾,但并未从根本上解决问题。金块本位制实行的条件是保持国际收支平衡和拥有大量的平衡国际收支的黄金储备。一旦国际收支出现巨额逆差,大量黄金外流或黄金储备不敷支付时,这种虚弱的黄金本位制就难以维持。1930年以后,英国、法国、比利时、荷兰、瑞士等国在世界性经济危机袭击下,先后放弃了这一制度。

3) 金汇兑本位制

金汇兑本位制(gold exchange standard)又称"虚金本位制",是指国内不再铸造、流通和使用金币,流通中的货币(即银行券)只与另一实行金币或金块本位制国家的货币保持固定比价,只能兑换成此种外汇而不能兑换成黄金的制度。

实行金汇兑本位制的国家,对货币只规定法定含金量,禁止金币的铸造和流通。国内实行银行券或纸币流通,纸币不能与黄金兑换,而只能兑换外汇,外汇可以在国外兑换黄金。本国货币与某一实行金块本位制或金本位制国家的货币保持固定汇价,以存放外汇资产作为准备金,并通过无限制地买卖外汇来维持本国货币币值的稳定。实行这种制度的国家在对外贸易和财政金融方面,必然受到与其相联系的国家控制。可见,金汇兑本位制实际上是一种附庸性质的货币制度,一般为殖民地和附属国所采用。第一次世界大战之前殖民地国家,如印度、菲律宾等实行这种制度。第一次世界大战以后,法国、意大利、奥地利、中国、波兰等都曾实行过这种制度。

第二次世界大战(以下简称"二战")结束前夕,在美国的新罕布什尔州布雷顿森林召开的国际货币会议上确立的"布雷顿森林体系",实际上是一种全球范围的国际金汇兑本位制度。这一体系规定的"各国货币与美元挂钩,美元与黄金挂钩",以美元为中心的货币制度,把各国货币都变成了美国货币的依附货币。直到1973年,由于美国宣布美元与黄金脱钩,二战后这一国际金汇兑本位制才正式停止。

金块本位制和金汇兑本位都是削弱了的、残缺不全的金本位制。这是因为,第一,这两种货币本位制都没有金币流通,金币本位制中金币自由铸造所形成的自发调节货币流通量并保持币值相对稳定的机制已不复存在。第二，银行券虽仍规定有含金量，但其兑换能力大为下降，因而从根本上动摇了银行券的基础。在金块本位制下银行券兑换黄金有一定限制；在金汇兑本位制下银行券兑换黄金要通过外汇才能进行。第三，实行金汇兑本位制的国家，一般把本国货币依附于美元，并把黄金或外汇存储于美国，一旦美国经济动荡不定，依附国的货币也将发生波动。这两种脆弱的金本位制，经1929~1933年世界性经济危机的冲击，很快就瓦解了。各国在20世纪30年代纷纷放弃金本位制转而实行信用本位制。

4. 不兑现的信用货币制度

不兑现的信用货币制度，又称不兑现本位制和不兑现的纸币流通制度，是以中央银行或国家指定机构发行的信用货币作为本位币的货币制度。流通中的信用货币主要由现金和银行存款构成，并通过金融机构的业务投入到流通中去，国家通过种种方式对信用货币进行管理调控。不兑现的信用货币制度是当今世界各国普遍实行的一种货币制度。

1) 信用货币制度产生的原因

信用货币制度的产生是由货币的性质决定的。究其原因，一方面金属货币制度有其自身难以克服的诸多缺陷，另一方面不兑现的纸币流通制度又有其天然的优势。

(i) 金属货币制度本身具有难以克服的缺陷

首先，金属货币制度需要有足够的贵金属作为货币发行准备金和货币流通基础。随着经济的发展，贵金属储藏量和产量的有限性与商品生产和流通规模不断扩大的矛盾日益尖锐。尽管实行部分准备制度可在一定程度上缓和这一矛盾，但是不能从根本上消除这一矛盾。人类社会的商品生产及流通规模远远大于贵金属的存量总和，因而在客观上要求有一种不受自然资源限制，并可以调节其数量的货币。纸币等信用货币因其材料来源充足而成为人们选择的对象。

其次，在金属货币制度下，一国经济受国外影响太大。在金银可以自由输出输入的时候，各国经济都紧密相关；在实行金汇兑本位制时，各国为了维持汇率稳定，须被迫调整其国内的经济政策和经济目标。这些都不利于一国实行独立的经济政策，因而也是各国放弃金属货币制度的重要原因之一。

(ii) 不兑现的纸币流通制度有其天然的优势

纸币流通制度的主要优势，一是纸币发行不受黄金供给的限制，可以根据经济发展的实际需要调整货币供应量；二是纸币是用纸作为货币材料，纸的价值含量很低，即使有了磨损，也不会造成社会财富的巨大浪费；三是纸币还具有易于携

第1章 货币与货币制度

带、保管、支付准确等好处。这些都是金属货币所不及的①。

2) 信用货币制度的主要特点

信用货币制度是一种以信用为基础的货币制度,其基本特点:

(1) 不兑现的信用货币一般是由各国中央银行发行的,并由国家法律赋予无限法偿能力。

(2) 货币不同任何金属保持等价关系,也不能兑换黄金,货币发行一般不以金银为保证,也不受金银数量的限制。

(3) 货币是通过信用程序投入流通领域,货币流通是通过银行的信用活动进行调节,而不是像金属货币制度那样,由铸币自身进行自发的调节。银行信用的扩张,意味着货币流通量增加;银行信用的紧缩,则意味着货币流通量减少。

(4) 这种货币制度是一种管理货币制度。一国中央银行或货币管理当局通过公开市场政策、存款准备金率、贴现政策等手段,调节货币供应量,以保持货币稳定;通过公开买卖黄金、外汇,设置外汇平准基金,管理外汇市场等手段,保持汇率稳定。

(5) 这种货币制度存在发生通货膨胀和信用膨胀的可能性。货币流通的调节是国家对宏观经济进行调控的一个重要方面,但流通领域究竟能够容纳多少货币量,则取决于货币流通规律。当国家通过信用程序所投放的货币超过了货币需要量,就会引起通货膨胀,这是不兑现的信用货币流通所特有的经济现象。

(6) 信用货币制度中流通中的货币不仅指现钞,银行存款也是通货。随着银行转账结算制度的发展,存款通货的数量越来越大,现钞流通数量越来越小。

在不兑现的信用货币制度下,货币、信用领域出现了一系列的新现象。一方面,由于流通的是不与任何金属保持等价关系的纸币,银行系统的放款成为增减货币流通量的主要渠道,使得对银行信用的调节成为国家调控宏观经济的重要手段;另一方面,由于信用货币不受金准备的约束,也不存在黄金对货币流通的自动调节机制,所以极易出现货币失衡现象,从而导致通货膨胀或通货紧缩,对经济增长造成危害。

1.5.3 我国的货币制度

1. 新中国建国前的货币制度

中国是货币历史发展悠久的国家。早在新石器时代,距今近五千年的黄帝时

---

① 当然,纸币与存款货币和电子货币相比,在支付速度、交易成本等方面也处于劣势,因此纸币也将终究被淘汰。

现代货币金融学

代,就有了交易媒介物。到了殷商时代,当时的社会生产力有了较大发展,逐渐产生了货币。最初使用的货币是牲畜,随后主要采用贝壳。到了春秋战国时期,出现了布币(公元前8世纪)、刀币(公元前7世纪)、圆钱等货币体系,最后统一于秦"半两"(圆形方孔铜钱,这种圆钱在中国流通了两千多年),主要流通的是铜铸币。

中国的纸币最早产生于北宋的"交子"(主要流通于四川省境内,以铁钱为现金准备),而实际上在汉武帝时期发行的白鹿皮币就具备了纸币雏形。南宋的主要纸币为"会子"(流通较广),金代发行的"金交钞"(1154年仿宋"交子"而发行,与辽、宋铜钱并行),元朝的主要纸币是"中统元宝宝钞"(1260年发行)和"至元通行宝钞"(1287年发行),明朝发行的纸币主要是"大明通行宝钞"(明代唯一的纸币,1375年开始发行,之后二百多年一直用之),清代的纸币主要是"户部官票"和"大清宝钞"(两者均于1853年发行,用以抵补财政支出,作为镇压太平天国运动的军费开支,均于1861年清理停用)。

总之,在两千多年的中国封建社会里,曾先后出现过多样化的货币形态,其中以铜铸币为主干,杂用金、银、珠、玉、谷、帛及纸币。但从严格意义上讲,这期间我国一直没有形成完备的货币制度,直到清末才产生了正式的货币制度。

清政府在1910年(即宣统二年)决定对货币制度进行改革,颁布了《币制则例》,这是采用银本位制的货币制度,从此我国有了正式的、较为完善的货币制度。《币制则例》的主要内容有:本位币的货币材料为白银;货币单位为"圆",并对货币的重量和成色做了规定;铸币由中央统一发行。但由于辛亥革命,《币制则例》没有付诸实施。

国民初年,北洋政府于1914年2月颁布了《国币条例》,虽然规定银圆为本位币,实行银圆流通,但多年形成的银两制度依然继续存在,实际上是银圆和银两并行流通的双重币制,即计价结算用银两,支付流通用银圆。

国民党政府在1933年3月1日发布了《废两改圆令》,对货币制度进行了"废两改圆"的改革。规定所有收付、交易,一律改用银圆,以银币为本位币,银币的单位是"圆",单位银圆含纯银23.493448克,1圆等于100分,1分等于10厘,从而在我国实行了统一的银币本位制。但由于中国白银产量很少,不得不依靠外国白银维持银币本位制,这使得英法等国可通过操纵国际市场金银比价的变化,控制中国的货币制度。1934年,美国实行白银政策,提高银价,中国白银大量外流,银根紧缺,国内银价暴涨,物价暴跌,国内货币流通极度混乱。

1935年11月,在英美操纵下,国民党政府实行了"法币改革"。其内容主要有:①放弃银本位制,实行纸币流通制度;②集中纸币发行权,规定中央银行、中国银行、交通银行三家银行(后增加中国农民银行)发行的纸币为"法币",具有无限法偿的能力,限期收回其他纸币;③禁止银圆在市面上流通,以1法币换银圆1圆,强制将白银收归国有,充作法币准备金;④1圆法币与14.5便士或0.2975美元等值,并可以无限制地买卖英镑和美元,以保持法币的稳定。法币改革不久抗日战争爆发,接着又是3年的解放战争,由于国民党政府实行通货膨胀政策,到1948年法币已贬值到无法流通的程度。有人曾这样描述:100元法币的购买力,1937年值两头黄牛,1939年值1头猪,1943年值1只鸡,1945年值2个鸡蛋,1947年只值一个煤球了①。

1948年8月19日,国民党政府不得不再次宣布币制改革,发行"金圆券",废止法币。其主要内容为:①金圆券每圆法定纯金0.22217克,由中央银行发行,发行总额以20亿圆为限。②发行采取十足准备制,以40%的黄金、白银及外汇做准备,其余以有价证券及政府指定的国有事业资产补充。③金圆券1圆折合法币300万元,折合东北流通券30万元。④私人不得持有黄金、外汇。⑤冻结物价、工资于1948年8月19日的水平。国民党政府发行金圆券的真正用意,无非是变换手法进一步加紧对人民的掠夺。首先,所谓法定含金量和十足准备制,并不兑现,故而毫无意义。而将黄金、外汇收归国有,并借禁止个人持有黄金、外汇之机,对人民再次进行洗劫。其次,按1∶300万比率收兑法币,无异变相发行大钞。另外,当时法币发行额折合金圆券仅2亿圆,所谓"金圆券发行以20亿圆为限",实质等于金圆券发行至少可比法币增加10倍,这等于继续加倍实施通货膨胀政策。结果金圆券和法币一样迅速贬值。1949年5月21日上海大米每石金圆券4.4亿圆②,若以每石米320万粒计,买1粒米就要金圆券130余圆。金圆券已几乎无任何币值可言,人们纷纷拒绝使用。

1949年4~5月,南京、上海相继被中国人民解放军攻占,人民政府宣布从6月起停止金圆券流通,以金圆券10万圆兑换人民币1元的比率,收回后销毁。国民党政府迁到广州后曾继续发行金圆券,但其价值已接近废纸。1949年7月4日,国民党政府宣布停止发行金圆券,改以银圆券("银圆兑换券"的简称)取代,从而结束了金圆券的历史。国民党广州政府宣称恢复银本位制,规定银圆1圆含纯银23.493448克,并规定银圆券1圆兑换5亿圆金圆券。当时的国民党统治区只剩下华南、西南几个省,故所发银圆券只指定了少数几个兑换点,并限量兑现,实质上银圆券仍不兑现,不能取信于民。加之共产党领导的人民政权,在银圆券一出笼时便宣布不收兑华南、西南伪币的声明,使银圆券遭到致命的打击。中国内

---

① 曹凤岐.货币金融学[M].北京:北京大学出版社,1989:17.
② "石"为旧中国的一种计量单位,1石约合50千克。

地全部解放后,银圆券也被彻底废除。

值得注意的是,人民币制度形成之前,与国民党政府货币制度同时存在的是共产党领导的革命根据地货币制度。早在第一次国内革命战争时期,中国共产党领导下的农民协会就建立了一些银行机构,并发行过货币。第二次国内革命战争时期,各苏维埃区也发行过各种货币,以支持战争,发展生产。例如,1928年海丰劳动银行发行过银票,1931年中华苏维埃共和国国家银行发行了钞票、银圆和铜币。这种钞票注明凭票即付相应的银圆。抗日战争时期,各抗日根据地都发行了自己的货币,其中很多货币也成为解放战争时期各解放区流通的货币。解放区的货币大多是以银行券形式发行的,除个别地区曾实行过短暂的兑换外,都是不可兑换的银行券。由于那时的根据地和解放区处在被包围被分割状态,因而各根据区和解放区的货币具有分散性和非统一性。

2. 我国现行的货币制度

我国现行的货币制度是一种"一国多币"的特殊货币制度,即在大陆地区实行人民币制度,而在香港、澳门、台湾实行不同的货币制度。表现为不同地区各有自己的法定货币;各种货币各限于本地区流通;各种货币之间可以兑换,人民币与港元、澳门元之间按以市场供求为基础决定的汇价进行兑换,澳门元与港元直接挂钩,新台币主要与美元挂钩。

人民币是1948年12月1日中国人民银行成立时发行的,这标志着新中国货币制度建立的开端。人民币发行以后,中国人民银行迅速收兑了旧经济制度下的法币、金圆券、银圆券,同时通过收兑原解放区自行发行的货币,统一了货币市场,形成了新中国货币制度。

人民币采取的是不兑现的银行券的形式。人民币从未规定过含金量,而且在1948年底关于发行人民币的一篇社论中明确申明:"解放区的货币,从它诞生之日开始,即与金银完全脱离关系"[①]。人民币也不再与任何外币确定正式关系,不依存于任何外国的货币制度。除人民币外,金、银及外币一律禁止流通。

由于人民币是在恶性通货膨胀的背景下发行的,而且开始发行一年多,还是弥补财政赤字的手段,因而在面额上也明显反映出这样的特点。如在1950年第二季度物价开始稳定下来之后,那时流通的钞票,最小面额是50元券和100元券,大面额的是5万元券。1955年3月1日,发行了新人民币,按1∶10 000的比例无限制、无差别地收兑了全部旧币,并同时建立起辅币制度。这个格局一直保

---

① 1948年12月5日新华社社论:《中国人民银行发行新币》。

第 1 章 货币与货币制度

持的现在。

在当今社会主义制度下,我国人民币货币制度的基本内容包括以下几个方面:

(1) 人民币是我国的法定货币,具有无限法偿能力。人民币是由中国人民银行发行的信用货币,是我国无限法偿货币。人民币的单位为"元",元是本位币(即主币)。辅币的名称为"角"和"分"。人民币的票券、铸币种类由国务院决定。人民币以"¥"为符号,取"元"字的汉语拼音首位字母"Y"加两横而成。

(2) 人民币是代表一定价值的货币符号,是不兑现的信用货币。人民币天生不与任何金属保持等价关系,人民币既不规定法定金属含量,也不能自由兑换黄金。

(3) 人民币是我国唯一的合法通货,金银和外汇不得在国内商品市场计价、结算和流通。《中华人民共和国中国人民银行法》(1995 年颁布,2003 年修订)第十五条规定:"中华人民共和国的法定货币是人民币。以人民币支付中华人民共和国境内的一切公共和私人的债务,任何单位和个人不得拒收。"同时,国家规定了人民币限额出入国境的制度,金银和外汇不得在国内商品市场计价结算和流通。人民币的汇率,实行以市场供求为基础、参考一篮子货币进行调节、有管理的浮动汇率制度。人民币在经常项目下可兑换外汇,在国家统一规定下的国内外汇市场可买卖外汇。

(4) 人民币的发行实行高度集中统一管理,货币的发行权集中于中央政府,由中央政府授权中国人民银行统一掌管。在我国,人民币发行权掌握在国家手里,国家授权中国人民银行具体掌管货币发行工作。中国人民银行是货币发行的唯一机关,并集中管理货币发行基金。中国人民银行根据经济发展的需要,在由国务院批准的额度内,组织年度的货币发行和货币回笼。并由中国人民银行集中统一管理国家的金银、外汇储备,负有保持人民币对内价值和对外价值稳定的艰巨重任。

(5) 人民币的发行具有多重保证。人民币是信用货币,人民币的发行是根据商品生产的发展和流通的扩大对货币的需要而发行的,这种发行有商品物资作基础,可以稳定币值,这是人民币发行的首要保证;其次,人民币的发行还有诸多的信用保证,包括政府债券、商业票据、商业银行票据等;再次,黄金、外汇储备也是人民币发行的一种保证。我国建立的黄金和外汇储备,主要用于平衡国际收支。进口需要大量外汇,这就需要用人民币购买,出口收入必须向外汇指定银行出售,银行在购买外汇的同时也就发行了人民币,因此对人民币的发行也起着保证作用。

(6) 人民币实行有管理的货币制度。作为我国市场经济体制构成部分的货币体制,必须是国家宏观调节和管理下的体制,包括货币发行、货币流通、外汇价格等都不是自发的而是有管理的。有管理的货币制度形式,是在总结历史经验和逐步认识客观经济规律的基础上,运用市场这只无形的手和计划这只有形的手来灵活有效地引导、组织货币运行。

本章小结

货币的产生与发展是一个社会历史现象。货币的形态随着社会生产的不断扩大也不断改变着其形式,货币形态的演进大体经历了3个主要的阶段:足值货币(含实物货币与金属货币)、代用货币(即表征货币)和信用货币(含电子货币)。

货币有价值尺度、流通手段、储藏手段、支付手段4大职能,其中,价值尺度和流通手段是最主要的两大职能。此外,货币流通如果越出国界,一国的主权货币还将承担世界货币的职能。

货币的本质是固定地充当一般等价物的特殊商品。它是一个历史的经济范畴,不以人的意志为转移,体现商品经济社会中的生产关系。

现代信用货币按照其流动性的不同,可划分为 M_0、M_1、M_2 等不同的层次,各国对不同层次货币规定的口径有所不同,不同层次的货币,在经济活动中的地位和影响不同,对科学分析货币流通状况、正确制定和执行货币政策具有非常重要的意义。

货币制度是指一个国家或地区以法律的形式确立的货币流通结构及其组织形式。货币制度的主要内容包括:①货币材料的确定;②货币种类和单位的确定;③各种通货的铸造、发行和流通程序;④货币的支付能力的确定;⑤准备金制度。

货币制度经历了银本位、金银复本位、金本位、纸币本位4个主要阶段。其中,银本位制又分为银两本位和银币本位两种形式;金银复本位制先后经历了平行本为、双本位和跛行本位三种形态;金本位制则先后经历了金铸币本位、金块本位和金汇兑本位三个阶段;而纸币本位制,又称不兑现的信用货币制度,它是当今世界各国和地区普遍实行的一种货币制度。

在双本位货币制度的情况下,实际价值高于法定价值的"良币"会被驱逐出流通,导致实际价值低于法定价值的"劣币"充斥市场的现象,这就是"劣币"驱逐"良币"规律,又称为"格雷欣法则"。

中国是货币发展历史悠久的国家。我国现行的货币制度是一种"一国多币"的特殊货币制度,即在中国内地实行人民币制度,而在香港、澳门、台湾实行不同的货币制度。其中,人民币是1948年12月1日中国人民银行成立时发行的,是

第1章 货币与货币制度

我国(内地)无限法偿货币。

【重要概念】

货币　足值货币　代用货币　信用货币　电子货币　本位币　辅币　纸币　价值尺度货币层次　M_0　M_1(狭义货币)　M_2(广义货币)　准货币　货币流通规律　货币制度　银本位制　金银复本位制　平行本位制　双本位制　金本位制　金铸币本位制　金块本位制　金汇兑本位制　纸币本位制　格雷欣法则

【复习思考题】

1. 马克思是如何分析货币起源的?
2. 货币形态的演变经历了哪几个阶段?
3. 货币的基本职能有哪些?
4. 什么是价值尺度?它与价格标准有何区别和联系?
5. 货币执行流通手段职能主要有哪些特点?
6. 什么是货币?西方经济学家是从哪些角度定义货币的?
7. 简述货币层次划分的依据及现实意义。
8. 试述商品流通与货币流通的关系。
9. 货币必要量与货币流通量的主要区别是什么?
10. 试述金币流通规律、纸币流通规律和货币流通规律的关系。
11. 什么是货币制度?它由哪几个主要因素构成?
12. 货币制度的历史演变可以划分为哪几个主要阶段?
13. 什么是银本位制?有何特征?
14. 何为金银复本位制?主要包括哪几个历史阶段?
15. 什么是格雷欣法则?有何意义?
16. 为什么说金币本位制是比较稳定的货币制度?
17. 何为金块本位制和金汇兑本位制?为什么它们仍然属于金本位制呢?
18. 简述人民币制度的主要内容。

现代货币金融学

第 2 章 信用与信用工具

本章导读

1596 年,荷兰的一个船长带着 17 名水手,被冰封的海面困在了北极圈的一个地方。8 个月漫长的冬季,8 个人死去了。但荷兰商人却做了一件令人难以想象的事情,他们丝毫未动别人委托给他们运输的货物,这些货物中就有可以挽救他们生命的衣物和药品。冰冻时节结束了,幸存的商人终于把货物几乎完好无损地带回荷兰,送到委托人手中。荷兰人有充分的理由权变,他们可以先打开托运箱,把能吃的东西吃了,等到了目的地,可以加倍偿还托运者,任何人都会同意这种人道的做法。但是,荷兰人没有这样做,他们把商业信用看得比自己的生命更重要。他们用生命作代价,守住信用,创造了传之后世的经商法则。在当时,荷兰本来只是个 100 多万人口的小国,却因为商誉卓著,而成为海运贸易的强国,福荫世世代代的荷兰人。这是一个关于诚信的真实故事,正是由于诚信产生了信任,而信任也是信用的基础。

本章将从金融学的角度解读信用,主要介绍信用的产生与发展、现代信用的主要形式、信用工具的主要类型以及信用在一国经济发展中的重要作用等内容。

2.1 信用的产生与发展

2.1.1 信用的产生

"信用"一词,源于拉丁文 credo,原意为信任、相信、声誉等;英语为 credit,也有"相信、信任"之意,均包含诚实守信、遵守诺言的内容。经济学中的信用则是体现特定关系的借贷行为。信用在物物交换时代即已存在,初期的信用主要采取商品形式。但是,在货币被广泛地作为支付手段的现代经济中,货币形态的借贷是信用的主要方式。可见,信用是指以偿还本息为条件的暂时让渡商品或货币的借贷行为。这种经济行为有两个基本特征:一是以偿还为前提条件,到期必须偿还。

第 2 章 信用与信用工具

二是偿还时必须有一定的增加额——利息。

信用与债权债务是同时发生的,任何信用活动均涉及两方面的当事人:一方为债权人,他将商品或货币借出,称为授信;另一方为债务人,他接受债权人的商品或货币,称为受信。债务人遵守承诺按期偿还商品或货币并支付利息,称为守信。

由于具有到期归还和支付利息这两个基本特征,使信用这种行为既区别于一般商品交换,又区别于财政分配等其他特殊的价值运动形式,是不发生所有权变化的价值单方面的暂时让渡或转移,货币在其中执行的是支付手段的职能。同时,信用与信贷也是有区别的。信贷虽然包含着授受信用两方面内容,但它更强调授信人贷出款项并预期收回的权利;而信用则全面体现授信双方的权利和义务。所以信用关系的外延远比信贷宽泛得多,信贷只是信用普遍和典型的形式。

2.1.2 信用产生及存在的客观基础

信用是商品货币经济发展到一定阶段的产物,当商品交换出现延期交付,货币执行支付手段职能时,信用就产生了。

私有制出现以后,社会分工不断发展,大量剩余产品不断出现。私有制和社会分工使得劳动者各自占有不同劳动产品,剩余产品的出现则使交换行为成为可能。随着商品生产和交换的发展,商品流通出现了矛盾——"一手交钱、一手交货"的方式由于受到客观条件的限制经常发生困难。例如,一些商品生产者出售商品时,购买者却可能因自己的商品尚未卖出而无钱购买。于是,赊销即延期支付的方式应运而生。赊销意味着卖方对买方未来付款承诺的信任,意味着商品的让渡和价值实现发生时间上的分离。这样,买卖双方除了商品交换关系之外,又形成了一种债权债务关系,即信用关系。当赊销到期、支付货款时,货币不再发挥其流通手段的职能而只充当支付手段。这种支付是价值的单方面转移。正是由于货币作为支付手段的职能,使得商品能够在早已让渡之后独立地完成价值的实现,从而确保了信用的兑现。整个过程实质上就是一种区别于实物交易和现金交易的交易形式,即信用交易。后来,信用交易超出了商品买卖的范围。作为支付手段的货币本身也加入了交易过程,出现了借贷活动。从此,货币的运动和信用关系连接在一起,并由此形成了新的范畴——金融。现代金融业正是信用关系发展的产物。在市场经济发展初期,市场行为的主体大多以延期付款的形式相互提供信用,即商业信用;在市场经济较发达时期,随着现代银行的出现和发展,银行信用逐步取代了商业信用,成为现代经济活动中最重要的信用形式。总之,信用交易和信用制度是随着商品货币经济的不断发展而建立起来的;进而,信用交易的产生和信用制度的建立促进了商品交换和金融工具的发展；最终，现代市场经济发展成为建立在错综复杂的信用关系之上的信用经济。

信用的产生与存在同市场经济的产生、发展以及有关特征密切相关。

首先，商品货币经济中，调剂商品或货币余缺的需要，使信用关系的存在有其客观必然性。随着商品生产和交换的发展，在商品流通中会出现一定的矛盾。例如，由于购买者出现资金短缺，因而难以完成商品交换环节，商品的出售者可能就必须实行赊销或其他延期付款方式使商品交换活动得以实现，因此产生了信用；另一种经常出现的情况就是在同一时点上，商品尤其是货币在各个所有者之间分布的不均衡，这就使得有些商品生产者为了生产和生活的需要，要买进商品又暂时缺乏货币，而另外一些人，包括机关、企业、农民和个人等可能手中有暂时不需要使用的闲置货币，这样体现了建立信用关系的必要性。因此，信用的产生起因于这样一个基本事实，即在一定时期内并非每一个经济单位都能做到收支平衡，当一个经济单位出现资金盈余，而另一个经济单位出现收不抵支时，便形成了双方借贷关系的基础。通过信用，将这些资金在社会范围内抽余补缺，以一方面的闲置抵补另一方面的短缺，这样就会使全社会资金的使用效益大大地提高，社会的产出规模就会增大，人们的福利也会因此而增加。

其次，市场经济中，商品和货币所有者经济利益的不一致性，也决定了商品或货币余缺的调剂必须采取有偿的借贷方式，即信用方式。虽然在市场经济运行过程中，闲置货币资金的客观存在产生了调剂使用的可能性，而部分单位和个人的资金短缺产生了调剂使用的必要性。这就在客观上要求把必要性与可能性结合起来，使社会资金充分发挥其效用。但是，在市场经济条件下，资金剩余者与资金短缺者都有各自不同的经济利益，这就决定了资金余缺的调节不能是无偿的，而必须是有偿的，即资金剩余者暂时让出资金是以在约定时期收回资金并索取报酬为前提的，资金短缺者也是以暂时使用并支付报酬为条件的，这就产生了信用关系。

在我国的社会主义市场经济中，即使国家所有的公有制仍占主导地位，但我国市场经济制度的确立，使同属公有制性质不同经营者利益也是完全不同的，加之非公有制性质的集体经济、股份制经济、外资经济、民营经济等经济形式的存在，决定了社会主义市场经济中的商品货币资金余缺的调剂，也必须使用信用手段有偿进行而不能延续计划经济时期的无偿调拨。

最后，在现代经济中，信用也是国家实现宏观调控的重要手段。在商品货币经济不断发展的现代经济中，信用中的债权债务关系的存在已是十分普遍的现象。因而，有人将现代经济称为信用经济，信用的高度发展不仅存在于发达国家，

第 2 章　信用与信用工具

也存在于发展中国家。这就使信用成为国家可以用来进行宏观调控的客观基础。市场经济条件下,国家必须利用货币形式,运用经济手段管理和调控经济运行。在各种经济手段中,信用是一个有力的杠杆,它对聚集社会化大生产所需要的资金,对促进资金使用者合理节约地运用资金,对全社会经济效益的提高、产出规模的扩大和人民福利的增加都具有重要作用。

2.1.3　信用的发展

信用在其发展过程中,经历了高利贷信用、资本主义信用和社会主义信用几个主要阶段。

1. 高利贷信用

高利贷信用是以收取高额利息为特征的借贷活动。它是历史上出现的最初的和最古老的信用形式。无论是在东方还是在西方,在前资本主义社会经济生活中,高利贷都是占统治地位的信用形式。以何种利率作为衡量高利贷的标准,却是因不同国家的不同时期而不同。例如,在美国,各州都规定了利率的上限,超过这一上限的,则被视为高利贷,而这一上限在美国各州分别为年息 6%～30% 不等。在旧中国,借贷习惯按月息计算,而月息 3 分,即 3%,是"最公道"水平。月息 3%,按单利计算也相当于年息 36%,比现在的银行利率水平高若干倍。而过去的月息往往大大高于 3%。至于高到什么程度,很难说出其上限。现代的中国,也存在高利贷现象,因此,国家法律予以禁止。我国曾经做出这样的规定,高于银行同期贷款利率 4 倍,就被视为高利贷,放高利贷者的超额利息,甚至全部本金都将予以没收。

高利贷信用最初出现于原始公社末期。第一次社会大分工促进了生产力的迅速发展和商品经济的发展,并使原始公社内部出现了私有制和贫富之分。穷人缺乏必要的生产资料和生活资料,他们不得不向富人借贷,并被迫接受支付高额利息的要求,这样就产生了高利贷。最初,高利贷是部分地以实物形式出现的。随着商品货币关系的发展,货币借贷逐渐变为高利贷的主要形式,并出现了专门以货币为借贷物从事贷款的高利贷者。

原始社会末期产生的高利贷信用,在奴隶社会和封建社会得到了广泛的发展,成为占统治地位的信用形式。高利贷信用的贷者主要是大商人、奴隶主、大地主、大寺院的僧侣等;高利贷的借入者主要是小生产者、贫苦农民,此外,奴隶主和地主为了享受荒淫奢侈的生活或者为了政治斗争的需要,有时也利用高利贷。高利贷之所以在奴隶社会和封建社会得到广泛的发展,是因为在这两个阶段,商品经济还未得到充分的高度发展,是一种小商品经济,即商品生产者以生产资料私

65

有制和个人劳动为基础,小生产者、自耕农和小手工业者占主要地位,生产和出售商品是为了购买自己所需要的其他商品。在这样一种小商品经济条件下,生产力水平低,小生产者经济状况极不稳定,又要承担各种苛捐杂税、徭役、地租等沉重负担,因而一遇到天灾人祸,生产就难以为继。他们为了维持简单再生产和维持生活就不得不求助于高利贷者。他们告贷行为的目的不是为了扩大再生产而获得追加资本,而是为了解决生活困难,这就决定了很少或根本没有讨价还价的余地。所以,小生产者的广泛存在和商品货币经济不发达是高利贷赖以存在的经济基础。

高利贷作为一种信用形式,也具有信用的一般特征:即价值单方面让渡、到期偿还、收取一定利息。此外,通过上述分析,可以看出高利贷还具有以下特点:

(1) 高利贷的利率高、剥削重。从历史上看,高利贷的利率无最高限度,在不同国家,不同历史时期,利率水平相差很大。一般年利率在四成以上,高的达到200%~300%,旧中国高利贷十分活跃,名目繁多,如华北盛行"驴打滚",江浙一带有"印子钱",广东则有"九扣十三归"等等。高利贷的利息如此之高,其原因有两个:一是借款人借款的目的大多不是用于追加资本,获取利润,而是为了取得一般的必需的购买手段和支付手段。如果是用于追加资本,借款者考虑到高额利息会使他无利可图,就不愿意借了;二是在自然经济占统治地位,商品货币经济不发达情况下,人们不容易获得货币,而人们对货币的需求又很大,这就为高利率的形成创造了条件。

(2) 高利贷信用主要用于非生产性用途。奴隶主和地主借高利贷是为了补充剥削收入之不足,用来满足奢侈的生活;小生产者借高利贷则主要是为了应付意外事件,如天灾人祸等,以维持生产和生活,都不是为了生产才去进行借贷。

高利贷获取的高额利息来源于小生产者和奴隶、农奴的剩余劳动。当高利贷者直接贷款给小生产者,他们就通过获取高额利息无偿地占有小生产者的全部剩余劳动,甚至包括一部分必要劳动。自然经济中的小生产者,本来就只能勉强维持简单再生产。高利贷使小生产者在艰难之中更加精疲力竭,甚至连简单再生产都无法维持,从而使小生产者丧失了劳动的积极性。同时,高利贷也会使负债的奴隶主、封建主为了清偿债务而更加残酷地压榨奴隶和农奴,使生产条件日益恶化,造成生产力的逐渐萎缩。在封建社会瓦解并向资本主义社会过渡的时期,高利贷具有双重作用。资本主义生产方式的产生须具备两个前提条件:一是要有大量的有着人身自由的无产者;二是要有大量的为组织资本主义生产所必需的货币资本。在高利贷的压榨下,大批农民和手工业者因破产而加入了劳动后备军。而高利贷者在长期的贷放中又积累了大量的货币资本,它同商人资本一样转化为产业资本,所以高利贷对资本主义生产方式的前提条件的形成起了一定的促进作用。在前资本主义社会中,高利贷信用是促使自然经济解体和商品货币关系发展的因素之一。小生产者借高利贷往往以破产而告终,从而使小农经济受到极大的破坏,加速了自然经济的解体。由于高利贷信用主要采取货币借贷形式,无论奴隶主、封建主还是小生产者,为了按期支付利息和清偿债务,都不得不努力发展商品生产,并通过出售商品换回货币,这样又促进了商品货币关系的发展。但高利贷信用的主要作用仍然是破坏和阻碍生产力的发展。

虽然高利贷信用客观上促进了商品货币经济发展和资本主义生产方式的产生。但是与此同时,高利贷信用又具有相当的保守性,从而阻挠了资本主义生产方式的发展。高利贷者高额的利息收入,使他们留恋高利贷的剥削方式,而不愿将货币资本投入资本主义企业。更重要的是,高利贷资本有限,利息太高,不仅不能满足新兴资产阶级对货币资本日益增长的需要,而且会使他们无利可图。于是新兴的资产阶段采取各种斗争方式反对高利贷资本的高利率。斗争的焦点是要使利息率降低到产业资本的利润率以下,使产业资本家有利可图。斗争的方式最初是立法斗争,通过颁布法令,来限制利息率。例如,英国在1545年的法案中规定最高利息率为10%,1624年规定为8%,1651年降为6%,1714年降为5%[1]。但是在信用事业被高利贷者垄断的情况下,这种降低利息率的法令并没有取得令人满意的效果。其结果是促使资产阶级建立和发展适合资本主义经济发展所需要的信用制度——资本主义信用制度,例如,通过创办银行、集中大量闲置资金、为厂商提供所需的货币资本。1694年在英国建立的英格兰银行,一开始就把贴现率定为4.5%~6%,打破了高利贷者对信用的垄断。同时,银行还发挥信用创造的功能,打破了高利贷者对货币的垄断,有效地同高利贷者进行斗争。这样,作为资本主义信用的借贷资本就代替了高利贷信用,占据了垄断地位。但直到在信用形式繁多且发达的现代社会里,高利贷信用并未完全消失,在较偏远落后,现代信用形式还未到达的地区和商品经济运行的过程中,对于难以及时得到现代信用方式满足的资金缺口的弥补时,高利贷性质的信用形式仍作为现代信用的补充存在着。

2. 资本主义信用——借贷资本

在资本主义社会中,商品经济高度发达,生产日益专业化、社会化,信用不仅成为社会经济活动中普遍存在的关系,而且成为推动生产进步的有力杠杆。资本

---

[1] 黄达.货币银行学[M].北京:中国人民大学出版社,2000:56.

主义信用除了具有购买手段和支付手段外,更多的是当作资本,当作生产要素获得价值。因此,资本主义信用表现为借贷资本的运动。所谓借贷资本(loan capital),是区别于高利贷资本的另一种生息资本,是货币资本家为了获取利息而贷放给职能资本家使用的货币资本,是资本主义信用的主要形式。

借贷资本的形成同资本主义的生产过程有着密切的联系。在产业资本的循环过程中,由于各种原因会产生一部分暂时闲置的货币资本,如折旧基金、准备发的工资、准备生产资料的流动资本以及用于积累的资本等,这些资本形成了借贷资本的供给。而在产业资本的循环过程中,也总会有部分资本家需要临时补充货币资本,这样就形成了对借贷资本的需求。拥有闲置货币资本的资本家把他的这部分货币资本以信用的形式暂时借给那些需要货币资本的资本家使用,并在一定时期以后连本带息收回,这样闲置的货币资本就变成了借贷资本。

借贷资本与高利贷资本都是生息资本,除了两者的利息水平存在很大差异之外,它们在以下一些方面也有着很大区别。从资本来源看,高利贷资本的来源主要是商人、僧侣、奴隶主、地主等少数富人,而借贷资本主要来源于货币资本家,此外,还包括社会各阶层的闲置货币,因而来源较为广泛;从用途上看,高利贷的借贷者将资本用于购买手段和支付手段,都不是用于生产用途,而借贷资本的借贷者主要为了追加资本,扩大生产和经营活动,是用作生产用途。

借贷资本作为从产业资本运动中独立出来的一种特殊的资本形式,不仅与高利贷资本不同,同时它与产业资本和商业资本相比也有自身的特点。

1) 借贷资本具有特殊的运动形式

各种不同资本的运动,都有其独特的运动形式。例如,产业资本的运动形式:货币(G)—商品(W)……生产过程(P)……增值的商品(W′)—增值的货币(G′);商业资本的运动形式:货币(G)—商品(W)—增值的货币(G′);借贷资本的运动形式是:货币(G)—增值的货币(G′)。它的运动形式在这里造成两个假象:一是好像货币会自行增值;二是好像借贷资本家只是与职能资本家发生关系,而不是资本与雇佣劳动发生关系。其事实的真相是:借贷资本家的借贷资本也要经过职能资本家从事生产经营,从而取得雇佣工人在生产过程中创造的剩余价值的一部分。借贷资本如果离开了产业资本或商业资本,就不可能自行增值。归根到底,借贷资本的利息来源于产业利润和商业利润,而产业利润或商业利润又都来源于雇佣工人所创造的剩余价值。所以,借贷资本运动的全过程应该是:G-G-W……P……W′-G′-G′或 G-G-W-G′-G′。可见,借贷资本的运动在货币形态上表现为二重支出与二重回流。当借贷资本家把货币贷给职能资本家时,表现为货币的第一次支出,这是借贷资本运动的起点;职能资本家用借来的货币购买生产资料和

第2章 信用与信用工具

劳动力,是货币的第二次支出。当职能资本家出卖商品换回货币时,这是货币的第一次回流;职能资本家用销售收入归还借贷资本的本息时,是货币的第二次回流。这是借贷资本运动的终点。借贷资本在资本形态上的二重支出、二重回流,这是它与职能资本所不同的特殊的运动形式。

2)借贷资本是一种特殊的商品资本

把货币当作借贷资本,除了和普通的货币那样,具有充当一般等价物这个使用价值以外,又具有另一种使用价值,即具有产生利润的能力。也就是说谁掌握着一定数量的闲置货币资本时,就等于他掌握了一定数量的可带来利润的使用价值。如果这种使用价值的所有者自己不使用,可以让渡给需要它的资本家去使用。但是使用者要付出使用这种使用价值的"代价"也就是利息。这样货币资本又获得了一个以利息形态出现的"价格"。所以,作为借贷资本的资本,就当作一种特殊的商品而出现,它既具有使用价值,又具有"价格"。

3)借贷资本是一种所有权资本

借代资本虽然是一种商品资本,但借贷资本家贷出货币资本时,只是将货币资本的使用权暂时让渡给职能资本家,资本的所有权仍属于借贷资本家。借贷双方正是在承认资本所有权与使用权分离的前提下所形成的借贷资本的特殊转让。借贷资本家不直接参加生产经营活动,仅凭这种所有权就可以到期向职能资本家收回本金和利息。

3. 社会主义信用

商品货币关系是信用存在的客观经济基础,社会主义经济仍然是商品货币经济,这是信用存在的根本原因。马克思关于产业资本周转的理论,在社会主义条件下同样适用。在我国,产业资金以及社会总资金在其周转过程中存在有大量的闲置资金,这主要有如下几种情况:

(1)固定资产的价值是一次投入分次转移到生产出来的商品中并分次收回的,在固定资产更新之前,其分次收回的折旧费就会被暂时闲置起来。

(2)在流通资金使用过程中,由于商品销售与支付工资和为下一轮生产准备原材料都有一定时间间隔,在间隔期内,一部分流通资金也以货币形式暂时闲置起来。

(3)当代的社会化大生产都是以扩大再生产为特征的,除典型的内涵扩大再生产之外,外延型的扩大再生产以及混合型的扩大再生产都需要有货币资金的投入,但由于生产上、技术上的各种原因,并不是任何数量的货币资金都可以投入到社会再生产并扩大社会生产规模的。要做到这一点,投入到社会再生产中去的货币资金必须在数量上达到一定的规模,这就需要积累。显然,在积累期间,这部分货币资金是闲置的。

(4) 农民受农业生产特点的影响,其收入集中在夏收和秋收两季,而支出则是全年经常性的,因而农民手中一般总有部分闲置货币存在。

(5) 城镇居民的收入也有规则性和集中性的特点,而支出则是分散的,在收支交替变换过程中,也总有部分闲置货币存在。

(6) 国家财政预算在执行过程中,由于先收后支有部分资金暂时闲置,当财政在一定时期内收入大于支出时会形成结余,这也表现为货币的闲置。

(7) 财政部门将集中的资金拨给机关、团体、部队等事业单位后,这些单位在使用之前也表现为货币的闲置。

在大量货币资金因各种原因而被闲置起来的同时,社会再生产过程中又产生了对货币资金临时性的要求,如企业在固定资产折旧完毕之前因突然事故的发生需要更新固定资产,需要进行技术改造;商品生产和商品流通过程中因某些特殊原因(如原材料集中到货、遇到节假日、碰上抢购风潮等)而需要借入资金。为了充分发挥资金的效益与作用,保证社会再生产正常进行和不断扩大,客观上要求对货币资金的余缺进行调剂;其次,在我国社会主义初级阶段,各种经济形式并存,各经济主体(包括国有企业、集体企业、私营企业、合资企业、外资独资企业、各种经济联合体及劳动者个人等)在商品经济条件下都是独立或相对独立的经济利益体,因此,这种货币资金余缺的调剂只能采取信用形式。

2.2 信用形式

信用活动是通过具体的信用形式表现出来的,现代信用形式繁多,从不同的角度,可分为不同的类型。

按偿还期限的长短不同,信用的形式有:①即期信用,又称"活期信用",指没有预定偿还日期,随时要求即付的信用;②短期信用,偿还期限在1年以内;③中期信用,偿还期限在1~7年之间;④长期信用,偿还期限在7年以上。当然,这种时间的划分是相对的,在不同的国家、不同时期,它们的时间要求也有所变化。

按有无抵押或担保的不同,信用可分为:①担保信用,即以动产或不动产为担保品,抵押或质押于对方而取得的信用,故又称"对物信用";②无担保信用,即无需任何担保或抵押品,完全以信用为基础的授信行为,因而又称"对人信用"。

按受信的用途划分,主要有:①消费信用,是指为非盈利目的(如购买的生活资料)要求融通的信用;②营业信用,是指为业务经营目的要求融通的信用;③政府信用,即政府为弥补财政赤字差额而借入的信用。

按信用主体的不同,可分为商业信用、银行信用、国家信用、消费信用和国际信用等五种主要形式。其中,商业信用和银行信用是现代市场经济中与企业的经营活动直接联系的最主要的两种形式。

在这里,我们主要介绍商业信用、银行信用、国家信用、消费信用和国际信用等五种主要的信用形式。

2.2.1 商业信用

商业信用(commercial credit)是指企业之间相互提供的,与商品交易直接相联系的信用。商业信用的具体形式包括企业间的商品赊销、分期付款、预付货款、委托代销等等。由于这种信用与商品流通紧密结合在一起,故称为商业信用。

1. 商业信用的产生与发展

商业信用最典型的形式是商品赊销。在现代商品经济中,一个企业要获得成功首先要有足够的资金。然而,商品生产者仅仅依靠自身的积累是远远不够的,并且积累的过程也会很长,从而使商品生产者丧失了许多优势与机会,在竞争中处于不利地位。因而,信用在调剂资金余缺、聚集资金等方面能够发挥巨大作用,已成为现代经济发展的最基本条件。

商业信用是现代经济中最基本的信用形式,构成了现代信用制度的基础。首先,因为社会化大生产使各生产部门和各企业之间存在着密切的联系,而它们在生产时间和流通时间上又往往存在不一致的现象。有些企业的商品积压待售,而需要这些商品的买主却因自己的商品尚未生产出来或未售出,一时缺乏现金购买。为了克服这种矛盾,就出现了卖方把商品赊销给买方的行为,买方可用延期付款或分期付款的方法提前取得商品。可见,通过厂商之间相互提供商业信用,可使整个社会的再生产能正常进行,这是商业信用迅速发展的主要原因。

其次,由于商业资本和产业资本相分离,如果要求所有商业企业用自己的资本金购买全部商品,则会发生商业资本奇缺的困难。因为商家是不可能拥有那么多资本的,因此,厂家向商家提供商业信用,既有利于商家减少资本持有量,也有利于加快其商品价值的实现,加快商品流通速度,从而促进社会经济的发展。

2. 商业信用的特点

(1) 商业信用的借贷行为与商品交易相联系,商品买卖行为与货币借贷相结合。商业信用实际上同时包含着两个经济行为,即买卖与借贷。商业信用所提供的不是暂时闲置的货币资本,而是处于再生产过程中的商品资本,是产业资本的一部分。在这里卖者把商品赊销给买者,商品买卖完成,商品的所有权发生了转移,由卖者转移到买者手中,但由于商品的货款没有立即支付,提供商业信用的卖者变成了债权人,而接受商业信用的买者变成了债务人,买卖双方形成了债权与债务关系,买卖行为同借贷行为相结合。

(2) 商业信用是企业之间发生的最简单的直接信用形式。商业信用是企业之间以商品形态提供的信用,其借贷双方或债权人与债务人都是商品的生产者或经营者。他们之间所发生的借贷关系是一种最简单的直接信用形式。

(3) 商业信用状况与经济景气状况一致。在经济繁荣时期,生产规模扩大,商品增加,从而以信用形式出售的商品就增多,对商业信用的需求也增加了;相反,在危机或萧条时期,企业的生产缩减,市场商品滞销,需求不足,这时企业对商业信用的需求也就减少了。这是因为企业以信用形式购入的商品是用于生产的继续进行。

3. 商业信用的局限性

由于商业信用是直接以商品生产和流通为基础,并为商品生产和流通服务,所以商业信用的主要优点是方便、及时,这对加速资本的循环和周转,最大限度地利用产业资本和节约商业资本,促进资本主义生产和流通的发展,具有重大的推动作用。但由于商业信用受其本身特点影响,因而又具有一定的局限性。

(1) 规模和数量上的局限性。商业信用是企业间买卖商品时发生的信用,是以商品交易为基础的。因此,信用的规模受商品交易量的限制,生产企业不可能超出自己所拥有的商品量向对方提供商业信用。可见,商业信用无法满足由于经济高速发展所产生的巨额的资金需求。

(2) 方向上的局限性。因为商业信用的需求者也就是商品的购买者,这就决定了企业只能与自己的经济业务有联系的企业发生信用关系,通常只能由卖方提供给买方,而且只能用于限定的商品交易。

(3) 信用能力上的局限性。商业信用的借贷行为之所以能成立,不仅是因为买卖关系的成立,而且更重要的是出卖商品的人比较确切地了解需求者的支付能力。也只有商品出售者相信购买者到期后能如数偿付货款,这种信用关系才能成立。因此,在相互不甚了解信用能力的企业之间就不容易发生商业信用。

(4) 信用期限的局限性。企业在向对方提供信用时,一般受企业生产周转时间的限制,期限较短。所以商业信用只能解决短期资金融通的需要。

(5) 商业信用在管理上具有一定的局限性。商业信用是企业之间自愿发生的,有其盲目、自发、无序的一面。对商业信用如果不正确地加以引导和管理,其中也潜伏着危机,容易掩盖企业经营管理中的问题,可能引起虚假的繁荣以及信用规模的膨胀,造成微观或宏观效益低下。加强对商业信用的管理,需要银行信用来支持,国家可以通过信贷政策合理控制和引导商业信用。

综上所述,商业信用不可能从根本上改变社会资金和资源的配置与布局,广泛满足经济资源的市场配置和合理布局的需求。因此它虽然是商品经济社会的信用基础,但是它终究不能成为现代市场经济信用的中心和主导。

2.2.2 银行信用

银行信用(bank credit)是指以银行等金融机构为中介,以吸收存款等方式筹集货币资金,以发放贷款等方式对国民经济各部门、各企业及个人提供资金的一种信用形式。银行信用的表现形式主要有吸收存款、发放贷款和证券投资等。

1. 银行信用的特征

与商业信用相比,银行信用具有以下一些特征:

(1) 银行信用是间接融资信用,信用规模巨大。在银行信用中,银行和其他金融机构是信用活动的中心环节,是媒介。银行通过吸收全社会各方面的暂时闲置的货币资本,不仅有工商企业暂时闲置的货币资本,还有社会各阶层居民个人的货币储蓄,然后以贷款等方式把集中起来的这部分货币资本投放给企业,投入到社会再生产过程中去,间接地对全社会的货币资金余缺进行合理地调剂。在当前不兑现的信用货币制度下,商业银行具有创造派生存款的能力,能够多倍地扩大货币供应量和信贷供应量。因此,银行信用不仅对工商企业现有资本进行再分配,而且还向工商企业提供大量的追加资本,使信用规模大为增加,这就在规模和数量上克服了商业信用的局限性。

(2) 银行信用提供的是单一形态的货币资本,这使银行信用可以不受商品流转方向的限制。银行信用以货币形态提供,货币具有一般的购买力,谁拥有它,谁就拥有选择任何商品的权利。因此,任何部门、企业和个人暂时闲置的货币或资本都可以被各种信用机构动员起来,投向任何部门、企业和个人,以满足任何方面的需要,从而克服了商业信用在提供方向上的局限性。

(3) 银行信用的债权人主要是银行,也包括其他金融机构;债务人主要是从事商品生产和流通的工商企业和个人。当然,银行和其他金融机构在筹集资金时又作为债务人承担经济责任。这与商业信用的主体是厂商明显不同,从而克服了商业信用受制于产业资本规模的局限性。

(4) 银行信用与商业信用的需求时期不同。在产业周期的各个阶段,对银行信用与商业信用的需求不同。在繁荣时期,对商业信用的需求增加,对银行信用的需求也增加。而在危机时期,由于商品生产过剩,对商业信用的需求会减少,但对银行信用的需求却有可能增加。因为此时企业为了支付债务,避免破产而有可能加大对银行信用的需求。

(5) 银行信用所提供的借贷资金是从产业循环中独立出来的货币，它可以不受个别企业资金数量的限制，聚集小额的可贷资金能够满足大额资金借贷的需求。银行吸收的存款短、中、长期均有，短期存款可用于向工商企业发放短期贷款，以满足企业季节性和临时性的流动资本需要；中长期存款可用于向工商企业发放中长期贷款，以满足企业在扩大投资上的固定资本需要。不仅如此，银行还可以把短期的借贷资本转换为长期的借贷资本，满足对较长时期的货币需求，不再受资金流转方向的约束。可见，银行信用在规模、范围、期限和资金使用的方向上都大大优越于商业信用。

(6) 银行信用的能力和作用范围大大提高和扩大。由于银行和社会发生比较广泛的信用关系，利用的是社会资金，不仅资金实力强，机构多，而且其本身有了解企业生产经营活动的方便条件。特别是中央银行出现以后，银行制度具有较高的稳定性信誉，所以，银行信用不仅能力大大提高，而且其作用范围也扩大了，克服了商业信用在信用能力和作用范围上的局限性。

2. 银行信用的地位

如前所述，银行信用是间接信用，是存、贷款人的中介。从直接信用和间接信用的关系来看，直接信用是基础，间接信用是后盾。没有银行信用的支持，商业票据就不能转化为银行信用，商业信用等直接信用的运用和发展就会受到极大削弱。换言之，商业信用的发展越来越依赖银行信用，银行的商业票据贴现将分散的商业信用集中统一为银行信用，为商业信用的进一步发展提供了条件。同时银行在商业票据贴现过程中发行了稳定性强、信誉性高、流通性大的银行券，创造了适应全社会经济发展的流通工具。基于上述银行信用的特征及优点，使它在整个经济社会信用体系中占据核心地位，发挥着主导作用。

值得注意的是，银行作为中介人与一般商业经纪人、证券经纪人不同，存款人除按期取得利息外，对银行如何运用存入资金无权过问，正因如此，银行在资本主义经济中由简单的中介人逐步发展成"万能的垄断者"。在资本主义社会，银行信用是主体，但商业信用是整个信用制度的基础。这是因为商业信用能直接服务于产业资本的周转，服务于商品从生产领域到消费领域的运动。因此，凡是在商业信用能够解决问题的范围内，厂商总是首先利用商业信用。而且从银行信用本身来看，也有大量的业务，如票据贴现和票据抵押放款等仍然是以商业信用为基础的。目前，商业信用的作用还有进一步发展的趋势，商业信用和银行信用相互交织。许多跨国公司内部资本运作都以商品供应和放款两种形式进行的。不少国际垄断机构还通过发行相互推销的商业证券来筹集他们所需的资本，以此对其分支机构提供贷款，而银行则在这一过程中为跨国公司提供经纪、信息、咨询等服

第2章 信用与信用工具

务,使商业信用和银行信用相互补充、相互促进。

2.2.3 国家信用

国家信用是指国家及其附属机构作为债务人,依据信用原则向国内外社会公众、机构团体等举债的一种信用形式,即以国家(或政府)为需求主体的借贷活动。国家信用包括国内信用和国外信用两种。国内信用是国家以债务人身份向国内居民、企业、团体取得的信用,这实际是政府先向企业和居民借到一笔钱,然后进行财政支出或投资活动,并在到期时偿以本息,它形成一国的内债;国外信用是国家以债务人身份向国外居民、企业、团体和政府取得的信用,它形成一国的外债。其中国家和国家之间的借贷关系,被称为主权债务,如著名的布雷迪债券、美国20世纪80年代对拉美国家的贷款、我国对亚洲和非洲一些国家和地区的低息贷款、日本的海外协力基金贷款、世界银行贷款等。

国家信用又称公共信用制度,是一种古老的信用形式,伴随着政府财政赤字的发生而产生。随着经济的发展,各国政府的财政支出都在不断扩大,财政赤字已成为一种普遍现象。一般而言,财政赤字有五种弥补方法:发行货币、动用历年财政结余、向银行透支、举借外债和举借内债。一般情况下,发行货币或向银行透支,都不可避免地使社会需求成为现实,并且增大货币流通量,从而造成物价上涨或通货膨胀;而动用历年财政结余的条件是社会总供给大于总需求,并且可动用的上限是总需求缺口。因此,弥补财政赤字的最好方法是举借内债。政府举借内债可以通过两条途径缓解总供求的矛盾。其一,由于内债来源于国内投资和消费,举借内债势必减少国内投资和消费的数量;其二,由于本年财政收入因债务收入而增加,财政赤字得以减少或消除。可见,举借内债弥补财政赤字不改变一国的货币流通量,因而从总体上并不影响一国的物价水平。因此,为了弥补财政赤字和暂时性的资金不足,向社会公众发行债券或向外国政府举债成为当前各国政府的必然选择。目前,世界各国几乎都采用了发行政府债券的形式来筹措资金,弥补财政赤字。不仅如此,国家信用也是政府实施财政政策、进行宏观调控的一种措施与手段。

国家信用的外债一般是通过国与国之间的政府借贷或向国外金融机构借款来实现的,是国际化了的政府间的债权债务关系。随着全球经济金融的一体化,各国政府间的债权债务关系也日趋普遍。

国家信用的财务基础是国家将来偿还债务的能力,这种偿债能力源于属于国家(全体人民)的财务资源,它的现金流来源于三个方面:国家的税收收入、政府有偿转让国有资产(包括土地)获得的收入以及国家发行货币的专享权力。国家信用是一种特殊资源,政府享有支配此种资源的特权,负责任的好政府绝不能滥用国家信用资源,政府利用国家信用负债获得的资金应该主要用于加快公共基础设施的建设,以及为保障经济社会顺利发展并促进社会公平的重要事项,以向社会公众提供更多的公共物品服务,并实现社会的和谐与安宁。国家信用应当由国家的法律予以保障。

在国家信用中,债权人多为银行和其他金融机构、企业与居民。由于政府债券等信用工具具有较高的流动性和安全性,以及比较稳定的收益,成为西方经济发达国家各阶层和经济实体普遍喜爱的投资工具。根据美国财政部提供的数据,截至2008年12月底,美国国债总余额为10.7万亿美元[①],其中政府内部持有国债数额为4.3万亿美元,占总规模的40.5%;公众持有国债数额为6.4万亿美元,占总规模的59.5%。此外,在公众持有的6.4万亿美元国债中,外国投资者持有大约3.1万亿美元,约占48%。因而可以近似地理解为,在以往美国国债的发行过程中,政府内部(除美联储外的其他政府机构、政府管理的各种基金)约购买40%;美国国内投资者与外国投资者各购买30%。同时,政府债券也成为经济发达国家中央银行进行公开市场操作、调节货币供给和实施货币政策的主要工具。

我国在20世纪50年代曾经6次发行公债,第一次是在1950年1月发行了价值2.6亿元的"人民胜利折实公债",这对当时克服财政困难,平衡财政收支,促进经济发展起到了重要作用。1954～1958年,连续5年共发行了35.39亿元的"国家经济建设公债",为我国开始进行大规模的经济建设筹集了建设资金,这些公债于1968年全部还清本息。后来由于片面强调"既无外债,又无内债",在相当长的时间里没有发行国债。经济体制改革之后,为了适应国民经济发展的需要,从1981年起,国家开始发行国库券(属于中长期债券),并且为了适应各种不同建设资金的需要,又发行了多种类型的国债,如国家重点建设债券、财政债券、基本建设债券、保值公债、特种国债、国家投资债券等。目前,我国的国债已经有了一定的规模。参见表2.1。

---

① 美国财政部2011年6月2日公布数据显示,美国国债2011年6月1日突破13万亿美元,创历史新高,相当于国内生产总值的近90%,国债数目过去10年间增加两倍多。另据美国财政部2011年5月17日公布的数据,截至2011年3月底,外国债权人持有的美国国债总额达到了3.88万亿美元。其中,中国持有的美国国债达到8952亿美元,仍为美国最大债权国。日本和英国分别持有美国国债达7849亿美元和2790亿美元。中、日、英分列美国第一、第二和第三大债权国。

表 2.1　1990～2009 年中国国债情况表（单位：亿元）

年份	规模	年份	规模	年份	规模	年份	规模
1990	197.30	1995	1510.90	2000	4657.00	2005	7042.00
1991	181.30	1996	1847.50	2001	4884.00	2006	8888.30
1992	160.80	1997	2457.51	2002	5934.00	2007	7981.00
1993	381.30	1998	3800.00	2003	6280.10	2008	8549.00
1994	1028.60	1999	4015.03	2004	6876.00	2009	12541.20

资料来源：路透财经。

注：2007 年数据未包含 15 502.28 亿元特别国债，2009 年为 1～9 月数据。

2.2.4 消费信用

消费信用(consumer credit)是工商企业、银行和其他金融机构提供给消费者用于消费支出的信用。消费信用主要有两种类型：第一类是工商企业以赊销商品、分期付款的方式向消费者提供的信用。赊销一般是指工商企业对消费者提供的短期信用，即延期付款方式销售，到期一次付清货款。分期付款是指购买消费品或取得劳务时，消费者只支付一部分贷款，然后按合同分期加息支付其余货款，多用于购买高档耐用消费品或房屋、汽车等，属中长期消费信用。第二类是银行及其他金融机构采用信用放款或抵押放款方式，对消费者发放贷款，按规定期限偿还本息，有的时间可长达 20～30 年，属长期消费信用。

当前在世界大多国家和地区，一般消费信用多采用信用卡方式，即由银行或其他金融机构发给其客户信用卡，消费者可凭卡在约定单位购买商品或作其他支付，有的还可以向发卡银行或其代理行透支小额现金。工商企业、公司、旅馆等每天营业终了时向发卡机构索偿款项，发卡机构与持卡人定期结算清偿。此外，按照接受贷款对象不同，前述消费贷款可分为买方信贷和卖方信贷两种方式。买方信贷是对购买消费品的消费者直接发放贷款；卖方信贷是以分期付款单作抵押，对销售消费品的工商企业、公司等发放贷款，或由银行同以信用方式出售消费品的企业签订合同，将货款直接付给企业，再由购买者逐步偿还银行贷款。

消费信用在前资本主义社会已有萌芽，如古老的高利贷中有一部分就是为了满足消费需求的，具有部分消费信用的性质。从 20 世纪 40 年代后半期起，消费信用开始发展。20 世纪 60 年代是消费信用快速发展的时期，其原因有两个：一是凯恩斯需求管理思想得到认同，各国大力鼓励消费信用，以消费带动生产；二是

现代货币金融学

二战后经济增长快而稳定,人们收入有较大幅度的提高,对消费信用的需求有很大增长。厂商和金融机构也因人们收入水平的提高而减少了对消费信用风险的顾虑,敢于积极提供消费信用,从而使消费信用有了长足的发展。

消费信用的作用主要表现在:①在一定程度上缓和消费者的购买力需求与现代化生活需求的矛盾,有助于提高消费水平。②可发挥消费对生产的促进作用。消费信用的存在和发展有效地扩大了消费品的需求,加速了商品价值的实现,从而导致商品生产规模的进一步扩大,刺激经济不断发展。然而,消费信用的盲目发展,也会对正常经济生活带来不利影响:一是消费信用过分发展,掩盖消费品供求之间的矛盾,造成一时的虚假需求,给生产传递错误信息,使一些消费品生产盲目发展;二是过量发展消费信用会导致信用膨胀;三是由于消费信用是对未来购买力的预支,在延期付款的诱惑下,对未来收入预算过大使消费者债务负担过重,最终迫使生活水平下降,增加社会不稳定因素。但在一国经济发展达到一定水平后,发展消费信用一方面可扩大商品销售,减少商品积压,促进社会再生产;另一方面也可以为大量银行资本找到出路,提高资本的使用效率,改善社会消费结构。

消费信用在现代经济中发展很快,它已经成为西方国家居民消费的重要方式。我们在新中国建国初期,于1955~1956年曾运用消费信用形式解决某些商品的销售问题,其后中断多年。1979年经济体制改革以来,消费信用逐渐恢复和发展起来,尤其是商业企业,一些消费品采取赊销或分期付款方式推销,对刺激产品生产,改善人民生活,都起到一定的作用。

2.2.5 国际信用

国际信用(international credit)是指国际间的借贷关系。国际信用与国内信用不同,债权人与债务人是不同国家的法人。国际信用体现的是国与国之间的债权债务关系,直接表现资本与国际间的流动。当前,国际贸易与国际经济交易的日益频繁,使国际信用成为进行国际结算、扩大进出口贸易的主要手段之一。

国际信用有国际商业信用和国际银行信用两种形式。前者是发生在国际商品交易过程中,以远期支付方式由卖方提供的信用;后者是银行以货币形态向另一国借款人提供的信用。但国际商业信用往往要借助于国际银行信用,这种信用方式又称国际信贷。国际信贷的方式有银行信贷、出口信贷、项目贷款、政府贷款、国际金融机构贷款、国际债券发行等货币形态的信贷和补偿贸易、国际租赁等商品资本形态的信贷。其中的主要类型:

(1) 出口信贷。出口信贷是国际贸易中的一种中长期贷款形式,是一国政府为了促进本国出口,增强国际竞争能力,而对本国出口企业提供优惠贷款,或对商业银行提供的贷款给予利息补贴和提供信用担保的信用形式。根据贷款的对象不同,也可分为卖方信贷和买方信贷两种。出口信贷的特点是:①附有采购限制,只能用于购买贷款国的产品,而且都与具体的出口项目相联系;②贷款利率低于国际资本市场利率,利息差额由贷款国政府补贴;③属于中长期信贷,期限一般为5~8.5年,最长不超过10年。

(2) 银行信贷。国际间的银行信贷是进口企业或进口方银行直接从外国金融机构借入资金的一种信用形式。这种信用形式一般采用货币贷款方式,并事先指定了贷款货币的用途。它不享受出口信贷优惠,所以贷款利率要比出口信贷高。另外,这种信用形式与发行国际债券的性质不同,它不是债权人与债务人直接发生债权债务关系,而是双重的债权债务关系。在遇到大宗贷款时节,国际金融市场往往采取银团贷款方式以分散风险。

(3) 国际债券发行。国际债券发行是指一国企业或银行通过境外的一家银行或几家银行组成的银团在国际金融市场上通过发行中长期债券或大额定期存单来筹措资金的信用方式。随着国际金融市场的一体化,这种方式愈来愈普遍。

(4) 国际租赁。国际租赁是国际间以实物租赁方式提供信用的新型融资形式。根据租赁目的和融资方式的不同,可将其分为金融租赁和经营租赁两种基本形式。金融租赁是出租人应承租人的要求,出资购买其所需要的设备,并一次性出租给承租人,租约期满后回收全部投资的租赁方式。这里的出租人一般是银行或其他金融机构,主要为承租人融通资金。经营租赁是出租人将自己的设备和用品向承租人反复多次出租的租赁方式。这里的出租人多为工商企业,出租设备多为自己的闲置或利用率不高的设备。这种租赁方式一般要多次出租才能收回全部设备投资。

(5) 补偿贸易。补偿贸易是指外国企业向进口企业提供机器设备、专利技术、员工培训等,待项目投产后进口企业以该项目的产品或按合同规定的收入分配比例清偿债务的信用方式。实质上,它是一种国际间的商业信用,在发展中国家得到广泛使用,具体可分为回购、互购和劳务补偿三种主要类型。

(6) 国际金融机构贷款。主要是指包括国际货币基金组织、世界银行等在内的国际性金融机构向其成员国提供的贷款。国际货币基金组织的贷款主要有:①普通贷款,这是最基本的一种贷款,用于解决会员国一般国际收支逆差的短期资金需要。②中期贷款,用于解决会员国国际收支困难的中、长期资金需要。③出口波动补偿贷款,主要解决发展中国家的初级产品因市场价格下降而面临国际收支逆差不断扩大的困难。④信托基金贷款,这是为支持较穷的发展中国家的经济发展而设立的一项贷款。世界银行主要是通过提供和组织长期贷款和投资,

现代货币金融学

解决会员国恢复和发展经济的资金需要。

2.3 信用工具

2.3.1 信用工具概述

1. 信用工具的含义与特征

信用工具的产生与发展是伴随着信用活动的需要而逐渐演进和发展的。最初的信用是口头信用(oral credit),即借贷双方以口头约定的方式,议定债务人到期偿付承诺。然而这种信用完全根据当事人双方的记忆与诚实,口说无凭,缺乏法律保证,容易引起纠纷。信用也仅限于相互熟悉的人之间进行,因而极大地限制了信用的发展。后来发展成账簿信用(book credit)的方式,即借贷双方互相在对方账簿上开立户头,记载彼此之间的信用交易。这种交易因缺乏债权债务的正式凭证,易发生坏账或损失;双方账簿上的信用条件,如有不同的记载,则易引起争议。最后,书面信用(written credit)成为主要形式。书面信用指借贷双方以书面文件证明其债权债务的信用方式。这种书面文件不仅是债务金额和条件的法律证明,而且还可以在市场上流通,克服了口头信用和账簿信用的弱点,使信用活动更加规范化,使经济体系中的信用关系得以深化和扩大,从而推动了信用经济的有效发展。这种记载债权人权利及债务人义务的凭证,即所谓的信用工具。

信用工具亦称融资工具、金融工具等,是指资金供应者和需求者之间进行资金融通时所签发的、证明债权或所有权的各种具有法律效用的凭证。在现代经济中,人们融通资金往往要借助于信用工具,因此信用工具往往又被称为金融工具。严格意义上讲,金融工具和信用工具并非完全一致。因为金融工具中所有权凭证——股票,并不具备信用的还本付息的特征,因而股票不属于信用工具的范畴。尽管如此,大多数人还是把金融工具理解为信用工具。金融工具对其买进或持有者来说就是金融资产。

可见,现代的信用工具品种繁多,但是一般来说,各种信用工具都具有以下特征:

1) 偿还性

偿还性是指信用工具的发行主体或债务人按期还本付息的特征。信用工具一般均载明期限,债务人到期必须偿还信用凭证上记载的债务。但也存在着例外,如普通股票,股票上就未载明期限,其偿还期是无限的。

2) 收益性

信用工具能定期或不定期带来收益,这是信用的目的。信用工具的收益性通过收益率来反映,收益率是年净收益与本金的比率,通常有三种表示方法(均从购买者的角度考虑):

(1) 名义收益率。即规定的利息与票面金额的比率。如某种债券面值100元,10年还本,年息8元,则其名义收益率为8%。

(2) 即期收益率。即规定的利息与信用工具市场价格的比率。如上述债券某日的市价为95元,则即期收益率为8.42%(即8/95);若市价为105元,则即期收益率为7.62%(即8/105)。

(3) 实际收益率。即实际收益与市场价格(也即买者的实际支出)的比率。仍照上例,若某人在第一年年末以95元市价买进面值100元的10年债券,则对买者而言,偿还期为9年,如果他能保存该债券至偿还期为止,则9年间除每年获利息8元外,每年还获本金盈利约0.56元,[即(100-95)÷9],故该买者的实际年收益率约为9%,即[(8+0.56)÷95]×100%;反之,如在第一年末以105元价格买进,则其实际收益率就只有约7.09%,即[(8-0.56)÷105]×100%。

3) 流动性

流动性是指信用工具在不受或少受经济损失的条件下随时变现的能力。短期内,在不遭受损失的情况下,能够迅速出卖并换回货币,称为流动性强,反之则称为流动性差。不同信用工具的变现能力或流动性各不相同,活期存款具有完全的流动性,它可以在不受任何损失的前提下随时变现。其他信用工具或在短期内不易脱手,或脱手时要承受损失。通常,信用工具的流动性与其偿还期成负相关,同债务人的信誉成正相关。

4) 风险性

为了获得收益提供信用,同时必须承担风险。风险是相对于安全而言的,所以风险性从另一个角度讲也就是安全性。信用工具的风险性是指投资者投入的本金和利息收入遭到损失的可能性。任何信用工具都有风险,程度不同而已。其风险主要有违约风险、市场风险、政治风险及购买力风险。违约风险一般称为信用风险,是指发行者不按合同履约或是公司破产等因素造成信用凭证持有者遭受损失的可能性。市场风险是指由于市场各种经济因素发生变化,例如市场利率变动、汇率变动、物价波动等各种情况造成信用凭证价格下跌,遭受损失的可能性。政治风险是指由于政策变化、战争、社会环境变化等各种政治情况直接引起或间接引起的信用凭证遭受损失的可能性。购买力风险,指由于货币购买力下降所带来的风险。一般来说,信用工具的偿还期与风险性成正比,即偿还期越长,其风险性越大;而信用工具的流动性与风险性则成反比,即流动性强的信用工具,其风险性就小。

2. 信用工具的种类

由于信用工具的种类很多,按不同的划分标准就有不同的分类。

(1) 以偿还期限为标准,信用工具可分为短期信用工具、长期信用工具和不定期信用工具。短期与长期的划分一般以一年为限,一年以下期限的信用工具称为短期信用工具①,一年以上期限的信用工具称为长期信用工具。在金融市场上,长期信用工具(金融工具)也称为资本市场信用工具,如公债券、股票等;短期信用工具(金融工具)也称为货币市场信用工具,如国库券、商业票据、可转让存单等。不定期信用工具是指银行券和多数的民间借贷凭证。

(2) 按发行者的性质划分,信用工具可分为直接信用工具和间接信用工具。直接信用工具是指非金融机构,如工商企业、个人和政府所发行和签署的商业票据、股票、公司债券、国库券等等。这些信用工具是用来在金融市场上直接进行借贷或交易等。间接信用工具是指金融机构所发行的银行票据、大额可转让存单、人寿保险单等。

(3) 按是否与实际信用活动直接相关,信用工具可分为基础性信用工具和衍生性信用工具。基础性信用工具也称为原生性信用工具,指在实际信用活动中出具的、能证明信用关系的合法凭证,如商业票据、股票、债券等;衍生性信用工具则是在基础性金融工具之上派生出来的可交易凭证,如各种金融期货合约、期权合约、掉期合约等。

(4) 按金融工具不同的性质来分,可分为债务凭证和所有权凭证。债务凭证指投入资金取得债权,表明有权按时收回本金和规定利息的有价凭证,如债券、可转让存单等;所有权凭证指记载投入资金取得所有权,但不可索回本金,只能转让的凭证,如股票等。

(5) 按信用形式划分,可分为商业信用工具,如各种商业票据等;银行信用工具,如银行券和银行票据等;国家信用工具,如国库券、公债券等各种政府债券;社会信用和股份信用工具,如债券、股票等。一般情况下,商业信用工具和银行信用工具都可以在市场上直接流通;而国家信用工具和社会股份信用工具作为有价证券不能作为流通手段和支付手段在市场上自由流通,但作为有价证券本身具有价格,可以在证券市场上进行买卖。

---

① 西方国家一般把短期信用工具称为"准货币",这是由于其偿还期短,流动性强,随时可以变现,近似于货币。

2.3.2 短期信用工具

短期信用工具属于在货币市场交易的主要品种,又称货币市场工具。其类型常见的可分为以下几种:

1. 国库券

国库券(treasury securities)是国家财政当局为弥补国库收支不平衡而发行的一种短期政府债券。因国库券的债务人是国家,其还款保证是国家财政收入,所以它几乎不存在信用违约风险,是金融市场风险最小的信用工具。在西方国家,国库券品种较多,一般可分为3个月、6个月、9个月、1年期四种,其面额起点各国不一。国库券采用不记名形式,无须经过背书就可以转让流通。

国库券起源于英国,1877年由英国经济学家沃尔特·巴佐特(Walter Baghot)发明并首次在英国发行,满足了政府对短期资金的需要,之后在世界各国推广。由于国库券期限短、风险小、流动性强,因此国库券利率比较低。美国国库券利率仅仅高于通知放款利率。西方有些国家国库券发行频繁,具有连续性,如美国每周均有国库券发行,每周亦有到期的,便于投资者根据投资需要选择①。国库券最小票面金额为1万美元。国库券发行通常采用贴现方式,即发行价格低于国库券券面值,票面不记明利率,国库券到期时,由财政按票面值偿还。发行价格采用招标方法,由投标者公开竞争而定,故国库券利率代表了合理的市场利率,灵敏地反映出货币市场资金供求状况。由于国库券以政府财政资金为保障,信誉高,流通性强,收益率也较高②,因而是证券投资的主要对象,也是中央银行介入市场进行公开操作业务的重要手段,在证券交易中占有很大的比重。在美国,国库券已成为货币市场上最重要的信用工具。我国于1981年开始发行国库券,但与西方国库券期限上有很大的不同,主要是2~5年属中期证券性质。

2. 商业票据

商业票据(commercial paper,CP)是商业信用的工具,它是在以信用买卖商品时证明债权债务关系的书面凭证。现在的商业票据已不仅限于在商业信用中使用,而是逐渐演变为一种在金融市场上筹措资金的工具。用于筹资的商业票据,其可靠程度依赖于发行企业的信用程度,可以背书转让,但一般不能向银行贴现。商业票据的期限多在9个月以下,由于其风险较大,利率高于同期银行存款

---

① 在美国,国库券的期限为3个月、6个月的按周发行,9个月和1年期的按月发行。

② 国库券的利率一般虽然低于银行存款或其他债券,但是由于国库券的利息可免交所得税,故投资国库券可获得较高收益。

利率。商业票据可以由企业直接发售,也可以由经销商代为发售。商业票据有商业本票(promissory note)和商业汇票(trade bill)两种。

商业本票又叫期票,是指债务人向债权人开出的,以出票人本人为付款人,承诺在一定期间内偿付欠款的支付保证书。票面上注明支付金额、还款期限和地点,其特点是见票即付,无需承兑。

商业汇票是由债权人发给债务人,命令他在一定时期内向指定的收款人或持票人支付一定款项的支付命令书。它一般有三个当事人:一是出票人(即债权人),二是受票人或付款人(即债务人),三是收款人或持票人(即债权人或债权人的债权人)。由于商业汇票是由债权人发出的,所以必须经过票据的承兑手续才具有法律效力。承兑是指在票据到期前,由付款人在票据上做出表示承认付款的文字记载及签名的一种手续。承兑后,付款人就成了承兑人,在法律上承担到期付款的义务,同时,汇票即成为承兑汇票。在信用买卖中,由购货人(债务人)承兑的汇票,称商业承兑汇票;由银行受购货人委托承兑的汇票,称银行承兑汇票。

3. 银行票据

银行票据指由银行签发或由银行承担付款义务的票据。银行票据主要有银行本票(banker's promissory note)和银行汇票(bank drafts)两种。

银行本票是申请人将款项交存银行,由银行签发的承诺自己在见票时无条件支付确定的金额给收款人或者持票人的票据。银行本票按票面是否记载收款人姓名分为记名本票和不记名本票;按票面有无到期日分为定期本票和即期本票。除银行本票外,还有由邮局、公司和合作组织等所签发的本票。如旧中国钱庄签发的本票称"庄票"。

银行汇票是汇款人将款项存入当地出票银行,由出票银行签发的,由其在见票时,按照实际结算金额无条件支付给持票人或收款人的票据。适用于先收款后发货或钱货两清的商品交易。单位和个人各种款项结算都可以使用银行汇票。

4. 大额可转让定期存单

大额可转让定期存单(Large-denomination Negotiable Certificate of Deposit,简称CD_s)是银行发行的记载一定存款金额、期限、利率,并可以转让流通的定期存款凭证。简言之,CD_s是一种固定面额、固定期限、可以转让的大额存款凭证。它由普通的银行存单发展而来。CD_s是20世纪60年代以来金融环境变革的产物。当时,由于市场利率上升而美国商业银行受Q条例的存款利率上限限制,不能支付较高的市场利率,各大公司财务主管为了增加临时闲散资金的利息收益,开始减少在商业银行的存款,投资于国库券、商业票据和其他较高利率的货币市场工具。针对存款资金来源的减少,美国花旗银行设计了具有其他货币市场工具类似特点的CD_s,吸收大公司、富裕个人和政府的闲散资金,并取得政府证券经销商的支持,为CD_s提供二级交易市场。持有存单的投资者,在需要资金时,可以随时在市场上转让流通。以后英国、日本等国家的商业银行也先后开办了这种业务,而且发行额增加极快,甚至经常超过银行承兑票据及商业票据的流通数额,成为货币市场中优良的信用工具。

CD_s是银行存款的证券化的具体体现,其主要特点是:①期限短而且灵活。大部分存单期限在1年以内,最短的只有14天,一般可分为30天、60天、90天、120天、150天、180天、1年等。②按标准单位发行,面额较大。在美国最小面额为10万美元,而二级市场交易的存单面额通常为100万美元。③种类多样化。如美国有四种形式的CD_s:美国银行在美国境内发行的国内存单;美国境外银行发行的,以美元为面值的欧洲美元存单;外国银行在美国的分支机构发行的扬基存单;非银行金融机构(储蓄贷款协会、互助储蓄银行、信用合作社等)发行的储蓄存单。④利率较一般存款利率略高,并且分为固定利率存单和浮动利率存单。⑤通常不记名,不能提前支取,可以在二级市场上转让。

目前,CD_s已经是商业银行的主要资金来源之一。CD_s的优点主要是:首先,对企业来讲,由于它由银行账号发行,信誉良好,危险性小,利率高于活期存款,并且可随时转让融资等,不失为盈利性、安全性、流动性三者的最佳配合信用工具。其次,对银行来讲,发行手续简便,要求书面文件资料简单,费用也低,而且吸收的资金数额大,期限稳定,是一个很有效的筹资手段,尤其是在转让过程中,由于CD_s调期成本费用比债券调期买卖低,为金融市场筹措资金及民间企业有效运用闲置资金,弥补资金短缺创造有利条件。并且由于CD_s可自由买卖,它的利率实际上反映了资金供求状况。在美国、日本等国家,CD_s的利率已经是对短期资金市场影响较大的利率,发挥着越来越大的作用。

5. 信用证

信用证(Letter of Credit,L/C)是银行根据其存款客户的请求,对第三者发出的、授权第三者签发以银行或存款人为付款人的凭证。信用证包括商业信用证和旅行信用证两种。

商业信用证(Commercial Letter of Credit)是指商业银行接受买方要求,按其所提条件向卖方开具的付款保证书。客户申请开立信用证时,必须预先向开证银行缴纳一定的保证金。在国内商业中,购货商申请银行开发商业信用证后送交卖方,卖方可按信用证写明的条款向银行开发汇票收取货款。在国际贸易中,商业信用证是开证行有条件付款的凭证,从而确保受益人的安全收汇,是国际贸易中的一种主要支付方式。

旅行信用证(Traveller's Letter of Credit)又称货币信用证,是一种由银行开立的,以旅行者自己为受益人的信用证。这种信用证的受益人在旅行期间直到信用证的有效期满为止,并且在信用证规定的金额范围内可以开立汇票提交给银行议付。旅行信用证的特点是开证申请人与受益人为同一人,旅行者携带旅行信用证出国旅行,当需要现款时可向开证行在当地经办兑现(议付)的代理行或分支机构出示信用证及附有本人签字样式的印鉴核对书,并签发以开证行为付款人的汇票,经上述经办行将汇票上签字与印鉴核对书上的签字样式核对相符后即可取得所需之款项。它的好处是使旅行者免受携带大量现金外出之不便和风险。客户在申请开证时一般需缴足开证金额的现金,信誉好且在开证行有存款的客户可免缴押金。旅行信用证是一种流通性的信用证,不限定由某一指定银行议付,以适应旅行者的需要。

6. 信用卡

信用卡(Credit Card)是银行或专业公司对具有一定信用的顾客(消费者)所发行的一种赋予信用的证书。信用卡集存款、取款、贷款、消费、结算、查询等为一体,使用起来方便、安全。就持卡人而言,外出购物或消费无需携带大量的现金,并且还可以超出自己的存款数进行支付;对收款人方来说,可以节省大量收付、清点、保管、押运现金的劳动;对于银行来说,发行信用卡不但节省大量印刷、发行、收付、清点、保管现金的劳动,而且可向使用信用卡的一方收取一定的手续费,当持卡者透支时,银行还可以作为贷款收取较高的利息。正因为信用卡如此方便,有诸多的好处,所以它已逐渐成为现代社会流行的一种支付行为,人人离不开卡。

7. 回购协议

回购协议(repurchase agreement)是指证券卖方在出售证券的同时,与证券的购买商达成协议,约定在一定期限后按预定的价格购回所卖证券,从而获取即时可用资金的一种交易行为。回购价格可以内含利息,从而买回价大于出售价,其差额就是回购利息;也可以与售价相等,但需另付利息。由于卖方也有可能违约,为保护买方,卖方卖出证券时通常交存买方一定的保证金。也就是说,卖方出售证券实际获得的资金是证券价值减除保证金的差额。回购协议实质上是一种短期抵押融资方式,那笔被借款方先售出后又购回的金融资产即是融资抵押品或担保品。回购协议分为债券回购和股票回购两种。两种形式都是融资的手段,而且一贯被认为是比较安全且回报高而快的方式。

每一笔回购交易都是由一方的回购协议和另一方的反向回购协议组成。反向回购协议(reverse repurchases agreement)是从买方角度来看的同一笔回购协议交易,又称逆回购协议,是指买入证券一方同意按照约定期限和价格再卖出证券的协议。回购协议的期限一般很短,最常见的是隔夜拆借,但也有期限长的。此外,还有一种"连续合同"的形式,这种形式的回购协议没有固定期限,只在双方都没有表示终止的意图时,合同每天自动展期,直至一方提出终止为止。

回购协议方式的主要特点:①将资金的收益与流动性融为一体,增大了投资者的兴趣。投资者完全可以根据自己的资金安排,与借款者签订"隔日"或"连续合同"的回购协议,在保证资金可以随时收回移作他用的前提下,增加资金的收益。②增强了长期债券的变现性,避免了证券持有者因出售长期资产以变现而可能带来的损失。③具有较强的安全性。回购协议一般期限较短,并且又有100%的债券作抵押,所以投资者可以根据资金市场行情变化,及时抽回资金,避免长期投资的风险。④较长期的回购协议可以用来套利。如银行以较低的利率用回购协议的方式取得资金,再以较高利率贷出,可以获得利差。在美国,回购协议市场的利率一般以联邦储备资金拆借市场的利率为基准,但经常会略低一些。回购协议作为重要的短期资金融通方式,已越来越受到重视。

回购作为一种特殊的资金融通方式,有重要作用。首先,对于中央银行来说,是贯彻宏观货币政策,调控货币供应量,实施公开市场操作的主要方式。例如,当中央银行发现各商业银行的存款准备金有大量剩余,就可以进行回购交易,出售其持有的政府证券给商业银行,从而吸收了过剩的存款准备金;反之,当中央银行发现各商业银行的存款准备金大量紧缺时,就可以利用反向回购协议,先买入金融机构持有政府证券,向商业银行提供大量的资金支持,从而缓解各商业银行存款准备金的紧缺状况。其次,利用回购协议来融通所需短期资金也是商业银行对外借款业务的一种重要方式。回购协议融资方式的期限灵活,短则1天,长可至几个月,通常是商业银行调整短期准备金头寸的工具,但有时也是商业银行取得长期贷款资金的一种方式。而且有些国家不要求对政府证券担保的回购协议资金缴纳存款准备金,可以降低融资成本。

2.3.3 长期信用工具

长期信用工具是指主要在资本市场交易的品种,又称资本市场工具,包括两个主要种类:债券和股票。

1. 债券

债券(bonds)是政府、金融机构、工商企业等机构直接向社会借债筹措资金时,向投资者发行,承诺按一定利率支付利息并按约定条件偿还本金的债权债务凭证。债券的本质是债的证明书,具有法律效力,是有价证券的重要组成部分。债券购买者与发行者之间是一种债权债务关系,债券发行人即债务人,投资者(或债券持有人)即债权人。由于债券的偿还具有明确的期限性,加之债券的发行人一般是政府或有关的公用事业单位、银行和信用较高的大企业,具有较高的安全性,同时利率一般高于储蓄存款利率,因而债券是一种受到普遍欢迎的主要证券品种之一。

根据发行单位不同,债券一般可分为政府债券、公司债券和金融债券。

政府债券(government bonds)是政府为筹集资金而发行的债务凭证。各国政府发行债券的目的通常是为了满足弥补国家财政赤字、进行大型工程项目建设、偿还旧债本息等方面的资金需要。政府债券可以分为中央政府债券和地方政府债券。中央政府债券又称国家债券或国家公债券(national debt,简称"国债"),是中央政府为筹集财政资金而发行的一种政府债券,是中央政府向投资者出具的、承诺在一定时期支付利息和到期偿还本金的债权债务凭证,由于国债的发行主体是国家,所以它具有最高的信用度,被公认为是信用等级最高的、最安全的投资工具,通常称为"金边债券"。国家债券按照偿还期限的长短可分为短期国家债券(即国库券)、中期国家债券和长期国家债券,但各国的划分标准不尽一致。美国和日本等国家以1年以下的债券为短期国家债券(Treasury Bills,T-Bills),1年以上10年以下的债券为中期国家债券(Treasury Note,T-Notes),10年以上的债券为长期国家债券(Treasury Bonds,T-Bonds)。美国和英国发行国库券,均为弥补国库暂时性资金不足。美国国库券的偿还期限通常为3个月或6个月,最长不超过1年。英国国库券的偿还期限通常为90天。

国家债券可以全部在证券交易所上市,也可以在到期前用作抵押贷款的担保品,而且政府不征收债券收益所得税。因而,它的信誉好、风险小、流动性强、抵押代用率高,是最受投资者欢迎的金融资产之一。国家债券的发行量和交易量在证券市场一般都占有相当大的比重,不仅在金融市场上起着重要的融资作用,而且是各国中央银行进行公开市场业务的重要手段。国家债券的发行一般以公募发行为主,同时又多采取间接销售的方式,即通过证券发行中介机构公开向社会上发行。国家债券的发行,一般在国内以本币币种发行,称作政府本币内债,在国外也有时以外币币种发行,称作政府外币债券。

地方政府债券(local government bond)又称地方债券,是由市、县、镇等地方政府发行的债券。发行这类债券的目的,是为了筹措一定数量的资金用于满足市政建设、文化进步、公共安全、自然资源保护等方面的资金需要。美国的地方债券称市政债券(municipal bond),主要分两类:一类是以州和地方政府的税收为担保的普通债务债券,其资信级别较高,所筹资金通常用于教育、治安和防火等基本市政服务;另一类是以当地政府所建项目得到的收益来偿还本息的收入债券,政府不予担保。所筹资金主要用于建设收费公路、收费大学生宿舍、收费运输系统和

第 2 章 信用与信用工具

灌溉系统等。日本的地方债券称地方债,其利息收入享受免税待遇,原则上不在交易所上市(东京都债除外)。地方债分公募地方债和私募地方债。英国的地方债券称地方当局债券,可以在伦敦证券交易所上市,地方当局发行债券的额度由英格兰银行(中央银行)负责控制。我国浦东建设债券就属于这个类型。

公司债券(corporate bonds)又称企业债券①,是指公司依照法定程序发行的,约定在一定期限还本付息的有价证券。公司债券是公司债的表现形式,基于公司债券的发行,在债券的持有人和发行人之间形成了以还本付息为内容的债权债务法律关系。因此,公司债券是公司向债券持有人出具的债务凭证。主要用于长期投资和扩大生产规模。发行者多为一流的大公司,但其信用度仍不可与上述债券相比,因此风险较大,利率一般高于其他债券。公司债券又可以分为很多种,如抵押债券、无抵押债券、资产支持债券(Asset-Backed Securities,ABS)、转换公司债券(convertoble bond)、无息债券等。

金融债券是银行等金融机构作为筹资主体为筹措资金而面向个人发行的一种有价证券,是表明债务、债权关系的一种凭证。债券按法定发行手续,承诺按约定利率定期支付利息并到期偿还本金。它属于银行等金融机构的主动负债。在英、美等欧美国家,金融机构发行的债券归类于公司债券。在我国及日本等国家,金融机构发行的债券称为金融债券②。金融债券的安全性、流动性较好,利率略

---

① 企业债券诞生于中国,是中国存在的一种特殊法律规定的债券形式。按照中华人民共和国国务院 1993 年 8 月颁布实施的《企业债券管理条例》规定,"企业债券是指企业依照法定程序发行、约定在一定期限内还本付息的有价证券"。从企业债券定义本身而言,与公司债券定义相比,除发行人有企业与公司的区别之外,其他都是一样的。我们对企业债券可以这样理解:①企业债券是中国特殊法律框架和特定体制基础下的一种制度安排,特指中国国有企业发行的债券,在理论和实践上都不具有一般性。②按照中国有关法律法规,企业债券与公司债券有着密切关系:企业债券包含公司债券,公司债券是企业债券一种特殊形式,公司债券首先遵循企业债券的有关法律法规,必须进一步接受关于公司债券的规范管理。③企业债券在理论上与公司债券理论是一致的,企业债券运作遵循的基本规律与公司债券相同。④企业债券是中国经济体制改革发展过程中的历史产物,随着中国逐步完善市场经济体制和现代企业制度,随着国有企业按照现代公司制度逐步规范,企业债券概念的内涵将发生变化。

② 金融债券诞生于日本,是在日本特定的金融体制下产生的债券品种,中国从 20 世纪 80 年代开始引进金融债券,韩国前一个时期也引进了金融债券品种,也是一个较为特殊的概念。在日本的债券体系中,从发行主体的性质看,大体分为三类:政府债券(包括国债、地方债和地方保证债)、金融债券、公社债(即公司债券)。这里的金融债券不同于该国的公司债券(公社债),遵循不同的法律法规。即使金融债券本身而言,不同发行主体发行的金融债券又遵从不同的法律法规,因此,金融债券是一个特殊的债券品种,在理论上不具有一般性。

高于同等期限的定期存款,是颇受公众青睐的信用工具。但其发行额度一般须经中央银行批准。因为作为信用组织的金融机构经营的是特殊商品,其风险性一般意义上要大大小于普通商品。

由于受到时间知识和信息的限制,广大投资者无法对众多债券进行分析和选择,因而债券有专门的信用评级制度,有助于投资者衡量投资风险,评估投资价值,同时帮助管理机构加强管理。

目前,国际上公认的最具权威性的信用评级机构主要是美国的标准普尔公司(Standard Poor's Co.)和穆迪投资者服务公司(Moody Investors' Service Co.)。由于它们拥有详尽的资料,采用先进的科学分析技术,有丰富的实践经验和大量专门人才,因此它们做出的信用评级具有很高的权威性和参考价值。标准普尔公司信用等级标准从高到低可划分为:AAA级、AA级、A级、BBB级、BB级、B级、CCC级、CC级、C级、和D级。穆迪投资服务公司信用等级标准从高到低可划分为:Aaa级、Aa级、A级、Baa级、Ba级、B级、Caa级、Ca级和C级。两家机构均划分前四个级别债券信誉高,违约风险小,是"投资级"债券,从第五级开始的债券信誉低,是"投机级"债券。

2. 股票

1) 股票的含义与特征

股票(stock)是股份证书的简称,是股份公司为筹集资金而发行给股东作为持股凭证并借以取得股息和红利的一种有价证券。每股股票都代表股东对企业拥有一个基本单位的所有权。这种所有权是一种综合权利,如参加股东大会、投票表决、参与公司的重大决策、收取股息或分享红利等。同一类别的每一份股票所代表的公司所有权是相等的。每个股东所拥有的公司所有权份额的大小,取决于其持有的股票数量占公司总股本的比重。股票是股份公司资本的构成部分,可以转让、买卖或作价抵押,是资本市场的主要长期信用工具,但不能要求公司返还其出资。股东与公司之间的关系不是债权债务关系。股东是公司的所有者,以其出资份额为限对公司负有限责任,承担风险,分享收益。

股票作为一种有价证券具有以下特征:

(1)不可偿还性。股票是一种无偿还期限的有价证券,投资者认购了股票后,就不能再要求退股,只能到二级市场卖给第三者。股票的转让只意味着公司股东的改变,并不减少公司资本。从期限上看,只要公司存在,它所发行的股票就存在,股票的期限等于公司存续的期限。对于股份公司破产的情况,股东得到的清偿也不一定大于其投入的本金。

(2)参与性。股票是代表股份资本所有权的证书,是投资入股的凭证,因此股票持有者享有相应的对公司决策的参与权。如一般普通股股票的股东有参加股东大会、投票表决权、盈余分配权、剩余资产分配权、股票转让权、新股承购权等权利。股东参与公司决策的权利大小,取决于其所持有的股份的多少。从实践中看,只要股东持有的股票数量达到左右决策结果所需的实际多数时,就能掌握公司的决策控制权。

(3) 流动性。股票可以在不同的投资者之间自由买卖和转让。流动性通常以可流通的股票数量、股票成交量以及股价对交易量的敏感程度来衡量。可流通股数越多,成交量越大,价格对成交量越不敏感(价格不会随着成交量一同变化),股票的流动性就越好,反之就越差。股票的流通,使投资者可以在市场上卖出所持有的股票,取得现金。通过股票的流通和股价的变动,可以看出人们对于相关行业和上市公司的发展前景和盈利潜力的判断。

(4) 风险性。股票持有者能否获取收益,主要取决于公司经营效益和股票的市场价格。如果公司经营不善,或由于其他意外原因使公司利润减少,股票的收益就会下降。而股票的市场价格更易受到公司经营状况及相关的经济、政治、社会、心理等诸多因素的影响,经常处于波动之中,具有较强的风险性。

(5) 收益性。与股票的风险性相伴的是股票的收益性。即股票持有者在承担较大投资风险的同时,也拥有获得较高投资收益的机会。股东凭其持有的股票,有权从公司领取股息或红利,获取投资的收益。股息或红利的大小,主要取决于公司的盈利水平和公司的盈利分配政策。股票的收益性,还表现在股票投资者可以获得价差收入或实现资产保值增值。通过低价买入和高价卖出股票,投资者可以赚取价差利润。

(6) 投机性。由于股票价格的波动性大,其盈利性和风险性也比其他证券都大,股票持有者可以利用股票市价的波动,低价买入高价卖出,获得差价收益,进行投机。当然合理的投机可以活跃市场,可以使社会资金得以合理、有效的配置;而不合理的投机,甚至以欺诈等手段操纵股市,则会加剧股市波动,扰乱市场秩序。

2) 股票的分类

股票种类繁多,可以按不同的标准来划分不同的种类,最常见的分类包括:

(i) 按股东权益分为普通股和优先股

普通股是最普遍的股票形式,是股份公司最重要的股份,是构成公司资本的基础。普通股股东主要享有以下三方面的权利:一是对股份公司的经营决策权。即股东可参加股东大会,对公司重大经营决策问题进行表决,可按出资比例投票选举董事等。二是对股份公司的利润和资产的分配权。股东可以从公司获得的利润中分配到股息,在公司破产或解散时,还可分享公司的剩余财产。三是在公司增发普通股股票时,有新股优先认购权。这个权利可以维护股东在公司的表决权和选举权的比重不变。

优先股是公司在筹集资本时,给予投资者某些优惠特权的股票。一般在公司利润分配和公司解散或破产时的剩余财产分配等方面,优先股要优先于普通股。但优先股的股息是事先预定的,不随公司经营业绩的变化而变化,因此不能享受公司利润增长带来的额外收益。此外,优先股股东一般不能参加公司的经营决策,在公司董事会的选举中,没有选举权和被选举权。

(ii) 按持有主体分为国家股、法人股和个人股

这是我国特有的分类方法。国家股即国家持有股,一般是指国家投资或国有资产经过评估并经国有资产管理部门确认的国有资产折成的股份。国家股的股权所有者是国家,国家股的股权,由国有资产管理机构或其授权单位,主管部门行使国有资产的所有权职能。国家股股权,也包含国有企业向股份有限公司形式改制变更时,现有国有资产折成的股份。我国国家股的构成,从资金来源看,主要包括三部分:①国有企业由国家计划投资所形成的固定资产,国拨流动资金和各种专用拨款;②各级政府的财政部门,经济主管部门对企业的投资所形成的股份;③原有行政性公司的资金所形成的企业固定资产。

国家有三种持股策略方式,即控制企业 100% 的股份,控制企业 50% 以上的股份,控制企业 50% 以下的股份。国家控股程度,通常因企业与国计民生的关切程度不同而异。国家股股权的转让,应该按照国家的有关规定进行。

法人股指企业法人或具有法人资格的事业单位和社会团体,以其依法可经营的资产向公司非上市流通股权部分投资所形成的股份。是指企业法人以其依法可支配的资产投入公司形成的股份,或具有法人资格的事业单位和社会团体以国家允许用于经营的资产向公司投资形成的股份。法人股是国有法人股和社会法人股的总称。如果该法人是国有企业、事业及其他单位,那么该法人股为国有法人股,国有法人股属于国有股权;如果是非国有法人资产投资于上市公司形成的股份则为社会法人股。

目前,在我国上市公司的股权结构中,法人股平均占 20% 左右。根据法人股认购的对象,可将法人股进一步分为境内发起法人股、外资法人股和募集法人股三个部分。日常股市中说的 C 股,就是进入协议转让的法人股。法人股的转让根据国家的相关规定有以下几点要求:

(1) 股份公司发起人持有本公司股份自公司成立之日起一年内不得转让。

(2) 公司法及其他法律法规规定不得从事盈利性活动的主体,不得受让公司

股份,如商业银行不得向非银行金融机构和企业投资。

(3) 法人股只能在法人之间转让,不能转让给自然人或其他非法人组织。

(4) 上市公司收购中,收购方持有的上市公司股票,在收购行为完成后六个月内不得转让。

(5) 除为核减公司资本或与持有本公司股票的其他单位合并,公司不得收购本公司股票。

(6) 中国公民个人不能作为中外合资(合作)有限公司的股东。

(7) 属于国家禁止或限制设立外资企业的行业之公司股权,禁止或限制向外商转让。

现有的法人股流动主要有协议转让、拍卖、质押和回购等几种方式。由于缺乏更广泛的投资者参与,法人股的流通受到制约,更无法通过股票市场的交易来体现其真正的价值。个人股是社会个人或本公司内部职工以个人合法投入公司形成的股份。

(iii) 依据股票的上市地点及投资者分为 A 股、B 股、H 股、N 股、S 股、L 股、T 股

A 股的正式名称是人民币普通股票。A 股是指由我国境内的公司发行,供境内机构、组织或个人(不含香港、澳门、台湾的投资者)以人民币认购和交易的普通股股票。

B 股的正式名称是人民币特种股票。它是以人民币标明面值,以外币认购和买卖,在境内(上海、深圳)证券交易所上市交易的。它的投资人限于:外国的自然人、法人和其他组织,香港、澳门、台湾地区的自然人、法人和其他组织,定居在国外的中国公民,中国证监会规定的其他投资人。现阶段 B 股的投资人,主要是上述几类中的机构投资者。B 股公司的注册地和上市地都在境内,只不过投资者在境外或在中国香港、澳门及台湾。1991 年 11 月,上海真空电子器件股份有限公司向海外投资者发行面值为 100 元人民币、总共 100 万股的人民币特种股票,并于 1992 年 2 月在上海证券交易所上市,这是中国证券市场的第一只 B 股。截止 2011 年 8 月底,境内上市公司数(A、B 股)达 2 271 家,其中外资股(B 股)108 家。

H 股,即以港元计价在香港发行并上市的境内企业的股票①。此外,中国企业在美国(纽约)、新加坡、英国(伦敦)、日本(东京)等地上市的股票,分别称

---

① 1993 年 6 月,青岛啤酒股份有限公司在香港(Hong Kong)发行上市,成为中国内地首家在香港上市的 H 股。

为N股①、S股②、L股③和T股④。截止2011年8月底,境外上市公司数168家。

此外,N股还有一层含义,指的是上市首日股票,在我国股市中,当股票名称前出现了N字,表示这只股是当日新上市的股票,字母N是英语New(新)的缩写。看到带有N字头的股票时,投资者除了知道它是新股,还应认识到这只股票的股价当日在市场上是不受涨跌幅限制的,涨幅可以高于10%,跌幅也可深于10%。这样就较容易控制风险和把握投资机会。如N北化、N建行、N石油等。

(iv) 蓝筹股、权重股和绩优股

蓝筹股指长期稳定增长的、大型的、传统工业股及金融股。此类上市公司的特点是有着优良的业绩、收益稳定、股本规模大、红利优厚、股价走势稳健、市场形象良好。

权重股只在计算股指时有意义,股指是用加权法计算的,谁的股价乘总股本最大谁占的权重就最大,权重是一个相对的概念,是针对某一指标而言,某一指标的权重是指该指标在整体评价中的相对重要程度。如中石油、中国银行、工商银行等,其涨跌对指数影响较大,这就是权重股。

绩优股就是业绩优良公司的股票,但对于绩优股的定义国内外却有所不同。在我国,投资者衡量绩优股的主要指标是每股税后利润和净资产收益率。一般而言,每股税后利润在全体上市公司中处于中上地位,公司上市后净资产收益率连续三年显著超过10%的股票当属绩优股之列。在国外,绩优股主要指的是业绩优良且比较稳定的大公司股票。这些大公司经过长时间的努力,在行业内达到了较高的市场占有率,形成了经营规模优势,利润稳步增长,市场知名度很高。绩优股具有较高的投资回报和投资价值。其公司拥有资金、市场、信誉等方面的优势,对各种市场变化具有较强的承受和适应能力,绩优股的股价一般相对稳定且呈长期上升趋势。因此,绩优股总是受到投资者、尤其是从事长期投资的稳健型投资

---

① 1994年8月,山东华能发电股份有限公司在纽约(New York)证券交易所发行上市,成为中国内地首家在纽约上市的N股。

② 1997年5月,天津中新药业在新加坡(Singapore)证券交易所发行上市,成为中国内地首家在新加坡上市的S股。

③ 1997年3月,北京大唐发电股份有限公司在伦敦(London)证券交易所挂牌上市,成为中国内地首家在伦敦上市的L股。

④ 2007年8月,中国博奇环保科技(控股)有限公司在日本东京(Tokyo)证券交易所一部成功上市,成为60年来第一个直接在东证主板上市的非日本企业,也是中国内地首家在东京上市的T股。

者的青睐。

此外,沪深证券交易所在1998年4月22日宣布,根据1998年实施的股票上市规则,将对财务状况或其他状况出现异常的上市公司的股票交易进行特别处理,由于"特别处理"的英文是 special treatment(缩写是"ST"),因此这些股票就简称为 ST 股。上述财务状况或其他状况出现异常主要是指两种情况,一是上市公司经审计连续两个会计年度的净利润均为负值,二是上市公司最近一个会计年度经审计的每股净资产低于股票面值。在上市公司的股票交易被实行特别处理期间,其股票交易应遵循下列规则:股票报价日涨跌幅限制为5%;股票名称改为原股票名前加"ST",例如"ST 波导";上市公司的中期报告必须审计。由于对 ST 股票实行日涨跌幅度限制为5%,也在一定程度上抑制了庄家的刻意炒作。投资者对于特别处理的股票也要区别对待,具体问题具体分析,有些 ST 股主要是经营性亏损,那么在短期内很难通过加强管理扭亏为盈。有些 ST 股是由于特殊原因造成的亏损,或者有些 ST 股正在进行资产重组,则这些股票往往潜力巨大。

股票和债券都是重要的融资工具,但它们既有相同之处又有区别。相同之处主要表现在三个方面:①都能定期地给所有者带来收益,且可转让;②对于发行者来说,都是筹资的手段,通过股票和债券可获得所需的资金,并为此付出一定代价;③对投资者来说,都是投资工具,并可获得一定的报酬。他们的区别也主要表现在三点:①从投资性质上看,股票表示对公司的所有权,其持有者即股东拥有股票权,可出席股东大会,参与公司的经营管理决策,实行对企业的控制。而债券持有者所表示的只是一种债权,没有股东的这种权力。②从获得报酬的先后次序看,公司支付股息之前必须首先偿还债券的利息;当公司破产清算时,也必须首先偿还债务,如有剩余财产,再分配给股东。③从投资的风险和报酬看,股票的风险大于债券,但其报酬却也可能大大高于债券。

2.3.4 金融衍生工具

金融衍生工具(financial derivatives)在形式上均表现为一种合约,在合约上载明买卖双方同意的交易品种、价格、数量、交割时间及地点等。金融衍生工具可以从不同的角度进行分类,但按照交易方式和特点进行分类是金融衍生工具最基本和普遍的分类方式,按此分类,金融衍生工具主要有远期、期货、期权和互换这四种类型。

1. 金融远期(Forwards)

它是相对最简单的一种金融衍生工具。金融远期是指规定合约双方同意在指定的未来日期按约定的价格买卖约定数量的相关资产或金融工具的合约。目前主要有远期外汇合同、远期利率协议等。金融远期合约通常在两个金融机构之间或金融机构与其客户之间签署，其交易一般也不在规范的交易所内进行，所以金融远期合约的交易一般规模较小、较为灵活、交易双方易于按各自的愿望对合约条件进行磋商。

在远期合约的有效期内，合约的价值随相关资产市场价格或相关金融价值的波动而变化，合约的交割期越长，其投机性越强，风险也就越大。若合约到期时以现金结清的话，当市场价格高于执行价格（合约约定价格）时，应由卖方向买方按价差支付结算金额；当市场价格低于执行价格时，则由买方向卖方支付金额。

2. 金融期货（Futures）

与远期合约十分相似，实质上是一种标准化的远期合约。金融期货是指期货交易所统一制订的、规定在将来某一特定的时间和地点交割一定数量和质量实物商品或金融商品的标准化合约。期货交易是反映买卖双方约定在将来某个日期以成交时约定的价格，交割一定数量某种商品的交易方式。期货合约交易与远期合约交易的区别在于：远期合约交易一般规模较小，较为灵活，交易双方易于按各自的愿望对合约条件进行磋商；而期货合约的交易是在有组织的交易所内完成的，合约的内容，如相关资产种类、数量、价格、交割时间、交割地点等，都有标准化的特点，这使得期货交易更规范化，也便于管理。无论是远期合约还是期货合约，都为交易人提供了一种避免因一段时期内价格波动带来风险的工具，也为投机人利用价格波动取得投机收入提供了手段。17世纪以后，标准化的合约开始出现，也逐渐形成了完整的结算系统，期货交易得以发展。进入20世纪70年代，金融市场的动荡和风险催生出金融期货，如利率期货、外汇期货、债券期货、股票价格指数期货等。

根据交易品种，期货交易可分为两大类：商品期货和金融期货。以实物商品，如玉米、小麦、铜、铝等作为期货品种的属商品期货。以金融产品，如汇率、利率、股票指数等作为期货品种的属于金融期货。金融期货品种一般不存在质量问题，交割也大都采用差价结算的现金交割方式。

期货交易具有以下特点：①以小博大。期货交易只需交纳5%～10%的履约保证金就能完成数倍乃至数十倍的合约交易。由于期货交易保证金制度的杠杆效应，使之具有"以小博大"的特点，交易者可以用少量的资金进行大宗的买卖，节省大量的流动资金。②双向交易。期货市场中可以先买后卖，也可以先卖后买，投资方式灵活。③不必担心履约问题。所有期货交易都通过期货交易所进行结算，且交易所成为任何一个买者或卖者的交易对方，为每笔交易做担保。所以交易者不必担心交易的履约问题。④市场透明。交易信息完全公开，且交易采取公开竞价方式进行,使交易者可在平等的条件下公开竞争。⑤组织严密,效率高。期货交易是一种规范化的交易,有固定的交易程序和规则,一环扣一环,环环高效运作,一笔交易通常在几秒钟内即可完成。

3. 金融期权(Options)

所谓金融期权是指规定期权的买方有权在约定的时间或约定的时期内,按照约定价格买进或卖出一定数量的某种相关资产或金融工具的权利,也可以根据需要放弃行使这一权利的合约。目前主要有外汇期权、外汇期货期权、利率期权、利率期货期权、债券期权、股票期权、股票价格指数期权等。为了取得这样一种权利,期权合约的买方必须向卖方支付一定数额的费用,即期权费。

期权分看涨期权(call options)和看跌期权(put options)两个基本类型。看涨期权的买方有权在某一确定的时间以确定的价格购买相关资产;看跌期权的买方则有权在某一确定时间以确定的价格出售相关资产。此外,期权又分美式期权和欧式期权。按照美式期权,买方可以以期权的有效期内任何时间行使权利或者放弃权利;按照欧式期权,期权买方只可以在合约到期时行使权利。由于美式期权买方有更大的选择空间,因此被较多的交易所采用。

期权这种金融衍生工具的最大魅力,在于可以使期权买方将风险锁定在一定范围之内。因此,期权是一种有助于规避风险的理想工具。当然,它也是投机者理想的操作手段。如果不考虑买卖相关资产时的佣金等费用支出,对于看涨期权的买方来说,当市场价格高于执行价格时,他会行使买的权利,当市场价格低于执行价格时,他会放弃行使权利,所亏不过限于期权费;对于看跌期权买方来说,当市场价格低于执行价格时,他会行使卖的权利,反之则放弃权利,所亏也仅限于期权费。因此,期权对于买方来说,可以实现有限的损失和无限的收益,对于期权的卖方则恰好相反,损失无限而收益有限。

4. 金融互换(Swaps)

也译为"金融掉期"或"金融调期",是指交易双方约定在合约有效期内,以事先确定的名义本金额为依据,按约定的支付率(利率、股票指数收益率等)相互交换支付的合约。目前主要有外汇互换、利率互换、货币互换、债券互换、抵押贷款互换等。以最常见的利率互换为例,设确定的名义本金额为1亿元,约定:一方按期根据以本金额和某一固定利率计算的金额向对方支付,另一方按期根据本金额和浮动利率计算的金额向对方支付——当然实际只支付差额。互换合约实质上可以分解为一系列远期合约组合。

2.4 信用在经济发展中的作用

2.4.1 现代经济是信用经济

现代经济有两层含义:一是现代经济形成的经济构架和经济特质,二是现代经济带动的经济气势和经济动量。前者能够组建一个良好的现代经济运行模式与现代人的经济心理,后者形成一个地区或一个城市的经济发展形势和局面。

首先,现代经济不同于传统计划经济,从本质上讲就是一种发达的货币信用经济或金融经济。它的运行表现为价值流导向实物流,货币资金运动导向物质资源运动。金融运行的正常有效,则货币资金的筹集、融通和使用充分而有效,社会资源的配置合理,对国民经济走向良性循环所起的作用也就明显,所以说金融在现代经济中有着核心地位。

其二,金融是现代经济中调节宏观经济的重要杠杆。现代经济是由市场机制对资源配置起基础性作用的经济,其显著特征之一是宏观调控的间接化。而金融在建立和完善国家宏观调控体系中具有十分重要的地位,它是联结国民经济各方面的纽带,国家可以根据宏观经济政策的需求,通过中央银行制定货币政策,运用各种金融调控手段,调节经济发展的规模、速度和结构。在稳定物价的基础上,促进经济发展。

其三,现代经济离不开货币资金运动。金融连接着各部门、各行业、各单位的生产经营,联系每个社会成员和千家万户,成为国家管理监督和调控国民经济运行的重要杠杆和手段,成为国际政治经济文化交往、实现国际贸易、引进外资、加强国际经济技术合作的纽带。

要认识现代经济是信用经济,可以从以下三个方面来分析:

一是现代经济运作的特点。首先,现代经济是一种具有扩张性质的经济,需要借助于负债去扩大生产规模、更新设备,需要借助于各种信用形式去筹措资金,改进工艺、推销产品。其次,现代经济中债权债务关系是最基本、最普遍的经济关系。经济活动中的每一个部门、每一个环节都渗透着债权债务关系。经济越发展,债权债务关系越紧密,越成为经济正常运转的必要条件。另外,现代经济中信用货币是最基本的货币形式。各种经济活动形成各种各样的货币收支,而这些货币收支最终都是银行的资产和负债,都体现了银行与其他经济部门之间的信用关系。所以信用就成为一个无所不在的最普遍经济关系。

二是从信用关系中的各部门来分析。信用关系中的个人、企业、政府、金融机构乃至国外部门等的任何经济活动都离不开信用关系。表现在：个人通过在银行储蓄或取得消费贷款与银行形成了信用关系，个人购买国债、企业债券与政府、企业形成了债权债务关系；企业在信用关系中既是货币资金的主要供给者，又是货币资金的主要需求者；政府通过举债、放贷形成与居民、企业、金融机构或其他机构之间的信用关系；金融机构作为信用中介从社会各方面吸收和积聚资金，同时通过贷款等活动将其运用出去；国外部门与本国各类经济主体之间的经济交往活动也离不开信用。这说明信用关系已成为现代经济中最基本、最普遍的经济关系。

三是从信用对现代经济的作用来分析。信用对现代经济发展虽然有时会有副作用，但主要还是发挥了积极的推动作用。这主要表现在：信用保证现代化大生产的顺利进行，即信用活动从资金上为现代化大生产提供条件；在利润率引导下，信用使资本在不同部门之间自由转移，导致各部门利润率趋向相同水平，从而自然调节各部门的发展比例；在信用制度基础上产生的信用流通工具代替金属货币流通，节约流通费用，加速资本周转；信用为股份公司的建立和发展创造了条件，同时，信用聚集资本，扩大投资规模的作用通过股份公司的形式也得到了充分发挥。这些作用由于其不可替代性，使信用成为现代经济发展的原动力。

2.4.2 信用在现代经济中的作用

信用既是一个流通范畴，也是一个分配范畴，但从本质上说，信用在再生产过程中属于分配环节，其作用主要表现在以下诸多方面。

1. 集中和积累社会资金

在国民经济运行过程中，客观上会同时出现货币资金的暂时闲置和临时需要两种情况。两者之间既相互矛盾又相互联系，相互衔接。通过信用活动就可以把社会经济运行中暂时闲置的资金聚集起来，投入需要补充资金的单位，从而使国民经济更有效地运行。此外，通过信用方式还可以把分散在城乡居民手中的货币积聚起来，并贷放到生产经营单位中去，从而实现变货币为资金，变消费基金为积累基金，促进经济的更快发展。在这一过程中，信用首先发挥的就是集中和积累社会资金的职能。从而加快资本集中，推动经济增长。

信用是资本集中的有力杠杆。借助于信用，可以加速资本集中和积聚。因为信用既可使零星资本合并为一个规模庞大的资本，也可以使个别资本通过合并其他资本来增加资本规模。在现代兼并收购活动中，很多都是利用信用方式来进行并完成这种资本集中的。资本集中与积聚有利于大工业的发展和生产社会化程度的提高，也有利于推动一国的经济增长。

2. 分配和再分配社会资金

信用一方面把社会资金积累和集中起来,另一方面又通过特有的资金运动形式把这些资金分配出去,这里信用的分配职能主要是指生产要素的分配,特别是对社会暂时闲置的生产要素的分配。如果信用的标的是实物,则它直接地是对生产要素的分配;如果信用的标的是货币,则它间接地是对生产要素的分配。因为货币是一般等价物,谁取得货币,谁就取得购买商品的权力。所以,调剂货币资金的余缺实际上就是对社会生产要素进行再分配。

除了对生产要素进行分配外,信用还能对生产成果进行分配。这主要是指在信用关系中所产生的利息范畴。由于信用具有有偿性这一特点。因此,闲置资金和货币收入的让渡者有权索取利息,而其使用者则有义务支付利息,这种利息的支与收就改变了国民收入原有的分配格局,从而也就改变了社会总产品的既定分配结构。

综合而论,信用的分配职能具体表现在:①通过信用方式分配国家的一部分生产资金;②调节生产经营企业之间的临时资金余缺;③通过信用活动将部分消费基金转化为生产建设资金,从而改变国民收入中积累与消费的结构;④通过利息的收支以分配社会总产品。

3. 加速资金周转,节约流通费用

由于信用能使各种闲置资金集中起来,并投放出去,使大量原本处于相对静止状态的资金运动起来,这对于加速整个社会资金周转,无疑起到了重要的作用。并且利用各种信用形式,还能节约大量的流通费用,增加生产资金投入。这是因为,第一,利用信用工具代替现金,节省了与现金流通有关的费用;第二,在发达的信用制度下,资金集中于银行和其他金融机构,可以减少整个社会的现金保管、现金出纳以及簿记登录等流通费用;第三,信用能加速商品价值的实现,有助于减少商品贮存以及与此有关的商品保管费用的支出。此外,各种债权债务关系还可以利用非现金结算方式来处理,不仅节约了流通费用,而且还可以缩短流通时间。增加资金在生产领域发挥作用的时间,有利于扩大生产和利润。

4. 将社会资金利润平均化

信用通过积累、集中和再分配社会资金,调剂社会资金的余缺分配,这种分配不是简单的行政分配或平均分配,而是按照经济利益诱导规律,将资金从使用效益差、利润率低的项目、企业、行业、地区调往使用效益好、利润率高的项目、企业、行业、地区。从而使前者资金减少,后者资金大量增加,结果使得前者的资金利润率有所上升,后者的资金利润率有所下降,从而有利于使全社会资金利润率的平均化。信用的这种职能在传统的计划经济体制下和转轨初期的双轨体制中,尚难以有效地发挥出来(因为资金是计划分配,不能根据利润的高低而自由流动),但

在社会主义市场经济体制建立过程之中和建立起来之后,这种职能将会有效地发挥出来,全社会资金利润率的平均化趋势也将愈来愈明显。

5. 调节经济运行

信用作为一个经济杠杆,不仅能够准确、及时地反映国同经济的运行状况,还能够对国民经济的运行进行积极地干预,对宏观经济与微观经济进行适时、适度的调节。如在宏观上,通过信用活动调节货币流通,在银根吃紧时放松信用,在通货膨胀时则收缩信用;通过信用活动调整产业结构,对国民经济发展中的瓶颈部门、短线行业和紧俏产品多供给资金,对长线部门、衰退待业和滞销产品则少供应资金甚至收回原已供应的资金,迫使其压缩生产或转产;通过信用活动还可调整国民经济的重大比例关系。在微观上,通过信用的供与不供、供多供少、供长供短、早供晚供、急供缓供等来促进或限制某些企业或某些产品的生产与销售,扶植某些企业的发展。

6. 调节经济结构

随着经济的发展,信用在调整经济结构方面的职能变得越来越重要。信用调节经济的职能主要表现为国家利用货币和信用制度来制定各项金融政策和金融法规,利用各种信用杠杆来改变信用的规模及其运动趋势。国家借助于信用的调节职能既能抑制通货膨胀,也能用于防止经济衰退和通货紧缩,刺激有效需求,促进资本市场平稳发展。国家利用信用杠杆还能引导资金的流向,通过资金流向的变化来实现经济结构的调整,使国民经济结构更合理,经济发展的持续性更好。

7. 提供和创造信用流通工具

信用关系发生时总要出具一定的证明,这些证明经过一定的手续处理即可流通(指规范的信用而言),这些在流通中的信用证明主是信用流通工具,如汇票、本票、支票等。在各种信用活动中,以银行信用提供的信用流通工具为最多,使用也最广泛。从大类上看,银行信用为商品流通提供两种类型的流通工具,即一种是现金,一种是表现为各种银行存款的非现金货币。这些货币都是由银行信用提供的,都是一种信用货币,它反映一定的信用关系。现金表现为中央银行(代表国家)对现金持有者(个人和单位)的负责,银行存款则表现为银行对各存款者的负债。

8. 综合反映国民经济运行状况

信用活动,特别是银行信用活动,同国民经济各部门、各单位有着非常密切的联系。无论是一个企业的生产经营活动还是一个部门的经济状况,都在银行得到准确、及时的反映。这一点是通过两个途径来实现的:一是各企事业单位、各部门都在银行开设各种账户,其经营活动、资金变化都在银行有记载。二是各单位、各部门都定期地向银行提供全套的会计报表。通过这些报表银行可以准确地分析一个企业的情况、一个部门的变化,并能推测出整个国民经济的动态。在微观上,它可反映出企业的产供销是否能衔接、资金配置是否合理、工资支出是否符合有关规定、企业盈利状况如何等。在宏观上,它可以反映出基本建设投资与当前生产的比例关系、简单再生产与扩大再生产的关系、生产资料生产与消费资料生产的比例关系、商品生产与商品流通的关系、商品流通与货币流通的关系、货币供给量与货币需要量的关系、国民收入产出额与使用额之间的关系等。根据银行反映出来的这些情况,国家可以采取相应的措施,调整不尽合理的经济结构。

信用在现代经济中的作用既有积极的一面也有消极的一面。信用对经济的消极作用主要表现在信用风险和经济泡沫的出现。信用风险是指债务人无法按照承诺偿还债权人本息的风险。在现代社会,信用关系已经成为最普遍、最基本的经济关系,社会各个主体之间债权债务交错,形成了错综复杂的债权债务链条,这个链条上有一个环节断裂,就会引发连锁反应,对整个社会的信用联系造成很大的危害。经济泡沫是指某种资产或商品的价格大大地偏离其基本价值,经济泡沫的开始是资产或商品的价格暴涨,价格暴涨是供求不均衡的结果,即这些资产或商品的需求急剧膨胀,极大地超出了供给,而信用对膨胀的需求给予了现实的购买和支付能力的支撑,使经济泡沫的出现成为可能。

本章小结

信用是商品货币经济发展到一定阶段的产物,是指以偿还本金和支付利息为条件的暂时让渡商品或货币的借贷行为。信用的产生与存在同市场经济的产生、发展以及有关特征密切相关。信用在其发展过程中,经历了高利贷信用、资本主义信用和社会主义信用几个主要阶段。

信用活动是通过具体的信用形式表现出来的,现代信用形式繁多,从不同的角度,可分为不同的类型。其中,按信用主体的不同,可分为商业信用、银行信用、国家信用、消费信用和国际信用等五种主要形式。其中,商业信用和银行信用是现代市场经济中与企业的经营活动直接联系的最主要的两种形式。

信用工具是指资金供应者和需求者之间进行资金融通时所签发的、证明债权或所有权的各种具有法律效用的凭证。信用工具的产生与发展是伴随着信用活动的需要而逐渐演进和发展的。现代信用工具一般具有偿还性、收益性、流动性以及风险性等特征。

信用工具种类繁多,按不同的划分标准就有不同的分类。其中以偿还期限为标准,信用工具可分为短期信用工具、长期信用工具和不定期信用工具。短期与长期的划分一般以一年为限,一年以下为短期信用工具(也称货币市场信用工

第 2 章 信用与信用工具

具),如国库券、商业票据、银行票据、大额可转让定期存单、信用证、信用卡及回购协议等;一年以上为长期信用工具(也称资本市场信用工具),如各类债券、股票等。不定期信用工具是指银行券和多数的民间借贷凭证。

金融衍生工具在形式上均表现为一种合约,在合约上载明买卖双方同意的交易品种、价格、数量、交割时间及地点等。按照交易方式和特点进行分类,金融衍生工具主要有远期、期货、期权和互换这四种类型。

从现代经济的运作特点、信用关系中各部门的经济活动及信用对现代经济的作用等诸多方面来看,现代经济是信用经济。信用在现代经济中的作用既有积极的一面也有消极的一面。积极的作用主要表现在集中、积累、分配和再分配社会资金,加速资金周转、节约流通费用,将社会资金利润平均化,调节经济运行与经济结构,提供和创造信用流通工具,综合反映国民经济运行状况等诸多方面;而消极的影响则主要表现在信用风险和经济泡沫的出现。

【重要概念】

信用　高利贷信用　商业信用　银行信用　消费信用　国家信用　国际信用　信用工具　商业票据　银行票据　大额可转让存单　债券　股票　远期合约　期货合约　期权合约　信用经济　信用风险

【复习思考题】

1. 什么是信用?它有哪些主要特征?
2. 信用是怎样产生和发展的?
3. 试述信用的主要形式。
4. 什么是商业信用和银行信用?各有何特点?
5. 简述商业信用与银行信用的主要区别和联系。
6. 什么是国家信用和消费信用?各有哪些主要形式?
7. 什么是信用工具?它有哪些基本特征?
8. 什么是大额可转让定期存单?与一般定期存单相比有何主要特点?
9. 什么叫回购?有何重要作用?
10. 什么是股票?它与债券有何异同?
11. 什么是远期合约和期货合约,它们有什么区别和联系?
12. 什么是期权合约?它有哪些种类?
13. 试分析现代经济为什么是信用经济。
14. 试分析信用在经济发展中的作用。

第3章 利息与利息率

本章导读

利息(interest)和利息率(interest rate)是货币问题的重要组成部分,是伴随信用与信用工具出现的非常重要的概念,也是现代社会的重要经济变量。从理论的侧重点和分析的角度来看,两者的研究是有区别的。利息的研究主要是讨论利息的本质与来源,其关键在于"质"的分析,回答"是什么"之类的问题;而利率的研究则侧重于探讨利率水平的决定,分析利率的决定因素及主要影响因素,其重点在于"量"的分析,回答"是多少"之类的问题。

利息和利息率作为资金和金融产品的价格,在市场经济体系中具有重要的基础性地位。利息率既是国家用来调控经济的主要工具之一,同时由于市场经济中利息率的高低受一国经济运行诸多因素的影响,因而也是可以用来观测经济运行的"晴雨表"。

本章将重点介绍利息与利率的概念、利率体系和利率的决定、变动与利率的作用,以及有关利率管理体制的基本内容。

3.1 利息及其本质

3.1.1 利息与信用

从狭义上讲,利息是借款人(债务人)支付给贷款人(债权人)使用贷款的代价,或是贷款人由于借出货币资金(或实物)而从借款人那里获得的报酬。广义的利息还包括人们购买非货币金融资产的收益。通常我们所指的狭义利息,它随着信用关系的产生而产生,并随着信用关系的发展而发展。在一定意义上,利息还是信用存在和发展的必要条件,构成信用的基础。

从历史上看,利息是作为信用的伴随物而出现的。在商品经济发展的初期,实物借贷是信用活动发展的主要形式,利息也多以实物形式出现。随着货币借贷作为信用活动的主要形式,利息也随之以货币形式计量和结算。利息构成信用的基础,这是由信用的特征决定的。还本付息是信用的主要特征,没有利息的信用不是信用的主要形式——融资信用。在商品经济中,推动货币经营者进行借贷活动的主要动力就是赚取利息收入。如果没有对于利息收入的追求,融资性的货币借贷关系就难以成立。因此,利息是伴随着信用关系的发展而产生的经济范畴,并构成信用的基础。

3.1.2 利息的本质

对于利息的研究,是经济学研究的重要领域之一。利息的本质是什么的问题,已经争论了几百年。对利息本质的解释,各个学派均有着自己的理论观点。根据这些理论分析的出发点的不同,我们把利息本质理论分为两类:一类是西方经济学派的观点;一类是马克思的利息理论。

1. 西方经济学家的利息本质理论

西方的利息本质理论,主要是建立在主观效用理论基础上的利息本质论。这些理论,在很大程度上有助于我们理解为什么会存在利息,但是,由于其是从主观效用的角度来分析的,因此需要辩证地看待。

1) 古典经济学派的利息理论

古典政治经济学派对利息的认识有两个角度。其中,一些人认为利息是与借贷资本相联系的一个经济范畴,并且从借贷货币资本的表面运动来分析利息的来源和性质。如威廉·配第认为利息是暂时放弃货币的使用权而获得的报酬[①]。约翰·洛克认为利息是贷款人承担了风险而得到的报酬,且报酬多少与风险大小相适应。但是自约瑟·马西开始,利息的研究开始倾向于对利息来源的分析,认为利息是与分配理论相联系的一个经济范畴,利息是社会总收入的一部分,是资本所有者的报酬。如马西认为利息是货币作为资本的使用价值的报酬,它来源于资本使用后所产生的利润。亚当·斯密在此基础上更进一步指出利息是剩余价值的转化形式[②]。在古典政治经济学派当中,对利息尽管提出了一些正确的看

---

① 威廉·配第在《赋税论》中写道:"假如一个人在不论自己如何需要,在到期之前也不得要求偿还的条件下,出借自己的货币,则对自己所受到的不方便可以索取补偿,这是不成问题的。这种补偿我们通常称之为利息。"

② 亚当·斯密提出了利息剩余价值说,他认为利息具有双重来源:其一,当借贷的资本用于生产时,利息来源于利润;其二,当借贷的资本用于消费时,利息来源于别的收入,比如地租。

法,但他们都没有深入地分析利息产生的真正原因,没有把利息和利润区别开来,没有阐明利息与地租、企业主收入之间的关系等等。

2) 近现代西方学者的利息理论

(1) 节欲论(abstinence theory)。节欲论是 19 世纪英国经济学家西尼尔(N. W. Senior,1790~1864)在其著作《政治经济学大纲》(1836 年)中提出的利润理论。节欲是西尼尔提出的术语,用来指资本家放弃眼前的享乐,即节制眼前消费的欲望。而资本则是节欲的结果,是人类意志上最艰苦的努力之一。他认为,价值的生产有劳动、资本和自然(土地)三种要素,其中劳动者的劳动是对于安乐和自由的牺牲,资本家的资本是对眼前消费的牺牲。产品的价值就是由这两种牺牲生产出来的。劳动牺牲的报酬是工资,资本牺牲的报酬是利润,二者也构成生产的成本。根据这种理论,节欲是利润的来源,资本家和工人都为产品的生产作出了牺牲,不存在剥削与被剥削的关系。因此,节欲论掩盖了资本主义社会利润的真正来源,掩盖了资本家剥削工人的事实。

综上所述,节欲论将利息看成是货币所有者为积累资本放弃当前消费而"节欲"的报酬。西尼尔认为,"利润的定义是节制的报酬"。由于资本来自储蓄,要进行储蓄就必须节制当前的消费和享受,利息就来源于对未来享受的等待,是对为积累资本而牺牲现在享受的消费者的一种报酬。

(2) 时间偏好论(time preference theory)。又称"时差论",代表人物是奥地利经济学家庞巴维克(E. V. Bohm-Bawerk,1851~1914)。他认为,一切利息均来自于商品在不同时期内由于人们评价不同而产生的价值差异,也即"价值时差"。当物品所有者延缓对物品的现在消费而转借给他人消费时,就要求对方支付相当于价值时差的贴水。以货币形态表示,这种贴水就是利息。所以利息是对价值时差的一种补偿。为了分析的需要,庞巴维克把物品分为两类:一类是现在就能满足人们消费欲望的"现在(时)物品"(present products);另一类是只有将来才能满足人们欲望的"未来物品"(future products)。他指出,人们对于等量的同一物品,在现在和将来两个不同时期内,主观评价是不一样的。由于人类生命的有限性,而未来情况又具有不可预测性,因此,一般人都忽视将来而重视现在,对现在物品的评价要高于等量的未来物品,即"现在物品通常比同一种类和同一数量的未来物品更有价值。"[1]这种价值上的差别就是一切利息的来源。收取利息就是为了保证资金在将来收回本金时的价值至少等于现在的价值。只有这样,借贷行为才

---

[1] 庞巴维克.资本实证论[M].上海:商务印书馆,1983:243.

能发生。

(3) 流动偏好论(liquidity preference theory)。流动偏好又称灵活偏好,指人们愿意以货币形式或存款形式保持某一部分财富,而不愿以股票、债券等资本形式保持财富的一种心理动机。流动偏好这一概念是凯恩斯最先提出来的,是其三大心理规律(边际消费倾向、资本边际效率、货币的流动偏好)之一。凯恩斯认为货币是唯一具有完全流动性的资产,人们出于交易动机、预防动机和投机动机的需要,偏好以货币形式保存已有资产。人们贷出货币资金,或者购买生息证券,都意味着放弃了自己的流动偏好,但同时有一定的收益,这个收益就是利息。所以利息就是对人们在一定时期放弃流动偏好的报酬。

2. 马克思的利息本质理论

马克思(Karl Marx,1818~1883)利息理论继承发展了斯密的利息剩余价值学说,其核心内容是利息性质的理论。马克思的主要观点是:

(1) 利息以货币转化为货币资本和货币资本所有权与使用权的分离为前提条件。这里前者为充分条件,后者为必要条件。货币如果不是参加资本的运动,而是被储藏或用于购买生活消费品,就不可能有货币的增殖;没有货币资本所有权与使用权的分离,也就无所谓利息的支付和利率水平的决定。

(2) 利息直接来源于利润。借贷资本家把货币作为资本贷放出去后,由职能资本家使用。职能资本家要么将它作为产业资本从事生产,要么将它作为商业资本从事流通。两种方式运动的结果,都能生产出利润(平均利润)。生产或流通过程结束后,职能资本家归还所借资本,并把利润的一部分支付给借贷资本家,作为使用借贷资本的报酬。当然,利息只是利润的一部分而不是全部。对于借入者来说,借贷资本的使用价值,就在于它会替他生产利润。不然的话,贷出者就没有必要让渡使用价值。但利润也不能全部归借入者,因为同一货币额作为资本对双方来说取得了双重的存在,这并不会使利润增加一倍。它所以能对双方都作为资本来执行职能,只是由于利润的分割。

(3) 利息的本质是同利润一样为剩余价值的转化形态。利润和剩余价值,实质上是同一物。所不同的是剩余价值是相对于可变资本而言的,而利润则是相对于全部预付资本而言的。剩余价值是利润的本质,利润则是剩余价值的表现形式。利息对利润的分割也就是对剩余价值的分割。很明显,这里体现出一种剥削关系。

可见,马克思对利息本质的解释与其他许多学者有明显的不同。他认为,从形式上看,利息是借贷资本的价格;从本质上看,利息是利润的一部分,是剩余价值的转化形态。依据马克思的科学理论,我们分析利息本质时,在方法上也应从利息的源泉着手,社会主义国家的利息不属于剩余价值的性质,而是对国民收入的再分配的一种补充形式。

马克思认为,在资本主义制度下,一定量的货币如果被作为资本来使用,就能够为它的所有者带来剩余价值或平均利润。这样,作为资本的货币,就有一种特殊的使用价值,即作为资本来执行职能取得平均利润的使用价值。货币资本家把它的货币,按一定的期限贷给职能资本家,实际上,就是把货币这种作为资本的使用价值,即生产利润的能力,让渡给职能资本家。这样,职能资本家向货币资本家借入货币资本,就必须把借入的货币资本执行职能所获得的平均利润的一部分,作为利息交给货币资本家。因此,利息是伴随货币资本家和职能资本家的分离,借贷资本的形成而出现的经济范畴,是职能资本家使用借贷资本所支付的代价,是借贷资本家出让资本使用权的报酬。

3.2 利率及利率体系

利率是经济学中一个重要的金融变量,几乎所有的金融现象、金融资产均与利率有着或多或少的联系。当前,世界各国频繁运用利率杠杆实施宏观调控,利率政策已成为各国中央银行调控货币供求,进而调控经济的主要手段,利率政策在中央银行货币政策中的地位越来越重要。合理的利率,对发挥社会信用和利率的经济杠杆作用有着重要的意义,而合理利率的计算方法是我们关心的问题。

3.2.1 利率概述

1. 利率的定义

利率即利息率,就其表现形式来说,是指在借贷期内所获得的利息额与借贷资本金的比率。利率是单位货币在单位时间内的利息水平,表明利息的多少。由于在通常情况下利息额不能超过生产者使用该笔资金而获得的利润额,因此,利率的高低必然受平均利润率的制约。在一般情况下,利率的最高界限为平均利润率,最低界限为零。利率的计算公式为:

$$利息率 = \frac{利息额}{借贷资本金} \times 100\%$$

例如,借贷资本金为10 000元,一年的利息额为1 000元,则年利息率为:

$$\frac{1\ 000}{10\ 000} \times 100\% = 10\%$$

2. 利率的表示与计算方法

习惯上按照计算利息的时间把利率划分为年利率、月利率、日利率。年利率一般以本金的百分之几表示,通常称为年息几厘。例如,年息5厘,就是指本金100元,每年利息5元。月利率一般以本金的千分之几表示,通常称为月息几厘。例如,月息5厘,就是指本金1 000元,每月利息5元。日利率一般以本金的万分之几表示,通常称为日息几厘。例如,日息5厘,就是指本金10 000元,每天利息5元。此外,有时也有用"分"作为利率的单位。分是厘的10倍,例如,"月息5分"就是月利率为50‰;年息5分,就是年利率为50%。年利率与月利率互相换算,每年按12个月计算;月利率与日利率互相换算,每月按30天计算;年利率与日利率互相换算,每年按360天计算。

利息的计算有两种基本方法:单利法和复利法。

单利是指在计算利息时,不论借贷期限的长短,仅按本金计算利息,所生利息不再计算下期利息。单利计算公式为:

$$I = P \cdot r \cdot n \tag{4.1}$$

$$S = P(1 + n \cdot r) \tag{4.2}$$

式中,I 为利息额,P 为本金,r 为利息率,n 为借贷期限,S 为本金和利息之和,简称本利和。

例如,一笔借贷期限为3年,年利息率为5%的10万元贷款,利息总额为 $100\ 000 \times 3 \times 5\% = 15\ 000$(元),本利和为 $100\ 000 \times (1 + 3 \times 5\%) = 115\ 000$(元)。

复利作为单利的对称,是指计算利息时,按一定期限将上一期所生利息计入本金一并计算利息的方法。例如,按此种方式计息,第一年按本金计息,第二年则须将第一年的利息计入本金,然后再按这一本金计息,即第二年要按第一年末的本利和计息,第三年、第四年都如此类推。复利的计算公式为:

$$S = P \cdot (1 + r)^n \tag{4.3}$$

$$I = S - P \tag{4.4}$$

若将上述实例按复利计算,则:

$$S = 100\ 000 \times (1 + 5\%)^3 = 115\ 762.5(元)$$

$$I = 115\ 762.5 - 100\ 000 = 15\ 762.5(元)$$

可见,按复利计息,可多得利息762.5元。

单利计算法计算简单、方便,通常适用于短期借贷。复利计算法更符合商品经济条件下的资本特性,即资本在运动中不断增值,而且已经增值的部分作为资本使用,也要增值。因此用复利计算利息,可以正确地反映资金的时间价值(现值和终值)。长期借贷应以复利方法计算利息。上述复利计算公式表示现在一定量的货币(P)在未来一定时间(n)后的价值(S),即资本的终值。若把将来某一时期(或时点)的资本值(S)换算成与现在时期(或时点)等值的资本,即通常所讲的贴

现,其换算结果称为"现值"(P)。现值和终值可以按以下公式换算:

$$P = S \cdot \frac{1}{(1+r)^n} \quad (4.5)$$

现值计算在测算投资效益和选择投资项目时有广泛的应用。

3.2.2 利率的种类

现实生活中的利率均是以某种具体形式存在的。如3个月期贷款利率、1年期储蓄存款利率、6个月期国债利率、大额可转让定期存单利率、贴现利率、再贷款利率、存款准备金利率、同业拆借利率等。随着金融活动的日益发展,活动方式的日益多样化,利息率的种类也日益繁多。而经济学家在著述中谈及的利率理论,通常是就形形色色的、种类繁多的利率综合而言的。有时用"市场平均利率"这类的概念,也是一个理论概念,而非指哪一种具体的统计意义上的数量。与之相同,通常有一个"基准利率"的概念。

基准利率(benchmark interest rate)是金融市场上具有普遍参照作用的利率,其他利率水平或金融资产价格均可根据这一基准利率水平来确定。基准利率在西方国家传统上是中央银行的再贴现利率,不过也不尽然,英国的基准利率就是银行间同业拆借利率。著名的基准利率有伦敦同业拆放利率(London Inter-Bank Offered Rate,LIBOR)和美国联邦基准利率(federal funds rate)。在中国,以中国人民银行对商业银行等金融机构规定的存贷款利率为基准利率。此外,一般普通民众把银行一年定期存款利率作为市场基准利率指标,银行则是把隔夜拆借利率作为市场基准利率。

一般而言,基准利率是在整个利率体系中起核心作用并能制约其他利率的基本利率。换言之,基准利率是在多种利率并存的条件下起决定作用的利率,这种利率的变动,其他众多利率也会作相应调整或变动。基准利率是官方利率或法定利率的一种。基准利率通常具备这样几个基本特征:①市场化——基准利率必须是由市场供求关系决定,它不仅反映实际市场供求状况,而且还要反映市场对未来的预期;②基础性——基准利率在利率体系、金融产品价格体系中处于基础性地位,它与其他金融市场的利率或金融资产的价格具有较强的关联性;③传递性。基准利率所反映的市场信号,或者中央银行通过基准利率所发出的调控信号,能有效地传递到其他金融市场和金融产品价格上。

在我国,利率可分为三种或三个层次:第一,中国人民银行对商业银行及其他金融机构的存、贷款利率,即基准利率;第二,商业银行对企业和个人的存、贷款利率,称为商业银行利率;第三,金融市场的利率,称为市场利率。其中,基准利率是核心,它在整个金融市场和利率体系中处于关键地位,起决定作用,它的变化决定了其他各种利率的变化。有鉴于此,基准利率已成为我国中央银行实现货币政策目标的重要手段之一。当政策目标重点发生变化时,利率作为政策工具也应随之变化。不同的利率水平体现不同的政策要求,当政策重点放在稳定货币时,中央银行贷款利率就应该适时调高,以抑制过热的需求;相反,则应该适时调低。2007年1月4日,中国基准利率雏形亮相,这个由全国银行间同业拆借中心发布的"上海银行间同业拆放利率"(Shanghai Interbank Offered Rate,Shibor)正式运行。Shibor 的形成机制与在国际市场上普遍作为基准利率的 Libor 的形成机制非常接近①。有了 Shibor 这杆"标尺",央行的金融宏观调控措施能更精准有效。根据利率市场化发展趋势,可以预见,Shibor 将会发育成中国真正的基准利率,实现以 Shibor 为基准的定价机制已是大势所趋。

在利率这个大系统中,按照不同的标准,可以划分出多种多样不同的类别。以下就几种主要的利率类别作简要介绍。

1. 市场利率、官定利率和公定利率

市场利率(market interest rate)是指在金融市场上由借贷资金供求关系直接决定并由借贷双方自由议定的利息率。包括借贷双方直接融资时协商的利率和金融市场买卖各种有价证券时的利率。市场利率是借贷资金供求状况变化的指示器。当资金供给大于需求时,利率呈下降趋势;相反,当资金供给小于需求时利率则呈上升趋势。由于影响资金供求状况的因素十分复杂,因而市场利率的变动非常频繁、灵敏。

官定利率(official interest rate)又称官方利率、法定利率,是指由一国(或地区)政府金融管理部门或中央银行确定的利率。它是国家调节经济的重要经济杠杆,官定利率水平的高低已不再是完全由借贷资金的供求状况所决定,而是由政府金融管理部门或中央银行视宏观经济运行状况而定。在整个利率体系中,官定利率处于主导地位,对市场利率会产生一定影响。例如中央银行的再贴现率就是典型的官方利率。同时,中央银行在确定官方利率时,一般以市场利率作为重要依据。

公定利率(pact interest rate)又称行业公定利率,是指由一国(或地区)非政

---

① Shibor 以位于上海的全国银行间同业拆借中心为技术平台计算、发布并命名,是由信用等级较高的银行组成报价团(现由 16 家商业银行组成)自主报出的人民币同业拆出利率计算确定的算术平均利率,是单利、无担保、批发性利率。目前,对社会公布的 Shibor 品种包括隔夜、1周、2周、1个月、3个月、6个月、9个月及1年。

府部门的民间金融组织,如银行公会等所确定的利息率。这种利率对其成员银行也有一定的约束性。如香港的银行公会就定期调整并公布各种存贷款利率,各会员银行必须执行。

官定利率和行业公定利率都不同程度地反映了非市场的强制力量对利率形成的干预。

2. 固定利率和浮动利率

固定利率(fixed interest rate)是指在整个借贷期限内不作调整的利率。它具有简便易行、易于计算借款成本等优点。在借贷期限较短或市场利率变化不大的条件下,可采用固定利率。但是,当借贷期限较长或市场利率波动较为剧烈时,其变化趋势很难预测,借款人或贷款人可能就要承担利率变化的风险。因此,对于中长期贷款,借贷双方一般都倾向于选择浮动利率。

浮动利率(floating interest rate)是指在借贷期限内随市场利率、物价或其他因素变化而作相应调整的利率。调整期限的长短以及以何种利率作为调整时的参照利率都由借贷双方在借款时议定。例如,欧洲货币市场上的浮动利率,一般每隔3~6个月调整一次,调整时大多以伦敦银行间同业拆借利率(London Inter-Bank Offered Rate,LIBOR)为主要参照。实行浮动利率,借款人在计算借款成本时的难度要大些,利率负担也可能加重,但是借贷双方承担的利率风险较小,利率的高低同资金供求状况密切相关。因此,对于中长期贷款,一般都倾向于选择浮动利率。

3. 名义利率和实际利率

名义利率(nominal interest rate)就是直接以货币表示的,市场通行使用的票面利率。实际利率(effective/real interest rate)是在名义利率基础上考虑通货膨胀因素以后的真实利率。

名义利率和实际利率的关系,最简单的一种可以用公式表示为:

$$R_e = R_b - R_p \tag{4.6}$$

其中,R_e为实际利率,R_b为名义利率,R_p通货膨胀率。这个公式基本上反映了名义利率和实际利率之间的关系,但它只考虑物价变动对本金的影响。

如果同时考虑物价变动对本金和利息的影响时,则有下列公式:

$$P \cdot (1+R_b) = P(1+R_e) \cdot (1+R_p)$$

即

$$R_e = \frac{1+R_b}{1+R_p} - 1 \tag{4.7}$$

式中,P为本金。

区别名义利率和实际利率有重要的实践意义。在通货膨胀条件下,市场各种利率都是名义利率,实际利率不易直接观察到,而反映借款成本和贷款收益的是实际利率而不是名义利率。根据名义利率与实际利率的比较,实际利率会出现三种情况:实际利率为正利率;实际利率为零;实际利率为负利率。一般而言,正利率与零利率和负利率对经济的调节作用是互逆的,只有正利率才符合价值规律的要求。

4. 存款利率和贷款利率

存款利率是指客户在银行或其他金融机构存款所取得的利息额与存款本金的比率。存款利率的高低直接影响存款者的收益和金融机构的融资成本,对金融机构所能集中的资金数量有着重要影响。

贷款利率是指银行和其他金融机构发放贷款所收取的利息额与贷款本金的比率。贷款利率的高低决定着产业利润在企业和银行之间的分配,从而决定着金融机构的利息收入和借款人的筹资成本,影响着借贷双方的经济利益。贷款利率也因贷款种类和期限不同而不同。贷款利率一般高于存款利率,贷款利率与存款利率的差额即为存贷利差。存贷利差是银行利润的主要来源,它直接决定着银行的经济效益。

存款利率和贷款利率之间存在着较大的差异。但差额的大小随银行垄断程度的不同而有所不同。银行众多而且同业竞争激烈的,存贷利差趋小;反之,存贷利差较大。当存贷利差过大时,企业会抛开银行直接融资。存贷利差过小,又使银行收益下降。因此存贷利差的合理确定对银行、企业都有着不可忽视的影响。

5. 即期利率与远期利率

所谓即期利率就是目前市场上所通行的利率,或者说在当前市场上进行借款所必须的利率。而远期利率则是指从未来某个时点开始借款所必须的利率,也就是未来某个时点上的即期利率。由于远期利率是发生在未来的、目前尚不可知的利率,实际中远期利率通常是从即期利率中推导出的,是一个理论值。所谓远期利率,是指隐含在给定的即期利率中从未来的某一时点到另一时点的利率水平。以储蓄利率为例:

现行银行储蓄一年期利率为2.25,二年期利率为2.79,10 000元存一年本利和(不考虑所得税等)为$10\,000\times(1+0.022\,5)=10\,225$元,存两年为$10\,000\times(1+0.027\,9)^2=10\,565.8$元,如果储户先存一年,到期后立即将本利和再行存一年,则到期后,本利和为$10\,000\times(1+0.022\,5)^2=10\,455.1$元,较两年期存款少得$10\,565.8-10\,455.1=110.7$元,之所以可以多得110.7元,是因为放弃了第二年期间对第一年本利和10 225元的自由处置权,这就是说,较大的效益是产于第二年,如果说第一年应取 2.25 的利率,那么第二年的利率则是:(10 565.8 − 10 225)/10 225×100%=3.33%,这个 3.33%便是第二年的远期利率。

即期利率和远期利率的区别在于计息日起点不同,即期利率的起点在当前时刻,而远期利率的起点在未来某一时刻。例如,当前时刻为 2011 年 12 月 5 日,这一天债券市场上不同剩余期限的几个债券品种的收益率就是即期利率。

在现代金融分析中,远期利率有着非常广泛的应用。它们可以预示市场对未来利率走势的期望,一直是中央银行制定和执行货币政策的参考工具。更重要的是,在成熟市场中几乎所有利率衍生品的定价都依赖于远期利率。

此外,按照融资时间的长短,又可以分为长期利率和短期利率;按照利率的水平可以分为一般利率和优惠利率;按照借贷主体不同,又可分为中央银行再贴现利率、商业银行利率和非银行利率等。由于划分标准是可以交叉的,一种利率可以同时具备几种性质。例如,3 年期的居民储蓄存款利率为 3.33%,这一利率既是年利率,又是固定利率、差别利率、长期利率与名义利率。各种利率之间以及内部都有相应的联系,彼此间保持相对结构,共同构成一个有机整体,从而形成一国的利率体系。

3.2.3 利率体系

利率体系(interest rate system)是指在一定时期内各种各类的利率按一定规则所构成的一个复杂的系统。利率体系按不同的分类标志有不同的划分方式。其中,最主要的划分方式有两种:一是按利率所依附的经济关系划分的利率体系。按此划分,利率主要分为两大类:存款利率和贷款利率。二是按借贷主体划分的利率体系。按此划分,利率主要分为:银行利率、非银行金融机构利率、债券利率和市场利率等。

利率体系主要包括以下几个方面的内容:

(1)中央银行贴现率与商业银行存贷利率。中央银行贴现率是中央银行对商业银行和其他金融机构短期融通资金的基准利率。它在利率体系中占有特殊重要的地位,发挥着核心和主导作用,反映全社会的一般利率水平,体现一个国家(或地区)在一定时期内的经济政策目标和货币政策方向。商业银行利率又称市场利率,是商业银行及其他存款机构吸收存款和发放贷款时所使用的利率。它在利率体系中发挥基础性作用。

(2)拆借利率与国债利率。拆借利率是银行及金融机构之间的短期资金借贷利率,主要用于弥补临时头寸不足,期限较短。拆借利率是短期金融市场中具有代表性的利率。国债利率通常是指一年期以上的政府债券利率,它是长期金融市场中具有代表性的利率。

（3）一级市场利率与二级市场利率。一级市场利率是指债券发行时的收益率或利率，它是衡量债券收益的基础，同时也是计算债券发行价格的依据。二级市场利率是指债券流通转让时的收益率，它真实反映了市场中金融资产的损益状况。

3.2.4 利率的结构

在金融市场上，不同种类的资金使用有不同的利率，不同期限的资金使用有不同的利率，这些关系到利率的结构。简单地说，利率结构（interest rate structure）是指利率体系中各种利率的组合情况，即各种性质、期限、信用形式利率的配合方式。利率结构主要包括风险结构、信用差别结构和期限结构。

利率的风险结构是指期限相同的各种信用工具利率之间的关系。各类信用工具利率差别突出表现在因风险的大小在纯利率（不包含风险因素的纯粹利率）的基础上加上不同的风险利率。风险就是不确定性。例如，生产技术水平的不确定性，企业生产潜力的不确定性，政治、社会、文化因素的变动也会造成预期收益的不确定性，货币购买力的风险，证券市场价格变动的风险等。贷款者在资金贷出时必须根据风险程度的大小确定利率的高低，风险程度大的贷款，其利率应高一些，而风险程度小的贷款，其利率则可低一些。即收益以风险为代价，风险用收益作补偿。利率的风险结构的决定因素是：

（1）违约风险。信用工具的违约风险越大，利率越高；反之，利率越低。国债几乎没有风险，可以看成是无违约风险的债券。一般地，我们把某种有风险的债券与无风险的国债之间的利率差额称为"风险补偿"或"风险溢价"。

（2）流动性。信用工具的流动性越强，变现越容易，利率越低；反之，流动性越弱，利率越高。

（3）税收因素。由于政府对不同信用工具的税收待遇不同，因而利率也受影响。税率越高的信用工具，其税前利率也越高。

利率的信用差别结构也与风险有关。利率的信用差别结构指不同信用形式在利率上的比价关系，它包括国家信用、银行信用、企业信用、民间信用等信用形式之间的利率差距。一般说来，放款风险依次随国家、银行、企业和个人而递增。这其中，国家信用风险最低；银行作为专业信贷机构，对资产负债管理水平较高，银行信用也比较高，但低于国家信用；企业因为从事各种生产经营活动，信用风险较大；至于民间的个人信用，因其比较分散，有的单纯靠君子协定，因此安全性最小，信用风险最高。因此，一般说来，国家公债利率应低于银行存款利率，银行存款利率应低于企业公司的债券利率,企业公司的债券利率应低于民间借贷利率。当然各种信用的利率差距是由社会对不同信用的需求及各种信用主体之间的竞争形成的。

利率的期限结构是指银行资产或负债到期日不同而形成的利率差别,尤其是指短期利率和长期利率之间的关系结构。随着期限的延长,风险和市场的不确定性增加,未来利率不可能完全预期,因而收益也应越高。即长期利率高于短期利率,一方面作为对风险的补偿,另一方面也是对人们放弃货币流动性的补偿。而西方的另外有关利率期限结构的理论,如完全预期理论和市场分割理论,或者认为对未来的预期收益是决定期限结构的唯一原因,或者认为长、短期资金市场是互相分割,不能互相替代的,所以也可以会出现长期利率与短期利率一致或长期利率低于短期利率的情况。不过,从经济运行的总体情况来。一般而言,长期利率高于短期利率是利率期限结构的最主要形式。

3.3 利率的决定、变动与作用

3.3.1 利率的决定因素

1. 平均利润率是决定利息率的基本因素

马克思认为利息是贷出资本的资本家从借入资本的资本家那里分割出来的一部分剩余价值,而利润是剩余价值的转化形式。利息的这种质的规定性决定了它的量的规定性(利息的这种质的规定决定了它的量的规定),利息量的多少取决于利润总额,利息率取决平均利润率。换言之,利润本身就构成了利息的最高界限,平均利润率就构成了利息率的最高界限(即上限)。因为若利息率超过平均利润率,职能资本家就不会借入资本。而利息率为零时,借贷资本家无利可图,就不会贷出资本。因此利息率总是在零与平均利润率之间波动。

利息率取决于平均利润率,使得利息率有以下特点:第一,随着技术发展,资本有机构成的提高,平均利润率具有下降趋势。因此,平均利息率也有下降的趋势。第二,在某一阶段考察利息率时,每个地区的平均利润率是一个稳定的量,所以平均利息率也是个相对稳定的量。第三,利息率不仅受到利润率的决定,还受供求竞争、传统习惯和法律规定等因素的作用,它的决定具有偶然性。

现实生活中面对的都是易变的市场利率,平均利息率只是一个理论概念,不过它从总体上反映在一定时期利率水平的高低,是一个相对稳定的量。

2. 资金供求关系及竞争状况决定着具体的利率水平

马克思曾指出:"生息资本虽然是和商品绝对不同的范畴,但却变成特殊商品,因而利息就成了它的价格,这种价格就像普通商品市场价格一样,任何时候都由供求决定"。因而,一般情况下,借贷资本供不应求,信用紧缩,利率上升;借贷资本供过于求,信用松动,利率下降,利率的波动受借贷资本供求状况的影响。在此基础上,马克思进而分析了资本主义产业周期各个阶段中借贷资本的供求状况及其对利率的影响。在危机时期,商品滞销,物价暴跌,工厂倒闭,资本家为了清偿债务,需要借入大量的货币资本,可借贷资本的供给由于在危机时期,存款人大量提取存款而大大减少,造成借贷资本供不应求,利息率猛涨,甚至会高于利润率。在萧条时期,物价下降到最低点,生产和流通萎缩,借贷资本大量闲置,企业投资信心不足,对借贷资本的需求量减少,借贷资本供大于求,导致利率下降到最低水平。在复苏时期,工厂开始复工,投资逐渐增加,但此时借贷资本仍处于相对过剩的状况,借贷资本的供给仍大于需求,利率水平仍较低。在繁荣时期,生产迅速发展,物价上涨,利润增加,企业对借贷资本的需求进一步增大,利率迅速上升。在资本主义社会,利率就这样随经济周期不同阶段的生产状况而发生变化。

3.3.2 利率变动的其他影响因素

1. 预期通货膨胀率

在预期通货膨胀率上升期间利率水平有很强的上升趋势;在预期通货膨胀率下降时,利率水平也趋于下降。这是因为:

第一,通货膨胀,必然会引起货币贬值从而使借贷资金的本金和利息遭受损失,为了弥补这种损失,贷款人必须提高利率水平。第二,实际利率等于名义利率与通货膨胀率之差,为了使实际利率不至于下降,所以在预期通货膨胀率上升的时候,名义利率也应随之上升。第三,预期通货膨胀率上升,将会使本金预期的实际价值减少而遭受损失,资金供给者往往会选择股票、不动产等其他更能抵御通货膨胀损失的资产形式保存资金,而使借贷市场的资金供给减少。同时,预期通货膨胀的上升会刺激借款的意愿和投资的增加而使对资金的需求增加,两方面的同时作用,造成了利率水平上升,这也是著名的费雪效应,即预期通货膨胀率变化引起利率水平发生变动的效应。

2. 社会再生产周期

如前所述,利率一般会随着社会再生产周期变动而变动,从而表现出很强的周期性。在经济扩张期,随着企业和消费者借款增加,资金的需求会迅速上升;同时,费雪效应拉升利率,增加通货膨胀压力,而且中央银行可能会采取某些限制措施以抵消经济增长可能产生的通货膨胀,这三种力量会提高利率水平。在经济衰退期,会发生相反的情况:随着企业和消费者缩减支出,资金的需求下降,通货膨胀压力减轻,中央银行也开始增加可贷资金供给,这三种力量又会降低利率水平。当然,事实上,利率的周期性波动远比上述描述复杂得多。

3. 中央银行的货币政策

中央银行通过运用货币政策工具改变货币供给量,来影响可贷资金的数量。当中央银行想要刺激经济时,会增加货币投入量,使可贷资金的供给增加,造成利率下降,同时会刺激对利率敏感项目,如房地产、企业厂房和设备的支出。当中央银行想要限制经济过度膨胀时,会减少货币供给,使可贷资金的供给减少影响(供给曲线向左移动),从而利率上升,家庭和企业的支出受抑制。随着政府对社会经济运行干预的不断加强,在西方一些发达国家,货币当局往往通过改变再贴现率和利率管理等政策来调节利息率,带动整个市场利率水平的变动,以此来调节经济,使经济运行能达到他们的预期目的是一种普遍现象。

4. 国际市场利率水平

在现代经济中,世界各国的经济联系越来越密切,国际利率水平对一国国内利率水平具有很强的示范作用,从而使世界各国的利率水平出现"趋同"现象。这种影响是通过资金在国际间的流动来实现的。当国际市场利率高于国内利率时,国内货币资本流向国外;反之,当国际市场利率低于国内利率时,则国外货币资本流进国内。不论国内利率水平是高于还是低于国际利率,在资本自由流动的条件下,都会引起国内货币市场上资金供求状况的变动,从而引起国内利率的变动。此外,由于资金在国际间的流动,必然影响国际收支状况,进而又会影响本国通货的对外价值,直接影响本国的对外贸易。因此,一国政府在调整国内利率时必须考虑国际利率水平。

此外,银行的经营成本、借款的期限和风险、汇率、政府的预算赤字等因素都会影响一国利率水平的变动。实际上,影响利率变动的因素是非常复杂,且难以完全预期,因而市场经济中利率的变动是频繁而经常的现象。

3.3.3 利率决定理论

现代经济中,利率作为资金的价格,不仅受到经济社会中许多因素的制约,而且,利率的变动对整个经济产生重大的影响,因此,现代经济学家在研究利率的决定问题时,特别重视各种变量的关系以及整个经济的平衡问题,利率决定理论也经历了古典利率理论、凯恩斯利率理论、可贷资金利率理论以及 IS-LM 利率模型的演变、发展过程。

1. 古典利率理论

古典利率理论又称实物利率理论,是指从 19 世纪末到 20 世纪 30 年代的西方利率理论,认为利率为储蓄与投资决定的理论。以庞巴维克、费雪及马歇尔为代表的西方古典经济学家认为,利率决定于资本的供给与需求,这两种力量的均衡决定了利率水平。资本的供给来源于储蓄,储蓄取决于"时间偏好"、"节欲"、"等待"等因素。在这些因素既定的条件下,储蓄是利率的增函数,即利率上升,储蓄量会增加,反之则会减少。资本的需求取决于资本的边际生产力与利率的比较。只有当资本的边际生产力大于利率时,才能导致净投资。在资本的边际生产力一定的条件下,投资是利率的减函数,即利率越高,投资越少,反之则越多。用公式表示则为:

投资函数: $\quad I=I(r) \quad \dfrac{dI}{dr}<0 \quad$ (4.8)

储蓄函数: $\quad S=S(r) \quad \dfrac{dS}{dr}>0 \quad$ (4.9)

当 $S>I$ 时,促使利率下降;反之,当 $S<I$ 时,利率水平便上升。当储蓄者所愿意提供的资金与投资者所愿意借入的资金相等时,利率便达到均衡水平,此时的利率即为均衡利率。古典学派的利率决定理论的核心是储蓄=投资,即 $S(r)=I(r)$,见图 3.1。

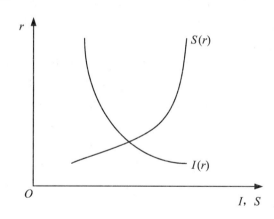

图 3.1 古典学派的利率决定曲线

古典学派利率决定理论有两个特点:

(1)古典利率理论是一种局部均衡理论。该理论认为储蓄与投资的数量都是利率的函数,而与收入无关。利率的变动仅仅影响储蓄与投资,并促使二者达到均衡,而不影响其他变量。

(2) 古典利率理论是非货币性理论。该理论认为储蓄由"时间偏好"等因素决定,投资则由资本边际生产率等决定,利率与货币因素无关,利率不受任何货币政策的影响。因此,在古典利率学派看来,货币政策是无效的。

2. 流动性偏好理论

20世纪30年代西方国家爆发了经济大危机,以利率具有自动调节机制为核心的古典利率理论不能对该现象做出令人信服的解释。1936年,凯恩斯在主要著作《就业、利息和货币通论》中,阐述了他的流动性偏好理论。

凯恩斯认为利率是放弃流动偏好的报酬,是一种纯货币现象,利率与实质因素、忍欲和生产率无关。因此利率不是由借贷资本的供求关系来决定,而是由货币市场的货币供求关系来决定,利率的变动是货币的供给和需求变动的结果。他抨击古典利率理论,认为尽管储蓄与投资有着密切的关系,但不能把它们看作是两个可以决定利率水平的相互独立的变动因素。因为储蓄主要取决于收入,而收入一般又取决于投资。储蓄与投资是两个相互依赖的变量,并且储蓄与投资之中只要有一个因素变动,收入必定会变动。

凯恩斯认为利率决定于货币供求关系,货币供给为外生变量,由中央银行直接控制。货币需求则是一个内生变量,由人们的流动性偏好决定。所谓"流动性偏好"(或称"灵活偏好")是指公众愿意持有货币资产的一种心理倾向。货币作为一种特殊形式的资产,具有完全的流动性和最小的风险性,能随时转化为其他商品,因此当人们考虑持有财富的形式时,对货币资产具有流动性偏好。而人们的流动性偏好的动机有三个:交易动机、谨慎动机和投机动机。其中,交易动机和谨慎动机与利率没有直接关系,而与收入成正比关系;投机动机则与利率成反比关系。如果以 L_1 表示为交易动机和谨慎动机而保有货币的货币需求,以 L_2 表示为投机而保有货币的货币需求,则 $L_1(Y)$ 为收入 Y 的递增函数,$L_2(r)$ 为利率 r 的递减函数。货币总需求 $L=L_1(Y)+L_2(r)$。再以 M_1 表示满足 L_1 的货币供应量,以 M_2 表示满足 L_2 的货币供应量,则货币供给量为 M 即为 $M=M_1+M_2$。凯恩斯认为均衡利率决定于货币需求与货币供给的相互作用。如果人们的流动性偏好加强,货币需求大于货币供给,利率便上升;相反,当人们的流动性偏好减弱,货币需求量小于货币的供给量时,利率便下降。当人们的流动性偏好所决定的货币需求量与货币管理当局所决定的货币供给量相等时,利率便达到了均衡水平。这种利率决定过程可用图3.2表示。

图3.2中,货币需求曲线向右下方倾斜。货币供给由货币当局控制,可视为常数,所以货币供给曲线为一条垂直线,利率决定于 $M_d(L)$ 与 M_s 的均衡点 Q。在

未充分就业的情况下,政府如果采取扩张性货币政策,增加货币供应量,可以压低利率,促使经济迅速增长。如图3.2,货币供给从q增加到q'时,利率便从r下降到r'。但是,如果货币的供应量继续增大到一定限度时,这时货币需求曲线呈水平状,表明货币需求无限大,即处于"流动性陷阱(liquidity trap)"[①],即使货币供给不断增加,利率也不会再降低,因为人们都预期利率将上升,因而都会抛出有价证券而持有货币,使得流动性偏好变成绝对的。

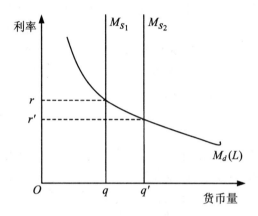

图 3.2　凯恩斯的利率决定曲线

在市场经济条件下,人们一般是从利率下调刺激经济增长的效果来认识流动性陷阱的。按照货币—经济增长(包括负增长)原理,一个国家的中央银行可以通过增加货币供应量来改变利率。当货币供应量增加时(假定货币需求不变),资金的价格即利率就必然会下降,而利率下降可以刺激出口、国内投资和消费,由此带动整个经济的增长。如果利率已经降到最低水平,此时中央银行靠增加货币供应量再降低利率,人们也不会增加投资和消费,那么单靠货币政策就达不到刺激经济的目的,国民总支出水平已不再受利率下调的影响。

根据凯恩斯的理论,人们对货币的需求由交易需求和投机需求组成。在流动性陷阱下,人们在低利率水平时仍愿意选择储蓄,而不愿投资和消费。此时,仅靠增加货币供应量就无法影响利率。如果当利率为零时,即便中央银行增加多少货

---

① 流动性陷阱是凯恩斯提出的一种假说,指当一定时期的利率水平降低到不能再低时,人们就会产生利率上升而债券价格下降的预期,货币需求弹性就会变得无限大,即无论增加多少货币,都会被人们贮存起来。发生流动性陷阱时,再宽松的货币政策也无法改变市场利率,使得货币政策失效。

币供应量,利率也不能降为负数,由此就必然出现流动性陷阱。另一方面,当利率为零,货币和债券利率都为零时,由于持有货币比持有债券更便于交易,人们不愿意持有任何债券。在这种情况下,即便增加多少货币数量,也不能把人们手中的货币转换为债券,从而也就无法将债券的利率降低到零利率以下。因此,靠增加货币供应量不再能影响利率或收入,货币政策就处于对经济不起作用状态。从宏观上看,一个国家的经济陷入流动性陷阱主要有三个特点:一是整个宏观经济陷入严重的萧条之中,需求严重不足,居民个人自发性投资和消费大为减少,失业严重,单凭市场的调节显得力不从心。二是利率已经达到最低水平,名义利率水平大幅度下降,甚至为零或负利率,在极低的利率水平下,投资者对经济前景预期不佳,消费者对未来持悲观态度,这使得利率刺激投资和消费的杠杆作用失效。货币政策对名义利率的下调已经不能启动经济复苏,只能依靠财政政策,通过扩大政府支出、减税等手段来摆脱经济的萧条。三是货币需求利率弹性趋向无限大。

3. 可贷资金理论

凯恩斯在阐述其流动性偏好利率理论时,将利率完全视为一种货币现象,其大小由货币供求关系所决定,而完全忽视储蓄、投资等实际因素对利率的影响。这一理论一经提出就遭到了许多经济学家的批评。1937年,凯恩斯的学生罗伯逊(D. H. Robertson,1890~1963)在古典利率理论的基础上提出了所谓的可贷资金利率理论(loanable-funds theory of interest)。这一理论受到了瑞典学派(又称斯德哥尔摩学派)的重要代表俄林(B. Ohlin,1899~1979)等人的支持,并成为一种较为流行的利率理论。

可贷资金利率理论认为,既然利息产生于资金的贷放过程,则考察利率的决定就应该着眼于可用于贷放资金的供给与需求。流动性偏好利率理论认为对可贷资金的需求完全来自于投资,可贷资金的供给量也是一个完全由中央银行所控制的外生变量。这在可贷资金利率理论看来是完全错误的。该理论认为,对可贷资金的需求并非一定完全来自于投资,还可能来自于窖藏。因为现实生活中,储蓄者很有可能窖藏一部分货币而不借出,借款者也可能窖藏一部分货币而不用于投资。结果就会有一部分储蓄不能用于投资。所以对可贷资金的需求由投资和窖藏货币两部分组成。其中,投资部分为利率的递减函数,并构成可贷资金需求的主体;窖藏货币部分也为利率的递减函数,因为窖藏货币会牺牲利息收入,利率越高,窖藏货币所牺牲的利息收入就越多,利率越低,窖藏货币所牺牲的利息收入就越少。可贷资金的需求 $M_d = I(i) + \Delta H(i)$。同时,可贷资金的供应不仅限于储蓄,除储蓄以外,中央银行和商业银行等可以分别通过货币供给和创造信用来提供可贷资金。可贷资金的供给由储蓄 $S(i)$、反窖藏 $D_{Hd}(i)$ 和由中央银行增发的货币以及商业银行所创造的信用形成的货币供应增量 $\Delta M(i)$ 三部分组成。其中,储蓄部分 $S(i)$ 为利率的递增函数,反窖藏部分 $D_{Hd}(i)$ 为利率的递增函数,货币供应增量部分 $\Delta M(i)$ 为利率的递增函数,即可贷资金的供给 $M_S = S(i) + \Delta M(i) + D_{Hd}(i)$。可贷资金利率理论认为,利率取决于可贷资金的供给与需求的均衡点,当二者达到均衡时,则有:

$$S(i) + D_{Hd}(i) + \Delta M(i) = I(i) + \Delta H(i) \tag{4.10}$$

上式中,四项因素均为利率的函数,当可贷资金的供给等于需求时,可贷资金市场达到均衡,此时的利率便是均衡利率。

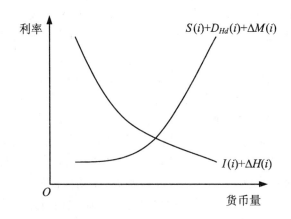

图 3.3 可贷资金利率决定曲线

由于可贷资金利率理论实际上是试图在古典利率理论的基础上,将货币供求的变动等货币因素对利率的影响综合考虑,以弥补古典利率理论只关注储蓄、投资等实物因素的不足,所以它被称为新古典利率理论。经常被经济学家和金融分析家用来预测利率水平。

如果可贷资金供求双方之间的借贷都采取发行债券的形式来进行,那么一定时期内(或时点上)可贷资金的需求就等于同一时期内(或时点上)债券的供给 B_S,可贷资金的供给就等于同一时期内(或时点上)债券的需求 B_d。则可得可贷资金利率理论的另一种表达形式,即均衡利率取决于债券的供给与需求。

4. IS-LM 模型

IS-LM 模型是反映产品市场和货币市场同时均衡条件下,国民收入和利率关系的模型。该模型是由英国现代著名经济学家约翰·希克斯(John Richard Hicks,1904~1989)和美国凯恩斯学派的创始人阿尔文·汉森(Alvin Hansen,1887~1975),在凯恩斯宏观经济理论基础上概括出的一个经济分析模式,即"希克斯—汉森模型",也称"希克斯—汉森综合"或"希克斯—汉森图形"。

希克斯认为,凯恩斯的流动性偏好利率理论和古典利率一样,都忽略了收入因素,都不能确定利率水平。对于古典利率理论而言,因为储蓄取决于收入,不知道收入,也就不知道储蓄,从而利率也就无法确定;利率不能确定,投资也就无法确定,从而收入也不能确定。对凯恩斯的流动性偏好利率理论而言,利率取决于货币需求与货币供应的均衡点,那么货币需求就无法确定,从而利率也无法确定。为了弥补这一缺陷,希克斯认为应把货币因素和实物因素综合起来进行分析,并把收入作为一个与利率相关的变量加以考虑。在此基础上,希克斯吸收了凯恩斯流动性偏好利率理论的核心内容,修正了古典利率理论,建立了 IS-LL 模型。按照这一利率决定理论,利率决定于储蓄与投资相等、货币需求与货币供给相等的一般均衡状态。

IS-LL 模型的提出在利率理论研究上是一大飞跃,但由于 IS-LL 模型的结构较粗糙,缺乏内在的逻辑性,特别是对两条曲线形状的解释含糊不清,致使人们对该模型难以理解和接受,因而在提出后的很长时间内得不到人们的重视。1949年,美国经济学家汉森通过对新古典借贷资金利率理论和凯恩斯流动性偏好利率理论的综合理解,重新推导出 IS-LL 模型,并将其易名为 IS-LM 曲线模型。

汉森认为,利率受制于投资函数、储蓄函数、流动性偏好函数(即货币需求函数)和货币供给量等四大要素,所以利率决定理论应包括对这些要素的分析。运用一般均衡的方法来探索利率的决定。

IS-LM 模型的数学方程式为:

$$I = I(r) \tag{3.11}$$

$$S = S(Y) \tag{3.12}$$

$$L = L(Y,r) \quad L = L_1(Y) + L_2(r) \quad M = L \tag{3.13}$$

$$M = \overline{M} \quad 货币供应量 \tag{3.14}$$

$$I = S \quad 均衡条件 \tag{3.15}$$

$$L = M \quad 均衡条件 \tag{3.16}$$

如果把(3.11)式和(3.12)式代入(3.15)式中,把(3.13)式和(3.14)式代入(3.16)式中,则有:

$$I(r) = S(Y) \tag{3.17}$$

$$L(r,Y) = \overline{M} \tag{3.18}$$

(3.17)式是 IS 方程式,(3.18)式是 LM 方程式。从这两个方程中完全求出 r 和 Y 两个未知数。

一般均衡分析法中有两个市场:实物市场和货币市场。在实物市场上,由于投资是利率的递减函数,储蓄是收入的递增函数。根据投资与储蓄的恒等关系,可以得出一条向下倾斜的IS曲线。曲线上任何一点代表实物市场上投资与储蓄相等条件下的局部均衡点。在货币市场上,由于货币需求L是收入Y和利率r的函数,货币需求与利率负相关,而与收入水平正相关,在货币供给量由中央银行决定时,可以导出一条向上倾斜的LM曲线。LM曲线上任何一点意味着货币市场上货币供需相等情况下的局部均衡。IS和LM两曲线相交,形成货币市场和实物市场同时均衡时的一般均衡利率和均衡所得水平。见图3.4。

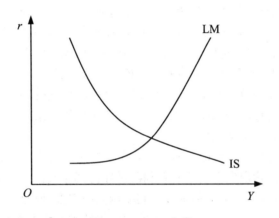

图3.4　IS-LM曲线

在图3.4中,IS曲线向下倾斜,是因为在所得增加时也相应增加,为了使储蓄与投资相等,利率必须下降。LM曲线向上倾斜,是因为在所得增加时货币需求量也会增加,而货币供给量又是既定的(M),为了使货币供求均衡,利率必须上升,以减少各经济单位对剩余货币或闲散资金的需求。

3.3.4　利率的功能及作用

利率是一个重要的经济杠杆,对宏观经济运行与微观经济运行都有着重要的调节作用。抽象而论,利率杠杆的功能及作用可以从宏观与微观两个方面去考察。

1. 宏观调节功能及作用

从宏观角度来看,利率的功能及作用主要表现在如下几个方面:

(1) 积累资金。在市场经济条件下,制约一国经济发展的一个重要因素是资金短缺。虽然有少数国家在个别时期出现过资金过剩,但对于绝大多数国家来说,资金总是一大短缺要素。这在发展中国家尤为明显。另一方面,市场经济在运行过程中,由于资金本身的活动规律、生产的季节性变化、相对于收入来源的个人消费滞后等原因,虽然个别企业和个人在某些时候会出现资金紧张的局面,有时甚至是严重的资金短缺,但从全社会来看,在任何时候都存在有一定数量的闲置资金和个人收入。由于资金的闲置与资金要求增值的本性不符,个人收入的闲置也意味着遭受机会成本损失,因此二者都有重新投入流通的要求。但是,由于市场经济条件下资金闲置者和资金短缺者经济利益不一致性,对闲置资金的运用就不能无偿取得而必须有偿进行。这种有偿的手段就是利息。有了利息的存在,就有了收息的可能。利息收入的引诱,就可以迫使资金闲置者主动让渡闲置资金,从而使社会能够聚集更多的资金。而利息的多少,一个极其重要的影响因素就是利率。利率愈高,存款人获得的利息收入愈多,社会聚积的资金规模就会越大。我国的机关、团体、部队、学校、企业事业单位的闲散资金,除依靠现金管理督促存入银行外,利率的存在和逐步调高发挥了很大的引力作用。个人储蓄存款的迅速增长也与利率的调高从而利息收入的不断增加息息相关。通过利率杠杆来聚集资金就可以获得即使在中央银行不扩大货币供给的条件下,全社会的可用货币资金总量也可以增加的效应。

(2)调节宏观经济。利息与利率的对经济的制约关系相当强烈。利率调高,一方面是拥有闲置货币资金的所有者利益诱导将其存入银行等金融机构,使全社会的资金来源增加;另一方面借款人因利率调高而需多付利息,成本也相应增加,而成本对于利润总是一个抵消因素,由此而产生的利益约束将迫使那些经济效益较差的借款人减少借款,使有限的资金流向效益高的行业、企业和产品,从而促使全社会的生产要素产生优化配置效应。国家利用利率杠杆,在资金供求缺口比较大时(资金供给<资金需求),为促使二者平衡,就采取调高存贷款利率的措施,在增加资金供给的同时抑制资金需求。其传递机制是:当资金供给小于资金需求时,中央银行就要调高再贷款利率(再贴现率),商业银行的借入成本就要增加,在这种情况下,商业银行为保持其既得利润,它就必须同时调高存贷款利率。而贷款利率的调高就会使借款人减少,借款规模压缩;存款利率的调高又会使存款人增加和存款来源增加。这样,在资金供给增加的同时,资金需求又在减少,从而资金供求就会趋于均衡。反之,当资金供给大于资金需求时,还可以推出另一个方向相反的传递机制。在通货膨胀率比较高的情况下,也可以动用利率杠杆进行有效地抑制。运用银行利率杠杆,还可以调节国民经济结构,促进国民经济更加谐调健康的发展。例如,对国家急需发展的农业、能源、交通运输等行业,适当降低利率,支持其大力发展;对需要限制的某些加工行业,则适当提高利率,从资金上限制其发展。

第3章 利息与利息率

（3）优化资源配置。利率的变动会引起投资成本的变化进而影响企业的投资行为。企业投资的预期收益率大于利率是企业增加投资的前提条件，预期收益率大于利率的幅度越大，企业的投资兴趣就会越浓。因此，利率会自发地引导资金流向利润率较高的部门，使社会资源得到优化配置。同时国家还可以自觉地运用利率杠杆来调节国民经济结构，主要是采取差别利率和优惠利率。对于国家重点发展的产业、企业、项目或产品采用低利率予以支持；对于国家要压缩的产业、企业、项目或产品采用高利率予以限制。这样，在利率机制的驱动下，企业投资就会纷纷转向低利率和高收益的产业、部门或产品，从而优化产业结构，实现经济结构合理化和社会资源的优化配置。

（4）调节货币流通和稳定物价。利息与利率从两个方面影响货币流通，一方面是影响储蓄者对货币的需求，另一方面是影响银行对货币的供给。一般而言，提高利率是一种紧缩措施，降低利率是一种膨胀措施。当流通中的货币量超过了货币需求量，出现通货膨胀时，往往通过调高利率、紧缩银根①来稳定物价。

（5）调节国际收支。当国际收支失衡时，可通过调整利率加以平衡。一是调节利率水平。如在国际收支逆差严重时，可将本国利率调到高于外国利率，一方面可阻止本国资金流向原利率较高的外国，另一方面也可以吸引外国的短期资金流向本国。二是调节利率结构。例如，当国际收支逆差发生在国内经济衰退时期，面对经济衰退，应刺激投资，发展生产，合理的利率政策是降低利率。而面对国际收支逆差，则应提高利率。这时就不能简单地调整利率水平，而应调整利率结构。由于投资主要受长期利率的影响，而国际间的资本移动主要受短期利率的影响，所以在国内经济衰退和国际收支逆差（失衡）并发时，中央银行可以一方面降低长期利率，鼓励投资，发展经济；另一方面提高短期利率，阻止本国资本外流，并吸引外资流入，从而达到预期目的。

此外，利率也是影响汇率最重要的因素之一。我们知道，汇率是两种货币之

---

① 银根（monetary situation）是指金融市场上资金的供应情况，或指市场上货币流转的情况。市场需要货币量多而流通量少时称银根紧，反之称银根松。现代经济生活中，银根一词也往往被用来借喻中央银行的货币政策。一国中央银行或货币当局为减少信贷供给，提高利率，消除因需求过旺而带来的通货膨胀压力所采取的货币政策，称为紧缩银根。反之，为阻止经济衰退，通过增加信贷供给，降低利率，促使投资增加，带动经济增长而采取的货币政策，称为放松银根。紧缩银根和放松银根都是通过一定的货币政策工具来实现的，如公开市场业务、调整法定准备金率和再贴现率等。银根过紧或过松，都会对经济带来不利影响，因此，适时适量调整银根是十分必要的。

间的相对价格。和其他商品的定价机制一样,它由外汇市场上的供求关系所决定。外汇是一种金融资产,人们持有它,是因为它能带来资本的收益。人们在选择是持有本国货币,还是持有某一种外国货币时,首先也是考虑持有哪一种货币能够给他带来较大的收益,而各国货币的收益率首先是由其金融市场的利率来衡量的。某种货币的利率上升,则持有该种货币的利息收益增加,吸引投资者买入该种货币,因此,对该货币有利好(行情看好)支持;如果利率下降,持有该种货币的收益便会减少,该种货币的吸引力也就减弱了。因此,可以说"利率升,货币强;利率跌,货币弱"。

2. 微观调节功能及作用

从微观角度考察,利率杠杆的功能及作用主要表现在如下两个方面:

(1) 激励功能。利息对存款人来说,是一种增加收入的渠道,高的存款利率往往是吸收社会资金的诱惑。当然,利息对于借款人来说,始终是一个减利因素,是一种经济负担。企业借款的金额愈大,借款时间愈长,利率水平愈高,企业需要支付的利息就愈多,生产或业务经营的成本就愈高,利润就愈少。因此,为减轻利息负担,增加利润,企业就会尽可能地减少借款,通过加速资金周转,提高资金使用效益等途径,按期或提前归还借款。

(2) 约束功能。利率调高会使企业成本增大,从而使那些处于盈亏边沿的企业走进亏损行列,这样,企业可能会作出不再借款的选择,另一些企业也会压缩资金需求,减少借款规模,并且会更谨慎地使用资金。

综上所述,调高利率在客观上会对企业产生约束和激励作用,促使它们努力提高经济效益和劳动生产率,同时又影响着企业投资行为,是影响企业经营的重要客观因素。

3.4 利率管理体制

3.4.1 利率管理体制及其类型

利率管理体制(interest rate regulation system)是利率政策的一个重要内容。利率的作用能否发挥出来,发挥到什么程度,与利率管理体制是否合适密切相关。利率管理体制,简单地说就是国家对利率进行管理的一种组织制度。它规定了金融管理当局或中央银行的利率管理权限、范围和程度。

利率管理体制的主要内容包括:①利率的管理原则是根据经济规律和国家货币政策的要求,按照一定的原则、程序和方法对利率水平、体系和管理方法进行的组织与控制。其主要任务是确立合理的利率体系,理顺各种利率的比例关系,完善利率的管理办法。②利率管理权限的划分,主要指利率制定权、执行权、管理权和浮动权在各级利率管理组织之间的划分,它是利率管理组织内部各级机构之间相互联系的一种方式。③利率管理的形式,是指对利率管理形式的分类。通常是根据利率管理权力的分散程度划分为集中管理型、分散管理型和综合型三种。

各国采取的利率管理体制大致可分为三类:①国家集中管理。即实行利率管制,国家对直接融资和间接融资活动中的利率实行统一的管理,由管理机构根据宏观经济发展的要求和对金融形势的判断,制定各种利率,各金融机构都必须遵照执行。②市场自由决定,即利率市场化,国家只控制基准利率,其他利率基本放开,由市场的资金供求关系确定。从20世纪70年代开始,许多国家逐步放松了利率管制,呈现出利率自由化的趋势。③国家管理与市场决定相结合。大多数国家在相当长的时间内采取了此种做法,只是国家管理的程度和方式各有不同。

3.4.2 我国的利率管理体制

从严格意义上来讲,我国的利率管理体制可以分为三个主要阶段。即1949～1982年间的实行高度集中的利率管理体制阶段,1982～1996年实行的利率管制下的有限浮动利率阶段,1996年以来,进入利率市场化改革的探索阶段。

1. 新中国成立后的高度集中的利率管制时期

1949～1982年期间,为了配合我国的社会主义改造和高度集中的中央计划经济管理体制的建立,我国实行高度集中的利率管制体制,即一切利率均由国家计划制定,各类银行和非银行金融机构,必须严格执行,并授权中国人民银行进行统一管理。这一时期利率总体特征是:第一,利率水平偏低,特别是1965年以后,我国的物价指数与利率水平呈反方向变化趋势。第二,利息的种类少,解放初期有20多种,"文革"时期只有7种。第三,利率的管理权高度集中,利率标准简单划一。当时我国利率不分行业,不论存贷款长短期限、金额大小、投资风险大小、资金的充裕程度,均实行同一利率,一视同仁。显然,这样的做法既不利于国家产业结构的调整和产业政策的贯彻,也不利于提高银行和企业的经济效益,更不能满足各种不同企业对资金的不同需求。直到1978年我国的改革开放以后,我国引入了商品经济机制,实行了有计划的商品经济管理体制(后来的有计划的社会主义市场经济),在利率管理方面才有所松动。

2. 1982～1996年利率机制的调整

1978年以后,商品经济机制在我国得到逐步发展和不断完善,僵化的利率管理体制显然已不能适应新形势的需要。国家开始对传统的低效率的利率管理体制进行改革。从1982年起,国有四大商业银行(原四大专业银行即中国工商银行、中国建设银行、中国农业银行和中国银行)在对某些特定对象办理存、贷款业务时,可以按照中国人民银行颁布的相应利率进行有限的上下浮动。这种浮动范围在不同时期也有所不同。

3. 1996年以来利率市场化改革的探索

在西方货币政策理论尤其是凯恩斯学派的理论中,利率是货币政策传导机制的核心,因而是经济中的重要变量,也是货币当局为达到经济稳定增长、保持币值稳定的重要货币政策工具。20世纪70年代以来西方国家对利率重要性认识不断加强,美国目前调控经济增长的最重要货币政策就是美联储联邦基金利率和对商业银行再贴现利率的不断调整。随着我国经济市场化改革的深入进行,利率市场化改革的问题越来越重要而成为我国现阶段货币金融体制改革的中心环节。

利率市场化是指金融机构在货币市场经营融资的利率水平由市场供求来决定,它包括利率决定、利率传导、利率结构和利率管理的市场化。实际上就是将利率的决策权交给金融机构,由金融机构自己根据资金状况和对金融市场动向的判断来自主调节利率水平,最终形成以中央银行基准利率为基础,以货币市场利率为中介,由市场供求决定金融机构存贷款利率的市场利率体系和利率形成机制。利率市场化的实质就是将由国家用计划手段管制的利率,变为国家只控制基准利率,其他利率由金融机构根据资金的供求状况、自身的头寸状况、盈利及风险等因素自行控制。

利率市场化的主要意义在于促进金融创新,金融市场主体充分而赋有竞争意识,所有的经济主体都会获得创新带来的好处。从微观讲,利率市场化后,可以提高资金需求的利率弹性,使资金流动合理化、效益化,从总体上消除利率的所有制、部门、行业歧视,使利率充分反应资金的供求,使利率的水平和结构与信用风险紧密联系。宏观方面,市场化的利率在动员储蓄和储蓄转化投资方面都有不可替代的作用。利率市场化的过程,实质上是一个培育金融市场由低水平向高水平转化的过程,最终形成完善的金融市场:融资工具品种齐全、结构合理;信息披露制度充分;赋有法律和经济手段监管体制;同时,利率市场化将有利于中央银行对金融市场间接调控机制的形成,对完善金融体制建设起到至关重要的作用。

鉴于利率的系统性,利率的市场化改革也是包括同业拆借市场化、债券利率市场化、银行存贷利率市场化等的系统工程。其至少包括以下一些特征:第一,利率水平由市场自行决定。利率水平的决定权在市场是利率市场化的最大特点。利率确定的过程是市场化的,利率的价格结构、数量结构、期限结构和风险结构均是市场选择的结果。第二,货币当局对利率进行间接调控。利率市场化并不意味着利率决定的完全自由化,货币当局仍可以通过多种形式对利率进行间接调控,如通过制定利率政策,制约市场主体利率决定权限;确定基准利率,影响利率水平;通过公开市场业务、再贴现率和存款准备金率,不断调整市场利率水平等。在特殊时期,如金融形势急剧恶化、金融秩序极度混乱时,货币当局也可以重新采用利率直接管制的办法。第三,市场主体享有充分的自主权。市场主体自主地参与资金供求竞争,根据不同的利率结构,自主地作出市场选择,从而使利率水平能真实地反映市场供求状况。因而这既是促成市场化利率形成的重要条件,也是维护利率市场化制度的重要条件。

鉴于利率市场化是市场经济中宏观经济调控的重要手段,有助于促进我国金融市场的健全与发展,同时也是深化我国商业银行改革的必要前提以及促进我国经济与国际接轨的必然趋势,因而成为我国金融体制改革深化的关键。利率市场化的过程一般包括以下步骤:①将利率提高到接近均衡状态以保持经济、金融的平衡运行;②扩大金融机构利率浮动的幅度和范围,允许利率更大幅度、更大范围的上浮或下浮;③加快金融市场发展,提高金融资产多样化程度,使更多的金融资产实现利率市场化;④通过利率市场化金融商品与利率管制的存贷款等金融产品的竞争,最终实现存贷款利率的逐步放开。

从1996年开始,我国加快了利率市场化的步伐,采取了有计划、有步骤的利率市场化改革。1996年和1997年,先后建立了全国统一的银行间同业拆借市场和银行间债券市场,实现了同业拆借和银行间债券利率的市场化。自1998年9月始,银行间债券市场发行利率全面放开。1998年10月开始,逐步放开本外币贷款和存款利率的浮动范围。2000年9月实行外币存贷款利率的市场化,这是我国利率市场化的重要步骤之一。2002年,进行利率市场化改革试点,贷款利率浮动幅度扩大到100%,存款利率最高可上浮50%。2003年12月,再次扩大金融机构贷款利率浮动空间。2004年10月,原则上放开了贷款利率上限,允许存款利率下浮,稳住存款利率上限。基本上赋予了金融机构自主定价的权利,作为利率市场化改革的核心环节——存贷款利率的放开已经有实质性的突破。

当前,我国利率市场化改革的总体思路已经确定,即"先外币,后本币;先贷款,后存款;先长期、大额,后短期、小额"。利率市场化改革的目标是,建立由市场供求关系决定金融机构存、贷款水平的利率形成机制,中央银行通过运用货币政策工具调控和引导市场利率,使市场机制在金融资源配置中发挥主导作用。

3.4.3 利率杠杆与利率政策

利率政策(Interest rate policy)是指中央银行控制和调节市场利率以影响社

会资金供求的方针和各种措施。它是中央银行间接控制信用规模的一项重要的手段。就我国而言,中国人民银行根据货币政策实施的需要,适时的运用利率工具,对利率水平和利率结构进行调整,进而影响社会资金供求状况,实现货币政策的既定目标。随着我国信用经济的发展,经济货币化程度的加深,利率已成为我国宏观经济调节的重要杠杆,对宏观经济调节起到了重要作用。在我国有中国特色的社会主义市场经济条件下,通过控制利率水平及其弹性限度,加快利率市场化改革,完善利率传导机制,最大限度地发挥利率杠杆的宏观调节作用,无疑是利率理论的核心问题。

要完善利率传导体制可从以下方面入手:科学的利率水平设计;利率传导主体(商业银行、企业、个人)对利率水平和变动能做出灵敏的反应;传导的方式不是直接传导而是间接传导,或者说不是靠行政手段,而是通过市场传导;传导的渠道不是单一的而是纵横渠道结合。为此,要完善利率杠杆传导机制就必须实行商业银行的企业化经营,发展金融市场,建立多元化的金融资产结构,利用消费贷款方式扩大利率杠杆的调节范围,建立健全保证利率杠杆传导的良性循环机制。

1. 主要利率工具

目前,中国人民银行采用的利率工具主要有:①调整中央银行基准利率。包括:再贷款利率、再贴现利率、存款准备金利率和超额存款准备金利率。②调整金融机构法定存贷款利率。③制定金融机构存贷款利率的浮动范围。④制定相关政策对各类利率结构和档次进行调整等。

2. 提高利率杠杆有效性的主要手段

1) 确定合理的利率水平

合理的利率水平设计是充分发挥利率杠杆的宏观调控作用的前提。设计利率水平时除了要充分考虑资物价水平、资金供求变动因素、银行经营成本以外,更重要的是要充分考虑社会平均利润率。当社会平均利润率上升时需要及时提高贷款利率。只有这样才能抑制企业的投资冲动,淘汰低效益的企业。否则,当社会平均利润率上升时仍保持低利率,由于较大的利益驱动,企业和个人就会不断的扩大投资并最终导致经济过热。在提高贷款利率的同时也应提高存款利率以保持合理的存贷利差水平。就我国近年来的宏观调控看,尽管出台了一系列政策,但经济增长速度似乎越来越快,房价越调越高,都是低利率产生的刺激作用结果。而信贷规模增长过快,是由于存贷利差较大,银行有放贷的利益驱动,与国家的调控政策相背离。可见低利率对经济有刺激作用,要避免经济的大起大落,实现经济可持续发展,就必须根据当时的社会平均利润率水平确定合理的利率水平。

目前,中国人民银行在确定利率水平时,主要综合考虑以下几个因素:

(1) 物价总水平。这是维护存款人利益的重要依据。利率高于同期物价上涨率,就可以保证存款人的实际利息收益为正值;相反,如果利率低于物价上涨率,存款人的实际利息收益就会变成负值。因此,看利率水平的高低不仅要看名义利率的水平,更重要的是还要看是正利率还是负利率。

(2) 国有大中型企业的利息负担。长期以来,国有大中型企业生产发展的资金大部分依赖银行贷款,利率水平的变动对企业成本和利润有着直接的重要的影响,因此,利率水平的确定,必须考虑企业的承受能力。

(3) 国家财政和银行的利益。利率调整对财政收支的影响,主要是通过影响企业和银行上交财政税收的增加或减少而间接产生的。因此,在调整利率水平时,必须综合考虑国家财政的收支状况。银行是经营货币资金的特殊企业,存贷款利差是银行收入的主要来源,利率水平的确定还要保持合适的存贷款利差,以保证银行正常经营。

(4) 国家政策和社会资金供求状况。利率政策要服从国家经济政策的大局,并体现不同时期国家政策的要求。与其他商品的价格一样,利率水平的确定也要考虑社会资金的供求状况,受资金供求规律的制约。

(5) 期限、风险等其他因素也是确定利率水平的重要依据。一般来讲,期限越长,利率越高;风险越大,利率越高。反之,则利率越低。

(6) 国际上的利率水平。随着我国经济开放程度的提高,国际金融市场利率水平的变动对我国利率水平的影响将越来越大,在研究国内利率问题时,还要参考国际上的利率水平。

2) 完善商业银行体制,逐步推进利率市场化改革

只要企业产权明晰,经营机制健全,就能减少企业在资金运用上的风险性,往往在借款时企业就会更多顾及因利率变化而引起的经营风险以及自身的实际偿还能力,考虑企业的长远利益和债权人——银行的利益,这也将有助于银行的商业化改革,一定程度上强化银行信贷风险,增强其经营积极性和开拓性,从而使全社会的信用程度均得到提高,这才能为利率市场化的全面改革提供前提条件与基本保障。通过完善商业银行内部管理,消除货币政策传导在商业银行层面的障碍,充分发挥利率政策的作用。由于我国信贷资金大部分控制在四大商业银行,因此完善激励约束机制,即可提高基层分支银行的经营管理水平和盈利能力。要尽快促使经营策略向"效益立行"转变,在强化信贷约束机制的同时,尤其要注意建立和完善信贷激励机制,推行以市场和效益为中心的经营理念,把贷款营销与商业银行经营管理紧密结合起来,通过提高经济效益,壮大资本金实力来化解和稀释信贷风险。在信贷策略上,不能盲目遵循"大城市、大企业"的策略,要结合自身的特点搞好市场定位,完成从"争夺客户"向"培育客户"的转变,加强对企业、对市场、对产品的调查研究,加大对有发展潜力的中小企业的支持力度,帮助企业发展壮大,努力培育自己的基本客户群,培育新的、稳定的利润增长点。

从我国实际情况看,为适应社会主义市场经济体制改革要求,保证中央银行货币政策的有效性,利率市场化将是我国金融体制改革的方向。我国利率市场化的最终目标就是形成在社会资金供求关系中,以基准利率为中心,市场利率为主体,既有国家宏观调控功能,又具有市场自我调节功能的一种利率管理系统。当前应积极创造实施利率市场化的条件,促进市场利率体系的形成和完善。首先要大力推进货币市场的发展,促进整个利率市场化改革中的基准利率的形成。市场化的利率信号是在货币市场上形成的,发展货币市场有利于使这一信号能够准确地反映市场资金的供求变化,形成可靠的基准性利率,以此为导向,及时调整贷款利率,最终放开存款利率,才能真正实行基准利率引导下的市场利率体系。发展货币市场,其重点应是尽快完善同业拆借市场业务。在货币市场的各个子市场中拆借市场的利率最能及时体现资金供求变动状况,对整个货币市场的利率结构具有导向性,因而发展拆借市场是利率市场化改革的突破口。

3) 利率调整应具有前瞻性

由于货币政策从制定到发挥作用有一定的时滞,最短也要 3 个月,所以一定要提前采取调控措施,才能发挥起应有的作用。在这方面中央银行已有所认识,2006 年的第一次利率调整就反映了中央银行利率政策的前瞻性,根据金融指标的先行变化提早采取政策行动,以达到稳定币值和物价水平的目的,这与 2004 年 10 月底的加息明显不同。2004 年 10 月的加息是在物价指数连续三个月超过了 5%,达到周期波动的最高点、货币供应与信贷增长率出现了下降趋势的背景下展开的,结果导致了 2005 年的 CPI 和银行信贷增长率更大幅度地下降,以至于 2005 年底还引发了人们对通货紧缩的担忧和对那一次加息的诟病。2006 年第一次利率的调整是在信贷高涨的苗头初露,而且物价指数处于较低水平的背景下进行的,毕竟 2006 年 3 月份的 CPI 仅为 0.8%,在价格水平上并没有表现出明显的通货膨胀迹象,因此,若按照以往的利率操作,以稳定币值为己任的货币政策似乎没有必要在此时采取紧缩性的行动。但金融指标的先行高涨,尤其是商业银行信贷扩张的冲动及流动性更强的狭义货币 M_1 的增长率大幅回升,表明经济在短期内存在物价上涨的压力,因此,及时小幅提高利率,在社会上造成紧缩的心理预期,迫使借款者谨慎地行动,对避免信贷的过度扩张和物价水平的上涨是有益的。但由于央行对物价上涨的趋势估计不足,利率调整的幅度明显不够。因此,在利率政策强调预见性的同时,必须根据物价上涨趋势,加大调控力度。

4）必须遏制通货膨胀，避免泡沫经济

在通胀膨胀下，尤其是实际利率为负值时，会引起人们储蓄行为的改变；储蓄存款搬家，手持货币冲击市场，引起房地产市场与资本市场的剧烈动荡，严重时还会引起抢购和挤兑风潮的发生，影响到经济稳定、政治稳定。与此同时，在实际利率为负值的情况下，企业也会活跃起来，到处伸手寻找贷款，因为只要能贷到款，即使不生产也可以坐收涨价的好处。利率杠杆完全失去作用。因此，在现阶段我国应大力遏制通货膨胀，同时将利率提高到一个合理的水平。随着通货膨胀的消除，利率必然会有负变正，从而利率的杠杆作用也会逐渐变强起来。否则，若利率过低，企业投资冲动难以遏制，通货膨胀就不能从根本上得到控制，当全面通货膨胀一旦形成，此时利率上调就会和通货膨胀交互攀高，给经济造成不堪设想的后果。因此，我们应当始终把遏制通货膨胀作为一项重要任务来看。没有稳定的通货，便没有利率杠杆的有效作用。

近年来，中国人民银行进一步加强了对利率工具的运用。利率调整逐年频繁，调控方式更为灵活，调控机制日趋完善。随着利率市场化改革逐步推进，作为货币政策主要手段之一的利率政策将逐步从对利率的直接调控向间接调控转化。利率作为重要的经济杠杆，在国家宏观调控体系中将发挥更加重要的作用。

本章小结

利息一般是指借款人（债务人）支付给贷款人（债权人）使用贷款的代价，或是贷款人由于借出货币资金（或实物）而从借款人那里获得的报酬。马克思认为，利息是剩余价值的一部分，是借贷资本家参与剩余价值分配的一种表现形式。而西方的利息本质理论，主要是建立在主观效用理论基础上的利息本质论。其中，在西方经济学界影响较大、流传较广的是西尼尔的"节欲论"和庞巴维克的"时差论"。

利率是指一定时期内利息额同借贷资本总额的比率。利率是经济学中一个重要的金融变量，几乎所有的金融现象、金融资产均与利率有着或多或少的联系。从不同的角度划分，利率可分为不同的类型。这其中，基准利率是金融市场上具有普遍参照作用的利率，其他利率水平或金融资产价格均可根据这一基准利率水平来确定。此外，实际利率与名义利率、即期利率与远期利率的区别是非常重要的，实际利率可以更好地衡量投资人的借贷动因以及信用状况的松紧程度，远期利率可以更好的了解货币价值的时间关系。

利率体系是指在一定时期内各种利率按一定规则所构成的一个复杂的系统。而利率结构则是指利率体系中各种利率的组合情况，即各种性质、期限、信用形式利率的配合方式。利率结构主要包括风险结构、信用差别结构和期限结构。

马克思认为,平均利润率是决定利息率的基本因素,资金供求关系及竞争状况决定着具体的利率水平。此外,影响利率的因素还有通货膨胀率、社会在生产周期、中央银行的货币政策和国际市场的利率水平等。而西方利率决定理论经历了古典利率理论、凯恩斯利率理论、可贷资金利率理论以及 IS-LM 利率模型等的演变和发展过程。

利率是个重要的经济杠杆,对宏观经济运行与微观经济运行有着极其重要的调节作用。在宏观领域,利率具有积累资金、调节宏观经济、优化资源配置、稳定物价、调节国际收支等功能与作用;在微观领域,利率具有积累和约束功能与作用。

利率管理体制是指国家对利率进行管理的一种组织制度。各国采取的利率管理体制大致分三类:国家集中管理、市场自由决定、国家管理与市场决定相结合。

当前,世界各国频繁运用利率杠杆实施宏观调控,利率政策已成为各国中央银行调控货币供求,进而调控经济的主要手段,利率政策在中央银行货币政策中的地位越来越重要。我国应逐步实现利率的市场化,让利率杠杆在经济调节中发挥更重要的作用。

【重要概念】

利息 利息率 单利与复利 基准利率 名义利率与实际利率 官方利率与市场利率 即期利率与远期利率 固定利率与浮动利率 投资函数 储蓄函数 流动性偏好函数 凯恩斯陷阱 IS-LM 模型 利率管理体制 利率市场化 利率政策 利率杠杆

【复习思考题】

1. 什么是利息?简述马克思关于利息本质的主要观点。
2. 什么是利率?主要计息方式有哪些?
3. 利率有哪些主要种类?试简述利率的主要功能及作用。
4. 何为利率的风险结构和期限结构?
5. 决定和影响利率的主要因素有哪些?
6. 西方经济学中关于利率的决定有哪些主要理论模型?
7. 什么是利率管理体制?试述我国利率市场化改革的前景。
8. 如何完善我国的利率传导机制?
9. 我国主要的利率工具有哪些?
10. 什么是利率政策?如何提高利率杠杆的有效性?
11. 如何由名义利率来计算实际利率?

第 2 篇

金融市场与金融机构

第2編

金融市況と金融動向

第4章 金融市场与金融机构体系

|本章导读|

2008年9月15日,美国第四大投资银行雷曼兄弟公司申请破产保护,这大大打击了市场的信心,并导致欧美股市出现大幅下跌。雷曼兄弟倒闭是一个转折点,标志着美国次贷危机的进一步恶化,次贷危机也迅速演变为一场波及全球的金融危机。危机从信贷市场蔓延到证券市场、商品市场,从美国蔓延到了全世界各地,全球经济陷入第二次世界大战以来最严重的衰退之中。各国金融市场严重萎缩,大量金融机构的经营活动陷入困境,甚至出现相当多的破产倒闭现象。此后,各国政府迅速采取了一系列救市行动,以抵御国际金融危机所形成的巨大冲击。这其中包括采取扩张性的财政政策、量化宽松的货币政策,以及透过G20会议来加强各国宏观经济政策的协调等。

在现代金融体系中,金融市场是极其重要的组成部分。它像一台巨大的输送机,通过它所提供的各种金融工具,源源不断地将社会上零散的闲置资金,输送到资金的需求者手中。在此过程中,储蓄转化成投资,大大推动了经济发展。所以金融市场是否健全,既是一国金融体系是否健全的重要标准,同时又是关系到一国经济发展的重要条件。现代金融体系通常可分为金融机构体系、金融运行体系和金融监管体系三个部分,其中金融机构是一国金融体系的骨骼和载体,是金融运行和金融监管的组织和保证,是金融体系的核心。本章在简要介绍资金融通及其主要形式的基础上,重点介绍金融市场及其功能和主要种类,并对我国金融市场的发展情况做出一般介绍。同时,还在介绍金融机构类型及银行演变的基础上,具体介绍西方国家及我国的金融机构体系。

4.1 金融市场概述

4.1.1 金融市场的概念

1. 资金融通及其意义

现代市场经济中,存在着众多的经济主体,大致可以分为居民、企业、金融机构、政府四大类。在经济货币化程度越来越高的当今社会中,各经济主体的每一次经济活动最终都会反映为货币的收支运动。在经历一系列货币收支过程之后,各经济主体的收支状况就不外乎有三种情况:收支相抵、收大于支和收不抵支。在现实社会中收支正好相抵的经济主体为数不多,而最常见的现象就是同时存在着一部分收大于支的经济主体和一部分收不抵支的经济主体。我们分别将这两部分经济主体称为资金盈余单位和资金赤字单位。如果资金盈余单位无法从盈余资金中获利,而资金赤字单位没有资金运转,都会阻碍经济发展,导致资源浪费。因此,为了经济活动能够顺利进行,为了更有效地利用资金,社会需要将资金盈余单位的资金通过信用的方式调剂给资金赤字单位,以实现社会资源的更有效配置,促进经济发展。这就是资金融通,即资金从盈余单位转移到赤字单位的过程,以及资金反向的运动。

如果我们将资金盈余单位的盈余称为广义的储蓄,将赤字单位对资金的需要称为广义的投资需求,则前述的资金转移过程就是我们所常见到的储蓄—投资转化机制。如何有效地将资金由盈余方转移到赤字方,或者说如何提高储蓄—投资转化机制的效率是金融领域最重要的问题之一,它将直接影响到整个经济运行的效率。

在金融市场的早期,由于其信息传导机制不完善,并且未形成成熟的交易机制,所以人们之间资金余缺的调剂主要是靠双方的不断搜寻和试探。众所周知,这种搜寻的代价是相当大的:一方面使一些小额资金盈余者因搜寻花费的成本过高,而使他们参与资金融通变得无利可图,从而被排除在金融市场之外,从宏观角度来讲就使得一部分储蓄资金无法转化为投资;另一方面,这种资金供求双方之间通过不断试探达到的交易,是一种偶然交易。必须恰好双方在资金的期限、规模、价格(指利率)等各方面的意见一致,而融资意愿方向恰好相反时,这笔交易才可能实现。实践证明,这种类似物物交换的交易方式的成交率非常低,根本无法满足社会资金融通的要求,于是就逐渐出现以各种金融工具作为交易媒介的交易。这种盈余单位与赤字单位之间的融资活动,又可根据融资工具的不同而分为间接融资与直接融资两类。

直接融资又称直接金融,是指通过最终贷款人(资金供给者)和最终借款人(资金需求者)直接结合来融通资金,中间不存在任何金融中介机构的融资方式。在直接融资中,资金供求双方是通过买卖直接证券来实现融资目的的。其中直接证券是指非金融机构,如政府、工商企业乃至个人所发行或签署的公债、国库券、债券、股票、抵押契约、借款合同以及其他各种形式的票据。直接融资的过程就是资金供求双方通过直接协议或在公开市场上买卖直接证券的过程。资金供给方支付货币购入直接证券,资金需求方提供直接证券获得资金。

间接融资又称间接金融,是指最终贷款人通过金融中介机构来完成向最终借款人融出资金的过程。在这一过程中,金融中介机构发挥了重要的作用,它通过发行间接证券来从盈余单位融入资金,再通过购买赤字单位发行的直接证券来提供资金。其中间接证券是指金融机构所发行的银行券、银行票据、可转让存单、人寿保单、金融债券和各种借据等金融证券。

与直接融资相比,由于存在金融机构的中介作用,间接金融可以进一步降低资金供求双方之间因相互搜寻而引起的成本。资金供给者只需将资金交给银行等金融中介机构就可以得到一定的报酬,而不需要像在直接融资中那样去从各个发行债券的借款人之中挑选,因为这一工作将由银行来代劳。由于银行集中了大量小额资金供给者的资金,所以它可以享受规模经济所带来的好处。同样对于需要资金的企业而言,通过间接融资可以避免将过多的企业经营的私有信息公布于众,特别是公布给竞争对手,因为银行有责任替客户保守秘密。此外,间接融资由于具有规模效应,所以它具有更强大的资金期限转换功能,同时又可以为最终贷款人提供更高的流动性。又由于银行对资金融入方的监管比单个储户或投资者更有效,所以间接融资一般而言可以提供比直接融资更高水平的安全保障。

2. 金融市场的基本含义

金融市场是指通过金融工具的交易实现资金融通的场所或机制。在金融市场上,资金需求者发行和销售金融工具;资金供应者则用资金交换或购买金融工具。资金需求者通过出售金融工具取得盈余单位的资金,为此他承担了一定的金融债务;资金供应者通过买进金融工具把资金转给资金不足单位,为此他获得了相应的金融资产。金融市场通过金融工具的这种交换行为使资金供应者与需求者的资金得以融通。

金融市场有广义和狭义之分。广义的金融市场包括两种金融市场,一种叫做协议贷款市场(negotiated-loan markets),一种叫做公开金融市场(open financial markets)。协议贷款市场主要包括存款市场、贷款市场、信托市场等。其主要特点是:交易价格(即利率)和交易条件由双方协商决定,且这一决定不适于下次交易以及与他人的交易;交易的工具不具备标准化的转让条件,无法转让流通。公开金融市场即狭义的金融市场包括货币市场、债券市场、股票市场、期货市场、期权市场等。其交易价格和交易条件是通过为数众多的交易者的公开竞争来决定的,且这一决定适用于任何个人和机构;交易的工具,其期限、交易单位一般都有一个被大家所接受的标准,即具备标准化的转让条件,可以自由买卖。我们主要分析的就是狭义的金融市场。

现代货币金融学

市场经济是一个由金融市场、商品市场和服务市场等诸多分市场所构成的庞大的市场统一体。在这个统一体中，金融市场同其他各类市场既相互联系又相互区别。

1) 金融市场与其他市场之间的联系

金融市场与其他市场之间的联系具体表现在：一是金融市场为商品市场提供交易的媒介，使商品交换得以顺利进行；二是金融市场可以有力地推动商品市场的发展，在外延的广度上促进商品市场的发展；三是通过金融市场的带动和调节，使商品市场进行流动和组合，从而引起对资源的重新配置。

2) 金融市场与其他市场的主要区别

金融市场与其他市场的主要区别具体表现在：一是交易场所的区别。一般商品交易有其固定的场所，以有形市场为主；而金融市场既有有形市场，也有在更大的范围内通过电话、电报、电传、电脑等通讯工具进行交易的无形市场，这种公开广泛的市场体系，可以将供求双方最大限度地结合起来。二是交易对象的特殊性。一般商品的交易是普通商品或劳务，其本身含有一定的价值和使用价值，一经交易就进入消费；金融市场的交易对象是金融商品，其价值和使用价值有着不同的决定方式：使用价值表现为其所有者带来收益的功能，价值具有多重的决定方式。三是交易方式的特殊性。一般商品的交易，遵循等价交换的原则，通过议价成交、付款交货而使交易结束，双方不再发生任何关系；金融市场的交易是信用、投资关系的建立和转移过程，交易完成之后，信用双方、投融资双方的关系并未结束，还存在本息的偿付和收益分配等行为。可见，金融市场上的交易，作为金融商品的买卖关系虽然已经结束，但作为信用或者投资关系却没有结束。四是交易动机不同。一般商品交易的卖者为实现价值取得货币，买者则为取得使用价值满足消费的需求；金融市场上交易的目的，金融产品的卖方为取得筹资运用的权利，买方则取得投融资利息、控股等权利，此外，还派生出保值、投机等种种动机。

3. 金融市场形成的基本条件

金融市场的形成是随着商品经济的发展而逐渐产生、发展和完善的，并不是在商品经济的初期就存在严格意义上的金融市场。金融市场的形成是商品经济发展到一定阶段的产物，必须具备相应的条件：

(1) 发达的商品经济。只能在商品生产和商品流通十分活跃的情况下，由于商品运动和资金运动在时间上和空间上的不一致，才可能在社会化大生产过程中同时出现两种情况：一方面有些企业和部门拥有大量暂时闲置的资金；另一方面又有一些企业和部门急需补充资金。而且也只有商品经济的高度发达导致国民收入不断增长，整个社会才会拥有大量的储蓄资金。在这种情况下，企业、个人、

第4章 金融市场与金融机构体系

金融机构之间才有进行资金融通的必要和可能。因此要建立金融市场并使其能有效运行,商品经济的高度发达是必不可少的基本条件。

(2) 金融机构健全有效。金融机构是金融市场的主体,担负着沟通资金供应者和需求者的任务。如果金融机构不健全或缺乏效能,就不可能有畅通的融资渠道,社会闲置资金就不能得以充分的聚集和运用。因此,以中央银行为核心,商业银行为主体,专业银行和非银行金融机构同时并存且能有效运行是金融市场形成的必要条件。

(3) 种类众多、规范可行的金融工具和健全的金融立法。因为只有种类众多的金融工具才能满足各类投资者的需求,充分调动社会闲置的资金;只有健全的金融立法,才能保障债权人或交易双方的正当权益,保证金融工具的信用。如果金融工具的使用经常受背信或欺诈行为的影响,金融活动就会遇到困难,金融市场的正常秩序也会受到干扰。

以上三个方面是金融市场形成的基本条件,只有这些条件基本具备时,金融市场才可能形成。

4. 金融市场的构成要素

同任何市场一样,金融市场也具备市场四要素,即交易主体、交易对象、交易工具和交易价格。

1) 交易主体

金融市场的交易主体,就是金融市场的参与者,它可以分为资金的供应者、需求者、中介者和管理者。就参与金融市场的目的而言,资金的供给者是为了获得利息、股息等投资回报;资金的需求者是为了筹集资金并加以运用,从而取得更大的收益;中介者主要是为了获取中介费用;管理者除了收取一定的管理费之外,还体现着国家或行业的监管职能。交易主体之间的双向竞争,推动着资金在交易主体间的流动,也促进着各主体运行效益的提高,他们的活动引导着资金的流向、流速和流量。具体而言,金融市场的交易主体又可以分为个人、企业、政府、金融机构以及海外投资者。

2) 交易对象

很显然,金融市场的交易对象或交易载体是货币资金。但在不同的场合,这种交易对象的表现是不同的。在信贷市场,货币资金作为交易对象是明显的,它表现了借贷资金的交易和转让。而在证券市场,似乎直接交易的是股票或债券等有价证券,交易对象转换了。但从根本上讲,所交易的仍然是货币资金,因为有价证券是虚拟资本,本身不具有价值和使用价值,人们取得这些金融工具不具备实质性意义;而只有货币才具有价值和一般的使用价值,人们通过交易取得货币才能投入再生产。所以,通过有价证券的交易,就反映了货币资金的交易。货币资金的运动除了在发行市场会投向再生产外,在流通市场,体现它本身在金融市场的周转流动。

3) 交易工具

只有交易主体和交易对象,还不能形成资金在市场的有效运动。因为货币资金具有一定的价值,不能无偿转让,也不能空口无凭地出借,需要有一种契据、凭证,以其为载体,才能推动资金安全运转。所以,以书面形式发行和流通的、借以保证债权债务双方权利和责任的信用凭证,称为信用工具或金融工具。它是证明金融交易金额、期限、价格的书面文件,它对债权债务双方的权利和义务具有法律约束意义。常见的金融工具主要包括:票据(支票、汇票、本票)、可转让定期存单、债券、国库券、基金、股票及各种衍生金融工具等。

4) 交易价格

在金融市场上,交易对象的价格就是货币资金的价格。在借贷市场上,借贷资金的价格就是借贷利率;在证券市场上,资金的价格较为隐蔽,直接表现出的是有价证券的价格,从这种价格反映出货币资金的价格;在外汇市场上,汇率反映了货币的价格——直接标价法反映了外币的价格,而间接标价法反映了本币的价格;在黄金市场上,一般所表现的是黄金的货币价格,如每盎司多少美元,每克多少元等。

4.1.2 金融市场的功能与作用

1. 聚集和分配资金功能

在经济运行中,由于各经济主体面临的环境不同,使他们分化为资金盈余单位和资金短缺单位两类。如何将资金盈余单位手中的资金转移到缺乏单位的手中用于经济发展是一国金融领域中最重要的问题,即我们所谓的储蓄投资转化机制的问题。金融市场在这一转化机制中起到了重要的作用。在金融市场中,资金供给方用资金购买金融工具,既保持了较高的流动性,又能为其带来收益;而资金需求方则可以根据自身经营状况有选择地在金融市场上筹措各类资金,降低筹资成本,提高筹资效益。各类经济主体以金融市场为媒介,使资金流向最需要的地方,从而实现了资金的合理配置。

2. 资金期限转换功能

在现实生活中,资金盈余者提供的资金与资金短缺者所需要的资金在期限上往往难以达到恰好匹配,客观上需要一种机制来实现部分资金期限的转化。金融市场的存在为这种长期、短期资金之间的相互转化,以及资金的横向融通提供了可能。通过股票、长期债券等长期投资工具可以将公众手中的短期资金转化为长期资金,同时,也可以通过在二级市场上将长期证券出售,转化为现金或短期证券等高流动性的资金,从而既可以满足人们的流动性要求,又可以为生产发展筹集到足够的资金。

3. 分散与转移风险功能

由于金融市场中有各种在收益、风险及流动性方面存在差异的金融工具可供选择,使投资者很容易采用各种证券组合的方式来分散风险,从而提高投资的安全性和盈利性。同时,金融市场为长期资金提供了流动的机会,为投资者和筹资者进行对冲交易、期货交易、套期保值交易提供了便利,使他们可以利用金融市场来转移和规避风险。

4. 信息集散功能

金融市场是一个经济信息集散中心,是一国金融形势的"晴雨表"。金融市场的各种活动和态势可以为个人、企业和国家提供大量信息资料。首先,金融市场能够为资金供求双方提供信息。证券投资者和筹资者通过发行、转让证券等行为来了解各种证券的行情和投资机会,并通过上市企业公布的财务报表来了解企业的经营状况,从而为投资决策提供充分的依据。其次,金融市场为企业提供信息。公众对各产业及企业的发展前景的预期可以从证券市场行情的涨跌中略见一斑。每个企业可以根据证券行市变动情况及预测信息及时调整本企业的经营战略。再次,金融市场为政府决策提供信息。中央银行可以根据金融市场上的信息反馈,通过公开市场业务、调整贴现率、调整存款准备金率等手段来调节资金的供求状况,从而保持社会总需求与总供给的均衡。

5. 调节经济功能

在调节经济结构方面,人们对金融工具的选择,实际上是对投融资方向的选择,由此对运用资金的行业或部门加以取舍。这种选择的结果,必然发生优胜劣汰的效应,从而达到调节经济结构的目的。在宏观调控方面,政府实施货币政策和财政政策也离不开金融市场。存款准备金、利率的调节要通过金融市场来进行,公开市场业务更是离不开金融市场;以增减国债方式实施的财政政策,同样要通过金融市场来实现。

4.2 金融市场体系

4.2.1 金融市场的分类

金融市场按照不同的标准可以划分为许多不同的种类。

1) 按交易对象的不同分类

按交易对象的不同,金融市场可以分为货币市场、资本市场、外汇市场和黄金市场。

(1) 货币市场是短期资金融通的场所。它包括短期信贷、银行资金拆借、短期贴现、短期资金回购等交易形式。银行的大量贷款是以短期形式发放的,在银行同企业、个人和单位之间经常发生短期借贷活动;在银行与银行之间,由于头寸调度的需要,也经常发生相互之间的同业拆借活动;借助于票据、回购协议等金融工具,个人、单位和银行之间还发生着短期资金融通交易活动。

(2) 资本市场是长期资金交易的场所。它包括长期资金借贷市场、证券市场等类型。资本市场的活动为资本的积累和分配提供了条件。在证券市场,通过股票、债券、基金等信用工具的发行和流通,使社会资金进行新的配置和流动,同时,证券市场又成为投资和投机的场所、长短期资本互换的场所及投资变现的场所。

(3) 外汇市场是外汇交易的场所。由于国际政治、经济和文化的广泛联系,各国货币之间的兑换产生了外汇买卖的必要。此外,外汇交易的方式和领域扩大了,进而成为保值、投机、投资的手段。

(4) 黄金市场是黄金买卖的场所。黄金市场之所以成为金融市场的一个组成部分,是因为黄金所具有的独特性质。在黄金非货币化的影响下,尽管黄金作为货币金属的属性已大为下降,但它的保值功能依然存在。同时,由于金价的变动,黄金又用来作为投资和投机的工具,因而黄金与各国货币尤其是储备货币之间的联系,始终未被割断,黄金市场也始终作为金融市场的一个有机组成部分而表现出顽强的生命力。

2) 按金融交易的程序分类

按金融交易的程序分类,金融市场可以分为一级市场和二级市场。

(1) 一级市场又称发行市场,指的是证券、票据、存款凭证的最初发行的场所。通过银行、企业等发行主体,将这些金融工具投向社会,同时使资金出现第一次再分配,金融工具向其购买者转移,资金向金融工具的发行者转移。

(2) 二级市场又称流通市场,是已发行的金融工具流通转让的场所,是投资者之间进行的金融交易市场。金融工具一旦发行出来之后,它不会退出市场,而会像货币一样不息地运动,只不过它的流通速度不像货币流通得那样迅速,不同的金融工具周转速度也不尽相同。

3) 按成交后是否立即交割分类

按成交后是否立即交割分类,金融市场可以分为现货市场和期货市场。

(1) 现货市场是最为一般的、基本的金融工具交易市场,现货市场是当交易双方成交后,立即或在很短的时间(一般不超过 3 天)内进行钱货交割的交易形式。这是金融市场上最基本的一种交易形式,它的风险及投机性都比较小。

(2) 期货市场是交易双方达成交易后,不立即进行交割,而是在一定期限以后进行钱货交割的交易形式。现代经济中的期货市场往往是以标准化远期交易合约为交易对象的交易市场,主要是一些金融衍生工具的交易。主要交易形式包括期货、期权等,主要的交易对象包括外汇、证券(票据、国库券、债券、股票、存单)、股价指数、利率等。虽然期货市场具有保值、投机、价格发现的功能,但交易者交纳一定的保证金后,通过杠杆作用,就可以推动数倍的交易额,因而具有高风险的特征,需要在严格的金融监管之下进行,才不致造成消极的影响。

4) 按功能的不同分类

按功能的不同分类,金融市场可分为综合市场和单一市场。

综合市场是比较齐全完备的市场,既有货币市场,也有资本市场、外汇市场和黄金市场;既有现货市场,也有期货市场;既是国内市场,又是国际市场。这样的市场一般是几个较为发达的国际金融市场。在欠发达的国家和地区,其金融市场往往是单一的金融市场,即仅有某些交易功能和交易对象的市场。

5) 按交易的地理范围的不同分类

按交易的地理范围的不同分类,金融市场可分为地方性金融市场、全国性金融市场和国际金融市场。

地方性金融市场是指在国内的某个经济区内进行金融交易的市场;全国性金融市场是指在全国范围内进行金融交易的市场;国际金融市场是超越国界在国际间进行资金融通的市场。一般说来,地方性金融市场和全国金融市场交易以本国货币为主,参与者也以本国居民为主。国际金融市场交易以外币尤其是国际上的"硬通货"为主,参与者既有本国居民也有外国居民。如欧洲货币市场、亚洲美元市场等离岸金融市场。

6) 按金融交易的场所分类

按照金融交易的场所不同,金融市场可分为有形市场和无形市场。

有形市场指有固定的交易场地和统一规则的金融交易市场,如证券交易所、银行和证券公司等;无形市场指没有固定的交易场所,也没有统一的规则和严格的程序,双方通过电话、电报、电传等现代通讯手段达成交易的金融活动。随着现代化通讯事业的飞速发展,尤其互联网广泛运用,越来越多的金融交易是通过无形市场达成的。但作为传统的交易形式,有形市场的金融交易活动是不可替代的。两者相互连接、相互支撑。

此外,还有其他一些分类方式,如按照金融工具的不同,金融市场又可以分为银行同业拆借市场、票据市场、股票市场和债券市场等。本节主要根据第一种分类标准,将金融市场分为四大类:货币市场、资金市场、外汇市场和黄金市场,以下逐一进行简要介绍。

4.2.2 货币市场

货币市场是进行一年以内的短期资金融通的市场,其交易主体和交易对象十分广泛,既有直接融资,如短期国库券交易、票据交易等交易活动,又有间接融资,如银行短期信贷、短期回购等交易;既有银行内的交易,也有银行外的交易。由于早期商业银行的业务主要局限于短期商业性贷款业务,因而货币市场是最早和最基本的金融市场分市场。

货币市场的主要特征是:

(1) 交易期限短。货币市场是提供短期借贷手段的市场,其交易的金融工具的偿还期一般为1年或1年以下,期限短的只有1天,以3～6个月者居多。

(2) 交易的目的主要是短期资金周转的需要,一般是为弥补流动资本的临时不足。

(3) 交易工具的风险小,流动性强。货币市场金融工具期限短于1年,对购买者提供了价格稳定性和金融工具未来市场价格的可预测性,风险较小;而且持有者在资产到达偿还期以前可以随时出售兑现。从这个意义上说它们近似于货币,故将融通短期资金的市场称为货币市场。

(4) 一般收益也较资本市场低。因为期限短,价格波动范围较小,因此投资者受损失的可能性也较少,获益也就十分有限。货币市场一般可分为以下几个主要的子市场。

1. 银行同业拆借市场

同业拆借市场是银行及其他非银行金融机构之间相互融通短期资金的市场。同业拆借市场起源于西方国家存款准备金制度的实施。在存款准备金制度下,规定商业银行吸收的存款必须按一定比例提取准备金,缴存于中央银行,称为法定储备。但就某一时点而言,每家银行实际存款准备并不一定与法定储备正好相等,有些银行准备金保有量过多,出现多余,超额储备停留在无利息收益的现金形式上,就会产生潜在的收益损失。而另有一些银行,当储备计算期末储备金不足法定储备额时,就会面临被征收罚金的危险。在这种客观条件下,拥有超额准备的银行便设法将其拆出,以增加收入,而法定储备额不足的银行又设法拆入补充,由此逐渐形成了同业拆借市场。1921年,在美国纽约货币市场上联邦储备银行会员之间的准备金头寸拆借是最早出现的正式同业拆借活动。近20多年来,银

第4章 金融市场与金融机构体系

行同业拆借有了较大的发展,它不仅作为同业之间调整储备的市场,而且已经成为银行扩大资产业务的手段。同业拆借的参加者也从商业银行扩大到非银行金融机构,使拆借市场的范围日益扩大。

同业拆借市场的特点主要表现在:①期限短。有一日拆借,一般是当日清算前拆入,次日清算之前偿还;在日本还有半日拆借,也有2~30天,或3个月的拆借。②拆借资金的数量一般较大。③拆借利率由融资双方根据资金供求关系及其他因素自由议定,日拆利率每天不同,所以被货币市场上的观察家所注意。④拆借可以通过中介机构进行,也可以由拆借双方直接联系洽谈成交。⑤同业拆借一般无须提供担保品,属于信用拆借,一般用于一日或几日内的拆借,拆出和收回都通过中央银行的电子资金转账系统直接转账完成。也有担保拆借,多采用购回协议的方式,即拆入方提供短期票据或政府债券作为担保,拆出方买进这些有价证券,当拆借期满还款时,以相反的方向进行证券的买卖,并加上利息。

2. 银行短期信贷市场

短期信贷市场指的是一年之内的短期资金的借贷市场,银行短期借贷市场是其主要方式。银行短期借贷市场指的是以商业银行为主要资金提供者的短期贷款市场。就银行而言,短期信贷的主要种类是对于工商业的流动资金贷款和一部分的消费信贷。对工商业的流动资金贷款是银行短期贷款的主要部分。目前,我国将流动资金贷款分为三类:三个月以内的临时贷款;三个月至一年的季节性贷款;一年到三年的周转性贷款。货币市场的交易对象为前两类。

银行短期信贷的种类很多,一般按贷款的保证程度将银行短期信贷分为三种,即抵押贷款(以特定的抵押品作为保证的贷款)、担保贷款(由有相应的经济实力的第三方进行担保的贷款)和信用贷款(无须任何抵押或担保的贷款)。

尽管银行短期信贷的风险一般低于长期信贷,但也不容忽视。为此,从1998年起,我国银行贷款按照国际惯例,对贷款进行五级分类:正常、关注、次级、怀疑、损失,提取不同比例的风险保证金,以利于区别对待,分类管理。

3. 商业票据市场

商业票据是具有法定格式,表明债权债务关系的一种有价凭证,其包括商业汇票和商业本票(期票)两种主要形式。它们最早产生于商业信用活动,建立在赊销基础上的商业信用工具,后来随着票据市场的发展,商业票据已不局限在商业信用中使用,而是逐渐演变成为一种在金融市场上筹措资金的工具。商业票据市场可以分为商业期票市场、票据承兑市场和票据贴现市场。

1) 商业期票市场

商业期票市场又称商业本票市场。在商业票据和商品交易分离后,现代商业本票已经成为金融机构和非金融机构融资的手段,是持有者拥有的债权凭证,即任何持票人均可以要求出票人付款的有效凭证。

商业票据的发行人主要是信誉优良的大型工商企业和金融公司,其购买者主要是商业银行、保险公司、地方政府、投资公司、工商企业。在美国是一种发行金额大,增长较快的货币市场工具。票据的偿还期通常在270天以下,面额差异较大,但大多数商业票据作为一种合格的货币市场工具必须具有面额较大的特征,如美国一般为10万美元以上,最低2.5万美元,最高可达200万美元。发行的目的是要筹集资金,解决生产资金、扩大信贷业务、扩大消费信用或其他现金需要等。

由于期限较短,商业本票几乎没有二级市场。持票人需要现金时,一般采取贴现办法,或向原发行人提前偿付,由其在扣除利息后予以支付,形同贴现。发行本票一般也需经过债券评级机构评级。级别不同,本票的利率也不同。

2) 票据承兑市场

商业汇票分为即期汇票和远期汇票。远期汇票需经债务人承兑后,才能成为金融市场上的合法票据,可以进行流通转让。承兑是远期汇票到期前,由汇票付款人或指定银行确认付款责任,并在票据上做出承诺付款的文字记载和签名的一种手续。在国外,票据承兑一般由商业银行或专门的金融机构办理。银行之所以愿意承兑票据,因为通过这种方式为客户提供融资,银行只需以自身的信誉作为担保,一般不会减少银行自身的存款总额,又能从中收取一定的费用,而且这类票据具有自动清偿性,风险较小。经过银行承兑过的商业汇票即成为银行承兑汇票,它是一种安全性、流动性、收益性都很强的短期投资工具,是货币市场的重要组成部分。

3) 票据贴现市场

票据贴现就是持票人在需要资金时,将其持有的未到期的商业票据,经过背书转让给商业银行,商业银行从票面金额中扣除利息后,将余款支付给持票人的行为。

对于商业银行而言,收取企业票据、扣除利息、支付票款、到期兑付,不仅可以及时满足企业的资金需求,促进生产和流通的发展,而且也可以增加商业银行收益,实现信贷资产的多样化,有利于商业银行的稳健经营,减少风险。具体来说,此类市场的交易活动又可分为贴现、转贴现和再贴现三种。

(1) 贴现。贴现是汇票的持票人将已承兑的未到期的汇票转让给银行,银行按贴现率扣除自贴现日起至到期日为止的贴息后付给持票人现款的一种行为。票据到期时,贴现银行凭票向债务人或背书人兑取现款。贴现是持票人与商业银行之间进行的交换关系。

(2) 转贴现。转贴现是贴现银行需要资金时,持未到期的票据向其他银行办理贴现的一种行为。转贴现的双方都是商业银行,是商业银行之间的票据转让行为,也是商业银行机构之间的一种资金融通方式。

(3) 再贴现。再贴现是中央银行对商业银行以贴现过的票据作抵押的一种放款行为,它体现了中央银行与商业银行之间的交换关系,同时再贴现也是中央银行调节货币供应量的重要手段之一。

此外,货币市场还包括其他子市场,如回购协议市场、CD_s市场、国库券市场等,因在前面内容中已有所阐述,此不再赘述。

4.2.3 资本市场

资本市场是融资期限在1年以上的长期资金交易的市场。资本市场交易的对象主要是政府中长期公债、公司债券和股票等有价证券以及银行中长期贷款。

资本市场的主要特点是:①交易工具期限长,至少在1年以上,最长可达数十年,甚至没有到期日(如股票等)。②交易的目的主要解决长期投资性资金供求矛盾,充实固定资产。③融资数量大,以满足长期投资项目需要。④交易工具不仅包括一定时期内对债权人特定金额承诺的债务工具,如政府债券、公司债券,还包括对一个企业拥有所有者权益的股票。⑤主要交易工具收益较高,但流动性差,风险也较大。资本市场一般可分为银行中长期信贷市场、证券市场、投资基金市场和风险市场。

1. 银行中长期信贷市场

银行中长期信贷市场是资本市场的重要组成部分。其目的是为了满足工商企业更新设备等中长期资金需要和消费者中长期资金要求。银行中长期信贷有很多种类。按照贷款的保证程度也可以分为抵押贷款、担保贷款和信用贷款;按照贷款的用途可以分为工商业贷款、不动产贷款、消费贷款、投资贷款;按照贷款的偿付方式可以分为一次性偿付贷款和分期偿还贷款;按照我国的传统习惯可以分为流动资金贷款、固定资金贷款和外汇贷款等。银行是企业中长期资金的主要供应者,因而银行中长期信贷市场是资金市场的主体。

2. 证券市场

证券市场是进行债券和股票等各类有价证券发行和交易的场所。一般由证券发行市场和流通市场组成。

1) 证券发行市场

证券发行市场又称初级市场、一级市场和新证券市场,是指筹资者(发行者)

将其发行的新证券,如公债、股票和债券等销售给初始投资者的市场。

(1) 证券的发行方式。按证券发行对象的不同可分为:公募发行和私募发行。公募发行是指面向市场上广泛的、不特定的投资者公开发行证券的行为。其特点是:①发行者要向众多的投资者筹集资金,发行工作量大、手续复杂且有难度,一般需要获得承销商的支持,利用中介机构的广泛销售组织来推销,因而多采用间接发行的方式。②可以扩大证券的发行量,筹得更多资金。③一般无须提供特殊优惠的条件,可以使发行者具有较大的经营管理的独立性。④发行的证券一般可在二级市场流通转让,具有较高的流动性。⑤必须向证券管理机构办理登记注册手续,接受证券管理机构的审查,因而需符合一定条件。

私募发行是指面向少数特定的投资者发行证券的行为。其发行对象主要有机构投资者和个人投资者两类。机构投资者一般指金融机构或与发行人有密切业务往来关系的公司、企业等;个人投资者如本公司的职工等。其特点是:①大多采取直接销售的方式,即由发行者自己办理证券发行的一切手续,无须中介机构介入,因而可以节省发行费用。②一般无须向证券管理机构办理发行审查和注册手续,既节省时间,又降低费用。③发行对象是少数特定的投资者,因而其筹资额是有限的。④发行的证券一般不允许流通转让,这是与公募发行的重要区别。⑤一般需要向投资者提供高于市场平均收益的特别优惠条件。

(2) 证券的承销方式。在实践中,大多数的证券发行都是通过公募发行的。在公募发行中,一般多采用间接发行方式,即发行者往往是通过中介机构即证券的承销商来帮助发行的。这其中,证券承销商的主要任务就是执行承销合同,批发认购证券,然后在售给投资者。承销商承销新证券的方式主要有三种,即代销、助销和包销。承销方式不同,承销商所承担的责任和风险也有很大的不同。①代销。是指发行者委托承销商为代理人,代为向社会按照协议的条件在一定的期限内尽最大努力来销售证券,发行期满时,证券未售出的部分仍退还给发行者,承销商不承担任何责任与风险的承销方式。②助销。也称"余额包销",是指由承销商按照协议规定的发行额和发行条件,在规定的期限内面向社会推销证券,到销售截止日期,承销商负责认购未售出的余额的承销方式。这样,承销商不仅要负责证券的推销工作,还要承担发行不成功的风险,因而发行者应向承销商支付较高的手续费。③包销。是指承销商以商定的价格把发行者的证券全部买进,再以稍高的价格转卖给投资者的承销方式。这中间的价格差就是承销商的收益。这种方式承销商要承担全部发行风险,但可以使发行者及时得到所需资金。如遇到发行者的证券数额过大,单个承销商难以单独承担风险时,可以通过组织若干同行共同承担证券的包销工作。这种承销方式因为承销商的责任最大,因而费用也

第4章 金融市场与金融机构体系

最高。

以上三种方式证券承销商都是按照双方协定价格推销或包销证券,除此之外,还有一种价格不确定的承销方式——竞争性投标,在有多家承销商竞争的时候,发行者通过招标选出能对发行者提供最有利条件的投标者的承销方式,这种方式也有利于发行者降低发行费用。在西方,国债的发行一般多采用此类发行或承销方式。

(3)证券的发行程序。以最主要的资本市场的证券——股票来说明公募发行条件下证券发行的一般程序。

股票的发行,尽管不同时期各国有不同的规定或要求,但一般均须经过以下程序:①确定发行方式,是间接发行还是直接发行。②选择承销商。如采用间接发行,接着就要进行证券商的选择,这是决定证券发行质量的重要一环。承销商不仅为发行提供必要的金融服务,事实上还是发行股票的信誉担保。发行者应就发行条件,如发行的额度、票面价值、票面利率和发行价格、偿还期限等,向承销商咨询并与之进行磋商。承销商在国外一般由投资银行担任,在我国一般由证券公司、信托投资公司、金融资产管理公司等机构来承担。③申请股票发行,包括确认发行者发行资格,向有关部门递交申请文件、准备招股说明书、接受发行审查等步骤。④与承销商签订发行协议书,选择合适的承销方式,承销商按照协议进行股票发行。⑤投资者认购,缴纳股金,完成股票交割,股票自交割的第二天起正式生效。⑥公司董事会在股票交割后一定时间内,向证券管理部门登记,完成股票发行全部程序。

债券的发现程序与此相类似,不同之处主要在增加了债券的评级(这是债券发行的要件之一)和关于债券偿还的期限与方式等内容。

2)证券流通市场

证券流通市场又称证券交易市场、二级市场、次级市场,是指投资者之间买卖已发行证券(亦称旧证券)的市场,体现了资本的流动能力。证券流通市场与证券发行市场存在紧密联系,两者相互依存,相互制约,互为条件,相辅相成。一方面证券发行市场是整个证券市场的基础环节,是证券流通市场的基础和来源,没有证券发行市场,就不可能有证券交易市场;发行市场上的证券发行种类、发行数量和发行方式等决定或影响着证券交易市场上证券的种类、流通量和整个市场规模。另一方面,证券流通市场的存在又是发行市场的重要保证,对证券发行市场具有积极的推动、促进和繁荣作用。如果发行的证券不能转让流通,投入资金在需要时候难以变现,将会极大影响投资者的购买,从而阻碍证券的发行工作。

然而,这两个市场也存在着本质区别:一是发行市场反映了证券发行者和投

153

资者之间对证券的供求关系；而交易市场反映了证券投资者之间的买卖关系。二是交易市场存在不可避免的投机性，相对于一级市场而言，二级市场的投机程度和范围都比较大。

证券流通市场通常可以分为有组织的证券交易所和场外交易市场，但自20世纪70年代以来，也出现了具有混合特征的第三市场和第四市场。

（1）证券交易所市场，又称场内交易市场。证券交易所是指由证券管理部门批准的，为证券交易提供固定场所和设施，具有一定规则的有组织的证券买卖场所，是证券流通市场的主体和核心。证券交易所中买卖的证券必须是在证券交易所登记、审查并符合一定条件的证券，即必须是经过申请获准后在交易所挂牌的上市证券。在证券交易所中进行交易的人员也必须是证券交易所的会员经纪人和交易商。证券交易所并不制定证券交易的价格，交易的价格是通过买卖的双方公开竞价形成的。其所具有的功能主要表现在：

第一，提供买卖证券的交易席位和有关交易的各种设施。证券交易所是证券交易的中介机构，并不从事实际的证券买卖，只为交易双方创造交易条件，提供各种服务，对买卖双方进行监督管理，提供证券交易的必要手段：如电脑系统和其他现代通讯工具、交易显示系统、清算、保管、信息分析、监管等设施。

第二，制定有关证券交易的上市、交易、清算、交割、过户等各项规则和程序，管理交易所的成员，执行场内交易的各项规则，对违纪现象做出相应的处理等。

第三，提供有关证券交易的资料和信息。证券交易所是一个完全公开的市场，为了使投资者能够做出正确的投资选择，证券交易所要求所有上市的公司都必须定期地、真实地将其财务状况和经营状况公布于众；证券交易所还编制各种上市证券的行情表和统计表，向买卖双方公布；交易所一般都随时公布有关市场的成交数量、成交金额等信息，可以为投资者进行投资决定作参考。

（2）场外交易市场。场外交易市场是相对于证券交易所而言，在证券交易所以外买卖证券的一种市场。由于这种交易起先主要是在各证券商的柜台上进行的，因而也称为柜台交易（Over-The-Count，OTC）市场。与证券交易所相比，场外交易市场具有三方面的特点：

第一，没有统一的组织和交易场所。在场外交易市场的早期，交易是通过交易商和经纪人通过面谈、电话、电报、书信等方式进行的，市场分散于全国各地，规模有大有小，由自营商来组织交易。因而存在多种价格，人们难以判断哪种价格更合理。随着电子技术的发展和运用，场外交易市场的组织状况不断完善，形成全国统一的电子报价系统。如美国的NASDAQ系统和日本的JASDAQ系统，证券的交易都在这个网络系统中进行，证券的成交价格通过网络终端显示，使场外交易市场的价格趋于一致,交易更加公平合理,但非集中的特点依然存在。

第二,开放式市场。与证券交易所只有会员才能进入场内交易不同,场外交易市场既没有资格限制,也无须公开财务状况,是任何投资者都能进入的市场。该类市场没有证券交易所那样的严格上市资格认证,这样就为那些尚未达到上市标准的企业提供了证券流通的场所和渠道,因而有助于这些企业的融资,也为投资者提供了了更多证券的买卖机会。

第三,场外交易市场交易的证券种类繁多。由于上述特征,场外交易市场对挂牌证券的限制条件相对较少,因而种类众多。如美国在场内交易市场上市的证券品种有 2 000 多种,而在场外交易市场 NASDAQ 系统交易的证券品种达 7 000 多种,交易品种已经大大超过证券交易所。

(3) 第三市场。这是上市证券在证券交易所以外通过经纪人进行交易所形成的市场。它实际上是上市证券的场外交易场所,是场外交易市场的一部分,但它与一般的柜台交易又不同,因而称之为第三市场。该类市场的主要特征是:①一般没有具体的交易场所和固定的交易时间;②主要在证券经纪人和机构投资者(如人寿保险公司、养老金协会等)之间进行交易;③均为上市证券的交易;④不受最低佣金率的限制;⑤经纪人大都为非交易所会员。

(4) 第四市场。第四市场是指证券买卖双方绕开经纪人和自营商,进行直接证券交易活动的机制形成的无形市场。该市场的交易方式较多,或者双方通过电话、电报、电传等现代通讯工具直接联系,或者通过计算机网络系统。参加第四市场的多为机构投资者,交易量大,采用这种方式可以节约不少佣金。由于买卖双方直接交易,避开了中介机构,所以这个市场的成交量和价格,外界难以知晓。与第三市场一样,第四市场的出现强化了市场竞争,有利于促进第三市场及场内交易市场等的交易速度和交易质量的提高;但也存在着难以管理和政府税收流失等缺陷。

4.2.4 外汇市场与黄金市场

1. 外汇市场

外汇市场是指从事外汇交易买卖的交易场所,它是金融市场的重要组成部分。外汇市场不一定存在具体的交易场所,它往往是供求双方利用现代通讯工具进行外汇买卖的无形市场。外汇市场也有广义和狭义之分。狭义的外汇市场是指银行同业间的外汇买卖的行为及场所,又称外汇的批发市场。广义的外汇市场是指所有货币的兑换或买卖的行为和场所。它既包括外汇的批发市场,又包括外汇的零售市场。零售市场和业务主要包括两类:一是银行与个人、公司、客户进行的外汇买卖;二是中央银行出于政策性考虑干预外汇市场而引起的外汇交易。

外汇市场一般由三个部分构成:①客户市场。参加交易的主要是各类非金融机构和个人,如进出口商、跨国公司、出国旅游者等。他们出于贸易、投资、外币存款和投机的需要,同外汇银行进行外汇买卖。②银行同业市场。参与者主要是商业银行、各类财务公司、投资公司和证券公司。这些机构在为顾客提供外汇买卖的中介服务中,难免会出现外汇头寸的不平衡,从而可能遭遇外汇风险。为了规避外汇风险,就必须利用银行同业外汇交易,轧平头寸。除了规避外汇风险的原因以外,这些机构也可能出于投机、套利和套汇等目的而从事同业间的交易。银行同业间的外汇交易占外汇交易额总量的90%以上。③中央银行与商业银行之间的交易市场。通过这种交易,中央银行可以使由外汇市场自发供应关系所决定的汇率相对稳定在某一期望的水平上。如果某种外币的汇率低于期望值,中央银行就会从外汇市场购入此种外币,增加市场对该外币的需求量,相对提高此外币的价格;反之,如中央银行认为该外币的汇率偏高,就会向外汇市场售出该外汇,促使其价格即汇率下降。

外汇市场的作用主要体现在三个方面。一是方便国际结算,实现国际间购买力的转移。国际经济交往的结果往往需要国际间清偿所产生的债权债务,外汇市场为国际间资金的转移,从而清偿债务提供了必要机制。二是提供国际资金融通。当今的国际金融市场和外汇市场是紧密联系的,外汇交易市场为国际间资金融通提供了便利。三是避免和减少了外汇风险。利用外汇市场上的远期外汇交易、外汇期货交易和期权交易是规避外汇风险的有效措施。

2. 黄金市场

黄金市场是指集中进行黄金交易所形成的市场,是专门经营黄金买卖的市场。从事黄金交易的有世界各国的公司、银行和私人以及各国官方机构。黄金交易的去向主要是工业用金、私人储藏、官方储备、投机商牟利等。第二次世界大战后一段时期,由于国际货币基金组织限制其成员的黄金业务,规定各国官方机构不得按与黄金官价(每盎司黄金合35美元)相背离的价格买卖黄金,因此西方官方机构绝大部分是通过美国财政部按黄金官价交易的。1968年黄金总库解散,美国及其他西方国家不再按官价供应黄金,听任市场金价自由波动;1971年8月15日美国宣布不再对外国官方持有的美元按官价兑换黄金。从此,世界上的黄金市场就只有自由市场了。在不允许私人进行黄金交易的某些国家,存在着非法黄金市场(黑市)。黑市金价一般较高,因而也伴有走私活动。各国合法的黄金自由市场一般都由受权经营黄金业务的几家银行组成银行团办理。黄金买卖大部分是现货交易,20世纪70年代以后黄金期货交易发展迅速。但期货交易的实物交割一般只占交易额的 2% 左右，黄金市场上交易最多的是金条、金砖和金币。世界七大黄金市场是指：伦敦黄金市场、苏黎世黄金市场、美国黄金市场(主要是纽约黄金交易所和芝加哥黄金交易所)、香港黄金市场、东京黄金市场、新加坡黄金所、上海黄金交易所。

黄金市场的交易主体主要包括买者、卖者和中介者。买者主要有中央银行、私人投资者，还有机构及个人。他们或者用于国家官方储备(黄金非货币化后，此用途的黄金的需求量不断减少)，或者用于投资、收藏，或者用于制造首饰等其他用途。在黄金的供给方面，主要有每年新开采的黄金；各国政府和国际货币基金组织抛售的黄金；废旧黄金销售后用于再提炼；黄金投资者及投机者的抛出等。在买者和卖者之间，还有作为中间商的黄金交易商，它包括销售商、交易经济商和结算公司。他们为交易商提供行情及其他信息与分析服务，同时也收取一定的手续费。

4.2.5 金融市场的国际化

金融市场的国际化已经成为当今国际金融领域的一种重要趋势。从历史上看，在第一次世界大战前后，随着生产和资本国际化的发展，少数老牌的资本主义国家，如英国国内的金融市场的业务就从单纯办理国内居民的金融业务，发展到经营所在国居民与非居民之间的国际金融业务，形成了国际金融市场。不过，真正意义上的金融市场国际化是在离岸金融市场形成发展后，才变成一种大规模的趋势的。20 世纪 50 年代的欧洲美元市场，随后的美国、亚太地区先后设立了离岸金融市场，它们主要是在市场所在国的非居民之间进行借贷，而且利率结构、存款准备金和借贷额度均不受任何一国的法令的约束，这构成了真正国际化的金融市场。

20 世纪的 70 年代以来，随着西方国家金融自由化浪潮的兴起，以及生产国际化和经济全球化的蓬勃发展，为金融市场国际化的进一步发展提供了巨大的推动力。同时，由于现代电子技术和通讯技术的突飞猛进，为金融市场国际化的发展提供了物质条件。目前，在现代通讯技术的帮助下，国际金融市场日益成为一个紧密联系的整体市场，在全球各地的任何一个主要市场上都可以进行相同品种的金融交易，伦敦、纽约、东京等国际金融中心可以实现 24 小时不间断的金融交易，世界上任何一个局部市场的波动都马上传递到全球的其他市场上。具体说来，金融市场的国际化主要包括以下内容：

第一，市场交易的国际化。在金融全球化的背景下，实际上各个金融子市场的交易都已国际化。特别是国际投资的迅猛发展促进了外汇市场业务的国际化，

现代货币金融学

不同的货币在各国之间的流动十分频繁。伦敦、纽约、东京、法兰克福、新加坡和香港等是当前主要的国际货币市场交易中心。

第二,资金筹措的国际化。适应企业跨国经营和国外企业对外融资的需要,一些国家的政府和大企业纷纷进入国际资本市场融资。融资的方式主要采取发行国际债券和股票,这些融资方式也已实现了国际化。如欧洲债券市场发行的以多种货币计值的债券(欧洲货币债券),但发行地不一定局限于欧洲,也不受本国法规的约束。股票市场也出现了国际化的趋势,表现在两个方面:一是一些重要的股票市场纷纷向外国的公司开放,允许国外公司的股票到其国内交易所上市;二是一些国家允许外国投资者参与本国股票市场上的股票买卖,同时也允许本国投资者买卖在国外市场交易的股票。可见,当前各国筹资的方式和地区也出现了国际化的发展趋势。

第三,市场参与者的国际化。本国的金融市场有了越来越多的外国参与者,一国境内的投资者的投资地区的选择,也越来越显示出"逐利性"的特征,即在世界范围内寻找最有利的投资地。一些大企业、投资银行、保险公司、投资基金,甚至私人投资者纷纷步入国际金融市场,参与国际投资组合,以分散风险,谋求利益。银行和非银行金融机构迅速向全球扩散,代理本国或国外的资金供求者的投资活动和从事盈利性的活动。特别是近几十年来,各国金融机构之间的并购重组风起云涌,各种各样的投资基金在全球金融市场上取得了空前的发展,大大促进了金融市场交易的国际化。

4.3 我国的金融市场

金融市场的发展既是我国市场经济体制改革的主要内容之一,同时又是我国市场经济发展的重要保证。自改革开放以来,随着社会主义市场经济的不断发展和完善,我国的金融市场取得了重要进步,建立和拓展了证券市场,发展了多种类型的货币市场,外汇市场和黄金市场也有了很大的发展。

4.3.1 货币市场

我国的货币市场主要由同业拆借市场、票据贴现市场、大额可转让存单市场、企业短期融资券市场所组成。

1. 同业拆借市场

我国的同业拆借始于1984年。1984年以前,我国实行的是高度集中统一的信贷资金管理体制。银行间的资金余缺只能通过行政手段纵向调剂,而不能自由

第4章 金融市场与金融机构体系

地横向融通。1984年10月,我国针对中国人民银行专门行使中央银行职能,二级银行体制已经形成的新的金融组织格局,对信贷资金管理体制也实行了重大改革,推出了"统一计划,划分资金,实贷实存,相互融通"的新的信贷资金管理体制,允许各专业银行互相拆借资金。新的信贷资金管理体制实施后不久,各专业银行之间,同一专业银行各分支机构之间即开办了同业拆借业务。不过,由于当时实行严厉的紧缩性货币政策,同业拆借并没有真正广泛地开展起来。1986年1月,国家体改委、中国人民银行在广州召开金融体制改革工作会议,会上正式提出开放和发展同业拆借市场。同年3月国务院颁布的《中华人民共和国银行管理暂行条例》,也对专业银行之间的资金拆借做出了具体规定。此后,同业拆借在全国各地迅速开展起来。1986年5月,武汉市率先建立了只有城市信用社参加的资金拆借小市场,武汉市工商银行、农业银行和人民银行的拆借市场随之相继建立。不久,上海、沈阳、南昌、开封等大中城市都形成了辐射本地区或本经济区的同业拆借市场。到1987年6月底,除西藏外,全国各省、市、自治区都建立了不同形式的拆借市场,初步形成了一个以大中城市为依托的,多层次的,纵横交错的同业拆借网络。

此后,国内同业拆借活动几经收放,曲折开展。直到1996年1月3日,经过中国人民银行长时间的筹备,全国统一的银行间同业拆借市场才正式建立。但从实际运行情况看,仍然存在一些问题。当时,由于受多种因素的影响,金融领域存在较大的金融风险,国有企业不良资产比重高,非银行金融机构遗留的问题多;加上货币市场发育不完善,拆借风险比较容易转移到融资中心上,一些正常借贷资金到期难以回收,出现了逾期债权债务。因此,1998年,中国人民银行开始着手撤销融资中心机构,清理拖欠拆借资金。同年10月,保险公司进入同业拆借市场;1999年8月,证券公司进入市场。2002年6月,中国外币交易中心开始为金融机构办理外币拆借业务,统一的国内外币同业拆借市场正式启动。

据统计,2011年前三季度,国内同业拆借累计成交23.9万亿元,日均成交1 276亿元。

2. 票据贴现市场

我国的票据市场在20世纪初就开始出现,解放初金融机构还办理一些票据业务,不久停办。直到1981年2月,经中国人民银行总行批准,上海市开始试办商业汇票的承兑贴现业务。1982年和1983年,沈阳、天津等城市也相继开办了商业汇票的承兑贴现业务。1984年12月,中国人民银行总行下发了《商业汇票承兑、贴现暂行办法》后,商业汇票的贴现业务在全国推开。随后,中国人民银行对各专业银行也开办了再贴现业务。至此,以商业汇票为主要内容的票据贴现市场初步形成。但直到目前为止,我国的票据业务仍不发达,我国至今没有汇票交易市场,企业持有的汇票只能向银行贴现,商业银行也只能向中央银行办理再贴现。

1996年《中华人民共和国票据法》生效实施后,票据市场业务有了一定的发展。但很长时间,我国的票据市场中只有贸易性票据,没有融资性票据,即企业不能发行以筹资为目的的商业本票(如我国《票据法》规定,票据必须以真实商品交易为基础),这就大大地限制了票据业务的规模。当前,商业汇票及相关业务主要集中在东部沿海经济比较发达、市场发育程度较高的地区,票据市场已达一定规模,成为货币市场不可忽视的一部分。2010年年末,全国票据融资余额1.5万亿元;票据融资余额占贷款余额的比例为3.1%。票据市场交易总体较为活跃。2010年,企业累计签发商业汇票12.2万亿元。银行承兑汇票累计发生额11.6万亿元;年末银行承兑汇票余额5.6万亿元。全国商业汇票贴现累计发生额26.0万亿元。

3. 大额可转让定期存单市场

我国是从1986年开始发行大额可转让定期存单。在1989年上半年之前,发行单位仅限于中国银行和交通银行。1989年5月,中国人民银行下发了《大额可转让定期存单管理办法》,对我国的CD_s市场的有关事项作出了明确规定。各类银行经中国人民银行审查批准均可发行,发行对象为城乡个人和企业、事业单位,用个人资金或单位自有资金购买,期限为1个月、3个月、6个月、9个月和12个月。

大额可转让定期存单的发行和转让,为我国的金融市场增添了新的品种。但由于证券市场上股票占了支配地位,CD_s的二级市场的转让规模非常有限。而且,1999年银行整体转为存差,甚至相对出现了资金过剩,CD_s发行的重要性已降低。但作为货币市场上的一支优良品种,CD_s在我国的市场发展前景还是令人乐观的。

4. 其他短期债券市场

其他短期债券市场还包括短期国债市场和企业短期融资券市场。截至1993年,我国尚未发行1年期内的国库券或者短期国债。作为货币市场的交易工具之一——国库券,我国于1994年上半年才开始发行,期限为半年或1年两种,可以转让流通。企业短期融资券是企业发行的一种短期债券。我国从1987年底首先由上海开始,在一些大中城市进行了企业发行短期融资券的试点,1989年初在全国范围内推广。1989年中国人民银行规定,企业短期融资券可在企业间转让,可在资金市场买卖,还可由各种金融机构代理发行或承销,促进了企业短期融资券市场的发展。企业短期融资债券的期限为3个月、6个月和9个月。

4.3.2 国债市场

新中国成立后,为稳定物价和加快经济建设,我国政府于1950年发行了为期5年的胜利折实公债,发行金额折合人民币3亿元。发行的目的是为了弥补财政赤字,平抑物价,促进安定民生。1954年到1958年又连续5年发行了5次国家经济建设公债,共计人民币35.44亿元,对当时的经济建设事业发挥了巨大作用。这时期发行的国债都没有上市流通,于1968年初全部还清。从1959年到1980年期间,我国没有发行国债。1981年,国家为弥补财政赤字,财政部恢复国债发行,尤其是进入20世纪90年代中后期,配合宏观经济调控的需要,我国连续实施积极的财政政策,国债的发行规模发展最为迅速,国债的期限品种正趋多样化。我国先后发行的国债品种有重点建设债券、财政债券、国家建设债券、特种国债、保值公债、特种公债、无记名式国库券、记账式国库券、凭证式国库券等十余种。目前采用最多的是无记名式国库券、记账式国库券、凭证式国库券三种。

我国从1981年恢复发行国债到1988年的7年期间,还没有国债二级市场。债券在一定期限终止了持券人的购买力,使持券人感到不方便。因此,解决居民手中债券的变现问题,就成为当务之急。从1988年开始,我国首先允许7个城市,随后又批准了54个城市进行国库券流通转让的试点工作。允许1985年和1986年的国库券上市,试点地区的财政部门和银行部门设立了证券公司参与流通转让工作。试点主要是在证券中介机构进行,因而中国国债流通市场始于场外交易。1991年又进一步扩大了国债流通市场的开放范围,允许全国400个地区市一级以上的城市进行国债流通转让。同时,国债承销的成功,证券机构迅速增加,这些都促进了场外市场交易活跃起来。时至1993年,场外交易量累计达450亿元,大于当时的场内交易量。但是,由于场外交易的先天弱点:管理不规范,信誉差,拖欠现象严重,容易出现清算与交割危机;场外市场统一性差,地区牌价差价大,买卖差价大;不少场外市场有行无市,流动性差,等等。这些因素导致场外市场交易不断萎缩,至1996年场外市场交易量的比重已不足10%。与此同时,场内交易市场虽然起步较晚,但由于自身优势却获得稳步发展。我国自1991年兴起国债回购市场。国债回购是在国债交易形式下的一种融券兼融资活动,具有金融衍生工具的性质。国债回购为国债持有者、投资者提供融资,是投资者获得短期资金的重要渠道,也为公开市场操作提供工具。因而国债回购业务对国债市场的发展有重要的推动作用。但国债回购市场的不规范,也会产生副作用。如买空卖空现象严重,回购业务无实际债券作保证,回购资金来源混乱以及资金使用不当等,都会冲击金融秩序。我国于1992年10月还曾一度推出国债期货市场。但是,由于我国发展国债期货市场的条件还不成熟,又加上法规建设滞后,于1994年下半年至1995年上半年间曾发生多起严重违规事件,在监管部门采取提高保证金比率、实行涨停板制度、规定最高持仓量等措施后,仍难以走上正轨,于是国务院于1995年5月宣告国债期货的试点暂停。

自1981年我国恢复发行国债以来,一直在不断摸索和改革国债发行方式。1991年,我国首次进行了以承购包销方式发行国债的试验,并获得成功。这标志着我国国债一级市场机制开始形成。1993年,在承购包销方式的基础上,我国推出了国债一级自营商制度,19家信誉良好、资金实力雄厚的金融机构获准成为首批国债一级自营商。1994年,我国进行国债无纸化发行的尝试,借助上海证券交易所的交易与结算网络系统,通过国债一级自营商承购包销的方式成功地发行了半年期和一年期的国债。1995年,在无纸化发行取得成功的基础上,引进招标发行方式,以记账形式,由国债一级自营商采取基数包销、余额招标的方式成功地发行了一年期国债。1996年,我国国债市场的发展迈上了一个新的台阶,国债市场的发展以全面走向市场化为基本特色,"发行市场化、品种多样化、券面无纸化、交易电脑化"的目标基本得到实现。

2010年,我国银行间债券市场通过市场化招投标方式发行记账式国债60期,共计1.5万亿元,期限从91天到50年,均衡覆盖了短期、中期和长期债券品种,期限结构进一步完整,促进了国债基准收益率曲线的改进与完善,为债券市场中其他各类债券合理定价提供了基础。截至2010年年末,国债余额6.7万亿元,约占债券市场债券存量的41.1%。此外,财政部通过市场化招投标方式全年代理发行地方政府债券2 000亿元。由于采用市场化发行方式,2010年记账式国债与地方政府债券保持了较低的发行成本,为积极财政政策的顺利实施和国家宏观调控措施的落实奠定了基础。

4.3.3 证券市场

我国证券市场是改革开放以来市场经济发展的产物。最初有一些企业曾发行过债券、股票等有价证券,进行社会直接集资,以突破单一的银行信用。1985年,中国人民银行为了促进银行金融工具的多样化,批准专业银行发行金融债券。随着市场经济改革的深入进行,社会各界对融资多样化的要求变得更为迫切。企业的股票、债券发行工作继续进行,同时,一些新的融资品种不断出现,如银行同业拆借、CD_s等。

随着证券发行市场的不断发展,开发证券流通市场已势在必行。我国证券流通市场的发展始于1986年。1986年8月,在沈阳市信托投资公司证券交易柜台首开债券转让业务。随后在上海、武汉、西安以及全国范围内出现了一些证券交易市场。这一时期的证券交易市场是不规范的,属于尝试性的,其形式主要是柜台交易,交易的品种主要是企业债券和股票。为了进一步规范证券交易市场的发展,经中国人民银行批准,1990年11月26日,上海证券交易所正式成立,并于当年12月19日正式营业。1991年,深圳证券交易所建立,并于同年7月3日正式营业。这使我国证券市场的发展步入规范化、法制化的轨道,从此进入了一个新的历史发展阶段。

从沪、深两市开办至今,我国已形成了主板、中小板、创业板、三板(含新三板)市场、产权交易市场、股权交易市场等多种股份交易平台,具备了发展多层次资本市场的雏形。主板市场为沪、深两家证交所开办最早、规模最大、上市标准最高的股票市场。中小板市场开办于2004年5月17日,由深交所承办,主要为处于产业化初期的中小型企业提供资金融通,使中小型企业获得做大做强的资金支持,在上市标准上比主板市场略低,以适应中小企业的发展条件。2009年10月23日,酝酿整整十年的创业板终于开板,首批28家公司同年10月30日挂牌上市。深圳创业板开办目的是为创新型和成长型企业提供金融服务,为自主创新型企业提供融资平台,并为风险投资企业和私募股权投资者建立新的退出机制。除集中交易市场外,我国还为证券交易设立过两个场外市场,即全国证券自动报价系统(STAQ)和金融市场报价、信息与交易系统(NETS)。这两个系统都具有集散市场信息功能、市场统计分析功能、交易功能、提供交割清算服务功能,在这两个系统中流通的证券主要是法人股,由于交易中大量个人进入市场,法人股实际已个人化,1999年9月两系统停止交易。2001年7月16日我国开办了代办股份转让系统,亦即三板市场,是以具有代办股份转让资格的证券公司为核心,为非上市公众公司和非公众股份公司提供规范股份转让的一个平台。到2011年8月23日,该市场有股票147只。三板有旧、新三板之分。旧三板是从原STAQ、NET系统转板以及从主板退市的企业所组成的市场;新三板主要是指高科技园区公司股权转让试点所构成的市场。

改革开放以来,我国证券市场取得了长足的发展。截至2010年末,债券市场债券托管总额达16.3万亿元,其中,银行间市场债券托管额为15.8万亿元。2010年,财政部通过银行间债券市场发行债券1.7万亿元(含地方政府债券2 000亿元);国家开发银行、中国进出口银行、中国农业发展银行在银行间债券市场发行债券1.3万亿元;汇金公司在银行间债券市场公开发行债券1 090亿元。2010年企业债和非金融企业股票筹资分别达1.2万亿元和5 787亿元。截至2011年

现代货币金融学

10月,上海证券交易所上市证券数已达1 664个,上市公司数927个,上市股票数971个,股票市价总值165 015亿元;深圳证券交易所上市证券数已达1 876个,上市公司数1 377个,上市股票数1 419个,股票市价总值77 968亿元。另据统计,2010年末,沪深两市共有A股账户15 204.1万户,B股账户250万户,基金账户3 404.2万户。其中,机构投资者持有已上市流通A股市值13.74万亿元,占已上市流通A股市值70.85%,比上年末增加2.17个百分点,机构投资者市场的主导地位进一步增强。

4.4 金融机构概述

4.4.1 金融机构的分类

通常将金融体系分为金融机构体系、金融运行体系和金融监管体系三个部分,其中金融机构是一国金融体系的骨骼和载体,是金融运行和金融监管的组织和保证,是金融体系的核心。

金融机构一般是指经营货币与信用业务,从事各种金融活动的组织机构。它为社会经济发展和再生产的顺利进行提供金融服务,是国民经济体系的重要组成部分。对于金融机构的分类,各国可以根据需要采用不同的标准按照不同的方法进行划分。按照负债的性质以及可能的用途,一般将金融机构划分为银行和非银行金融机构。

银行是经营货币和信用业务的金融机构。它以吸收存款作为主要的资金来源,而且这种负债多可以被存款的持有人当作货币使用。银行性金融机构在金融机构体系中居于支配地位,构成现代银行制度。银行通过吸收存款、发放贷款、办理结算、汇兑等业务,在整个社会范围内融通资金。在现代商品经济社会中,银行是社会资金融通的枢纽,是金融机构体系的主体。按各种不同的划分标准,现代银行有各种不同的分类。例如,按银行资本性质划分,有国家银行、公私合营银行、私营银行;按其经营形式划分,有股份制银行、合资银行和独资银行;按其经营业务的范围划分,有办理综合性金融业务的商业银行和办理专门性金融业务的专业银行以及办理政策性金融业务的政策性银行;按其业务覆盖的地区划分,有全国性银行和地方性银行;按其职能划分,有中央银行、商业银行、专业银行。比较完整的银行体系,一般是以中央银行为领导核心,以商业银行为主体,以各种专业银行为补充。

非银行金融机构也称其他金融机构,是指经营各种金融业务但又不称为银行的金融机构。非银行性金融机构与银行的区别,在于非银行金融机构一般多不以吸收存款作为主要资金来源,而是以某种方式吸收资金,并以某种方式运用资金并从中获利。包括保险公司、信用合作社、消费信用机构、信托公司、证券公司、租赁公司、财务公司、养老基金组织等。非银行金融机构的产生,使融资机构、融资渠道和融资形式多样化,为客户提供的金融服务也日益多样化,尤其是为中小企业的发展提供了方便。同时,非银行金融机构的大量涌现,使金融界增加了竞争对手,有利于金融业提高服务质量,给金融业的发展注入了新的活力。在整个金融机构体系中,非银行金融机构是非常重要的组成部分,其发展状况是衡量一国金融机构体系是否成熟的重要标志之一。

银行和非银行金融机构都是金融媒介体,都起着金融中介的作用。从这个意义上说,这两类金融机构并无本质上的区别。它们之间的区别除了资金来源有所不同外,主要是职能作用的程度不同,具体表现在以下两个方面:

(1) 银行(主要是商业银行)具有信用创造功能。由于商业银行可以吸收活期存款,因此,在现代准备金制度下,商业银行用吸收的原始存款,以转账方式发放贷款会使得商业银行体系存款成倍增加,形成派生存款,从而扩大信用规模。而非银行金融机构一般不具备这项功能,它们一般仅仅是起着传递资金的作用。

(2) 银行的业务范围广泛,服务对象众多,业务方式多样化。尤其是商业银行可以办理综合性金融业务,俗称"金融百货公司",而非银行金融机构由于受资金来源的限制,业务范围和服务对象相对较窄。近年来,随着商品经济的发展,信用化、货币化程度的提高,金融机构分业经营模式被不断打破。市场竞争日趋激烈,金融创新不断涌现,技术进步以及新技术在金融业的广泛运用等,使得许多非银行金融机构逐步渗透某些银行业务,增加银行职能,而银行也开始兼办某些原来属于非银行金融机构经营的业务,两类金融机构之间业务交叉逐渐增多。其结果是原有各类金融机构之间的差异逐步缩小,相互间的界限越来越模糊,形成由专业化经营向多元化、综合化经营的总趋势,而且进程日趋加速。

4.4.2 银行的产生与演进

以银行为代表的金融业是商品货币经济高度发展的产物[①],是从货币经营业发展而来的。随着社会生产力的发展,社会制度的变革,银行的演进经历了从货

---

① 金融业一般是指把货币和有价证券等货币资产当作经营对象的服务行业。广义的金融业不仅包括银行业,也包括保险、证券、信托和租赁等相关行业。

币经营业到早期银行、近现代银行的漫长发展过程。

1. 银行起源于货币经营业

银行业是一个非常古老的行业。早在公元前 2000 年的巴比伦寺庙、公元前 400 年的希腊寺庙等已有了经营与保管金银、发放贷款和收取利息的活动；公元前 400 年在雅典、公元前 200 年在罗马帝国等地出现了银钱商和类似银行的商业性机构。

在资本主义社会的初期阶段，由于封建割据，货币铸造分散，铸币的重量、成色不统一。为适应贸易发展的需要，商人们必须进行不同铸币的兑换。因此，逐渐从商人中分离出一些专门从事铸币兑换业务的兑换商，形成了货币兑换业。最初，他们只是办理货币兑换的技术性业务，从中收取一定的手续费。随着商品交换的扩大，经常往来于各地的商人为了避免长途携带和保管货币的风险，就把货币交给兑换商代为保管，并委托他们办理支付、结算和汇款。随着业务范围的逐步扩大，货币兑换业逐步发展演变为货币经营业。但纯粹形式的货币经营业仍然主要从事货币的兑换、保管、收付、结算、汇兑等货币流通的技术业务，并不经营货币贷放业务。

随着商品经济的进一步发展，促进了货币经营业务的扩大，货币经营业者手中聚集的货币资金也逐渐增多。为牟取更多的利润，他们就利用这些资金办理放款业务，同时，用支付存款利息的办法，广泛吸收社会上暂时闲置资金，经营起存款业务。这样，货币经营业就发展成为经营存款、贷款结算业务的早期银行。

2. 近代资本主义银行的产生

近代银行业起源于文艺复兴时期的意大利。当时的意大利处于欧洲各国的贸易中心地位，当时的银行除了买卖外汇以外，还经营活期存款和定期存款业务。"银行"一词，始于意大利语"banca"，意为"长凳、桌子"，是最早市场上货币兑换商营业用的；古法语词"banque"，也有这个意思。英语转化为"bank"，原意为"存钱的柜子"。在中国，过去曾以银为通用货币，经商的店铺也称"行"，故译作"银行"。

早在 1272 年，意大利的佛罗伦萨就已出现一个巴尔迪银行，稍后于 1310 年又有佩鲁齐银行设立。后因债务问题，这两家银行于 1348 年倒闭。到 1397 年，意大利又设立了麦迪西银行(Medici Bank)。10 年后在热那亚又成立了圣乔治银行(Bank of St. George)，该银行被称为第一个国家存款银行。

进入 16 世纪以后，西欧出现了最早的近代银行，如在世界商业中心意大利出现了威尼斯银行(1587 年)；此后，相继出现了米兰银行(1593 年)、阿姆斯特丹银行(1609 年)、汉堡银行(1619 年)、鹿特丹银行(1635 年)、瑞典银行(1656 年)、斯德哥尔摩银行(1688年)和维也纳银行(1703年)等。这些银行当时放款的主要对象是政府,又带有高利贷性质,而且贷款规模小,不能满足资本主义生产发展对信贷资金的需求,于是产生了新兴的资产阶级反对高利贷的斗争。斗争的结果是新兴资产阶级建立了符合资本主义经济发展需要的近代银行。近代银行是资本主义生产方式的产物,其产生的途径:一是按资本主义的原则,以股份企业的形式组建起来的股份制银行;二是高利贷性质的早期银行逐渐适应新的条件转化为资本主义银行。

1694年英国英格兰银行(Bank of England)的建立,标志着现代资本主义银行的诞生。英格兰银行的贴现率一开始就定为年率4.5%~6%,大大低于早期银行业的贷款利率。继英格兰银行之后,欧洲其他国家也先后建立了不少股份制银行。股份制银行资本雄厚、规模大、发展快,逐渐成为资本主义银行的主要形式。

与早期银行相比,现代银行主要具有三个特点:①利率水平适当。现代银行的贷款利率一般均低于平均利润率,能够适应资本主义发展的需要。②信用功能扩大。早期银行只是简单的信用中介,现代银行还发行银行券,代客办理信托、信用证、购销有价证券等业务。③具有信用创造功能。现代银行,特别是商业银行具有创造信用流通工具、创造派生存款的能力。

19世纪末,资本主义从自由竞争阶段发展到垄断阶段。在资本主义垄断阶段,银行业在生产集中和垄断的基础上也逐渐形成了集中和垄断,银行垄断资本与工业资本相互渗透,形成了金融资本。掌握着金融资本的少数大资本家集团称为金融寡头。金融寡头凭借其强大的实力,以银行为统治工具和控制中心,操纵生产和流通,控制整个国家的经济命脉。这时,银行的地位和作用又发生了根本的变化,由吸收资金和分配资金的普通中介者变成了"万能的垄断者"。现代银行能以借贷为武器,调节企业的经营方向和经营规模,最后达到完全决定企业的命运。

4.4.3 现代银行的发展

随着现代商品经济的发展,银行的职能作用、业务范围、业务形式也在不断发展。现代银行朝着组织集团化、业务多样化、机构全球化、资本国际化的方向发展。

1. 银行间的吞并,形成银行组织集团化

第二次世界大战以后,在已形成的银行垄断的基础上,银行间的吞并愈演愈烈,除了公开兼并以外,更多的是采取购买其他银行股票,建立银行持股公司的方式进行兼并。银行持股公司,就是控制银行股权的公司。这种公司同时拥有几家银行的控股权,能决定银行的重要人事、营业政策和往来关系。实际上,持股公司是大银行控制其他银行的重要工具。通过持股公司形成的银行集团资本雄厚,竞争力强。

2. 金融工具不断创新,促使银行业务多样化

银行垄断的形成和银行的集团化,使得大银行之间的竞争更加激烈。各种银行和非银行金融机构的业务活动突破了过去分工的界限,形成了在业务经营方面的相互交叉。商业银行与投资银行的界限日益消失,商业银行同储蓄银行、消费信用机构之间的界限也日益模糊。为了争取更多的资金来源和扩大业务,从20世纪70年代起,西方国家掀起金融工具创新浪潮。新的金融商品不断涌现,使得银行和其他金融机构趋向业务多样化、机构全能化。为适应金融创新的需要,许多西方国家陆续放宽金融管制,这又进一步推动了金融创新,银行和非银行金融机构之间业务相互渗透,形成更为庞大的金融机构网。

3. 跨国银行兴起,使得银行资本国际化

所谓跨国银行,一般是指在一些不同国家和地区经营存放款、投资及其他业务的国际银行,由设在母国的总行和设在东道国的诸多分支机构组成。跨国银行是资本主义发展到帝国主义阶段垄断资本加强对外经济扩张的产物。一方面,由于帝国主义的殖民掠夺,国际贸易不断发展,国内银行在外汇交易和出口信贷中获得巨大利润,从而使跨国银行的产生具有可能性;另一方面,帝国主义对外经济扩张,促进了生产的国际化和资本化,不仅使产业资本在国际范围内的循环和周转中游离出大量过剩资本,需要在国际市场寻找出路,而且跨国公司对中期资金的需求增加,数额越来越大,只有经营国际业务的跨国银行才能满足这样巨大的需求,从而使跨国银行的产生具有客观必要性。为适应生产国际化和资本国际化的发展趋势,一些大商业银行也加速向国际化方向发展,从而促进了跨国银行的形成和发展。

跨国银行通过其广泛的国际网络开展经营活动,如外贸融资、存款、对公司或国家的贷款业务、外汇业务、投资业务及信托业务等。跨国银行作为当代世界经济生活中的一个重要因素,其形成和发展与世界经济、国际金融的发展和变化有密切的联系。目前,世界经济正处在深刻变化时期,新技术革命的浪潮以及银行业务电子化、世界各国经济相互依赖性的日益增长和金融市场的国际一体化,必将使跨国银行的发展成为银行资本国际化的主要趋向。

4.5 西方国家的金融机构体系

4.5.1 西方国家金融机构体系的构成

为适应高度发达的市场经济的要求,西方国家各自都有一个规模庞大、职能齐全的金融机构体系。其金融机构体系由银行体系和非银行金融机构体系构成,而银行体系的地位更为重要。就银行机构体系而言,其设置形式和具体内容在西方国家中不尽相同,甚至对同类的银行机构,其称谓也不一样,或者性质完全不同的银行却用相同的名称。但从整体银行体系的组成来看,主要分为中央银行、商业银行和各式各样的专业银行三大类,其中,中央银行是金融机构体系的核心,商业银行是金融机构体系的主体。至于非银行金融机构,其构成则更为庞杂,包括保险公司、退休养老基金、投资基金、财务公司、租赁公司等等。此外,随着经济、金融全球化的发展,各国还普遍存在为数众多的外资及合资金融机构。

1. 中央银行

中央银行是在西方国家银行业发展过程中,从商业银行中独立出来的一种银行。一个世纪以前,全世界只有 18 个中央银行,16 个在欧洲,另外 2 个在日本和印度尼西亚。现在几乎所有的国家(或地区)都有中央银行或类似中央银行的金融机构。中央银行是各国金融机构体系的中心和主导环节,处于特殊地位:对内它代表国家(或地区)对整个金融体系实行领导和管理,维护金融体系的安全运行,实施宏观金融调控,是统制全国(或地区)货币金融的最高机构;对外它是一国(或地区)货币主权的象征。

当今世界各国,除了极少数国家以外,几乎都设立了中央银行。当然,就其名称而言,不一定都称为中央银行,有些中央银行前面冠以国名,有些中央银行称为储备银行,有些则直接叫中央银行。就各国对中央银行制度的抉择而言,由于商品经济发展水平、银行业务发达水平以及与世界金融市场联结程度不同,情况也各异,如建立时间有早有晚、规模有大有小、职能有多有少、权威有强有弱、地位有高有低等。但它们实质上都执行着中央银行的职能,起着中央银行的作用。

有关中央银行的产生和发展、性质、职能和作用等将在第 6 章专门予以介绍。

2. 商业银行

商业银行又称存款货币银行,也有称存款银行、普通银行的,是西方各国金融机构体系中的骨干力量。在西方国家,商业银行以机构数量多、业务渗透面广和资产总额比重大,始终居于其他金融机构所不能代替的重要地位,因而成为金融机构体系中的骨干和中坚,它是最早出现的现代银行机构。

现代商业银行以经营工商业存、贷款为主要业务,并为顾客提供多种服务。其中通过办理转账结算实现着国民经济中的绝大部分货币周转,同时起着创造存款货币的作用。

有关商业银行的产生和发展、性质、职能和业务等将在第5章进行全面的讨论。

3. 各类专业银行

专业银行是指专门从事指定范围业务和提供专门性金融服务的银行。其特点有:

(1) 专门性。专业银行是随着经济和金融的发展而出现的,是社会分工发展在金融业的表现,其业务活动具有专门性,其服务对象通常是某一特定部门或领域内的客户。

(2) 政策性。专业银行的设置往往体现了政府支持和鼓励某一地区和某一部门或领域发展的政策指向,其中开发银行、进出口银行等专业银行的贷款,具有明显的优惠性,如政府贴息和保险,以及借款期限和还款限期较长等。

(3) 行政性。专业银行的建立往往具有一定的官方背景,有的就是政府的银行或政府代理银行。

需要说明的是,我国的中国工商银行、中国农业银行、中国银行和中国建设银行,原来都称"专业银行",但就业务活动方式而言,与西方国家的商业银行属于同一类型,而不是西方国家习惯称之为专业银行的那类银行。

西方国家专业银行种类甚多,名称各异,这里介绍其中主要的几种:

1) 储蓄银行

储蓄银行(savings bank)是指专门吸收居民储蓄存款、并为居民提供金融服务的银行。这类银行的服务对象主要是居民消费者,资金来源主要是居民储蓄存款,资金运用主要是为居民提供消费信贷和其他贷款等,此外,也在可靠的债券市场投资。在西方国家中,储蓄银行大多是专门设立的。为了保护小额储蓄者的利益,这些国家对储蓄银行一般设有专门的立法,限制其通过吸收储蓄所筹集资金的投资领域。

储蓄银行是一种较为古老的金融机构,大多是由互助性质的合作金融组织演变而来。互助性的储蓄银行就是存款人将资金存入银行,银行以优惠的形式向存款人提供贷款,这种组织形式在美国比较普遍。

储蓄银行的具体名称,各国有所不同,有的甚至不以银行相称,但功能基本相同。在美国称之为互助储蓄银行、储蓄贷款协会等;在英国称之为信托储蓄银行;

在日本称之为储蓄银行。此外,不少国家的邮政系统都办理储蓄业务,但一般将其划归为非银行金融机构;有的国家还从推动居民住宅建设的角度发展起建房储蓄银行等。由于储蓄银行直接服务于广大居民,因而其数量在各国都较多。储蓄银行既有私营的,也有公营的。

2) 投资银行

投资银行(investment banking)是指专门对工商企业办理投资和长期信贷业务的银行①。投资银行与商业银行不同,其资金来源主要依靠发行自己的股票和债券筹资,有的国家投资银行也允许接受定期存款。投资银行的主要业务有:①对工商企业的股票和债券进行直接投资;②对工业企业提供中长期贷款;③为工商企业代办发行或包销股票与债券;④参与企业的创建重组和并购活动;⑤包销本国政府和外国政府的公债;⑥提供投资和财务咨询服务等。此外,有些投资银行也兼营黄金、外汇买卖及资本设备或耐用商品的租赁业务。

投资银行是美国和欧洲大陆的称呼,但在英国,投资银行被称为商人银行,在日本则称之为证券公司。此外,与这种银行性质相同的还有其他的形式和名称,如长期信贷银行、实业银行、金融公司、持股公司、投资公司等。

3) 开发银行

开发银行(development bank)一般是指专门为满足经济社会发展长期投资需要,特别是为经济开发提供投资性贷款而设立的银行。这类投资具有投资量大、见效慢、周期长、风险大等开发性特点,一般商业银行不愿意承担。开发银行多为国家或政府创办,不以盈利为目的。像新产业的开发,新经济区的基础建设,以及全国性公共设施的建设等都属于投资多、见效慢、周期长的工程,社会环境效果好,但是否盈利难以预计,所以往往由国家主办的开发银行承担。

1951年4月成立的日本开发银行,其资本金全部是政府的,总行设在东京,在全国各大城市有7家分行,2个国内办事处,4个驻海外办事处。主要业务有:开发资金贷款;为开发所需的资金提供支付担保;向产业开发、经济社会发展的尖端技术的研究开发和大规模工业基地的建设事业投资。此外,韩国开发银行、澳大利亚资源开发银行等也都属于这一类。

开发银行有一国自己兴办的,如中国的国家开发银行;也有几个国家政府共同兴办的,如亚洲开发银行、非洲开发银行、泛美开发银行;有世界性的开发银行,

---

① 目前,人们通常所称的投资银行是指主要从事证券发行,承销,交易,企业重组、兼并与收购,投资分析,风险投资,项目融资等业务的非银行金融机构,是资本市场上的主要金融中介。

现代货币金融学

如国际复兴开发银行(也称世界银行)。

4) 抵押银行

抵押银行(mortgage bank)是"不动产抵押银行"的简称,是指专门从事以土地、房屋和其他不动产为抵押,办理长期贷款业务的银行。抵押银行是迅速发展的抵押贷款市场的组成部分,它有公营、私营和公私合营三种形式。抵押银行的资金主要不是靠吸收存款,而是靠发行不动产抵押证券来筹集。抵押银行的贷款业务大体上可分为两类:一是以土地为抵押的长期贷款,贷款对象主要是土地所有者或购买土地的农场主;二是以城市不动产为抵押的长期贷款,贷款对象主要是房屋所有者或建筑商。法国的房地产信贷银行、美国的联邦住房放贷银行、德国的私人抵押银行和公营抵押银行等,均属此类。此外,抵押银行也经营以股票、债券和黄金等作为抵押品的贷款。

值得注意的是,事实上,各国商业银行大量涉足不动产抵押贷款业务,不少抵押银行除经营抵押放款业务外,也经营一般信贷业务。近年来,这种兼营和融合呈加强、加速发展的趋势。

5) 农业银行

农业银行(agricultural bank)是指在政府指导和资助下,专门为农业、畜牧业、林业、渔业的发展提供金融服务的银行。农业受自然因素影响大,农业部门担保和收益能力低、农户分散、资本需求期限长且具有季节性等。这些都决定了经营农业信贷具有规模小、期限长、风险大、收益低等特点。因此,农业部门很难成为一般金融机构的融资对象,需要有政府的指导和资助,设立专门的金融机构为之服务。如美国有联邦土地银行、联邦中期信贷银行、合作社银行,法国有土地信贷银行、农业信贷银行,德国有农业抵押银行,日本有农林渔业金融公库等。

农业银行的资金来源主要是政府用于农业发展的资金、发行债券、吸收存款,以及根据有关法规出资团体的缴纳款等;资金运用主要是向农牧渔民创业和发展生产提供低息贷款,农业银行一般都是官方或半官方的金融机构。

6) 进出口银行

进出口银行(export-import bank/import and export bank)是指专营本国对外贸易信用的政府金融机构。它接受本国政府的政策指导,针对其对外经济关系的目标,以进出口商为营业对象,经营存款、放款、贴现、汇兑及提供信用担保等业务。创建进出口银行的宗旨是推动本国进出口贸易,特别是大型机电设备的出口贸易,加强国际间金融合作,广泛吸引国际资本,搜集国际市场信息。所以这类银行在经营原则、贷款利率等方面都带有浓厚的政治色彩,一般属于政策性银行的范畴。

第4章 金融市场与金融机构体系

进出口银行一般是官方或半官方的金融机构,美国称之为进出口银行,日本称之为输出入银行,法国称之为对外贸易银行。

7) 住房信贷银行

住房信贷银行是以契约型的互助储蓄住房金融体系为依托,以低息贷款为卖点的专业住房金融机构。美国称之为住房信贷体系,与农业信贷体系和进出口银行一样同属于联邦代理机构,具体包括联邦住房贷款银行委员会及其所属银行、联邦住宅抵押贷款公司、联邦住宅管理局、联邦全国抵押贷款协会等机构。日本称住房信贷银行为住宅金融公库,属政府的金融机构。

在英国,住房信贷银行被称为住房协会,其资金来源主要是协会会员交纳的股金和吸收存款(美国和日本的这类金融机构可以发行债券和接受政府资金),住房协会吸收的股金和存款一律付息,利息通常高于银行,且有减免税优惠,这就使得住房协会对小额储蓄者具有很大的吸引力;另一方面,住房协会所吸收的存款和股金的利息按日计算,每年付息两次,但有许多利息并不支付现金,而是把应付利息加到原来的投资上,这等于自动增加资金流入。其资产90%用作购买新旧住房的抵押贷款,10%用作土地担保贷款和无担保贷款。这类贷款的偿还期可长达15年至25年,由借款人偿还。其偿还和付息有两种形式:一种是借款人按月偿付利息,本金则分期偿付,一般是最初几年只付利息,剩余期限偿付本息,但利息按本金递减计算。另一种形式是抵押贷款和借款人的定期人寿保险相结合,借款人在借款期间按月支付利息,同时缴纳人寿保险费;人寿保险到期时,借款人就用其到期的保险收入偿还抵押贷款本金。

除了上述各类专业银行外,还有专门为中小企业服务的银行、海外银行等专业银行。

4. 非银行金融机构

20世纪80年代以来,随着各国金融自由化进程的加快,非银行金融机构发展迅猛,致使各国的金融中介发生了明显的、结构性的变迁:在各国的金融体系中,银行的重要性在减弱,非银行金融机构的重要性不断提高,其资产和负债规模、种类等都已经接近甚至超过银行。这一发展态势将会对各国乃至全球的金融、经济产生重大的、深远的影响,引起了各国的普遍关注。

1) 保险公司

保险业是一个极具特色从而具有很大独立性的系统。这一系统之所以往往被列入金融体系,是由于经办保险业务的大量保费收入,按照世界各国的惯例,通常用于各项金融投资。而运用保险资金进行金融投资的收益,又可积累更为雄厚的保险基金,促进保险事业的发展。

保险公司(insurance company)是一种专门经营保险业务的非银行金融机构,在各国国民经济中发挥着越来越重要的作用。保险公司主要是依靠投保人缴纳保险费和发行人寿保险单方式筹集资金,对那些发生意外灾害和事故的投保人,予以经济赔偿,是一种信用补偿方式。保险公司筹集的资金,除保留一部分以应付赔偿所需外,其余部分主要投向稳定收入的政府债券、企业债券和股票,以及发放不动产抵押贷款、保单贷款等。

有关保险公司的其他主要内容,将在第7章7.1节进行介绍。

2) 退休或养老基金会

这类机构是指雇主或雇员按期缴付工资的一定比例,在退休后,可取得一次付清或按月支付的退休养老金。20世纪80年代以前该类基金运营简单化,即主要用于购买国债和存在银行生息。20世纪80年代以后,由于西方国家的人口老龄化问题越来越突出,完全依靠增加企业和个人负担来筹集足够的养老基金越来越困难,因而20世纪80年代至90年代初,养老基金运营开始转向股市化,即越来越多的养老基金投向企业股票和债券。20世纪90年代初以来,养老基金运营开始走向国际化,即养老基金投向海外证券市场的比例不断上升,这是因为海外投资回报率比国内市场要高。

3) 投资基金

投资基金(investment funds)是指通过发行基金股票或基金受益凭证将众多投资者的资金集中起来,直接或委托他人将集中起来的资金投资于各类有价证券或其他金融商品,并将投资收益按原始投资者的基金股份或基金受益凭证的份额进行分配的一种投资金融中介机构。投资基金,在美国称之为共同基金(mutual fund),在英国称之为单位信托基金,在日本称之为证券投资信托。

有关投资基金的其他主要内容,将在第7章第7.4节进行介绍。

4) 信用合作社

信用合作社(credit cooperatives)是在西方国家普遍存在的一种互助合作性金融组织,有农村农民的信用合作社,有城市手工业者等特定范围成员的信用合作社。这类金融机构一般规模不大。它们的资金来源于合作社成员缴纳的股金和吸收存款,贷款主要用于解决其成员的资金需要。起初,信用合作社主要发放短期生产贷款和消费贷款;现在,一些资金充裕的信用合作社已开始为解决生产设备更新、改进技术等提供中、长期贷款,并逐步采取了以不动产或有价证券为担保的抵押贷款方式。

5) 邮政储蓄机构

这是一种与邮政部门关系密切的非银行金融机构,1861年首创于英国。邮

第4章 金融市场与金融机构体系

政储蓄机构主要经营小额存款,其吸收的存款一般无需提缴准备金,其资金运用一般是存入中央银行,或购买政府债券。这种金融机构的设立最初是为了利用邮政部门广泛的分支机构,提供廉价有效的邮政汇款服务,提高结算速度,加速资金周转,因此在各国发展比较普遍。据万国邮政联盟统计,全世界有80多个国家的邮政部门经办了邮政储蓄业务。近年来,邮政储蓄机构在朝两个方向发展,一种是逐步回归到商业银行性质;另一种是在政府支持下,变成一种公共事业,为社会提供各种服务,便利人们的生活。

西方典型的邮政储蓄机构是英国在1861年创立的邮政储蓄银行基础上发展起来的国民储蓄银行。目前,该银行提供两种储蓄账户,一种是"普通账户",存款数额不得超过1万英镑,利率随货币借贷利率的总水平而变动;另一种是1966年后增设的"投资账户",该账户的利率主要根据在国债市场进行投资后所获得的收益来确定,但通常比普通账户的利率高。如果要提取投资账户的存款,须提前一个月通知银行。此外,如瑞典邮政总局的划拨银行是专门的邮政银行,独立核算,可办理全面的银行业务。法国国家邮政总局的国家储蓄银行是邮政金融业务局,可办理部分银行业务。这两类邮政金融机构都办理种类繁多的邮政储蓄业务。

6) 存款保险公司

存款保险公司(deposit insurance corporation)是为防止存款人的资金遭受损失而提供保险的政策性非银行金融机构。近年来全球金融危机的频繁爆发,存款保险制度引起了越来越多的国家政府的重视。各国的存款保险公司大多是由政府设立的,也有的国家是由政府和私人金融机构共同创办的。存款保险公司的业务是为存款人的资金提供保险。当银行或其他金融机构破产倒闭,存款人的资金遭受损失时,由存款保险公司给予赔偿。

存款保险公司除了补偿存款人的损失以外,其更重要的作用在于能够稳定存款人,可以阻止他们一有风吹草动就挤提存款,从而造成银行的支付危机。除上述业务之外,存款保险公司还经常地对其他存款机构进行监督和检查,以防止这些存款机构从事高风险的经营活动。

7) 资产管理公司

资产管理公司(asset management companies)是20世纪90年代以来新产生的一种非银行金融机构,是一种专门经营银行不良资产的金融机构。

20世纪80年代末90年代初,许多国家的银行发生经营危机,巨额不良资产给其金融体系的正常运行带来了严重影响。成立专门机构尤其是成立金融资产管理公司成为解决不良资产最普遍的做法。瑞典通过组建金融资产管理公司,比较有效地解决了不良资产的问题;马来西亚1998年成立了国家资产管理公司;韩国、中国等国家也相继成立了资产管理公司,以解决其不良资产问题。此外,美国成立了重整信托公司,采取了迫使经营不下去的银行破产拍卖资产的"休克疗法";法国政府为了处理里昂信贷银行的危机,专门成立了一家公共融资与整顿公司,以解决其不量资产。

除此之外,非银行金融机构还有消费信贷机构、投资信托公司、融资租赁公司、企业集团财务公司等。

5. 外资、合资金融机构

外资金融机构是指国境内由外国投资者在本国或本地区开设的银行、保险公司和证券公司等金融机构。合资金融机构是指外国资本与本国资本联合投资开设的银行和非银行金融机构。各国一般都将这类金融机构纳入本国金融机构体系内,并受本国金融当局的管理和监督。除特别限制之外,外资金融机构一般从事与国内同类金融机构同样的业务。随着服务贸易总协定的实施,金融业市场准入扩大,外资金融机构设立的障碍在减少,业务经营的限制在缩小,但要享受真正的国民待遇,由于各国都还有一些或明或暗的壁垒,因而还不是一件很容易办到的事。

4.5.2 主要西方发达国家的金融机构体系

西方发达国家的金融机构体系,虽然总的来说可以分为银行类金融机构和非银行类金融机构两大类,但在具体金融机构的设置等方面,各国因各自选择的银行制度的不同而有所差别。下面就几个主要西方发达国家的金融机构体系进行介绍。

1. 美国的金融机构体系

美国是世界经济强国,是银行体制最为发达的国家,也是当今全球银行及金融体制中最具影响力和竞争力的国家。美国的金融机构体系是以联邦储备体系(Federal Reserve)为核心,以商业银行为主体,以私人和政府专业性信贷机构与其他各类非银行金融机构为两翼,再加上在美国的外国金融机构和国际金融机构而形成的一个庞大而复杂的体系。

1) 联邦储备体系

美国的中央银行是根据《联邦储备法》(Federal Reserve Act,1913年12月27日由威尔逊总统签署)于1914年组建的,由联邦储备委员会,连同12个联邦储备银行、联邦公开市场委员会形成的一个中央银行体系。该系统由三级五个部分组成:

在一级系统中,联邦储备委员会、联邦公开市场委员会和联邦咨询委员会都是决策机构。从运作机制来看,这三个机构本身并不是中央银行。在二级系统中,全国按经济区域共划分为 12 个联邦储备区,每个区指定一家中心城市设立一家联邦储备银行①。这 12 家联邦储备银行是执行机构,其运作机制包括开展清算、再贷款、再贴现等,因而它们是事实上的中央银行。三级系统是组织系统,即会员银行。加入各联邦储备银行并成为其会员的主要是商业银行,包括本地全部国民银行和部分州银行。联邦储备银行并不归国家所有,其资本由会员认购,会员是其股东,每年按 6% 的固定利率获得股息。美国联邦储备体系的核心部分是设在华盛顿的联邦储备委员会(原名联邦储备局,1935 年起用现名),它是美国联邦储备体系的最高决策和领导机构,它是对国会负责而与政府平行的具有部分立法权和部分行政权的独立机构。

2)商业银行

商业银行是美国金融机构体系的骨干力量。但与欧洲国家相比,美国的银行业的产生和发展几乎晚了两个世纪。直到 1782 年 1 月北美银行(Bank of North America)正式的成立,美国才出现了第一家由私人经营管理的现代意义上的商业银行。

美国的商业银行制度在世界各国中别具一格。由于受历史上国民银行制度和"单一州原则"形成的"双线银行管理体制"②的影响,美国商业银行包括国民银行(在联邦政府注册)和州立银行(在州政府注册)两套不同的体系。因而,曾一度造成美国商业银行家数众多、竞争激烈的混乱局面。到 1914 年美国联邦储备体系建立时,国民银行和州银行的数量已经分别达到了 7 518 家和 20 000 余家,到 1920 年,美国共有商业银行 30 291 家。在 20 世纪 20 年代的短期经济繁荣时期,美国商业银行总数曾一度达到 30 456 家的历史最高纪录。此后,由于经济金融危机(引发大量银行破产)和不断的银行并购,到 20 世纪末,美国的商业银行数量仍有 8 000 多家。

3)专业性银行

美国的专业银行可分为两类:一是各类专业性商业银行,如投资银行、互助储

---

① 这 12 个地区性的联邦储备银行,分别设在波士顿、纽约、费城、克利弗兰、里奇蒙、亚特兰大、芝加哥、圣·路易斯、明尼波里、堪萨斯城、达拉斯和旧金山市。同时,12 个联邦储备银行可在其本区内设立自己的分行。

② 所谓双线银行管理体制,是指美国联邦政府和各州政府有关当局同时都有权接受银行注册并监督管理银行的制度。

蓄银行和信用协会等；二是自成体系的政策性金融机构，如美国农业信贷体系①、联邦住房贷款银行、美国进出口银行、小企业管理局等。

4) 非银行金融机构

由于美国的单一州、单一银行原则，造成了非银行金融机构的地方化、分散化和多样化的格局。目前，美国全国有两万多家非银行金融机构。主要包括：人寿保险公司、财产与灾害保险公司、退休养老基金、投资公司、信用社、货币市场基金、共同基金、对冲基金、资产管理公司、"金融超级市场"等。这其中的共同基金、货币市场基金、对冲基金等一批新兴的非银行金融机构的发展尤其引人注目。

5) 国际金融机构和外国金融机构

国际金融机构在美国的大规模建立和运行出现在第二次世界大战之后。随着布雷顿森林体系的建立和运行，国际货币基金组织(IMF)、世界银行(IBRD)、国际清算银行(BIS)等国际金融机构或总部，或将其重要的分支机构建立在美国。美国已经成为真正的国际金融中心。20世纪70年代布雷顿森林体系解体后，外国金融机构开始大规模进入美国金融市场。1965年外国银行在美国的分支机构还只有45个，到1980年猛增到342个。1996年，外国银行在美国的分支机构则进一步达到了619家。

2. 日本的金融机构体系

日本的金融机构体系是以日本银行为核心，民间金融机构为主体，政府政策性金融机构为补充的比较健全的金融体系。

1) 日本银行

日本银行是日本的中央银行，成立于1882年，后来根据1942年制定的日本银行法改组为特殊的法人。其总行设置在东京，在全国主要城市设立了33个分行。日本银行的全部资本中，政府资金占55%，民间资金占45%。日本银行作为中央银行，其业务活动是在大藏省(Ministry of Finance，2001年4月更名为"财务省")的领导和监督下开展的，其最高决策机构是日本银行政策委员会。作为中央银行，日本银行的主要任务与其他发达国家一样，是负责贯彻执行国家的金融政策，保持货币价值的稳定，维护信用与金融秩序等等。

2) 民间金融机构

日本的民间金融机构是日本金融机构的主体，它主要由商业银行、专业金融

---

① 美国的农业信贷体系由农业信贷署负责监督和协调的三个不同的银行系统组成。这三个银行系统是分布在全国12个农业信贷区的12家联邦土地银行、12家联邦中期信贷银行、12家合作银行和1家中央合作银行。

机构以及其他非银行金融机构组成。

(i) 商业银行

日本的商业银行称作普通银行,主要分为城市银行、地方银行和外国银行三个大部分。

(1) 城市银行。又称为都市银行,以六大都市为中心,分支机构遍布全国,是商业银行最主要的部分,在日本金融体制中具有非常重要的地位。城市银行吸收的存款占全部金融机构的20%,占全部商业银行存款的60%;对民间企业提供的信用相当于民间企业所需资金的1/5[①];它们的贷款对象主要是大企业。

(2) 地方银行。一般以各行总行所在地为中心,其业务原则上限于该地区的中小企业,带有地方性。它们一般不在国外设立分行,不办理国际业务,但横滨银行例外,因为它是最大的地方银行。目前日本的地方银行约有60多家。

(3) 外国银行。1993年3月底有89家外国银行在日本设立了144个分行[②]。

(ii) 专业金融机构

专业金融机构主要是从事某一方面银行业务的金融机构。根据其业务内容可以分为以下几类:

(1) 外汇金融机构。是专门从事外汇业务的银行。外汇专业银行只有东京银行1家,其余都是经批准可以经营外汇业务的外汇指定银行。

(2) 长期信用金融机构。包括长期信用银行和信托银行两部分,是主要从事长期贷款的银行。

(3) 中小企业金融机构。主要有互助银行、信用金库、信用组合和劳动金库。

(4) 农林渔业金融机构。

(iii) 其他的非银行金融机构

主要包括证券公司、保险公司、短资公司、住宅金融公司等。

3) 政府金融机构

政府金融机构是指有政府设立的政策性专业金融机构,它直接服从于和服务于实现政府某项政策目标。按其运作的形式和特点可分为:政府银行、政府公库和其他金融机构。其中,政府银行是由日本政府设立的政策性银行,共有两家,即日本进出口银行和日本开发银行;政府公库是由政府投资设立的用于调节各方面资金需要的金融机构,其业务对象是中小企业、农林渔业、住宅建设等。此外,属于政府金融机构的还有专门从事融资的事业团、海外经济协力基金、资金运用

---

① 丁冰.资本主义国家市场经济研究[M].济南:山东人民出版社,2000:295.
② 汪志平.日本金融组织和管理[M].上海:上海远东出版社,1997:111.

部等。

3. 英国的金融机构体系

英国是世界上最早建立比较完备的金融制度的国家,其金融业的发展至今已有 600 多年的历史,从其主要银行——英格兰银行建立至今,也有 300 多年的历史。经过几百年的发展和完善,英国的金融机构形成了以英格兰银行为中心,包括"英国的银行"和其他金融机构组成的完整体系。

1) 英格兰银行

英格兰银行(Bank of England)是英国的中央银行。英格兰银行成立于 1694 年 7 月,是由当时伦敦城 1 268 家商人出资合股建立的英国第一家股份制银行。尽管英格兰银行成立之初就得到了英国皇室的支持,但其作为英国中央银行的地位却是经过漫长的历史演变逐步形成的。1844 年通过的《银行特许法》(又称"皮尔条例"),结束了 279 家银行分散发行银行券的局面,英格兰银行逐渐成为英格兰和威尔士两地唯一的发行银行;同时,该法也加速了英格兰银行退出商业银行业务的进程。到 19 世纪末,英格兰银行终于成为一家名副其实的中央银行。1946 年 3 月 1 日,英格兰银行被收归国有,成为一家政府所有的机构。英格兰银行在法律地位上属于财政部,最高决策机构是理事会。现总行设在伦敦,在全国各地拥有 8 家分行。

2) 英国的银行

"英国的银行"是英格兰银行在 1987 年《银行法》颁布后,在对英国金融体制进行划分时,对"英国货币部门"所使用的一个新名词。从银行性质上分类,"英国的银行"应该属于追求商业利润的商业银行。"英国的银行"主要包括零售性银行、商人银行、贴现行、海外银行(包括国际财团银行)和其他英国银行。

(1) 零售性银行。零售性银行是指那些在英国境内设有广泛的分行网络或直接参加英国清算系统的银行,是英国银行系统的主体,其客户主要是个人和中小企业,主要提供现金存款、小额贷款和资金转账等服务。零售性银行又包括清算银行(这是除英格兰银行外,在英国最有影响的金融机构)、英格兰银行银行部①、划拨银行和信托储蓄银行等。到 1995 年,英国共有零售性银行 21 家,其中包括著名的巴克莱银行、国民西敏斯银行、劳埃德银行和米德兰银行等。

---

① 根据 1844 年的"皮尔条例",英格兰银行的业务机构划分为银行部和发行部。从此,英格兰银行银行部便作为一个银行金融机构,专门行使除货币发行以外的职能。它不仅接受政府和银行的存款,并且拥有私人客户,还从事各种证券投资、票据贴现以及抵押贷款业务。正由于它参与着英国的支付机制,所以人们习惯于将它归于零售性银行部门。

第4章 金融市场与金融机构体系

(2) 商人银行(merchant bank)。商人银行又称承兑行,是英国和其他西欧国家特有的一种银行,主要办理存款、证券、咨询、代理等业务。由于它起初是由从事国际贸易并兼营承兑业务的商人发展起来的,所以称之为"商人银行"。这种银行于18世纪末叶开始出现,是一种由私人银行业者设立的家庭企业。100多年来主要业务是对商业进行资金融通,而这种业务主要是通过承兑汇票进行的。商人银行是承兑公司公会的成员,也是股票发行公司公会的成员。20世纪70年代初,商人银行从家庭企业转变为股份公司,几经兼并,规模也逐渐变大,与清算银行间的差别已经缩小。商人银行办理长短期业务,除承兑票据外,还组织和认购新发行证券等,同时也经营世界某一地区的贸易金融业务,有广泛的国际联系。1995年底,英国共有商人银行23家。

(3) 海外银行。英国的海外银行既包括外国银行在英国设立的分行和国际财团银行,也包括总部设在英国,但主要业务是在海外的英国银行。从业务范围看,海外银行主要是从事批发性业务,其存贷款的绝大部分为外国货币。由于英国是最老牌的资本主义国家,伦敦是世界三大国际金融中心之一,所以世界各国的大银行都纷纷在英国开设分支机构。据统计,1995年,在英国开设分行、代表处、子公司等分支机构的外国银行已达到552家,其中在伦敦的日本银行数量与美国相同,都为53家。这些银行不但吸收当地和国外的存款,而且也进行各种投资活动。

(4) 贴现行。贴现行曾经被称为贴现公司或贴现事务所,是英国特有的经营国库券和商业票据的金融机构。它的资金来源不是靠吸收存款,而是从存款银行、英格兰银行以及外国银行等金融机构借入短期资金,然后用这些借入的资金去购买商业票据、国库券、中央和地方政府债券和英镑存款证等。实际上,贴现行是起着英格兰银行与存款银行之间、存款银行与工商企业之间中介人的作用。因为当工商企业需要票据贴现时,则向贴现行贴现,贴现行用其借入的短期资金来满足工商企业的贴现需求;而当存款银行等金融机构要收回其贷款时,贴现行则向英格兰银行要求再贴现。这与其他国家是不同的。其他国家的工商企业是向商业银行贴现,而商业银行资金短缺时,则向中央银行再贴现。

3) 其他金融机构

英国的其他金融机构是指除了银行以外的各类金融中介机构,主要包括房屋互助协会、金融行、国家储蓄银行、保险公司、养老基金、投资公司(包括投资信托公司和单位信托公司两种)等。近年来,特别是房屋互助协会的发展速度是其他金融机构望尘莫及的。

与美国相同,英国银行金融机构与其他金融机构的相对地位也发生了变化。

英国银行部门在金融机构中的传统地位相对减弱,而其他金融机构则后来居上,在英国金融体系中的地位显著提高。20世纪50年代,银行金融机构与非银行金融机构的英镑负债规模相当。但是自20世纪60年代以来,非银行金融机构的英镑负债大大超过了银行金融机构,处于优势地位。

4.5.3 发展中国家金融机构体系的特点

就绝大多数发展中国家来看,它们经济的货币化程度不高,甚至有的极低,自然经济比重较大或很大。经济发展水平决定金融发展状况。由于发展中国家各自的经济发展水平处于不同阶段,因此,它们的金融体系也存在比较发达与不发达的区别。但从绝大多数发展中国家看,还是呈现许多共同的、类似的特点。主要表现在:

(1) 绝大多数发展中国家既有现代型的金融机构,又有传统的非现代型的金融机构。前者如各类银行,但大都集中于大城市;后者如小规模钱庄、放债公司、义会、当铺之类,普遍存在于小市镇、农村地区。

(2) 现代型的金融机构体系普遍沿袭了中央银行模式。金融机构结构一般较为单一,主要包括中央银行、商业银行、专业银行和为数不多的非银行金融组织。在许多发展中国家,多数现代型金融机构为国营的,或有国家资本参与的。

(3) 多数发展中国家为了支持经济较快地发展,普遍对利率和汇率实行管制和干预;对于金融机构,政府则经常地通过行政指挥手段操纵它们的业务活动。在顾及支持经济发展并取得一定成绩的同时,往往又都带来金融机构体系效率低下的负效应。

近些年来,发展中国家的金融体系及制度先后出现新的发展趋势,如对国有化银行实行私有化,扩大专业银行经营领域,建立健全主要金融机构,以及放松管制等。有些地区,一些发展中国家建立区域性银行以利于共同开展对外业务。

4.6 我国的金融机构体系

4.6.1 旧中国的金融机构体系

我国的金融机构始于唐代。当时长安商铺兼营货币兑换和存放款业务,此后又开办了称为"飞钱"的汇兑业务,还出现了"质库"(即后来的当铺);宋代设置的"金银钱交易铺"、"便钱务";金朝开办的"质典库";元代出现的"解典库"等,都是金融业的发展。明朝中叶以后,出现了专门从事钱币兑换的"钱庄"(或称"钱兑

第4章 金融市场与金融机构体系

店"),兼作放款,成为当时主要的信用机构;清代出现了以办理汇兑业务为主的"票号"(又称"票庄"、"汇票庄"或"汇兑庄"等,多为山西人开办,故也称"山西票号"),也办理存款和放款。票号、钱庄和银号成为清代金融业的主要经营机构。这些机构虽然不是真正意义上的银行,但已具备银行的一些性质。

中国出现具有真正意义上的银行是在鸦片战争和外国资本侵入之后的近代。1845年和1848年,英国丽如银行(后改称东方银行)先后在香港与上海设立分行,从而在我国出现了第一家资本主义银行。之后许多国家都来华设立银行,到1935年,外国在华银行多达53家153个机构。这些外国银行曾长期控制着中国的金融市场,一度把持着当时中国的财政命脉。

1897年5月27日,中国通商银行成立,这是中国人自己开办的第一家银行,由清政府督办全国铁路大臣盛宣怀创办,总行在上海。此后,在中国相继出现了一些民族资本或半官半商的银行,如历史上曾有"北四行"(含中国盐业、金城、中南和大陆四家银行)、"南四行"(含浙江兴业、上海商业储蓄、浙江实业和兴华信托储蓄四家银行)和"小四行"(含中国通商、四明商业储蓄、中国实业和中国国货四家银行)等。

新中国建国前夕,中国存在着两个并行、对立的金融机构体系:国民党统治区的金融机构体系和共产党领导下的解放区的金融机构体系。

在国民党统治区的金融机构体系中,属于官僚资本的"四行二局一库"占有垄断地位。这其中,"四行"是指中央银行(1928年)、中国银行(1912年)、交通银行(1908年)和农民银行(1935年);"二局"是指邮政储金汇业局(1930年)和中央信托局(1935年);"一库"是指中央合作金库(1946年)。此外,官僚资本的银行还有由地方官办的"地方银行"等,据1946年的统计,国民党统治区的银行共3 489家,其中官营的占2 446家。

解放区的金融机构体系,主要是一些在革命根据地设立的银行和信用合作组织。最早的是在1931年11月,中央苏区在瑞金成立的苏维埃共和国国家银行。在抗日战争时期,在各主要抗日根据地,都建立了自己的银行。如陕甘宁边区银行(1937年)、晋察冀边区银行(1938年)、西北农民银行(1940年)、晋冀鲁豫边区银行(1941年)、北海银行(1941年)、江淮银行(1941年)、盐阜银行(1942年)、大江银行(1943年)和浙东银行(1945年)等,这些银行都发行了各自的货币。抗日战争胜利后,华东解放区连成一片,原来各解放区的银行于1945年8月合并为华中银行,发行华中银行券。此外,江西、湖南、湖北、广东等根据地也都建立了银行。在解放战争期间,一些新解放区又建立了银行,如中原解放区的中州农民银行、华南解放区的南方人民银行、冀察热辽解放区的长城银行、内蒙古解放区的内蒙银行、旅大解放区的关东银行、东北解放区的东北银行。随着解放战争的胜利,原来分隔的解放区连成一片,原来各地分设的银行也开始逐步合并。

4.6.2 新中国金融机构体系的建立与演变

1. 新中国金融机构体系的建立

新中国金融机构体系的建立是通过组建中国人民银行,合并解放区银行,没收官僚资本银行;改造私人银行与钱庄,以及建立农村信用社等途径实现的。

1947年秋,华北人民政府成立,决定把冀南银行和晋察冀边区银行合并,组成华北银行。1948年12月1日,中国人民银行在石家庄成立(在原华北银行、北海银行和西北农民银行的基础上建立),并于当天发行人民币,标志着新中国金融机构体系的开始。1949年2月,中国人民银行迁往北京。

中国人民银行建立之后,随着解放战争在全国的胜利推进,原来各解放区的银行都逐步改组为中国人民银行的分支机构,形成了大区分行体制。包括西北(设在西安)、东北(设在沈阳)、中原(后又改为中南,设在武汉)、华东(设在上海)、华北(设在北京)和西南(设在重庆)六个大区分行。

根据对官僚资本实行剥夺的总政策,官僚资本的银行及其他金融机构采取了由中国人民银行接管的措施,这包括接管国民党政府的中央银行、省市地方银行和资本全部属于官僚资产阶级的商业银行。其中的交通银行和中国银行根据它们过去的业务特点分别改组为专业银行,交通银行改组为长期投资银行,中国银行改组为外汇专业银行。

根据对民族资产阶级实行利用、限制、改造的总政策,对民族资本银行和私人钱庄采用了保存、监督和逐步改造的办法,所有私人银行与钱庄于1952年12月组成了统一的公私合营银行,完成了私人金融业的社会主义改造。

根据对农业实行社会主义改造的总政策,在打击农村高利贷活动和改造农村旧的信用关系的基础上,按照农民自愿互利和平等的原则,逐步建立起农村信用合作社,这意味着社会主义的金融体系在中国广大农村开始扎根。

这样,到1953年前后,我国基本上建立了以中国人民银行为核心和骨干,少数专业银行和其他金融机构为辅助与补充的金融机构体系。在当时特定的历史条件下,这种格局有利于国民经济的迅速恢复,并有力地支持了国有经济的发展。

2. "大一统"模式的金融机构体系

从1953年起,我国开始大规模、有计划地发展国民经济以后,按前苏联模式实行高度集中的计划管理体制及相应的管理办法。与此相适应,金融机构也按照当时苏联的银行模式进行了改造,并建立起一个高度集中的国家银行体系。后来

第4章 金融市场与金融机构体系

我们一般称之为"大一统"的银行体系模式,该体系一直延续20世纪70年代末。

1955年3月成立的中国农业银行于1957年撤销,1963年10月再次成立,1965年又重新并入中国人民银行,直至20世纪70年代末。1954年9月成立中国人民建设银行(现中国建设银行),其任务是在财政部领导下专门对基本建设的财政拨款进行管理和监督,就其主要执行财政拨款的职能而言,它不是真正意义上的银行,而是财政部的一部分。1949年接管的中国银行,虽然一直保持独立存在形式,但它实际上只不过经办中国人民银行所划出的范围及其确定的对外业务,有一段时间则直接成为中国人民银行办理国际金融业务的一个部门。

1952年12月在对私人金融业改造的基础上建立的公私合营银行,于1955年同中国人民银行有关机构合并。1949年成立的中国人民保险公司,最初隶属于中国人民银行,1952年划归财政部,1959年转交中国人民银行国外局,全面停办国内业务,专营少量国外业务,可谓名存实亡。至于农村信用合作社,本是作为集体经济组织发展起来的,但实际上成为中国人民银行在农村的基层机构,且许多地方直接与银行在农村的营业所合二为一。

对于20世纪70年代末改革开放以前的"大一统"银行体系模式可作这样的概括:中国人民银行实际上成为当时我国唯一的一家银行,其分支机构按行政区划逐级普遍设于全国各地,各级分支机构按总行统一的计划办事;它既是金融行政管理机关,又是具体经营银行业务的金融机构;它的信贷、结算、现金出纳等业务活动的开展,都是服从于实现国家统一计划任务与目标。

应该说,"大一统"的银行体系模式有其历史作用,尤其是在第一个五年计划期间和20世纪60年代初的三年经济调整期间,有其自身的效率和独特的优点。但是,这种银行体系模式也有其众多的缺陷和不足,需要进行改革,尤其是在当今全面建设社会主义市场经济的情形下,更是如此。

3. 1979年以来我国金融体系的变革与发展

党的十一届三中全会以来,随着经济体制改革的全面铺开以及向纵深的不断推进,在金融领域也进行了一系列改革。进而使得金融体系出现了深刻的变化,金融机构体系也迎来了蓬勃发展的春天。

1979年2月,我国再次恢复了中国农业银行,中国人民银行的农村金融业务全部移交中国农业银行。1979年3月,专营外汇业务的中国银行从中国人民银行中分设出来,完全独立经营。1979年上半年中国人民建设银行从财政部分设出来,下半年开始实行基本建设投资拨款改贷款试点,1983年明确建设银行为全国性金融实体,除执行拨款任务外,大量开展一般银行业务。1983年9月中国人民银行转变为专司中央银行职能,另设中国工商银行(1984年1月)办理中国人民银行原来办理的全部工商信贷业务和城镇储蓄业务。20世纪90年代初,为了有效地推进四大国有专业银行的商业化改革,相继建立了3家政策性银行,办理原来由四大专业银行办理的政策性业务。1986年7月重建交通银行,这是我国按照商业银行要求建立的第一家商业银行,以后陆续建立了10多家商业银行。1979年河南省驻马店成立第一家城市信用社,1984年后,全国各大中城市均相继成立城市信用社。1995年开始,部分城市的信用社合并改组为城市合作银行,1998年后又纷纷改建为城市商业银行。

改革开放以后,我国非银行金融机构发展迅猛,以农村信用社为代表的合作金融机构获得了恢复和发展。1997年以前农村信用社由中国农业银行管理,之后,农村信用社从中国农业银行独立出来,目前农村信用社正朝农村合作银行或农村商业银行方向发展。1980年中国人民保险公司恢复国内保险业务,1988年3月和1991年4月中国平安保险公司和中国太平洋保险公司先后建立。1979年10月成立中国国际信托投资公司(CITIC),1981年12月成立专司世界银行等国际金融机构转贷款的中国投资银行,自1983年上海市成立上海市投资信托公司开始,各省市相继成立地方性的投资信托公司和国际信托投资公司等等。1990年12月和1991年7月上海和深圳证券交易所相继建立,之后经营证券业的证券机构和基金组织不断增加。1992年10月,中国证券委员会(简称"证委")和中国证券监督管理委员会(简称"证监会")成立。自1979年第一家海外银行在北京开设办事机构以来,境外金融机构数量不断增多,设置的地点从特区向沿海大中城市和内地大中城市扩散,1996年我国开始向外资银行有限地开放人民币业务。同时,中国商业银行和保险公司在境外设立的金融机构也不断增加。

4.6.3 我国现行的金融机构体系

经过三十多年的改革开放,我国现已基本形成了以中国人民银行为领导、大型商业银行为主体、多种金融机构并存和分工协作的多层次、多形式、多功能,具有中国特色的社会主义金融机构体系。2010年,除中国人民银行外,我国银行业金融机构包括政策性银行及国家开发银行3家,大型商业银行5家,股份制商业银行12家,城市商业银行147家,农村商业银行85家,农村合作银行223家,农村信用社2 646家,邮政储蓄银行1家,金融资产管理公司4家,外资法人金融机构40家,信托公司63家,企业集团财务公司107家,金融租赁公司17家,货币经纪公司4家,汽车金融公司13家,消费金融公司4家,村镇银行349家,贷款公司9家以及农村资金互助社37家。2010年底,我国银行业金融机构共有法人机构3 769家,营业网点19.6万个,从业人员299.1万人。

第4章 金融市场与金融机构体系

1. 中国人民银行

中国人民银行(简称央行或人行)是中华人民共和国的中央银行,中华人民共和国国务院组成部门之一,于1948年12月1日组成。中国人民银行根据《中华人民共和国中国人民银行法》的规定,在国务院的领导下依法独立执行货币政策,履行职责,开展业务,不受地方政府、各级政府部门、社会团体和个人的干涉。中国人民银行总行位于北京,2005年8月10日在上海设立中国人民银行上海总部。作为我国中央银行的中国人民银行,是在国务院领导下制定和实施货币政策,对金融业实施监督管理的国家机关。中国人民银行具有世界各国中央银行的一般特征:是通货发行的银行、银行的银行和政府的银行。

根据履行职责的需要,中国人民银行总行内设13个职能司(厅),包括:办公厅、条法司、货币政策司、银行监管一司、银行监管二司、非银行金融机构监管司、合作金融机构监管司、统计司、会计财务司、支付科技司、国际司、内审司、人事教育司。为保证中国人民银行能科学制定和实施货币政策,有效实行金融监管,中国人民银行总行还设立了研究局、货币金银局、国库局、保卫局、培训中心等,作为支持服务体系。中国人民银行总行下设2个营业管理部,9家分行。中国人民银行的分支机构根据履行职责的需要而设立,作为派出机构,它们根据中国人民银行的授权,负责其辖区内的金融监督管理,承办有关业务。此外,中国人民银行还设立了印制总公司、清算中心、中国外汇交易中心等直属企事业单位及驻外机构。

2. 政策性银行

政策性银行是由政府投资设立的、根据政府的决策和意向专门从事政策性金融业务的银行。它们的活动不以盈利为目的,并且根据具体分工的不同,服务于特定的领域,所以也有"政策性专业银行"之称。

与其他金融机构相比,政策性银行具有独特的特征:①特定的融资途径。财政拨款、发行政策性金融债券是其主要资金来源,一般不面向公众吸收存款。②资本金多由政府拨款。③经营目标与行为独特。经营时主要考虑国家的整体利益、社会利益,不以盈利为目标,一旦出现亏损,一般由财政弥补;但不能把政策性银行的资金当作财政资金使用,政策性银行也必须考虑盈亏,坚持银行管理的基本原则,力争保本微利。④特定的服务领域,不与商业银行竞争。⑤一般不普遍设立分支机构,其业务一般由商业银行代理。

1994年以前,我国没有专门的政策性金融机构,国家的政策性金融业务分别由四家国有专业银行承担。1994年,为了适应经济发展的需要,根据把政策性金融与商业性金融相分离的原则,相继建立了国家开发银行、中国进出口银行和中国农业发展银行三家政策性银行,它们均是直属国务院领导的政策性金融机构。

1) 国家开发银行

国家开发银行于1994年3月17日正式成立,总行设在北京,经批准可在国内外设置必要的办事机构。成立之初,国家开发银行的主要任务是:按照国家法律、法规和方针、政策,筹集和引导境内外资金,向国家基础设施、基础产业和支柱产业的大中型基本建设和技术改造等政策性项目及其配套工程发放贷款,从资金来源上对固定资产投资总量进行控制和调节,优化投资结构,提高投资效率。国家开发银行只设总行,不设分支机构,信贷业务由中国建设银行代理。

2007年初召开的全国金融工作会议决定,推进国家开发银行、中国进出口银行和农业发展银行等三大政策性银行改革。其中,首先推进国家开发银行改革,按照建立现代金融企业制度的要求,全面推行商业化运作,自主经营、自担风险、自负盈亏,主要从事中长期业务。2008年12月11日,国家开发银行整体改制为国家开发银行股份有限公司,成为第一家由政策性银行转型而来的商业银行,标志着中国政策性银行改革取得重大进展。新成立的国家开发银行股份有限公司继承原国家开发银行全部资产、负债、业务、机构网点和员工,注册资本3 000亿元。截至2010年末,国家开发银行资产规模突破5万亿元,不良贷款率0.68%,连续23个季度控制在1%以内;全年实现净利润353亿元。外汇贷款余额1 413亿美元,贷款项目遍及全球90多个国家和地区,保持对外投融资合作的主力银行地位。

2) 中国进出口银行

中国进出口银行于1994年7月1日成立,是直属国务院领导、政府全资拥有的国家银行,其国际信用评级与国家主权评级一致。总行设在北京。截至2010年末,在国内设有18家营业性分支机构;在境外设有东南非代表处、巴黎代表处和圣彼得堡代表处;与500多家银行建立了代理行关系。中国进出口银行的主要职责是为扩大我国机电产品、成套设备和高新技术产品进出口,推动有比较优势的企业开展对外承包工程和境外投资,促进对外关系发展和国际经贸合作,提供金融服务。截至2010年底,中国进出口银行共拥有总资产8 870.77亿元人民币,2010年净利润28.046亿元人民币。

3) 中国农业发展银行

中国农业发展银行于1994年11月18日正式成立,是直属国务院领导的我国唯一的一家农业政策性银行。其主要职责是按照国家的法律、法规和方针、政策,以国家信用为基础,筹集资金,承担国家规定的农业政策性金融业务,代理财政支农资金的拨付,为农业和农村经济发展服务。与国家开发银行、中国进出口银行不同,中国农业发展银行的业务经办则是以自营为主、代理为辅,所以除在北

第4章 金融市场与金融机构体系

京设总行外,还在各省、自治区、直辖市设立分行,在计划单列市和农业大省的地(市)设立分行的派出机构,在农业政策性金融业务量大的县(市)设立支行。目前,全系统共有30个省级分行、300多个二级分行和1800多个营业机构,服务网络遍布除西藏自治区外的中国内地各个地方。截至2010年底,中国农业发展银行共拥有资产总额17 508.16亿元,全年实现经营利润209.62亿元。2010年8月,中国农业发展银行改革工作小组正式成立,标志着中国农业发展银行改革工作全面启动。

3. 商业银行

1) 大型商业银行

大型商业银行包括中国工商银行、中国农业银行、中国银行、中国建设银行和交通银行。在我国金融机构体系中处于主体地位的是原四家国有独资商业银行:中国工商银行、中国农业银行、中国银行和中国建设银行。它们的前身就是政策性银行组建前的国家四大专业银行。事实上,其主体地位也是在其作为专业银行时期就已奠定。2010年末大型商业银行基本财务数据见表4.1。

表 4.1 2010年末我国大型商业银行基本财务数据一览表(单位:亿元)

	工商银行	农业银行	中国银行	建设银行	交通银行	合 计
资产总额(1)	134 586.22	103 374.06	104 598.65	108 103.17	39 515.93	490 178.03
负债总额(2)	126 369.65	97 951.70	97 837.15	101 094.12	37 279.36	460 531.98
所有者权益(3)	8 204.30	5 420.71	6 441.65	6 967.92	2 227.73	29 262.31
利润总额(4)	1 672.48	739.28	1 110.97	1 387.25	382.40	5 292.38
(1)/(3)	16.40	19.07	16.24	15.51	17.74	16.75
(3)/(1)(%)	6.10	5.24	6.16	6.45	5.64	5.97
(4)/(3)(%)	20.39	13.64	17.25	19.91	17.17	18.09
(4)/(1)(%)	1.24	0.72	1.06	1.28	0.97	1.08

注:(1)/(3)为资本乘数(EM),(3)/(1)为资本充足程度(即1/资本乘数×100%),(4)/(3)为股权回报率(ROE),(4)/(1)为资产回报率(ROA);工行、农行、建行为本行财务报表数,中行为集团合并报表。

资料来源:各家银行资产负债表(2010年),经整理计算而得。

根据中国银行业监督管理委员会2010年报数据,从2003年到2010年,5家大型商业银行总资产从 160 512 亿元增加到 468 943 亿元,占银行业金融机构①的比重从 58.03% 下降到 49.2%;所有者权益从 6 509 亿元增加到 28 611 亿元,占银行业金融机构的比重从 61.18% 下降到 49.06%。

中国银行于 1912 年在上海成立,是我国历史最为悠久的银行之一。1949 年 12 月,中国银行总管理处由上海迁至北京。1950 年中国银行总管理处归中国人民银行总行领导。1979 年 3 月,经国务院批准,中国银行从中国人民银行中分设出来,同时行使国家外汇管理总局职能,直属国务院领导。中国银行总管理处改为中国银行总行,负责统一经营和集中管理全国外汇业务。1983 年,中国银行与国家外汇管理总局分设,中国银行成为国家外汇外贸专业银行。1994 年,转为国有商业银行。1994 年 5 月,中国银行在香港发行港元钞票,成为香港三家发钞行之一;1995 年 10 月在澳门发行澳门元,成为澳门两家发钞行之一。2001 年 10 月,由中银集团 10 家银行重组而成的中国银行(香港)有限公司挂牌成立。2002 年 7 月 25 日,中国银行(香港)有限公司在香港联交所上市。2004 年 8 月 26 日,中国银行整体改制为中国银行股份有限公司。2006 年 6 月 1 日和 7 月 5 日,中国银行股份有限公司分别在香港联合交易所和上海证券交易所成功上市,成为第一家同时在内地和香港资本市场上市的国内银行。按核心资本计算,2008 年中国银行在英国《银行家》杂志"世界 1000 家大银行"排名中列第 10 位。该金融品牌在世界品牌价值实验室(World Brand Value Lab.)编制的 2010 年度《中国品牌 500 强》排行榜中排名第六,品牌价值已达 1 035.77 亿元。

中国工商银行成立于 1984 年 1 月 1 日。2005 年,中国工商银行完成了股份制改造,正式更名为"中国工商银行股份有限公司",2006 年 10 月 27 日工商银行上海证券交易所和香港联合交易所 A+H 同步上市。作为中国资产规模最大的商业银行,经过 27 年的改革发展,中国工商银行已步入质量效益和规模协调发展的轨道。截至 2010 年末,工商银行总资产 134 586.22 亿元,总市值达 14 344.70 亿元,居全球上市银行之首。截至 2011 年 10 月,工商银行还在全球 28 个国家和地区设立了 200 多家海外机构,并与 132 国家和地区的 1 453 家银行建立了代理行关系,形成了跨越亚、非、欧、美、澳五大洲的全球经营网络,跨市场与全球化服务能力显著增强。2011 年,《财富》杂志最新评出的世界 500 强排名榜单中,中国工商银行排名第 77,营业收入达到 805 亿美元,比 2010 年的 87 名上升了 10 个

---

① 这里的银行业金融机构包括政策性银行及国家开发银行、大型商业银行、股份制商业银行、城市商业银行、城市信用社、农村合作金融机构、邮政储蓄银行、金融资产管理公司、外资银行、非银行金融机构和新型农村金融机构。

第4章 金融市场与金融机构体系

名次。

中国建设银行成立于1954年10月1日(当时行名为中国人民建设银行,1996年3月26日更名为中国建设银行),2004年9月15日,中国建设银行股份有限公司设立。2005年10月27日和2007年9月25日建设银行分别在香港联合交易所和上海证券交易所成功上市。

中国农业银行的前身最早可追溯至1951年成立的农业合作银行。20世纪70年代末以来,中国农业银行相继经历了国家专业银行、国有独资商业银行和国有控股商业银行等不同发展阶段。2009年1月15日,中国农业银行整体改制为股份有限公司,2010年7月中国农业银行股份有限公司在上海、香港两地挂牌上市。这标志着农业银行改革发展进入了崭新时期,也标志着国有大型商业银行改革全部完成"A+H"两地上市战役的完美收官。

交通银行始建于1908年,是中国早期四大银行之一,也是中国早期的发钞行之一。1986年7月24日,作为金融改革的试点,国务院批准重新组建交通银行。1987年4月1日,重新组建后的交通银行正式对外营业,成为中国第一家全国性的国有股份制商业银行,现为五个大型商业银行之一。2005年6月23日,交通银行在香港成功上市,成为首家在内地以外地区上市的中国内地商业银行。2007年5月15日在上海证券交易所上市。

2) 股份制商业银行

股份制商业银行主要分为全国性股份制商业银行和城市商业银行。1986年7月24日,国务院根据经济体制改革的需要,批准恢复设立交通银行。从而在1986年后,我国在四家国有独资大商业银行之外,先后建立了一批股份制商业银行,如交通银行(1987年,现属于五个大型商业银行之一)、招商银行(1987年)、中信实业银行(1987年)、深圳发展银行(1987年)、福建兴业银行(1988年)、广东发展银行(1988年)、中国光大银行(1992年)、华夏银行(1992年)、上海浦东发展银行(1993年)、海南发展银行(1995年成立,已于1998年清理)、中国民生银行(1996年)等。

这些商业银行在筹建之初,绝大多数是由中央政府、地方政府、国有企业集团或公司、集团或合作组织等出资创建,近几年先后实行了股份制改造。如交通银行筹建伊始,即明确为股份银行:原定国家股份占50%;公开招股占50%,由地方政府、企事业单位和个人认购入股,个人股在资本总额中不得超过10%,但个人股一直未募集。深圳发展银行是我国银行业中第一家股票上市公司。在该银行的股权结构中,国家股的比例不到50%,私人股份占有较大的比重。继深圳发展银行之后,上海浦东发展银行和中国民生银行也于2000年先后上市。中国民生银行是我国第一家民营银行,其股份构成主要来自民营企业、集体企业、乡镇企业等,服务对象也以民营企业为主。1988年,深圳发展银行率先进入资本市场,至2011年12月已有9家全国性股份制商业银行上市。通过上市,建立了正常的资本金补充机制,为提高透明度,为发挥市场监督功能,为建立现代银行制度做了有益的探索。

根据中国银监会2010年报,截至2010年底,我国共有全国性股份制商业银行12家,总资产为149 037亿元,总负债140 872亿元,所有者权益共8 166亿元。

3) 中国邮政储蓄银行

中国邮政储蓄银行有限责任公司于2007年3月6日正式成立,是在改革邮政储蓄管理体制的基础上组建的商业银行。中国邮政储蓄银行承继原国家邮政局、中国邮政集团公司经营的邮政金融业务及因此而形成的资产和负债,并将继续从事原经营范围和业务许可文件批准、核准的业务。

邮政储蓄自1986年恢复开办以来,截止2008年已建成覆盖全国城乡,网点面最广、交易额最多的个人金融服务网络,拥有储蓄营业网点3.6万个。邮政储蓄银行已在全国31个省(市、自治区)全部设立了省级分行,并且在大连、宁波、厦门、深圳、青岛设有5个计划单列市分行。2008年至2010年中国邮政储蓄银行对公存款和对公结算业务在全国36家分行全面铺开,信用卡成功发行。截至2011年10月末,邮储银行针对小微企业累计发放贷款达到7 493亿元,有效缓解了全国517万户商户、小微企业生产经营资金短缺的难题。其中,该行县级以下区域贷款份额占比高达63%,成为服务县域小微企业的重要力量。

4) 城市商业银行

1998年,从北京开始,陆续出现了以城市名命名的商业银行。它们是由各城市原来的城市合作银行更名而成,而原城市合作银行则是在原城市信用合作社的基础上,由城市企业、居民和地方财政投资入股组成的地方性股份制商业银行。这些城市商业银行的主要功能是为本地区经济的发展融通资金,重点为城市中小企业的发展提供金融服务。

根据中国银监会2010年报,截至2010年底,我国共有城市商业银行147家,总资产为78 526亿元,总负债73 703亿元,所有者权益共4 822亿元。

4. 非银行金融机构

我国非银行金融机构主要包括保险公司、证券公司、基金管理公司、信托投资公司、财务公司、金融租赁公司、农村和城市信用合作社、资产管理公司、汇金公司和中投公司等等。具体内容见本书第7章。

第4章 金融市场与金融机构体系

5. 在华外资金融机构

这里所说的在华外资金融机构是指外资金融机构在中国境内投资设立的从事金融业务的分支机构和具有中国法人地位的外商独资金融机构、中外合资金融机构。目前,在我国境内设立的外资金融机构有以下两类:一类是外资金融机构在华代表处;另一类是外资金融机构在华设立的营业性分支机构。

中国银行业的对外开放,是我国对外开放基本国策的重要组成部分,并正在进入一个新的发展阶段。截至2010年底,45个国家和地区的185家银行在我国内地设立216家代表处。14个国家和地区的银行在我国内地设立37家外商独资银行(下设223家分行)、2家合资银行(下设6家分行,1家附属机构)、1家外商独资财务公司。另有25个国家和地区的74家银行在我国内地设立90家分行,其中,台湾土地银行、第一商业银行、合作金库银行和彰化银行成为首批进入内地设立分行的台资银行。截至2010年底,44家境外银行分行、35家外资法人银行获准经营人民币业务,56家外资银行获准从事金融衍生产品交易业务。

截至2010年底,在华外资银行营业性机构资产总额(含外资法人银行和外国银行分行)1.74万亿元,同比增长29.13%;各项存款余额1.06万亿元,增长43.99%;各项贷款余额9 137亿元,增长26.26%;流动性比率61.49%;实现税后利润77.85亿元;不良贷款率0.53%;资本充足率18.98%,核心资本充足率18.56%。总体上看,在华外资银行营业性机构主要指标均高于监管要求,基本面健康。

本章小结

资金融通是现代金融的核心。盈余单位与赤字单位之间的融资活动可根据融资工具的不同而分为间接融资与直接融资两类。

金融市场是指通过金融工具的交易实现资金融通的场所或机制。在金融市场上,资金需求者发行和销售金融工具;资金供应者则用资金交换或购买金融工具。金融市场通过金融工具的交换行为使资金供应者、资金需求者的资金得以融通。

同任何市场一样,金融市场也具备市场四要素,即交易主体、交易对象、交易工具和交易价格。金融市场的功能主要有聚集和分配资金功能、资金期限转换功能、分散与转移风险功能、信息集散功能、调节经济功能。

金融市场可按照不同的标准进行分类,按交易对象的不同可分为货币市场、资本市场、外汇市场、黄金市场;按金融交易的程序可分为一级市场和二级市场;按成交后是否立即交割可分为现货市场和期货市场;按功能的不同可分为综合市

现代货币金融学

场和单一市场;按交易的地理范围的不同可分为地方性金融市场、全国性金融市场和国际金融市场;按照金融交易的场所不同可分为有形市场和无形市场。

改革开放以来,我国的金融市场取得了重要进步,建立和拓展了证券市场,发展了多种类型的货币市场,外汇市场和黄金市场也有了很大的发展。

金融机构一般是指经营货币与信用业务,从事各种金融活动的组织机构。对于金融机构的分类,各国根据需要采用不同的标准按照不同的方法进行划分。按照负债的性质以及可能的用途,一般将金融机构划分为银行和非银行金融机构。

为适应高度发达的市场经济的要求,西方国家各自都有一个规模庞大、职能齐全的金融机构体系。其金融机构体系主要由银行体系和非银行金融机构体系构成。

【本章重要概念】

资金融通　间接融资　直接融资　金融市场　货币市场　资本市场　外汇市场　黄金市场　金融机构　协议贷款市场　公开金融市场　一级市场　二级市场　现货市场　期货市场　场内交易市场　场外交易市场

【复习思考题】

1. 什么是直接金融与间接金融?两者有何主要区别?
2. 何为金融市场?金融市场的形成有哪些主要条件?
3. 金融市场有哪些构成要素?其中交易主体包括哪些?
4. 货币市场有哪些主要特征?包括哪些主要子市场?
5. 资本市场有哪些主要特征?包括哪些主要子市场?
6. 何为外汇市场?外汇市场的构成?
7. 简述金融市场国际化及其主要表现。
8. 试述我国目前资本市场发展的基本状况。
9. 现代市场经济国家金融机构体系的构成是怎样的?
10. 简述现代银行的发展特点与趋势。
11. 简述美国金融机构体系的构成与特点。
12. 改革开放前,我国传统体制下的"大一统"银行模式有何特点?
13. 目前我国金融机构体系的基本构成与特点是怎样的?
14. 简述我国设立政策性银行及金融资产管理公司的各自背景与目的。
15. 试述我国金融业开放与竞争的必要性与意义。

第5章 商业银行

本章导读

商业银行是金融市场上的中坚力量。在间接融资市场上,商业银行扮演着重要角色。在充满信息不对称问题的金融市场上,商业银行生产信息并从中获利。

一方面,由于商业银行与企业具有长期的合作关系,因此其对企业的资信、财务状况及其所投资项目的风险和收益等信息都可以非常方便地了解,生产信息成本较低;另一方面,由于商业银行贷款是不可交易的,或更准确地说,商业银行对其客户的贷款外部人是看不到的,这在相当程度上减弱了银行生产信息的外部性,从而使其生产信息的积极性得到有效保护。正因为商业银行生产信息的成本较低和贷款的不可交易性等特点的存在,使商业银行成为金融市场上最为重要的力量。几百年来,商业银行作为金融体系的主体组成部分,在市场经济的成长和发展过程中,发挥了重大的作用,执行着制造企业所无法具备的重要职能。

随着市场经济的建立和发展,人们需要到商业银行办理的事情也越来越多,因此,了解商业银行的基本知识是十分必要的。那么,商业银行的业务及经营管理是怎样的呢?这就是本章所要阐述的主要内容。

5.1 商业银行概述

5.1.1 商业银行的产生和发展

1. 商业银行的产生

商业银行是商品经济发展到一定阶段的产物,它是为适应市场经济发展和社会化大生产而形成的一种金融组织。几个世纪以来,商业银行作为金融体系的主体组成部分,在资本主义市场经济的成长和发展过程中,发挥了重大作用。

一般认为,近代商业银行的产生起源于欧洲。14～15世纪的欧洲,由于优越的地理环境和社会生产力的较大发展,各国与各地之间的商业往来也渐渐扩大起来。然而,由于当时的封建割据,不同国家或地区间所使用的货币名称以及币材的质地、成色、分量等方面存在着很大差异。要实现商品的顺利交换,就必须把各自携带的各种货币进行兑换,于是就出现了专门的货币兑换商,从事货币兑换业务。随着商品经济的迅速发展,货币兑换和收付的规模也不断扩大,各地商人为了避免长途携带大量金属货币带来的不便和风险,货币兑换商在经营兑换业务的同时,又出现了货币保管业务,后来又发展到委托货币兑换商办理支付和汇兑。由于货币保管业务的不断发展,货币兑换商因此集中了大量货币资金,当货币兑换商将这些长期大量积存的、相当稳定的货币余额用来发放贷款获取高额利息收入时,货币兑换商便开始了授信业务。当货币兑换商由原来被动接受客户委托保管货币转而变为积极主动揽取货币保管业务,并且通过降低保管费或不收保管费,后来还给委托保管货币的客户一定好处时,货币保管业务便逐步演变成了存款业务。由此,货币兑换商逐渐开始从事信用活动,商业银行的萌芽开始出现。

17世纪以后,随着资本主义经济的发展和国际贸易规模的进一步扩大,近代商业银行雏形逐渐形成。随着资产阶级工业革命的兴起,工业发展对资金的巨大需求,客观上要求有商业银行发挥中介作用。在这种形势下,西方现代商业银行开始建立。1694年英格兰银行的成立,标志着现代商业银行的诞生。

我国的银行与西方银行相比出现较晚。尽管早在几百年前的钱庄、票号以及当铺等,就有类似近代银行的业务,但直到1897年清政府为了摆脱外国银行的支配,才在上海成立了中国通商银行,这标志着中国现代银行的产生。

2. 商业银行的发展模式

经过几个世纪的演变,商业银行经营业务和服务领域也发生巨大变化,但综观世界商业银行发展过程,归纳起来大致可以分为两种模式:

(1) 以英国为代表的传统模式。这一传统模式深受"实质票据论"的影响和支配,资金融通有明显的商业性质,因此主要业务集中于短期的自偿性贷款。银行通过贴现票据发放短期、周期性贷款,一旦票据到期或承销完成,贷款就可以自动收回。这种贷款由于与商业活动、企业产销相结合,所以期限短、流动性高,商业银行的安全性就能得到一定保证,并获得稳定的利润。但是这种传统的模式也有不足,使商业银行的业务发展受到一定的限制。

(2) 以德国为代表的综合式模式。与传统模式的商业银行相比,综合式的商业银行除了提供短期商业性贷款以外,还提供长期贷款,甚至可以直接投资股票和债券,帮助公司包销证券,参与企业的决策与发展,为企业提供必要的财务支持和咨询服务。德国、瑞士、奥地利等少数国家采用这种模式,美国、日本等国的商业银行也在向综合式商业银行转化。我国实践中的商业银行也是如此。这种综合式的商业银行有"金融百货公司"之称,它有利于银行展开全方位的业务经营活动,充分发挥商业银行的经济核心作用。但也有加大商业银行经营风险等不足。

5.1.2 商业银行及其性质

1. 商业银行的概念

从历史轨迹来看,早期的商业银行,其资金来源主要是短期存款,资金的运用主要是短期商业性贷款,正由于此,被称为"商业银行"。

不过,现代商业银行已经与早期的商业银行完全不一样了。现代商业银行是以获取利润为经营目标、以金融资产和金融负债为主要经营对象、业务广泛、综合性、多功能的货币经营企业。这里包括了三个层次的含义:

(1) 商业银行是企业。商业银行具有现代企业的基本特征,其经营目标和经营原则与一般企业相同,实行自主经营、自负盈亏、自担风险、自我发展。

(2) 商业银行是经营货币的特殊企业。其主要经营对象是金融资产和金融负债,经营的是特殊商品——货币和货币资金。而一般企业经营的是普通商品。

(3) 商业银行是金融体系的主体,经营的业务范围极其广泛,具有综合性、多功能的经营特点。相比之下,其他银行和非银行金融机构业务范围较为狭窄,业务方式较为单一。因此,在各国的金融体系中,商业银行占据重要地位,是金融体系的主体。当今的金融机构中,现代商业银行是历史最为悠久、业务最为广泛、对社会经济生活影响最大的一种金融机构,是现代经济的核心,国民经济的命脉。

在我国,商业银行是指依照《中华人民共和国商业银行法》和《中华人民共和国公司法》设立的吸收公众存款、发放贷款、办理结算等业务的企业法人。它是经营货币和资金的金融企业。

要注意的是,商业银行是人们长期沿袭下来的习惯用语,这个名称不能随便使用。另外,这一习惯法已经与其当今的实际含义存在很大区别。首先,早期的商业银行主要是经营短期商业性融资的机构,这在历史上是基本名副其实的,但从现代商业银行的业务范围来看,其业务已经完全突破了短期商业性融资,业务触角已经深入到当代经济生活的各个领域;第二,这一名称没有反映出各种不同类型的银行机构间所存在的差异;第三,这一称谓容易使人产生误解,尤其是"商业"一词,很容易使人误将商业银行看作是一种专业银行,从而掩盖了其综合性的特征。不过,由于约定俗成的原因,商业银行的概念至今仍被大家所采用。

2. 商业银行的基本性质

商业银行的基本性质,也就是商业银行经营的商业性,表现为追求利润的最大化。商业银行的这种基本属性,是由其经营的内容、经营的目标所决定的。

1) 追求盈利是商业银行创立经营的根本目标

现代商业银行基本上都是股份制企业,银行的发起人与股东投资组建商业银行的根本原因是银行的经营活动能够给他们带来收益。如果商业银行的经营不仅不能给发起人与股东带来利润甚至反而使他们亏损,那么,股东就会把资金转移到其他利润或收益比较丰厚的银行、其他金融机构,甚至转向投资于工商企业。因此,商业银行如果不以盈利为其根本目标,那么它本身就无法产生,即使产生了也无法维持生存。

2) 盈利性是商业银行进行业务选择的首要标准

商业银行是自主经营、自负盈亏、自求平衡、自担风险、自我约束、自我发展的金融企业。正由于此,商业银行对业务的开拓、业务的发展所抱的态度是绝对审慎的,要经过严格的成本与效益的论证,从而来决定业务的取舍。如果一项新业务,不能给商业银行的经营产生收益,那么该项业务就不可能被商业银行所接受,至少要被暂时搁置。就算是传统业务,只要它的开展不能使商业银行实现利润,商业银行也会予以放弃,或至少暂时要被中止。不管怎样,盈利与否、盈利大小始终是商业银行进行业务选择的首要标准。

3) 盈利性是商业银行操作具体业务的基本准则

业务是商业银行经营的基础。如果商业银行对每一项具体业务不注重盈利、不以效益为中心,那么其整体的盈利目标就如空中楼阁,经营目标就不可能得到保证。因此商业银行与其他银行、金融机构相比,更重视资产负债的综合管理,尤其是对风险的防范与管理更是万分谨慎,它们对每一资产业务都要经过严格、规范的多方面审查,旨在真正实现资产的流动性、安全性和效益性的谐调统一。

4) 利润是商业银行发展的基础

商业银行盈利的大小,不仅决定其资本的扩张与收缩,而且还会对其发展产生多方面的非资金影响。首先,盈利能力的大小标志着银行经营管理水平的高低,从而对股东的信心与股票的市场价格产生影响。其次,盈利能力的大小直接表现为银行利润的增减,关系到商业银行员工的薪水和福利水平,是现代金融业间争夺人才的重要手段和有利武器。第三,盈利能力的大小象征着银行的资金实力、象征着银行的声誉,这会对其存款的吸收、贷款的发放和投资经营产生影响。

在我国,商业银行除了具备商业银行的一般特征外,还有以下特点和要求:

(1) 在所有制结构上,以国家控股为主体,同时发展一定数量的、区域性的股份制商业银行。

(2) 在现阶段,依照我国的法律,商业银行不得在境内从事信托投资和股票业务,不得对非银行金融机构和企业投资,不得投资于非自用不动产。

第5章 商业银行

（3）实行稳健经营的方针，在严格执行金融法规和国家产业政策，保证资产安全和流动性的前提下，通过增收节支，争取最好的盈利水平，为国家增加积累，壮大自身经营实力。

（4）商业银行依法开展业务，不受任何单位和个人的干涉。

（5）实行风险管理，包括资产负债比例管理。商业银行必须遵守有关法律、法规，接受中国银行业监督管理委员会的监督管理。

5.1.3 商业银行的职能

商业银行的职能是由它的性质所决定的，主要有四个基本职能：

1. 信用中介职能

信用中介职能是商业银行的最基本、最能反映其经营活动特点的职能。这一职能的实质，是指商业银行在资金的融通过程中充当中介人，起媒介作用，即一方面商业银行通过吸收存款，把社会上闲置的资金集中起来，另一方面，又以贷款的形式把集中起来的资金借给资金需求者。要注意的是，商业银行在实现资金由盈余者手中转到资金短缺者手中的过程中，资金的所有权没有改变，改变的仅仅是资金的使用权。具体而言，商业银行的信用中介职能反映在以下两个方面：

（1）变小额资金为大额资金，即"聚沙成丘"。社会闲置的资金分散在各社会经济主体内，这些分散的小额的剩余资金是难于直接用于生产经营的，因为现实的生产经营对资金的规模往往有一个最低的要求。不过，低于最低要求的小额资金，可以通过银行的作用，积少成多，从而将那些原本不具备生产力的资金用于现实的生产经营活动。

（2）变短期资金为长期资金，即"续短为长"。商业银行的信用中介职能好像一个大城市的"巴士"，不管旅客怎么上下，车上总有一定数量的旅客。商业银行利用其信用中介职能就可以把短期资金的一个稳定余额当作长期资金使用，从而把一部分短期资金转化为其长期资金。

另外，在利润原则的支配下，通过信用中介的职能，商业银行还可以把货币资本从效益低的部门引向效益高的部门，形成社会经济结构的调整。

2. 支付中介职能

在办理负债业务的基础上，商业银行通过代理客户支付贷款、费用、兑付现金等，逐步成为企业、社会团体和个人的货币保管者、出纳者和支付代理人。在现代经济中，商业银行凭借其支付中介职能的职能，已成为社会经济支付体系的核心。

商业银行在经营货币的过程中，代理客户支付，是通过存款在账户上的转移来实现的。商业银行充当支付中介，为收付款双方提供资金转账服务，大大减少了现金的使用,节约了社会流通费用,缩短了结算过程,加速了货币资金的周转,从而促进了现代经济的发展。

3. 信用创造职能

这是商业银行区别于其他金融机构最显著的特征。商业银行的信用创造职能,是在信用中介和支付中介职能的基础上产生的。信用创造职能主要表现为创造信用流通工具和创造存款货币。

商业银行创造的信用流通工具主要是支票。在当代,西方发达国家 90% 以上的经济交易是以支票进行支付的。

创造存款货币是商业银行的重要职能。这种创造存款货币的能力是由商业银行和中央银行共同完成的。商业银行利用其所吸收的存款发放贷款,在支票流通和转账结算的基础上,贷款又转化为存款,在这种存款不提取现金或不完全提现的情况下,就增加了商业银行的增加来源,在整个商业银行体系,形成数倍于原始存款的派生存款。

商业银行信用创造职能使现代经济越来越成了金融经济,离开了金融,现代经济的运转过程必然会停摆。

4. 金融服务职能

就商业银行本身而言,随着经济和金融业的发展,各金融机构间的业务竞争日趋激烈。为了站稳脚跟,商业银行在经营传统的资产业务之外,不断开拓业务领域,广泛开办了一系列服务性业务,如代收代付业务、咨询业务、工程审价业务、资信调查、充当投资顾问等等。就经济本身而言,现代化的社会经济生活,从各方面向商业银行提出了金融服务的要求,如代发工资、代付水电费、代付电话费、代付煤气费、提供投资咨询、资信调查等等。再说,现代经济与社会的发展、高新电子技术的应用都为商业银行拓展服务空间提供了可能。现在,商业银行的触角已经深入到千家万户,其服务正在向高效率、高水平方向迈进。

信用中介职能、支付中介职能是商业银行的基本职能;信用创造职能是在前两个职能的基础上产生的,是商业银行的根本特征;金融服务职能是商业银行发展到现代银行阶段的产物。尽管对现代商业银行来说,金融服务越来越重要,但由于商业银行这种服务职能往往与其信用中介职能密不可分,因此在有的场合,人们将其视为信用中介职能的一个内容。现代商业银行最本质的特征是在其信用创造方面。唯有其信用创造职能,才是现代银行与传统银行相区别的根本所在。

此外,在现代社会,商业银行还具有调节经济的职能。商业银行在国家宏观经济政策的影响下,通过信贷政策的实施,利率、信贷规模及资金投向的调节,实现调节经济结构、投资消费比率、产业结构等目的,为国家经济稳定发挥重要作用。

5.1.4 商业银行的组织形式

一个国家商业银行的组织形式对其经济、金融和社会的发展具有相当重要的意义。一方面,由于一国商业银行的组织形式要受制于该国的社会经济环境与经济发展程度,而各国的经济与金融发展是不平衡的,其政治体制、经济体制、文化传统、历史演变等也存在相当的差异,因此各国商业银行的组织形式具有各自的特点;另一方面,从历史发展来看,由于银行业的发展都遵循一定的规律,因此各国商业银行的组织形式又存在较多的相似之处。目前世界上商业银行的组织形式基本的有单元制和分支行制两种。但为了适应经济发展的客观要求,也发展着其他多样化形式。

1. 商业银行的基本组织形式

1) 单元制

单元制又称独家银行制或单一银行制,是指银行业务由各自独立的商业银行经营,不设立或不许设立分支机构的一种组织形式。这种组织形式以美国为代表。是否设立分支机构一直是美国历史上争论的问题。许多州出于对金融权力过分集中的担心,曾纷纷立法禁止或限制银行开设分支机构,特别是严厉禁止跨州设立分支机构。究其原因,主要是单元制的银行组织形式有其明显的优点:第一,银行在各自区域内独立经营,符合自由竞争的原则,能有效提高银行服务质量。实行单元制,一方面,银行家数增多,从而可以维持适当的竞争局面;另一方面,可以限制单个银行的实力过于壮大,从而避免垄断的情形发生。第二,单元制银行可以根据实际需要进行设立,同时又是由本地人进行经营,吸收本地资金相对容易,与当地经济关系相对密切,这在主观上和客观上都有利于当地经济的发展。第三,单元制银行规模较小,组织比较严密,管理相对到位,从而可以更多地注重经济效益。第四,单元制银行的管理层次少,中央银行的货币政策传导较快,有利于实现金融当局的宏观调控目标。

不过,随着经济的发展,地区经济联系的加强,金融业竞争的加剧,以单元制为特色的美国,逐步冲破束缚,银行的组织形式发生了巨大的变化。从近几年美国商业银行组织形式的演变来看,各州关于开设分支机构的限制已经明显放松。其发展趋势是分支机构逐步增长、银行分支网络化。要究其出现这一变化的原因,恐怕是由于单元制的组织形式存在一定的缺陷。首先,银行不设分支机构这与经济的外向发展和商品交换范围的扩大存在着矛盾,不利于社会化大生产的发展。其次,单元制组织形式使银行的业务多集中在某一地区或某一行业,从而使其易受该地区、该行业经济发展状况的影响,风险难于分散。当资金不足时,难于从其他方面得到补救,如遇挤兑,容易破产;而当资金过剩时,又缺乏适当的出路,不利于资金的余缺调剂,使资金无法得到最有效的调剂。再次,银行规模较小,经营成本较高,不能取得规模经济效益。

2) 分支行制

分支行制,又称总分行制,是指法律允许在总行之下设立分支机构的一种组织形式。在这种组织形式下,一般在经济与金融中心城市或一国首都设立总行,在本市或国内外的其他城市普遍设立分支行。由于分支行制更符合经济发展的客观要求,所以,目前世界上大多数国家的商业银行都采用这种组织形式。尤以英国最为典型。

按照管理方式,分支行制又可分为总行制与总管理处制两种。总行制,是指总行除了管理、控制各分支机构以外,本身也对外营业,办理业务。总管理处制,则是指总行只负责管理、控制各分支机构,本身不对外营业,不办理业务,总行在其所在地另设分支机构对外营业。

分支行制的优点是:第一,分支行制可以形成以总行为中心,分支机构遍布各地的商业银行业务网络和经营系统,从而有利于吸收存款,调剂资金,提高资金的使用效率。同时投资和贷款分散于各地,符合风险分散的原则,提高银行资金的安全性。第二,银行规模没有硬性规定,可以按照业务的发展而不断扩充,从而实现规模经济效益。第三,可以实施高度民主的内部分工,从而利于专门人才的培养,提高银行工作效率。第四,商业银行总数相对较少,而且商业银行的分支机构不具有法人资格,在总行授权的范围内开展业务,总行对各分支机构实行的是统一核算、统一调度资金、分级管理的制度,这样省去了中央银行较多的一些不必要的金融监管的麻烦,便于中央银行腾出精力来加强重点的宏观调控。

当然,分支行制也存在一定的缺点,主要表现在:①由于分支机构多,总行统一管理的难度较大,容易出现管理上的盲区;②在业务的开展上,总行会不自觉地将政策倾斜于大都市、大企业,不利于地区经济的平衡发展,容易造成经济发展的地区差异;③容易造成金融垄断,妨碍竞争,不利于金融服务质量的整体提高,从而为经济的发展埋下隐患。

我国商业银行实行的就是分支行制。采用分支行制的商业银行,对外是一个独立的法人,一律不得设置具有独立法人资格的分支行。我国对商业银行设立分支机构有较严格的规定,主要有三点:①要必须经中国银行业监督管理委员会的批准;②商业银行境内分支机构不按行政区划设立;③商业银行总行要按规定拨付运营资金,拨付各分支机构的运营资金的总和不得超过总行资本金的60%。

近几年,股份制商业银行发展迅速,逐步突破了区域限制,在一些大中城市纷纷设立了分支机构。

城市商业银行的设立是按照城市区划划分,不得在不同城市设立分支行。

2. 商业银行的其他组织形式

1) 连锁银行制

连锁银行制又称联合银行制,是指一家银行通过购买拥有决定性表决权的股份,控制或收购一家或多家股份制银行,并形成连锁关系。在连锁关系中,这家银行居于中心地位,并为其他有连锁关系的银行制定经营模式,其他独立的连锁银行环绕在其周围形成内部联合,从而实现大银行对中小银行的控制。连锁银行制,曾在美国的中西部地区比较流行。其原因主要在于连锁银行制可弥补单元制的不足,且能够回避开法律对设立分支机构的限制。

由于连锁银行制易受个人或个别集团的控制,且要控制两家或两家以上的银行往往需要巨额资金,所以连锁银行制相继转变成了分支行制或持股公司制。

连锁银行制与持股公司制所不同的是,居于核心地位的是一家银行而非专门的控股权公司,因而控制权力不如控股权公司制度强大。

2) 持股公司制

持股公司制又称为集团银行制,是指由一个集团成立股权公司,再由该公司控制或收购若干银行的一种组织形式。大银行通过持股公司可以把许多小银行置于自己的控制之下。持股公司制是近几十年来在连锁银行制的基础上发展而来的。这种组织形式在美国曾最为盛行。

在持股公司制下,股权公司可以由非银行的大型企业组建,也可以由大银行来组建。与连锁银行制一样,在法律上、形式上,被控股银行仍然保持着其独立的地位,但其业务经营权则都由同一股权公司所控制。

按照所控制的银行家数的多少,银行持股公司可以分为单一银行持股公司和多银行持股公司两种。单一银行持股公司仅控制一家银行;多银行持股公司至少控制了两家银行,所以又可以称之为"集团银行",多银行持股公司的主要目的是为了进入不同的区域市场,实现经营上的规模效应。

持股公司制之所以在美国曾发展迅速,原因在于:一是可以摆脱各州法律对设立分支行的限制;二是能够使银行进入更多的经济领域,从而实现业务的多样化;三是可以使得银行能够更加灵活地吸收资金;四是能够使银行通过集体管理信贷,达到节约开支,提高效率的目的。

3) 代理行制

代理行制是指一家商业银行在其他银行有存款,且在清算与托收、证券和外

现代货币金融学

汇的买卖、大额贷款的参与等业务上以后者为代理人的一种组织形式。

一些国家的银行由于分支机构遍布国内外,通过这些分支机构来办理异地间的各种业务,就无需高度民主发达的代理行控制。而美国由于主要实行的是单元银行制,许多商业银行只有一个或较少的营业机构,所以代理行制就显得很为重要。美国代理银行的中心是纽约市,几乎全国每家重要的银行都与纽约市至少一家大银行保持着代理关系。

代理行制不限于国内银行机构,还包括外国银行。许多在国外没有分支机构的商业银行与外国有实力的银行建立了代理关系。

4) 跨国联合制

跨国联合制又称国际财团制,是指由不同国家的大型商业银行合资组建银行财团的一种商业银行组织形式。跨国联合制的商业银行专门经营国际资金存贷业务,进行大规模的投资活动。随着世界经济一体化,随着跨国公司的发展,这种组织形式的商业银行正在日益增加。

5.2 商业银行的主要业务

按商业银行资金的来源和运用,可将商业银行的业务主要划分为三大块,即负债业务、资产业务和中间业务。

5.2.1 商业银行资本及负债业务

资本及负债业务是商业银行筹措资金、借以形成资金来源的各种经营活动。通过这类业务便决定了商业银行的资金来源的规模及其构成情况。资本及负债业务是商业银行资产业务和中间业务的基础。

1. 商业银行的自有资本

银行自有资本又称为银行资本金,或所有者权益。国际上的商业银行大多数是股份制的,其自有资本金指银行股东的投资和税后留存的利润。自有资本是商业银行经营各项业务的本钱,是商业银行存在和发展的前提与基础。

对于银行资本的概念,西方金融界一直存在着争论。1981年美国的三家联邦管理机构对银行资本确定了一个统一的标准。他们将资本分为核心资本和从属资本。核心资本由普通股、优先股、盈余、未分配利润、可转换债券、呆账准备金及其他资本储备组成;从属资本包括有偿还期限的优先股、资本期票和债券等。

从上面这一概念可以看到,银行资本的来源渠道较多,主要有以下方面:

1) 发行股票,吸收股东投资

由于商业银行多采取股份有限公司的企业组织形式,所以可以通过发行股票的方式筹集资金,以此作为商业银行自有资本的一部分。商业银行所发行的股票主要有普通股和优先股两种。发行普通股,是商业银行最为主要的筹集资本的形式。普通股股东,不仅对股票发行银行具有盈余分配权和控制权,而且又是股票发行银行利益的主要代表者。商业银行通过发行普通股的方式筹集资本,其主要优点:一是没有固定的股息负担,也不形成银行的债务;二是普通股所形成的资本越大,对银行的债权人所提供的保障也越大,银行的信誉也就越高;三是普通股收益相对较高而且不易受到通货膨胀的影响,所以易被投资者所接受,出售较为容易。发行优先股也是商业银行重要的收集资本的方式。优先股股东对股票发行银行的收益与资产具有固定的要求权,而且这种权力优先于普通股股东,但要后于银行的存款户和其他债权人。商业银行通过发行优先股的方式筹集资本的有利之处:一是既可以筹集到所需的资本,又不会削弱控制权;二是不会增加银行的债务负担,而且一旦银行破产,清算时,可先清偿银行存款户存款和其他债务,减轻银行的偿债压力;三是当银行的收益增加时,就可以使普通股的收益增加幅度高于银行利润的增长幅度,从而给原有普通股股东带来较大的收益。总之,发行股票,吸收股东投资,是现代商业银行重要的筹集资本的渠道。

2) 盈余

盈余也叫公积或公积金,是指银行资产总额超过其负债总额的余额。分为资本盈余与营业盈余。

资本盈余是指商业银行在发行股票时,股票发行价格超出股票面额的溢价部分。比如,北京银行于 2007 年 9 月发行了股票 12 亿股,每股面额 1.00 元,根据银行的实际经营及当时证券市场具体情况,决定以每股 12.50 元的价格发售,则其资本盈余为:$12.50 \times 12 亿 - 1.00 \times 12 亿 = 138 亿元$。

资本盈余在形式上没有直接的所有者,但实际上这部分盈余的权益归普通股股东,普通股股东有权要求将这部分盈余以股利或红股的方式分掉,或以未分配利润或准备金的形式保留在银行中。营业盈余是指银行从税后利润中按照比例留存的盈余。其用途是弥补亏损或追加和转增股本,其权益归属于全体普通股股东。采用留存利润增加银行资本的好处:一是不需发行新股,而只要从税后利润中直接提取即可达到增加资本的目的;二是对股东来说,实质上是将这部分收益又重新投入到银行而不必缴纳个人所得税;三是可以节省股票发行所需的费用,降低银行筹集资金的成本;四是不会削弱原有股东对银行的投票权和控制权。

3）未分配利润

未分配利润又称留存利润,是指商业银行将税后净利分配给股东后的剩余部分。这是商业银行,特别是那些难于进入证券市场的商业银行,增加自有资金的主要来源。

未分配利润的来源与作用类似于盈余,区别在于未分配利润不是按照比例提取的,而是本应分配给股东,但未能即期分配的一部分利润。

4）资本票据与资本债券

资本票据是指那些期限较短,有不同发行额度的银行票据;而资本债券则是指那些期限相对较长,发行额度相对较大的债务证券。资本票据与资本债券都是商业银行的债券型资本,都具有明确的利息和期限。在银行破产时,这些债券对银行资产的要求权落在存款和借款等之后,因此又称作为附属债务。

商业银行以资本票据与资本债券来筹集资金的好处:一是不会削弱银行原有股东的控制权;二是手续较股票简单,成本也较低;三是当银行收益增加时,可以确保银行股东的收益比银行利润有更大的增长幅度;四是由于债券的契约中一般没有赎回的条款,因此有利于银行根据自己的生产经营情况灵活调整负债结构。不过,任何一个国家为了防止发生金融危机都会对商业银行资本总额中这些债券型资本所占的比例有严格的限制,商业银行不能随意无限量发行。

5）可转换证券

可转换证券是指商业银行所发行的、可在一定时期内按一定比例或价格转换成一定数量的另一种证券的一种证券。比如,可转换债券、可转换优先股票。可转换证券的要素有许多个,其中最主要的是转换比例、转换期限和转换价格。转换比例是指每一份可转换证券可以换取多少份另一种证券。从实质上看,转换比例也是转换价格的另一种表现。转换期限是指可转换证券持有者有权将证券转换成另一种证券的有效时间区域。转换价格是指在发行可转换证券时即已确定的、将可转换证券转换为另一种证券的价格。

6）补偿性准备金

补偿性准备金是指商业银行为应付以外损失而从经营收益中按一定比例提留的资金。主要包括资本准备金、贷款呆账准备金和证券损失准备金等。资本准备金是银行为了应付股本损失而保持的准备。贷款呆账准备金是银行为了弥补贷款损失而保持的准备。而证券损失准备金则是银行为防止证券本金拒付和价格下跌而保持的准备。

这些准备金保留在银行账户上作为银行资本的补充,在一定程度上起着与股本资本相同的作用。同时,它们所具有的优点:一是由于这些准备金是在银行税

第5章 商业银行

前收益中提取的,可以免交所得税;二是提取的准备金是以未分配利润的方式来增加银行资本的,筹资成本几乎为零。正由于这些优点,西方商业银行都倾向于保留较多的准备金,准备金在银行的总自有资本中所占的比重不断上升。为了限制这种趋势的进一步发展,一些国家的金融管理当局都规定了这种提留的比例和数额,所以用这种方式来增加资本也是要受到限制的。

7) 其他来源

西方商业银行的自有资本,除了上述的几种来源渠道以外,还有一些非主要的其他来源。如银行持股公司债务、售后回租等。

一个商业银行为了增加自有资本,该银行的持股公司可以以自己的名义发行债券,或者将自己的中长期贷款出售出去,这种获取资金的方式称为银行持股公司债务。而售后回租,则是指当商业银行需要资本时,先将自己的房地产或其他固定资产出售出去,由此而获得资金,作为资本使用,然后又把出售出去的资产从购买者手中租回来,继续使用,银行向出租人定期支付租金。这种方式可以使同样数量的资本发挥更大的作用。

就我国商业银行而言,也要求有一定的自有资本。根据现行规定,目前我国商业银行的资本包括核心一级资本、其他一级资本和二级资本。

核心一级资本包括合格的实收资本或普通股、经调整的资本公积、盈余公积、一般风险准备、经调整的未分配利润、可计入的少数股权以及外币报表折算差额七部分。

其他一级资本包括合格的其他一级资本工具及其溢价、可计入的少数股东资本。

二级资本包括合格的二级资本工具及其溢价、超额贷款损失准备、可计入的少数股东资本、可供出售金融资产中的股权类和债券类的公允价值变动形成的未实现净利得的50%、固定资产重估储备(不包括非自用不动产)的70%、交易性金融工具公允价值变动形成的未实现累计净利得(考虑税收影响后)。

至于我国商业银行自有资金的补充,在统收统支的财政管理体制下,主要靠财政拨付的信贷资金。但近几年来,我国的经济体制、财政体制已发生了重大变革,进入了全新的阶段,我国商业银行自有资金的补充渠道已发生了一些变化。

随着我国资本市场的不断健全与发展,商业银行补充自有资金的一个有效方式为上市融资,即符合条件的银行通过在国内、国外资本市场公开发行股票,筹措资本。截至2011年6月底,深圳发展银行、浦东发展银行、民生银行、招商银行、华夏银行、工商银行、中国银行、建设银行、农业银行、交通银行、兴业银行、中信银行、光大银行、南京银行、宁波银行和北京银行等16家银行先后实现了上市,这标志着通过境内外上市融资补充资本金的形式已被越来越多的银行所选择。

通过发行次级债券、混合资本债券补充资本金,已成为短期内商业银行自有资金补充的一个最有效、最快捷的办法。比如2004年7月7日,中国银行向法人机构发行140.7亿元10年期固定利率、发行人可赎回债券,这是我国资本市场上首只公开发行的次级债券。2006年9月27日,兴业银行采用簿记建档、集中配售的方式,在全国银行间债券市场公开发行40亿元15年期混合资本债券,成为国内首家获得中国人民银行和中国银行业监督管理委员会核准发行混合资本债券的商业银行。

需要指出的是,虽然发行次级债券、混合资本债券等债务工具具有快捷、灵活,可以迅速为商业银行补充资本的特点,但是,从本质上讲,次级债券、混合资本债券是一种纯债务,它只在一定期限内具有资本的属性,并非银行的自有资本,最终仍需要偿还,若不采取其他措施,在期满后,发行银行仍会受到资本充足率问题的再次困扰。因而,次级债券、混合资本债券只不过是提供了一个改善经营状况、调整资产结构的缓冲期。

2. 商业银行负债业务

商业银行的负债业务主要包括吸收存款和市场融资两种。而在这两者之中,对商业银行来说,最为重要的始终是存款的吸收。

1) 吸收存款

吸收存款对商业银行来说,始终是头等重要的大事。如果没有存款,商业银行根本就不可能成为银行,也就无从去扩大贷款。但是绝对不可以据此断言,存款只能来源于银行之外。事实上,根据信用货币创造的原理,我们知道银行可以靠发放贷款而生成存款,这叫"贷转存",是派生性存款的一部分。"贷转存"形成的存款,仅仅是限于单个商业银行自己的行为,而对整体商业银行体系来说,就不存在靠"贷转存"来增加资金的来源。

吸收存款是商业银行对存款客户的一种负债,这种负债的多少与期限长短,在某种程度上都取决于客户本身,而不以商业银行的主观意志为转移的,从这种意义上说,商业银行所吸收的存款是一种被动型负债业务。

(i) 商业银行存款的来源

从总体上来看,目前我国商业银行所吸收的存款,主要来源于以下方面:

(1) 企业在生产经营过程中暂时闲置的货币资金。企业在生产经营过程中,由于各种各样的原因必然会出现一部分暂时闲置的资金。如为补偿固定资本消耗所累提的折旧基金在固定资产更新前所表现的形式;产品销售所得收入在没有立即购买原材料、燃料、支付职工工资之前的表现形式;准备用于再生产的资金在没有凑足或动用前的表现形式,等等。这些闲置资金一般都要存入商业银行,以备随时支用。

(2) 贷款的尚未支用部分。企业在向商业银行取得贷款后,往往会将所得贷款的尚未支用部分存放在该行自己的活期存款账户上,这部分存款对该行来讲,就是一笔存款。这部分存款是通过"贷转存"形成的,在现实的经济生活中,往往被称为"水分存款",是商业银行挤存款水分时的首要目标。因为这部分存款存放在银行的时间往往是很短的,可以说是"稍纵即逝",因此在讨论银行资金实力时,首先要扣除这一因素。

(3) 社会其他闲置资金。除企业的闲置资金外,尚未进入产业界的游离资金或闲置资金。如数量过少不够经营企业的资金;投资对象尚未明确的资金;个人为养老、婚嫁、出国、防止失业、子女上学等目的而储蓄的资金及个人收入尚未支用的部分。这些资金往往都沉淀在商业银行,构成了商业银行存款的来源。

除了上述几种主要的存款来源以外,各级政府及社会团体的存款、同业存款、外国政府及社会团体的存款也是商业银行存款的来源。

(ii) 商业银行存款的分类

商业银行所吸收的存款,可依不同的标准进行不同的分类。常见的有:按照期限来划分,可分为活期存款、定期存款和储蓄存款;按照经济主体来划分,可分为财政性存款、企业性存款和居民储蓄存款;按照行业来划分,可分为工业存款、商业存款、建筑业存款、交通运输业存款等等;按照币种来划分,可分为本币存款和外币存款。这里我们主要介绍以下几种类型的存款。

(1) 活期存款。它是指不规定存款期限、客户可以随时存取和支付的存款。这种存款主要是用于交易和支付的,支用时需要使用银行规定的支票,因而又称之为支票存款。

商业银行经营的活期存款流动性强、存取频繁、手续复杂,并且需要为存户提供存取、提现和转账等多种相应的服务,经营成本较高。正因为如此,商业银行对这类存款一般支付很低的利息甚至不支付任何利息。世界上大部分国家的商业银行对活期存款不支付利息,我国是少数对活期存款支付利息的国家之一。

尽管商业银行经营活期存款的成本较高,但各国商业银行仍然十分重视这项业务,将其作为自己的主要经营对象和主要负债。究其原因,主要在于:通过吸收活期存款,商业银行不仅可以取得短期资金,用于短期贷款和投资,而且在客户的此存彼取的过程中,会形成一个比较稳定的余额,这部分稳定的余额,商业银行可以用于中长期贷款和投资,从而获得较大的收益。此外,活期存款的经营有利于建立良好的银企关系,为扩大信用业务、发展健康的信用业务奠定基础。综观现

现代货币金融学

实经济生活,活期存款不但已成为各国商业银行的重要资金来源,而且其比例的高低已成为商业银行经营成败的主要标志之一。

商业银行对活期存款往往采取凭支票取款,而支票的要件、程式和使用方法等,在世界各国都有明确的法律规定。

(2)定期存款。它是相对于活期存款而言的,是一种由存户预先约定期限的存款。期限一般为3个月、6个月、和1年不等,也有1年以上、3年、5年甚至更长。其利率也随着期限的长短而高低不等,但总比活期存款利率来得高。

定期存款大多采用存单的方式进行存取,可一次存入,到期一次支取;也可以一次存入,分期支取;或分次存入,一次支取。如果客户持到期存单来提取存款,银行凭存单计付利息;如果客户持到期存单要求续存,则银行在计付利息后签发新的存单。对于到期未提取的存单,一般只计算过期时间的活期存款利息,但对于事先愿意续存的存单,也可以按原到期日予以转存,签发新存单。对于未到期的存单,按照银行的制度规定一般不予提取,但实际执行中,为了争取客户,吸引存款,银行一般不严格执行这一制度,而是要求客户填写"存单提前支取书",出具有效证件,然后计付活期利息。

定期存款存单并不能像支票那样可以随意转让流通,它只是提取存款的凭证,是存款所有权及获取利息的权力证书。不过,随着经济的发展,定期存单已可以用来作为抵押品取得银行贷款。

由于定期存款期限固定且较长,利息较高,因此既有利于商业银行以此安排长期贷款与投资,又可以使客户获取较多的收益。从目前情况看,定期存款占商业银行负债的比重相当高,而且还有提高的趋势。

(3)储蓄存款。它是指居民个人将节余待用的货币存入银行而形成的存款。其存户通常限于个人与非盈利组织,近年来,也有逐渐允许某些企业、公司开立储蓄账户的。在美国,近90%的储蓄存款是由个人与非盈利组织所持有,盈利性公司的存款占存款总额的比例不到10%。储蓄存款的种类主要有定期储蓄、活期储蓄和定活两便储蓄等。

定期储蓄是指事先规定存款的期限,到期支取的储蓄存款,主要分为整存整取、零存整取、整存零取、存本取息等四种形式。整存整取是由存户一次存入本金,到期支取全部本息的储蓄存款;零存整取是指存户按日或按月存储一定金额,银行在到期日时一次付清本息的储蓄存款;整存零取是指存户一次存入一定数额的款项,分期支取本金和利息的储蓄存款;存本取息是指存户一次存入本金,在到期日前按照一定时间间隔支取利息,存款到期时再提取本金的一种储蓄存款。

活期储蓄是指不受存取期限限制,随时可以存取的储蓄存款。活期储蓄凭存

第5章 商业银行

折存取,不使用支票,每隔一定时间(一般以季度为单位),利息被加总到账户上并在存户向银行出示存折时记录到存折上。就商业银行来说,它是一种最不稳定的存款。

定活两便储蓄是指存款人在存款时和银行不定期限,该存款具有定期储蓄和活期储蓄两种性质,如支取时存期达到了定期储蓄的某个期限要求,则银行按照定期储蓄存款利率的一定比例折扣计付利息。定活两便储蓄存款的利率,一般高于活期储蓄存款,略低于同期定期存款利率。

随着电子银行业的发展,银行为了争取存款户,推出了一种储蓄清单的储蓄账户,它能向储户提供经计算机处理的详细的清单,每隔一定时间,比如一个月,寄给储户进行核对。同时,在公共场所安装了自动柜员机(ATM),为存款户提供24小时存款与提款服务。储蓄存款也因此而逐渐演变成存提款卡的形式。

在我国,多年来,商业银行吸收人民币储蓄存款始终坚持"存款自愿、取款自由、存款有息、为储户保密"的原则。吸收存款的方式也在不断进行创新,存提款卡的形式我们已经基本实现,目前正在向更高形式努力。另外,根据有关规定,凡在我国境内金融机构开立存款账户的个人(包括中国公民、港澳台居民、外国公民)必须使用真实姓名,即个人存款账户实名制。实名是指符合法律、行政法规和国家有关规定的身份证上使用的姓名。

(4)外币存款。它是指以本国货币以外的外国货币形式存入银行的存款。

由于我国经济实力还不够强大,为了加强与世界经济的交流,促进我国经济的健康发展,吸收外币存款是我国商业银行的必然业务。目前我国商业银行所吸收的外币存款,按照存款对象可分甲种外币存款、乙种外币存款和丙种外币存款三种。甲种外币存款,是指各国驻华机构、境外企业、团体、境内的机关、团体、企事业单位的存款;乙种外币存款,是指居住在中国境内外,港澳台地区的外国人、外籍华人、华侨、港澳台同胞个人的外币存款;丙种外币存款,是指持有外币的中国境内居民所存入的外币存款。

(iii)商业银行存款吸收的创新方式

随着金融竞争的日趋激烈以及金融制度的变革、高新技术的不断应用,西方国家特别是美国商业银行对吸收存款的方式进行了一些创新,出现了多种灵活多样的吸收存款方式。主要有:

(1)可转让支付命令账户(Negotiable Order of Withdrawal Account, NOW)。它是一种以存款户指令为依据向第三者付款,银行按照账户平均余额向存款户支付利息的一种存款方式。在这种存款方式下,客户可以储蓄名义存入款项,银行计付利息,支取时采用可转让支付命令,其作用与支票相同,只是用支付命令书取代了支票。可见,这种存款兼有储蓄存款与活期存款的特点,既可以使客户取得利息,又方便其支付,从而吸引了客户,使得商业银行扩大了存款。这种存款方式是1972年美国商业银行在利率管制下,为竞争存款而设立的一种新账户。

(2) 超级可转让支付命令账户(Super NOW)。它是美国商业银行首先于1983年开办的,是一种利率较高的存款账户。它与可转让支付命令账户的区别在于该种账户:第一,要求客户保持2500美元的最低余额,一旦存款余额低于最低限额,银行只能按可转让支付命令账户同样的利率来支付利息;第二,银行支付的利率较高,一般执行货币市场的利率;第三,存款户必须按日支付服务费。

(3) 电话转账制度。它也是一种将储蓄存款与活期存款结合在一起的存款业务。即允许存款户在银行同时开立两个账户,一个为能计息的储蓄账户,另一个为不计息的活期存款账户,存款户可以利用电话将存在有息储蓄账户上的款项随时划转到无息的活期存款账户上去,以便支用。该存款方式使得存款户既能享受到支票存款的便利,又可获得利息收入。

(4) 自动转账服务账户(Automatic Transfer Service Account, ATS account)。它是美国商业银行1978年开办的一种支付利息的储蓄账户与可开支票的活期存款账户相结合的存款形式。这种制度由电话转账制度发展而来,存款户在银行的两个账户中,活期存款账户余额一直保留在一个最低数额,而储蓄存款账户数额却在不断发生变化。根据存款户事先对银行的授权,银行收到存款户所开支票需要付款时,可立即从其储蓄账户上按照支票金额将款项转到活期存款账户上,及时兑付支票。

(5) 货币市场存款账户(Money Market Deposit Accounts, MMDAs)。它是美国商业银行于20世纪80年代初正式开办的一种活期存款账户。1982年美国银行法允许商业银行同货币市场互助基金开展平等竞争,取消存款利率上限。在这样的形势下,MMDAs开始流行起来。这种账户开户金额有最低限额规定,比如2500美元;存款利率随市场利率调整,没有上限;向第三者支付时,不论是开出支票还是电话通知,每月不能超过一定次数,比如6次;存款户提款时,必须提前一定时间,比如至少7天通知银行;存款户性质不限,可以是个人、可以是非盈利单位,也可以是盈利性的工商企业。由于这种账户具有较高的利率,因而增强了商业银行吸收存款的能力。

(6) 可转让定期存单。这是1961年由美国纽约花期银行首先创办的一种定期存款形式,它是指资金按照某一固定期限和一定利率存入银行并可以在市场上买卖的票据。由于这种存单的利率较高且流动性较强,所以吸引了较多的客户,成为商业银行存款来源的一种重要渠道。在 20 世纪 80 年代中期,西方国家商业银行为了扩大可转让定期存单的吸引力,对存单进行了改革,其中由美国摩根保证信托公司最先推出了一种转期存单。这种新型工具把长期存单的收益与短期存单的流动性结合了起来,进一步推动了银行负债的证券化与流动化,提升了商业银行的存款竞争力。

(7) 货币市场存单(Money Market Certificate of Deposit,MMCDs)。它是商业银行为了吸收广泛定期存款而创设的一种新型定期存款账户。MMCDs 开办于 1978 年,是一种 6 个月期不可转让的定期存款单,最低面额为 1 万美元。该存单的利率以 6 个月期国库券的平均贴现率为最高限,即允许银行付给这种存款户的利率可以比 Q 条例规定的最高利率高出 0.25 个百分点。

(8) 协定账户。它是一种可以在活期存款账户、可转让支付命令账户、货币市场存款账户等三种账户间自动转账的账户。它是银行与存款户达成一种协议,存款户授权银行可将其次款项存在活期存款账户、可转让支付命令账户、货币市场存款账户中的任何一个账户上。对活期存款账户与可转让支付命令账户,一般都规定一个最低余额,超过最低余额的款项有银行自动转入同一存款户的货币市场存款账户中去,以取得较高的利息。如果达不到最低余额,也可由银行自动将同一存款户在货币市场存款账户的一部分资金转入活期存款账户或可转让支付命令账户,以补足最低余额。

(9) 股金提款单账户。这是一种支付利息的支票账户,也是逃避利率管制的一种吸存方式的创新。建立股金提款单账户,存款户可以随时开出提款单,代替支票来提现或支付转账。在存款未动用前,属于储蓄账户,可取得利息收入。股金提款单账户,既方便灵活又有利息收入。

2) 市场融资或借款

通过市场进行融资是商业银行筹集资金的重要方式之一。按照融资对象分类,市场融资的渠道主要有四条:一是中央银行借款,二是向其他银行借款,三是回购协议;四是在国际金融市场上融资。

(i) 向中央银行借款

中央银行既是金融管理当局,又是银行的银行。作为最后的贷款人,当商业银行的资金出现不足时,其可以为商业银行提供借款。向中央银行借款,方式有多种,主要有再贴现、再贷款两种。

再贴现是指商业银行以未到期的已贴现票据,向中央银行办理的贴现,是商业银行对票据债权的再转让,是中央银行对商业银行提供借款的形式之一。商业银行因办理票据贴现而引起资金不足,可以向中央银行申请再贴现,贴现期一般不超过6个月。再贴现是商业银行从中央银行取得资金融通的最重要、最普遍的形式。

再贷款是指商业银行从中央银行所取得的贷款,它可以是信用贷款,也可以是抵押贷款。一般说来,中央银行对再贷款的控制要比再贴现严格,条件也复杂,商业银行不能过多依赖于这种方式取得资金。

按照贷款的时间不同,再贷款分为年度性贷款、季节性贷款、日拆性贷款。年度性贷款,是中央银行用于解决商业银行因经济合理增长引起的年度性资金不足,而发放给商业银行在年度周转使用的贷款。商业银行向中央银行申请年度性贷款,一般限于省分行或二级分行,借入款后可在系统内拨给所属各行使用。季节性、日拆性贷款,是中央银行解决商业银行因信贷资金先支后收和存贷款季节性上升、下降等情况以及汇划款未达和清算资金不足等因素,造成临时性资金短缺,而发放给商业银行的贷款。季节性贷款一般为2个月,最长不超过4个月。日拆性贷款一般为10天,最长不超过20天。

(ii) 向其他银行借款

向其他银行借款分为两类:一是银行间相互拆借资金;二是转贴现与转抵押。

银行间相互拆借资金又可分为两种:一是向属于同一系统内的银行借入资金;二是向不属于同一系统内的银行,即同业借入资金。不属于同一系统内的金融机构之间的短期或临时性资金融通便是同业拆借。银行在同业拆借市场借入资金,主要是为了应付银行的临时性资金不足和短期资金的应急需要。银行在自己系统内所进行的资金融通便是系统内拆借。区分系统内拆借和同业拆借的目的就是要弄清楚资金的融通有多少发生在系统内、有多少发生在系统外。由于在法律上,系统内的银行是一家,所以发生在系统内的资金拆借是安全的。

转贴现是指商业银行在资金临时不足时,将已经贴现但仍未到期的票据,交给其他商业银行或贴现机构给予贴现,以取得资金融通的一种行为。

转抵押是指商业银行在资金临时不足时,将自己所办理的抵押贷款转让给其他商业银行的一种行为。转抵押贷款的程序与工商企业向商业银行申请抵押贷款的程序基本相同,所不同的是,商业银行向同业举借转抵押贷款所有的抵押品,大多是工商企业向其举借抵押贷款时提交的抵押品,如动产和不动产。转抵押的手续较复杂,技术性也较强。从目前来看,这两种业务在我们现实的金融机构中基本上没有发生过。

(iii) 回购协议

回购协议是由借贷双方鉴定协议,规定借款方通过向贷款方暂时售出一笔特定的金融资产而换取相应的即时可用资金,并承诺在一定期限后按预定价格购回

第 5 章 商 业 银 行

这笔金融资产的安排。其中的回购价格为售价另加利息,这样就在事实上偿付融资本息。回购协议实质上是一种短期抵押融资方式,那笔被借款方先售出后又购回的金融资产即是融资抵押品或担保品。

(iv)在国际金融市场上融资

在国际金融市场上融资,通常是指商业银行在国际金融市场中的短期货币市场和中期资金市场上所取得的借款。主要方式有欧洲货币市场借款、国际债券等。

欧洲货币市场,是经营欧洲美元和西欧一些主要国家境外货币交易的国际资金借贷市场。其业务有两部分,一是银行同业间的交易,二是银行与非银行间的交易。其资金的供给主要来自于美国等发达国家的商业银行及其在国外的分支机构、国际银团、跨国公司及私营工商企业、各国政府机构和中央银行。商业银行在欧洲货币市场筹集资金,主要是通过固定利率的定期存款、欧洲美元存单、浮动利率的欧洲美元存单和本票等。

国际债券是一国政府当局、金融机构、工商企业、地方社会团体以及国际组织机构等单位,为筹措资金而在国外金融市场发行的使用某种货币作为面值的债券。目前,国际债券可分为外国债券与欧洲债券。国际债券的种类繁多,随着时代的发展,正在不断革新。

此外,商业银行境外筹资的方式还有国际商业贷款与开办零售存款业务等。国际商业贷款就是向外国银行借入货币资金。开办零售存款业务就是利用商业银行设置在世界各地的分支机构,吸收当地货币或外币的存款,吸收国际游资作为资金来源。

随着银行业务日益国际化和综合化,向国际市场融资已经成为各国商业银行资金来源的一个重要方面。

5.2.2 商业银行资产业务

所谓资产业务是指商业银行通过不同的方式和渠道融出资金的各种经营活动。它表明了商业银行的资金运用的规模及其构成情况。

1. 商业银行的现金资产业务

现金资产是指商业银行所持有的、可以无风险地加以运用的、最具有流动性的资源。虽然现金资产本身并不能产生收益,但它是商业银行满足日常经营的保证。因此,它是商业银行的一级准备。

现金资产包括在中央银行的存款、库存现金、存放同业及处于托收过程中的现金项目等。这四个项目构成了商业银行的资金头寸。

— 215 —

1) 在中央银行的存款

这是各商业银行存入中央银行的用于支付清算、调拨款项、提取及缴存现金、往来资金结算以及按吸收存款的一定比例缴存于中央银行的款项和其他需要缴存的款项。其主要包括法定存款准备金和超额存款准备金两大类。法定存款准备金,是根据中央银行的存款准备金系统的规定,商业银行必须按照客户存款的一定比率存入中央银行的款项。超额存款准备金是为支付商业银行间的日常交易而在中央银行存入的款项。

2) 库存现金

库存现金是商业银行持有的通货,目的为了是满足客户提现的需要。由于库存现金是非盈利性资产,而且过多的现金准备本身就是一个不安全因素,因此,商业银行总是力图把库存现金压到最低水平。

3) 存放同业

存放同业属于非盈利性资产或低盈利资产,是商业银行在其他银行的活期存款,其用途是满足跟其他银行支票结算的需要。商业银行在经营的过程中,为提高清算效率和补偿代理行所提供的各种服务,一般均会在同业存放一定的资金。这种同业存款往往数额较大,而且资金占用方能将其用于贷款或投资。因此,位于地区或全国性行政或经济中心的大型商业银行都在为吸引同业存款而进行激烈的竞争。

4) 处于托收过程中的现金项目

处于托收过程中的现金项目是商业银行应收的资金,包括支票、期票和其他客户存入银行托收已到期的项目,其中,支票是主要的。由于各商业银行在收项目的数量和清算所需的时间不一样,所以各个银行的在收项目规模也有所不同。但不管怎样,各商业银行总是竭力提高托收的速度,以期实现在收项目这种非盈利资产到盈利性资产的快速转换,从而获取更多的利润。

在商业银行,现金资产业务管理一般是由资金经理来承担。其主要职责是:评估在同业所保持的存款成本和收益的关系,确定最佳同业存放资金水平;迅速处理和收回在收的现金项目,尽力降低在收项目资金规模;综合考虑现金需求因素,科学测定应准备的库存现金数量;做好资金头寸的预测和调整工作,加快资金周转,提高资金使用效率。

2. 商业银行的贷款业务

贷款业务是商业银行的一项最主要的资产业务,是商业银行业务经营的主体。在美国,贷款业务一般占商业银行全部资产业务的60%以上。在我国,近几年全部商业银行的贷款业务要占到其运用资金总额的90%以上。就是在商业银

第 5 章 商业银行

行业务日趋综合化、全面化的今天,贷款业务仍然是其业务的主体。因此,商业银行如何使每笔贷款都能发挥出应有的经济效益,便成了它经营中的核心问题。

在当今的金融业,根据不同分类标准,可把商业银行贷款进行不同的分类。

1) 按照贷款的条件可分为信用贷款与担保贷款

(i) 信用贷款

信用贷款系指商业银行完全凭借借款人的信誉,无须提供担保或抵押品而发放的贷款。信用贷款的手续比较简单,借款人首先提出借款申请,经贷款银行审查合格后,借款人按要求填写书面借款借据,并经借贷双方签名盖章后即可取得贷款。商业银行对信用贷款通常要收取较高的利息,并且要求借款企业提供诸如资产负债等有关财务报表、报告借款的用途、汇报有关生产与经营的重要事项以及从其他途径取得资金的情况等。当然,有的商业银行还要求借款企业在其内部保留一定水平的存款。商业银行的这些要求,从一定程度上讲,可以降低其贷款的风险,同时还能借此加强对借款企业的监督与控制。

(ii) 担保贷款

担保贷款系指以保证、抵押和质押等方式所发放的贷款。

(1) 保证贷款。系指以第三方承诺在借款人不能偿还所借的款时,按约定承担一般保证责任或者连带保证责任而发放的款项。这种贷款既要强调借款人的资信情况和偿债能力,也要强调保证人的保证资格和保证能力。保证贷款也要订立书面贷款合同,以明确贷款银行、保证人和借款人各方的权利与义务。保证贷款的优点是贷款由借款人与保证人的双重信誉作保证,资金按期回收的可能性较大,资金安全性较高。

(2) 抵押贷款。系指以借款人或第三方的财产作为抵押物所发放的款项。可作为放贷抵押物的有归抵押人所有或具有处分权的房屋及地上定着物、机器、交通运输工具、土地使用权等等。在抵押贷款中,如果借款人不能按期归还贷款本息,银行有权处置抵押品。抵押贷款的优点是能够弥补一部分贷款损失,有利于银行开拓一些有风险的贷款项目;缺点是贷款数量受借款人提供的抵押品的数量与质量的限制,抵押品的保管或维护费用和最终处理费用较大,手续较繁。

(3) 质押贷款。系指以借款人或第三方的动产或权力作为质物所发放的款项。可用作质押的有各种动产(如商品物资)、各种权力(如汇票、支票、本票、债券、存款单、仓单、提单、可转让的股份、股票、可转让的商标专用权、专利权、著作权等)。在质押贷款中,如果借款人不能按期归还贷款本息,银行有权按规定将所质押的动产或权力进行折价、拍卖、变卖或兑现,以弥补贷款损失。

从理论上说,信用贷款的最突出的特点是信贷风险较大,缺乏安全保障;保证贷款,特别是抵押和质押贷款,最大优点是资金安全性好,风险小。在非常注重信贷风险的今天,信用贷款方式用得越来越少,抵押和质押贷款方式越来越普遍。

2) 按照贷款期限可分为长期贷款、中期贷款、短期贷款与临时贷款

长期贷款,指贷款期限为 5 年(不含 5 年)以上的贷款。

中期贷款,指贷款期限为 1 年以上~5 年的贷款。

短期贷款,指贷款期限为 3 个月以上~1 年(含 1 年)的贷款。

临时贷款,指贷款期限为 3 个月以内(含 3 个月)的贷款。

从目前商业银行的实际运作看,一般以中短期贷款为主。

3) 按照贷款利息收取方式可分为普通贷款与票据贴现

普通贷款是指直接将货币资金提供给客户,定期收取利息,到期收回本金的一种贷款方式。而票据贴现则是指银行买入客户所提供的未到期的票据,借以获取一定利息收入的一种业务。

一般来说,用于贴现的商业汇票主要包括商业承兑汇票和银行承兑汇票两种。但按照我国的现行规定,目前我国只限于银行承兑汇票可以向银行申请办理贴现业务。具体操作时,银行应向申请人索要以下资料:贴现申请书贴现凭证、经持票人背书的未到期的银行承兑汇票、银行承兑汇票查询书、商品交易合同原件及复印件或其他能够证明票据合法性的凭证、能够证明票据项下商品交易确已履行的凭证(如发货单、运输单、提单、增值税发票等复印件)、有关报表及其他资料。

银行在贴现票据时,贴现付款额的计算公式为:

贴现银行付款额＝票据面额×(1－年贴现率×未到期天数÷360 天)

普通贷款与票据贴现,相同点为:都是银行的资产业务,都是为客户融通资金,均以银行为债权人,客户为债务人,都要收取利息。但两者之间有许多差别:第一,资金流动性不同。一般来说,贴现银行只有在票据到期时才能向付款人要求付款,银行如急需资金,它可以向中央银行再贴现。但贷款是有期限的,在到期前是不能回收的。第二,利息收取时间不同。贴现业务中利息的取得是在业务发生时即从票据面额中扣除,是预先扣除利息。而贷款是事后收取利息,它可以在期满时连同本金一同收回,或根据合同规定,定期收取利息。第三,利息率不同,票据贴现的利率要比贷款的利率低,因为持票人贴现票据目的是为了得到现在资金的融通,并非没有这笔资金。如果贴现率太高,则持票人取得融通资金的负担过重,成本过高,贴现业务就不可能发生。第四,资金使用范围不同。持票人在贴现了票据以后,就完全拥有了资金的使用权,他可根据自己的需要使用这笔资金,而不会受到贴现银行的任何限制。但借款人在使用贷款时,要受到贷款银行的审查、监督和控制,因为贷款资金的使用情况直接关系到银行能否很好地回收贷款。

第五,债务债权的关系人不同。贴现的债务人不是申请贴现的人而是出票人即付款人,遭到拒付时才能向贴现人或背书人追索票款。而贷款的债务人就是申请贷款的人,银行直接与借款人发生债务关系。有时银行也会要求借款人寻找保证人以保证偿还款项,但与贴现业务的关系人相比还是简单得多。第六,资金的规模和期限不同。票据贴现的金额一般不太大,每笔贴现业务的资金规模有限,可允许部分贴现。票据的期限较短,一般为2~4个月。然而贷款的形式多种多样,期限长短不一,规模一般较大,贷款到期的时候,经银行同意,借款人还可继续贷款。

4) 按照贷款的偿还期限不同可分为活期贷款、定期贷款和透支

活期贷款是贷款期限未定,银行可随时收回或借款人可随时偿还的贷款。

定期贷款是指具有确定期限的贷款。又可分为临时贷款、短期贷款、中期贷款和长期贷款。

透支是银行允许存款户在约定的范围内,超过其存款余额签发支票予以兑现的一种贷款,分为信用透支、抵押透支和同业透支3种,透支贷款有随时偿还的义务,利息按天计算。

5) 按照贷款的资金来源分委托贷款与信贷资金贷款

委托贷款是指由政府部门、企事业单位和个人等委托人提供资金,按照委托人的要求向其规定的对象所作的贷款。在委托贷款中,金融机构不承担风险,对于本金和利息的收回,仅起协助作用;金融机构要按规定收取一定的手续费,俗称"代理费"。信贷资金贷款是指银行利用自有资本金及吸收存款等合法方式筹集的资金自主发放的款项。信贷风险由金融机构自己承担,并由其收回本金和利息。从商业银行实际运作情况看,信贷资金贷款占其总资产业务的绝大比例。

6) 按照贷款的质量(或风险程度)可分为正常贷款,关注贷款,次级贷款,可疑贷款和损失贷款

1998年5月,中国人民银行参照国际惯例,结合中国国情,制定了《贷款分类指导原则》,要求商业银行依据借款人的实际还款能力进行贷款质量的五级分类,即按风险程度将贷款划分为五类:正常、关注、次级、可疑、损失,后三种为不良贷款。从2004年起,我国商业银行全面推行五级分类制度。

正常类贷款,是指借款人能够履行合同,一直能正常还本付息,不存在任何影响贷款本息及时全额偿还的消极因素,银行对借款人按时足额偿还贷款本息有充分把握。贷款损失的概率为0。

关注类贷款,是指尽管借款人目前有能力偿还贷款本息,但存在一些可能对偿还产生不利影响的因素,如这些因素继续下去,借款人的偿还能力受到影响。贷款损失的概率不会超过5%。

次级类贷款,是指借款人的还款能力出现明显问题,完全依靠其正常营业收入无法足额偿还贷款本息,需要通过处分资产或对外融资乃至执行抵押担保来还款付息。贷款损失的概率在30%~50%。

可疑类贷款,是指借款人无法足额偿还贷款本息,即使执行抵押或担保,也肯定要造成一部分损失,只是因为存在借款人重组、兼并、合并、抵押物处理和未决诉讼等待定因素,损失金额的多少还不能确定。贷款损失的概率在50%~75%。

损失类贷款,是指借款人已无偿还本息的可能,无论采取什么措施和履行什么程序,贷款都注定要损失了,或者虽然能收回极少部分,但其价值也是微乎其微,从银行的角度看,也没有意义和必要再将其作为银行资产在账目上保留下来,对于这类贷款在履行了必要的法律程序之后应立即予以注销。贷款损失的概率在75%~100%。

3. 商业银行的证券投资业务

商业银行的证券投资业务,是指商业银行为实现其盈利性和流动性目的而买卖有价证券的业务。银行通过购买有价证券而成为有价证券的所有者,有价证券便成为银行的资产。证券投资和贷款一样,也是商业银行的一种重要的资产业务,是商业银行收益的主要来源之一。在证券市场较为发达的国家,商业银行的证券投资总额一般要占其总资产的5%~40%。

一般而言,商业银行进行证券投资业务主要出于三个目的:一是将证券作为生息资产,意在获取资金来源与资产运用之间的利差;二是出于交易目的,赚取基于客户的买卖价差或者自营交易的资本利得;三是用证券来进行资产负债管理,调配资产与负债的持续期结构。当然,在利用债券进行资产负债管理的同时,银行也会综合考虑证券本身的收益状况。虽然各商业银行的目的各异,经营策略不同,但是最终结果是资产结构中都会存在相当比例的证券投资。

商业银行投资的证券产品有政府债券、政府机构债券、市政债券、按揭抵押债券(MBS)、资产抵押债券(ABS)、股权投资等等。但是,商业银行对购买公司债券的投资一般持谨慎的态度,投资规模有限。

值得一提的是,就是在西方国家,也有较多国家禁止商业银行购买公司股票。在我国,由于社会主义市场经济体制正在建立之中,金融市场的发展还不够完善,商业银行的机制尚未真正健全,因此,我国商业银行证券投资主要种类是债券投资。目前,我国商业银行债券投资业务包括债券投资与债券交易业务。商业银行债券投资是指商业银行购买债券的活动。商业银行债券交易是指在全国银行间债券市场上商业银行与其他金融机构之间以询价方式进行的债券交易行为。目前,我国商业银行可以投资与交易的债券主要是指经政府有关部门批准可用于在全国银行间债券市场进行交易的政府债券、中央银行债券和金融债券等记账式债券。

要注意的是,现行的《中华人民共和国商业银行法》明令禁止商业银行银行向公司债券、股票投资。即使商业银行贷款给企业,企业将资金用于股票买卖,商业银行也是犯了大忌,更不用说商业银行替证券机构垫付证券交割资金了。但是,随着我国金融市场的逐步完善和商业银行机制的不断建立与健全,伴随着世界经济的日益交融,我国商业银行的投资业务必将得到不断丰富和发展。

5.2.3 商业银行的中间业务

创新是金融业永恒的话题,而加快中间业务的创新则是商业银行的必然选择。所谓中间业务,是指商业银行不需动用自己的营运资金,而是依托自身的机构、人才、技术、信誉、设备、信息、产品及业务等优势,为客户办理各种委托代理事项,并从中收取一定手续费或佣金的各种经营活动。

1. 结算性业务

结算业务是商业银行存款业务派生出来的一种业务,即由商业银行通过提供各种支付结算的手段与工具,为购销双方或收付双方完成货币给付及其资金清算的业务。客户到商业银行存款,特别是存入能随时划拨转账的活期存款,既是为了安全保值,更是为了利用商业银行在转账方面的便利。商业银行通过提供优质迅速的结算服务,可以吸收更多的存款,提高自身的资金实力,增加利润。

1) 银行账户的种类及管理办法

正确开立和使用银行账户是办好结算业务的基础。企事业单位只有在银行开立了存款账户,才能通过银行同其他单位进行结算,办理资金的收付与清算。

我国现行的《银行账户管理办法》将企事业单位的人民币存款账户划分为四类:即基本存款账户、一般存款账户、临时存款账户和专用存款账户。按照现行的规定,第一,一个单位只能选择一家银行的一个营业机构开立一个基本存款账户,主要用于办理日常的转账结算和现金收付。单位的工资、奖金等现金的支取,只能通过该账户办理。第二,一般存款账户是存款人在基本存款账户以外的银行借款转存、与基本存款账户的存款人不在同一地点的附属非独立核算开立的账户。存款人可以通过本账户办理转账结算和现金缴存,但不能办理现金支取。第三,临时存款账户是存款人因临时经营活动需要开立的账户,比如企业进行异地产品展销、异地临时性采购就需要在展销地、采购地开设此类账户。存款人可以通过本账户办理转账结算和根据国家现金管理的规定办理现金收付。第四,专用账户是单位因特定用途需要开立的账户,如基本建设项目专项资金、社会保障基金、政策性房地产开发资金等,单位销货款不得转入专用存款账户。第五,单位开立基本存款账户,实行开户许可证制度,必须凭中国人民银行当地分支机构核发的许可证办理。任何单位不得为逃避还贷、还债和套取现金而多头开立基本存款账户。第六,任何单位不能出租、出借账户,不得违反规定为了在异地存款和贷款而开立账户。

2) 结算业务的分类及结算方式

(i) 按照收付形式不同,结算业务可分为现金结算和转账结算

现金结算,是直接在各经济单位之间进行的、以现金为对象的货币收付行为;转账结算,是指各经济单位通过银行划拨转账所完成的货币收付行为。我们这里所讲的结算业务主要指转账结算。

(ii) 按照收付款双方所在地划分,结算业务可分为异地结算和同城结算

异地结算是指在不同地域的单位之间经济往来所发生的货币收付行为。其结算方式主要有:汇款、托收、信用证和电子划拨等四种。

(1) 汇款。指付款人委托银行将款项汇给外地的收款人。根据汇款方式的不同,汇款又可以分为电汇、信汇、票汇三种。电汇是以电报或电传通知汇入行付款的一种结算方式;信汇是通过邮寄信汇委托书通知汇入行付款的一种结算方式;票汇是收款人凭汇出行开出的汇票到汇入行取款的一种结算方式。

(2) 托收。指由收款人向银行提供收款依据,委托银行向异地付款人收取款项。它一般要涉及四个当事人,即委托人、托收银行、代收银行和付款人。根据委托人是否提交货运单据,托收又可以分为跟单托收和光票托收两种。跟单托收,是委托人将附有货运单据的汇票交给托收银行代收款项的一种结算方式;光票托收,则是委托人将汇票交给托收银行代收款项的一种结算方式。

(3) 信用证结算。就是购货商委托其开户银行根据其所指定的条件向异地的销货商支付货款的一种结算方式。信用证实际上是一种书面的付款保证书。客户请求开立信用证是,必须同时开立此项专门存款,用于支付信用证所规定的货款,并且要在信用证上注明购买货物的品种、规格、数量以及发货的凭证等。销货方只需根据信用证规定的条件发货,并经销货方开户银行审查核对与信用证规定相吻合,销货方开户银行就立即支付货款,然后再由销货方开户银行向购货方开户银行结算货款。信用证结算,对购货方和销货方都有利,保护了双方的利益,在国际贸易中被广泛采用。但是,这种方式结算速度较慢。需要指出的是,在我国目前情况下,对于普通的申请人,银行开立信用证时,一般都要向申请人收取信用证金额100%的保证金,当然如果开证申请人是基本客户,并且资信好,则可以适当少收保证金或免收保证金。

(4) 电子划拨。是指通过建立各种地区性、全国性、国际性的大型电子网络来转移资金,实现资金的快速收付的一种结算方式。目前我国的全国性商业银行基本上建立了这种全国性的电子网络,实现了资金的 24 小时到账。比如,中国工商银行的汇款直通车就可以实现工行账户间的人民币汇款的实时到账。

同城结算是指在同一地域的单位之间经济往来所发生的货币收付行为。其结算一般包括支票、汇款、托收、信用证和电子划拨等五种方式,其中尤以支票为主。支票结算是指银行客户根据其在银行的存款和透支限额开出支票,委托其开户银行从其账户中支付一定款项给收款人的一种过程。

3) 我国经济的支付结算方式

根据现行的《支付结算办法》,我国经济的结算方式主要有票据、信用卡、汇兑、托收承付和委托收款等五种。

(i) 票据

支付结算方式中所使用的票据主要包括汇票、本票和支票三种。

(1) 汇票。汇票可分为商业汇票和银行汇票两种。

商业汇票又分为商业承兑汇票和银行承兑汇票。商业承兑汇票由银行以外的付款人承兑,商业汇票的付款人就是承兑人;银行承兑汇票由银行承兑,银行就是承兑人。签发商业汇票必须记载以下事项:表明"商业承兑汇票"或"银行承兑汇票"的字样;无条件支付的委托;确定的金额;付款人的名称;收款人的名称;出票日期;出票人签章。

单位和个人的各种款项结算,均可以使用银行汇票。银行汇票可以用于转账,填明"现金"字样的汇票可以支取现金,但是如果申请人或收款人为单位的,不得支取现金。银行汇票具有"票随人到、结算迅速、钱货两清"的特点,正因如此,人们普遍都乐于接受;对办理汇票业务的银行来说,在汇票解付之前,银行可以不花费任何费用占用人家的资金,因而,对银行来说,这也是一种筹集资金的工具。签发银行汇票必须记载以下事项:表明"银行汇票"的字样;无条件支付的承诺;出票金额;付款人名称;收款人名称;出票日期;出票人签章。欠缺记载上列事项之一的,银行汇票无效。银行汇票可以背书转让,但是,未填写实际结算金额或实际结算金额超过出票金额的银行汇票不得背书转让。

(2) 本票。本票可分为商业本票和银行本票两种。

商业本票必须记载下列事项:表明"本票"的字样;无条件支付的承诺;确定的金额;收款人的名称;出票日期;出票人的签章。本票上未记载上述规定事项之一的,本票无效。

商业本票和商业汇票统称为商业票据。商业票据可以经过背书进行转让流通。背书,是票据的持有人在票据背面作转让签字的一种票据行为。背书必须连续。未到期的商业票据可以向银行申请贴现,贴现实际上是银行向票据持有人办理贷款业务的一种形式,申请贴现的票据必须是经过承兑的票据。

银行本票分定额和不定额两种,定额银行本票面额有1 000元、5 000元、10 000元和50 000元四种。单位和个人在同城需要支付各种款项时,均可以使用银行本票。本票上"转账"、"现金"选择其中之一,要划去另一个。银行本票据可以背书转让。签发银行本票表现记载下列事项:表明"银行本票"的字样;无条件支付的承诺;确定的金额;收款人名称;出票日期;出票人签章。欠缺记载上列事项之一的银行本票无效。

(3) 支票。支票是银行活期存款户(出票人)对其存款银行签发的,要求存款银行从存款账户上支付一定金额给收款人或持票人的一种信用凭证。支票上印有"现金"字样的为现金支票,现金支票只能用于支取现金;支票上印有"转账"字样的为转账支票,转账支票只能用于转账;支票上未印有"现金"或"转账"字样的为普通支票,普通支票可以用于支取现金也可以用于转账,但是如果在普通支票的左上角划了两条平行线,则该支票为划线支票,划线支票只能用于转账,不得支取现金。银行支票可以背书转让。签发银行支票表现记载以下事项:表明"支票"的字样;无条件支付的委托;确定的金额;付款人名称;出票日期;出票人签章。缺少以上事项之一的,支票无效。

上述三类票据中,汇票既适用于同城结算又适用于异地结算,本票和支票仅适用于同城结算。需要注意的是,区域性银行汇票仅限于出票人向本区域内的收款人出票,其背书转让也仅限于在本区域内进行;而本票和支票仅限于出票人向其票据交换区域内的收款人出票,其背书转让也仅限于在票据交换区域进行。

(ii) 信用卡

信用卡是指由银行向客户提供具有消费信用、转账结算、存取现金等功能的信用支付工具。持卡人可依据发卡机构给予的消费信贷额度,凭卡在特约商户直接消费或在其指定的机构、地点存取款及转账,在规定的时间内向发卡机构偿还消费贷款本息。

按是否向发卡银行交存备用金,信用卡分为准贷记卡和贷记卡两类;按持有人的身份,信用卡分个人卡、公务卡和公司卡;按信用等级,信用卡分普通卡(银卡)、金卡、白金卡和无限卡;按是否联名发行,信用卡分联名卡、标准卡(非联名卡)和认同卡。我国商业银行目前普遍都发行了具有自己特色的卡,最为常见的信用卡有:龙卡、牡丹卡、长城卡、金穗卡、太平洋卡五种。

(iii) 汇兑

汇兑是汇款人委托银行将其款项支付给收款人的一种结算方式,分信汇和电汇两种。签发汇兑凭证必须记载下列事项:表明"信汇"或"电汇"的字样;无条件支付的委托;确定的金额;收款人名称;汇款人名称;汇入地点和汇入行名称;汇出地点和汇出行名称;委托日期汇款人签章。汇兑凭证上欠缺上述记载事项之一者,银行不予受理。汇款人和收款人均为个人,需要在汇入行支取现金的,应在信、电汇凭证的"汇款金额"大写栏先填写"现金"字样,后填写汇款金额。

(iv) 托收承付

托收承付是指根据购销合同由收款人发货后委托银行向异地付款人收取款项,由付款人向银行承认付款的一种结算方式。办理此种结算的款项必须是商品交易,以及因商品交易而产生的劳务供应的款项,且收付双方必须签有合法的购销合同,并在合同上写明"托收承付"字样。对于代销、寄销、赊销商品的款项不得办理托收承付结算。托收承付结算每笔的起点为1万元,新华书店系统为1千元。承付货款分为验单付款(承付期为3天)和验货付款(承付期为10天)两种,由收付双方商量选用,并在合同中明确规定。托收承付一般适用于异地结算。

(v) 委托收款

委托收款是指收款人委托银行向付款人收取款项的一种结算方式。其款项的划回方式有邮寄和电报两种,由收款人选用。签发委托收款凭证必须记载以下事项:表明"委托收款"的字样;确定的金额;付款人的名称;收款人的名称;委托收款凭据及附寄单证张数;委托日期;收款人签章。欠缺记载上列事项之一者,银行不予受理。如果委托收款以银行以外的单位和个人为付款人的如其在银行开有账户,则委托收款凭证必须记载付款人开户银行名称;如未在银行开有账户,则委托收款凭证必须记载被委托银行的名称。欠缺记载的,银行不予受理。单位和个人使用委托收款结算方式必须凭已承兑的商业汇票、债券、存单等付款人的债务证明,在同城范围内,收款人收取公用事业费必须凭收付双方事先签订的经济合同。委托收款一般既适用于异地结算又适用于同城结算。

随着我国市场经济的发展以及商业银行机制的建立,我国商业银行的支付结算方式必将得到进一步的发展与完善。

4) 我国办理结算业务应坚持的原则

单位、个人和银行办理结算业务坚持以下原则:①恪守信用,履约付款。在商品交易过程中,购销双方应遵循合约,讲信用,付款人应承担到期付款的责任,银行应根据客户递交的结算凭证及时进行资金清算。②谁的钱进谁的账由谁支配。单位和个人对在银行的存款有自主支配和运用的权力,其他单位和个人不得侵犯。银行应当维护单位和个人的这一自主权,加强结算服务,按照付款人的意愿和收款人的要求办理结算。③银行不垫款。银行是资金清算的中介机构,它的职责是准确、及时、安全地办理结算,不承担垫付款项的责任。

2. 信托类业务

信托是指接受他人的信任与委托,为了受益人的利益代为管理、营运、处理有关钱财的业务活动。商业银行通过办理信托业务可以增加收益,扩大业务经营规模。在商业银行的信托业务中,客户是委托人,商业银行是受托人,享受信托财产利益的人为受益人。受益人一般由委托人指定,他可能是委托人自身,也可能是受托人指定的他人。

信托不同于代理,在信托关系中,托管财产的财产权即财产的占有、管理、经营和处分权,从委托人转移到了受托人,而代理则不牵涉财产权的转移。

信托业务的服务对象可以是个人,也可以是法人。个人信托,是商业银行接受自然人的委托,代客户个人管理财产、办理遗嘱信托、代理证券投资及投资纳税咨询服务等;法人信托,是指商业银行受各类法人委托办理股份公司股票发行、登记注册、过户、还本付息业务;进行公司债券的发行与论证工作;管理各种基金;代理存贷款业务等。

在西方国家,商业银行的信托业务主要有:员工福利信托、证券投资信托、动产与不动产融资信托及公益信托。员工福利信托是企事业单位和机关团体为了安定员工生活,提供工作效率而设立的信托。它能使靠薪金生活的人在丧失了工作能力以后,获得一笔足够的生活费用,以安享晚年。证券投资信托是以投资有价证券,获取投资收益为目的的信托。它是由信托部门将个人、企业或团体的资金集中起来代替投资者进行投资,最后将投资收益和本金偿还给收益人。动产与不动产融资信托是由大型设备或财产的所有者提出的,以融通资金为目的的信托。公益信托是一种由个人或团体捐赠或募集基金,以用于公用事业为目的的信托。

信托业务好比一个巨大的容器,可以容纳十分丰富的金融商品,为商业银行的业务发展开辟了广阔的活动领域。另外,从商业银行本身看,商业银行办理信托业务具有得天独厚的条件,它不仅拥有各种专门的人才、丰富的经验和广泛的信息资源,而且还有遍布各地的分支机构和代理机构。通过这些机构,商业银行可以接触各种信托委托人,从而为社会不同阶层提供信托服务,开拓信托市场。

不过,就我国当前而言,《中华人民共和国商业银行法》(2003年修订)规定,在我国境内,商业银行不得从事信托投资业务。

3. 代理性业务

商业银行的代理性业务主要分为:代理融通业务、代理行业务、代理发行有价证券业务、基金托管业务、代理保险业务。

(1) 代理融通业务。又称代收账款或收买应收账款,是指由商业银行代顾客收取应收账款,并向顾客提供资金融通的一种业务方式。其具体做法一般情况是先由卖方企业向经营代理融通的银行提出申请,并就企业的经营情况和赊账客户的情况提出详细的报告,由代办融通的银行对此进行周密详尽的调查研究,并代企业对每一家欠账的客户确定一个授信额度。然后银行与申请企业签订合同,合同内容又分为权益转让和权益售与两种情况。权益转让,是指代理融通的银行接受了应收账款转让之后,如果客户的欠款成了呆账,银行对收账的权益仍有追索权,损失仍归收账企业承担。权益收与,是指企业将应收账款卖断给了代理融通的银行,如果发生坏账则由代理融通的银行来承担。合同签订后,企业售出货物或劳务,在将收款通知递交自己客户的同时,也将一份应收账款发票副本送交代理融通的银行,此时银行应按照发票金额的一定比例或全额向企业提供融资。银行收取一定的手续费和垫款的利息。

(2) 代理行业务。是指商业银行代为办理其他银行的部分业务的一种业务形式。代理行分为两类:一类是国内银行之间的代理,如我国国家开发银行的一部分业务由中国建设银行代理;另一类是国际银行间的代理,如美洲纽约银行和芝加哥第一国民银行纽约分行都是中国建设银行在美国纽约的代理行。从代理行的形式看也有两种:一是有账户关系的代理行;二是没有账户关系的代理行。

(3) 代理发行有价证券业务。是指商业银行接受政府或公司的委托,代理销售公债、公司债、股票等有价证券的一种业务形式。商业银行在接受代募有价证券时,必须先调查委托人的信用,并请委托人出具委托书。一般说来,商业银行接受委托代募的有价证券有两种出售价格,一是市场价格,即该有价证券在证券交易所成交的价格,二是限价,即委托人所想要卖出有价证券的最低价格。商业银行开展代理发行有价证券的业务,可以使其赚取相当的手续费,从而为商业银行开辟了一条稳定的收益渠道。

(4) 基金托管业务。是指商业银行接受基金管理公司的委托,代理投资基金的申购、赎回及剩余资金保管的一种业务形式。基金托管的收益有两部分,一是直接收益,二是间接收益。直接收益由托管年费与基金申购、赎回的手续费构成。间接收益包括资金由于闲置而使托管人得到数额可观的低息存款,以及提供部分附加服务项目(如代理现金余额管理服务、投资组合评估服务、代理开立证券买卖账户服务等)而从中所获收益。

(5) 代理保险业务。是指保险人委托保险代理人拓展其业务范围的一种业务形式。保险业在我国被称为 21 世纪的朝阳产业。可以预测,随着保险市场规模的快速扩张和外国保险公司的登陆,代理保险业务将成为我国银行潜力巨大的新兴中间业务。

4. 租赁性业务

租赁是商业银行的一种资金运用业务,它是由商业银行出资购买一定的商品租赁给承租人,然后通过租金收回资金。由于评价一笔租赁业务一般要牵涉到利率、税率、折旧、设备使用年限、残值估计等方面的复杂计算,因而只有较大的商业银行才有能力经营此项业务。

租赁业务的主要形式有融资性租赁、操作性租赁、回租租赁、转租赁和衡平租赁五种。

(1) 融资性租赁。是以融通资金为目的的租赁。其基本做法是,商业银行按照承租人与供货方谈妥的条件购进设备,然后按照租赁合约将设备租给承租人,并以租金的形式分期收回设备的成本、资金利息及应获得的利润,承租期满,货物所有权归属于承租人。这里,商业银行支付了全部资金,等于提供给承租人百分之百的信贷,而且租赁的对象又都是资本品,因此这种租赁又称为资本性租赁。在这种形式的租赁中,商业银行只负责资金,至于设备的安装、保养、管理、维修、保险等均由承租人负责。

(2) 经营性租赁。又称服务租赁、管理租赁或操作性租赁。它是一种以提供租赁物件的短期使用权为特点的租赁形式,通常适用于一些需要专门技术进行维修保养、技术更新较快的设备。在经营性租赁项下,租赁物件的保养、维修、管理等义务由出租人负责,承租人在经过一定的预告期后,可以中途解除租赁合同。每次交易的租赁期限大大短于租赁物件的正常使用寿命。对出租人来说,他并不从一次出租中收回全部成本和利润,而是将租赁物件反复租赁给不同的承租人而获得收益,因而,在这个意义上说,有人称之为"非全额清偿租赁",将融资性租赁称为"全额清偿租赁"。国际海运中常用的租船合同形式——程租,船只、船员均由船东负责提供,一切管理、维修、保险等义务均由船东负责,从性质上看,程租就属于经营性租赁。日常生活中所见的出租车、船等,也属于经营性租赁的范畴。

(3) 回租租赁。是指财产所有人将其财产出售给商业银行,然后又商业银行租回使用的一种租赁方式。当一家企业既要使用自己原有的厂房设备,又急需资金周转时,可以将厂房设备出售给商业银行,然后再租回一部分或全部继续使用。

(4) 转租赁。是指将设备或财产进行两次重复租赁的方式,又叫再租赁。此种租赁形式在国际租赁中通常用得较多。比如,A国的某家商业银行从某租赁公司租赁了一台高精尖数控机床,然后商业银行又将这一设备转租给了B国的一家公司,两个租约同时生效。

(5) 衡平租赁。是指商业银行购买出租设备时,只支付部分价款,余下款项用该设备作抵押取得贷款,而后将设备租赁给承租人,并以租金来归还贷款的一种租赁方式。

随着现代企业制度的建立,市场竞争日趋激烈,许多企业都迫切需要运用租赁方式,特别是融资性租赁方式,进行内涵式的扩大再生产。就我国法律来说,中国银行业监督委员会 2007 年出台的《金融租赁公司管理办法》为商业银行作为主要出资人发起设立金融租赁公司打开了"绿灯"。截止 2010 年底,我国已有金融租赁公司 17 家。

5. 银行卡业务

银行卡是指由银行发行的具有支付结算、汇兑转账、储蓄功能、消费信贷、个人信用、综合服务等全部或部分功能的新型服务工具的总称。由于各种银行卡都是由塑料制成的,可用于存取款和转账,而且其使用是借助于电子技术进行的,因此我们常称之为"塑料货币"、"电子货币"①。

银行卡按性质或是否给予持卡人授信额度分为两类:借记卡和信用卡,其中信用卡又分为贷记卡和准贷记卡。此外,银行卡还可以按发行主体是否在境内分为境内卡和境外卡;按发行对象不同分为个人卡和单位卡;按账户币种不同分为人民币卡、外币卡和双币种卡。

(1) 借记卡(debit card),由发卡银行向社会发行的,具有转账结算、存取现金、购物消费等功能的信用工具。借记卡不具备透支功能,消费特点是"先付款,后消费"。为获得借记卡,持卡人必须在发卡机构开有账户,并保持一定量的存款。持卡人用借记卡刷卡付账时,所付款项直接从他们在发卡银行的账户上转到售货或提供服务的商家的银行账户上。因此借记卡的卡内资金实际上来源于持卡人的支票账户或往来账户(即活期存款账户),借记卡的支付款额不能超过存款的数额。借记卡是中国特有的一种信用卡,在西方国家,一般的转账支付等功能是由支票来做媒介的,借记卡也因此被称为支票卡。

(2) 贷记卡(credit card),也就是我们常提及的狭义上的信用卡,是一种向持卡人提供消费信贷的付款卡,持卡人不必在发卡行存款,就可以"先购买,后结算交钱"。根据客户的资信以及其他情况,发卡行给每个信用卡账户设定一个"授信限额"。一般发卡行每月向持卡人寄送一次账单,持卡人在收到账单后的一定宽限期内,可选择付清账款,则不需付利息;或者付一部分账款,或只付最低还款额,

---

① 银行卡的大小一般为 85.60 mm×53.98 mm(3.370 英寸×2.125 英寸),但是也有比普通卡小 43%的迷你卡和形状不规则的异型卡。

以后加付利息。此种信用卡是目前流通最为广泛的支付卡种,其核心特征是信用销售和循环信贷。

(3) 准贷记卡,也是一种"具有中国特色"的信用卡,是在我国信用机制还不健全的情况下产生的,它的出现和发展为贷记卡的普及打下了不可忽视的基础。准贷记卡兼具贷记卡和借记卡的部分功能,一般需要交纳保证金或提供担保人,使用时先存款后消费,存款计付利息,在购物消费时可在发卡银行核定的额度内进行小额透支,但透支金额自透支之日起计息,欠款必须一次还清,没有免息还款期和最低还款额。准贷记卡作为中国信用卡产业发展过程中的过渡产品正在逐步退出历史舞台,在现实生活中准贷记卡的使用量、使用意义都在逐步减小。

近年来,由于科学技术的飞跃发展,新技术应用于银行卡以后,使得银行卡的运用范围日益拓宽,这不仅减少了现金和支票的使用,而且使商业银行的业务发展有效突破了时间与空间的限制。据中国人民银行统计数据显示,截至2010年底,我国银行卡发卡总量为24.2亿张,较2009年末增加3.5亿张;其中,借记卡发卡量为21.9亿张,信用卡发卡量为2.3亿张。可以深信,在不久的将来,商业银行将进入一个"银行卡时代",我们将进入一个"无支票、无现金的社会"。

6. 服务性业务

服务性业务是指商业银行以转让、出售信息和提供智力服务为主要内容的业务。具体可以分为:技术咨询业务和评估咨询业务两类。技术咨询业务主要有建设工程审价、建设工程监理、企业财务咨询、企业资信咨询、经济政策咨询、投资咨询、综合理财等等;评估咨询业务主要有企业资产评估、企业信用等级评定、贷款抵押物评估、投资项目评估、企业破产清算等。商业银行开展服务性业务的主要目的:一方面为其经营管理服务,另一方面为社会经济的发展服务。

规模较大的商业银行,一般都会利用其专业人才及身处金融中枢的优势,设置征询部门、评估机构,专门从事服务性业务。从长远来看,服务性业务也是商业银行的黄金业务,成本低,收益高。

7. 代保管业务

代保管业务是指商业银行设置保管箱库,接受单位和个人的委托,代其保管各种贵重物品和单证的一种业务形式。保管业务分为露封保管和密封保管两种。露封保管,是指客户委托代保管物品交给商业银行时没有加封;密封保管,是指客户委托代保管物品交给商业银行时自己外加包装物,并予以封闭,以包裹或箱柜形式入库寄存保管。

商业银行对代保管业务管理很严格,制定有严密的租箱、开箱、退租与逾期处理、钥匙遗失与换锁、印鉴的遗失与更换更管理办法,而且保管箱库的大门一般为

第 5 章 商业银行

电动库门,定时关闭,每个保管箱均统一编号。保管箱的租金是按照保管箱的大小、租期的长短来收取的。

在我国的大型商业银行中,中国建设银行对中间业务的管理与开发上是走在前列的。早在 1994 年,我国三大政策性银行成立之时,建设银行就成立了委托代理部,专司中间业务的开发与管理。从那时起,在各地市,建设银行相继设立了中介业务部门,后来为了统一管理的需要,又将中介业务部门与委托代理部门合并成立了新的委托代理部门。经过十多年的发展,中资银行开办的中间业务种类已经非常繁多,部分业务品种已经享有较高的市场声誉,如工商银行的现金管理、本币结算清算、资产托管、财务顾问等业务;农业银行的代理保险;中国银行的信用卡、国际保理业务;建设银行的委托贷款、工程造价咨询等业务,中信银行的出国留学金融服务业务,招商银行的"一卡通"、"财富账户"等业务。

在我国,商业银行中间业务在法律上的确认是在 1995 年,这一年,《中国人民共和国商业银行法》第三条中规定了商业银行可以经营包括办理国内外结算、发行银行卡、代理发行政府债券和外汇买卖、代收代付款项及代理保险业务、保管箱服务等在内的中间业务。为促进我国商业银行业务创新,完善银行服务功能,提高竞争能力,有效防范银行风险,中国人民银行又于 2001 年 6 月发布实施了《商业银行中间业务暂行规定》。在中国银行业监督委员会成立之后,为更好地促进商业银行中间业务的发展,并有效防范风险,中国银行业监督委员会又成立了银行业务创新监管协作部,以便为商业银行中间业务的发展提供组织保障,并将进一步健全相关政策法规体系,完善市场准入和持续监管,保障银行中间业务稳健发展。但值得注意的是,现行的《中华人民共和国商业银行法》也提出了银行业与信托业分业经营的原则,因此,商业银行在开展中间业务时也必须遵守此规定,谨慎行事。

5.2.4 商业银行的表外业务

商业银行的主要业务除了以上所述的自有资金与负债业务、资产业务和中间业务三大类外,实际上还有俗称的表外业务(off-balance-sheet activities)。20 世纪 80 年代以来,商业银行业务创新的一个重要标志就是表外业务的迅猛发展。

1. 表外业务的定义与特点

所谓表外业务,是指银行资产负债表以外的业务,即由商业银行从事的不列入资产负债表内且不影响当时银行资产、负债总额的各种经营活动。

商业银行表外业务主要是提供非资金的服务,其特点是银行服务与提供资金相分离。在多数情况下,商业银行只是充当中介人,为客户提供保证。只有当客户根据银行的承诺提取资金或当约定的或有事件发生时,潜在的或有资产与或有负债才会成为银行的实际资产与负债。可见,虽然商业银行表外业务的发展在很大程度上是为了规避金融管制,降低或分散资产风险的。但是,这种资产风险降低或分散的形式并不能彻底地消除风险,而只是市场、信用、经营等风险从一个经济单位转移到另一个经济单位。如果商业银行从事过多的表外业务,承担过多的或有义务,一旦客户违约,则商业银行将会面临巨大的由潜在风险转化而来的现实的风险。

2. 表外业务的主要类型

巴塞尔委员会一般将狭义的表外业务分为四类:①贷款承诺(loan commitment),包括承兑票据、贷款透支、贷款限额、回购协议等;②金融担保(guarantee),包括跟单信用证、备用信用证、正式担保、银行担保与赔偿;③金融衍生工具(financial derivative instrument),包括远期外汇合约、货币与利率互换、货币期货与期权、利率期权、股票指数期货与期权等;④投资银行业务(investment banking activities),如证券的分销、包销、代客买卖证券等。

最常见的银行表外业务是正式担保。正式担保业务是指银行接受合同一方(委托人)的申请,向合同的另一方(受益人)作出书面保证,当委托人不按约履行债务或合同规定的义务时,由银行按约定代为履行或者承担损失赔偿责任的业务。按照币种来分,银行正式担保义务可分为本币担保业务和外汇担保业务两大类;按照业务的性质可分为三大类,即付款类担保、履约类担保、债务类担保。

付款类担保,又可细分为预收款退款担保、分期付款担保与进口信用证结算担保。预收款退款担保是有关预收款的退款担保;分期付款担保:是替购货方或付款方向供货方或收款方担保其按期付款;进口信用证结算担保:是替进口方向开证银行保证其及时划付相应款项。

履约类担保,又可细分为投标担保、工程承包担保与质量担保。投标担保是替投标方向招标方担保其中标后不撤标、不后悔,及时签订有关合同;工程承包担保是有关履行承包合同规定义务的保证;质量担保为有关货物的实际质量与合同规定相符情况的担保。

债务类担保,又可细分为借款担保与租赁担保。借款担保是有关按期偿还本息的担保;租赁担保是有关按期支付租金的担保。

担保业务的开展,一方面可增加银行的可用资金量,这是因为,要使担保协议生效,委托方必须按照规定向受托银行交存一定的保证金,这个比例一般在30%以上,最高达到100%;另一方面可使银行获得比较丰厚的收入,这是因为银行既然出具了担保书,银行就要向委托人收取一定的承诺费和手续费。

担保业务是具有较大风险的授信业务,稍有不慎就会招致经济损失或损坏银行的信誉,因此,对担保业务,商业银行应树立强烈的风险意识,要审慎地开展此项业务。

需要指出的是,目前我国商业银行传统的存款、贷款市场已大部分瓜分完毕,很难找到新的利润增长点,在这种情况下,表外业务作为一种新的业务,涉及客户、同业等方方面面,而且提供手续费,咨询费等收入来源,从而使表外业务的开发与拓展将成为各家银行在激烈竞争中生存发展的新武器。

必须看到,与西方商业银行相比,我国商业银行的表外业务仍处于起步阶段,发展速度较慢,业务种类单一,许多业务领域在相当程度上还是一片空白,表外业务的种类、规模与我国银行现有的经营水平极不相称。目前我国商业银行表外业务主要是传统的担保和承兑业务,开展比较多的表外业务有:第一,信用保函。信用保函是一种不可撤销的银行担保行为,银行要承担经济责任和经济风险,包括进口订货保函、投标保函。第二,银行保函。银行保函是银行承担债务人对债权人的偿债、违约或履约失败的义务的书面承诺,按性质可分为从属性保函和独立性保函。第三,承兑业务。第四,备用信用证业务。

3. 表外业务和中间业务的关系

至此,我们可能感到很迷茫,觉得商业银行的表外业务与其中间业务似乎是一样的。其实,银行的表外业务与其中间业务既有联系又有区别。

从广义上讲,中间业务是银行表外业务的一部分。这是因为,广义的表外业务是指凡是能够给商业银行带来收入而又不在商业银行资产负债表中反映的经营活动。中间业务不仅不反映在商业银行的资产负债表中,而且它的广泛开展还能够为商业银行带来较为丰厚的收入。可见,中间业务理应包含在广义的表外业务中。

但是,如果从狭义上来看,表外业务与中间业务有着明显的区别。主要的区别在于它们所承担的风险不同。表外业务的开展虽然不影响商业银行当时的资产或负债、不直接形成商业银行即时的资产或负债,但对其来说却是一种潜在的资产或负债,在一定条件下,比如客户违约,这些潜在的资产或负债就会转化为现实的资产或负债,因而就开展表外业务的商业银行而言,其必定承担着一定的风险。而中间业务开展则一般不存在资产或负债方面的风险,商业银行开展中间业务主要是提供服务,它完全是处于中间人的地位、服务者的地位。

5.3 商业银行的经营管理

为加速我国金融体制改革,尽快缩小与国际金融服务产业的差距,有必要全面地了解和学习现代商业银行经营管理的基本原则、主要方法和最新工具。商业银行的经营管理,是商业银行的经营者为达到经营目标而对商业银行经营要素进行整合,实现资源优化配置的过程。提高经营管理水平是提高商业银行竞争力、实现利润最大化的关键环节。

5.3.1 商业银行的经营目标与原则

商业银行的一定组织结构,为其业务经营创造了条件,而业务经营方式的选择,都有它的特定目标,业务经营活动的开展都要遵循一定的经营,以一定的经营理论为指导。

1. 经营目标

一般说来,商业银行的基本经营目标可以概括为追求利润最大化,追求利润的目标是总目标,是第一位的,是高于一切的。

竞争,是商业银行经营突出的特征,生存与发展,是竞争成功的结果,也是获得最大限度利润的条件,而实现最大限度的利润,反过来又成为商业银行生存的基础,促进其发展。

商业银行经营的基本目标决定了其经营的方向,但对于商业银行的具体经营管理活动并不具有直接的意义,具有直接意义的是其具体目标,即商业银行根据整个经济形势、国内外情况、同业竞争情况、自身的资金实力和经营条件等所制定的细分目标。

具体目标可分为阶段目标、时期目标、部门目标和业务目标。阶段目标,是商业银行根据不同历史阶段的经济特点和业务经营情况确定的战略目标和战略重点。时期目标,是在具体的经营过程中,对阶段目标按照时期进行多层次的划分所确定的中长期目标和短期目标。部门目标,就是各职能部门所确定的、本部门应达到的、与一定阶段或一定时期商业银行经营活动目标相一致的目标。业务目标,就是在部门目标之下,针对各种具体业务活动所制定的目标。

需要指出的是,阶段目标、时期目标、部门目标和业务目标要通过协调达到一致。理想的目标体系是一个各项业务、各个部门的活动在效果上达到一致,在空间与时间上相互协调、先后衔接、环环相扣的网络式的目标体系。

2. 经营原则

商业银行是特殊的企业,为了获得最大限度的利润,同时又能满足存款人提取存款的需要,它的资金运用就必须兼顾盈利性、安全性和流动性。这就是俗称的商业银行经营管理三项基本原则。

1) **盈利性原则**

所谓盈利性是指商业银行获得利润的能力。盈利性是商业银行经营管理活动的主要动力。商业银行的一切经营活动,包括如何设立分支机构、开发何种新的金融产品、提供何种金融服务、建立何种资产组合等等都要服从盈利性原则。

商业银行之所以要将盈利性作为其经营的一项重要原则,是因为追求利润最大化是商业银行经营的基本目标或总目标,是其经营发展的内在动力与源泉,也是其经营发展的基本保证。

首先,较高的盈利能力就意味着较多的留存盈余,从而为商业银行扩大经营规模、开拓业务提供了资金保证。

其次,较高的盈利能力意味着给商业银行股东的回报也较高,其股票市价应当有所上升,这就为资金的进一步筹集创造了条件。

第三,盈利水平与商业银行的信誉成正相关关系,盈利能力强,商业银行的社会公众形象好,这就有助于商业银行同社会各界保持良好的关系,开拓其业务领域,增强竞争力。

第四,较高的盈利能力意味着能给其员工良好的福利,这既可以切实提高员工的工作积极性,又有利于其吸引更多更好的人才,为今后发展铺平道路。在现实的经济生活中,任何一个银行家所要考虑的第一件事情就是如何切实提高银行的盈利水平。

商业银行的利润是各项业务收入扣除经营成本后的差额。因此增加利润只能靠提高收入水平与降低成本来实现。

商业银行的收入大致可以分为资产收入和服务收入两个部分。资产收入是指从投资与贷款等方面所获得的收入,比如贷款利息收入、证券投资收入、同业存款利息收入、外汇交易收入等等。服务收入是指商业银行从事咨询、代理、评估、租赁、信托等业务所获得的收入。近年来,服务收入在商业银行收入中所占的比重有逐渐增大的趋势。商业银行的业务支出包括利息支出、员工工资支出、业务费用支出、固定资产折旧等。

应当指出,商业银行的盈利性与其安全性是紧密相关的。商业银行经营业务时,一方面获得收益,另一方面必须相应地承担风险。这种风险最终会造成一部分资产受损,这是任何商业银行都无法避免的,商业银行能做到的仅仅是减少损失。资产的损失是对商业银行收益的一种直接扣除,如果损失过于严重,它有可能会吞噬商业银行的全部利润,甚至还会吃掉商业银行一部分以至全部的资本。巴林银行和美国最大储蓄银行华盛顿互惠银行的倒闭就是很好的例证。因此,在坚持盈利性原则,追求高盈利时,必须相应地考虑到风险以及随之而来的资产损失。

2) 安全性原则

所谓安全性是指商业银行在业务经营中应尽量避免各种不确定因素的影响,保证稳健经营与健康发展。商业银行作为信用资金的中介机构,面临着比工商企业更大的风险。

在经营过程中,商业银行经常遇到的不确定因素主要有:

(1) 信用风险。又称违约风险。这对商业银行的存亡至关重要。主要源于两种情况:一是存款者挤兑而商业银行没有足够的资金可供应时,形成商业银行的倒闭;二是贷款户逾期不还,造成坏账,资金损失。

(2) 利率风险。这是一种因市场利率变化引起资产价格变动或商业银行业务协定利率跟不上市场利率变化所带来的风险。

(3) 汇率风险。这是因汇率变动而出现的风险。主要分为买卖风险、交易结算风险、评价风险和存货风险四种。

(4) 内部风险。这是由于商业银行内部原因所造成的风险。通常表现为决策失误风险、新产品开发风险、营业差错风险和贪污盗窃风险。

商业银行作为经营货币与货币资本的特殊企业,其存、贷、取、结算业务涉及国民经济各部门和千家万户,因此其经营好坏不仅影响到银行,而且影响到企业与存款人的利益。商业银行的倒闭将危及到社会公众,容易导致金融风暴乃至社会动荡。所以商业银行在经营的过程中,必须将安全性原则放在重要位置。

为了有效地减低风险,保障稳健经营,商业银行应加强对宏观经济形势、市场利率、证券市场状况等情况的分析与预测,坚持严格的客户资信评估,强化内部管理,谨防金融犯罪,切实防范金融风险。

3) 流动性原则

流动性是指商业银行在经营过程中要保证随时应付客户提取存款、满足必要贷款的能力。从保证支付来讲,流动性应包括两种含义,一是资产的流动性;二是负债的流动性。

资产的流动性是指商业银行资产不发生损失的情况下迅速变现的能力。

负债的流动性是指商业银行能以较低的成本随时获得所需要的资金。

在商业银行成立和发展初期,其流动性一般是指资产的流动性,随着商业银

第5章 商业银行

行业务的发展,相应地就需加强负债管理,负债流动性的重要性就会显得越来越重要。

商业银行之所以要坚持流动性原则,在经营活动中十分注重保持良好的流动性,主要是因为一旦商业银行不能应付客户提取存款或满足客户贷款需求以及商业银行本身需求时,便会出现流动性危机。而流动性危机将严重损害商业银行的信誉,轻者影响商业银行业务的进一步发展并增加其经营成本,重者会造成商业银行无法继续生存,导致破产。

关于商业银行的流动性原则有"三道防线"之说。第一道防线为商业银行的库存现金,它是完全流动性资产,可以随时满足客户的支付需要。第二道防线为商业银行所拥有的流动性极强的存款或债权,比如在中央银行的存款、存放同业的款项等等,这些资产商业银行也是能随时调度支配的。第三道防线为商业银行所持有的流动性很强的短期有价证券,如商业票据、银行承兑汇票、国库券、同业短期拆借等。这些资产在市场上一般能够迅速地出售、贴现、或者立即收回。通常,第一道防线与第二道防线为商业银行的一级准备,第三道防线为商业银行的二级准备。

对于盈利性、安全性和流动性三者,任何商业银行都希望同时达到最佳境地,但是在现实中,商业银行未必能同时兼顾。使这三者能协调合理配合,是商业银行管理所面临的一个经常性问题。从一般意义上说,三项基本原则间的关系可以概括为:盈利性是商业银行经营管理的目标,安全性是商业银行经营管理的保障,流动性是商业银行经营管理的前提。

多年来,围绕着如何处理盈利性、安全性和流动性三者间的关系,产生了一些商业银行经营管理理论,并发展出了一系列的经营管理方法。

需要注意的是,在我国,现行的《中华人民共和国商业银行法》将安全性、流动性、效益性概括为商业银行的三项经营原则。

5.3.2 商业银行资产管理理论与方法

1. 资产管理理论的发展

商业银行自产生以来,在相当长的一段时间内,由于负债主要是活期存款,形式比较单一,同时工商企业的需求也比较单调,加之金融市场发达程度有限,因而商业银行把管理的重点放在资产方面,即通过对资产结构的合理安排来满足商业银行盈利性、安全性和流动性的需要。其中如何保持资产的流动性又不至于影响商业银行的资产收益是资产管理中的重要问题。围绕此方面,商业银行的资产管理理论经历了真实票据理论、资产转换理论、预期收入理论和超货币供给理论等不同的发展阶段。

1) 真实票据理论(The Real Bill Doctrine)

这一理论又称商业贷款理论。源于亚当·斯密的《国富论》一书。该理论认为,由于商业银行的资金来源主要是同商业流通有关的闲散资金,都是临时性的存款,为了保证随时偿付提存,银行必须使资产保持较大的流动性,因而商业银行只宜发放短期的与商品周转相联系的商业贷款。这种贷款能够随着商业交易的完成,从销售收入中自行得到清偿。据此,该理论强调贷款必须以商业行为为基础,以真实的票据为抵押,一旦企业不能自动偿还贷款,商业银行也能通过处理所抵押的票据,收回贷款。根据这一理论,商业银行不能发放不动产贷款、消费贷款、长期性的设备贷款及农业贷款,更不用说发放证券投资的贷款了。

真实票据理论,是早期银行家和古典经济学家的观点,曾在一个相当长的时期内,支配或指导着商业银行的经营管理。应当肯定,这一理论是适用于商品经济初级阶段的,因为在这一阶段,信用制度还不发达,商品交易也仅限于现款交易和短期赊销交易,工商企业的贷款需求大多是短期的,同时在这一阶段,政府不干预经济,实行的是完全自由竞争,没有任何机构从外部给商业银行提供流动性支持。在这种客观环境下,真实票据理论就应运而生了。

不过,随着经济的不断发展,该理论越来越落后于客观实际。第一,该理论把商业银行贷款的范围简单地限定在所谓的商业行为上,没有充分考虑到经济发展对贷款需求不断扩大和贷款种类多样化的要求,不利于经济的发展,特别是阻碍了整个社会的工业化进程,同时也使得商业银行作茧自缚,从而在市场竞争中处于不利的地位。第二,该理论没有认识到商业银行存款的稳定性,特别是没有看到随着经济发展而来的长期资金来源的不断增加。第三,该理论忽视了贷款清偿的外部条件,经济繁荣时期或企业生产经营正常时,即使是期限较长的贷款也能归还;反之,经济萧条或企业经营不善时,短期的贷款也未必能归还。

2) 资产转换理论(The Shiftibility Theory)

这一理论是在20世纪初提出来的。该理论认为,商业银行能否保持资产的流动性,关键在于资产的变现能力,只要商业银行所持有的资产在必要时能够迅速地、不受损失地出售并转换成现金,商业银行的流动性就能得到保证。因此,商业银行可以将资金的一部分投入到具有转让条件的证券上,由于这些生利资产能够随时出售,转换成现金,所以商业银行的贷款不一定非要局限于短期和自偿性投放范围。

资产转换理论扩大了商业银行的资产业务范围,使商业银行的业务经营活动出现了多样化,业务经营更加灵活,这比真实票据理论前进了一大步。但是该理

第5章 商业银行

论也有其局限性。一是难于确定证券的持有量。商业银行所持有的短期证券过多,那么就会影响其盈利性,因为短期证券的收益低于其他盈利资产;商业银行所持有的短期证券过少,则会影响其流动性。二是短期证券资产能否在不造成损失的情况下变现,还要取决于市场状况。如果经济不景气,证券的可售性就会大打折扣,就是勉强变现,也要以发生较大的损失为代价。

3) 预期收入理论(The Anticipated-income Theory)

该理论产生于20世纪40年代后期。第二次世界大战以后,经济发展带来了多样化的资金需求。不仅短期贷款的需求有增无减,而且产生了大量的设备和投资贷款的需求。随着生产过剩矛盾的突出,消费贷款的需求也在增长。在这种背景下,旨在促进消费信贷和项目投资的预期收入理论应运而生。

该理论认为,任何商业银行资产能否到期偿还或转让变现,归根到底是以未来的收入为基础的。只要预期的未来收入有保障,通过分期偿还的方式,长期贷款也仍可以保持一定的流动性与安全性;反之,如果未来收入没有保障,即使短期贷款也存在偿还不了的风险。这一理论意味着商业银行可以不受期限和类型的影响,可以不考虑资产的自偿性和转换性,只需强调贷款与投资的预期收入,以预期收入来保证商业银行经营的安全性与流动性。预期收入理论扩大了商业银行的业务范围,使商业银行的资产结构发生了较大的变化,增加了中长期商业贷款、设备贷款、消费贷款、房地产抵押贷款等等,从而为商业银行业务的综合化发展提供了理论基础。

这一理论的缺点是难于准确确定借款人的未来收入。预期收入理论是建立在对借款人未来收入的预测上的,而这种预测在市场经济相对发达的今天又不可能完全准确,尤其在长期贷款和投资中,借款人的经营情况很可能发生变化,因而到时并不一定具有偿还能力,这无疑会损害商业银行的流动性与安全性。

4) 超货币供给理论

商业银行购买资产,从未都被视作提供货币的行为,商业银行仅仅是用信贷方式供给货币的机构。但是,随着货币形式的多样化,能够提供货币的金融机构越来越多,商业银行的信贷市场日益面临竞争的压力,商业银行再也不能就事论事地提供货币了。

超货币供给理论认为,商业银行信贷提供货币只是达到其经营目标的手段之一,除此之外,它不仅有多种可供选择的手段,而且有广泛的同时兼达的目标。因此,商业银行资产管理应超越货币的狭隘眼界,提供更多的服务。根据这一理论,商业银行在购买证券、发放贷款以提供货币的同时,积极开展投资咨询、评估、市场调查、信息分析、理财顾问、电脑服务、委托代理等多方面的配套服务,使商业银行的业务达到前所未有的广度与深度,从而增强了商业银行的竞争力。

2. 资产管理方法

20 世纪 60 年代以前,西方各国盛行资产管理理论,并创造了一系列的资产管理方法,总结起来,主要有两种。

1) 资金集中法

资金集中法的内容是:将商业银行不同来源的资金集中起来,不考虑资金来源性质,不论是活期存款还是定期存款,不论是借入资金还是自有资金,都统一集中起来,然后按照商业银行的需要和一定时期的经营的重点进行分配使用。如图 5.1 所示。

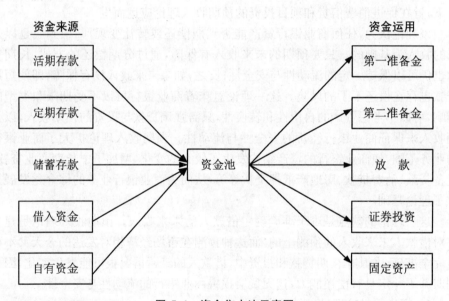

图 5.1 资金集中法示意图

至于资金集中法中的具体分配比例,多少用于准备金,多少用于贷款,多少用于投资,并无具体的标准。一般说来,首先要满足第一准备和第二准备的需要,以保证资产的流动性与安全性;其次是贷款,因为贷款是商业银行的重要职能;多余的资金才用于投资。

资金集中法虽然为商业银行资产管理提供了一般性的规则,强调首先保证流动性的需要,但不知怎样具体把握流动性的需要。第二次世界大战后的十年内,这种方法很盛行,各商业银行都倾向于保持较多的流动性资产,而忽视了不同资金来源具有不同的流动性要求。正因为如此,很多商业银行在 20 世纪 60 年代盈利下降。目前这种方法不再流行,但仍然对银行家们产生影响,甚至还有人坚信不移。

2) 资产分配法

资产分配法的核心是:按照不同的资金来源确定资产的分配。将商业银行的资金来源大体上分为五个部分,即活期存款、定期存款、储蓄存款、借入资金和自有资金;把资金运用也分为五个部分,即一级准备、二级准备、贷款、证券投资和固定资产。然后从每一资金来源出发,按照其自身流动性大小和对资产流动性的要求,将它们分别按照不同的比例分配到不同的资产形式上去。

具体地说就是:对于活期存款,由于其流动性很高,所以应把大部分作为一级准备,小部分作为二级准备,把稳定的那部分"沉淀"存款用于发放中长期贷款和投资;对于定期存款与储蓄存款,由于稳定性较好,所以大部分可以用于贷款和投资,少部分用于一级准备和二级准备;对于借入资金,大部分用于准备金,很少用于贷款;对于自有资金,只要银行不倒闭,这部分资金永远留在银行内,因而无须预留准备金,可以全部用于贷款、投资和购置固定资产。如图5.2所示。

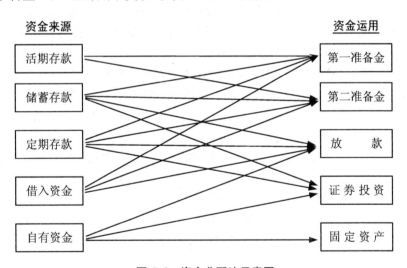

图 5.2 资金分配法示意图

这种方法仍然比较简单,只是提出了一个一般的资产管理原则,就商业银行而言,究竟如何分配资产,并没有提出具体的方法。而且它没有考虑通过负债管理来保证商业银行的流动性这一因素,仅仅靠资产管理来保持流动性,不免有些偏颇。

5.3.3 商业银行负债管理理论与方法

1. 负债管理理论

负债管理理论产生于20世纪60年代中期以前,这一理论的核心是把保证商业银行流动性的经营重点,由资产方转向负债方,负债经营成为商业银行实现资产流动性与盈利性均衡的工具。

该理论认为,商业银行在保持流动性方面,没有必要完全依赖建立分层次的流动性储备资产,因为资金来源也是一条重要的流动性来源渠道,如果商业银行需要资金,它可以向外筹集,借入资金可以满足存款的提取和增加贷款的需要,只要在资金市场上能借到资金,商业银行就可以大胆地放贷以争取高额收益。

商业银行负债管理理论的形成,是多方面因素共同作用的结果。

第一,追求高额利润的内在动力和竞争的外部压力,是负债管理理论形成的主要原因。商业银行对利润的追求,使盈利性与流动性的矛盾更为突出,在牺牲盈利的条件下,通过调整资产结构来实现流动性,满足不了商业银行追求利润的要求,加上其他金融机构的茁壮成长,大有侵吞商业银行经营地盘之势。商业银行越来越感到应从负债方面考虑,扩大资金来源,满足客户的各种资金需求,巩固自己的经营阵地,保持与提高自己盈利能力。

第二,金融市场的发展,尤其是可转让大额定期存单的管理发行,为负债管理的实施准备了技术条件。可转让大额定期存单,对客户来说,既可获得较高的利息,又能保持资金的流动性;对商业银行来说,可以由过去被动等待客户存款,变为主动进行市场推销,即增加了存款的稳定性与可用性,也降低了资金的流动性需求。再说,银行业务的国际化、通讯手段的现代化、金融资产的多样化,方便了商业银行的融资,为商业银行的负债管理提供了条件。

第三,当时的客观经济环境有助于负债管理的推行。20世纪60年代的通货膨胀虽然对吸存不利,但是对商业银行的负债经营却有利可图。因为借款的实际利率大大低于名义利率,同时存款保险制度的建立与发展,使得商业银行敢于冒险,进行主动的负债经营。

在负债管理理论的支配下,商业银行致力于开拓负债的方式有:发行大额可转让定期存单、发行金融债券、银行同业拆借、国际市场借款、向中央银行借款等等。

负债管理理论的盛行,一方面增强了商业银行的活力,充实了商业银行的资金来源,扩大了商业银行的经营规模;另一方面也大大加剧了银行间的竞争,提高了商业银行吸收资金的成本,到20世纪70年代,利率首次达到了自大萧条以来两位数,利率波动显著增加,银行利差缩小,银行经营状况日益恶化。同时,过多的通货转化为存款,使货币乘数增大,从而加剧了通货膨胀,这样,商业银行在资金的运用上更冒险了,经营的风险加大了。在金融创新和存款的争夺战中,大银行处于优势地位,而小银行则处于劣势,这就加剧了银行业的倒闭与兼并。这种情况又进而导致了商业银行经营管理理论的新转变。

2. 负债管理方法

1) 储备头寸负债管理

储备头寸负债管理方法意味着商业银行用借入资金来满足其短期流动性需要,也就是说,用借入资金来补充一级准备,以满足客户存款的提取和增加的贷款需求。储备头寸负债管理可以使商业银行持有较高比例的收入资产,因此预期收入提高。但是这种管理方法也存在风险:一是借入资金的成本不能确定;二是在有的情况下借不到资金。

2) 全面负债管理

全面负债管理,也称纯负债管理,是指商业银行用借入的资金持续地扩大资产负债规模。全面负债管理以借入资金具有较大的供应弹性为前提的,其条件是市场具有足够的参与者与足够的资金,单个商业银行的活动并不影响整个市场的利率水平。因此,实行全面负债管理的最大风险,在于商业银行得不到足够的资金来源。如果中央银行采取紧缩货币的政策,有些小银行的负债管理结构就有可能崩溃。

5.3.4 商业银行资产负债管理理论与方法

经济的发展,对商业银行的经营提出了更高的要求。无论是资产管理理论,还是负债管理理论都越来越不适应现代银行业的发展。资产管理理论过于偏于资产的安全性与流动性;负债管理理论能够较好地处理流动性与盈利性的关系,但往往具有较大的风险性。因此,客观上要求对资产和负债进行全面综合管理。于是在20世纪80年代初,产生了资产负债管理理论。

1. 资产负债管理理论

资产负债管理理论就是兼顾资产和负债两个方面的一种管理理论。该理论认为,只有根据政治、经济环境以及其他客观因素的变化,把资产和负债两个方面协调起来,运用各种手段对资产与负债进行混合式的计划、控制和管理,使它们在总量和结构上均衡,才能使商业银行在保证资产的流动性与安全性的前提下,实现其利润的最大化。资产负债管理是一项系统工程,当代的商业银行还把信息论、控制论、对策论等引入了资产负债管理之中,从而使资产负债管理更加科学。

商业银行所追求的是利润的最大化,这是资产负债管理要达到的首要目标。商业银行的利润主要来源于利差,即各项利息收入与利息支出的差额。而影响商业银行利差的因素主要有:第一,利率水平,包括资产的平均利率水平和负债的平均利率水平,两者差额越大,利差就越大;第二,资产负债规模,在利率水平既定的情况下,资产负债规模越大,利差就越大;第三,资产负债结构,在利率上升时期,如果商业银行的利率敏感性资产超过利率敏感性负债,则正利差就扩大,反之,负利差扩大。可见,对利差的管理不仅是商业银行实现其利润目标的关键所在,而且几乎囊括了资产负债管理的全部内容。因此,利差管理实际上是商业银行资产负债管理的核心内容。

要实现商业银行利润的最大化,除了使利差达到最大以外,还需同时使其风险与费用达到最小,因为风险与费用都是对收益的直接扣减。商业银行的风险不仅来源于其所面对的客观环境,而且还来自于商业银行自己的主观行为。事实上,风险与收益是一对孪生兄弟,而且收益越高风险就越大。那些只顾追求收益而不防范风险的行为,无异于自杀。商业银行的费用包括在经营各项业务中的开支以及各种税赋等。费用越大,商业银行的盈利就越小。因此,对费用与风险的管理也是商业银行资产负债管理的重要内容。

值得注意的是,当今商业银行的资产负债管理,不仅注重其盈利的最大化,而且更注重盈利性、流动性、安全性三者的统一;不仅注重资产负债总量上的平衡,而且更注重资产负债结构上的协调;不仅注重对自身行为的约束和控制,而且更注重对客观经济环境变化的预测与防御;不仅注重对资产负债表内项目的管理,而且更注重对表外业务的监测。可以预计,随着经济的不断发展,商业银行的资产负债管理必将充实新的内容。

资产负债管理理论的推行,从微观上看,缓和了商业银行资产与负债的矛盾,增强了商业银行的应变能力与抵御风险的能力,使商业银行的经营管理走上了科学化和现代化的轨道;从宏观上看,一定程度上缓和了通货膨胀的压力,使商业银行之间的竞争更加激烈,为金融当局对银行与货币的管理增加了难度。

总之,资产负债管理理论的出现,不仅反映了西方商业银行经营管理的工作越做越细、水平越来越高,而且表明了经济发展对商业银行所提的要求越来越高,同时也说明了商业银行对社会所承担的责任也越来越大。

2. 资产负债管理方法

1) 缺口管理法

缺口管理的目的是为分析商业银行资产、负债科目的利率与期限之间的联系提供一个有用的分析框架,并为商业银行管理这些联系提供操作上的便利。

为了确定商业银行资产负债表上各科目的利率敏感程度,缺口管理法将商业银行所持有的全部资产与负债分成三组:一组是由一些到期时间和利率完全搭配的资产与负债组成。预先确定的到期时间与利率水平使这些项目为商业银行提供的经营毛利比较稳定,较少受利率变动的影响。另一组是由收益率固定的资产与负债构成,到期时间与利率一般也都是搭配的,所以它们对短期利率水平的变化也不太敏感。经营这些科目所获得的利润一般只会因为个别科目到期或展期而略有波动。再一组是由利率可浮动的资产与负债构成。这意味着这些科目都是短期的,而且其利率会随着市场情况的变化而不断调整。利率可浮动的资产包括短期贷款、短期投资、利率可变化的长期贷款、售出回购协议等;利率可浮动的负债包括短期存单、短期借款等。

最后一组资产负债组合对缺口管理最重要。为了准确地计量商业银行资产负债的利率敏感性。有必要对该银行持有的利率可浮动资产和利率可浮动负债分别进行汇总,以确定它们之间的差额。这个差额就是资金缺口。图 5.3 表明了三种资金缺口情况,即零缺口、正缺口及负缺口。

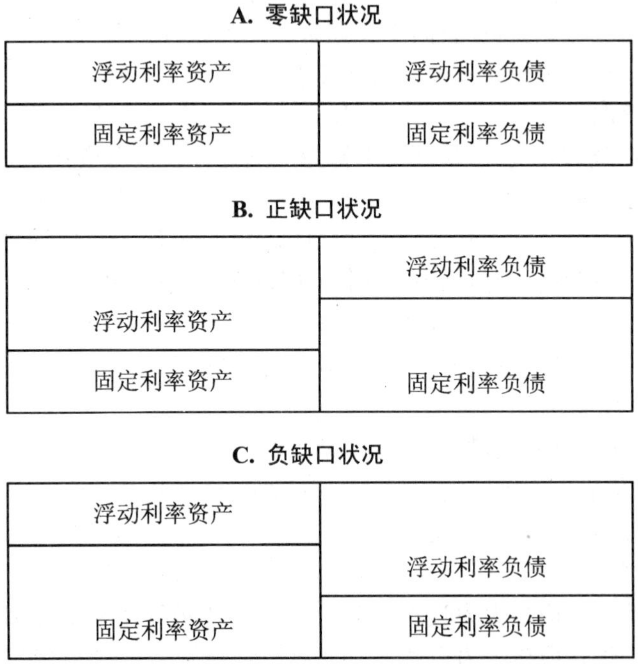

A. 零缺口状况

浮动利率资产	浮动利率负债
固定利率资产	固定利率负债

B. 正缺口状况

	浮动利率负债
浮动利率资产	
固定利率资产	固定利率负债

C. 负缺口状况

浮动利率资产	
	浮动利率负债
固定利率资产	固定利率负债

图 5.3 三种资金缺口情况

在利率可浮动资产金额大于利率可浮动负债金额时,商业银行就存在正的资金缺口。这种策略的预期收益较零缺口高,但利率风险也较大。当市场利率上升时,拥有正资金缺口的商业银行盈利能力将提高,因为这意味着相对于负债而言更多的资产的利率水平被调高了。同样,在利率可浮动资产金额小于利率可浮动负债金额时,商业银行就存在负的资金缺口。这样,当市场利率下降时,商业银行会拥有更多的利率可调整的负债,同时商业银行的负债成本要比资产收益下降得更多。

缺口管理有保守型与主动型两大策略,所谓保守型缺口管理策略,就是指商业银行努力使利率可浮动资产与利率可浮动负债的差额接近于零,把利率风险降低到最低限度,以保持收益的稳定;所谓主动型缺口管理策略,就是指商业银行根据自己对利率的预期,积极调整资产负债结构,扩大或缩小利率可浮动资产与利率可浮动负债的差额,从而获得更高的收益。

2) 比例管理法

比例管理法,就是商业银行按照一系列重要的资产负债比例指标来对商业银行的资产和负债进行监控和管理一种管理方法。这些重要的监控指标主要有:资本充足率指标、存贷款比例指标、中长期贷款比例指标、资产流动性比例指标、备付金比例指标、同一客户贷款比例指标等。

3) 差额管理法

差额管理,顾名思义,也就是集中精力对商业银行经营资产所获得的平均收益与获得资金所耗的平均成本之间的差额进行的管理。随着金融改革和金融管制的逐步放松,金融竞争不断加剧,金融自由化不断升级,客户更加趋向于将自己大多数存款从低利率转为高利率,同时商业银行为了竞争的需要也在金融市场上通过各种形式积极地筹集资金,从而使得商业银行资产收益与资金成本之间的差额大大降低了。这将迫使商业银行根据经济周期的情况采取弹性更大的贷款定价与投资定价的战略。

在经济处于复苏阶段,如果市场利率上升的话(参见图 5.4 所示),那么商业银行应该主要依靠利率固定的负债来获取资金,增加利率敏感的资产,避免发放固定利率的贷款;在经济处于繁荣时期,商业银行应该大力吸收短期资金来源,避免吸收高成本的固定利率资金来源,加大固定利率贷款发放的比例;在经济处于衰退阶段,商业银行应该大力吸收短期资金,大力发放固定利率贷款;在经济处于危机阶段,商业银行应该大力以固定利率吸收长期资金,出售利率固定的贷款和投资以增加收入,增持利率敏感型资产,以便在复苏来临时获取高收益。这就是在一个经济周期内,当短期利率出现波动的时候,商业银行所应当采取的差额管理策略。

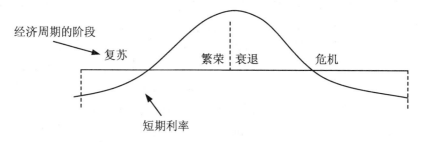

图 5.4　经济周期不同阶段短期利率变化示意图

4）其他管理方法

除了以上几个常见的资产负债管理方法外，还有金融期货交易法、期权管理法和利率调期法。

（1）期货交易法。是通过一个合约确立以一定的价格和期限，买进或卖出一定标准数量和质量的金融商品的权利与义务的一种方法。商业银行利用金融期货可以实现套期保值。商业银行的套期保值有微观与宏观之分，微观套期保值是针对某项具体资产、负债的风险的；宏观套期保值是针对全部资产、负债的风险的。

（2）期权管理法。是通过买卖期权从而获得更高收益的一种管理方法。所谓期权，是指赋予其购买者在规定期限内按双方约定的价格购买或出售一定数量某种金融资产的权利。商业银行进行期权交易的主要目的是为了避免利率变化对资产价值的不利影响，即进行保值。

（3）利率调期法。是由交易双方按照约定的条件，以同一货币种类，同一金额的本金作为计算基础，一方以固定利率换取另一方的浮动利率或者以浮动利率换取固定利率，以达到改善双方的资产负债结构，降低利率风险的目的。商业银行参与利率调换交易的目的有两个：一是为了改变负债的利率敏感性形式，使其更好地与资产结构相匹配；二是为了降低资金的筹集成本。

5.3.5　我国商业银行的资产负债管理

1. 资产负债管理制度的建立

我国银行资产负债管理制度，是随着经济体制、金融体制改革的深化而演变发展的。

在传统的计划经济体制下，银行管理重点是放在信贷资产管理上，实行以计划性、偿还性、保证性为核心的资金管理制度。

改革开放以后,伴随着商品经济的发展、资金需求日益扩大、资产业务不断多元化的发展,客观上要求扩大负债业务,各种筹资、融资方式随之出台。为适应形势发展的需要,1984年实行了"统一计划,划分资金、实贷实存、相互融通"的信贷资金管理制度。由于当时国家宏观调控,特别是中央银行的调控机制尚不健全,专业银行又缺乏自我约束能力,出现了负债规模一度过量扩大,资产规模也出现盲目扩张的新问题,引发了1993年一些地方的乱集资、乱拆借、乱提高利率、任意扩大信贷规模、金融秩序混乱的情况。针对这种情况,1993年下半年开展了全国性的金融秩序整顿工作。1994年,国有商业银行包括城市、农村信用合作社,开始全面推行资产负债比例管理制度。即以比例加限额控制的办法,对商业银行资产负债实行综合管理。其基本要求是以负债的期限、数量结构相对应,提高资产的流动性,坚持效益性、安全性、流动性的统一。

为了确保这一制度的实施,国家在1995年先后颁布的《中华人民共和国中国人民银行法》和《中华人民共和国商业银行法》中做出了法律规定。

从1998年1月起,我国取消了对国有商业银行贷款增加量管理的指令性计划,改为指导性计划,在逐步推行资产比例管理和风险管理的基础上,实行"计划指导、自我平衡、比例管理、间接控制"的信贷资金管理体制。

2. 资产负债比例管理的指标体系

我国商业银行资产负债比例管理指标是根据国际惯例和我国实际情况制定的。目的在于进行科学的考核和严格的监控,以利于宏观调控和"三性"原则的落实。主要指标如下:

(1) 资本充足率指标。该指标是监测商业银行资本总额与资产总额的比例的一个指标。一般说来,该指标不得低于8%。

(2) 存贷款比例指标。该指标为商业银行各项贷款与各项存款的比值。一般说来,该指标不要超过75%。

(3) 中长期贷款比例指标。该指标为商业银行一年期以上的贷款与一年期以上的存款的比值。该指标最好不要超过120%。

(4) 资产流动性比例指标。该指标为商业银行各项流动性资产与各项流动性负债的比例。该指标一般不得低于25%。

(5) 备付金比例指标。它是商业银行库存现金与在中央银行的备付金存款两项之和与其各项存款的比例。一般说来,该指标最好不要低于5%。

(6) 同一客户(最大10家客户)的贷款比例指标。它是商业银行对同一个客户(最大10家客户)所发放的贷款余额与商业银行资本总额的比例。一般地说,商业银行对同一客户的贷款不要超过其资本总额的10%;商业银行对最大10家

第5章　商业银行

客户发放的贷款最好不要超过其资本总额的50%。

(7) 拆借资金比例指标。该指标为商业银行拆入资金的余额与其各项存款余额的比例。一般说来，该指标最好不要高于4%。

各银行在执行上述规定的指标前提下，可根自身资金营运的特点和强化管理的需要，制定一些补充指标，在报经监督管理部门同意后组织实施。

5.3.6　商业银行经营管理的发展趋势

随着世界经济的日益一体化、科学技术的不断进步及银行业竞争的白炽化，各国商业银行的经营管理在不断推陈出新，出现了一些新的特点。

1. 银行经营全能化

近些年来，随着时代的发展，西方各国金融机构的业务界限正在逐步打破，商业银行除了办理传统的存款、贷款、汇兑业务外，还办理信托、信息咨询、租赁、证券买卖、代保管、外汇买卖、银行卡、代理保险、评估、工程审价、工程监理等业务，逐步走上了经营"全能化"的道路，日渐成为"金融百货公司"。究其原因，主要有以下几点：第一，近年来，西方商业银行活期存款的比重在逐步下降，定期存款比重在逐步上升。这为商业银行开拓投资业务提供了较为稳定的资金来源。第二，金融业的迅速发展使得金融竞争日益加剧，从而造成了商业银行盈利水平的普遍下降，这就迫使商业银行锐意进取，不断开拓新的业务领域、发展新的金融品种。第三，金融管理当局不断顺应世界经济发展的潮流，通过立法放宽了对金融业业务领域的限制，为商业银行的经营全能化提供了方便与支持。第四，资产负债管理理论的不断发展对商业银行全能化的发展起了很大的推动作用。

2. 银行营运电子化

随着商业银行竞争的日趋激烈，加上电子技术的日益普及，越来越多的商业银行广泛使用电子计算机技术来提高效率和改善经营管理，从而有利地促进了其营运的电子化。这主要包括三个方面：一是银行业务处理手段的自动化，以电脑取代人手。银行业务处理自动化使得商业银行大部分业务以电子网络为媒介来进行，社会各界与商业银行的直接接触大大减少；延伸了商业银行的业务，改变了传统的通过增设分支机构来扩大商业银行实力的战略；使全球范围内的资金与信息的转移在几秒钟内完成，把各国金融中心紧紧连在了一起；节约了费用，降低了成本，提高了效率。二是综合管理信息化。商业银行管理人员可通过计算机轻易地拥有和运用大量信息，在对大量信息进行综合分析、研究、预测的基础上，建立专家软件系统和决策软件系统。机构与机构之间可借助于计算机网络来传递各种信息，以便进行及时的业务经营发展方向的调整、业务经营的管理与控制。三

现代货币金融学

是客户服务全面化。客户是商业银行的生命所在,要建立客户群,除了不断增加和开拓业务品种外,最重要的是提高服务质量,为客户提供全方位的服务。银行营运电子化的重要内容就是把为客户的全方位服务落到实处。计算机网络的形成及 ATM 机、POS 机、甚至是多媒体的逐渐普及,银行之间、银行与居民之间、银行与企业之间、企业与企业之间的各种交易与支付、转账更为准确与快捷。

3. 银行业务国际化

在世界经济一体化进程不断加快的大背景下,商业银行的业务正在不断国际化。主要原因有四点。第一,跨国公司为了获得更多的利润积极实行在国外的不断扩展战略,为适应这一客观形势的发展,商业银行不得不也在国外不断增设分支机构。第二,许多国家的金融管理当局放宽了对金融特别是外汇的管制。第三,发展中国家的经济建设对资金的需求很迫切,这为发达国家与地区商业银行的业务扩展提供了极好的机会。第四,电子计算机和现代通讯技术的广泛运用使各种金融活动可以突破国界且快速地进行。要指出的是,在商业银行业务国际化进程中,日本是走得最快的。

4. 银行集团化、帝国化

多少年来,银行业一直是并购活动中最为频繁的行业之一。资料显示,英国 1988 年拥有银行 244 家,而到 1994 年仅剩 128 家;1995 年,美国、德国、法国、瑞士等国所拥有的银行数分别比高峰期的 1980 年减少 36%,31%,43%,83%。当今国际银行业并购频繁发生,有其内在的动力机制和深刻的现实背景,主要是:①差别效率理论。即商业银行利用其过剩的管理资源对外收购扩张,发挥自身过剩的管理资源,提高商业银行的价值。②规模经济效应。规模经济效应是指随商业银行业务规模、人员数量和机构网点的扩大而发生的单位运营成本下降,单位收益上升的现象。当前,金融自由化和高效统一的资本市场为商业银行通过并购来实现规模经济准备了市场条件。③市场份额资产效应。作为商业银行,对市场份额的争夺尤为重要,商业银行的并购也是为了在激烈的环境中追求更大的市场份额,拓宽经营业务范围,谋取更强的垄断地位。④财务协同效应。这主要指并购给商业银行在财务上带来种种效益,从而提高商业银行的价值。国际银行业的并购已经不是一种时髦,而是大势所趋,不断并购的结果是商业银行趋向集团化、帝国化,这些超大的商业银行将控制世界的金融业,改变国际金融格局。

5.4 商业银行风险及管理

近年来随着我国金融体制改革的深入推进,我国利率、汇率及股票价格市场

第5章 商业银行

化进程不断加快,如何应对市场化条件下这三大风险变量的变化,对商业银行的经营管理提出了更高的要求。同时,随着金融业内部的行业结构整合力度的加大,银行、证券、保险、信托等行业混业经营的趋势越来越明显,出现了一些集银行、证券、保险、信托业务于一身的集团化金融机构,在我国当前仍实行金融业分业监管的体制下,无疑使商业银行所面临的风险更加多样化和复杂化。

随着我国加入世界贸易组织,2006年我国银行业全面开放,由此而带来的国际竞争使得我国商业银行风险管理面临着更为严峻的挑战。激烈的市场竞争导致了市场大量创新金融产品的出现,金融创新产品的出现,使得市场的结构更加复杂,商业银行理解和认知新产品的难度也随之加大。

因此,为了实现商业银行的稳健发展,确保社会的稳定,商业银行应加强风险的识别、防范与控制。

5.4.1 商业银行风险及其特性

银行业是一个特殊的高风险行业,从某种意义上讲,一部银行发展史就是一部银行风险史。银行风险种类繁多,成因复杂,危害深重,因此备受各国商业银行、金融管理当局和社会各界的关注。

所谓商业银行风险,就是指商业银行在经营中由于主、客观因素影响使资金、财产、信誉有遭受损失的可能性。

商业银行风险具有以下两个特性:第一,商业银行所面临的各种风险均直接表现为货币资金的损失。这是因为,从商业银行经营的对象来看,其经营的是货币资金。第二,商业银行风险涉及面广,涉及金额大。在当今发达的市场经济和货币化程度较高的社会里,人人都离不开货币,商业银行业务渗透到社会经济生活的每一个角落。同时商业银行具有信用创造能力,这一能力可造成商业银行的风险被成倍扩大,并形成连锁反应,对整个经济体系形成潜在风险。

5.4.2 商业银行风险的主要表现

商业银行风险的产生有其客观存在的必然性,也有在经营管理上失误的主观原因,主要表现在:

(1) 风险可能来自于客户的各种违信行为。客户在取得贷款后,由于决策失误,或市场变化,或有意不履行还款义务而使商业银行形成呆账损失。这种风险也存在于其他业务中,如担保、承兑等。商业银行步入这种险境的常见原因有两个:一是贷款集中,这包括对单个客户,或一批相关客户的集中贷款,以及对特定的行业、经济部门和地区的集中贷款。我国1992年、1993年广东、海南等地的房地产开发热,导致了1995年、1996年及以后年度许多商业银行的经营困境。二是关系人贷款,即商业银行将贷款发放给通过所有权直接或间接控制商业银行的个人或公司,包括商业银行的母公司、附属企业、董事和经理层。关系人贷款由于在贷款方面实施优惠待遇而可能招致巨大的贷款损失风险。

(2) 风险可能来自商业银行支付能力的不足。商业银行按时偿付债务的能力,就是人们常说的资产流动性问题。商业银行流动性不足表现为不能满足存款者提款的要求,不能及时按正常的成本在市场上融资。如果商业银行不及时保证存款人的存款提取,就会失去信誉而导致危机。

(3) 风险可能来自市场利率的变动。由于利率水平随经济状况的变动而变动,而商业银行资产与负债的期限结构不尽一致,利率一变,其成本与收益就会相应发生变化,有时会给商业银行造成损失。尽管利率风险是银行经营所面临的正常风险,但大量的利率风险损失也会给商业银行以致命的打击。

(4) 风险可能来自汇率的变化。这通常发生在与国际经济、贸易密切相关的金融活动中。商业银行以外币计价的资产与负债,其价值会因汇率变动而上升或下跌,即存在汇率的风险。

(5) 风险可能来自国家宏观经济金融决策的不适事宜或失误。宏观决策出现问题,会造成商业银行经营发展的不稳定,乃至出现危机。1997年所爆发的震惊世界的东南亚金融危机,其很重要的一个根源就在于这些国家的经济金融政策失误,长期坚持僵化的固定汇率政策,损害了出口竞争力;过早地开放了资本账户,对本外币转换不加限制;金融管理失控,金融机构呆账、坏账剧增。2007年的美国次贷危机的直接原因是美国政府放任利率的上升和住房市场的持续降温。

(6) 风险可能来自商业银行重要人员的违规经营。这类违规经营包括越权贷款或交易、做假账等。英国巴林银行倒闭的导火索就是由于其新加坡期货公司交易员里森的越权违规交易而形成的巨额亏损;2007年4月中国农业银行邯郸分行5 095.605万元盗窃案,系有关工作人员未能严格按规定履行对金库的查库职责引起的。

(7) 风险可能来自其他国家或地区的政治经济形势的变化。商业银行一旦具备了一定规模后,除了经营本币业务外,都会向国际业务扩展,这就存在一个国家风险问题。它贷出的资金能否收回,效益如何,就与借款人所在国家或地区的经济、社会和政治环境紧密地联系在一起。

(8) 风险可能来自商业银行的过快发展。商业银行的过快发展会给银行业的稳定发展带来隐患。一是机构过度增长,业务规模与资本金不相称;二是专业人才短缺,不适应银行业作为知识密集型行业发展的需要,往往经营不善;三是内部控制制度跟不上,内控体系不健全,造成管理上的漏洞和资金的损失。

5.4.3 我国商业银行的风险管理

1. 风险管理的含义、原则及目标

风险管理是运用风险控制手段和方法,对在经营过程中所承受的风险进行识别、测量和控制以及化解的行为过程。

借鉴西方商业银行风险管理的经验,结合我国银行经营和资产质量状况,我国商业银行目前风险管理的重点是资产风险管理,即对贷款资产、非贷款资产、或有资产等三大资产的风险管理。风险管理原则是量化管理,防范为主,努力转化,及时补偿,对增量重在风险的事前防范,对存量重在风险的转移消化,对已有损失及时补偿。

简单地讲,风险管理的目标是,确保安全经营,获取最大利润。风险管理是商业银行经营管理的组成部分,它的根本目标与商业银行经营的总体目标是一致的,以尽量小的成本,保证商业银行处于足够安全的经营状态,尽可能地追求最大的盈利。

2. 风险管理主要流程

商业银行风险管理部门承担了风险识别、风险计算、风险监测的重要职责,而各级风险管理委员会承担风险控制与管理决策的最终责任。

1) 风险识别

适时、准确地识别风险是风险管理的最基本要求,风险识别应在银行未对发生的风险采取任何措施之前进行。

风险识别包括感知风险和分析风险两个环节。感知风险是通过系统化的方法发现商业银行所面临的风险种类、性质;分析风险是深入理解各种风险内在的风险因素。

制作风险清单是商业银行识别风险的最基本、最常用的方法。它是指采用类似于备忘录的形式,将商业银行所面临的风险逐一列举,并联系经营活动对这些风险进行深入理解和分析。此外,常用的风险识别方法还有:专家调查列举法、资产财务状况分析法、情景分析法、分解分析法和失误树分析方法。

2) 风险计量

风险被识别出来以后,就要对其进行计量。风险计量是全面风险管理、资本监管和经济资本配置得以有效实施的基础。

准确的风险计量结果是建立在卓越的风险模型基础上的,而开发一系列准确的、能够在未来一定时间限度内满足商业银行风险管理需要的数量模型,任务相当艰巨。商业银行应当根据不同的业务性质、规模和复杂程度，对不同类别的风险选择适当的计量方法，基于合理的假设前提和参数，计量承担的所有风险。

3) 风险监测

风险监测包括两个方面：一是监测各种可量化的关键风险指标以及不可量化的风险因素的变化和发展趋势；二是及时报告商业银行所有风险的定性和定量评估结果，并随时关注所采取的风险管理措施的实施效果。

4) 风险控制

风险控制就是对经过识别和计量的风险采取分散、对冲、转移、规避和补偿等措施，进行有效管理和控制的过程。风险控制措施应当实现以下目标：①风险管理战略和策略符合经营目标的要求；②所采取的具体措施符合风险管理战略和策略的要求，并在考虑成本与收益的基础上保持有效性；③通过对风险诱因的分析，发现管理中存在的问题，以完善风险管理程序。

按照国际最佳实践，在日常风险管理操作中，具体的风险控制措施可以采取从基层业务单位到业务领域风险管理委员会，最终到达高级管理层的三级管理方式。

3. 风险管理环境的完善

风险管理环境是指风险管理活动所影响的范围或风险管理行为所面临的境况，主要包括风险管理文化、交流与沟通、责任与意识、人员培训等。

实际上，在商业银行的运行中，无论是管理人员还是基层业务操作人员，都构成了风险的源泉，但其同时也担负着控制和防范风险的责任。因此必须加强所有银行从业人员对风险的认识，要求员工在业务操作或从事内部管理时必须严格遵守行为准则，保证风险管理政策的有效落实；要建立内部风险控制文化，营造良好的风险管理和控制氛围。这可以是强行灌输的，如出台一项新制度后对必须遵守的员工大力培训，要求新员工必须熟知有关风险管理的规章等；也可以正面引导，如鼓励员工在对所在岗位的制度熟知的前提下，就制度对业务的覆盖性、完备性和有效性进行不断审查，对发现问题或提出改进措施的给予奖励等。更关键的是让员工积极参与到银行的发展战略和具体措施的实施过程中，这样能更好地激发员工的责任意识，从上至下形成一种良好的文化氛围，使置身其中的每一个人更加重视风险、感知风险，进而防范和控制风险。我们可以通过两条途径来塑造企业文化：一是以政策、舆论、理论、价值、生活方式等全方位导向来提高员工的风险理念，通过全面渗透引导员工认同风险控制观和职业道德风尚。二是运用全方位激励的方式把内控理念贯彻到员工的日常生活中，通过灵活运用灌输引导与自我教育相结合、思想教育与行为规范约束相结合、情与理相结合、社会塑造与自我塑造相

第5章 商业银行

结合等方式,形成全方位融合态势,提高员工素质,实现全员综合能力的全面提升。

特别需要指出的是,商业银行面对自己存在的风险,既不能视而不见,也不能草木皆兵。要在冷静分析各种风险的形成原因的基础上,采取正确的政策措施,有针对性地进行防范、控制与化解。总的指导方针是:以邓小平建设有中国特色社会主义理论为指导,深入贯彻和实践科学发展观,依据《中华人民共和国中国人民银行法》、《中华人民共和国商业银行法》及相关的金融法律与法规,规范自己的经营行为,强化内部控制,合理承受金融风险,充分发挥自己转移、消除风险的管理技能,切实提高防范和化解金融风险的能力,维护好公众的利益和社会的稳定,促进国民经济和社会的稳定发展。

从现实看,为了有效地防范与化解金融风险,商业银行应将工作的重点放在严密的内部控制体系的建立上。所谓内部控制,就是商业银行管理层为实现既定的经营目标和防范金融风险,对内部各职能部门、分支机构及其员工从事的业务活动进行风险控制、制度管理和相互制约的一系列方法、措施和程序的总称。有效的内部控制实际上是商业银行从决策、实施到管理、监督的一个完善的运行机制。一般说来,商业银行的内部控制的基本要求主要包括稳健的经营方针和健全的组织结构、恰当的职责分离、严格的授权与审批制度、独立的会计与核算体制、科学高效的管理信息系统及有效的内部审计等六个方面。

本章小结

商业银行是商品经济发展到一定阶段的产物,它是为适应市场经济发展和社会化大生产而形成的一种金融组织。综观世界商业银行发展过程,归纳起来大致可以分为两种模式:一是以英国为代表的传统模式的商业银行。二是以德国为代表的综合式的商业银行。

现代商业银行是以获取利润为经营目标、以金融资产和金融负债为主要经营对象、业务广泛、综合性、多功能的货币经营企业。商业银行是企业,是经营货币的特殊企业,是金融体系的主体。

商业银行的职能是由它的性质所决定的,主要有四个基本职能:信用中介职能、支付中介职能、信用创造职能和金融服务职能。信用中介职能、支付中介职能是商业银行的基本职能;信用创造职能和金融服务职能是在前两个职能的基础上产生的。现代商业银行最本质的特征是在其信用创造方面。唯有其信用创造职能,才是现代银行与原始银行相区别开来的根本所在。

一个国家商业银行的组织形式对其经济、金融和社会的发展具有相当重要的意义。目前世界上商业银行的组织形式基本的有单元制和分支行制两种。但为了适应经济发展的客观要求,也发展着其他多样化形式。

按商业银行资金的来源和运用,可将商业银行的业务主要划分为三大块,即负债业务、资产业务和中间业务。负债业务是商业银行资产业务和中间业务的基础。创新是金融业永恒的话题,而加快中间业务的创新则是商业银行的必然选择。

为了获得最大限度的利润,同时又能满足存款人提取存款的需要,商业银行的资金运用就必须兼顾盈利性、安全性和流动性。盈利性是商业银行经营管理的目标,安全性是商业银行经营管理的保障,流动性是商业银行经营管理的前提。在现实中,商业银行未必能同时兼顾。使这三者能谐调合理配合,是商业银行管理所面临的一个经常性问题。注意,在我国,现行的《中华人民共和国商业银行法》将安全性、流动性、效益性概括为商业银行的三项经营原则。

多年来,围绕着如何处理盈利性、安全性和流动性三者间的关系,产生了一些商业银行经营管理理论,并发展出了一系列的经营管理方法。

银行业是一个特殊的高风险行业,从某种意义上讲,一部银行发展史就是一部银行风险史。银行风险种类繁多,成因复杂,危害深重,因此备受各国商业银行、金融管理当局和社会各界的关注。从现实看,为了有效地防范与化解金融风险,商业银行应将工作的重点放在严密的内部控制体系的建立上。

【本章重要概念】

商业银行　信用中介　单元制　分支行制　支付中介　盈利性　安全性　流动性　同业拆借　负债业务　资产业务　中间业务　资产管理　负债管理　资产负债管理　银行风险　风险识别　内部控制

【复习思考题】

1. 如何理解现代商业银行的性质与职能?
2. 商业银行作为经营实体,其功能与一般工商企业有何异同?
3. 商业银行发展中的基本组织形式有哪些?
4. 商业银行的业务主要包括哪几类?各类业务之间的关系如何?
5. 银行资本如何构成?各构成部分包括什么内容?
6. 商业银行的中间业务与表外业务有何异同?
7. 简述商业银行经营管理的主要理论。
8. 商业银行是如何从早期的资产管理发展到资产负债综合管理的?
9. 商业银行风险的内涵及特性是什么?风险的主要表现有哪些?
10. 当前我国商业银行如何防范与化解风险?

第6章 中央银行

> **本章导读**

当今世界,中央银行是一个国家金融体系中居于中心地位的金融机构或组织,是统率国家金融体系、控制全国货币供应、实施货币政策的最高金融机构。

目前,中央银行制度已经成为现代金融经济的重要组成部分,中央银行职责的发挥直接关系到一国国民经济的健康运行和发展。中央银行是一国现代经济、金融体系的心脏或中枢。著名经济学家萨缪尔森曾经说过,中央银行是人类的一大发明。这是因为缺少中央银行,人类就缺少对货币调节的机构,虽然这个机构是人造的,但是除此之外没有谁能来担当货币量自动调节的重任。

本章主要介绍中央银行的产生、性质及类型,阐述中央银行的职能及其资产负债业务,介绍我国的中央银行。

6.1 中央银行概述

6.1.1 中央银行的产生与发展

1. 中央银行产生的客观必然性

18世纪后半期到19世纪前半期,由于社会生产力的迅速发展和商品流通的不断扩大,货币、信用业务日益扩大。与此相适应,西方国家银行业也随之迅速地建立了起来,具体表现为银行种类和数量增多、资本额增加、银行竞争日趋激烈。随之而来的是小银行的破产倒闭及信用的纠葛,这就给银行券的流通、金融市场的发展及经济的健康成长带来了一系列的问题。其中最主要的问题有:

(1) 银行券发行问题。在银行业发展初期,差不多每个银行都有发行银行券的权力,许多商业银行除了办理存放款和汇兑等业务以外,都从事银行券的发行。银行券分散发行的弊病很大,一是在资本主义竞争加剧、危机四伏、银行林立的情况下,一些银行特别是小的商业银行,由于信用能力薄弱,经营不善或同业挤兑,无法保证自己所发银行券的兑现,从而无法保证银行券的信誉及其流通的稳定,由此还经常引起社会的混乱;二是一些银行限于实力、信用和分支机构等问题,其信用活动的领域受到限制,所发行的银行券只能在国内有限的地区流通,从而给生产和流通带来困难。由此,客观上要求有一个实力雄厚,并在全国范围内有权威的银行来统一发行银行券。

(2) 票据交换问题。随着信用经济的发展,银行业务不断扩大,银行每天收受票据的数量也在一天天扩大,各银行间的债权债务关系复杂化,不仅异地清算矛盾突出,而且同城结算也存在问题,这就在客观上要求有一个统一的票据交换和债权债务的清算机构。因此,建立一个全国统一而有权威的、公正的清算中心已成为金融事业发展的必然要求。

(3) 最后贷款人问题。随着生产的发展与流通的扩大,对贷款的要求不仅数量日益增多,而且期限延长了。在这种情况下,商业银行如果仅用自己吸收来的存款进行放款,就远远不能满足社会经济发展的需要,但如将吸收的存款过多地加以放贷,又会削弱商业银行的清偿能力,有使商业银行发生挤兑和破产的可能。于是,为了保护存款人的利益和银行乃至整个金融业的稳定,客观上要求有一个信用卓著、实力强大并具有提供有效支付手段能力的机构,适当集中各家商业银行的一部分现金准备,充当商业银行的最后支持者。

(4) 金融管理问题。同其他行业一样,银行业经营竞争也很激烈。而它们在竞争中的破产、倒闭给经济造成的动荡要大得多。因此,客观上需要有一个代表政府意志、凌驾于一般金融机构之上的专门机构从事金融业管理、监督、协调的工作。

中央银行制度的产生是商品信用经济发展过程的客观需要,也是银行业务发展的必然结果。中央银行的产生,标志着现代资本主义金融机构体系的形成。

2. 中央银行的形成与发展

世界各国中央银行的形成,大致有两种主要途径:一是由商业银行逐渐演变发展而来的,英国的英格兰银行就是最好的例证。一些老牌资本主义国家中央银行多以这种方式形成。纵观西方国家中央银行产生发展史,多是按照这样一条线索演化的,即:一般的商业银行→较重要的发行银行→唯一的发行银行→"银行的银行"→"政府的银行"→职能健全的中央银行。① 二是通过立法,由法律规定建立一家银行为一国的中央银行以履行中央银行的职责。像美国的联邦储备体系,

---

① 参见:王松奇.金融学[M].2 版.北京:中国金融出版社,2000:312.

第 6 章 中央银行

在成立之时就是中央银行。20 世纪以后建立的中央银行多为这种形式。我国走的也是第二条途径。

现代意义的中央银行的普遍建立是在 19 世纪以后、20 世纪之初完成的。资本主义各国由于其经济发展的历史不同,其中央银行的确立时间也不一样。最早可以追溯到瑞典国家银行和英格兰银行。瑞典国家银行,又称瑞典里克斯银行,被认为是最早设立的中央银行,公认为中央银行的先驱。它最初是于 1656 年在斯德哥尔摩成立的私营的帕尔姆斯托洛克银行,后以 1668 年由政府改组为国家银行,但直到 1897 年才独占货币发行权,成为真正的中央银行。而 1694 年才诞生的英格兰银行,尽管其成立晚于瑞典国家银行,却比瑞典国家银行早 53 年于 1844 年由英国政府宣布其独占货币发行权,因此,一般公认为英格兰银行是中央银行的鼻祖。到了 19 世纪末,几乎所有欧洲国家以及日本、埃及等国都设立了中央银行。

美国是西方主要国家中建立中央银行制度比较晚的一个国家。在 1863 年以前,美国曾出现了自由银行制度时期(1833 年~1863 年),各银行都可自由发行银行券,以致币制紊乱,货币贬值。1863 年,美国政府为了结束货币紊乱的局面和给南北战争筹措经费,公布了《国民银行法》,规定凡向联邦政府注册的国民银行可以根据其持有的政府公债发行银行券。国民银行制度的主要弊端,在于银行券的发行不具有弹性,它的发行是以政府债券为基础,而不能随着经济的发展调节发行,同时,存款准备金极端分散,不能应付经常出现的金融动乱,这对于美国经济的发展和银行制度的稳定带来不利的影响。针对这一情况,1913 年国会通过《联邦储备法》,正式建立了中央银行制度,即联邦储备系统,其主要措施之一就是联邦储备系统统一发行联邦储备券,并把会员银行的存款准备金集中于 12 家联邦储备银行,使联邦储备系统执行中央银行的职能。

进入 20 世纪以后,尤其是 1920 年国际布鲁塞尔会议建议"凡是未设立中央银行的国家,应该尽快设立中央银行"以后,几乎所有独立的国家,都先后设立了中央银行,中央银行制度得到了极大的发展和完善。在 1921 年~1942 年间成立的中央银行有 43 家之多。1929 年到 1933 年的世界经济危机使西方各国开始强调中央银行作为"最后贷款人"的职责,强化中央银行对金融体系的集中统一管理。1930 年,在瑞士巴塞尔成立了国际清算银行,各国的中央银行作为本国金融机构的代表,开始加强银行的国际间合作。从而使中央银行制度又进一步得到了强化与完善。从 20 世纪初到第二次世界大战结束,是中央银行发展最快的一个时期。

第二次世界大战以后,随着国家干预经济的加强,政府利用中央银行来推行财政金融政策,干预国民经济,稳定货币,各国纷纷开始了中央银行国有化的进程或加强了对中央银行的控制。1946年,英国政府宣布英格兰银行收归国有;1957年,前联邦德国直接投资建立德意志联邦银行。同时,第二次世界大战后各国纷纷制定新的银行法,明确中央银行的职责是贯彻执行货币金融政策,维持货币金融的稳定。1946年美国国会通过《充分就业法》,规定联邦储备银行职责是促进经济增长、充分就业、稳定货币和平衡国际收支;日本的新银行法也规定中央银行必须"以谋求发挥全国的经济力量,适应国家政策的需要,调节货币、调整金融及保持并扶植信用制度为目的"。所有这些都表明,一国的中央银行已成为其国家机构的一部分。另外,第二次世界大战后还建立了布雷顿森林体系并相应建立了一系列国际金融机构,大多数国家的中央银行代表国家参加了这一机构,由此开展了更大范围内的中央银行的国际合作。现在布雷顿森林体系虽已解体,但这些金融机构依然存在,而且各国中央银行的合作正在进一步加强。中央银行的发展已进入了一个新的阶段。

6.1.2 中央银行的性质与职能

中央银行,即中心银行,它是一国金融体系的核心,是一国货币信用制度的枢纽;它在金融体系中处于特殊的地位,发挥着特殊的作用。中央银行,虽然也称"银行",但它是一个特殊的金融管理机关,是政府的一个部门。中央银行并不是企业,不以盈利为目的,而是处于一国金融业的主导和领导地位,最高的、特殊的金融管理机构。

1. 中央银行的性质

中央银行的性质是由其业务活动的特点和所发挥的作用决定的。

从中央银行业务活动的特点看,它是特殊的金融机构。一方面,中央银行的主要业务活动同样具有银行固有的办理"存、贷、汇"业务的特征;另一方面,它的业务活动又与普通金融机构有所不同,主要表现在其业务对象不是一般的工商客户和居民个人,而是商业银行等金融机构,同时,国家还赋予中央银行一系列特有的业务权利,如垄断货币发行、管理货币流通、集中存款准备金、维护支付清算系统的正常运行、代理国库、管理国家黄金外汇储备等。

从中央银行发挥的作用看,它是保障金融稳健运行,调控宏观经济的国家行政机构。中央银行通过国家特殊授权,承担着监督管理普通金融机构和金融市场的重要使命。同时,由于中央银行处于整个社会资金运动的中心环节,是国民经济运行的枢纽,是货币供给的提供者和信用活动的调节者,因此,中央银行对金融业的监督管理和对货币、信用的调控对宏观经济运行具有直接的重要影响。因此,中央银行又是宏观经济运行的调控中心。

作为国家管理金融业和调控宏观经济的重要部门,中央银行自然具有一定的国家机关的性质,负有重要的公共责任。并且随着国家对金融和经济实施干预或调控的加强,中央银行的国家机关性质也趋于强化。中央银行具有国家机关的性质,但与一般的行政机关又有很大不同:第一,中央银行履行其职责主要是通过特定金融业务进行的,对金融和经济的管理调控基本上是采用经济手段如调整利率和准备金率、在公开市场上买卖有价证券等,这些手段的运用更多地具有银行业务操作的特征,这与主要依靠行政手段进行管理的国家机关有明显不同;第二,中央银行对宏观经济的调控是分层次实现的,即通过货币政策工具操作调节金融机构的行为和金融市场运作,然后再通过金融机构和金融市场影响到各经济部门,其作用比较平缓,市场的回旋空间较大,这与一般国家机关的行政决定直接作用于各微观主体而又缺乏弹性有较大不同;第三,中央银行在政策制定上有一定的独立性。

其实,从前述推动中央银行产生的客观经济原因可以看出,不论是某家大商业银行逐步发展演变成为中央银行,还是政府出面直接组建成立中央银行,它都具有"发行的银行"、"银行的银行"和"政府的银行"这三个基本属性。

1) 发行的银行

中央银行是发行的银行,是指国家赋予中央银行集中与垄断货币发行的特权,是国家唯一的货币发行机构(在一些国家,硬辅币的铸造与发行由财政部门负责)。

中央银行集中与垄断货币发行权是其自身之所以成为中央银行最基本、最重要的标志;也是中央银行发挥其全部职能的基础。几乎在所有国家,垄断货币发行权都是与中央银行的产生与发展直接相连的。从商业银行逐步演变而成为中央银行的发展进程看,货币发行权的独占或垄断是其性质发生质变的基本标志;从国家直接设立的中央银行看,垄断货币发行权是国家赋予的最重要的特权之一,是所有授权中首要的、也是最基本的特权。一部中央银行史,首先是一部货币发行权逐渐走向集中、垄断和独占的历史。就当代经济而言,货币犹如经济中的血液,掌握了血液的吞吐,就可以成为当代经济的心脏。

中央银行垄断货币发行权是统一货币发行与流通和稳定货币币值的基本保证。在信用货币流通情况下,中央银行凭借国家授权以国家信用为基础而成为垄断的货币发行机构,中央银行按照经济发展的客观需要和货币流通及其管理的要求发行货币。中央银行独占了货币的发行权,就可以通过掌握货币的发行,直接地影响整个社会的信贷规模和货币供给总量,通过货币供给量的变动,作用于经济过程,从而实现中央银行对国民经济的控制。

2) 银行的银行

中央银行不直接与工商企业和个人发生往来,只同商业银行及其他金融机构发生业务关系,集中它们的准备金,并对它们提供信用。中央银行作为银行的银行这一性质,主要体现在中央银行与商业银行及其他金融机构的相互关系上。

(1) 集中商业银行的准备金。这是中央银行制度形成的重要原因之一。金融机构既然吸收了存款,则势必要准备一部分现款,以备客户随时提取,这种准备金称为存款准备金。如果这种准备金存在本行则称为库存现金,但为了保证存款人的存款安全和能使国家利用信用杠杆调节经济,中央银行规定,商业银行必须按所吸收存款的一定比例向中央银行缴纳准备金,这使中央银行能够通过各种手段,在一定程度上影响商业银行的现金准备,从而控制全国的信贷规模与货币供应量。

(2) 充当商业银行等金融机构的"最后贷款人"。商业银行需要补充资金时,可将其持有的票据向中央银行申请再贴现,或申请日拆性借款,中央银行对商业银行的贷款,其资金来源主要是国库存款、依靠国家拨给行政经费的行政事业单位的存款以及商业银行交存的准备金。如果中央银行资金不足,则可发行银行券。中央银行是商业银行的最后贷款人,这是中央银行极为重要的一个性质。通过向商业银行提供信用,中央银行就可以加强对商业银行的监督与控制。

(3) 办理商业银行之间的清算。所谓清算,是指为避免现金支付的麻烦,而以转账形式了结债权债务关系。企业之间因经济往来所发生的债权债务关系一般要通过金融机构来办理转账结算,这样这种企业之间的债权债务关系就转变成了金融机构之间的债权债务关系。而商业银行在中央银行开立了账户,并在中央银行拥有存款,这样,它们收付的票据就可以通过存款账户划拨款项,办理结算,从而清算彼此之间的债权债务关系。中央银行的这一性质也很重要,因为这有利于中央银行通过清算系统,对商业银行体系的业务经营进行全面而又及时的了解、监督和控制。

3) 政府的银行

中央银行从产生之日起就与政府水乳交融,它通过办理业务为政府服务,如代理国家金库,在法律许可的范围内向政府提供信用、代理政府证券等等,从而通过业务的具体经营来满足政府的需要。特别重要的是,中央银行作为政府管理金融、调节经济的特殊金融机构,在国家授权之下,拥有制定金融方针、政策和法令的特权,并对各金融机构贯彻执行各项方针政策的情况进行监督。按照法律规定,中央银行代表国家对国内各金融机构的设置、营业范围、经营状况及执行有关

第6章 中央银行

货币政策情况等进行审批、监管与检查,并能以经济的、法律的行政的手段对金融及经济活动进行必要的调控,以确保国家金融秩序的稳定和国民经济的健康发展。同时,中央银行还负有持有和管理国家黄金外汇储备的责任。可见,中央银行是政府管理经济的一个重要的职能部门,是为政府管理金融、调节经济的银行。一句话,中央银行是政府的银行。

上面的分析告诉我们:中央银行是一个不同于其他金融机构的特殊金融机构,它不以盈利为目的,从属于政府。在业务经营中,它既要为各种金融机构开展活动制订"比赛规则",管理各种金融活动,又肩负着推动整个金融业健康发展的重任。在实际运行中,中央银行根据政府经济政策的要求,通过货币政策和信贷政策,对商业银行和非银行金融机构的业务,进行必要的管理和调节,以确保信用规模、货币供应能够适应经济发展的需要。因此,中央银行具有国家机关性质的一面,是国家管理金融业的国家机关,是国家机器的重要组成部分,其直接目标在于:调节宏观经济、稳定币值、促进经济增长。

2. 中央银行的职能

中央银行的职能是指中央银行自身所具有的功能,是中央银行性质的具体体现或细化。中央银行作为一个寓管理于营业之中的特殊的金融机构的性质,是通过它的各种职能具体表现出来的。其职能主要包括:金融调控职能、公共服务职能和金融监管职能。

1) 金融调控职能

中央银行作为一个国家机关,是一国最高的金融管理机构,其首要职能是金融调控职能。这就是说,中央银行为实现货币政策目标,通过金融手段,对整个国家的货币、信用活动进行的调节与控制,进而影响国民经济的运行。中央银行的金融调控活动是围绕货币供应量展开的。因此,货币政策的制订和执行应由中央银行来负责。中央银行不仅要确定货币政策的目的、方针,而且还要通过自己的日常活动,具体地运用各种金融策略,借助有关手段,来促成所定目标的实现。同时,中央银行必须独占货币的发行权,必须使中央银行所发行的货币成为支撑流通中各种货币的基础,中央银行一旦改变了其自身所提供的货币数量(基础货币量),就可以影响整个社会的货币总量(包括其他非中央银行所创造的各种可以起流通手段职能的"货币")。只有在确保这一机制存在的前提下,即在中央银行能够通过改变自己的货币供给量便能带动全社会的货币供给量作相应改变的条件下,中央银行才能从金融方面来确保社会总需求与总供给的某种协调或均衡。可见,中央银行是全国法偿通货的唯一供给者,其他各种"货币"的供给,必须受制于中央银行,这是一条原则,不能破坏。

中央银行为使货币供给量保持在适度的水平上,确保国民经济的健康发展,一方面要能把握国内外经济发展的动向;另一方面要运用好各种经济手段,如再贴现率、存款准备率、公开市场操作等,使商业银行和非银行金融机构朝着自己既定的方向运行。

中央银行对货币供给量的控制是货币政策的核心所在。它所运用的各种金融策略都无不与此密切相关,都会直接、间接地归结到这一点上。

2) 公共服务职能

这是中央银行以银行的身份向政府,向金融机构所提供的金融服务。从中央银行的产生发展史中可知,中央银行首先开始于为政府及商业银行所提供的服务。

中央银行的服务职能的第一方面是以政府为对象所提供的种种金融服务。其具体表现在:

(1) 向政府融资。中央银行原则上不应向财政垫支,但当政府出现暂时性财政赤字时,中央银行亦不能坐视危难,拒绝支持,而应允许政府进行短期融资。融通资金的方式可以是向政府提供无息或低息短期贷款。

(2) 为调整银根,而在次级市场上买卖政府债券。这样做,一方面可以达到调节货币流通量的目的,另一方面也可以增强政府债券的流动性与市场性。这种买卖的结果,就某一时点上中央银行的资产负债表来看,表现为中央银行拥有相当数量的政府债券。这种政府债券的买卖也可以认为是对政府的一种融资。

(3) 代理国库、代管公债的发行及还本付息事宜。中央银行经办政府的财政收支,接受国库的存款,兑付国库签发的支票,代理收解税款,替政府发行债券及还本付息,从而充当国库的出纳。这些服务无非是银行所经营的存款转账结算、代理收付、代保管等业务的具体化。对中央银行来说,这些业务中的顾客是政府,这是其他普通金融机构所没有的。

(4) 替国家管理黄金、保管外汇。中央银行代理政府买卖黄金、调济外汇、筹措和运用外汇头寸,管理国家的外汇与黄金储备。

(5) 充当境外各种有关金融活动的政府代表。一个国家的国际金融活动,一般均由中央银行作为政府的金融代理人代为处理,如与别国金融机构或国际金融机构建立业务联系、签订国际金融协定、参加国际金融活动等。

(6) 政府的金融顾问与参谋。中央银行是一国的最高金融机构,它既管理全国的所有金融机构,又直接参与金融活动,对金融机构的"一言一行"非常了解,同时它掌握全国的货币供应情况。因此,当政府制定与决定金融政策时,中央银行理所当然会成为政府金融政策的顾问和参谋,可以为政府制定金融政策提供可靠的资料、可供选择的方案及合理的建议。

中央银行的服务职能的第二方面是以各种金融机构为对象所提供的种种金融服务。这种服务,也是与一般商业银行营业中的存款、放款、划拨转账相同的,只是这里的营业对象是商业银行,而一般银行的营业对象则是公司、企业、个人。具体服务表现在:

(1) 保管各银行所缴存的准备金。中央银行对在营业中所吸收的准备金存款往往不付或只付很低的利息。原因是这种准备金存款主要属于代保管性质,而不是借此去盈利的,但由于金融管理机构能利用准备金存款的缴存比例调节国民经济,因此,还是要支付一定利息的,但不是太多。

(2) 主持全国各金融机构间的票据交换和清算业务。这种交换和清算一般不收费,只是每年收取一定的场地费。

(3) 对各金融机构办理短期的资金融通。当金融机构出现临时资金头寸短缺或遭遇流动性困难时,中央银行为了维护金融业的稳定,可以结合货币政策的需要,通过票据再贴现、再贷款提供短期的资金融通。对于这种业务中央银行按规定收取一定的利息。因为,其他金融机构借以票据的再贴现及其他的短期资金融通能取得一定的盈利或得到一定的好处。

3) 金融监管职能

作为金融管理当局的中央银行,既要对一切金融机构的业务经营情况进行检查和监督,也要对金融市场进行管理和干预。具体内容如下:①凡是在国内新成立和设置金融机构或分支机构,都必须经过中央银行的批准,否则属于违法经营;②各金融机构的重要报表和重要经营报告,必须定期和不定期向中央银行报送;③中央银行拥有定期或不定期对各金融机构(包括外资金融机构)的准备金、各种库存(含现金、金银、证券、外币等)、流动资产、贷款分布等进行检查的职责;④负责制订各种有关金融法规,督促各金融机构按章办事;⑤对金融市场的管理,中央银行所体现的、更多的是直接参与,其目的是为了确保经济沿着确定的方向前进。中央银行的这种"参与"带有明显的"控制"、"操纵"或"干预"的性质。比如当经济过热时,中央银行可以借以抛售有价证券,以紧缩银根。

作为全国最高金融管理机构的这种管理职能,既包括着约束的一面,也包含着扶持的一面。对有害于金融稳定,有损于经济健康发展者,必须加以约束;对有益于金融扩展,有助于经济协调,能促进经济发展所需资金解决者,则加以疏导和扶持。这种扶持本身也是一种积极的管理。通过中央银行的管理和监督活动,商业银行和非银行金融机构的业务活动开展正常,金融市场的各种交易活动规范,合法投资者能公平竞争且利益能得到保护,违法金融活动得到有效打击,金融秩

现代货币金融学

序得到有效维护。

6.1.3 中央银行的类型

由于世界各国的社会制度、政治体制、商品经济发展水平、金融业发展程度及各国国情等千差万别,因而各国的中央银行类型差异较大。

1. 按资本结构进行分类

当前,各国的中央银行按资本结构可划分为国有中央银行、半国有中央银行、私有中央银行、无资本金中央银行及多国共有中央银行等五类。

1) 国有中央银行

就是资本全部属于国家所有的中央银行。这是目前世界上大多数国家的中央银行所采取的所有制形式。西方主要资本主义国家中,中央银行资本为国有的国家有英国、法国、德国、加拿大、澳大利亚、荷兰等国。中央银行国有化已成为一种发展趋势。中国人民银行的资本组成也属于国家所有的类型,《中华人民共和国中国人民银行法》第8条规定:"中国人民银行的全部资本由国家出资,属于国家所有。"

2) 半国有中央银行

就是其资本部分由国家持有、部分由私人资本家持有的中央银行。比如日本的中央银行,55%的股份由政府认购、45%由民间认购;墨西哥的中央银行,国家资本占53%,民间资本占47%;比利时的中央银行,国家资本占总资本的比重为50%,中央银行的董事由国家任命。

3) 私有中央银行

就是其资本全部是由私人资本家投入的中央银行。主要有美国、意大利和瑞士等少数国家。美国的中央银行(联邦储备银行),其资本就是由参加联邦储备体系的各个会员银行所认购的;意大利的中央银行(意大利银行),其资本就是由储蓄银行与全国性银行等金融机构认购的。

4) 无资本金中央银行

就是根本没有资本金而是由国家授权执行相应职能的中央银行。如韩国的中央银行,它是目前世界上唯一没有资本金的中央银行。

5) 多国共有中央银行

就是其资本由某一货币联盟的成员国所共同认购的中央银行。

需要指出的是,无论中央银行是国有、半国有还是私有,它都是制定和执行国家货币政策的机构,受国家的直接控制与监督。如果存在私人股东,则私人股东不能参加中央银行的管理,其只有收取股息的权利。换言之,中央银行的资本组

第6章 中央银行

成虽有多种类型,但有一点是共同的,即无论是哪种类型的中央银行,都是由国家通过法律(跨国中央银行是通过成员国之间的条约)赋予其执行中央银行的职能,资本所有权的归属已不对中央银行的性质、职能、地位和作用等发生实质性影响。

2. 按组织形式进行分类

当前世界各国的中央银行,按其组织形式可分为单一式的中央银行制度、复合式的中央银行制度、跨国式的中央银行制度及准中央银行制度等四种类型。

1) 单一式的中央银行制度

它是指国家建立单独的中央银行机构,使之全面行使中央银行职能的中央银行制度。这种类型又可分为两种情况:

(1) 一元式中央银行制度。这是指一国只设立一家统一的中央银行行使中央银行的权力和履行中央银行的全部职责,中央银行机构自身上下是统一的,机构设置一般采取总分行制,逐级垂直隶属。通常中央银行的总行设在一国的首都,下面按照行政或经济区划设立分支机构。目前世界上80%以上的国家实行这种银行制度,比如英国、法国、日本、意大利、印度及瑞士等国的中央银行。我国也实行这种中央银行制度。这类中央银行制度的特点是:权力集中、职能齐全、组织完善、机构健全。

(2) 二元式中央银行制度。这是指中央银行体系由中央和地方两级相对独立的中央银行机构共同组成。中央级中央银行和地方级中央银行在货币政策方面是统一的,中央级的中央银行是最高权力管理机构和金融决策机构,地方级的中央银行虽也有其独立的权力,但其权力低于中央级的中央银行,接受中央级中央银行的监督和指导。采用这种中央银行制度的主要是一些联邦制国家,比如美国、德国等。美国的联邦储备体系是这一银行制度的典型代表。

2) 复合式的中央银行制度

这是指国家不单独设立专司中央银行职能的中央银行机构,而是由一家集中央银行与商业银行职能于一身的国家大银行兼行中央银行职能的中央银行制度。这种中央银行制度往往与中央银行初级发展阶段和国家实行计划经济体制相对应,前苏联和1990年以前的多数东欧国家即实行这种制度。我国在1983年以前也实行这种制度。

3) 跨国式的中央银行制度

它是指由参加某一货币联盟的所有国家共同建立一家中央银行机构,且在联盟各国内部统一行使中央银行职能的一种中央银行制度。这种中央银行制度总与一定的货币联盟相联系,中央银行在货币联盟成员国内发行共同的货币,制定统一的金融政策。采用跨国式中央银行制的,主要是一些疆域相邻、文化与民俗相近、国力相当的国家。建立跨国式的中央银行制度的宗旨是为了适应联盟内部经济一体化进程的要求,促进联盟各国经济的协调发展。跨国式中央银行主要有西非货币联盟(West African Monetary Union)的"西非国家中央银行"(1962年设立)、中非货币联盟(Central African Monetary Area)的"中非国家银行"(1973年设立)、东加勒比货币区的"东加勒比中央银行"(1983年设立)[①]以及欧洲经济货币联盟(European Economic and Monetary Union)1998年7月1日正式成立的"欧洲中央银行"(European Central Bank)。

4) 准中央银行制度

这是指某些国家或地区不设通常完整意义上的中央银行,而设立类似中央银行的金融管理机构执行部分中央银行的职能,并授权若干商业银行也执行部分中央银行职能的中央银行制度。新加坡是该种制度的典型代表。

3. 按照独立性进行分类

由于各国的特殊环境,中央银行的独立性程度是不同的。按照其独立性程度不同,分为独立性较强的中央银行、独立性居中的中央银行及独立性较弱的中央银行三类。

1) 独立性较强的中央银行

这类中央银行的主要特点是中央银行直接对国会负责,它可以独立地制定货币政策并采取相应的措施,政府不得直接对中央银行发布命令、指示,不得干涉货币政策。如果中央银行所制定的政策与国家的希望不一致,那么解决的唯一办法只有协商。美国与德国的中央银行就属于这一种。

2) 独立性居中的中央银行

这类中央银行的特点是中央银行名义上隶属于政府,而实际上保持着较大的独立性。有些国家的法律规定财政部对中央银行拥有直接的管辖权,可以对中央银行发布各种指令,但实际上财政部从来没有这样做过。在事实上,中央银行可以独立地制定、执行货币政策。英格兰银行与日本银行就属于这一种。

3) 独立性较弱的中央银行

这类中央银行的主要特点是中央银行隶属于政府,无论在名义上还是在实际上,中央银行都必须接受政府的指令,其货币政策的制定以及所采取的各种措施都必须经过政府的批准,政府有权停止、推迟中央银行各种决定的执行。意大利

---

① 东加勒比中央银行(Eastern Caribbean Central Bank)的前身为东加勒比货币区各国于1965年成立的共同的货币管理局。

银行、法兰西银行以及一些经济转轨国家的中央银行的独立性较弱。

6.2 中央银行的主要业务

6.2.1 中央银行业务活动的原则

从总体上看,最基本的业务活动原则是必须服从于履行职责的需要。因为中央银行的全部业务活动都是为其履行职责服务的,是其行使特定职权的必要手段。所以,中央银行的各种业务活动必须围绕着各项法定职责展开,必须以有利于履行职责为最高原则。

在具体的业务经营活动中,中央银行一般奉行非盈利性、流动性、主动性、公开性四个原则。

1. 非盈利性

非盈利性指中央银行的一切业务活动不是以盈利为目的。由于中央银行特殊的地位和作用,决定了中央银行以调控宏观经济、稳定货币、稳定金融、为银行和政府服务为己任,是宏观金融管理机构而非营业性金融机构,由此决定了中央银行的一切业务活动都要以此为目的,不能以追求盈利为目标,只要是宏观金融管理所必需的,即使不盈利甚至亏损的业务也要去做。因此,在中央银行的日常业务活动中,盈利与否不是其追逐和考虑的目的。当然,中央银行的业务活动不以盈利为目的,并不意味着不讲经济效益,在同等或可能的情况下,中央银行的业务活动应该获得应有的收益,尽量避免或减少亏损,以降低宏观金融管理的成本。在实际业务活动中,中央银行以其特殊的地位、政策和权力开展经营,其结果也往往能获得一定的利润,但这只是一种客观的经营结果,并不是中央银行主观追逐的业务活动目的。

2. 流动性

主要是指资产业务需要保持流动性。因为中央银行在充当金融机构的"最后贷款人",进行货币政策操作和宏观经济调控时,必须拥有相当数量的可用资金,才能及时满足其调节货币供求、稳定币值和汇率、调节经济运行的需要。所以为了保证中央银行资金可以灵活调度,及时运用,中央银行必须使自己的资产保持最大的流动性,不能形成不易变现的资产。以保持流动性为原则从事资产业务,就必须注意对金融机构融资的期限性,一般不发放长期贷款,许多国家的中央银行法明确规定贷款期限就是为了确保资产的流动性,如《中华人民共和国中国人民银行法》第 28 条规定对商业银行贷款的期限不得超过 1 年。同时,在公开市场买卖有价证券时,也要尽量避免购买期限长、流动性小的证券。

3. 主动性

主要指资产负债业务需要保持主动性。由于中央银行的资产负债业务直接与货币供应相联系,例如货币发行业务直接形成流通中货币,存款准备金业务不仅导致基础货币的变化,还会引起货币乘数的变化,再贴现、公开市场业务是提供基础货币的主要渠道等,因此,中央银行必须使其资产负债业务保持主动性,这样才能根据履行职责的需要,通过资产负债业务实施货币政策和金融监管,有效控制货币供应量和信用总量。

4. 公开性

主要指中央银行的业务状况公开化,定期向社会公布业务与财务状况,并向社会提供有关的金融统计资料。中央银行的业务活动保持公开性,一是可以使中央银行的业务活动置于社会公众监督之下,有利于中央银行依法规范其业务活动,确保其业务活动的公平合理性,保持中央银行的信誉和权威;二是可以增强中央银行业务活动的透明度,使国内外有关方面及时了解中央银行的政策、意图及其操作力度,有利于增强实施货币政策的告示效应;三是可以及对准确地向社会提供必要的金融信息,有利于各界分析研究金融和经济形势,也便于他们进行合理预期,调整经济决策和行为。正因为如此,目前各国大多以法律形式规定中央银行必须定期公布其业务状况和金融统计资料,中央银行在业务活动中也必须保持公开性,不能隐匿或欺瞒。

6.2.2 中央银行业务活动的分类

按中央银行的业务活动是否与货币资金的运动相关,一般可分为银行性业务和管理性业务两大类。

1. 银行性业务

银行性业务是中央银行作为发行的银行、银行的银行、政府的银行所从事的业务。这类业务都直接与货币资金相关,都将引起货币资金的运动或数量变化,具体又可分为两种:

(1) 形成中央银行资金来源和资金运用的资产负债业务。主要有货币发行业务、存款准备金业务、其他存款或发行中央银行债券、再贴现业务和贷款业务、公开市场证券买卖业务、黄金外汇业务、其他贷款或融资业务等。

(2) 与货币资金运动相关但不进入中央银行资产负债表的银行性业务。主要有清算业务、经理国库业务、代理政府向金融机构发行及兑付债券业务、会计业务等。

第6章 中央银行

2. 管理性业务

管理性业务是中央银行作为一国最高金融管理当局所从事的业务。这类业务主要服务于中央银行履行宏观金融管理的职责,其最大的特点是:①与货币资金的运动没有直接的关系,不会导致货币资金的数量或结构变化;②需要运用中央银行的法定特权。

管理性业务主要有金融调查统计业务,对金融机构的稽核、检查、审计业务等。

6.2.3 中央银行具体业务

中央银行的具体业务是中央银行职能的表现。其业务的性质与商业银行业务截然不同。中央银行虽然也办理存款、贷款、贴现、买卖有价证券,但其活动的目的并不是为了追求利润,而是为了实现对金融活动的调节与控制,从而达到实现国民经济健康发展的目的。

1. 负债业务

中央银行的负债业务,主要包括货币发行、代理国库及集中存款准备金等。

1) 货币发行业务

当今世界各国中央银行均享有垄断货币发行的特权,货币发行业务是中央银行独有的中央的负债业务。究其原因主要是:第一,钞票可以整齐划一,在全国范围内流通,不致造成币制混乱;第二,便于政府监督管理,推行国家的货币政策;第三,中央银行可以随时根据社会经济发展变化进行调节和控制,使货币数量和流通需要尽可能相适应;第四,中央银行处于相对独立地位,可以抵制政府滥发钞票的要求,使货币供应量适当;第五,中央银行统一发行货币,可以掌握一定量的资金来源,增强金融实力,有利于调控货币供应量。

中央银行的货币是通过再贴现、贷款、购买证券、收购金银与外汇等而投入市场,形成流通中的货币,以满足国民经济发展对流通手段和支付手段的需要,促进商品生产的发展和商品流通的扩大。但是投入市场的每张货币都是中央银行对社会公众的负债,而现代中央银行对所发行的货币并不承担兑现义务,因此,这种负债在一般情况下,事实上成为长期的无需清偿的债务。

中央银行所发行的货币主要是银行券,即信用货币,此外还有一小部分为现钞纸币和用作辅币的金属铸币。这些货币之所以能流通,主要原因有两点:一是这些货币信用能力高,中央银行的支付能力、清偿能力是商业银行无可比拟的;二是国家行政力量的维护,国家强制人们接受这些支付与流通工具。

为了保持币值的稳定,防止中央银行滥用货币发行权,世界各国也采取不同的方法规范银行券的发行。常见的几种银行券保证制度有:一是准备法制度。这种制度规定,银行券的发行在一定限额内无黄金保证,但超过法定限额发行的银行券则须以100%的黄金作保证。历史上实行过这种银行券发行制度的有英国、日本及挪威等国。英国1844年通过的《英格兰银行条例》,即《皮尔条例》(Peel's Act)就是典型。二是比例法制度。这种制度的特点是不规定银行券的发行总额,也不规定无黄金保证的限额,仅仅按照发行总额的一定百分比以黄金作准备。世界上不少国家采取过这种制度。各国对黄金的保证与信用保证的比例各不相同,但黄金保证部分一般在35%左右。三是限额发行制度。这种制度用法律的形式规定了银行券发行的最高限额。也就是说,不管中央银行有没有发行准备,也不管准备额有多少,中央银行发行的银行券不得超过这一限额。世界上许多国家曾实行过这种发行制度,比如德国、法国。

2) 代理国库业务

国库是国家金库的简称,是专门负责办理国家预算资金的收纳和支出的机关。国家的全部预算收入都由国库收纳入库,一切预算支出都由国库拨付。

国家财政预算收支保管一般有两种形式:一是国库制,又分为独立国库制和委托国库制。独立国库制是指国家专门设立相应的机构办理国家财政预算收支的保管、出纳工作;委托国库制是指国家不单独设立机构,而是委托银行代理国库业务。二是银行制,是指国家不专门设立金库机构,由财政部门在银行开户,将国家预算收入作为存款存入银行的管理体制。世界上经济发达的国家多采用委托国库制。

中央银行作为政府的银行,一般都由政府赋予代理国库的职责,一国财政的收入与支出都由中央银行代理。由于财政支出一般总要集中到一定的数量再拨付使用,且一般使用单位也是逐渐使用的,因此,收支之间总存在一定的时间差,收大于支的数量总形成了一个可观的余额。同时那些依靠国家拨给行政经费的行政事业单位的存款,也都由中央银行办理。这样,金库存款、行政事业单位存款就构成了中央银行的重要资金来源。

3) 存款业务

主要有集中存款准备金业务。集中存款准备金是中央银行制度形成的重要原因之一。存款准备金本来是各商业银行和其他金融机构为了应付客户随时提现,在其所吸收的存款中按照一定的比例提取的现款。这部分现款一开始是由各商业银行和其他金融机构分散保存的。在正常情况下,每家金融机构所保存的这些现款,数量显得较多,出现了资金的闲置,这与其追求最大盈利的初衷是相悖的。但在非正常的情况下,例如客户集中提现,保存再多的现款也显得不足。这

第6章 中央银行

样一来,由中央银行把各商业银行和其他金融机构分散保存的准备金集中起来就显得很有必要,这既可以在一定程度上节省准备金的数量,又可以在特殊的情况下满足客户挤提存款的需要,从而保证了银行业的清偿能力和金融业的稳定。

当然从现代意义上来讲,中央银行集中存款准备金,更为重要的一个目的是为了通过提高或降低存款准备比率达到调节商业银行放款的能力,以实现对整个国民经济货币供给的调节。目前,存款准备金制度已经发展成为中央银行执行货币政策的一种重要手段。

目前,我国的存款准备金制度具体内容为:将现行各商业银行在中国人民银行开设"准备金存款"账户,该账户包括准备金存款和备付金存款两部分;法定存款准备金由各商业银行总部存入总部所在地的中国人民银行;对各商业银行的法定存款准备金按法人统一考核;商业银行法定存款准备金一般按旬考核。

2. 资产业务

资产业务即中央银行运用其货币资金的业务。中央银行的资产业务主要包括贷款、再贴现、证券买卖及金银外汇储备等。

1) 贷款业务

中央银行的贷款业务,主要是对商业银行和其他金融机构发放的贷款。其发放贷款的目的是为了解决金融机构短期资金周转的困难。一般这种贷款的利率较为优惠,为了抑制金融机构向中央银行的贷款,各国的中央银行都就金融机构,特别是商业银行的贷款数量制定了最高限额。中央银行对金融机构发放贷款要注意这种资产业务的流动性和安全性,注意期限的长短,以保证资金的灵活周转。

此外,中央银行依照法规向财政提供贷款与透支。不过,对中央银行的这一业务各国中央银行法都有较为严格的规定。我国的《中国人民银行法》规定:"中国人民银行不得对政府财政透支……"同时还规定"中国人民银行不得向地方政府、各级政府部门提供贷款。"

2) 再贴现业务

再贴现是商业银行由于业务上的需要,将其由贴现所取得的票据,请求中央银行予以贴现的一种经济行为。再贴现业务也叫重贴现业务,即买进商业银行业已贴现的票据。

中央银行办理再贴现业务时,要了解市场资金的需求真实情况,弄清是否有真实的生产与流通的需要,要保证票据的内容、款式与有关手续要符合法律规定,要确保资金到期回收,以保持中央银行资金的流动性。

再贴现业务是中央银行调节资金供应,实现对国民经济宏观调控的一项重要业务。

3) 证券买卖业务

各国中央银行一般都经营证券业务,主要是买卖政府发行的长期或短期债券。因在一些经济发达国家政府债券发行量大,市场交易量也大,仅以政府债券为对象进行买卖,中央银行即可达到调节金融的目的。一般说来,在金融市场不太发达的国家,中央政府债券在市场上流通量小,中央银行买卖证券的范围就要扩大到各种票据和债券,如汇票、地方政府债券等。我国的银行法规定,中国人民银行可以在公开市场上买卖国债和其他政府债券。

中央银行买卖有价证券的目的,不在于盈利,而是为了调剂资金供求,实现银根的松紧适度,确保国民经济的健康发展,买卖证券不是目的,而是调节宏观经济的一种手段。一般说来,当银根需要紧缩,减少市场货币供给时,则卖出证券;反之,当需要放松银根,增加市场货币供给时,则买进证券。

中央银行买卖证券会直接影响有价证券的价格和利率,影响商业银行现金准备的增减,从而影响信贷规模,影响货币供应量。但是中央银行经营这项业务,应当具备以下条件:一是中央银行处于领导地位,且有雄厚的资金力量;二是要赋予中央银行弹性操作的权力,即在买卖证券的数量、种类等方面有一定的机动权限;三是金融市场较发达,组织也较健全;四是证券的数量和种类要适当,长期、中期及短期各类具备,便于选择买卖;五是信用制度要相当发达。各国中央银行买卖证券业务的做法基本上是一致的。在德国,法律规定德意志联邦银行为了调节货币,可以进入公开市场买卖汇票。我国中国人民银行已于1996年4月1日开始进行公开市场业务操作,主要是买卖国库券。

4) 金银外汇储备业务

目前各国政府都赋予中央银行掌管全国国际储备的职责。所谓国际储备,是指具有国际性购买能力的货币,主要有黄金,包括金币和金块;白银,包括银币和银块;外汇,包括外国货币、存放外国的存款余额和以外币计算的票据及其他流动资产。此外,还有特别提款权和在国际货币基金组织的头寸等。

金银、外汇不仅是稳定货币的重要储备,而且也是用于国际支付的国际储备,因而,成为中央银行的一项重要资产业务。当代世界各国国内市场上并不流通和使用金银币,纸币也不兑换金银,而且多数国家实行不同程度的外汇管理,纸币一般也不与外汇自由兑换,在国际支付中发生逆差时一般也不直接支付黄金,而是采取出售黄金换取外汇来支付。这样,各国的金银、外汇自然要集中到中央银行贮存。需要金银、外汇者,一般向中央银行申请购买,买卖金银、外汇是中央银行的一项业务。

中央银行的金银、外汇储备业务,各国都有明确的规定。在瑞典,允许国家银

第6章 中央银行

行收购和出售黄金、白银、外汇,在国会许可条件下,可向国际金融机构贷款。在德国,规定联邦银行可以对信用机构从事买卖以外国货币支付的汇票、支票、有价证券,以及黄金、白银,可以从事所有与外国银行交往的业务。

就现代银行来讲,银行券已经停止兑现。在这种情况下,中央银行仍然要保留金银外汇储备,其目的是将这些储备作为国际支付手段的准备金及一国对外经济交往实力的象征。

3. 中间业务

中央银行的中间业务,主要是指中央银行为商业银行和其他金融机构办理资金的划拨清算和资金转移。中央银行的这一业务与其集中存款准备金的业务是紧密相连的。既然中央银行集中了金融机构的存款准备金,则金融机构彼此之间由于交换各种支付凭证所产生的应收应付账款,就可以通过其在中央银行的存款账户进行划拨,从而使中央银行成为全国的资金清算中心。

各国的中央银行都设立专门的票据清算机构,来进行票据的清算。参加中央银行票据交换的金融机构,一方面要遵守票据交换的有关规定,另一方面要在中央银行开列有关账户;另外还要分摊一定的管理费。

中央银行不仅为金融机构办理票据交换与清算,而且还要在全国范围内办理异地资金的转移。至于异地资金的转移,各国的清算办法差异比较大。一般有两种类型:一是先由各金融机构内部自成联行系统,最后各金融机构的总行通过中央银行的总行办理转账结算;二是将异地票据统一集中传送到中央银行总行办理轧差转账。

中央银行替商业银行和其他金融机构办理资金的划拨清算和资金转移的目的与出发点不是为了盈利,而是为了维护国家货币与金融制度的稳定、实现国家宏观经济目标。

6.3 我国的中央银行

中国人民银行是我国的中央银行,1948年12月1日成立以来,作为发行的银行、政府的银行的性质从未发生变化。

6.3.1 我国中央银行简介

1. 历史沿革

1) 清政府时期的中央银行

(1) 户部银行。户部银行是清末官商合办的银行,原定半数招商民入股,但应募者寥寥,户部便拨款 50 万两。银行于光绪 31 年即 1905 年 8 月在北京开业,总行设在西交民巷,它是模仿西方国家中央银行而建立的我国最早的中央银行。

(2) 大清银行。1908 年,户部银行改为大清银行。

2) 辛亥革命时期和北洋政府时期的中央银行

(1) 中国银行。1911 年的辛亥革命,推翻了清王朝的统治,前清户部银行也随大清王朝一起寿终正寝。民国元年(1912 年)大清银行改组为中国银行。北洋政府时期,它一直是国家银行。

(2) 交通银行。交通银行始建于 1908 年,成立之初,曾自我标榜为"纯属商业银行性质"。但事实上,它后来成了北洋政府的中央银行。1913 年,交通银行取得了与中国银行同等地位的发行权。1914 年,交通银行改定章程,已经具备了中央银行的职能。

3) 孙中山创立的中央银行

1924 年 8 月,孙中山领导的广东革命政府在广州创立中央银行。1926 年 7 月,国民政府移迁武汉,同年 12 月在汉口设中央银行。原广州的中央银行改组为广东省银行。1928 年,汉口中央银行停业。

4) 国民党时期的中央银行

(1) 1928 年 11 月 1 日,南京国民政府成立中央银行,总行设在当时全国的经济金融中心——上海,在全国各地设有分支机构,法定中央银行为国家银行,行使中央银行职责,中国银行改为主要从事国际汇兑业务的银行。

(2) 1949 年 12 月,中央银行随国民党政府撤往台湾。

5) 革命根据地的中央银行

(1) 1927 年大革命失败后,中国共产党在建立根据地以后,就成立了人民的银行,发行货币。如 1927 年冬,闽西上杭县蛟洋区农民协会创办了农民银行等。

(2) 1932 年 2 月 1 日,苏维埃国家银行正式成立,苏维埃国家银行还在各地设分支机构,以带动根据地银行走向集中和统一。

(3) 1934 年 10 月,苏维埃国家银行跟随红军长征转移,1935 年 11 月,它改组为中华苏维埃共和国国家银行西北分行。同年 10 月,国家银行西北分行改组为陕甘宁边区银行,总行设在延安。

(4) 随着解放战争的胜利,解放区迅速扩大并逐渐连成一片,整个金融事业趋于统一和稳定。1948 年 11 月,成立中国人民银行。

6) 新中国的中央银行

(1) 1948~1978 年的中国人民银行。在中共中央的领导下,我国于 1947 年 11 月成立了"中国人民银行筹备处"。1948 年 12 月 1 日,以当时的华北银行(由

第6章 中央银行

晋察冀边区银行与晋冀鲁豫边区的冀南银行合并而成)为基础,合并北海银行(即山东解放区银行)、西北农民银行(陕甘宁和晋绥解放区银行),在河北省石家庄市组建了中国人民银行,并发行人民币,成为中华人民共和国成立后的中央银行和法定本位币。1949年2月,中国人民银行随人民解放军从石家庄进入北京,将总行设在北京。其他各解放区银行合并改组成为各大区行,并按照行政区域,分省(市)、地(市)、县(市)设立分行、中心支行和支行(办事处),支行以下设营业部。

1949年9月,中国人民政治协商会议通过《中华人民共和国中央人民政府组织法》,把中国人民银行纳入政务院的直属单位系列,接受财政经济委员会指导,与财政部保持密切联系,赋予其国家银行职能,承担发行国家货币、经理国家金库、管理国家金融、稳定金融市场、支持经济恢复和国家重建的任务。

这一时期的中国人民银行,一方面全部集中了全国农业、工业、商业短期信贷业务和城乡人民储蓄业务;同时,既发行全国唯一合法的人民币,又代理国家财政金库,并管理金融行政,这就是所谓的"大一统"的中央银行体制。

(2) 1979~1983年的中国人民银行。中国共产党十一届三中全会后,各专业银行和其他金融机构相继恢复和建立,对过去"大一统"的银行体制有所改良。但从根本上说,在中央银行的独立性、宏观调控能力和政企不分等方面并无实质性进展。同时,随着各专业银行的相继恢复和建立,"群龙无首"的问题也亟待解决。

(3) 1984~1998年的中国人民银行。1983年9月17日,国务院做出决定,从1984年1月1日起,中国人民银行作为国家的中央银行,专门行使中央银行的职能,不再对企业、个人直接办理存贷款业务,同时成立中国工商银行,办理有关具体业务。国务院的这一决定,标志着我国中央银行的建立和我国现代中央银行制度的确立。1993年12月,《国务院关于金融体制改革的决定》进一步明确了中国人民银行的主要职能是:制订和实施货币政策,保持货币的稳定;对金融机构实行严格的监管,维护金融体系安全、有效地运行。1995年3月18日,第八届全国人民代表大会第三次会议通过了《中华人民共和国中国人民银行法》,至此,中国人民银行作为我国的中央银行以法律的形式被确定了下来。

(4) 1998年以后的中国人民银行。1998年10月始,按照中央金融工作会议的部署,中国人民银行及其分支机构在全国范围内进行改组,撤销中国人民银行省级分行,在全国设立9个跨省、自治区、直辖市的一级分行,重点加强对辖区内金融业的监督管理。一个以中央银行为领导,以商业银行为主体,多种金融机构并存、分工协作的具有中国特色的金融体系已经形成。

2003年,按照党的十六届二中全会审议通过的《关于深化行政管理体制和机构改革的意见》和十届人大一次会议批准的国务院机构改革方案,将中国人民银行对银行、金融资产管理公司、信托投资公司及其他存款类金融机构的监管职能分离出来,并和中央金融工委的相关职能进行整合,成立中国银行业监督管理委员会。2003年12月27日,十届全国人民代表大会常务委员会第六次会议审议通过了《中华人民共和国中国人民银行法(修正案)》。

2005年8月10日,中国人民银行上海总部正式挂牌成立。上海总部作为人民银行总行的有机组成部分,在总行的领导和授权下开展工作,将主要承担部分中央银行业务的具体操作职责,同时履行一定的管理职能。

2. 组织机构

新中国成立以来,中国人民银行的总行一直设在北京,在全国设有众多分支机构。中国人民银行的分支机构是总行的派出机构,其主要职责是按照总行的授权,维护本辖区的金融稳定,承办有关业务。分支机构的设置,在1998年11月之前,一直是按照行政区划进行的。但随着金融体制改革的深入和金融市场的发展,当时的管理体制已越来越不适应新形势下中央银行依法履行职责的需要,而且与金融机构业务发展不相适应,因此,1998年11月党中央、国务院作出决定,对中国人民银行管理体制实行改革,决定走按"经济区划"与"行政区划"相结合的建设分支机构的道路,撤销省级分行,跨省(自治区、直辖市)设置九家分行。这九家分行分别是:管辖辽宁、吉林、黑龙江的沈阳分行;管辖天津、河北、山西、内蒙古的天津分行;管辖山东、河南的济南分行;管辖上海、浙江、福建的上海分行;管辖江苏、安徽的南京分行;管辖江西、湖北、湖南的武汉分行;管辖广东、广西、海南的广州分行;管辖四川、贵州、云南、西藏的成都分行;管辖陕西、甘肃、青海、宁夏、新疆的西安分行。撤销北京分行和重庆分行,由总行营业部履行所在地中央银行职责。在没有设立分行的省会城市同时设立中心支行和金融监管办事处,原地级市分行以及经济特区分行更名为中心支行,原县级支行名称不变、职责不变。

根据履行职责的需要,中国人民银行总行内设若干司局,设立了一些直属企事业单位,如印制总公司、清算中心、中国外汇交易中心等,这些直属单位主要为中央银行履行职责服务。此外,中国人民银行还在海外设立了东京代表处、欧洲代表处、北美洲代表处、非洲代表处、法兰克福代表处、南太平洋代表处和加勒比海开发银行联络处等机构。

6.3.2 中国人民银行的性质、地位与宗旨

我国现行的有关法律、法规规定:中国人民银行为国务院组成部门,是中华人民共和国的中央银行;中国人民银行在国务院领导下制定和执行货币政策、维护金融稳定、提供金融服务的宏观调控部门。

中国人民银行作为我国的中央银行,享有货币发行的垄断权,是"发行的银行";它代表政府管理全国的金融机构和金融活动,经理国库,所以它是"政府的银行";它是最后贷款人,在商业银行资金不足时,可以向其发放贷款,它是"银行的银行"。

总之,中国人民银行是我国金融体系的领导力量,居主导地位,是国家机关,是政府的组成部分。

中国人民银行的性质决定了它的特殊地位。根据法律规定,中国人民银行在国务院领导下依法独立执行货币政策,履行职责,开展业务,不受地方政府、各级政府部门、社会团体和个人的干涉。

根据法律规定,中国人民银行具有相对独立性。主要体现在:中国人民银行不得对政府财政透支,不得直接认购、包销国债和其他政府债券;不得向地方政府、各级政府部门提供贷款,不得向非银行金融机构以及其他单位和个人提供贷款。

按照现行的《中华人民共和国中国人民银行法》第一章总则第三条的规定,中国人民银行的宗旨为:保持货币币值的稳定,并以此促进经济增长。

6.3.3 我国中央银行的主要职责与业务

根据现行的《中华人民共和国中国人民银行法》及2008年7月国务院办公厅关于印发中国人民银行主要职责内设机构和人员编制规定的通知精神,中国人民银行的主要职责是在国务院领导下,制定和实施货币政策,防范和化解金融风险,维护金融稳定。其具体职责与业务如下:

(1) 拟订金融业改革和发展战略规划,承担综合研究并协调解决金融运行中的重大问题、促进金融业协调健康发展的责任,参与评估重大金融并购活动对国家金融安全的影响并提出政策建议,促进金融业有序开放。

(2) 起草有关法律和行政法规草案,完善有关金融机构运行规则,发布与履行职责有关的命令和规章。

(3) 依法制定和执行货币政策;制定和实施宏观信贷指导政策。

(4) 完善金融宏观调控体系,负责防范、化解系统性金融风险,维护国家金融稳定与安全。在日常工作中,中国人民银行负责对金融机构经营风险进行监控与防范,在金融机构出现风险时,可根据实际情况实施必要的救助。

(5) 负责制定和实施人民币汇率政策,不断完善汇率形成机制,维护国际收支平衡,实施外汇管理,负责对国际金融市场的跟踪监测和风险预警,监测和管理跨境资本流动,持有、管理和经营国家外汇储备和黄金储备。

(6) 监督管理银行间同业拆借市场、银行间债券市场、银行间票据市场、银行间外汇市场和黄金市场及上述市场的有关衍生产品交易。

(7) 负责会同金融监管部门制定金融控股公司的监管规则和交叉性金融业务的标准、规范,负责金融控股公司和交叉性金融工具的监测。

(8) 承担最后贷款人的责任,负责对因化解金融风险而使用中央银行资金机构的行为进行检查监督。

(9) 制定和组织实施金融业综合统计制度,负责数据汇总和宏观经济分析与预测,统一编制全国金融统计数据、报表,并按国家有关规定予以公布。

(10) 组织制定金融业信息化发展规划,负责金融标准化的组织管理协调工作,指导金融业信息安全工作。

(11) 发行人民币,管理人民币流通。

(12) 制定全国支付体系发展规划,统筹协调全国支付体系建设,会同有关部门制定支付结算规则,负责全国支付、清算系统的正常运行。

(13) 经理国库。

(14) 承担全国反洗钱工作的组织协调和监督管理的责任,负责涉嫌洗钱及恐怖活动的资金监测。

(15) 管理征信业,推动建立社会信用体系。

(16) 从事与中国人民银行业务有关的国际金融活动。

(17) 按照有关规定从事金融业务活动。

(18) 承办国务院交办的其他事项。

另外,中国人民银行应同国家发展和改革委员会、财政部建立健全协调机制,各司其职,相互配合,发挥国家发展规划、计划、产业政策在宏观调控中的导向作用,综合运用财税、货币政策,形成更加完善的宏观调控体系,提高宏观调控水平。

在国务院领导下,中国人民银行会同中国银行业监督管理委员会、中国证券监督管理委员会、中国保险监督管理委员会建立金融监管协调机制,以部际联席会议制度的形式,加强货币政策与监管政策之间以及监管政策、法规之间的协调,建立金融信息共享制度,防范、化解金融风险,维护国家金融安全,重大问题提交国务院决定。

中国人民银行上海总部的职能定位是总行的货币政策操作平台、金融市场监测管理平台、对外交往重要窗口。上海总部承担的具体职责主要有:

(1) 根据中国人民银行总行提出的操作目标,组织实施中央银行公开市场操作。

(2) 承办在上海的商业银行及票据专营机构再贴现业务。

(3) 分析市场工具对货币政策和金融稳定的影响,监测分析金融市场的发展,防范跨市场风险。

(4) 密切跟踪金融市场,承办有关金融市场数据的收集、汇总、分析,定时报送各类金融动态信息和研究报告。

(5) 研究并引导金融产品的创新,促进金融市场协调、健康、规范发展。

(6) 承办有关区域金融交流与合作工作等。

除以上几点职责外,上海总部根据总行授权,还承担对中国外汇交易中心(全国银行间同业拆借中心)等总行直属在沪单位管理工作,以及上海黄金交易所、中国银联等有关机构的协调、管理工作。

6.3.4 中国人民银行与国家外汇管理局的关系

国家外汇管理局,即中华人民共和国国家外汇管理局,是专司我国外汇管理的行政机构。所谓外汇管理,是指一国政府授权国家货币金融管理当局或其他国家机关,对外汇收支、买卖、借贷、转移以及国际间的结算、外汇汇率和外汇市场等实行的管制措施。

国家外汇管理局成立于1979年3月13日,当时和中国银行是一个机构、两块牌子,直属国务院领导,由中国人民银行代管。

1982年12月,根据全国人大常委会会议和国务院的决定,国家外汇管理局与中国银行分离并划归中国人民银行领导,改称中国人民银行外汇管理局;随着我国对外开放和综合国力的不断增强,外汇管理工作越来越重要,随后,改称中国人民银行外汇管理局为国家外汇管理局。

1983年9月,国务院决定,中国人民银行专门行使中央银行职能,国家外汇管理局及其分局在中国人民银行的领导下,统一管理国家外汇。

1990年1月,国务院决定,国家外汇管理局为国务院直属、归口中国人民银行管理的副部级国家局,是实施国家外汇管理的职能机构。

1993年4月,根据八届人大一次会议批准的国务院机构改革方案和《国务院关于部委管理的国家局设置及其有关问题的通知》,国家外汇管理局为中国人民银行管理的国家局,是依法进行外汇管理的行政机构。

国家外汇管理局设若干职能司和直属单位。在中国人民银行分支行所在地设立国家外汇管理局分局,在北京、重庆设立国家外汇管理局北京、重庆外汇管理部,在其他省会城市设立国家外汇管理局分局,在非省会的副省级城市设立国家外汇管理局分局,在外汇业务量比较大的地市和县市设国家外汇管理局中心支局、支局。国家外汇管理局的分支机构与同级中国人民银行分支行合署办公。

根据国务院的"三定方案",国家外汇管理局的主要职责是:

(1) 设计、推行符合国际惯例的国际收支统计体系,拟定并组织实施国际收支统计申报制度,负责国际收支统计数据的采集,编制国际收支平衡表。

(2) 分析研究外汇收支和国际收支状况,提出维护国际收支平衡的政策建议,研究人民币在资本项目下的可兑换。

(3) 拟定外汇市场的管理办法,监督管理外汇市场的运作秩序,培育和发展外汇市场;分析和预测外汇市场的供需形势,向中国人民银行提供制订汇率政策的建议和依据。

(4) 制订经常项目汇兑管理办法,依法监督经常项目的汇兑行为;规范境内外外汇账户管理。

(5) 依法监督管理资本项目下的交易和外汇的汇入、汇出及兑付。

(6) 按规定经营管理国家外汇储备。

(7) 起草外汇行政管理规章,依法检查境内机构执行外汇管理法规的情况、处罚违法违规行为。

(8) 参与有关国际金融活动。

(9) 承办国务院和中国人民银行交办的其他事项。

本章小结

中央银行制度的产生是商品信用经济发展过程的客观需要,也是银行业务发展的必然结果。中央银行的产生,标志着现代资本主义金融机构体系的形成。

世界各国中央银行的形成,大致有两种主要途径:一是由商业银行逐渐演变发展而来的;二是通过立法,由法律规定建立一家银行为一国的中央银行,以履行中央银行的职责。我国走的是第二条途径。

中央银行是一国金融体系的核心,是一国货币信用制度的枢纽,它在金融体系中处于特殊的地位,发挥着特殊的作用,是一个特殊的金融管理机关,是政府的一个部门。中央银行并不是企业,不以盈利为目的,而是处于一国金融业的主导和领导地位、最高的特殊的金融管理机构。中央银行是"发行的银行"、"政府的银行"、"银行的银行",其职能主要包括:金融调控职能、公共服务职能和金融监管职能。

由于世界各国的社会制度、政治体制、商品经济发展水平、金融业发展程度及各国国情等千差万别,因而各国的中央银行类型差异较大。按资本结构可划分为国有中央银行、半国有中央银行、私有中央银行、无资本金中央银行及多国共有中央银行等五类;按组织形式可分为单一式的中央银行制度、复合式的中央银行制

第6章 中央银行

度、跨国式的中央银行制度及准中央银行制度等四种类型;按独立性程度不同,分为独立性较强的中央银行、独立性居中的中央银行及独立性较弱的中央银行三类。

在具体的业务经营活动中,中央银行一般奉行非盈利性、流动性、主动性、公开性四个原则。中央银行的业务活动按是否与货币资金的运动相关,一般可分为银行性业务和管理性业务两大类。具体业务主要包括负债业务、资产业务和中间业务三大类。

中国人民银行是我国的中央银行,1948年12月1日成立以来,作为发行的银行、政府的银行的性质从未发生变化。中国人民银行为国务院组成部门,是中华人民共和国的中央银行;中国人民银行是在国务院领导下制定和执行货币政策、维护金融稳定、提供金融服务的宏观调控部门,其宗旨为保持货币贬值的稳定,并以此促进经济的增长。

【重要概念】

中央银行 英格兰银行 发行的银行 政府的银行 银行的银行 最后贷款人 金融调控 公共服务 金融监管 单一式中央银行制度 复合式的中央银行制度 准中央银行制度 发行基金 反洗钱

【复习思考题】

1. 简述中央银行的产生与发展。
2. 怎样理解中央银行的性质和职能?
3. 在具体的业务经营活动中,中央银行一般奉行什么原则?
4. 中央银行有哪些资产负债业务?这些业务与商业银行有什么不同?
5. 我国中央银行的主要职责与业务是什么?
7. 按组织形式中央银行制度有哪些?我国的中央银行实行的是哪一种?
8. 我国中央银行的分支机构是如何设置的?具体有哪些?
9. 简述中国人民银行与国家外汇管理局的关系。

现代货币金融学

第7章 非银行金融机构

▍本章导读 ▍

银行并非唯一的金融机构。作为投资者,你可能会购买保险,或投资股票,或购买基金等。在这些金融交易中,你都要与这些非银行金融机构打交道。在我们的经济生活中,非银行金融机构在将资金从盈余者融通给短缺者的过程中,同样发挥着重要的作用。各类非银行金融机构对于弥补传统银行的信用不足,促使多元化、有竞争的金融市场的形成、融通社会资金、促进经济发展等方面,起到了积极的作用。

非银行金融机构通常是以发行股票和债券、接受信用委托、提供保险等形式筹集资金,并将所筹资金运用于长期性投资的金融机构。非银行金融机构与银行的区别在于信用业务形式不同,其业务活动范围的划分取决于国家金融法规的规定。

非银行金融机构的发展首先满足了经济多元化的需求。经济多元化要求金融机构多元化,单一的银行机构已不再适应现代企业制度的建立和发展,不能满足大量涌现的私营企业的金融需求。其次增加了融资方式,拓宽了融资渠道。银行是间接融资市场的主体,非银行金融机构是直接融资市场的主体。银行主要通过存、放款进行融资,而非银行金融机构则通过委托存放款、证券、租赁、保险等多种手段融资。再次提供了更广泛的金融服务。银行主要提供存放款、结算服务;非银行金融机构则提供委托存放款、投资、证券承销与交易、证券评估咨询、基金管理、财务租赁、担保和保险等多项服务,为国民经济提供了更加广泛的金融服务。最后促进了金融竞争,提高了金融效率。资金量在一定时期是相对稳定的,为了吸收更多的资金、增加自身实力,银行和非银行金融机构之间的竞争是不可避免的。但金融效率能够在竞争中得到提高,金融创新会在竞争中不断涌现。

本章将对保险公司、投资银行、信托公司、投资基金和其他非银行金融机构做详细的介绍。

第7章 非银行金融机构

7.1 保险公司

保险公司是世界各国最重要的非银行金融机构。保险公司是为社会经济安全而组织起来的一种机构。其业务经营是根据风险分散的原理,将社会上个别的风险通过保险作用,分散于多数人,以利于社会大众经济生活的稳定。如今,保险业在整个金融体系中,充当着极为重要的角色。西方国家的保险业十分发达,保险业务渗透到社会生活的方方面面,保险公司也因所设立的保险种类而形式多样,如财产保险公司、人寿保险公司、灾害和事故保险公司、老年和伤残保险公司、信贷保险公司、存款保险公司、再保险公司等。保险公司在经济运行中发挥着重要作用,主要体现在三方面:①积聚风险、分散风险、降低个体损失;②融通长期资金、促进资本形成、重新配置资源;③提供经济保障、稳定社会生活。

保险是一种信用补偿方式,保险公司主要依靠投保人缴纳的保险费筹集资金,对那些发生意外灾害和事故的投保人予以经济赔偿。由于保险公司的保费收入大多超过其保险支付,因此能够积聚长期巨额资金,成为金融体系长期资本的重要来源。保险公司对于所形成的保险基金除了用于对约定范围的事故所造成的损失补偿外,还要对这部分资金进行积极的投资运作,提高保费的盈利水平,其主要投向有稳定收入的政府债券、企业债券和股票以及发放不动产抵押贷款、保单贷款等。

保险公司是以取得保险费,建立保险基金,对发生保险事故进行经济补偿的金融机构。随着科学技术水平的快速发展,企业经营活动的范围越来越广,个人和家庭的生活也越来越丰富。然而,这些经济主体在面临着经营本身所要遭遇的各种市场风险和经营风险外,还要面对一些不确定因素带来的意外风险和灾害。由于作为个体的知识能力、技术水平及管理经验的有限性,在应付意外风险和灾害上的综合实力较弱,客观上需要有专业机构出面代为集中管理风险。于是,保险公司应运而生。

7.1.1 保险公司的产生和发展

自从有了人类社会以来,人们就一直在寻求防灾避祸的方法,以谋求生活的安定和经济的发展。救济互助的保险意识和思想古已有之,最早产生于古巴比伦和古希腊。据说在3000年前的幼发拉底河沿岸有人从事过类似现代海上保险业的事业。在巴比伦王汉谟拉比的法典中,就有关于类似货物运输保险和火灾保险的规定。公元前4世纪的古埃及,石匠中流行一种互助基金的组织,其宗旨是共同应付丧葬费用,这是类似人寿保险和意外伤害保险的办法。在我国古代也产生过类似的保险思想。早在夏朝后期粮食储备就已受到重视。夏箴中有:"天有四殃,水旱饥荒,甚至无时,非务积聚,何以备之?"这说明古人已经认识到自然灾害的难以预测,因而需要积储粮食,以备荒凶。此外,在我国古代还存在着一种"船帮组织"。在一些江河危险区域活动的航船行商,为避免把货物放于同一船中可能导致全部倾覆的危险,而将同类或同一人的货物分装于同一船帮的其他各船中,以求分散危险和减轻损失。

真正意义上的保险制度形成于近代,并且近代保险事业是资本主义发展的产物。15 世纪末,美洲新大陆和通往印度航道的发现,世界市场的形成和扩大,要求商品的生产和交换以更大的规模进行,商品流通要超越国界,穿过大洋,在世界范围内进行。随着商品运输的规模增大,风险越来越集中,正是在这样的情况下,近代保险制度最先以海上保险形式产生。

从保险业发展的历史来看,海上保险先于陆上保险,财产保险先于人身保险。继海上保险之后出现的火灾保险制度。近代火灾保险发源于英国。1666 年 9 月 2 日,伦敦因皇家面包店烘炉过热而起火,火势失去控制,燃烧了 5 天 5 夜,使得 13 000 多户住宅被焚毁,20 多万居民无家可归,损失极其惨重。正是这场大火,使得当地人们意识到火灾保险的重要性。于是,一位叫巴奔的医生于 1667 年出资设立了世界上第一家火灾保险公司。1710 年,查尔斯·玻文创立了伦敦保险公司,开始承接不动产以外的动产保险,其范围遍及全国。它是英国现存最古老的保险公司之一。

15 世纪,随着海上贸易的发展,海上保险逐渐发展起来。当时奴隶被作为商品在海上进行贩运,为了保证所贩运奴隶的价值,出现了以奴隶生命作为标的的人身保险。而现代人寿保险的形成,与死亡率的精确计算密切相关。1693 年,英国著名天文学家爱德华·哈雷根据德国布勒斯市居民的死亡资料编制了第一份完整的死亡表,用科学的方法精确地计算出各年龄段人中的死亡率。后人根据哈雷的死亡表编制了保险费率表,为人寿保险制度的建立奠定了基础。1762 年,英国成立了世界上第一家人寿保险公司——伦敦公平保险公司。

7.1.2 保险公司的基本分类

保险公司一般分为人身保险公司和财产保险公司。因为从整体上看,保险的标的无非是两种,一是经济生活的主体,即人身;二是经济生活的客体,即财产。所以保险业务通常被区分为人身保险与财产保险,这种传统的保险业务分类模式持续了几个世纪。

1. 人身保险

人身保险是以人的寿命和身体为保险标的的保险。人身保险的投保人按照保单约定向保险人缴纳保险费,当被保险人在合同期限内发生死亡、伤残、疾病等保险事故或达到人身保险合同约定的年龄、期限时,由保险人依照合同约定承担给付保险金的责任。根据保障范围的不同,人身保险可以分为人寿保险、意外伤害保险和健康保险。

1) 人寿保险

人寿保险是以人的生命为保险标的,以生、死为保险事故的一种人身保险。当被保险人的生命发生了保险事故时,由保险人支付保险金。最初的人寿保险是为了保障由于不可预测的死亡所可能造成的经济负担,后来,人寿保险中引进了储蓄的成分,所以对在保险期满时仍然生存的人,保险公司也会给付约定的保险金。传统的人寿保险有三种基本形式:

(1) 定期寿险。是以被保险人在保单规定的期间发生死亡,身故受益人有权领取保险金,如果在保险期间内被保险人未死亡,保险人无须支付保险金也不返还保险费。该保险大都是对被保险人在短期内从事较危险的工作提供保障。

(2) 终身寿险。是一种不定期的死亡保险。保险责任从保险合同生效后一直到被保险人死亡之时为止。由于人的死亡是必然的,因而终身保险的保险金最终必然要支付给被保险人。由于终身保险保险期长,故其费率高于定期保险,并有储蓄的功能。

(3) 两全保险。是定期人寿保险与生存保险两类保险的结合。两全保险是指被保险人在保险合同约定的期间里假设身故,身故受益人则领取保险合同约定的身故保险金;如果被保险人继续生存至保险合同约定的保险期期满,则投保人领取保险合同约定的保险期满金的人寿保险。这类保险是目前市场上最常见的商业人寿保险。

以上几种传统人身保险,均为纯保障类型。而随着经济的发展,资本市场化程度的日益提高,近几年在国内投资市场上又出现了将保障和投资融于一体的新型投资型险种,主要包括分红型、万能型、投资连接型等三种类型。

2) 意外伤害保险

意外伤害保险是指被保险人在保险有效期间,因遭遇非本意的、外来的、突然的意外事故,致使其身体蒙受伤害而残疾或死亡时,保险人依照合同规定给付保险金的保险。意外伤害保险只承担意外伤害责任,不承担因病死亡等其他保险事故的给付义务。与人寿保险不同,人身意外伤害保险一般不需要考虑被保险人的年龄、性别等因素。但对于患有某些疾病的人,如全部丧失劳动能力、精神病等,因其比健康人更容易受到伤害,所以不能投保人身意外险。

3) 健康保险

健康保险是以被保险人的身体为保险标的,使被保险人在疾病或意外事故所致伤害时发生的费用或损失获得补偿的一种保险。健康保险按照保险责任,健康保险分为疾病保险、医疗保险、收入保障保险等。

疾病保险指以疾病为给付保险金条件的保险。通常这种保单的保险金额比较大,给付方式一般是在确诊为特种疾病后,立即一次性支付保险金额。医疗保险是指以约定的医疗费用为给付保险金条件的保险,即提供医疗费用保障的保险,它是健康保险的主要内容之一。收入保障保险指以因意外伤害、疾病导致收入中断或减少为给付保险金条件的保险,具体是指当被保险人由于疾病或意外伤害导致残疾,丧失劳动能力,不能工作,以致失去收入或减少收入时,由保险人在一定期限内分期给付保险金的一种健康保险。

健康保险按给付方式划分,一般可分为给付型、报销型和津贴型三种:给付型,是指保险公司在被保险人患保险合同约定的疾病或发生合同约定的情况时,按照合同规定向被保险人给付保险金。保险金的数目是确定的,一旦确诊,保险公司按合同所载的保险金额一次性给付保险金。各保险公司的重大疾病保险等就属于给付型。报销型,是指保险公司依照被保险人实际支出的各项医疗费用按保险合同约定的比例报销。如住院医疗保险、意外伤害医疗保险等就属于报销型。津贴型,是指保险公司依照被保险人实际住院天数及手术项目赔付保险金。保险金一般按天计算,保险金的总数依住院天数及手术项目的不同而不同。如住院医疗补贴保险、住院安心保险等就属于津贴型。

2. 财产保险

财产保险是指投保人根据合同约定,向保险人交付保险费,保险人按保险合同的约定对所承保的财产及其有关利益因自然灾害或意外事故造成的损失承担赔偿责任的保险。财产保险有广义与狭义之分。广义的财产保险包括财产损失保险、责任保险、保证保险等。狭义的财产保险是以有形的物质财富及其相关利益为保险标的的一种保险,即财产损失保险。主要包括火灾保险、海上保险、汽车保险、航空保险、工程保险、农业保险等。

1) 财产损失保险

(1) 火灾保险。火灾保险简称火险,是指保险人对于保险标的因火灾所导致的损失负责补偿的一种财产保险。早期的财产保险主要是针对火灾对于各种财产所造成的破坏。随着保险经营技术的改进,保险人开始将火灾保险单承保的责任范围扩展到各种自然灾害和意外事故对于财产所造成的损失。国际保险市场习惯上仍将一般的固定资产和流动资产的保险称为火灾保险。

(2) 海上保险。海上保险简称水险,是指保险人对于保险标的物因海上危险所导致的损失或赔偿责任提供经济保障的一种保险。海上保险主要分为 5 种,即海上运输货物保险、船舶保险、运费保险、保赔保险和海洋石油开发保险。其中以海上运输货物保险的业务量最大,且与国际贸易风险最为相关。

(3) 汽车保险。汽车保险即机动车辆保险,简称车险,是指对机动车辆由于自然灾害或意外事故所造成的人身伤亡或财产损失负赔偿责任的一种商业保险。机动车辆保险为不定值保险,分为基本险和附加险,其中附加险不能独立保险。基本险包括第三者责任险(三责险)和车辆损失险(车损险);附加险包括全车盗抢险(盗抢险)、车上责任险、无过失责任险、车载货物掉落责任险、玻璃单独破碎险、车辆停驶损失险、自燃损失险、新增设备损失险、不计免赔特约险。我们通常所说的交强险(即机动车交通事故责任强制保险)也属于广义的第三者责任险,交强险是强制性险种,机动车必须购买才能够上路行驶、年检、上户,且在发生第三者损失需要理赔时,必须先赔付交强险再赔付其他险种。

(4) 航空保险。航空保险是以航空旅行为保险标的一种航空保险,是财产保险的一种。航空保险的保障范围包括一切与航空有关的风险。其保障对象有财务和人身之分。以财务为保险标的的航空保险主要有飞机保险与空运货物保险;以责任为保险标的的航空保险则有旅客责任险、飞机第三责任险和机场责任险。

(5) 工程保险。是指以各种工程项目为主要承保对象的一种财产保险。一般而言,传统的工程保险仅指建筑工程保险和安装工程保险,但进入 20 世纪后,各种科技工程发展迅速,亦成为工程保险市场日益重要的业务来源。工程保险的主要险种包括:建筑工程保险、安装工程保险、科技工程保险。工程保险的意义在于,一方面,它有利于保护建筑主或项目所有人的利益;另一方面,也是完善工程承包责任制并有效协调各方利益关系的必要手段。

(6) 农业保险。是指专为农业生产者在从事种植业和养殖业生产过程中,对遭受自然灾害和意外事故所造成的经济损失提供保障的一种保险。农业保险按农业种类不同分为种植业保险、养殖业保险;按危险性质分为自然灾害损失保险、病虫害损失保险、疾病死亡保险、意外事故损失保险;按保险责任范围不同,可分为基本责任险、综合责任险和一切险;按赔付办法可分为种植业损失险和收获险。

2) 责任保险

责任保险,是指以保险客户的法律赔偿风险为承保对象的一类保险。责任保险的历史不长,从 20 世纪 50 年代起才迅速发展起来,成为保险公司经营的主要险种。根据业务内容的不同,责任保险可以分为公众责任保险、产品责任保险、雇主责任保险、职业责任保险和第三者责任保险五类业务,其中每一类业务又由若干具体的险种构成。

作为一类独成体系的保险业务,责任保险适用于一切可能造成他人财产损失与人身伤亡的各种单位、家庭或个人。具体而言,其适用范围包括:一是各种公众活动场所的所有者、经营管理者;二是各种产品的生产者、销售者、维修者;三是各种运输工具的所有者、经营管理者或驾驶员;四是各种需要雇佣员工的单位;五是各种提供职业技术服务的单位;六是城乡居民家庭或个人。此外,在各种工程项目的建设过程中也存在着民事责任事故风险,建设工程的所有者、承包者等亦对相关责任事故风险具有保险利益;各单位场所(即非公众活动场所)也存在着公众责任风险,如企业等单位亦有着投保公众责任保险的必要性。

责任保险通常分为以下五种类型:

(1) 公众责任保险。一般也称为普通责任保险,是对个人和企业因过失造成公众的人身伤害和财产损失应承担的损害赔偿责任提供经济补偿。它是责任保险中独立的、适用范围最为广泛的保险类别。

(2) 产品责任保险。承保被保险人所生产、出售或分配的产品或商品发生事故,造成使用、消费或操作该产品或商品的人或其他任何人的人身伤害、疾病、死亡或财产损失时,依法由被保险人所负的经济赔偿责任。

(3) 雇主责任保险。是以被保险人即雇主的雇员在受雇期间从事业务时因遭受意外导致伤、残、死亡或患有与职业有关的职业性疾病而依法或根据雇佣合同应由被保险人承担的经济赔偿责任为承保风险的一种责任保险。

(4) 职业责任保险。是以各种专业技术人员在从事职业技术工作时因疏忽或过失造成合同对方或他人的人身伤害或财产损失所导致的经济赔偿责任为承保风险的责任保险。

(5) 第三者责任保险。是指被保险人或其允许的驾驶人员在使用保险车辆过程中发生意外事故,致使第三者遭受人身伤亡或财产直接损毁,依法应当由被保险人承担的经济责任,保险公司负责赔偿。同时,若经保险公司书面同意,被保险人因此发生仲裁或诉讼费用的,保险公司在责任限额以外赔偿,但最高不超过责任限额的 30%。

3) 保证保险

保证保险从广义上说,就是保险人为被保证人向权利人提供担保的保险。它包括两类保险:一类是狭义的保证保险,另一类是信用保险。它们的保险标的都是被保证人的信用风险,当被保证人的作为或不作为致使权利人遭受经济损失时,保险人负经济赔偿责任。因此保证保险实际上是一种担保业务。

第 7 章　非银行金融机构

保证保险首先出现于 18 世纪末 19 世纪初,它是随着商业信用的发展而出现的。最早产生的保证保险是诚实保证保险,由一些个人商行或银行办理。到 1852 年～1853 年,英国几家保险公司试图开办合同担保业务,但因缺乏足够的资本而没有成功。1901 年,美国马里兰州的诚实存款公司首次在英国提供合同担保,英国几家公司相继开办此项业务,并逐渐推向了欧洲市场。

保证保险是随着商业道德危机的频繁发生而发展起来的。保证保险新险种的出现,是保险业功能由传统的补救功能、储蓄功能,向现代的资金融通功能的扩展,对拉动消费,促进经济增长无疑会产生积极的作用。

保证保险主要分为三类:合同保证保险、忠实保证保险、商业信用保证保险。

(1) 合同保证保险。合同保证保险专门承保经济合同中因一方不履行经济合同所负的经济责任。合同保证保险涉及到保证人、被保证人、权利人三方,而不像一般保险合同那样只有两方。合同保证保险的保险费是一种服务费而不是用于支付赔款的责任准备。合同保证保险的历史不长,传统上是由银行出具信用证来担保涉外经济合同的履行。由于出立银行信用证条件较为苛刻,手续较繁琐,导致了对合同保证保险需求的增加,从而促进了保证保险业务的发展。

(2) 忠实保证保险。忠实保证保险通常承保雇主因其雇员的不诚实行为而遭受的损失。涉外忠实保证保险一般承保在我国境内的外资企业或合资企业因其雇员的不诚实行为而遭受的经济损失,也可承保我国劳务出口中,因劳务人员的不诚实行为给当地企业主造成的损失。

(3) 商业信用保证保险。商业信用保证保险是由权利人投保他人的信用,如他人不守信用而使权利人遭受损失,则由保证人负责赔偿。在我国商业信用保证保险主要是出口信用保险。

出口信用保险是以鼓励本国出口商扩大出口贸易为出发点,给本国出口商提供出口贸易收汇风险保障的一项特种业务,即由国家设立专门机构对本国出口商或商业银行向外国进口商或银行提供的信贷进行担保,当外国债务人拒绝付款时,这个机构负责支付遭拒付款部分的全部或部分损失。现在各工业发达国家、一些东欧国家,以及不少发展中国家都开办了此类业务。

7.1.3　保险公司的基本业务运作

保险公司的基本业务就是提供风险管理服务,从被保险人那里获得保费收入,根据约定承担保险赔付责任,按照规定管理运用保险基金。从保险公司的经营活动看,其基本的业务运作包括:保险营销、承保、理赔、风险管理、资金运作等几个环节。这些经营活动均以实现保险经济保障为目的,因此保险人在注重保险业务的特殊性、安全性、效益性的同时,力求经营各环节的通畅。

1. 保险营销

保险营销是保险业务的起点,它不仅要求保险业务员具备保险专业知识,还应该具备推销保险商品的其他知识,如经济的、法律的、心理的、医学的、社会学的等等。保险营销的最终目的是要使保险公司发展,获得最大的利润。因此,保险营销不仅是促销活动,而且是对保险市场进行充分调研和统筹决策的过程。

2. 承保

承保是指签订保险合同的过程,即投保人和保险人双方通过协商,对保险合同的内容取得一致意见的过程。承保的关键是核保,即保险人对投保人的投保申请进行审核,对投保风险进行评估,以决定是否接受投保和投保的保险条件。在核保过程中,保险公司将对保险标的、被保险人的资格和信誉、保险金额适用的费率等进行细致的审查,同时还要剔除由于投保人的故意行为导致社会财富损失和人身安全威胁的道德风险等。承保是保险经营的一个重要环节。承保质量如何,关系到保险企业经营的稳定性和经营效益的好坏,同时也是反映保险企业经营管理水平高低的一个重要标志。

3. 理赔

保险理赔是指保险人在保险标的发生风险事故后,对被保险人提出的索赔请求进行处理的行为。保险理赔涉及保险合同双方的权利和义务的实现,是保险经营的一项重要内容。保险人在理赔工作中必须遵守重合同守信用原则、实事求是原则、准确合理原则,以保证理赔的公平、合理,提高保险公司在社会公众中的信誉和形象。保险理赔的程序是:保险索赔、现场勘查、责任审定、损失赔偿计算和赔付、追偿与诉讼、损余处理。

4. 风险管理

风险管理是指保险人为预防保险事故的发生和减少保险事故造成的损失所采取的各种组织措施和技术措施。一方面,保险人应把风险管理工作落实到保险业务活动中去,即保险人在合同条款设计、费率厘定、承保、理赔等具体业务中,贯彻保险与风险管理相结合的原则,以减少或避免保险标的的损失,减少赔款支出,改善保险经营成果,增加利润。另一方面,保险人应积极配合社会防灾防损部门开展经常性的社会防灾防损活动。

5. 资金运作

由于保险公司收到保费后,不是立即全部用于赔偿,它们能够相对准确地预计未来必须向受益人支付的补偿金额,将其扣除后形成了一定可用资金,对这部分保险资金通过各种方式加以运作就成为保险公司业务经营地一个重要方面。

第 7 章 非银行金融机构

通过资金运作,从中可以获得盈利性的收益,从而扩大承保的偿付能力,增强保险公司的经营实力。保险公司运作资金的主要方式有:银行存款;证券投资,包括政府债券、金融债券、公司债券以及股票;发放抵押贷款等。

7.1.4 我国的保险公司

1. 我国保险公司的发展

1979 年 4 月,为适应经济体制改革和对外开放的需要,国务院批转的《中国人民银行分行行长会议纪要》明确提出要开展保险业务。同年 11 月,全国保险工作会议决定从 1980 年起恢复已停办 20 多年的国内保险业务。从此,我国保险市场开始迈进一个新的历史时期。1998 年 11 月 18 日,中国保险监督管理委员会(简称"保监会")成立,与中国银监会和中国证监会并列,分别对保险业、银行业和证券业进行监管。

1979 年以来,经过三十多年的改革和发展,我国保险市场的规模、主体、队伍,保险公司的股份制改造、挂牌上市及对外开放,都发生了巨大变化,形成了原保险、再保险、保险中介、保险资产管理协调发展的现代保险市场体系,已成为世界上最大的保险新兴市场。

1) 保费收入快速增长

国内保险业务恢复之初的 1980 年,全国保费收入仅 4.6 亿元,2007 年增加至 7 035.8 亿元[①],增长 1 500 多倍,年均增长超过 28%,成为我国国民经济中发展最快的行业之一。1980 年保险深度为 0.1%,保险密度 0.47 元;2007 年则分别提高到 2.85% 和 532 元。2007 年我国保费收入世界排名第 9 位,比 2000 年上升了 7 位,平均每年上升 1 位。

2) 市场主体不断增加

改革开放初期,我国只有一家中国人民保险公司,市场呈现独家垄断经营的局面。截止 2010 年底,我国共有保险公司 146 家,保险资产管理公司 9+1 家[②],保险专业中介机构 2 550 家。保险市场形成了以国有保险公司和股份制保险公

---

① 据中国保监会的统计数据,2010 年全国原保险保费收入已达 14 527.97 亿元,比上年增长 30.4%,其中寿险业务原保险保费收入 9 680 亿元;健康险和意外伤害险业务原保险保费收入 952 亿元;财产险业务原保险保费收入 3 896 亿元。这里的"原保险保费收入"为按《企业会计准则(2006)》设置的统计指标,指保险企业确认的原保险合同保费收入。

② 保险资产管理公司"9+1"格局,即人保、人寿、平安、中再保、太保、新华、泰康、华泰和太平 9 家保险资产管理公司,以及友邦设立的外资保险资产管理中心。

司为主体、政策性保险公司为补充、综合性公司与专业性公司并存、中外保险公司共同发展、市场竞争结构较为合理的新格局。

3) 从业人员成长壮大

经过三十多年的发展,到2010年底,保险全行业高管人员由"十一五"初期的1.45万人发展到2.94万人,营销员由156万人发展到330万人,精算、核保核赔、投资等专业技术人员日益成长,这支队伍是保险事业最宝贵的财富,为行业更大的发展提供了有力的人才保障和智力支持。

4) 国有公司股份制改造和公司挂牌上市顺利完成

2001年,根据国务院统一部署,保监会会同国家发展计划委员会、财政部、人民银行和证监会,提出了三家国有保险公司股份制改革的原则、模式和步骤,完成了专题调研报告。2002年,中国人保、中国人寿和中国再保险公司股份制改革方案相继得到国务院批准,三家国有公司股份制改革启动。

2003年11月6日,中国人保正式在香港挂牌交易。2003年12月17日、18日,中国人寿分别在美国纽约证交所、香港联交所挂牌上市。2004年6月24日,中国平安在香港联交所上市。2007年1月9日,中国人寿作为首家回归A股的金融企业,在上海证券交易所挂牌上市,随后中国平安也回归A股,2007年中国太保又在A股市场成功上市,大大促进了资本市场结构的优化。

5) 对外开放成效显著

2004年12月11日,中国保险业结束了入世过渡期,在更高领域和更深层次参与国际保险市场的竞争与合作,基本实现了全面对外开放。截至2010年底,我国外资保险公司法人机构有52家,较入世前增长了92.6%;外资保险公司原保险保费收入、总资产分别为634.3亿元和2621.12亿元,分别是中国入世前的19倍和29.3倍;在已设立的6家外资保险经纪公司中有4家排名进入全国保险经纪业务收入前10位;全国保险市场份额中,外资保险公司占4.37%,在北京、上海、深圳、广东等外资保险公司相对集中的地区,外资保险公司市场份额分别达到16.31%、17.94%、7.88%和8.23%。

与此同时,国内保险业通过学习借鉴外资公司的先进经营理念和管理技术,提升了保险服务水平和竞争能力。在2010年的《财富》杂志世界500强排名中,中国人寿、中国人保、中国平安分别位列第118名、第371名、第383名;中国人寿在世界品牌实验室发布的《世界品牌500强》中位列第277名,显然我国保险机构正逐步得到世界的认可。

2. 我国保险公司的资金运用

为规范保险资金运用行为,防范保险资金运用风险,维护保险当事人合法权

第7章 非银行金融机构

益,促进保险业持续、健康发展,我国于 2010 年 8 月 31 日起施行《保险资金运用管理暂行办法》。在中国境内依法设立的保险集团(控股)公司、保险公司从事保险资金运用活动均适用该办法规定。这里的保险资金是指保险集团(控股)公司、保险公司以本外币计价的资本金、公积金、未分配利润、各项准备金及其他资金。

按照现行规定,我国保险资金运用限于下列形式:①银行存款;②买卖债券、股票、证券投资基金份额等有价证券;③投资不动产;④国务院规定的其他资金运用形式。保险资金从事境外投资的,应当符合中国保监会有关监管规定。

1) 保险资金办理银行存款

保险资金办理银行存款的,应当选择符合下列条件的商业银行作为存款银行:①资本充足率、净资产和拨备覆盖率等符合监管要求;②治理结构规范、内控体系健全、经营业绩良好;③最近三年未发现重大违法违规行为;④连续三年信用评级在投资级别以上。

2) 保险资金买卖债券、股票、证券投资基金份额等有价证券

保险资金投资的债券,应当达到中国保监会认可的信用评级机构评定的、且符合规定要求的信用级别,主要包括政府债券、金融债券、企业(公司)债券、非金融企业债务融资工具以及符合规定的其他债券。

保险资金投资的股票,主要包括公开发行并上市交易的股票和上市公司向特定对象非公开发行的股票。投资创业板上市公司股票和以外币认购及交易的股票由中国保监会另行规定。

保险资金投资证券投资基金的,其基金管理人应当符合下列条件:①公司治理良好,净资产连续三年保持在人民币 1 亿元以上;②依法履行合同,维护投资者合法权益,最近三年没有不良记录;③建立有效的证券投资基金和特定客户资产管理业务之间的防火墙机制;④投资团队稳定,历史投资业绩良好,管理资产规模或者基金份额相对稳定。

3) 保险资金投资不动产

保险资金投资的不动产,是指土地、建筑物及其他附着于土地上的定着物。具体办法由中国保监会制定。

4) 几个注意事项

(1) 保险资金投资的股权,应当为境内依法设立和注册登记,且未在证券交易所公开上市的股份有限公司和有限责任公司的股权。

(2) 保险集团(控股)公司、保险公司不得使用各项准备金购置自用不动产或者从事对其他企业实现控股的股权投资。

(3) 保险集团(控股)公司、保险公司对其他企业实现控股的股权投资,应满

足有关偿付能力监管规定。保险集团(控股)公司的保险子公司不符合中国保监会偿付能力监管要求的,该保险集团(控股)公司不得向非保险类金融企业投资。

实现控股的股权投资应当限于下列企业:第一,保险类企业,包括保险公司、保险资产管理机构以及保险专业代理机构、保险经纪机构;第二,非保险类金融企业;第三,与保险业务相关的企业。

(4) 保险集团(控股)公司、保险公司从事保险资金运用,不得有下列行为:第一,存款于非银行金融机构;第二,买入被交易所实行ST、*ST的股票;第三,投资不具有稳定现金流回报预期或者资产增值价值、高污染等不符合国家产业政策项目的企业股权和不动产;第四,直接从事房地产开发建设;第五,从事创业风险投资;第六,将保险资金运用形成的投资资产用于向他人提供担保或者发放贷款,个人保单质押贷款除外;第七,中国保监会禁止的其他投资行为。

(5) 保险集团(控股)公司、保险公司从事保险资金运用应符合下列比例要求:

第一,投资于银行活期存款、政府债券、中央银行票据、政策性银行债券和货币市场基金等资产的账面余额,合计不低于本公司上季末总资产的5%。

第二,投资于无担保企业(公司)债券和非金融企业债务融资工具的账面余额,合计不高于本公司上季末总资产的20%。非金融企业债务融资工具是指具有法人资格的非金融企业在银行间债券市场发行的,约定在一定期限内还本付息的有价证券。

第三,投资于股票和股票型基金的账面余额,合计不高于本公司上季末总资产的20%。

第四,投资于未上市企业股权的账面余额,不高于本公司上季末总资产的5%;投资于未上市企业股权相关金融产品的账面余额,不高于本公司上季末总资产的4%,两项合计不高于本公司上季末总资产的5%。未上市企业股权相关金融产品是指股权投资管理机构依法在中国境内发起设立或者发行的以未上市企业股权为基础资产的投资计划或者投资基金等。

第五,投资于不动产的账面余额,不高于本公司上季末总资产的10%;投资于不动产相关金融产品的账面余额,不高于本公司上季末总资产的3%,两项合计不高于本公司上季末总资产的10%。不动产相关金融产品是指不动产投资管理机构依法在中国境内发起设立或者发行的以不动产为基础资产的投资计划或者投资基金等。

第六,投资于基础设施等债权投资计划的账面余额不高于本公司上季末总资产的10%。基础设施等债权投资计划是指保险资产管理机构等专业管理机构根据有关规定,发行投资计划受益凭证,向保险公司等委托人募集资金,投资基础设施项目等,按照约定支付本金和预期收益的金融工具。

第七,保险集团(控股)公司、保险公司对其他企业实现控股的股权投资,累计投资成本不得超过其净资产。

上述第一至第六所称总资产应当扣除债券回购融入资金余额、投资连接保险和非寿险非预定收益投资型保险产品资产;保险集团(控股)公司总资产应当为集团母公司总资产。

(6)投资连接保险产品和非寿险、非预定收益投资型保险产品的资金运用,应当在资产隔离、资产配置、投资管理、人员配备、投资交易和风险控制等环节,独立于其他保险产品资金;保险集团(控股)公司、保险公司应当控制投资工具、单一品种、单一交易对手、关联企业以及集团内各公司投资同一标的的比例,防范资金运用集中度风险;中国保监会可以根据有关情况对保险资金运用的投资比例进行适当调整。

7.2 投资银行

投资银行是当今发达国家金融体系中最重要的组成部分之一。虽然投资银行的名称也是银行,但并非普通意义上的银行,即它不从事吸收存款和发放贷款的金融中介业务。由于投资银行自诞生之日起,其业务活动范围就在不断演变、扩张,而且在不同的国家,投资银行的称谓也有所不同。投资银行是美国和欧洲大陆的称谓,英国称为商人银行,在日本称为证券公司。投资银行是主要从事证券发行、承销、企业兼并与收购、投资分析、风险投资、项目融资等业务的非银行金融机构,是资本市场上重要的金融中介机构。

投资银行是证券和股份公司制度发展到特定阶段的产物,是发达证券市场和成熟金融体系的重要主体,在现代社会经济发展中发挥着沟通资金供求、构造证券市场、推动企业并购、促进产业集中和规模经济形成、优化资源配置等重要作用。

7.2.1 投资银行的产生与发展

最早的投资银行业务可以追溯到3 000年以前的美索不达米亚地区。那时,某些富有的商人不仅为王公贵族和教会提供贷款,而且还帮助他们管理财产、制定策略。这种初始的投资银行业务在古希腊与古罗马时代得以继续发展。

现代意义上的投资银行产生于欧美。一般认为,以英国商人银行为代表的投资银行被公认为是较早的。当然,英国的商人银行不仅从事证券业务,还从事普通商业银行的存贷款业务,这与美国的投资银行不完全相同。16世纪中期,随着英国对外贸易和海外殖民扩张的开始,英国的各种贸易公司开始通过创建股份公司和发行股票的方式筹集大量资金,以分担海外贸易中的高风险。英国的商人银行也从为国际贸易提供承兑便利的业务中发展起来。此后,随着大量的股票、债券的发行和证券交易的日益活跃,英国的商人银行逐步壮大起来,一些实力雄厚的大银行,如巴林银行在证券市场和整个国民经济中都发挥着举足轻重的作用。

美国最早的投资银行是 1761 年由 T·A·汤毕尔在费城建立的,而公认的美国投资银行业的创始人则是 18 世纪 90 年代到达华尔街的撒尼尔·普赖姆。而现代投资银行的出现主要得益于美国内战期间兴修铁路的热潮。在这次热潮中,为了筹集资金,美国政府发行了大量债券,并通过投资银行进入了欧洲市场,一度成为欧洲证券市场主要的交易对象。此时,一批著名的投资银行迅速崛起,如摩根、塞利格曼、斯培叶、摩顿、罗斯、梅里尔·林奇(即美林公司)、雷曼兄弟公司、歌德曼·萨克斯公司(即高盛公司)等。在第一次世界大战之后,美国经济迅速发展,新兴企业不断崛起,企业债券和股票成为热点,美国投资银行由此得到了快速的发展。20 世纪 20 年代末,美国在巨大的证券泡沫情形下,终于爆发了著名的"大危机"。为了重振投资银行业,1933 年美国的《格拉斯·斯蒂格尔法》及 1934 年《证券交易法》颁布后,美国进入到投资银行与商业银行分业经营的阶段。从 1934 年开始,随着美国经济以及整个世界经济的复苏,投资银行业开始走向活跃。到了 20 世纪 80 年,美国开始放松了对金融业的管制,投资银行进入了快速发展的新阶段。

二十多年来,在国际经济全球化和市场竞争日益激烈的趋势下,投资银行业完全跳开了传统证券承销和证券经纪狭窄的业务框架,并已形成多样化、国际化、专业化、集中化和混业经营的趋势。我国投资银行业的市场潜力是巨大的,这对处于发展初期的投资银行业是巨大的机遇,同时也是巨大的挑战。为了承担起历史赋予的重任,我国投资银行业必将向着规模化、全面化、专业化、国际化、混业型发展。

7.2.2 投资银行的类型

当前世界的投资银行主要有四种类型:

1. 独立的专业性投资银行

这种形式的投资银行在全世界范围内广为存在,美国的高盛公司(转型)、美林公司(被收购)、雷曼兄弟公司(破产)、摩根·斯坦利公司(转型)、第一波士顿公司、日本的野村证券、大和证券、日兴证券、山一证券(破产)、英国的华宝公司、宝源公司等均属于此种类型,并且他们都有各自擅长的专业方向。

第 7 章　非银行金融机构

2. 商业银行拥有的投资银行

这种形式的投资银行主要是商业银行对现存的投资银行通过兼并、收购、参股或建立自己的附属公司形式从事商人银行及投资银行业务。这种形式的投资银行在英、德等国非常典型。

3. 全能性银行直接经营投资银行业务

这种类型的投资银行主要在欧洲大陆,他们在从事投资银行业务的同时也从事一般的商业银行业务。

4. 一些大型跨国公司兴办的财务公司

比如,通用电气金融公司、通用汽车金融公司等。

7.2.3 投资银行的主要业务

现代投资银行业务已经突破了证券发行与承销、证券经纪、证券私募发行等传统业务框架,企业并购、项目融资、风险投资、公司理财、投资咨询、资产及基金管理、资产证券化、金融创新等都已成为投资银行的核心业务。

1. 证券承销

证券承销是投资银行最本源、最基础的业务活动。投资银行承销的职权范围很广,包括本国中央政府、地方政府、政府机构发行的债券,企业发行的股票和债券,外国政府和公司在本国和世界发行的证券,国际金融机构发行的证券等。投资银行在承销过程中一般要按照承销金额及风险大小来权衡是否要组成承销辛迪加和选择承销方式。通常的承销方式有四种:一是包销。这意味着主承销商和它的辛迪加成员同意按照商定的价格购买发行的全部证券,然后再把这些证券卖给它们的客户。这时发行人不承担风险,风险全部转嫁给投资银行。二是投标承购。它通常是在投资银行处于被动竞争较强的情况下进行的。采用这种发行方式的证券通常都是信用较高,颇受投资者欢迎的证券。三是代销。这一般是由于投资银行认为该证券的信用等级较低,承销风险大而形成的。这时投资银行只接受发行者的委托,代理其销售证券,如在规定的期限计划内发行的证券没有全部销售出去,则将剩余部分返回证券发行者,发行风险由发行者自己负担。四是赞助推销。当发行公司增资扩股时,其主要对象是现有股东,但又不能确保现有股东均认购其证券,为防止难以及时筹集到所需资金,甚至引起本公司股票价格下跌,发行公司一般都要委托投资银行办理对现有股东发行新股的工作,从而将风险转嫁给投资银行。

2. 证券经纪交易

证券经纪交易是投资银行的传统业务,主要是指投资银行在证券二级市场代

— 299 —

理客户买卖有价证券的行为。投资银行在证券二级市场中扮演着做市商、经纪商和交易商三重角色。作为做市商,在证券承销结束之后,投资银行有义务为该证券创造一个流动性较强的二级市场,并维持市场价格的稳定。作为经纪商,投资银行代表买方或卖方,按照客户提出的价格代理进行交易。作为交易商,投资银行有自营买卖证券的需要,这是因为投资银行接受客户的委托,管理着大量的资产,必须要保证这些资产的保值与增值。

3. 证券私募发行

证券的发行方式分为公募发行和私募发行两种,前面的证券承销实际上是公募发行。私募发行是指发行者不把证券售给社会公众,而是仅售给数量有限的机构投资者,如保险公司、共同基金等。私募发行不受公开发行的规章限制,除能节约发行时间和发行成本外,又能够比在公开市场上交易相同结构的证券给投资银行和投资者带来更高的收益率,所以近年来私募发行的规模仍在扩大。但同时私募发行也有流动性差、发行面窄、难以公开上市,不易扩大企业知名度等缺点。

投资银行在私募发行过程中起着重要的作用。首先,投资银行是私募证券的设计者,投资银行要考虑证券种类、定价、条件等方面的内容,在发行者和机构投资者之间设计出一个双方都满意的产品。其次,投资银行为发行者寻找合适的机构投资者,并按优劣列示,供发行者选择。第三,投资银行在发行者自己找到了投资者时,可以作为发行者的顾问,提供咨询服务。

4. 兼并与收购

随着竞争的加剧,世界范围的企业并购自20世纪60年代起一浪高过一浪,其规模和影响越来越大。投资银行在其中扮演了极为重要的角色,因此,企业兼并与收购已成为现代投资银行除证券承销与经纪业务外最重要的业务之一。投资银行可以以多种方式参与企业的并购活动,如:寻找兼并与收购的对象、向猎手公司和猎物公司提供有关买卖价格或非价格条款的咨询、帮助猎手公司制定并购计划或帮助猎物公司针对恶意的收购制定反收购计划、帮助安排资金融通和过桥贷款等。此外,并购中往往还包括"垃圾债券"的发行、公司改组和资产结构重组等活动。

5. 项目融资

项目融资是对一个特定的经济单位或项目策划安排的一揽子融资的技术手段,借款者可以只依赖该经济单位的现金流量和所获收益用作还款来源,并以该经济单位的资产作为借款担保。投资银行在项目融资中起着非常关键的作用,它将与项目有关的政府机关、金融机构、投资者与项目发起人等紧密联系在一起,协调律师、会计师、工程师等一起进行项目可行性研究,进而通过发行债券、基金、股票或拆借、拍卖、抵押贷款等形式组织项目投资所需的资金融通。投资银行在项目融资中的主要工作是:项目评估、融资方案设计、有关法律文件的起草、有关的信用评级、证券价格确定和承销等。

6. 公司理财

公司理财实际上是投资银行作为客户的金融顾问或经营管理顾问而提供咨询、策划或操作。它分为两类:第一类是根据公司、个人或政府的要求,对某个行业、某种市场、某种产品或证券进行深入的研究与分析,提供较为全面的、长期的决策分析资料;第二类是在企业经营遇到困难时,帮助企业出谋划策,提出应变措施,诸如制定发展战略、重建财务制度、出售转让子公司等。

7. 基金管理

基金是一种重要的投资工具,它由基金发起人发起组织,吸收大量投资者的零散资金,聘请有专门知识和投资经验的专家进行投资,并将收益代为贮存,定期按投资者所占基金份额分配给投资者。投资银行与基金有着密切的联系。首先,投资银行可以作为基金的发起人,发起和建立基金;其次,投资银行可作为基金管理者管理基金;第三,投资银行可以作为基金的承销人,帮助基金发行人向投资者发售受益凭证。投资银行因为在专业人才、信息渠道、金融技术、金融业务网络等方面具有得天独厚的优势,因此基金管理成为其重要业务之一。

8. 财务顾问与投资咨询

投资银行的财务顾问业务是投资银行所承担的对公司尤其是上市公司的一系列证券市场业务的策划和咨询业务的总称。主要指投资银行在公司的股份制改造、上市、在二级市场再筹资以及发生兼并收购、出售资产等重大交易活动时提供的专业性财务意见。投资银行的投资咨询业务是连接一级和二级市场、沟通证券市场投资者、经营者和证券发行者的纽带和桥梁。习惯上常将投资咨询业务的范畴定位在对参与二级市场投资者提供投资意见和管理服务。

9. 资产证券化

资产证券化是指经过投资银行把某公司的一定资产作为担保而进行的证券发行,是一种与传统债券筹资十分不同的新型融资方式。进行资产转化的公司称为资产证券发起人。发起人将持有的各种流动性较差的金融资产,如住房抵押贷款、信用卡应收款等,分类整理为一批资产组合,出售给特定的交易组织,即金融资产的买方(主要是投资银行),再由特定的交易组织以买下的金融资产为担保发行资产支持证券,用于收回购买资金。这一系列过程就称为资产证券化。资产证券化的证券即资产证券为各类债务性债券,主要有商业票据、中期债券、信托凭证、优先股票等形式。资产证券的购买者与持有人在证券到期时可获本金、利息的偿付。证券偿付资金来源于担保资产所创造的现金流量,即资产债务人偿还的到期本金与利息。如果担保资产违约拒付,资产证券的清偿也仅限于被证券化资产的数额,而金融资产的发起人或购买人无超过该资产限额的清偿义务。

10. 风险控制工具的创造与交易

投资银行是创造和交易新金融工具的重要金融机构,风险控制工具就是其中最重要的一种。常见的有期货、期权、互换等衍生金融工具。投资银行代理客户买卖风险控制工具,收取一定佣金,并可以在买卖的同时,寻找另一客户作相反的抵补交易,从中获得价差收入。风险控制工具可以保护投资银行免受损失。例如,在债券承销过程中,如遇市场利率突然上升,会造成投资银行不得不下调卖出债券的价格,造成损失,投资银行常会利用利率期货或期权来规避这一风险。

11. 风险投资

风险投资又称创业投资,是指对新兴公司在创业期和拓展期进行的资金融通,表现为风险大、收益高。新兴公司一般是指运用新技术或新发明、生产新产品、具有很大的市场潜力、可以获得远高于平均利润的利润但却充满了极大风险的公司。由于高风险,普通投资者往往都不愿涉足,但这类公司又最需要资金的支持,因而为投资银行提供了广阔的市场空间。投资银行涉足风险投资有不同的层次:第一,采用私募的方式为这些公司筹集资本;第二,对于某些潜力巨大的公司有时也进行直接投资,成为其股东;第三,更多的投资银行是设立"风险基金"或"创业基金"向这些公司提供资金来源。

7.2.4 金融危机中美国五大投资银行的命运

2007年4月,美国新世纪金融公司(美国第二大次级抵押贷款机构)申请破产,标志着次贷危机正式爆发。这场危机愈演愈烈,在2008年演变为全球性金融危机。2008年9月国际金融危机全面爆发。

2008年5月31日,摩根大通宣布完成对贝尔斯登价值14亿美元的收购,至此这家拥有85年历史、经历过大萧条及多次起起伏伏的顶级投资银行,率先消失在华尔街。

仅仅不到4个月,即2008年9月15日,创建94年、全球规模最大的财富管理公司、管理客户资产总值达1.7万亿美元,拥有"雷电部落"绰号的美林公司未能躲过金融风暴的袭击,被美国银行以440亿美元的价格收购。同日,拥有158年历史的第四大投资银行,在美国抵押贷款债券业务上连续40年独占鳌头的雷曼兄弟公司负债6 130亿美元,报历史最大亏损,在政府拒绝为收购行动提供担保后,申请破产保护。

第7章 非银行金融机构

9月21日晚,噩耗传来,美国联邦储备委员会宣布,批准历史最悠久、规模最大的投资银行高盛集团和在财经界俗称"大摩"的国际金融服务公司摩根士丹利转变为银行控股公司的请求。

至此,华尔街五大投资银行全军"覆没",美国金融机构面临自20世纪30年代经济大萧条以来最大规模的重组。美国投资银行体系的全线崩溃,宣告了主导世界金融业数十年之久的华尔街独立投资银行模式的终结。独立投资银行模式覆灭的原因主要有:

1. 过度的金融创新,经营业务结构过于集中于高风险的衍生品领域

随着个人群体和公司客户需求的多样化,美国投资银行创新出各种金融衍生产品,为客户提供多样化和差异化的服务。与此同时,在高利润的诱惑和激烈竞争的压力下,投资银行大量从事次级抵押债权和复杂的衍生品的投资。例如,雷曼兄弟所持有的很大一部分房产抵押债券都属于第三级资产(Level 3 Assets),将30%~40%的难以出售的不良债券都留在了自己的资产表上。2007年高盛在衍生品和资产证券化产品中的交易比例很大,有80%左右的利润来源于自营等投资业务。金融机构无节制的"创新",把次级债券不断拆分、组合,原有的有限的金融资产已经被更多的金融产品所覆盖,金融衍生品链条不断被拉长。过度的衍生产品与基础资产越离越远,基础资产的风险和收益特征完全被掩盖,投资者甚至其他参与者难以有足够的数据和资料来评估基础资产和衍生产品的风险状况和内在价值。

2. 未对投资作充足损失准备的情况下的高杠杆运行

美国的投资银行相对于综合性银行,自有资本和资本充足率更低。为筹集资金扩大业务量,大多用很少的自有资本和大量借贷的方法来维持业务运营的资金需求。从2004年美国投资银行自营放开之后,各大投资银行就不断提高杠杆比例来操纵资本。如美林的杠杆率为28倍,摩根士丹利的为30倍,雷曼兄弟宣布进入破产保护时,其负债高达6 130亿美元,负债权益比是6 130:260。高杠杆要求较高的流动性与之相匹配,在市场较为宽松时,尚可通过货币市场融通资金来填补交易的资金缺口。而一旦自身财务状况出现恶化,公司持有大量的流动性很低的资产,评级公司则降低其评级,融资成本不可避免的将上升,造成投资银行无法融资维持其流动性,在危机爆发后,迅速将投资银行吞噬。

3. 内部人控制影响下过度的高管薪酬激励制度

华尔街薪酬通常是按照上年业绩制定奖金,这种薪酬制度刺激了企业的短期化行为,高额的薪酬对管理者产生了过度的激励,高管层乐于冒高风险进行投机性交易。从2004年到2006年,贝尔斯登五名高管赚取的现金、股票和其他补贴总计超过了3.81亿美元;给美林造成季度亏损20亿美元的前首席执行官离职时依然拿到1.6亿美元的收入;把雷曼公司带到破产境地的首席执行官在过去8年拿到的薪水和奖金共计4.8亿美元。2007年底,多家投资银行已面临巨额亏损,可是它们在年终奖金的计算中仍然以盈利创纪录的2006年年终奖金为标准。摩根士丹利2007年全年薪水支出总额为165.5亿美元,高盛为201.9亿美元。美林集团、雷曼兄弟、贝尔斯登的年终奖金数额也与2006年相差无几。这些巨额奖金导致各投资银行的流动资金大大减少,随着2008年次贷风暴的升级,流动性陷入枯竭。

2008年9月21日,美联储批准高盛和摩根士丹利转型为银行控股公司。根据美联储的决定,高盛和摩根士丹利以后将混业经营。变身后的高盛和摩根士丹利不仅可设立商业银行分支机构,以吸收储蓄存款,拓宽融资渠道,还可享受与其他商业银行同等的待遇,获得申请美联储紧急贷款的永久权利。但为符合商业银行标准,两家机构需要大幅降低杠杆比例以满足新的资本要求,同时要面临包括美联储和美国联邦保险存款公司(FDIC)更严格的金融监管。因此,转型为银行控股公司后,两大机构将更多地依赖个人存款而不是向银行贷款这一杠杆工具,从而杠杆比例会逐渐降低,意味着更小的风险和更高的稳定性。

尽管五大投资银行全军覆没并不是此次危机的终局,但是,人们从中获得的教训却弥足珍贵。在金融创新频繁,全球经济一体化的时代,独立投资银行模式的覆灭以及两大金融机构经营模式转型进一步凸显出现代金融市场中风险管理和监管体制的重要性。

7.2.5 中国的投资银行

我国投资银行业是伴随着资本市场的发展而产生的。从我国的实践来看,投资银行业务最初是由商业银行来完成的,商业银行不仅是金融工具的主要发行者,也是掌管金融资产量最大的金融机构。20世纪80年代末,随着我国资本市场的产生和证券流通市场的开放以及1995年以后,《商业银行法》的实施,我国金融业的分业经营及管理的体制逐步形成,原有商业银行的证券业务被分离出来,各地区逐渐形成了以证券公司为主的证券市场中介机构体系。券商逐渐成为我国投资银行业务的主体。目前在我国从事投资银行业务的主体主要有专业的证券公司、兼营的信托投资公司和一些财务公司等。

我国的投资银行可以分为三种类型:第一种是全国性的,第二种是地区性的,第三种是民营性的。全国性的投资银行又分为两类:其一是以银行系统为背景的证券公司;其二是以国务院直属或国务院各部委为背景的信托投资公司。地区性的投资银行主要是省市两级的专业证券公司和信托公司。以上两种类型的投资银行依托国家在证券业务方面的特许经营权在我国投资银行业中占据了主体地位。第三类民营性的投资银行主要是一些投资管理公司、财务顾问公司和资产管理公司等,他们绝大多数是从过去为客户提供管理咨询和投资顾问业务发展起来的,并具有一定的资本实力,在企业并购、项目融资和金融创新方面具有很强的灵活性,正逐渐成为我国投资银行领域的又一支中坚力量。

随着我国现代企业制度建立的推进,尤其是随着国有企业股份制改造及更多公司上市的需要,证券公司迎来了蓬勃发展的新时期。部分证券公司向真正意义上的投资银行过渡,也已经在酝酿之中。截至2010年年末,全国106家证券公司净资产5 664亿元,净资本4 319亿元,全行业平均每家证券公司净资本40.7亿元,全行业全年实现营业收入1 911.02亿元,其中证券经纪业务及代销金融产品、投资咨询服务净收入1 084.90亿元,证券承销与保荐及财务顾问业务净收入272.32亿元,受托客户资产管理净收入21.83亿元,证券投资收益(含公允价值变动)206.76亿元,全年累计实现利润775.57亿元。从收入构成看,经纪业务仍然是证券公司主要的收入来源,比重高达56.77%,但与上年同期相比,经纪业务收入占比下降了12个百分点,证券公司靠单一经纪业务盈利的状况有所改善。

7.3 信托公司

信托是随着商品经济的发展而出现的一种财产管理制度。所谓信托,是指委托人基于对受托人的信任,将其财产全部委托给受托人,受托人按委托人的意愿,以自己的名义,为受益人的利益或特定目的,对信托财产进行管理或者处置的行为。信托的本质是"受人之托,代人理财"。信托是一种多边信用关系,这种关系的建立必须根据法定程序进行,需要将各方关系人的条件、权利和义务等通过信托合同加以确定,以保证当事人的合法权益。现代信托已成为一种以财产为核心,信用为基础,委托、受托为主要方式的财产运用和管理制度。信托公司也称为投资托拉斯、信托投资公司等,它主要经营信托业务。

7.3.1 信托投资业务的产生和发展

信托业产生于英国,由于其特殊的制度功能,迅速被其他国家引进并发展壮大。如今在全球范围内,信托业与银行业、保险业、证券业、租赁业共同构成了金融业的五大支柱。目前发展得比较好且富有制度特色的主要有英国、美国和日本。

比较完整意义上的信托行为和信托制度是中世纪英国的"尤斯"制度,尤斯(USE)意为"代之"或"为之",原意是对委托他人管理的不动产的收益权或第三者领有财产权。1886年,第一家专门办理信托业务的机构——伦敦信托安全保险有限公司创立。英国的信托业务由于传统习惯等因素的制约一直停留在民事信托阶段。信托业务从民事信托发展到信托投资则是在美国完成的。

信托投资是与金融市场密切相连的一种直接信用方式。股票、债券和其他金融商品,以及金融商品流通的金融市场和大量广泛的直接信用活动,是信托投资产生的基础。18世纪末19世纪初,美国从英国引入了民事信托,随着产业证券买卖代理、股票转换等要求的提出,以1822年纽约农业火险及放款公司(1936年更名为纽约农业放款信托公司)的成立,特别是1853年美国信托公司的创立为标志,信托投资逐渐发展起来。到1924年,全美信托公司达到2 562家,存款总额接近133亿美元,占全美银行存款总额的72.4%。第二次世界大战后,美国政府采取温和的通货膨胀政策,刺激经济的发展。由此,美国的资本市场急速扩大,有价证券的发行量不断上升,信托投资业也在此期间大规模发展起来。业务活动从现金、有价证券直到房地产,业务范围和经营手段也不断创新。到了1970年,美国的信托财产总计2 885亿美元,占全部商业银行总资产5 049亿美元的57.1%。第二次世界大战至今,美国信托业基本上已为本国商业银行尤其是大商业银行所垄断,由商业银行信托部兼营。

日本的信托制度是从美国引进的。日本的信托自开办以来,特别是第二次世界大战后,发展很快,自成特色。20世纪90年代末,欧美原有的银行信托混营制及1998年美国对G法案的废止使许多西方金融机构成为真正意义上的"金融百货公司",日本金融机构的国际竞争力受到严重的挑战。在这种情况下,日本的各大信托公司也不得不与其他金融机构一起走向了合并重组之路。在经过一系列的调整和整顿之后,日本现在的信托业主力是信托银行,除从事信托本业以外,还从事不动产和证券代理、遗嘱执行等中间业务。随着全球经济金融自由化、国际化的不断发展,日本作为后起之秀,在借鉴了英美国家经验的同时,结合自己的国情,对信托业务内容和经营方式又有了新的开创和发展。其有较健全的法制作为依托,重视信托思想的普及,从而使日本信托业日趋多元化、专业化,对促进日本经济的发展起到了极积的推动作用。

7.3.2 信托公司的资金来源和运作

1. 资金来源

1) 信托和委托存款

在西方发达国家,信托存款是金融信托机构融通资金来源的主要方面。信托存款是企业、事业单位或个人将自己有权自主支配的资金委托信托机构代为管理和运行而办理的存款。它与银行存款的最大区别是这种存款所体现的关系不同,银行存款是一种双边关系,而它是一种多边关系。此外,其收益和收益的支出也不相同。

2) 发行金融工具

发行股票或债券以吸收企业、其他机构和个人的资金,构成了投资信托机构原始资金来源的主体部分。

3) 同业资金拆借

同业拆借是金融机构之间相互融通短期资金的主要方式,也是投资信托机构资金来源的一个方面。一般来说,同业拆借资金主要用于弥补存款准备不足、票据清算的差额和解决临时周转资金的需要。尽管投资信托机构不是同业拆借市场的主体,但却是最活跃的部门。

此外,由于各个国家的金融政策不一样,有些国家的投资信托机构可以从中央银行获得信托资金,或者从地方政府或主管部门获得财政性资金等等。

2. 资金的运用

投资信托公司的资金运用可以分为两个部分:一是以其公司的股票、债券为经营对象,通过证券买卖和股利、债息等获得收益;二是以投资者身份直接参与对企业的投资,有信托投资和委托投资两种形式。信托投资是指以自有资产、组织的信托存款以及发行公司股票、债券筹资,直接向生产、经营企业或工程项目投资。委托投资是指接受部门或企事业单位的资金委托,向其指定的单位或项目进行投资,并按委托要求,对项目资金的使用负责监督检查,办理项目的收益处理等。

7.3.3 信托公司的业务

在信托业发展较为成熟的美、英、日三国,其信托业务各有特点、分类也不相同。例如,美国的信托公司的业务分为个人信托、法人信托以及个人和法人混合信托;英国的信托公司业务分为个人信托和法人信托;日本的信托公司业务分为金钱的信托、非金钱的信托、金钱和非金钱相兼的信托以及其他信托四类。

1. 美国投资信托公司的主要业务

1) 个人信托业务

个人信托是指信托机构承办为个人管理和监护财产、执行遗嘱、管理遗产及代理账户等信托业务。个人信托业务主要有受托业务和代理业务。

（1）受托业务。是指信托机构接受个人委托，以受托身份为委托人生前或身后管理、运用或处理财产。受托业务可分为生前信托和身后信托。生前信托，是指委托人生前与受托人订立契约，并在委托人生存期中发生效力而成立的信托。身后信托，是指在委托人死后而生效的信托。多以遗嘱的形式出现，主要包括遗嘱执行信托或遗产管理信托、未成年人或禁治产人财产监护信托，以及人寿保险信托等。

（2）代理业务。是指信托机构接受个人委托，为其设立代理账户，并提供投资、保管和管理方面的种种服务。但信托投资对这种账户的资产不拥有所有权。一旦客户死亡，代理账户即终止。个人代理账户的主要形式有两种，即有管理权的代理账户和仅供咨询的账户。

2) 法人信托

法人信托是指信托机构接受法人团体的委托，以法人团体的受托人或代理人身份为其提供服务。法人信托也包括受托业务和代理业务。最主要的受托业务有发行公司债信托和商务管理信托；最主要的代理业务有代理股票过户等级和代理支付股息。

（1）发行公司债信托。是指信托机构接受发券公司（委托人）的委托，代为各持券人（受益人）行使抵押权或其他权利的信托业务。信托机构在该业务中不仅可以证明债券的合法性，而且可以帮助发行债券、保管抵押品、监督发债公司履约及偿还债券本息。

（2）商务管理信托。是指信托公司接受股东的委托，为其保管股票、行使表决权的信托业务。

（3）代理股票过户登记。即信托机构作为某家公司的股票登记人或股票经理人，代为办理股票的登记、转让过户手续。

（4）代理支付股息。即信托机构作为一个公司股息的支付人，代理公司向已登记的股东开立支票、支付股息，并将支票寄给他们。

3) 个人和法人混合信托

个人和法人混合信托主要包括公益信托、年金信托和职工持股信托等。

（1）公益信托。是指办理祭祀、宗教、慈善、学术和其他公益事业为目的的信托业务。公益信托在美国很普遍，其公益款项除富人捐巨款外，广为劝募所得。

(2) 年金信托。是指信托银行受托从事对年金制度的管理、年金基金的运用和职工退休后的年金支付的一种信托形式。

(3) 职工持股信托。是指委托者(职工)将金钱(本公司股票)作为信托财产进行信托,在信托终了时依照运用中的信托财产现状,原封不动地交还给受益者的信托。

美国的信托投资业务在其发展过程中形成了自己的特点:一是美国法律允许信托公司兼营银行业务,银行兼营信托业务;二是由于美国证券交易发达,因而有价证券业务开展普遍;三是个人信托与法人信托并驾齐驱。四是十分重视信托从业人员的管理。

2. 我国信托公司的经营业务

根据《信托公司管理办法》(2007年3月1日起施行)的有关规定,我国信托公司的经营范围包括以下业务:

(1) 资金信托。是指委托人将自己合法拥有的资金,委托信托公司按照约定的条件和目的,进行管理、运用和处分。按照委托人数目的不同,资金信托又能分为单独资金信托和集合资金信托。信托公司接受单个委托人委托的即为单独资金信托,接受两个或两个以上委托人委托的,则为集合资金信托。

(2) 动产信托。是指在动产的买卖过程中,在买方资金不足或卖方对买方信用不够了解的情况下,将财产所有权转移给信托机构,从信托机构获得融资或信用担保,最终实现动产的买卖。

(3) 不动产信托。是以不动产如建筑物、土地(不含耕地)等作为信托财产,由受托人按照信托合同,将不动产通过开发、管理、经营及处分等程序,提高不动产的附加价值,并将受托成果归还给受益人的信托业务。

(4) 有价证券信托。是指信托机构受托经营有价证券业务。信托机构开办此项信托,只按规定收取手续费,其收益全部归委托人所有。此项业务包括有价证券的登记发行、买卖、保管、转让、过户、出租、抵押、还本、领息及领取红利等。有价证券一般包括公债、公司债、股票和不记名式的信托受益证券等。

(5) 其他财产或财产权信托。主要指委托人将版权、知识产权等财产或财产权委托信托公司按照约定的条件和目的进行管理、运用和处置。

(6) 作为投资基金或者基金管理公司的发起人从事投资基金业务。

(7) 经营企业资产的重组、购并及项目融资、公司理财、财务顾问等业务。

(8) 受托经营国务院有关部门批准的证券承销业务。

(9) 办理居间、咨询、资信调查等业务。

(10) 代保管及保管箱业务。

(11) 法律法规规定或中国银行业监督管理委员会批准的其他业务。

7.3.4 信托公司在中国的发展

中国的信托制度最早诞生于20世纪初,但在当时中国处于半殖民地半封建社会的情况下,信托业得以生存与发展的经济基础极其薄弱,信托业难以有所作为。1979年10月,改革初期,许多地区和部门对建设资金产生了极大的需求,我国第一家信托机构——中国国际信托投资公司经国务院批准诞生了。以后又陆续设立了一批全国性信托投资公司,以及为数众多的地方性信托投资公司与国际信托投资公司。到1988年,存在于全国各地的信托投资公司约有1 000家。

从我国信托投资公司的初创归属看,相当大部分曾属于银行系统所办,此外,则或是由国务院,或是由各主管部委,更多地则是由各级地方政府以及计委、财政等部门出面组建的。1998年前国家曾经历了三次全国范围的清理整顿,根据分业经营与规范管理的要求,陆续铺开了对信托投资公司的调整改组、脱钩及重新登记工作。但始终未能从根本上解决信托业的功能定位不清、发展方向不明等问题,信托业长期形成和积累下来的问题和风险日趋严重。1998年,中国人民银行对信托投资公司进行了全面的清理整顿。这次清理整顿就是要彻底解决信托业的功能定位,重新规范信托业的业务,明确发展方向。根据信托的基本属性以及我国资本市场发展的需要,把信托投资公司规范为真正从事受托理财业务的金融机构,实现信托业与银行业、证券业严格的分业经营、分业管理。这是改革信托业经营和管理体制、规范信托业健康发展的重大举措。

1982年到2002年底,国务院先后对信托业进行了五次整顿,从而为我国信托业发展奠定了坚实的基础。随着我国经济的不断发展和法律制度的进一步完善,2001年6月5日《信托投资公司管理办法》颁布、2001年10月1日《信托法》实施和2002年7月18日《信托投资公司资金信托管理暂行办法》的正式实施为信托业的发展铺平了道路。信托与银行、保险、证券一起构成了现代金融体系。2007年信托业界响起了号角:自2007年3月1日起《信托公司管理办法》和《信托公司集合资金信托计划管理办法》开始正式实施。"新两规"的设立,为信托业指明了今后的方向。

"新两规"实施之后,"受人之托、代人理财"的本源业务作为信托公司经营主业的地位得到确立。由于信托具有灵活的交易结构、无限的金融创新能力、可开展私募基金又定位高端等种种优势,境内外投资者纷纷看好了"新两规"后的信托公司。在这场信托市场的争夺战中,既有工行、建行、交行、民生银行、中国人寿、华融资产、中信集团等国内银行、保险、证券公司,又不乏汇丰银行、澳洲国民银行、瑞银、美林、摩根士丹利等外资金融集团。信托公司也积极利用"全面投资平台"这一独特优势,与各类金融机构"合纵连横",拓展生存空间。新的信托法规和中国信托业的并购重组正在改变着中国信托业的生存发展状态,中国信托业竞争也将步入新的发展阶段。

经过近年来的整顿和发展,我国信托公司少数历史遗留风险逐步化解,行业整体逐步向专业化理财机构转变,业务规模取得实质性增长,产业能力不断增强。截至2010年底,全国正常经营信托公司63家,受托管理资产总规模3.04万亿元。另据统计,截至2011年三季度末,我国信托资产规模达40977.73亿元,前三季度信托公司经营收入265.85亿元,利润总额184.77亿元。从信托投向领域来看,投向基础产业的信托资金余额为9771.41亿元(占比23.8%);投向工商企业余额为8202.32亿元(占比20%);投向房地产领域余额为6797.69亿元(占比16.6%);投向证券市场(包括股票、基金、债券)余额为3554.74亿元(占比8.7%);投向金融机构余额为3438.24亿元(占比8.4%);投向其他领域的信托资金余额为7654.86亿元(占比18.7%)。

7.4 投 资 基 金

投资基金是一种利益共享、风险共担的集合投资方式,即通过发行基金单位,集中投资者的资金,由基金托管人托管,由基金管理人管理和运用资金,从事股票、债券、外汇、货币等金融工具投资,以获得投资收益和资本增值。投资基金本质上是一种金融信托,投资者持有的每一单位基金,都代表着基金所有的投资组合的一个相应比例的份额。投资基金在不同国家或地区称谓有所不同,美国称为共同基金(mutual fund)或投资公司(investment companies),英国和香港称为单位信托基金(unit trust),日本、韩国和我国台湾地区称为证券投资信托基金。虽然称谓有所不同,但是其特点却没有本质区别。

目前,投资基金已成为越来越多的投资者选择的投资工具,因为投资基金可以通过多元化的证券投资组合,达到分散风险的目的,这要比单个投资者由于资金所限进行单一化投资风险要小得多。

7.4.1 投资基金的产生与发展

投资基金最初产生于英国,1868年英国的一些投资者为了规避国际投资风险,共同出资成立了"海外和殖民地政府信托",委托熟悉海外经济的专家进行投资管理,把资金投入欧洲和美洲大陆,这是世界上最早出现的投资基金。从1870

年到1930年的60年间,有200多家基金公司在英国各地成立。1934年,The Foreign Government Bond Trust在英国组建,该基金除规定基金公司应以净资产赎回基金单位外,还在信托契约中明确了基金灵活的投资组合方式,标志着现代投资基金发展的开始。

投资基金起源于英国,却盛行于美国。第一次世界大战后,美国取代了英国成为世界经济的新霸主,一跃从资本输入国变为主要的资本输出国。随着美国经济运行的大幅增长,日益复杂化的经济活动使得一些投资者越来越难于判断经济动向。为了有效促进国外贸易和对外投资,美国开始引入投资信托基金制度。1926年,波士顿的马萨诸塞金融服务公司设立了"马萨诸塞州投资信托公司,"成为美国第一个具有现代面貌的共同基金。在此后的几年中,基金在美国经历了第一个辉煌时期。到了20世纪20年代末期,所有的封闭式基金总资产已达28亿美元,开放型基金的总资产只有1.4亿美元,但随后开放型基金无论在数量上还是在资产总值上的增长率都高于封闭型基金。20世纪20年代每年的资产总值都有20%以上的增长,1927年的成长率更超过100%。

1929年全球股市的大崩盘,使刚刚兴起的美国基金业遭受了沉重的打击。此次金融危机使得美国投资基金的总资产下降了50%左右。此后的整个20世纪30年代中,证券业都处于低潮状态。面对大萧条带来的资金短缺和工业生产率低下,人们投资信心丧失,再加上第二次世界大战的爆发,投资基金业一度裹足不前。大危机过后,美国政府为保护投资者利益,制定了1933年的《证券法》、1934年的《证券交易法》,之后又专门针对投资基金制定了1940年《投资公司法》和《投资顾问法》。《投资公司法》详细规范了投资基金组成及管理的法律要件,为投资者提供了完整的法律保护,为日后投资基金的快速发展,奠定了良好的法律基础。

第二次世界大战后,美国经济恢复强劲增长势头,投资者的信心很快恢复起来。投资基金在严谨的法律保护下,特别是开放式基金再度活跃,基金规模逐年上升。进入20世纪70年代以后,美国的投资基金又爆发性增长。在1974年至1987年的13年中,投资基金的规模,从640亿美元增加到7 000亿美元。与此同时,美国基金业也突破了半个多世纪内仅投资于普通股和公司债券的局限,于1971年推出货币市场基金和联储基金;1977年开始出现市政债券基金和长期债券基金;1979年首次出现免税货币基金;1986年推出国际债券基金。到1987年底,美国共有2 000多种不同的基金,为将近2 500万人所持有。由于投资基金种类多,各种基金的投资重点分散,所以在1987年股市崩溃时期,美国投资基金的资产总数不仅没有减少,而且在数目上有所增加。

20世纪90年代初,美国股票市场新注入的资金中约有80%来自基金,1992年时这一比例达到96%。从1988年到1992年,美国股票总额中投资基金持有的比例由5%急剧上升到35%。到1993年,在纽约证券交易所,个人投资仅占股票市值的20%,而基金则占55%。截止1997年底,全球约有7.5万亿美元的基金资产,其中美国基金的资产规模约4万亿美元,已超过美国商业银行的储蓄存款总额。从1990年到1996年,投资基金增长速度为218%。在此期间,越来越多的拥有巨额资本的机构投资者,包括银行信托部、信托公司、保险公司、养老基金以及各种财团或基金会等,开始大量投资于投资基金。

美国一直是世界上最大的共同基金市场。根据美国投资公司协会(ICI)的统计,截止2005年底,全球共同基金的资产总额已经达到17.8万亿美元,其中美国以8.9万亿的资产占据了全球共同基金市场50%的份额。同时,基金在美国已成为一种良好的大众理财工具。2005年底,美国开放式基金中的个人持有比例高达87.55%。从1980年至2006年,美国持有开放式基金的家庭户数从460万户上升到5490万户,占家庭总户数的比例从5.7%提高到48%。

7.4.2 投资基金的种类

投资基金的种类繁多,按照不同的标准,有不同的分类。

1. 按投资基金的组织形态,可分为公司型基金和契约型基金

这是投资基金最基本的分类方式。

1) 公司型基金

公司型基金是依据公司法组成以盈利为目的,投资于有价证券的股份投资公司,在组织形式上与股份有限公司类似。公司型基金的设立必须在工商管理部门和证券交易委员会注册,同时还要在股票发行与交易所在地登记。公司通过发行股票或受益凭证的方式来筹集资金。投资者购买了该公司的股票,就成为其股东。

在公司型基金的组织形式中,基金的实际经营和管理活动由一个独立的实际公司——基金管理公司(通常也是基金发起人)来负责。基金管理公司实际上也是投资基金的投资顾问。为保护基金股东的利益,由投资基金公司另外指定专门的托管人来保管投资的证券,并办理定期的每股净资产值的核算、配发新股和过户的手续及收取相应的保管费用。托管人一般由银行或信托公司担任,它和投资公司通过签订契约的形式明确双方的责权利关系。

2) 契约型基金

契约型基金是基于一定的信托契约原理而组织起来的代理投资行为。一一般由基金管理人、托管人和投资人通过订立信托契约,发行受益凭证将资金筹集起来,交由管理人根据信托契约进行投资。契约型基金又称为单位信托基金。

在契约型基金中,基金管理人,即管理公司,一般由专门的投资机构(银行或企业)共同出资组建,同时,它也是基金的发起人。其主要职责是根据信托契约发行受益凭证,募集资金,设立基金并负责基金的管理操作。托管人由银行或信托公司担任,它根据信托契约的规定,具体办理证券、现金的管理及其他有关代理业务和会计核算业务,并负责对管理人进行监督,确保管理人遵守公开说明书所列示的投资规定并使其投资组合符合信托契约的要求。基金投资人通过购买基金的收益凭证参加基金投资,承担投资风险并分享投资收益。

2. 按投资基金的受益凭证是否可赎回,可分为开放式基金和封闭式基金

1) 开放式基金

开放式基金(open-end funds)是指基金发行总额不固定,基金单位总数随时增减,投资者可以按基金的报价在基金管理人确定的营业场所申购或者赎回基金单位的一种基金。开放式基金可根据投资者的需求追加发行,也可按投资者的要求赎回。对投资者来说,既可以要求发行机构按基金的现期净资产值扣除手续费后赎回基金,也可再买入基金,增持基金单位份额。世界上第一个开放式基金于1924年在美国诞生。在美国,开放式基金也称为共同基金。

例如,我国首只开放式基金"华安创新,"首次发行50亿份基金单位,设立时间2001年,没有存续期,而首次发行50亿的基金单位也会在"开放"后随时发生变动,例如可能因为投资者赎回而减少,或者因为投资者申购或选择"分红再投资"而增加。

我国开放式基金单位的交易采取在基金管理公司直销网点或代销网点(主要是银行营业网点)通过申购与赎回的办法进行,投资者申购与赎回都要通过这些网点的柜台、电话或网站进行。

开放式基金的价格与基金净资产密切相关。基金净资产是指基金投资组合的市值减去基金负债后,再除以基金发行在外的总份额数。假设某基金发行了1亿股股票,证券组合的市值是2.5亿元,负债为0.5亿元,则该基金的每股净资产值就是2元[(2.5-0.5)/1]。

开放式基金的价格包括申购价格和赎回价格。基金股份的申购价格用公式表示为:

$$申购价格 = \frac{基金资产净值}{1-手续费率} \quad (7.1)$$

如前例,如果基金净资产为每股2元,手续费率为8.5%,则申购价格为2.19

元[2/(1－8.5%)]。

有些开放式基金是不收手续费的。按照是否收取手续费,开放式基金可以分为收费基金和不收费基金。不收费基金的申购价格即为基金净资产值。一般而言,收费基金对小额投资者收取较高的手续费,而对于50万美元以上的大客户只收取较低的手续费。

开放式基金的赎回价格为:

$$\text{赎回价格}=\frac{\text{基金资产净值}}{1+\text{手续费率}} \tag{7.2}$$

如果基金对赎回不收费,则基金的赎回价格为基金净资产。

2) 封闭式基金

封闭式基金(closed-end funds)是指基金管理公司在设立基金时限定了基金的发行总额,在初次发行达到了预定的发行计划后,基金即宣告成立,并进行封闭,在一定时期内不再追加发行新的基金单位。封闭式基金的流动性体现在二级市场的交易上,投资者可以在二级市场买卖封闭式基金,但基金公司本身不参加交易。

例如,在深交所上市的基金开元(4688),1998年设立,发行额为20亿基金份额,存续期限(封闭期)15年。也就是说,基金开元从1998年开始运作期限为20年,运作的额度20亿,在此期限内,投资者不能要求退回资金,基金也不能增加新的份额。

我国封闭式基金单位的流通方式采取在证券交易所挂牌上市交易的办法,投资者买卖基金单位,都必须通过证券商在二级市场上进行竞价交易。

3) 开放式基金与封闭式基金的区别

(1) 投资目标不同。开放式基金多用于开放程度较高、灵活性强的金融市场,这种市场能够适应大规模投资的需要。封闭式基金多用于封闭型市场或开放程度较低的金融市场,一般不适合大规模的短线投资。

(2) 变现能力及获利能力不同。开放式基金由于可以随时赎回,变现能力较强,在股市低迷时期能规避投资风险。但是,开放式基金为了应付随时可能的赎回,通常要将所募集资金的一部分以现金或易变现的金融资产形式存放,资金不能充分利用,导致获利能力减弱。而封闭式基金的情况正好与开放式基金相反。

(3) 买卖方式不同。开放式基金的发行无须证券交易所批准。投资者可以直接向基金公司买卖基金单位,不受时间限制。封闭式基金的发行类似于股票,须获得证券交易所批准,在基金到期前,投资者只能通过在二级市场出售以获取现金。

(4)买卖价格依据不同。开放式基金的计价是以基金的净资产为基础,再加上一定比例的购买费确定,不产生基金的溢价和折价。而封闭式基金由于其基金数量固定,通过证券交易市场来进行买卖交易活动,其价格受经济形式、市场供求关系等影响而上下波动,买卖价格会产生溢价和折价。

世界各国投资基金起步时大都为封闭型的。这是由于在投资基金发展初期,买卖封闭式基金的手续费远比赎回开放式基金的份额的手续费低。从基金管理的角度看,由于没有请求赎回受益凭证的压力,可以充分利用投资者的资金,来实施其投资战略以求利益的最大化。但开放式基金已称为目前世界投资基金的主流。

世界基金发展史就是从封闭式基金走向开放式基金的历史。以基金市场最为成熟的美国为例。在1990年9月,美国开放式基金共有3 000家,资产总值1万亿美元;而封闭式基金仅有250家,资产总值600亿美元。到1996年,美国开放式基金的资产为35 392亿美元,封闭式基金资产仅为1 285亿美元,两者之比达到27.54∶1;而在1940年,两者之比仅为0.73∶1。在日本,1990年以前封闭式基金占绝大多数,开放式基金处于从属地位;但20世纪90年代后情况发生了根本性变化,开放式基金资产达到封闭式基金资产的两倍左右。

3. 按投资标的,可分为股票型基金、债券型基金和货币市场基金

1) 股票型基金

股票型基金是以上市公司的股票为投资对象的投资基金。基金净值随投资的股票市场价格涨跌而变动。该类基金的风险较债券基金、货币市场基金高,相对的期望收益也较高。它是股票市场的主要机构投资者。

股票型基金又可进行细分:

(1)按投资的对象可分为优先股基金和普通股基金,优先股基金可获取稳定收益。风险较小。收益分配主要是股利。而普通股基金则是目前数量最大的一种基金,该基金以追求资本利得和长期资本增值为目的,风险较优先股基金大。

(2)按基金投资分散化程度,可将股票基金分为一般普通股基金和专门化基金,前者是指将基金资产分散投资于各类普通股票上,后者是指将基金资产投资于某些特殊行业股票上,风险较大,但可能具有较好的潜在收益。

(3)按基金投资的目的还可将股票基金分为资本增值型基金、成长型基金及收入型基金。资本增值型基金投资的主要目的是追求资本快速增长,以此带来资本增值,该类基金风险高、收益也高。成长型基金投资于那些具有成长潜力并能带来收入的普通股票上,具有一定的风险。股票收入型基金投资于具有稳定发展前景的公司所发行的股票,追求稳定的股利分配和资本利得,这类基金风险小,收入也不高。

与投资者直接投资于股票市场相比,股票型基金具有分散风险、费用较低等优点。对一般投资者而言,个人资本毕竟有限,很难通过分散投资种类而降低投资风险。但若投资于股票基金,投资者不仅可以分享各类股票的收益,而且已可以通过投资于股票基金将风险分散于各类股票上,大大降低投资风险。从资产的流动性来看,股票型基金具有流动性强、变现性高的特点。

2) 债券型基金

债券型基金就是以国债、金融债等固定收益类金融工具为主要投资对象的基金,因为其投资产品收益比较稳定,又称为"固定受益基金"。利息收入为债券型基金的主要收益来源。利率的变化以及债券市场价格的波动也影响整体的基金投资回报率。通常预期市场的利率将下跌时,债券市场价格便会上扬;利率上涨,债券的价格就下跌。所以债券型基金仍然有风险存在。由于债券收益稳定、风险较小,相对于股票基金,债券基金的风险较低,但投资回报也较低。另外,由于债券投资管理不如股票投资管理复杂,因此债券型基金的管理费也相对较低。债券型基金主要追求当期较为固定的收入,相对于股票基金而言缺乏增值的潜力,因此,较适合谋求当期稳定收益的投资者。

相对于直接投资于债券,投资者投资债券型基金的主要优点有:

(1) 风险较低。债券基金通过集中投资者的资金对不同的债券进行组合投资,能有效降低单个投资者直接投资于某种债券可能面临的风险。

(2) 专家经营。随着债券种类日益多样化,一般投资者要进行债券投资不但要仔细研究发债实体,还要判断利率走势等宏观经济指标,往往力不从心。而投资于债券基金则可以分享专家经营的成果。

(3) 流动性强。投资者如果投资于非流通债券。只有到期才能兑现,而通过债券型基金间接投资于债券,则可以获取很高的流动性,随时可将持有的债券基金转让或赎回。

3) 货币市场基金

货币市场基金是指投资于货币市场上短期有价证券的一种基金。该基金资产主要投资于货币市场工具,如一年以内的银行定期、大额存单、国库券、政府债券、企业债券等短期金融工具。

货币市场基金最早创设于1972年的美国。货币市场基金与传统的基金比较具有以下特点:

(1) 货币市场基金与其他投资于股票的基金最主要的不同在于基金单位的资产净值是固定不变的,通常是每个基金单位1元。投资该基金后,投资者可利用收益再投资,投资收益就不断累积,增加投资者所拥有的基金份额。比如某投资者以 100 元投资于某货币市场基金,可拥有 100 个基金单位,1 年后,若投资报酬是 8%,那么该投资者就多了 8 个基金单位,总共 108 个基金单位,价值 108 元。

(2) 衡量货币市场基金表现好坏的标准是收益率,这与其他基金以净资产价值增值获利不同。

(3) 流动性好、资本安全性高。这些特点主要源于货币市场是一个低风险、流动性高的市场。同时,投资者可不受到期日限制,根据需要随时可转让基金单位。

(4) 风险性低。货币市场工具的到期日通常很短,货币市场基金投资组合的平均期限一般为 4~6 个月,因此风险较低,其价格通常只受市场利率的影响。

(5) 投资成本低。货币市场基金通常不收取赎回费用,并且其管理费用也较低,货币市场基金的年管理费用大约为基金资产净值的 0.25%~1%,比传统的基金年管理费率 1%~2.5% 低。

(6) 货币市场基金均为开放式基金。货币市场基金通常被视为无风险或低风险投资工具,适合资本短期投资生息以备不时之需,特别是在利率高、通货膨胀率高、证券流动性下降,可信度降低时,可使本金免遭损失。

4. 按照投资目标,可分为成长型基金、价值型基金和平衡性基金

1) 成长型基金

是指以追求资本增值为基本目标,较少考虑当期收入的基金,主要以具有良好增长潜力的股票为投资对象。

2) 价值型基金

是指以追求稳定的经常性收入为基本目标的基金,主要以大盘蓝筹股、公司债、政府债券等稳定收益证券为投资对象。

3) 平衡型基金

是既注重资本增值又注重当期收入的一类基金。一般而言,成长型基金的风险大、收益高;价值型基金的风险小、收益也较低;平衡型基金的风险、收益则介于成长型基金与价值型基金之间。

5. 其他

投资基金的种类非常多,除了上述的基本类型外,还有以下一些新型品种。

1) 指数基金(Index Fund)

指数基金顾名思义就是以指数成分股为投资对象的基金,即通过购买一部分或全部的某指数所包含的股票,来构建指数基金的投资组合,目的就是使这个投资组合的变动趋势与该指数相一致,以取得与指数大致相同的收益率。指数型基金操作按所选定指数(例如美国标准普尔 500 指数(Standard&Poor's 500 index),日本日经 225 指数,我国台湾加权股价指数等)的成分股在指数所占的比重,选择同样的资产配置模式投资,以获取和大盘同步的利润。

2) 交易型开放式指数基金(Exchange Traded Fund, ETF)

交易型开放式指数基金又称交易所交易基金。ETF 是一种在交易所上市交易的开放式证券投资基金产品,交易手续与股票完全相同。ETF 管理的资产是一揽子股票组合,这一组合中的股票种类与某一特定指数,如上证 50 指数,包含的成分股票相同,每只股票的数量与该指数的成分股构成比例一致,ETF 交易价格取决于它拥有的一揽子股票的价值,即"单位基金资产净值。"ETF 的投资组合通常完全复制标的指数,其净值表现与盯住的特定指数高度一致。比如上证50ETF 的净值表现就与上证 50 指数的涨跌高度一致。

3) 上市型开放式基金(Listed Open-ended Fund, LOF)

LOF 也就是上市型开放式基金发行结束后,投资者既可以在指定网点申购与赎回基金份额,也可以在交易所买卖该基金。不过投资者如果是在指定网点申购的基金份额,想要上网抛出,须办理一定的转托管手续;同样,如果是在交易所网上买进的基金份额,想要在指定网点赎回,也要办理一定的转托管手续。根据深圳证券交易所已经开通的基金场内申购赎回业务,在场内认购的 LOF 不需办理转托管手续,可直接抛出。

LOF 与 ETF 都可以在交易所交易,又都是开放式基金,持有人可以根据基金净值申购赎回。两者不同的是:LOF 的申购、赎回都是基金份额与现金的交易,可在代销网点进行;而 ETF 的申购、赎回则是基金份额与一揽子股票的交易,且通过交易所进行。

4) QDII(Qualified Domestic Institutional Investor)

QDII 意为合格的境内机构投资者,它是在一国境内设立,经该国有关部门批准从事境外证券市场的股票、债券等有价证券业务的证券投资基金。和 QFII(qualified foreign institutional investors,合格的境外机构投资者)一样,它也是在货币没有实现完全可自由兑换、资本项目尚未开放的情况下,有限度地允许境内投资者投资境外证券市场的一项过渡性的制度安排。

5) 对冲基金(Hedge Fund)

对冲基金于 20 世纪 50 年代初起源于美国,当时操作宗旨是利用期货、期权等金融衍生产品以及对相关联不同股票进行实买空卖、风险对冲操作技巧,可在一定程度上规避和化解投资风险。1949 年世界上诞生了第一个有限合作制琼斯对冲基金。虽然对冲基金在 20 世纪 50 年代已经出现,但是直到 20 世纪 80 年代随着金融自由化发展,对冲基金才有了更广阔投资机会,从此进入了快速发展阶段。20世纪90年代世界通货膨胀威胁逐渐减少，同时金融工具日趋成熟和多样化，对冲基金进入了蓬勃发展阶段。

6) 房地产投资信托基金(real estate investment trusts, REITs)

实质上是一种证券化的产业投资基金，通过发行股份或收益单位，吸引社会大众投资者的资金，并委托专门的机构进行经营管理。房地产投资信托基金(REITs)是国际房地产市场上经过几十年健全起来的成熟投资模式，最早出现在美国，最近几年在亚太地区得到了非常迅猛的发展，新加坡、我国台湾和香港地区等均已经或即将推出相关基金的上市。房地产投资信托基金乃是从事房地产买卖、开发、管理等经营活动的投资信托公司，将房地产销售和租赁等经营活动中所得的收入以派息形式分配给股东，其实际上是由专业人员管理的房地产类的集合资金投资计划。

7) 衍生基金和杠杆基金

即投资于衍生金融工具，包括期货、期权、互换等并利用其杠杆比率进行交易的基金。

8) 雨伞基金(Umbrella Funds)

是在一组基金（称为"母基金"）之下再组成若干个"子基金"，以方便和吸引投资者在其中进行自由选择的低成本转换基金。

7.4.3 投资基金的运作和管理

1. 投资基金的发行和认购

1) 发行

投资基金的发行是指基金管理公司或信托投资机构在申请经主管机关批准之后将基金证券或收益凭证向社会公众推销出去的经济活动。基金证券的发行市场称为基金的一级市场。

从发行对象来看，基金的发行对象包括自然人和法人。在国外，由于基金数额巨大，机构投资者认购的比例相当高。在我国，采取主要向个人发行和基金发起人适当认购一定比例的办法，于是出现了公募和私募之分。私募的基金证券或受益凭证不得随意向公众出售和上市交易，因此其流动性差。

对于发行期限和发行数量，封闭式基金和开放式基金有不同的规定。封闭式基金发行总额一旦认满，不管是否到期，基金都进行封闭，不再接受认购申请。开放式基金发行总额虽然可以变动，但仍需要设立基金发行总额的上限和下限，如果在规定的期限内未募足规定的最低数额，该基金就不能成立。

基金的发行价格是指基金发行时由基金发行人所确定的初始价格。封闭式基金的发行价格一般按基金的面值确定,即平价发行,根据市场供求也可采取溢价或折价发行,发行手续费按发行价的一定百分比收取,但不计入基金资产。开放式基金的发行价格根据基金的净资产值来确定。

2) 认购

基金的认购包括认购手续和认购方式。

(1) 开放式基金的认购。认购开放式基金,投资者一般只需携带身份证、印签和价款到基金公司或基金管理公司及指定的代销机构,填写申购表格,按表格上列明的交易价格购买基金单位份额并交纳价款和一定的手续费后,就完成了申购手续。基金公司或基金管理公司在收到申请表及款项后,发给投资者基金券,投资者便成为基金的持有人和受益人。认购开放式基金的价格,在首次发行期间内,按面值加上一定的销售费用计算。而初次发行结束后的追加认购,则要以基金管理公司的报价为准,通常是以单位基金净资产价值为准,加减一定的手续费。

(2) 封闭式基金的认购。封闭式基金由于限制了基金的总规模,投资者只能在基金发行期内认购,认购价格按面值加上一定的手续费构成。发行期结束后,投资者如想追加投资或转让,只有通过在证券市场上的买卖来进行,其认购价格按当时挂牌的交易价格计算,手续和二级市场上购买股票相同。

2. 基金资产投资管理

基金资产的投资管理,即资产运用的管理,是投资基金管理中的主要内容,各国在这方面均有比较严格的限制。

1) 基金资产的投资范围管理

各国和地区对投资基金的投资范围均有不同的限制。日本政府对证券投资资产的运用范围规定为,仅限于买卖已上市的有价证券及进行期权、期货交易,剩余资金可作为短期贷款、银行存款等。我国《证券投资基金运作管理办法》则规定,基金合同和基金招募说明书应当按照下列规定载明基金的类别:①百分之六十以上的基金资产投资于股票的,为股票基金;②百分之八十以上的基金资产投资于债券的,为债券基金;③仅投资于货币市场工具的,为货币市场基金;④投资于股票、债券和货币市场工具,并且股票投资和债券投资的比例不符合第①项、第②项规定的,为混合基金。基金的投资范围一般在招募说明书、信托契约或保管协议中清楚载明。

2) 基金资产的投资组合管理

投资组合管理是基金管理中最为核心的内容。目前,各国的投资基金在投资上均实行投资组合管理,目的就是为了分散投资的非系统风险,保护投资者的利益。实行投资组合管理要实现以下经济上的要求:

(1) 本金安全。本金安全是投资中首先要考虑的一个问题。它包括两个方面的含义：一是收回原来的货币数额本金；二是保持本金原来的价值。只有在数量上和质量上都能收回的投资，才称为本金安全。

(2) 收入稳定。保持经常、稳定的收入往往是建立一个投资组合的出发点。经常、稳定的收入包括稳定的利息、股息和红利收入，也包括资本利得，但后者稳定性较差，受市场行情波动影响较大。

(3) 资本增值。资本增值是投资组合管理的核心目标。虽然各经理人投资风格各异，但是用基金资产的增长与否及增长程度的大小来衡量一个基金经理人投资水平的高低却是唯一的标准。各国政府对基金投资组合的制定和实施都作了一些规定和限制。日本规定，投资于一种股票的资金不得超过基金净资产总数的 10%；投资于一种股票，不得超过该公司已发行股票总数的 20%。美国则规定，对同一种股票投资不得超过基金资产价值的 5%。我国的《证券投资基金运作管理办法》规定基金管理人运用基金财产进行证券投资，不得有下列情形：一只基金持有一家上市公司的股票，其市值超过基金资产净值的 10%；同一基金管理人管理的全部基金持有一家公司发行的证券，超过该证券的 10%；基金财产参与股票发行申购，单只基金所申报的金额超过该基金的总资产，单只基金所申报的股票数量超过拟发行股票公司本次发行股票的总量。

3) 投资基金交易的限制

投资基金禁止与基金管理公司自身或关系人交易，即禁止利用基金资产买入基金管理公司或其董事、主要股东及主要承销商所有的证券，或将基金资产出售、出租给上述人员。此外，投资基金还禁止自我交易和内幕交易，限制基金间相互投资，禁止信用交易，限制对未上市公司证券的投资。

3. 投资基金报告、利润及分配

为提高基金操作的透明度，基金管理人必须定期通过报告形式向投资者和有关人员提交翔实、全面、可靠的公开性文件，以便接受社会公众的监督。基金报告包括投资结果报告和基金账目报告。

投资结果报告的内容有：分析该基金投资市场一年来的发展和变化情况及基金经理人的投资策略；上期及本期资产的营运进展情况；上期及本期末基金信托资产组合的证券名称、数量及各类证券所占比例；本期末基金证券信托资产的市价总值；本期证券资产买卖的品种、总股数和总金额；预测投资市场的未来走势。

基金账目报告的内容有：资产报告表、资产负债表、经理账目、投资组合及其变动表、业绩记录、会计政策说明、会计师审计意见、托管人报告。

基金的收益主要来自于股息、利息、红利及资本利得。其费用包括销售费用、管理费用、操作费用、转移基金手续费等。收益扣除费用,即为基金利润,归基金投资人所有。不同国家和地区对基金的利润分配方式均有不同的要求。

《证券投资基金运作管理办法》第三十五条规定,封闭式基金的收益分配,每年不得少于一次,封闭式基金年度收益分配比例不得低于基金年度已实现收益的90%。开放式基金的基金合同应当约定每年基金收益分配的最多次数和基金收益分配的最低比例。

第三十六条规定,基金收益分配应当采用现金方式。开放式基金的基金份额持有人可以事先选择将所获分配的现金收益,按照基金合同有关基金份额申购的约定转为基金份额;基金份额持有人事先未做出选择的,基金管理人应当支付现金。

7.4.4 中国投资基金的发展

中国投资基金的发展历史可以分为三个阶段:1991~1997年的早期探索阶段;1997年以《证券投资基金管理暂行办法》颁布实施为标志的起步发展阶段,这一阶段的基金以封闭式基金为主;2001年后进入规范发展阶段。为特定历史条件所决定,三个阶段有着各自的特点。

1. 早期探索阶段(1991~1997年)

中国基金业起步于20世纪90年代初。1991年7月,经中国人民银行珠海分行批准,珠海国际信托投资公司发起成立一号珠信物托,属于专项物业投资基金(该投资基金后来更名为"珠信基金"),基金规模为6 930万元人民币,是中国设立最早的投资基金。同年10月,武汉证券投资基金和南山风险投资基金分别经中国人民银行武汉市分行和深圳市南山区人民政府批准设立,规模分别1 000万和8 000万。

在基金一级市场发展的同时,基金交易市场也开始起步。1994年3月7日,沈阳证券交易中心和上交所联网试运行。1994年3月14日,南方证券交易中心同时与沪深证交所联网。1996年11月29日,建业、金龙和宝鼎基金在上交所上市。全国各地方的一些证交中心与沪深证交所联网,使一些原来局限在当地的基金通过深沪证券交易所网络进入全国性市场,拓宽了中国投资基金业的发展路径。

在1997年之前,中国各地共设立了75只基金。其中,基金类凭证47只,募集资金总额73亿元。在沪深证券交易所上市交易的基金25只,占两交易所上市品种的3%,基金市值达100亿元。25只基金中规模超过2亿元的有7只,1亿至2亿的有7只、1亿以下的有11只。此外,还有38只基金在全国各地的证券交易

现代货币金融学

中心挂牌交易,其中天津9只、南方10只、武汉12只、大连7只。

这一阶段的投资基金具有如下特点:第一,理论准备和制度建设严重不足。在很大程度上,基金只是作为一种集资的手段而已,对于如何规范基金管理者的行为、如何防范基金的经营风险等都知之甚少。基金作为一个新的金融产品实际上处在无序发展状态。第二,与宏观经济政策关系密切。在1992年邓小平南巡讲话之后,宏观经济政策以扩张为主,基金业的发行审批快速扩展。在这一阶段有80%左右的基金是在1992~1993年间发行的。1994年以后,在整顿金融秩序和宏观经济紧缩的背景下,投资基金的发行基本暂停。第三,审批权基本上由各地的人民银行分行行使。该阶段发行的各类基金和受益券中,由中国人民银行总行批准的只有4只,由各分行批准的达到114只。第四,投资基金的发行数在区域分布上与经济发展水平高度相关,主要集中在沿海开放地区的广东、江苏等地。其背景是,在沿海开放地区资金普遍紧张,设立和发行投资基金成为解决资金缺口的金融创新而迅速推广。

2. 起步发展阶段(1997~2001年)

1997年是中国基金行业发展的一个分水岭。在《证券投资基金管理暂行办法》出台后,根据新的法规要求,对老基金进行了清理规范,同时批准设立了一批新的基金。在此阶段,基金规模得到快速发展,但也暴露了一些需要解决的问题。

《证券投资基金管理暂行办法》的颁布与实施标志着中国封闭式基金进入了新的发展阶段。在新的管理制度实施后,先后有一批基金管理公司成立,首批成立的基金管理公司为南方基金管理公司和国泰基金管理公司,它们于1998年分别发行了开元基金和金泰基金,规模均为20亿元,远远超过此前的单只基金规模。这些基金被称之为"新基金",与此对应,1997年之前成立的基金被称为"老基金"。随着南方基金公司和国泰基金管理公司的成功,1998年之后基金行业进入了快速发展的轨道。2001年投资基金的总规模超过了800亿元,其中,封闭式基金的规模达到689.73亿元,开放式基金的规模超过了117亿元。

这一阶段的投资基金发展中有三个特点:第一,投资基金不仅被监管部门看作是重要的机构投资者,而且成为监管部门贯彻政策意图、调控股市走势的重要机制。第二,投资基金运作中发生了比较严重的违规现象。在证券市场中,投资基金被赋予"专业理财、理性投资"等桂冠。但在实践中,新基金的运作并没有严格遵守有关法律法规的规定,规范地展开基金投资,而是比较普遍且相互联手,从事了违法违规操作如"对倒"和"倒仓"。2000年10月,《财经》杂志以《基金黑幕》为题报告了基金管理公司在投资过程中的各种违规行为。第三,在各方舆论压力之下,证券监管部门开始对证券投资基金的运作给予更为密切的关注,对证券投资基金运作中的不规范行为予以查处和纠正。由此,证券投资基金的监管进入了监管程序之中。

3. 规范发展阶段(2001年至今)

2001年9月21日,中国首只开放式基金——华安创新基金设立,首发规模约为50亿份基金单位。2001年10月,《开放式证券投资基金试点办法》颁布,使得证券投资基金管理的基本框架进一步得到了完善。这些事件标志着中国证券投资基金的发展进入了第三阶段。该阶段有三个显著的特点:一是以开放式基金为主的基金市场规模迅速壮大;二是基金业的对外开放取得了突破,QFII、QDII产品相继问世;三是基金产品不断丰富,除股票基金外,陆续发展了债券基金、混合基金、货币市场基金,还推出了保本基金。

2001年之后,基金规模迅速扩展,基金的品种创新开始加速。仅2002年就推出了不少以各种投资理念为目标的投资基金品种,尤其突出的是南方首次推出债券型基金、华夏首次推出纯债券基金、华安首次推出180指数增强型基金、博时首次推出"安全型"概念的价值增长基金、天同推出首只180指数(标准化指数基金)等开放式基金。

自2001年华安创新基金设立以来的10年间,在经历了牛熊交替的洗礼、规范化的治理和市场化的博弈之后,以开放式基金为主要产品形式的中国基金市场已达到了相当规模,产品体系不断优化,投资者群体逐步成熟,相关法律法规趋于完善,走过了国外成熟市场几十年甚至上百年才走过的发展道路。基金总数从2001年的仅有3只,至2011年10月达到937只。

数据显示,在2001年首只开放式基金发行之前,中国基金市场只有10家基金管理公司,40多只传统封闭式基金,产品发行方式以券商包销为主。2001年首只开放式基金发行之后,中国基金业在行业形态、产品发行审批、渠道建设等一系列方面都走上了市场化的漫漫长路。开放式基金发展的10年间,我国基金公司数量从2001年的15家增加到2011年8月底的67家,增长3.5倍。基金类型从最早的一般偏股基金、偏债基金、货币基金、指数基金开始丰富,先后出现了LOF、ETF、QDII、分级基金等多种多样的产品类型。在产品发行上,开放式基金经历了从审批制到通道制的市场化改革。

中国证监会数据显示,截止2011年7月底,我国开放式基金总数达到786只。而从总规模看,截至2011年6月底,所有类型基金总规模为2.36万亿元,较2001年的821亿元增长近28倍。其中开放式基金总规模达2.21万亿元,占基金总规模的比例达到94%。与此同时,作为公募基金主体的开放式基金,已成为我国城镇居民家庭除储蓄存款外拥有最多的金融资产,据中登公司公布的数据,目

现代货币金融学

前基金账户数已突破3 500万大关,正以平均每周开户数超过5万的速度增长。其中个人投资者占比高达99.88%。

7.5 其他非银行金融机构

在非银行金融机构中,除了上述几种主要的机构外,还有财务公司、金融租赁公司、资产管理公司、农村和城市信用社等。

7.5.1 财务公司

财务公司是大型企业集团投资成立的,为本集团提供金融服务的非银行金融机构。财务公司经营的金融业务,大体上可以分为融资、投资和中介三大块。

融资业务,是指经批准发行财务公司债券、从事同业拆借的业务。

投资业务主要包括:承销成员单位的企业债券;对金融机构的股权投资;成员单位产品的消费信贷、买方信贷及融资租赁;对成员单位办理贷款及融资租赁。

中介业务,即对成员单位办理财务和融资顾问、信用鉴证及相关的咨询、代理业务;协助成员单位实现交易款项的收付;经批准的保险代理业务;对成员单位提供担保;对成员单位办理票据承兑与贴现;办理成员单位之间的内部转账结算及相应的结算、清算、方案设计。

财务公司是金融业与工商企业相互结合的产物,1716年首先产生于法国。19世纪以后,英、美等国家也相继设立了财务公司。当代西方的财务公司一般以消费信贷、企业融资和财务、投资咨询等业务为主。我国的财务公司产生于1984年,一般是由企业集团内部集资组建的,其宗旨和任务是为本企业集团内部各企业筹资和融通资金,促进其技术改造和技术进步,如华能集团财务公司、中国化工进出口公司财务公司、中国有色金属工业总公司财务公司等。

1987年5月我国成立了第一家企业集团内部财务公司——东风汽车工业财务公司,随后在当年就有8家财务公司注册成立。以此为起点,我国财务公司步入快速发展时期。1987年底整个行业资产总额仅仅20亿元,而截至2003年底,我国已拥有财务公司76家,资产总额已达到4 500亿元,增长了两百多倍。其中注册资本超过10亿元的有6家,总资产百亿元以上的财务公司有7家,规模最大的中油财务公司,其资产已近1 000亿元。财务公司在业务上受中国人民银行领导、管理、监督与稽核,在行政上则隶属于各企业集团,是实行自主经营、自负盈亏的独立企业法人。

为推动我国企业集团的快速、健康发展,1991年的《关于选择一批大型企业

第 7 章 非银行金融机构

集团进行试点的通知》中明确了大型企业要向集团方向发展,对企业集团的组织形式、经营方式等都进行了规范,并明确提出了具备条件的试点企业集团可经中国人民银行批准设立财务公司。1996 年 9 月,《企业集团财务公司管理暂行办法》(以下简称《办法》)对财务公司从市场准入、业务监管到市场退出等全过程进行了规范,第一次对企业集团成员单位进行了界定,明确了依产权关系建立的企业集团才可以设立财务公司。

关于财务公司的具体业务问题,《办法》中规定财务公司的业务范围划分为四大类 13 种业务,即负债类业务、资产类业务、中介服务、外汇业务。这四大类十三种业务是财务公司业务发展的基础,各种金融服务创新及金融衍生工具的开发都将在这些业务的基础上产生。1997 年 9 月,中国人民银行又下发了《中国人民银行关于加强企业集团财务公司资金管理等问题的通知》,国内所有的财务公司根据一系列重要法律、法规的要求进行了改制和增资扩股,完成了业务范围调整、财务公司与所办证券营业部的脱钩工作,实现了财务公司与证券业的分业经营,对公司自营的长期投资项目进行了清理。除国债、成员企业债券和自用不动产外,原有的投资项目基本都转移给了企业集团。这些企业集团财务公司主要分布于机械、电子、汽车、石油、化工、建材、能源、交通等关系国计民生的重点行业。

2000 年 6 月 30 日,中国银监会正式颁布了《企业集团财务公司管理办法》,监管部门将财务公司定位调整为筹措中长期资金以支持集团公司技术改造、新产品开发和销售为主的非银行金融机构,不得吸收 3 个月以下银行存款,以和银行相区别。2004 年 7 月 27 日,中国银监会颁布了新的《企业集团财务公司管理办法》。在财务公司的市场定位方面,新的办法将财务公司的市场定位界定为"以加强企业集团资金集中管理和提高企业集团资金使用效率为目的,为企业集团成员单位提供财务管理服务的非银行金融机构";在市场准入方面,新的办法大幅降低了市场准入标准,有利于更多企业集团设立财务公司;在业务品种方面,新的办法准予财务公司开展属于加强资金集中管理的相关业务,同时取消了与新的市场定位无关或关系不大的业务;在组织机构方面,对一些风险相对较高、对公司经营管理能力要求较高的业务准入需经批准,如发行财务公司债券、承销成员单位的企业债券、对金融机构的股权投资、有价证券投资、成员单位产品的消费信贷、买方信贷及融资租赁等。《企业集团财务公司管理办法》的颁布使得中国的财务公司在更大范围和更深层次上得到发展。据统计,截止 2010 年底,我国已有企业集团财务公司 107 家。

7.5.2 金融租赁公司

金融租赁公司,亦称融资租赁公司,是指主要办理融资性租赁业务的专业金融机构。按照《国际租赁公约》的定义,融资租赁是指"出租人按承租人设定的条件,向承租人指定的供货人购买实物财产,并以摊提(即分期偿还)该财产的全部或大部分购置成本为基础,向承租人收取租金的一种交易"。1952年5月,H·杰恩菲尔德开设了世界上第一家采用融资租赁方式进行设备租赁业务的企业,即美国租赁公司。1960年英国成立了第一家合资租赁公司——商业租赁公司。此后,金融租赁在日本、法国、德国、巴西、韩国、新加坡等国家迅速发展。

在改革开放之初的1981年,以中国国际信托投资公司为主要股东,成立了中外合资的东方租赁有限公司,开创了我国的融资租赁业。融资租赁业经历了10年的持续发展,1992年中国租赁业渗透率达到6.54%;但此后,中国租赁业却走向低谷,截止1999年,我国有融资租赁资格的企业只有两类:40家中外合资租赁公司和12家金融租赁公司,租赁资产余额仅2.95亿美元,全部公司注册资本金总计不足40亿元人民币,可控资产20多亿元人民币。到2000年,租赁市场渗透率降至0.2%,发展滞后、脱离主业,租金拖欠严重,资产质量不高,许多公司被迫停业,甚至关门倒闭,进入全行业的整顿阶段。

2000年经国务院批准,租赁业被列入"国家重点鼓励发展的产业"。2007年,中国银监会颁布实施修订后的《金融租赁公司管理办法》,明确了金融租赁公司新的准入标准和监管标准,允许符合资质要求的商业银行和其他机构设立或参股金融租赁公司。随后,2008年开始终于迎来了我国融资租赁业的快速发展阶段。融资租赁理论与实践经验的积累及国外先进经验的借鉴,使得我国融资租赁业不断成熟,开始走向规范、健康发展的轨道;新公司积极进入,各种类型日益完善,在市场上共存发展、各行其道。具体表现在以下几方面:

1. 融资租赁机构数量迅速增加

截止2009年9月底,我国已经有各类融资租赁机构164家,按照我国现行法规,按监管对象划分,融资租赁机构可分为三大类:金融租赁公司(银监会监管,共17家)、外商投资租赁公司(商务部监管,共110家)和国内融资租赁试点单位(2004年底开始审批,共5批37家,由商务部监管)。据《中国金融租赁行业发展报告2010》统计数据显示,截止2010年底,中国各类租赁公司超过200家,其中,银监会负责监管的金融租赁公司有17家,除此之外商务部等部门审批的内外资融资租赁机构约195家;截止2011年3月末,银监会监管的17家金融租赁公司的资产总额达到3640亿元,其中在飞机、船舶、专用设备领域的投资余额分别达到 381 亿元、337 亿元和 1 924 亿元,并在航空、航运、电力、机械、医疗、印刷等领域形成了特色鲜明的产品线,有效地扩大了相关行业的投资、生产和消费。另据统计,截止 2011 年 8 月底,我国已有融资租赁公司 261 家。其中,外商投资融资租赁公司累计批准 190 家,内资试点融资租赁公司 53 家,金融租赁公司 18 家。

2. 融资租赁行业规模和业务规模迅速增加

据国家统计局统计,2008 年融资租赁业开始进入快速发展阶段。2008 年开展业务的 70 家企业融资租赁业务达到 1 550 亿元,其中金融租赁 11 家约为 630 亿元;外商租赁企业 34 家约为 500 亿元;内资租赁 25 家约为 320 亿元,为一批设备制造商和企业特别是中小企业解决了"销售难"和"融资难"。2008 年租赁市场渗透率①平均值为 4.24%,比 2007 年提高了 15.8%。2009 年 11 月,租赁市场渗透率为 4.81%。截止 2011 年 8 月底,融资租赁行业总注册资本金超过 1 000 亿元人民币,可承载的资产管理能力超过 1 万亿元人民币。

截止 2006 年底,我国租赁额只占到世界租赁额的 1% 左右,与发达国家相差甚远。比如,美国在 2005 年租赁额占到世界租赁额的 37%,但从 2000 年的 4 990 亿美元到 2006 年全球融资租赁交易额 6 337 亿美元,年均增长率为 4.1%,而我国租赁额 2005 年至 2008 年平均年增长率达到 67.7%。可以看出,我国与世界发达国家租赁业的差距正在缩小。

虽然经过 30 多年的发展,我国融资租赁公司数量和规模都得到大幅发展,但目前我国融资租赁业的整体发展水平与我国经济规模、发展速度依然还有很大的差距。同时,我国融资租赁业仍面临着市场准入不统一、税收适用不清晰、法律环境不完善等诸多问题。目前融资租赁在我国的市场渗透率还很低,一直徘徊在 3%~5%,而发达国家则普遍在 15%~30%,尚有较大的发展空间。

7.5.3 金融资产管理公司

20 世纪 80 年代以来,世界上许多国家的银行体系都曾经或正在面临不良资产的困扰,这些国家都积极采取了各种方式与措施予以处理。成立专门的机构处理银行不良资产是最流行的方式之一。

经国务院决定,我国于 1999 年相继成立了信达、华融、东方、长城四家金融资产管理公司(Assets Management Corporation,简称 AMC),分别负责管理和处置

---

① 租赁市场渗透率,是衡量租赁业发展程度的统计指标,主要有"设备渗透率"和"GDP 渗透率"。设备渗透率是指年租赁交易量与年设备投资额的比率,GDP 渗透率则指的是年租赁交易量与年 GDP 的比率;前者自 1980 年开始使用,后者自 2001 年开始使用。

中国建设银行、中国工商银行、中国银行、中国农业银行四家国有商业银行的不良资产。这四家 AMC 的存续期为 10 年。国家向每一家 AMC 拨款 100 亿元（共 400 亿元）作为资本金，用于收购四家国有商业银行剥离给 AMC 的不良资产。国家希望通过 AMC 的运作，减少国有企业的债务负担和国有商业银行的不良资产，促进国民经济结构的战略性调整和国有企业的战略性改组，化解我国金融体系存在的系统性风险。

2000 年 11 月 20 日，国务院颁布了《金融资产管理公司条例》，对公司设立、业务范围、经营管理、终止清算等进一步进行了明确，并对 AMC 不良贷款收购的范围、额度和资金来源以及如何实施债转股等核心问题作出了明确的规定。根据《金融资产管理公司条例》，AMC 的经营宗旨是：①通过向银行系统注入资金，收购、剥离国有商业银行的部分不良资产，增强公众对银行体系的信心；②通过运用有效的资产管理及变现战略，从不良银行资产中尽可能多回收些资产价值；③在尽量减少运用政府资金的前提下，使金融行业实现资产重组，化解金融体系存在的系统性风险；④考虑到政治、经济和社会等因素，尽量减轻银行债务重组对社会整体的震荡及负面影响，促进国民经济结构的战略性调整和重组。

为了实现上述经营宗旨，AMC 的运作任务是：①强化管理。AMC 对托管或收购的银行不良资产，首先建立完整、严密的管理制度，建立起资产的明细档案，分门别类地采用不同的管理方法进行管理，并把管理责任落实到人，做到管理有序，责任分明。②积极经营。对银行不良资产的经营管理并不是为了单纯的、暂时的管理，而是应该根据不同的资产项目和内容，采取合法、合规的灵活经营方式，直接出售资产，或转让股权，或合并资产，或重组债务，以进行全方位的积极经营，打破时间、空间的限制，以取得最大的经营效益。③盘活资产。在积极经营的基础上，尽最大可能盘活托管资产，减少金融风险，提高金融运行效率。④减少损失。在积极经营和盘活资产的前提下，把不良资产的损失减少到最低限度，这是考核 AMC 经营业绩的最终指标。

随着 10 年存续期的到期，我国 AMC 的发展方向颇受关注。在国外，AMC 发展的方向一般分为三类：一是解散和回到原来的母体银行，主要以美国为代表；二是合并成为商业性的资产处置公司，主要以瑞典为代表；三是成为政策性较强的和专门的不良资产处置机构，主要以韩国为代表。

从目前我国情况看，四家 AMC 经过 10 年的发展，已呈现出多元化经营的格局，而且都在谋求向金融控股公司方向发展。除不良资产经营管理与处置业务外，东方资产管理公司已进入证券、金融租赁、信用评估、人寿保险等领域；信达资产管理公司更是已拥有了证券、信托、保险、期货、基金、投资等多元的业务平台；

第 7 章 非银行金融机构

长城资产管理公司也进入了金融租赁和投资领域,且正在试图进入信托、证券、保险、基金等领域;华融资产管理公司也早已进入了证券、金融租赁、信托、投资等领域,所不同的是它目前已基本淡出了不良资产经营管理与处置业务领域。从目前的业务格局和发展趋向可以看出,四家 AMC 都在追求一种金融业务综合性经营。

7.5.4 信用合作社

信用合作社是在西方国家普遍存在的一种互助合作性金融组织,有农村农民的信用合作社,有城市手工业者等特定范围成员的信用合作社。这类金融机构一般规模不大,它们的资金来源于合作社成员缴纳的股金和吸收的存款,贷款主要用于解决其成员的资金需要。起初,信用合作社主要发放短期生产贷款和消费贷款;现在,一些资金充裕的信用合作社已开始为解决生产设备更新、改进技术等提供中、长期贷款,并逐步采取了以不动产或有价证券为担保的抵押贷款方式。

1849 年,在德国各勃朗附近,一个名叫雷发逊的地方长官按照基督信仰创建了一个地方慈善公司,附设储金合作社,以帮助受高利贷盘剥的农民。储金合作社于 1864 年被改组为农业信用合作社。1850 年,德国人舒尔茨创立了以小工商业者为主要成员的城市信用合作社,取名为"平民银行"。在信用合作事业比较发达的国家里,信用合作社已经发展成合作银行体系,并且已经成为世界金融大家庭中的重要成员。

农村信用合作社(简称"农信社")是我国历史最长、规模最大、覆盖面最广的合作金融机构。农信社作为农村集体金融组织,其特点集中体现在由农民入股、由社员民主管理、主要为入股社员服务三个方面。农信社的主要业务活动是经营农村个人储蓄,以及农户、个体经济户的存款、贷款和结算等。在上述活动中,贯彻自主经营、独立核算、自负盈亏、自担风险原则是农村信用合作社的基本要求。

普遍建立于 20 世纪 50 年代的农信社,在其发展过程中,一度是作为国家银行的基层机构存在,并由农业银行管理,在相当大程度上丧失了它原来应有的合作制性质。农村信用社历经几次改革,目前已发挥出农村金融主力军的作用。纵观我国农村信用社的改革,大体经历了以下三个阶段:

第一阶段:农村信用社恢复"三性"和规范管理的改革(1980~1995 年)。早在 1980 年 8 月,中共中央即对农村信用社改革作了明确指示:"信用社应该在银行的领导下,实行统一核算,自负盈亏,它要办得活一些,不一定要受银行一套规定的约束,要起民间借贷的作用"。1991 年 7 月 29 日,中国农业银行制定公布了《农村信用合作社管理暂行规章实施细则》,强调信用社应该坚持"三性",要办成自主经营、独立核算、自负盈亏、自担风险的组织。

第二阶段:加强合作性金融组织建设的改革(1996~2002年)。1996年7月,国务院召开的全国金融体制改革工作会议提出建立和完善以合作金融为基础,商业性金融、政策性金融分工协作的农村金融体系,会后颁布了《关于农村金融体制改革的决定》。该《决定》要求农村金融体制改革要把农村信用社管理体制改革作为重点,其核心是恢复农村信用社的合作社性质,把农村信用社逐步改为由农民入股、由社员民主管理、主要为入股社员服务的合作性金融组织。随后,在全国范围内陆续展开了农村信用社管理及经营的改革,农信社与中国农业银行脱离行政隶属关系,其业务管理和金融监管分别由农村信用社县联社和中国人民银行承担,按照合作制原则加以规范管理。

第三阶段:把农村合作金融建成现代金融企业的改革(2003年以来)。2002年《中共中央国务院关于进一步加强金融监管,深化金融企业改革,促进金融业健康发展的若干意见》中指出:"农村信用社改革的重点是明确产权关系和管理责任,强化内部管理和自我约束机制,进一步增强为'三农'服务功能,充分发挥农村信用社支持农业和农村经济发展的金融主力军和联系农民的金融纽带作用"。2003年,国务院出台了《深化农村信用社改革试点方案》,由此启动了由人民银行资金支持、地方政府主导的我国新一轮农村信用社改革。当年下半年,农村信用社改革试点先在山东、吉林、浙江、贵州、江西、陕西、江苏、重庆八个省市展开。2004年,农信社改革试点范围扩大到北京、天津、河北等21个省、市、自治区。2006年2月公布的中央一号文件对农村信用社改革进行了全面部署,提出十余项重要改革举措,鼓励在县域内设立多种所有制的社区金融机构,允许私有资本、外资等参股,2006年试点扩大到全国范围。截止2011年9月末,全国共组建以县(市)为单位的统一法人农村信用社1942家,农村商业银行134家,农村合作银行214家。银监会的统计显示,从2002年末到2010年末,农村合作金融机构(农信社、农合行和农商行)总资产已由2.2万亿元增至10.7万亿元,贷款由1.4万亿元增至5.7万亿元;不良贷款率由四级分类的36.9%降至五级分类的7.4%;历年亏损挂账562.1亿元,下降360.6亿元;2004年以来连续7年盈利。目前,农信社改革逐渐步入"深水区"。银监会提出,从2011年开始,通过五年左右时间实现农信社高风险机构全面处置,历史亏损挂账全面消化,股份制改革全面完成,现代农村银行制度基本建立。

作为城市集体金融组织,城市信用合作社是为城市集体企业、个体工商户以及城市居民服务的金融企业,是实行独立核算、自主经营、自负盈亏、民主管理的经济实体。其经营的业务主要有:办理城市集体企业和个体工商户的存、放、汇业

第 7 章 非银行金融机构

务;办理城市个人储蓄存款业务;代理保险及其他代收代付业务及中国人民银行批准的其他业务等。

20世纪80年代中期,我国城市信用社迅速发展,但由于部分城市信用社在经营中背离了审慎经营原则,且股权结构不合理、规模小、管理成本高、内控体制不健全,经营风险日益显现和突出。为了防范和化解中小金融机构风险,进一步深化金融体制改革,促进国民经济快速、稳定、健康发展,根据党的十四届三中全会精神,1995年9月7日国务院发布《关于组建城市合作银行的通知》,决定自1995年起在撤并城市信用社的基础上,在35个大中城市分期分批组建由城市企业、居民和地方财政投资入股的地方股份制性质的城市合作银行。1996年6月,经国务院同意,人民银行城市合作银行组建工作领导小组决定,将城市合作银行的组建范围扩大到35个大中城市以外的60个地级城市。1997年12月,根据95个城市合作银行的组建进程,国务院又批准在东莞等58个地级城市继续开展城市合作银行的组建工作。1998年3月13日,经国务院同意,人民银行与国家工商行政管理局联名发出通知,将城市合作银行统一更名为城市商业银行。到2010年底,我国已有城市商业银行147家。

本章小结

在商品货币经济中,除了银行外,还有大量的非银行金融机构。非银行金融机构以发行股票和债券、接受信用委托、提供保险等形式筹集资金,并将所筹资金运用于长期性投资的金融机构。非银行金融机构已成为一国金融体系的重要组成部分。

保险公司是为社会经济安全而组织起来的一种非银行金融机构。其业务经营是根据风险分散的原理,将社会上个别的风险通过保险作用,分散于多数人,以利于社会大众经济生活的稳定。

投资银行并非普通意义上的银行,它是不从事吸收存款和发放贷款的非银行金融机构。由于投资银行自诞生之日起,其业务活动范围就在不断演变、扩张,目前,投资银行主要从事证券发行、承销、企业兼并与收购、投资分析、风险投资、项目融资等业务。是资本市场上重要的金融中介机构。

信托公司是以经营信托业务为主,并从事投资业务的金融机构。信托业产生于英国,由于其特殊的制度功能,迅速被其他国家引进并发展壮大。目前发展的比较好且富有制度特色的主要有英国、美国和日本。

投资基金是一种利益共享、风险共担的集合投资方式,它通过发行基金单位,集中投资者的资金,由基金托管人托管,由基金管理人管理和运用资金,从事股票、债券、外汇、货币等金融工具投资,以获得投资收益和资本增值。

在非银行金融机构中,还有财务公司、金融租赁公司、资产管理公司、农村和城市信用社等重要的金融机构。财务公司是大型企业集团投资成立的,为本集团提供金融服务的非银行金融机构。金融租赁公司,主要办理融资性租赁业务的专业金融机构。金融资产管理公司成立之初是专门处理银行不良资产的金融机构,目前其发展呈现出多元化经营的格局。信用合作社是在西方国家普遍存在的一种互助合作性金融组织,有农村农民的信用合作社,有城市手工业者等特定范围成员的信用合作社。

【本章重要概念】

人身保险　财产保险　责任保险　私募发行　公募发行　项目融资　资产证券化　风险投资　信托　信托投资　委托投资　投资基金　公司型基金　契约型基金　开放式基金　封闭式基金　财务公司　信用合作社

【复习思考题】

1. 保险公司主要的保险业务有哪些?保险公司为什么要开展再保险业务?
2. 当今世界投资银行的主要类型有哪些?
3. 简述投资银行的主要业务。
4. 2007年,美国次贷危机爆发,进而引起全球金融危机,为何在此危机中美国五大投资银行全军覆没?我们应从中得到何种启示?
5. 信托公司的资金来源与运作如何?并简述英、美、日三国信托业的特征。
6. 投资基金为何会在20世纪60年代快速发展?
7. 简述投资基金的主要类型。
8. 财务公司的主要业务有哪些?我国财务公司的发展状况如何?
9. 简述我国金融租赁公司的发展状况及发展前景。
10. 成立金融资产管理公司的初衷是什么?金融资产管理公司目前的发展方向是什么?
11. 信用合作社的特征是什么?简述我国农村信用合作社的改革历程。

第3篇

货币理论与货币政策

第8章 货币需求

> **本章导读**

货币理论是经济学中最古老的命题,也是经济学领域中最富有争论的理论之一。现代经济学更关注货币理论,是因为它构成了货币政策的基石,对货币市场均衡及宏观经济均衡产生着十分重要的影响。

货币理论的基石是供求规律,即货币的需求、供给及其相互作用。在分析货币供求理论的基础上,学术界才逐渐展开对货币在整体经济中所占地位的论述,特别是货币对收入、就业、物价的影响,并建立了较为完整的货币理论体系。因此,要全面了解货币理论,必须从货币需求理论开始。

一般地说,货币需求是决定利率的一个重要因素,值得特别注意。但也许在大多数人看来,货币需求似乎是个多余的话题,因为人们总是希望自己能拥有足够多的货币,多多益善。其实,这里将要讨论的货币需求并不是从这个角度来说的。我们要解决的是,如果持有较多的货币就只能持有较少的其他资产,在这种情况下,人们将愿意持有多少货币。

货币需求理论是金融学理论中的精华,是比较晦涩艰深的理论。和其他经济学理论一样,最难掌握的就是从外生变量到内生变量的传递机制。对于初学者来说,尤其是这样。因此,我们首先从货币需求的一般性规定开始,由浅入深。

本章主要阐述货币需求的含义、货币需求理论的基本内容。

8.1 货币需求的诠释

什么是货币需求?这看似一个比较简单的概念,但事实上它却是不大容易全面理解和掌握的。实际上,货币需求理论主要论述货币持有者保持货币的动机、决定货币需求的因素及各种因素的相对重要性以及货币需求对物价和产出等实际经济变量的影响。要正确地理解具体的货币需求理论,有必要先弄清楚货币需求的相关概念。

8.1.1 货币需求与货币需求量

在现实的经济生活中,货币不仅是为人人皆熟,而且也是各个经济主体从事正常经济活动所必不可少的东西。一定的经济活动内容必然伴随着对货币的一定需求。个人购买手提电脑需要货币,家庭购买住房和轿车需要货币,企业单位购进原材料、设备和支付员工工资均需要货币,政府机构购置办公设备、安排外交事务需要货币,如此等等。将所有这些方面的货币需求综合起来,就是一个社会的货币需求问题。因此,货币需求,是指在一定时期内,社会经济主体(如个人、企业单位、政府),为满足正常的生产、经营和各种经济活动需要所应该保留或占有一定货币的动机或行为。

要注意的是,经济学意义上的需求指的是有效需求,不单纯是一种心理上的欲望,而是一种能力和愿望的统一体。货币需求作为一种经济需求,理当是由货币需求能力和货币需求愿望共同决定的有效需求,这是一种客观需求。

为满足各种经济活动需要而保留或占有的货币量,就是货币需求量。货币需求量是一个存量的概念。货币需求以收入或财富为前提,现实中的货币需求包括现金和存款货币的需求,人们对货币的需求既包括了执行流通手段和支付手段职能的货币需求,也包括了执行价值储藏手段职能的货币需求。

8.1.2 货币需求的理论结构

根据人们研究货币的视角不同,可将货币需求进行不同的分类。

1. 主观性货币需求与客观性货币需求

主观性货币需求,是指人们在主观上所想要占用的货币。

客观性货币需求,是指人们在经济活动中由各种客观因素决定的所"不得不"占有的货币。客观性货币需求不像主观性货币需求那样属于一种纯粹的主观性欲望,而是一种由客观经济变量所决定的对货币的持有动机或要求,是人们在其所拥有的全部资产中,根据客观需要,认为应该以货币形式所持有的数量或份额。

很明显,在现实中,我们所要研究的货币需求理应是这种客观性的货币需求。因为只有客观性货币需求才具有经济学的研究价值。

2. 名义货币需求与实际货币需求

名义货币需求,是指在没有考虑物价变动影响的情况下,各经济主体或整个国家所持有的货币数量,即按货币单位计量的货币需求量,一般记作 M_d。

在短期分析中,即价格不变的条件下,名义货币需求量有实际意义。在价格不变时,按票面额计量的单位货币购买力不变,经济主体可以按票面额计量的货币量安排生产和消费,即可以不考虑货币购买力的变化安排货币需求量。

一旦价格发生变动,名义货币量代表的购买力也就发生了变动。如果想要保持经济主体既有的生产和消费规模,名义货币需求量就必须发生变动。反之,如果名义货币需求量不变,生产和消费规模就必然发生变动。

实际货币需求,是指各经济主体或整个国家在考虑了物价变动因素以后根据经济的实际变量而确定的货币需求,即用商品衡量货币需求量,一般记作 M_d/P。

名义货币需求是按照现行价格计算的,其数量大小与物价成正比;而实际货币需求是按照不变价格计算的,其数量的变化与物价无关,反映的是一定数量的货币购买力,对应的是商品和劳务的实际产量或供应的变化,其计算最简单的方法是用名义货币需求除以物价。

实际上,就货币持有者来讲,重要的是货币所具有的购买力,而不是货币的数量。

3. 微观货币需求与宏观货币需求

微观货币需求是指个人、家庭或企业在一定时期内,因生活或生产经营活动的需要而保有一定量货币的动机或行为。

宏观货币需求是指一个国家在一定时期内因经济发展和商品流通需要而引起的对货币供应的需求。

注意,微观货币需求的总和往往大于宏观货币需求。我们所要关注的是宏观的货币需求,宏观货币需求对国民经济的是否健康发展具有决定性的意义。

8.2 传统货币数量论

西方货币需求理论沿着货币持有动机和货币需求的决定因素这一脉络,经历了传统货币数量理论、凯恩斯学派货币需求理论和货币学派货币需求理论的主流沿革。

从货币需求理论的形成与发展来看,货币数量论对货币需求的影响因素和数量关系的解释,是货币需求理论最基本的思想和理论渊源。可以这么认为,货币数量论是经济学中流传最广、势力最大的一种解释物价与货币价值的学说。要探讨西方的货币需求理论,必须首先考察货币数量学说。

货币数量学说的主要思想是,货币的价值完全取决于货币与商品在交换中的数量关系,货币的价值与数量正反比,而与商品的数量成正比。传统的货币数量论主要有两种表述方法,即两个支派:一是现金交易说,二是现金余额说。

8.2.1 现金交易说(Cash Transaction Theory)

美国经济学家欧文·费雪(Irving Fisher,1867~1947)是第一个对货币数量论作出系统阐述的学者。他的代表作是1911年出版的《货币购买力：其决定因素及其与信贷、利息和危机的关系》一书,该书也是现金交易数量说的代表作。在书中,费雪提出了著名的交易方程式:

$$MV = PT \quad 或 \quad M = PT/V \tag{8.1}$$

式中,M为一定时期内流通中的货币平均量,V为货币的平均流通速度,也就是在一定时期内货币被从交易的一方支付给另一方的次数,P为代表交易中所有交易商品或劳务的平均价格水平,T为该时期内商品或劳务的交易总量,因此,PT代表的是该时期内按市场价格计算的商品或劳务交易的总市场价值。

费雪认为,在货币经济条件下,人们之所以持有货币,并不在于货币本身,而是因为货币可以用来交换商品与劳务,人们手中的货币,最终都将用来购买,因此,货币在一定时期内的支付总额与商品的交易总额一定相等。交易方程式右边为交易总额,左边为货币支付总额,双方必然相等。

从费雪交易方程式可知,为了使交易中商品的交易活动得以顺利进行,人们所需要持有的货币数量M,取决于V、T、P三个因素。第一,就V而言,一定时间内每单位货币从事交易的次数必然会对货币的需求产生重大的影响。即如果其他因素不变,V与M成反方向变化的关系。费雪假定,货币的流通速度是由社会惯例(比如支付制度、金融制度)、支出习惯(比如节俭与窖藏的程度)、经济与社会的发展(比如工业的集中程度、运输与通讯条件)等外生因素决定的,而不受M、P、T的影响,所以从短期看,V是基本稳定的。第二,就T而言,T是非货币因素,它取决于资本、劳动力及自然资源的供给情况和生产技术水平等。T并不受货币的数量M的影响,因为正如费雪所说,物价的上涨,既不能使农场或工厂的产品增加,也不能使火车或轮船的速度加快。第三,在V、T均为外生变量的情况下,关系货币数量的只有一般的物价水平P了。费雪指出,这里的因果关系是货币的数量影响物价水平,而不是物价水平影响货币的数量。物价水平通常是交易方程式中一个绝对被动的因素,它完全受其他因素和先行原因所制约。从这里看,影响它的因素主要有货币数量、货币流通速度和交易的总量。具体而言,在一定状态下,价格水平,一方面与货币的数量成正比,另一方面与货币的流通速度成正比,再一方面与交易的总量成反比。其中最重要的也是构成货币数量说基础的是第一个关系,即在货币流通速度与商品交易不变的情况下,物价水平将随货币数量的变化而发生同方向的变化,也就是费雪的结论——"货币的数量决定着物价水平"。

但是费雪的交易方程式也受到了不少的批评。因为,它缺乏经验证明。实证结果表明,实际的价格水平变动与货币存量的变动方向有可能不一致,也不一定存在同比例的变化关系。而且其假定货币流通速度不变也不现实,在现实生活中,货币流通速度的稳定性较差,货币供给的变化为货币流通速度及实际产出的变化所抵消,并不会完全为价格变动所吸收。

8.2.2 现金余额说(Cash-balance Theory)

在费雪发展他货币数量论观点的同时,英国剑桥大学的一些经济学家也在研究同样的课题,这批经济学家提出了在货币需求理论探讨中具有转折意义的剑桥方程式。所谓的"转折意义",是因为过去的经济学家主要从整个经济的角度来考虑货币数量问题的,而剑桥的经济学家则着眼于个人对货币持有的需求。

现金余额说是以马歇尔(A. Marshall,1842~1924)和庇古(A. C. Pigou,1877~1959)为首的英国剑桥大学经济学家创立的。正由于此,该学说又被称为剑桥货币理论,简称剑桥学派。庇古根据马歇尔的观点,于1917年写了《货币的价值》一文,马歇尔则于1923年写了《货币、信用与商业》一书。他们都从另一角度研究货币数量和物价水平间的关系。

在马歇尔和庇古等剑桥学派经济学家看来,人们之所以持有货币是因为货币能给持有者带来交易上的便利。通常人们都将其收入的一部分以货币形式贮存,但过多的这种贮存会导致机会成本损失,所以应将贮存货币的便利与用货币进行消费的效用或投资于生产所得的收益加以权衡,以确定其保有货币的数量。由于收入与支出之间的时差及其随机性,不可预见的偶发事件发生的可能性,加上货币与生息资产转换时的成本,人们总会持有一定数量的货币而不至于将其所有的现金都转换成生息资产。

在剑桥学派的现金余额数量说里,因上述动因而持有的货币需求量与商品交易或货币收入水平成正比。即剑桥方程式为:

$$M = KPY \quad (8.2)$$

其中,M为货币的需求量,Y为实际收入水平,P为一般物价水平,K为常数,是以货币形式保有的资产占总收入的比例,即货币需求主体的持币率。

剑桥方程式表明,一国公众对名义货币的需求取决于影响T、P、K的各种因素。在这里,剑桥学派认为:T是外生的,而且在短期内是稳定的,它与K、M及P等无关。K对货币需求具有重要的作用,而能对K造成影响的主要因素有三个:第一,持有货币所带来的便利及其能避免的风险;第二,将以货币形式持有的资产转用于生产所能带来的实际收入水平;第三,将货币用于消费所能得到的效用。具体说来,K 与第一个因素成正比,与第二、第三个因素成反比。这意味着,K 值的大小要确定在持有货币的边际效用与保有非货币资产的边际效用相等的那个水平上。由于这一点是经济主体在进行资产组合时反复权衡的结果,加上面所述的三方面因素在短期内不易发生变化,因此,可以认为 K 值是既定的。于是,剑桥方程式对货币量 M 与物价 P 之间的关系的理解与前面讨论的现金交易数量说在形式上便没有什么两样了。

剑桥方程式与费雪的交易方程式在结论形式上虽然相同,但从其表达式来看,剑桥学派的突破在于,首次将分析重点集中在货币持有的动机上。K 作为货币需求主体的持币率引入理论模型,是学术思想的一大突破,比起交易方程式中的货币流通速度,是一种伟大的角度转换。庇古本人也认为,剑桥方程式的优点在于考虑了人类意志——货币需求原动力——的作用。

但是,同剑桥方程式的优点一样,它的缺点也很显著。被学界后来者称为"马歇尔的 K"的持币率,被剑桥的学者们视为常量而非变量。这不能不是一个很大的遗憾!毋庸置疑,"马歇尔的 K"为后来的经济学家们指明了研究方向,引导我们进一步探索货币需求的动机。除了便利之外,还有没有其他动机使得人们愿意持有货币?货币需求是否稳定?在什么情况下、哪些因素会引起货币需求的变动?按照这个思路思考下去,货币需求理论就有了全新的发展。可以这么认为,无论是凯恩斯还是费里德曼的货币需求理论,都受益于剑桥学派的这一重大贡献。

另外,要注意的是,剑桥方程式与交易方程式在理论上有着重要的区别。

第一,两者对货币需求分析的侧重点不一样。交易方程式强调的是货币的交易媒介的功能,着重分析支出流;而剑桥方程式强调的是货币的财富储藏功能,着重分析的是存量,是货币的持有而不是支出。用剑桥大学罗伯逊(D. H. Robertson)的话来说,就是前者是"飞翔的货币"(Money on the Wings),后者则是"栖息的货币"(Money Sitting)。

第二,两者强调的货币需求决定因素不同。交易方程式强调的是货币流通速度对货币需求量的决定作用;而剑桥方程式则强调的是人们持有货币数量占其收入的份额是决定货币需求的重要因素。

现金余额数量说开创了四种分析货币需求的方法:一是从货币对其持有者提供效用的角度去分析货币需求;二是从持有货币的动机成本的角度去分析货币需求;三是从货币作为一种资产的角度去分析货币需求;四是从货币供给与货币需求相互关系的角度去分析货币需求。迄今为止,这四种方法仍然是西方货币需求分析最基本的方法。

尽管剑桥方程式与费雪的交易方程式存在一些重要区别,但现金交易说和现金余额说都是以传统的货币数量论为基础,因而都是属于传统的货币需求理论。

货币数量论已有数百年的历史。它能在西方经久不衰的根本原因在于:物价水平及与此相关的通货膨胀是最重要的经济现象之一,而货币数量学说则是对这一现象最直观且为人们所接受的诠释。

8.3 凯恩斯的货币需求理论及其发展

凯恩斯是对西方经济理论产生了深远影响的一位英国经济学家。他的代表作是1930年的《货币理论》和1936年的《就业、利息和货币通论》(简称"通论"),尤其是后者基本上是经济学者的必修课目。

凯恩斯在20世纪30年代之前,属于剑桥学派的一员,其经济思想基本上应归类于古典学派的理论体系。例如,在《货币改革论》一书中,他本质上是运用剑桥方程式来解释和分析通货膨胀与紧缩、汇率波动与购买力平价的。但是,即使在这部早期著作中,凯恩斯也对古典学派将 K 和 V 视为常数的观点表示了怀疑。

1936年,作为现代宏观经济学的奠基性巨著《就业、利息与货币通论》面世,凯恩斯彻底告别了古典学派阵营,提出了一套全新的货币需求理论,被后人称作"流动性偏好说①"。

8.3.1 凯恩斯的流动性偏好论

凯恩斯的货币需求理论又称流动性偏好理论。该理论最显著的特征是注重对货币需求的各种动机的分析,甚至远比剑桥学派现金余额说的分析更深入、更细致。在凯恩斯看来,人们之所以需要持有货币,是因为人们在心理上存在流动性偏好,人们愿意持有货币而不愿意持有其他缺乏流动性的资产。因此,货币需求的实质就是流动性偏好(Liquidity Preference)。

人们为什么会存在流动性偏好呢?或者说人们对货币需求的动机是什么呢?凯恩斯认为,人们的货币需求动机有三种,即交易动机、预防动机和投机动机。

---

① 流动性,这里是指货币独有的便利性。货币可以在任何商品之间进行转换,而其他商品(如房产)在转换时都要受到限制或损失。所谓流动性偏好,是指人们宁愿持有流动性高但不能生利的货币,而不愿持有其他能生利但不易变现的资产这样一种心理倾向。这种流动性偏好实质上就是人们对货币的需求。

1. 交易动机

交易动机(transactions motive)是指人们为了应付日常交易活动而产生的持有货币的愿望。

在一个经济中,几乎所有的交易都是要通过货币来完成的。当居民向商店购买消费品时,需要支付货币;当商店从生产厂家进货时,需要货币进行支付;当生产厂家购买生产资料时,也需要货币进行支付。尤其在当今的经济社会里,没钱可以说是寸步难行。因此,居民、商店和生产厂家均需要在手中持有一定的货币。这种出于交易的动机而对货币构成的需求称之为货币的交易需求。

一般说来,国民收入越高,交易的规模就越大,货币的交易性需求也就越大。所以可以简单地认为,货币的交易需求是国民收入的增函数。要注意的是,交易动机是建立在确认货币流通媒介职能基础上的货币需求理论,在这一点上,它与过去的货币需求理论是一脉相承的,是对剑桥传统的继承。

2. 预防动机

预防动机(precautionary motive)也称为谨慎动机,是指人们为应付紧急或意外情况而产生的持有货币的愿望。凯恩斯的这一分析超越了古典理论的分析框架。

如一个要到北京为业务而出差的推销员,必须携带一定的费用,若此人比较谨慎,他所带的费用一定比预计所需的数目来得大。否则,一旦发生突发事情,因没钱支付有关费用,他将有可能完不成任务,从而因此丢掉工作,或失去一次提升的机会。可见,由于未来的不确定性,居民为了预防未来意外事件(比如失业、生病等)的发生,总需要持有一定量的货币;商店和生产厂家为了应付未来收入和支出的不确定的变化,也总需要保有一部分货币。这种出于预防的动机而对货币构成的需求就称为货币的预防需求。

一般地说,国民收入水平越高,居民、商店和生产厂家的收支额便越大,而在一定保险程度的情况下,所要求的货币的预防需求也就越大。所以,可以简单地认为,货币的预防需求也是国民收入的增函数。

3. 投机动机

投机动机(speculative motive)是指人们为了在未来的某一适当时机进行投机活动而产生的持有货币的愿望。如果凯恩斯的理论仅停留在交易动机和预防动机上,则收入将是决定货币需求的唯一因素,那么他为剑桥学派的理论增添的内容将是有限的。而凯恩斯则进一步发展了古典经济学的观点,将人们为财富储藏而持有货币的动机称为投机动机,从而极大地发展了剑桥前辈的理论。

所谓投机,就是投资者随时利用市场上可能出现的有利情况从事有关交易,以获取一定收益的一种行为。这样一部分人会因出于这种投资的动机而对货币产生需求,这种货币需求就称为货币的投机需求。一般认为,货币的投机需求主要与利率有关。当利率已达较高水平时,通常当时证券的价格较低。而利率已高,则其未来利率再度升高的可能性较小,但利率降低的可能性则较大。即未来证券价格更低的可能性较小但上涨的可能性则较大。于是人们更愿意保持证券,即货币的需求量较小。反之亦然。所以可以这么说,货币的投机需求是利率的减函数。投机需求理论是凯恩斯对货币理论的发展所做出的重大贡献之所在。

凯恩斯认为,交易动机和预防动机主要是和货币的流通手段的职能有关,他把这两个动机合二为一,由这两种动机产生的货币需求统称为交易性货币需求,记为 L_1,它是国民收入的增函数,可表示成 $L_1=L_1(Y)$。交易性货币需求有以下几个特征:

第一,货币主要充当交换媒介。货币的交易性需求主要用于商品交换。货币持有者将货币作为商品交换的媒介,货币发挥流通手段的职能,以满足商品交易的需要。

第二,交易性货币需求相对稳定,可以预计。出于交易动机的货币需求一般可事先确定,原因是在一定时期内用于交易的货币金额、用途、支出时间是完全可以事先预测的,因而这类货币需求是稳定的。出于预防或谨慎动机的货币需求虽难以事先确定,但由于它主要作为交易的备用金,所以受交易的规模、货币的收入影响,也受手持现金而损失的利息收入大小的影响。而这些因素在短期内是相对稳定的,因此出于预防动机的货币需求也是可以预计的。

第三,交易性货币需求是收入的递增函数。交易性货币需求的大小,主要取决于收入的多少和货币流通速度的大小。货币流通速度在短期内是相对稳定的,因此,交易性货币需求主要取决于人们的收入。收入增加会使得开支增加,从而交易数量增加,必然增加货币的交易需求。而预防性货币需求只有在一定收入水平上才会产生,并随收入的增加而上升,因而预防性货币需求也是收入的递增函数。

第四,交易性货币需求对利率不敏感。由于持有货币会丧失利息收入,所以利率变动会影响货币需求,但交易性货币需求主要用于必不可少的日常交易,利率再高、利息损失再大,也必须保持一定数额的现金,以保证正常的交易顺利进行,也必须保持起码的预防性货币以备不测。

由投机动机所引发的投机性货币需求,记为 L_2,它是利率的减函数,可表示成 $L_2=L_2(r)$。投机性货币需求的特征是:

第一,货币主要充当财富储藏的职能。凯恩斯在复杂的经济中抽象出两种金融资产:货币和债券。债券包括各种缺乏流动性但能带来收益的生息资产。由于货币自身的特征,使其不仅具备极好的流动性,执行交换媒介的职能,还能作为积累而充当财富储藏的职能。因此,人们在选择自己资产的形式时,需要对金融市场作出预测,权衡具有流动性且有储藏作用的货币所带来的效用与有收益的债券所带来的效用,将二者进行比较之后,才能决定是持有货币还是购买债券。一般说来,持有货币的目的首先是使自己的资产价值至少得到保值,然后去投机,尽力实现增值。对于不确定的未来,保存货币本身就会带来灵活升值。

第二,投机性货币需求难以预期。由于人们出于投机动机产生的货币需求,注重的是货币的流动性,但人们的流动偏好随着人们对未来情况所作的估计而起变化,并且人们对未来的估计不尽相同。这种心理现象是变化莫测的,加上市场行情变化的影响,导致货币投机需求难以预测。

第三,投机性货币需求对利率极为敏感。债券价格是与市场利率反方向变化的。所以凡是预计未来利率下降,债券价格上涨的人,就会用货币买进债券,而此后他的投机性货币持有额为零。而预计未来利率上升,债券价格下跌的人就会出售所持债券,他的投机性货币需求会增加。可见,投机性货币需求主要取决于利率的高低。现行利率的微小变动都会引起人们预期的变更,从而引起投机性货币需求的较大波动。

第四,投机性货币需求是利率的递减函数。这是因为现行利率越高,未来下降的可能性越大,到那时,债券价格就会上升,因此人们宁愿购入债券而不愿持有货币。并且利率越高,手持货币的机会成本也越高。因此,利率与投机性货币需求是递减函数关系。

货币总需求就是交易性货币需求与投机性货币需求之和。如以 L 表示总的货币需求,则有 $L=L_1+L_2=L(Y,r)$。凯恩斯认为,在正常的经济发展过程中,货币需求的变动主要受收入水平和利率变动的影响。在特殊的情况下,则发生不规则的变动。例如,当利率水平降低到无法再低时,人们就会产生利率上升而债券价格下降的预期,货币需求弹性就会变得无限大,即无论有多少货币,都会被人们储藏起来。凯恩斯认为,货币需求也对利率、收入发生作用,进而影响经济体系中其他变量。假定货币供给不变,货币需求减少将会使利率下降,货币需求增加会使利率上升。利率的波动会影响投资,从而影响就业和国民收入。

图 8.1 所示,L_1 与利率无关,因而是一条与利率纵轴平行的直线。L_2 则是一条向右下方倾斜的曲线,表明利率越低,货币的需求量越大。如果将 L_1 与 L_2 相加,货币需求总量就是图 8.2 所示的 L 曲线。由于 L_1 是随国民收入的变化而变化,所以 L 曲线要随国民收入的变化而移动。如图 8.3 所示,$L(Y_1)$ 是国民收入水平在 Y_1 时的货币需求,当国民收入增加到 Y_2 时,曲线便移动到 $L(Y_2)$,如此等

等。从图8.3还可以看到,当利率已降至某一不能再降的低水平值的时候,货币需求曲线变为与横轴平行的一条直线。这表明,货币需求会变为无穷大。也就是说,没有人再愿意持有任何非货币形式的资产,统统宁愿持有货币,"流动性偏好"得以最充分的体现。用凯恩斯自己的话说,即"流动性偏好"绝对化。后人将该直线部分称为"流动性陷阱",它能最大程度地吸收流通中增加的货币量。

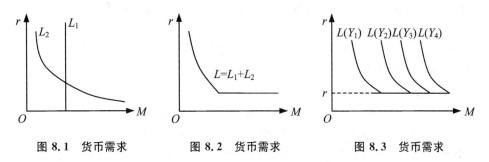

图8.1 货币需求　　　　图8.2 货币需求　　　　图8.3 货币需求

凯恩斯提出"流动性陷阱[①]"假设的意图何在呢？ 其实,凯恩斯的用意在于宏观的政策层面:当利率处于"流动性陷阱"阱口的水平,如果实际投资仍不旺盛,从而 GDP 水平较低时,若当局用扩大货币供给量的手段企图进一步压低利率,从而使实际投资额上升,是不可能的。因为无论货币供给增加多少,统统会被无穷大的货币需求所吸收——全部落入陷阱之中,对利率没有任何影响。也就是说,这时的货币政策是无效的。

凯恩斯货币需求理论的一个关键是基于投机动机的流动性偏好 L_2,它和利率呈反方向关系,在货币需求分析中引入并强调了资产性的货币需求,进而强调了利率在货币需求中的重大作用。该理论的政策意义是,在社会有效需求不足的情况下,可通过扩大货币供应量来降低利率,通过利率的降低激活投资,进而增加就业,增加产出。

8.3.2 凯恩斯货币需求理论的发展

凯恩斯对货币需求理论的一个突出贡献是将货币需求作为函数来处理,这是与古典学派的本质性区别,后来的学者们都是沿着凯恩斯的道路走下去的,几乎无一例外。在凯恩斯的理论函数中,货币需求量是由交易货币需求和投机货币需

[①] 凯恩斯自己也认为这只是一种可能性,经济中未必会出现这种现象。实际上,"流动性陷阱"一词为凯恩斯之后的学者所撰,并非凯恩斯提出的概念。但毫无疑问,"流动性陷阱"是凯恩斯理论体系中的重要特色。

求两部分组成的,而且两个自变量——收入和利率——分别决定货币需求量中的交易货币需求、投机货币需求。按照凯恩斯的分析,交易货币需求与利率无关,只与国民收入有关;而投机货币需求则主要取决于利率水平。

对于凯恩斯的货币需求理论,虽然没有出现像其本人对古典经济理论那样革命性的突破,但经过经济学家们的深入研究,也不断得到了丰富与发展。其中比较有影响的是:威廉·鲍莫尔(W. J. Baumol,1922~)等人对凯恩斯关于交易货币需求理论的发展;惠伦(E. L. Whalen)等人对预防货币需求理论的发展;托宾(J. Tobin,1918~2002)等人对投机货币需求理论的发展。这些发展已成为当代西方货币需求理论的重要组成部分。

1. 鲍莫尔模型

早在 20 世纪 40 年代末,美国当代著名经济学家汉森(A. H. Hanson,1887~1975)就指出,当利率上升到相当高度时,货币的交易需求也会具有利率弹性。但首先将货币的交易需求与利率和规模经济的关系以数学公式形式表达出来的学者是鲍莫尔与托宾,因此,这一模型又称为鲍莫尔—托宾模型。

1952 年,美国普林斯顿大学的威廉·鲍莫尔发表了论文《现金交易需求:存货理论分析方法》。1956 年,耶鲁大学的詹姆斯·托宾发表了论文《货币交易需求的利率弹性》[①]。两人分别在论文中证明,人们在确定交易货币需求量时,和厂商确定存货量时既考虑交易的便利又考虑存货的成本一样,也考虑持有大量货币时,利率变动所产生的机会成本。由于鲍莫尔和托宾的模型本质上是管理科学中"最适度存货控制"技术在货币理论中的应用,所以又被称为"货币需求的存货管理论"。

鲍莫尔认为,如果企业或个人的经济行为都以收益最大化为目标,则在货币收入的取得和支出之间的时间间隔内,没有必要让所有用于交易的货币都以现金形式持有,因为现金不会给持有者带来收益。应将暂时不用的现金转化为生息资产的形式,到用时再变现。只要利息收入超过变现的手续费就有利可图。并且利率越高,收益越大,生息资产的吸引力就越强,人们就会把现金的持有额降到更低的限度。如果利率不够高,实现成本大于利息收入,人们就会全部持有现金。因此,货币的交易需求与利率有关。在鲍莫尔看来,凯恩斯贬低利率对货币交易需

---

① W. Baumol. The Transactions Demand for Cash: an Inventory Theoretic Approach [J]. Quarterly Journal of Economics,1952(11):545~556; J. Tobin. The Interest Elasticity of the Transactions Demand for Money[J]. Review of Economics and Statistics,1956(8):241~247.

求的影响可能是错误的。

假设 Y 是某收入—支出期的进款总额(即交易总额);r 为该期间内普遍实行的利率;b 是每次出售生息资产时所承担的手续费;M 是该经济单位在这一期间开始时所持有的现金。M 有三个特征:第一,M 的最大值是该期间的进款总额 Y,即 Y 全部以现金形式被持有;第二,M 也是整个期间内将要按照等量变卖的生息资产额度;第三,当 M 小于 Y 时,Y 代表了该经济单位在整个期间内买卖生息资产的次数。

按照管理科学中的库存理论,在货币和生息资产之和构成满足交易需求的总进款的前提下,该经济单位的平均进款额为其总进款额的一半,即 $\frac{Y}{2}$;它的现金平均持有额就是 $\frac{M}{2}$;平均进款额与现金平均持有额之差 $\frac{Y-M}{2}$ 即为生息资产的平均持有额;这些生息资产的收益为 $r \cdot \frac{Y-M}{2}$;这些生息资产转化成现金所承担的交易成本为 $b \cdot \frac{Y}{M}$。则该经济单位以生息资产形式持有其部分总进款的净收益 R 为:

$$R = r \cdot \frac{Y-M}{2} - b \cdot \frac{Y}{M} \tag{8.3}$$

要使收益 R 达到最大值,只需

$$\frac{dR}{dM} = -\frac{r}{2} + b\frac{Y}{M^2} = 0 \tag{8.4}$$

即

$$M = \left(\frac{2bY}{r}\right)^{\frac{1}{2}} \tag{8.5}$$

可见,该经济单位最适度的每次变现量应为 $\left(\frac{2bY}{r}\right)^{\frac{1}{2}}$,适度现金平均持有额为:$\frac{1}{2}\left(\frac{2bY}{r}\right)^{\frac{1}{2}}$。如果将物价因素考虑在内,则实际适度现金平均持有额应为:

$$\frac{M}{P} = \frac{1}{2}\left(\frac{2bY}{r}\right)^{\frac{1}{2}} \tag{8.6}$$

或

$$M = \alpha b^{0.5} Y^{0.5} r^{-0.5} P \quad (\alpha = 2^{-0.5}) \tag{8.7}$$

上式就是著名的"平方根公式"。它表明,在交易额或手续费增加时,最适度现金平均持有额将增加;而当利率上升时,这一数额将下降。这就将利率与货币的交易性余额联结了起来。从上式还可以看到,最适度现金平均持有额与交易量、手续费及利率水平的变化不是成比例的关系,其对这些变量的弹性分别为 $0.5,0.5,-0.5$。

需要注意的是,在鲍莫尔的上述分析中,其所作的假设有三个:一是经济单位取得进款 Y 的时间间隔是相等的,进款的支出是连续的和均匀的;二是生息资产一律采取短期政府债券的形式;三是经济单位出售生息资产的时间间隔与数额相等。可见,鲍莫尔的三个假设是很粗糙、很简单的,正因为如此,鲍莫尔所作的定量分析有着相当的局限性,其所得出的货币交易需求对交易量和利率水平的弹性分别为 0.5 和 -0.5 的结论是不太科学的,或者说是站不住脚的。其他经济学家从理论和实证两个方面对此作出了批评。米勒(M. H. Miller)和奥尔(D. Orr)根据他们的计量模型指出,货币需求对交易量的弹性可以在 $\frac{1}{3} \sim \frac{2}{3}$ 间,甚至可以在更大的范围内变动。布鲁纳(K. Brunner)和梅尔什(A. Miltzer)经过研究也发现货币需求对交易量的弹性是一个变数,当交易量减小时,弹性变小;当交易量增大时,弹性也变大。不过,话又讲回来,鲍莫尔对影响货币交易需求诸因素所作的定量分析对后人是具有相当启发意义的。

2. 惠伦模型

1966 年,惠伦、米勒和奥尔先后发表文章,阐述了货币的预防需求也同样为利率减函数的观点。比较有代表性的要数惠伦模型。

惠伦认为影响货币预防需求的因素有非流动性成本、持有现金的机会成本及收入与支出的平均和变化情况等三个。非流动性成本,是指因低估在某一支付期内现金需要而造成的损失。当人们因缺乏现金而无法履行付款义务时,一是因无助而陷于经济困境甚至破产,此时非流动性成本是非常高的;二是为避免经济困境而及时从银行取得贷款,此时非流动性成本就是向银行贷款所付的一切费用;三是将手中持有的非现金资产转换成现金,此时非流动性成本就是转换中所发生的手续费。从一般的情况来看,鉴于不能保证随时可从银行取得贷款,为了避免经营上的麻烦,因此,人们通常在手中持有一定的非现金资产。正由于此,我们可以将持有预防性现金量的机会成本看成是持有这些现金而须放弃的一定的利息收益。

惠伦的建模过程如下:

如果一定时期内的净支出 N 大于预防性现金持有量 M,则公司就要将其所拥有的其他资产进行变现,变现费用为 b;由于长期内收入等于支出,净支出等于

第8章 货币需求

零,因此净支出的概率分布以 0 为中心;净支出大于预防性现金持有量的概率为 p。这样,持有预防性现金的机会成本为 $r \cdot M$,预期的非流动性成本为 $b \cdot p$。则预期总成本为:

$$C = r \cdot M + b \cdot p \tag{8.8}$$

假如企业与居民家庭均为风险厌恶者,那么净支出超过预防性现金持有量可能性的估计时应是最保守的。根据切比雪夫不等式(Chebyshev's Inequality)可知

$$p(|N| > M) \leqslant \frac{1}{\left(\frac{M}{Q}\right)^2} = \left(\frac{Q}{M}\right)^2 \tag{8.9}$$

取 $p = \left(\frac{Q}{M}\right)^2$,其中 Q 为净支出的标准差。则可得:

$$C = r \cdot M + b \cdot \left(\frac{Q}{M}\right)^2 \tag{8.10}$$

根据微积分知识,C 的最小值在其一阶导数为 0 处取得,即:

$$\frac{dC}{dM} = r - \frac{2bQ^2}{M^3} = 0 \tag{8.11}$$

解得

$$M = \left(\frac{2bQ^2}{r}\right)^{\frac{1}{3}} \tag{8.12}$$

或写为

$$M = \alpha Q^{\frac{2}{3}} b^{\frac{1}{3}} r^{-\frac{1}{3}} \quad (\alpha = 2^{\frac{1}{3}}) \tag{8.13}$$

可见,最适度的预防性现金持有量不仅同净支出方差 Q^2、非流动性成本 b 成正相关,而且还与利率水平 r 成负相关。这一结论与鲍莫尔模型是基本一致的,不同的是惠伦模型中预防性现金持有量对手续费和利率水平的弹性分别为 $\frac{1}{3}$ 和 $-\frac{1}{3}$。而鲍莫尔模型中相应的弹性分别为 $\frac{1}{2}$ 与 $-\frac{1}{2}$。

要注意的是,交易额或者说收入在惠伦模型中也起作用。因为收入与支出的数额与次数都会对净支出的方差 Q^2 产生影响。假设净支出服从正态分布,且每笔收入的价值不变,而收入与支出的次数增加,则有 $Q^2 = K_1 Y$,其中 K_1 为常数,Y 为总交易额或者说收入;如果每笔收入的价值增加,而交易次数不变,则有 $Q^2 = K_2 Y^2$,其中 K_2 也为常数。分别将这两式代入惠伦模型中,可得预防性现金持有量的交易额弹性为 $\frac{1}{3}$(价值不变,次数增加)和 $\frac{2}{3}$(价值增加,次数不变)。

鲍莫尔模型、惠伦模型均论证了即使是纯粹作为交易工具的货币,也对利率

水平具有相当的敏感性。据此,凯恩斯的货币需求函数应修正为:
$$L = L_1 + L_2 = L_1(Y,r) + L_2(r) \tag{8.14}$$

3. 托宾模型

托宾在强调预期不定,风险存在的基础上,将凯恩斯的流动偏好理论临行了推广并修正为资产偏好理论,用投资者规避风险的行为动机来解释对闲置货币余额的需求。

在模型中,托宾假定人们会将其资产在货币和债券之间进行配置。持有货币虽然没有收益,但如果抽象掉价格水平的波动,也没有什么风险,所以可称作为安全性资产,是一种收益率为零的无风险资产;持有债券虽然可以得到利息,但要承担由于价格下跌而遭受损失的风险,因此债券是具有相当收益的风险资产。按照凯恩斯的观点,债券的预期收益率为利率与预期的资本增值(亏损)率之和。

设利率水平为 r,预期的资本增值(亏损)率为 g,人们所能持有的债券数量的上、下限分别为全部资产与 0,全部资产的数量 Q 是既定,预期总收益为 T,风险总额为 σ,每单位债券所蕴涵的风险为 δ。则可得:

$$T = Q \cdot (r + g) \tag{8.15}$$

又因为

$$\sigma = Q \cdot \delta \tag{8.16}$$

这样,我们可得

$$T = \left(\frac{r+g}{\delta}\right) \cdot \sigma \tag{8.17}$$

这表明预期收益与风险之间成正相关关系,它代表了适用于人们选择的市场投资机会线。几何表示如图 8.4。

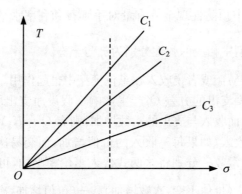

图 8.4 市场投资机会线

在图中我们仅给出了三条市场投资机会线。实际上我们可以画出许多条。

需要说明的有两点：第一，所有市场投资机会线均起始于原点，此时债券持有量为0，风险与收益也均为0，人们采取了全额货币的资产组合形式；第二，越靠近纵轴的市场投资机会线对人们的吸引力越大，因为在同等风险的情况下其收益相比之下为大，在同等收益的情况下其冒的风险为小。

托宾认为，一般说来人们都是风险回避者，当资产的风险增加时，其相对的预期收益率必须得到相应的增加，以作为补偿，否则人们会放弃持有这样的资产。人们所要求的资产收益与风险的关系可以用人们的无差异曲线来表示。

将市场投资机会线与人们的无差异曲线结合起来，就可以得到人们的资产组合决策：持有多大比例的债券，多大比例的货币。在图8.5中，上半部纵轴表示预期收益，横轴表示风险总额；下半部左纵轴表示债券的构成率S，右纵轴表示无风险资产货币的构成率B。图中，I_1、I_2、I_3分别为人们的无差异曲线，OC_1、OC_2、OC_3分别为对应于不同收益的市场投资机会线，OO_1为资产组合率的轨迹线。

当无差异曲线I_1与投资机会线OC_1相切于a点时，由于预期收益率较低，故资产组合为S_1与b_1，即持有相对较多的现金和较少的债券。如果预期收益利率由r_1增至r_2，则将导致现金构成率由b_1降至b_2、债券持有率将由S_1升至S_2。可见，债券的预期收益率与现金持有比率间存在一种反向变动的关系，将这种关系用几何图形表示出来，就可得到一条向右下方倾斜的曲线（如图8.6所示）。有些学者将这条曲线称为"托宾曲线"。该曲线证明了利率水平与货币投机需求之间所存在的反向变动关系。

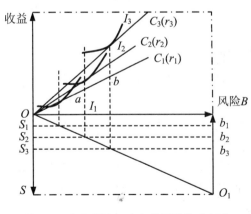

图 8.5 多个投资机会条件下的资产组合

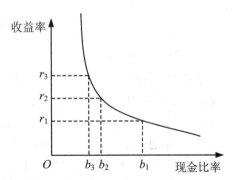

图 8.6 预期收益率与现金持有比率的关系

20世纪50年代以后,西方金融高度发展,金融工具不断创新,各种风险低、有收益、流动性高的短期金融资产相继出现。面对这些种类繁多的金融资产,货币需求能否再用规避风险的动机来解释顿生疑问。希克斯(J. R. Hicks)运用微观经济理论中的等边际原理,探讨了包括货币在内的各种金融资产的分布及其效用均等过程。

如图 8.7(a)所示,假设人们将财富按照不同比例配置于债券、股票和现金。B 表示债券,债券的相对比重由原点 O_B 向右计算;S 表示股票,股票的相对比重由原点 O_S 向左计算。在衡量风险收益以后,债券、股票对人们的边际效用都随比重的增加而降低。现金无收益、无风险,因此其边际效用为零且不会递减,这就是说,现金的边际效用线就是横轴。据传统的等边际原理,在资产结构的最佳配置点上,人们持有的每一种资产的边际效用应该相等。换句话说,最理想的持有比例是债券 $O_B C$、股票 $O_S A$ 与现金 AC。但是如果人们对风险的估计或态度发生变化,则上述组合也将随之发生改变。如果人们的态度比以前更加乐观,较愿意承担风险,则 MU_B 向右旋转,MU_S 向左旋转,两者相交于 I。最理想的持有比例变为债券 $O_B F$、股票 $O_S F$、现金则减为 0。

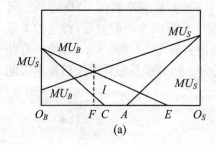 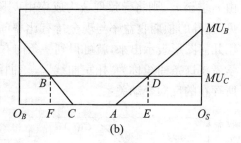

图 8.7 多种资产的组合

如果引入另一种无风险但有一定收益的资产(比如国库券、大额可转让定期存单等),其边际效用线为 MU_C 将高于横轴。最佳持有比例为债券 $O_B F$、股票 $O_S E$、无风险资产 EF。如图 8.7(b)所示。即在持有对象中增加了一种无风险的有息证券以后,人们对现金的投资需求可能降为零。因此,人们经常持有现金的现象,只能通过交易动机或预防动机来进行解释。在此,机会成本是货币需求的必要条件,当然,人们所得信息的不完整性及达不到规定的投资规模等市场因素,也会造成人们只能以货币形式持有资产。

从上面的论述可以看出,"托宾模型"较凯恩斯货币投机需要理论更切合实际。但是,许多西方学者也指出该模型存在着许多不足之处。例如模型忽略了物价波动的因素;托宾模型只包括两种资产,即货币和债券,而不包括其他金融资产,这显然与当代金融实际情况不符。

8.4 弗里德曼的货币需求理论

弗里德曼(M. Friedman,1912～2006)是美国芝加哥大学著名的经济学教授,现代货币主义(monetarism)的倡导者,1976年获诺贝尔经济学奖。在凯恩斯理论风行西方世界时,其货币需求理论正在悄然兴起,到20世纪60年代,它的理论政策主张已经发展为一个完成的体系。弗里德曼的货币需求理论也叫货币学派,它是以对抗凯恩斯的面目出现的。

弗里德曼的货币需求理论是当代西方经济学的主流学派。他的理论及其政策主张被称之为"新货币数量说"或"货币主义"。他的代表作为1956年发表的《货币数量论——重新表述》。弗里德曼的货币需求理论是他的新货币数量说的重要组成部分。

8.4.1 弗里德曼的货币需求函数

与传统货币数量学说不同的是,弗里德曼使用了全新的逻辑推理和实证分析方法。弗里德曼的理论特色有两个:一是采纳了凯恩斯视货币为一种资产的核心思想,利用这一思想把货币数量说改造成货币需求函数;另一方面又基本上肯定货币数量说的长期结论,即,长期中,货币量变化只能影响物价、名义利率、名义收入等,不能影响就业、实际收入、实际利率、生产率等。

弗里德曼认为,货币是一种商品,甚至说是一种奢侈的商品,因而人们对货币的需求就同对商品和服务的需求是一样的。按此思路,对货币需求的分析就可以用"消费者选择理论"进行逻辑推理了。

消费者选择理论认为,消费者在诸多商品之间进行选择时,一般要考虑以下三个因素:

第一,效用。人们之所以要买某种商品,是因为它能给自己带来某种效用。值得注意的是,效用是一种主观评价,因人而异,因此偏好对效用的影响很大。

第二,收入。收入决定人们获得货币的能力,收入水平作为一条预算线,将有限的需求从无限的欲望中分离出来。在收入一定时,人们只能在目不暇接的商品中选择有限的一部分。

第三,机会成本。由于受收入的限制,人们只能购买一部分商品。假定只有两种商品,购买一定数量的 A 就必须放弃相应数量的 B,被放弃的 B 的效用,就

是购买 A 的机会成本。在收入一定时,人们必须在效用最大、机会成本最小的 A、B 组合问题上有所考虑。

由于货币是一种特殊的"商品",所以弗里德曼认为,人们持有货币的数量主要受两类因素的影响:一是持有货币的成本。该成本包括直接成本和间接成本两种。直接成本分为预期损失(比如物价上涨时货币的贬值)和储藏费用两个方面。间接成本就是机会成本。二是持有货币的收益。该收益包括直接收益和间接的收益两个方面。直接收益,如定期存款所获得的以货币支付的利息、价格下降时货币实际价值的上升等。间接的收益,即持有货币带来的交易便利和享受的优惠。一般来说,在持有货币的收益中,间接收益是主要的。这与凯恩斯的"流动性偏好"有些相似。

1956 年,弗里德曼发表了著名论文《货币数量说的重新表述》。在文中,弗里德曼将货币需求理论函数表述如下:

$$M_d = f\left(P, r_b - \frac{1}{r_b}\frac{\mathrm{d}r_b}{\mathrm{d}t}, r_e + \frac{1}{P_e}\frac{\mathrm{d}P_e}{\mathrm{d}t} - \frac{1}{r_e}\frac{\mathrm{d}r_e}{\mathrm{d}t}, \frac{1}{P}\frac{\mathrm{d}P}{\mathrm{d}t}, w, Y, u\right) \quad (8.18)$$

式(8.18)中的符号意义、函数与自变量的相关关系如下:

(1) M_d 为名义货币需求,它是因变量,是受自变量决定的。

(2) P 为物价水平。它决定人们为购买商品和劳务所要持有货币的多少,价格水平越高,购买商品和劳务所需要的名义货币量就应该越多,二者正相关。

(3) $r_b - \frac{1}{r_b}\frac{\mathrm{d}r_b}{\mathrm{d}t}$ 为债券的预期名义收益率;其中,r_b 为当期债券利率,$\frac{1}{r_b}\frac{\mathrm{d}r_b}{\mathrm{d}t}$ 是债券利率的预期变动率。债券的预期收益率上升,意味着持有货币的机会成本加大,理性的经济主体必然要尽可能地减少货币需求量,用有较大预期收益的债券替代。反之则反是。显然,债券的预期收益率与货币需求量负相关。

(4) $r_e + \frac{1}{P_e}\frac{\mathrm{d}P_e}{\mathrm{d}t} - \frac{1}{r_e}\frac{\mathrm{d}r_e}{\mathrm{d}t}$ 为股票的预期名义收益率;其中,r_e 为当期股票收益率;$\frac{1}{P_e}\frac{\mathrm{d}P_e}{\mathrm{d}t}$ 为预期资本损益率,即股票价格变化率,$\frac{1}{r_e}\frac{\mathrm{d}r_e}{\mathrm{d}t}$ 为股票收益率的预期变化率。变量 $r_e + \frac{1}{P_e}\frac{\mathrm{d}P_e}{\mathrm{d}t} - \frac{1}{r_e}\frac{\mathrm{d}r_e}{\mathrm{d}t}$ 与函数 M_d 也是负相关的。

(5) $\frac{1}{P}\frac{\mathrm{d}P}{\mathrm{d}t}$ 为预期价格变动率。如果预期物价上升,就意味着下一期货币的购买力将降低。于是,人们势必会减少货币持有量,以其他能保值的资产保值。反之则反是。

(6) w 为非人力财富与人力财富的比率。这一比率制约着人们所得收入的

第8章 货币需求

状况。在费里德曼的财富概念里,除了货币、金融资产等财富形式外,还有"人力财富",即人们赚钱的能力。但是,人力财富向非人力财富的转化,会由于制度方面的约束而受到很大的限制。比如,在经济不景气时,人力财富就难以转化为收入。因此,为了应付可能发生的人力财富的滞销,人力财富占总财富的比例越大,对货币的需求也就越大。可见,在一定的总财富水平下,w 值越大,货币的需求量越小;w 值越小,货币的需求量越大。

(7) Y 代表以货币表示的"恒久收入",即一个较长时期的平均收入水平。费里德曼拒绝把当前收入作为财富的代表,而坚持采用他在消费理论中提出的"恒久收入"的概念来代替。对此,我们可以这样理解:在长期中,假定一个人的平均收入水平是月薪 6 000 元,他就基本上形成了一个较为稳定的消费支出习惯,因而决定了货币需求量。他不会因某一个月收入偶然的提高或降低而改变自己的消费支出习惯,改变货币需求量。譬如,增加了 1 000 元,他可能用其购买公债;减少 1 000 元,他可能卖出一部分手中的公债,以保证消费支付习惯不变。如果他确信平均收入从此就提高(降低)到了某一新的水平上,他将调整自己的消费支出习惯,从而决定新的货币需求量。这里所说的"平均收入",大致就是"恒久收入"的含义。

恒久收入 Y 与 M_d 的相关关系如同凯恩斯的收入与货币需求一样,是正向相关的。

(8) u 代表反映主观偏好与风尚以及客观技术与制度因素的综合变数。比如人们的兴趣、嗜好、习惯等等。节俭守财的人与注重享受的人所持有的货币数量就相差悬殊,因而具有不同的货币需求;交通运输、通讯设施、金融机构等技术条件越好,就越能方便货币的周转,从而减少货币的需求量。

后来,在《美国和英国的货币趋势》一书中,弗里德曼将单个财富持有者的货币需求理论函数简化为:

$$\frac{M_d}{P} = f(Y_r, w, R_m, R_b, R_e, gP, u) \tag{8.19}$$

式(8.19)中,$\frac{M_d}{P}$ 为实际货币需求①,即为剔除物价水平影响后的实际货币需求量,也就是能实际支配财富的货币需求;Y_r 为实际恒久收入,即 $Y_r = \frac{Y}{P}$;R_m 为货币的

---

① 费里德曼强调的正是这种实际的货币需求,因为它反映了国民经济对货币的客观需求量。

预期名义收益率,在其他条件不变的条件下,可以理解为定期存款的预期收益率,它与货币需求正相关;R_b 相当于式(8.18)的 $r_b - \frac{1}{r_b}\frac{\mathrm{d}r_b}{\mathrm{d}t}$;$R_e$ 相当于式(8.18)的 $r_e + \frac{1}{P_e}\frac{\mathrm{d}P_e}{\mathrm{d}t} - \frac{1}{r_e}\frac{\mathrm{d}r_e}{\mathrm{d}t}$;$gP$ 相当于式(8.18)的 $\frac{1}{P}\frac{\mathrm{d}P}{\mathrm{d}t}$。

式(8.19)与式(8.18)的显著区别是:函数用实际货币需求 $\frac{M_d}{P}$ 取代了名义货币需求 M_d。这是怎么转换的呢?

弗里德曼进一步假定,函数由实际变量决定,即与衡量货币变量的名义单位完全独立。如果衡量物价、名义收入的单位发生变化,则货币需求也作同比例变化。用数学语言描述,即式(8.18)对 P 和 Y 是一阶齐次的。

这样,式(8.18)可写成:

$$\lambda M_d = f\left(\lambda P, r_b - \frac{1}{r_b}\frac{\mathrm{d}r_b}{\mathrm{d}t}, r_e + \frac{1}{P_e}\frac{\mathrm{d}P_e}{\mathrm{d}t} - \frac{1}{r_e}\frac{\mathrm{d}r_e}{\mathrm{d}t}, \frac{1}{P}\frac{\mathrm{d}P}{\mathrm{d}t}, w, \lambda Y, u\right)$$

$$= \lambda f\left(P, r_b - \frac{1}{r_b}\frac{\mathrm{d}r_b}{\mathrm{d}t}, r_e + \frac{1}{P_e}\frac{\mathrm{d}P_e}{\mathrm{d}t} - \frac{1}{r_e}\frac{\mathrm{d}r_e}{\mathrm{d}t}, \frac{1}{P}\frac{\mathrm{d}P}{\mathrm{d}t}, w, Y, u\right) \quad (8.20)$$

令 $\lambda = \frac{1}{P}$,则有

$$\frac{M_d}{P} = f\left(r_b - \frac{1}{r_b}\frac{\mathrm{d}r_b}{\mathrm{d}t}, r_e + \frac{1}{P_e}\frac{\mathrm{d}P_e}{\mathrm{d}t} - \frac{1}{r_e}\frac{\mathrm{d}r_e}{\mathrm{d}t}, \frac{1}{P}\frac{\mathrm{d}P}{\mathrm{d}t}, w, \frac{Y}{P}, u\right) \quad (8.21)$$

加入货币预期收益率并按式(8.19)的符号简化,可得:

$$\frac{M_d}{P} = f(Y_r, w, R_m, R_b, R_e, gP, u) \quad (8.22)$$

弗里德曼进一步假定:$\lambda = \frac{1}{Y}$,则有

$$\frac{M_d}{Y} = f\left(\frac{P}{Y}, w, R_m, R_b, R_e, gP, u\right) \quad (8.23)$$

即

$$M_d = f\left(\frac{1}{Y_r}, w, R_m, R_b, R_e, gP, u\right)Y \quad (8.24)$$

令 $K = f\left(\frac{1}{Y_r}, w, R_m, R_b, R_e, gP, u\right)$,将名义收入写成 PY_r,代入上式,得:

$$M_d = KPY_r \quad \text{或} \quad \frac{M_d}{P} = KY_r \quad (8.25)$$

再令 $V = \frac{1}{K}$,则有

$$M_d = \frac{1}{V}PY_r \quad \text{或} \quad M_dV = PY_r \quad (8.26)$$

式(8.25)与剑桥方程式几乎没有差异,式(8.26)与交易方程式几无二致!不过,弗里德曼"新货币数量论"的持币率 K 或货币流通速度 V 已不再是常数,而是一个比较复杂的函数。从 $K = f\left(\dfrac{1}{Y_r}, w, R_m, R_b, R_e, gP, u\right)$ 可以看出 K、V 与各变量之间的相关关系。

弗里德曼的货币需求理论函数虽然在形式上反映了凯恩斯的影响,但是函数的内容则比凯恩斯的流动性偏好理论精密。就货币需求函数的一般形式(8.18)、(8.19)两式而言,基本上被学术界接受,没有什么争论了。但是,弗里德曼运用齐次公式,将货币需求函数转换为式(8.25)或(8.26),无疑是对古典货币数量说的重建。

8.4.2 新货币数量论

费里德曼在其代表作《货币数量论——重新表述》(见《最适货币量及其他论文集》英文版,1969年)中指出:货币数量说首先是对货币需求的理论,它既不是产出量与货币收入的理论,也不是价格水平的理论。解释这些变量需要将数量说与货币供应情况和其他变量状况的设定结合起来。

新货币数量论的基本内容是:物价水平乃至名义收入的水平是由货币供应与货币需求共同作用的结果,在决定实际产量的生产条件不变的情况下,当货币供应大于货币需求时,物价上涨,名义收入增加;当货币供应小于货币需求时,物价下跌,名义收入减少。至于货币供求对实际产量的影响,则取决于供求失衡的程度及持续的时间。由于货币供应是取决于货币制度的外生变量,即货币供应是由货币当局和有关立法来控制的,其变化独立于经济体系的内部运转。因此,问题的关键在于了解货币需求的状况。理论分析和统计资料显示,货币需求函数是极为稳定的。货币需求函数的稳定性,使货币供应量的人为变化不能为货币需求所抵消,从而作用于物价乃至名义收入,进而对经济生活产生影响。因此,货币供应量的不规则变动是经济波动的根本原因。

新货币数量论的关键在于证明货币需求函数的稳定性。他对上述影响货币需求因素的分析结果表明:

第一,实际货币需求不受物价水平 P 的影响。

第二,实际货币需求主要取决于作为财富代表的恒久收入。由于的恒久收入在长期内取决于生产技术水平、人口、物质资源及其利用情况等,其变动是相对平稳的,这就从根本上决定了货币需求也是相对稳定的。

第三,持有货币的机会成本对货币需求的影响很小。R_m, R_b, R_e 决定于市场利率,而经验研究表明,货币需求对利率变化的敏感性很弱;统计资料还表明,物价变动率 $\frac{1}{P_e}\frac{dP_e}{dt}$ 只有在幅度很大、持续时间很长的情况下,才会对货币需求产生实质性的影响。

可见,尽管货币需求是多种复杂变量的函数,但是,由于起决定作用的变量受社会生产力水平和制度等因素制约,从长期看,不会发生大的变动,尤其是具有高度稳定性的恒久收入这一因素对货币需求起主导作用。再加上一些易变因素,比如利率、物价变动率等对货币需求的影响十分有限。因此,从总体上说,货币的需求函数是稳定的。

费里德曼的新货币数量论与古典的货币数量论是有明显区别的。

第一,古典的货币数量论将 K 或 V 看作是不变的常数;而费里德曼则将 K 或 V 看作是少数几个变量的一个函数,它基本上是一个稳定的、可测的函数,甚至"比消费函数或其他主要函数更为稳定"。

第二,古典的货币数量论既假定 K 或 V 为常数,又假定国民收入 T 是充分就业条件下的固定的常数,于是货币需求量 M 与物价水平 P 两者就必须构成同比例的变动关系;而新的货币数量论则认为货币量的变动先是直接影响国民收入水平的变动,通过后者的变动在短期内既可体现在物价水平方面也可体现在国民收入方面,只有在长期内货币供给量的变动才完全体现在物价水平方面。

第三,古典的货币数量论中的 T 是代表现期的真实收入,而新的货币数量论中的 Y 却是代表一种所谓的"恒久收入"(Permanent Income),即人们在很长时期内的收入的平均数,且是比较稳定的。

此外,费里德曼的新货币数量论的另一个特点是他吸收并扩展了凯恩斯的流动性偏好理论。凯恩斯只论及人们在货币与证券两者间的流动性偏好并强调利率的作用。费里德曼不仅将证券再区分为有固定收益的债券和一般的股票,并将耐用消费财货、房地产等等也包括在内,把它们均看作是人们持有财富的一种形式。他将此类财富称之为非人力财富,以与人力财富相区别。因此,费里德曼货币需求函数式中的财富的内容甚为广泛,他自认为把收入作为财富的代表,而不是把它作为货币发挥作用后的结果,这是费里德曼在货币数量论上的新见解。

8.5 西方货币需求理论的总结与启发

8.5.1 西方货币需求理论的总结

通过以上对于几种主要的货币需求理论的介绍和研究,我们可以得出如下几点结论:

(1) 在西方货币需求理论的分析中,无论是古典学派、凯恩斯学派,还是货币学派,他们分析的货币需求实际上是对现金的需求,且有扩大的趋势(如货币学派用的货币定义是 M_2);都是从个人或微观经济主体出发,基本上注重分析货币持有者对真实货币的需求量及其动机和行为。

(2) 西方货币需求理论都认为影响货币需求的因素是复杂的。货币需求可以是多种变量的函数。归纳起来,货币需求函数主要由三类变量即规模变量、机会成本变量和其他变量所组成。

规模变量也称为规模经济变量,包括收入和财富。它与货币需求同向变化。

机会成本变量包括货币自身收益率、货币以外的其他资产的收益率和预期通货膨胀率,它们与利率有关。货币自身收益率与货币需求量同向变化,而其他资产(包括实物资产)的收益率与货币需求呈反向变化。由于各种资产的收益率最终都要通过利率或利用利率来反映,所以利率在货币需求函数中就成为各种资产收益的代表。利率与货币需求反向变化。

其他变量包括:①技术与制度因素。这是指社会的通讯、交通运输条件、业务人员的技术熟练程度、金融机构网点的设置等。一般地说,这些条件越好,货币支付所需时间越短,货币周转速度越快,对货币的需求就越少。②心理与习惯的因素。包括人们的消费心理、储蓄心理、预期心理以及人们的支付习惯等。一般而言,消费倾向越高,货币需求会因产出的增加而扩大;当预期物价上升或下降时,货币需求就会扩张或减少;若习惯使用支票存款等货币形式,通过银行进行转账结算,则会提高货币周转速度,减少对货币的需求。③结构性因素。这是指一个国家不同生产周期的产业部门间的比例、生产分工的程度,企业组织的集中和垄断程度等。一般而言,生产周期较长的部门占整个产业部门的比重越大,资金周转越慢,对货币的需求就越大;社会分工越细,货币需求越大;作为经营与收入的单位个数越多,货币需求也越多。④金融市场的发达程度。当金融市场十分发达、金融交易规模很大时,意味着用于金融资产交易的货币量增加,对货币的需求也增大。尽管影响货币需求的因素众多,但西方经济学家认为,其中起主要作用的只是收入和利率。这说明,他们不仅注意了再生产对货币需求的决定性影响,而且也注意了追求物质利益极大化的行为对货币需求量的重要影响。

(3) 当代西方货币需求理论实际上只有两大派别,即凯恩斯学派和货币学派。鲍莫尔—托宾模型、托宾的资产选择理论以及凯恩斯学派代表人物的实证分析,都只是作为凯恩斯的追随者对凯恩斯本人的理论进行的修正、补充和验证,在基本理论上并没有重大的突破。而弗里德曼的理论在本质上只是对传统货币数量说的重述而已。

这两派的货币需求理论存在着很大差异,其分歧主要集中在利率对货币需求的作用上。货币学派认为利率的变化对人们持有货币量的影响微不足道;而凯恩斯学派则强调货币需求有较大的利率弹性,尤其是在凯恩斯的流动性陷阱情况下,货币需求的利率弹性为无穷大。

这种分歧导致对货币需求的稳定性看法不同,进而影响到他们所求助的政策也不一样。在凯恩斯学派看来,由于货币需求的利率弹性无限大,货币供应量增加对降低利率的作用很小。新增的货币大部分表现为银行体系超额准备和人们手持现金的增加。货币的增加被货币流通速度的减慢所抵消,GNP 不会发生较大变化,加上投资利率弹性很小,所以"货币不起作用",只有财政政策才管用。而在货币学派看来,由于货币需求的利率弹性微不足道,货币量的变化就不会引起货币流通速度的较大波动,故能根据货币量的变化预测国民收入的变化,所以,"只有货币才起作用",只要实施稳定的货币政策即可。

(4) 当代西方货币需求理论的分析方法已呈现出多姿多彩的局面,不仅运用了一般理论方法进行定性分析,而且还注意运用精巧的数学分析工具进行定量的实证分析,以检验理论分析结果的正确性。这些方法既有助于经济理论和经济分析方法的发展,丰富了货币理论本身,也有助于在纷繁的经济系统中,寻找出各种经济变量之间的正确的因果关系,为货币理论的运用、制定货币政策提供手段。也正是这种新的分析方法,促使经济学家的某些观点发生变化,使之更符合实际。比如多年的实证研究和货币管制表明,货币需求的利率弹性虽不像有些凯恩斯主义者想象的那么大,但确实是存在的,以弗里德曼为首的货币学派不得不承认这一点。后来的研究还表明,即使考虑到恒久性收入效应,货币需求对利率通常也是敏感的;同时,利率变动对企业投资和居民住宅建筑都具有重大影响。现在,货币学派已不再坚持"只有货币起作用"的观点,凯恩斯学派也不再持有"货币不起作用"的观点。

(5) 当代西方货币需求理论都重视货币需求的变动对经济的影响及其实证研究。这是当代西方货币需求理论的基本特征,也是整个西方货币理论的基本特征。正是因为这一点,当代西方货币需求理论已由抽象的经济理论发展为直接或间接地为制定货币政策服务的理论,具有鲜明的政策倾向,成为当局制定和选择货币政策的理论依据。以后有关章节还会更清楚地说明这一点。

(6) 当代西方货币需求理论对货币需求的分析为我们提供了思考问题和分析问题的方法。我们对当代西方货币需求理论进行认真深入的研究,目的在于借鉴这些理论,探索我国货币需求量的决定问题。当代西方货币需求理论虽然存在这样那样的缺陷,并非尽善尽美,但是有一点是人们所不可否认的,那就是它勾画出了在发达的市场经济条件下,货币需求量主要决定因素的一般理论。亦即它反映了在商品货币经济条件下,实物经济运动对货币的数量需求,以及在物质利益规律的作用下,作为经济主体的个人和企业如何为获取最大效用而使货币需求量发生变化。

西方货币需求理论对人的心理和行为的分析、对货币需求量与恒久性收入和利率的关系分析、各派理论中的核心观点、实证分析方法等等,都是值得我们借鉴的。尤其是我国建立了市场经济体制,货币需求已不再为计划所左右。个人、企业,甚至地方政府,都增加了对货币的主动需求并呈扩张趋势。随着经济金融改革的深化,诸如资产选择行为之类的影响也将出现,各经济主体的货币需求因素将变得愈来愈复杂。这些都直接影响了货币需求,从而对真实的经济运行也会产生重要影响,需要我们更深入地去研究、去探讨,为中央银行对货币供求的调控提供正确的理论依据。

8.5.2 西方货币需求理论的启发

研究货币需求理论的目的是为了准确地测算货币需求量,为中央银行管理货币供给、调节货币流通创造条件。

西方经济学家提出应用货币需求函数来测算货币需求量是一个有益的探索。所谓货币需求函数,就是把货币需求量作为因变量,把影响货币需求量的因素作为自变量而表示的一种函数。从传统的货币数量论到凯恩斯的货币需求理论,再到以费里德曼为代表的现代货币主义学派的货币需求理论的发展过程,是一个影响货币需求的自变量不断增加,使货币需求函数不断接近现实生活,从而也更为使用的过程。货币需求函数中涉及的自变量越多,对货币需求量的测算就越准确。

运用货币需求函数测算货币需求量,表面看起来似乎货币需求量是一个在若干个自变量既定的条件下唯一的量,其几何图形可以用一个点来表示。而事实上,现实的经济生活中,货币需求是由许多复杂因素共同决定的,影响货币需求量的各个自变量在现实中是不可能既定的,它们处在不断的变化之中。货币需求量与这些变量间有一种不断变动的对应关系。可见,在现实中,货币需求量应该是一个有一定弹性的动态区间。

本章小结

由于货币需求的机会成本是利率,人们为什么愿意牺牲利率收入而将货币放在身边? 这一问题引起的众多经济学家的兴趣。

传统的货币数量学说理论注重人们的货币需求对交易的重要性,因此将研究重点放在货币的交易需求与价格变化之间的关系上。而凯恩斯则反对这种说法。凯恩斯认为,人们的货币需求取决于人们心理上的"流动性偏好",货币需求是由三个动机所决定的:一是交易动机,二是预防动机,三是投机动机。交易动机与预防动机是收入的函数,而投机动机则是利率的函数。凯恩斯认为,由于古典经济学忽略了货币的投机需求,因此不能把握货币需求的易变性。

凯恩斯以后的经济学家对凯恩斯的货币需求理论进行了进一步的研究,鲍莫尔证明了货币的交易需求也与利率有关;托宾则通过建立多样化选择理论发展了凯恩斯关于投机性货币需求的理论。

弗里德曼的货币需求理论认为,影响人们对货币的需求不仅包括需求、预期和投机,还包括债券、股票收益率等多种因素。

【本章重要概念】

货币需求　名义货币需求　实际货币需求　货币需求量　现金交易说　现金余额说　流动性陷阱　平方根公式　流动性偏好　货币的交易需求　货币的预防需求　货币的投机需求　恒久收入　流动性陷阱

【复习思考题】

1. 试说明货币需求理论的发展过程。
2. 什么是现金余额数量说? 其与现金交易数量说相比有何重要的进步?
3. 凯恩斯货币需求理论和费里德曼货币需求理论的基本内容是什么?
4. 简述威廉·鲍莫尔、惠伦、托宾等人对凯恩斯货币需求理论的发展。
5. 货币主义者的货币需求函数有什么特点? 与凯恩斯主义有什么区别?
6. 如何评价西方货币需求理论?
7. 西方货币需求理论给了我们哪些启发?
8. 若货币交易需求为 $L_1=0.20Y$,货币投机需求 $L_2=2\,000-500r$,试完成下

面的工作:
(1) 写出货币总需求函数。
(2) 当利率 $r=6\%$,收入 $Y=10\,000$ 亿元时,货币需求量为多少?
(3) 若货币供给 $M_S=2\,500$ 亿元,收入 $Y=60\,000$ 亿元时,可满足投机性需求的货币是多少?
(4) 当收入 $Y=10\,000$ 亿元,货币供给 $M_S=2\,500$ 亿元时,货币市场均衡时利率为多少?

9. 下列活动中持有货币的主要动机是什么?
(1) 借款 5 000 元从证券商处购买高收益债券。
(2) 为出国度假,从活期存款账户上转了 5 000 元购买旅行支票。
(3) 本地商场在某日将手头的现金持有量增加 4 倍。
(4) 你去医院看病前从活期存款账户中划转 2 500 元到信用卡账户。
(5) 在活期存款账户中存入 200 元支付水电费。
(6) 兑现 20 000 元定期存单用以购买一幅名画。

现代货币金融学

第9章 货币供给

▎本章导读 ▎

货币供给是一个与货币需求相对应的经济变量,它通常是指在一定时点上经济活动中货币的存量。研究货币供给的主要目的,就是要探讨一定时期内,经济活动中的货币是如何被创造出来的。为了搞清楚这一供给过程与机制,我们往往先要将货币分成几种不同的口径,然后分别来研究它们的供给与决定机制。

通过学习货币供给理论可以帮助我们理解大萧条时期的货币收缩。1930年,美国大批银行倒闭,特别是在密苏里州、印第安纳州、伊利诺伊州、阿肯色州等州,引起了广泛的将支票存款和定期存款转换为现金的行为。恐惧情绪在储户之间迅速传播。1930年11月有256家银行倒闭,而到了12月倒闭的银行数达到532家,最严重的事件当数11月11日拥有2亿美元存款的美利坚银行的倒闭。因为美利坚银行是到那时为止美国历史上倒闭的最大的商业银行。由于当时美国还没有存款保险制度(联邦存款保险公司于1934年成立),如果一家银行倒闭,储户只能收回部分存款,因此存款外流剧增(即 c 开始攀升),存款外流增加会导致银行大幅增加超额准备金比率(e)以保护自己。

银行业危机在1931~1933年间持续发生:c 和 e 持续上升。通过本章关于货币供给理论的相关学习我们可以了解到,c 和 e 上升会导致货币供给的减少。到1933年银行业危机的尾声,货币供给(M_1)减少了25%还多,这是美国历史上下降幅度最大的一段时期,同时国家出现了最严重的经济收缩。更加值得注意的是,虽然基础货币增长了20%,货币供给仍然在减少,这说明了银行恐慌期间,c 和 e 的变动导致货币乘数发生变动,进而对货币供给的决定产生了重要的影响。通过以上案例可知,货币供给的变动会影响利率和经济的健康发展,进而影响到经济活动中的每个人。由于货币供给对经济活动的深远影响,因此,学习货币供给的过程,弄清货币供给的变化机制,明晰货币供给量的决定因素,具有重要的意义。本章将对货币供给问题作全面的分析。

第9章 货币供给

9.1 货币供给的一般理论

货币供给理论是研究货币供给量由哪些因素所决定、怎样形成、货币当局如何控制的理论,也就是研究货币供给量的形成机制、运行机制和调控机制的理论。

9.1.1 货币供给的主体

货币供给或货币供应是一个综合的概念,它要回答的是一个国家的货币如何供应,货币总量如何形成、如何控制等问题。概括地说,货币供给是一个国家货币量的形成机制和控制机制的总和。

在银行制度还没有发展起来的金属货币流通时期,货币是作为充当流通手段的特殊商品而由其持有者自发投入流通或退出流通的。在统一的铸币制度下,国家只规定统一的货币标准,并提供加工标准货币的造币厂或造币局。货币金属持有者可自由地将其所持有的货币金属拿到国家造币厂按照标准铸造成标准本位币,然后再投入使用,这样就形成了市场的货币供给。货币持有者也可以根据需要自由地将手中的铸币拿到国家造币厂要求熔化成金属块,然后保存起来,这样就收缩了市场货币的供给。

在银行制度发展起来以后,可以兑现的银行券越来越被人们所普遍接受,以至于成为现实的流通手段和支付手段,成为货币。这样银行信用事实上就成了一种创造货币供给的机制。随着银行信誉度的不断提高,早期必须以保证兑现才能流通的银行券发展成了即使不兑现也可流通的银行券,即银行钞票。当中央银行制度形成以后,银行钞票的发行权集中于中央银行,这样其又与国家发行的纸币合二为一,从而成为受国家授权而发行和流通的法定货币。到了20世纪初,银行业的发展不仅表现为机构数量的扩张,而且表现为业务活动领域和活动方式的扩展,其中,最突出的是客户可以根据存在银行账户上的活期存款开出转账支票,用于购买商品或支付劳务。由于在这种情况下活期存款不转化为现金被直接用来作为支付手段而服务于经济活动了,因而,也被视为货币了。它与现钞和铸币的区别在于:它不是以货币的实体,而是以银行账户上的数字记载为形式而存在的货币。就是说,银行账户上存款数字的增加,就意味着货币供应量的增加;数字的减少,就意味着货币供应量的减少。显然,在现代经济中,货币供给的主体就是发行银行券和经营存款业务的机构——银行。

9.1.2 货币供给与货币供给量

从上面的叙述可以看到,所谓货币供给,是指银行体系通过其业务活动向生产与流通领域提供货币的整个过程。这是从动态来看的,反映的是货币的流量。所谓货币供给量,就是指一个国家,在一定时点上,由其政府、企事业单位和居民个人所持有的现金和银行存款货币的总和。它是从静态来看的,反映的是货币的存量。

货币供给与货币发行是有区别的。货币发行是货币供给的一种连续的行为,前者主要从数量上来把握,后者则主要从性质上来考察。

货币供给与货币流通是有区别的。货币供给是由货币创造者创造货币开始到货币持有者持有货币为止。至于货币持有者在这之后的货币收支行为则应是属于货币流通范畴的了。比如,个人对其名义货币收入所作出的选择:存入银行或购买证券或放在手边或购买商品,等等,就应是货币流通了,不再属于货币供给。

9.1.3 货币供给的特性

货币供给的特性,主要讲述货币供给,究竟是外生变量还是内生变量。所谓外生变量,是指在真实经济体系以外决定的变量,它影响着真实经济关系(比如,真实利率、投资、收入之间的关系),但自身并不受这些关系及其变化的影响。所谓内生变量,是指在真实经济体系内部决定的变量,它影响着真实经济关系,同时自身也受到这些关系及其变化的影响。不同发展阶段的货币,人们对其供给特性的看法是不同的。

1. 金属货币的供给特性

从表面上来看,金属货币的供给是个外生变量,因为它主要受制于贵金属矿藏的有无、有多少或开采条件等经济过程以外的因素。当然,贵金属的产量还取决于生产者的利益,如果贵金属出现贬值,则贵金属的产量就会减少,反之,则相反。而且由于金属货币流通的自动调节机制的存在,贵金属货币的供给数量也不会影响到它的流通数量,不论供给多少,流通中的金属货币的数量将始终与货币需求量相一致。

1) 马克思的观点

马克思是金属货币供给的内生论者。他认为,金属货币在其价值既定的条件下,它的供给量受制于商品流通对金属货币的需要量。

2）费雪的观点

费雪是金属货币供给的外生论者。他认为,商品的价格是由货币的数量决定的。这是因为,就一个国家或一个地区来说,一旦价格出现上涨,货币就会流出,商品就会流入,并且在金属货币贬值的条件下,不会有更多的货币铸造,相反,人们会将现有的金属货币进行熔化,改铸他物,并停开新矿。费雪的错误就在于,他只进行了短期的分析,在短期内,货币供给量有可能与商品的价格呈现负相关,但从长期看,货币的供给量必然会随商品流通的扩大和经济的发展而增加。

3）亚当·斯密的观点

亚当·斯密则是比较典型的金属货币供给的内生论者。他认为,"无论在哪一个国家,铸币量都会受到国内凭借铸币而流通的商品价值的支配,商品的价值增加了,立刻就会有一部分商品被送到存在金银铸币的外国,去购买为流通商品所必须增加的铸币量。"实际上,不管是一国相对较多的商品流出还是相对较多的货币流出,都是货币供给量适应商品流通量的反应机制。这恰恰说明了金属货币供给的内生特性。

2. 混合通货的供给特性

在现实的货币发展史上,在金属货币流通的同时,往往都伴随着其他形式货币的共同流通。在混合货币流通的条件下,价值符号,比如银行券,是作为金属货币的替代物出现的。关于这些价值符号的供给特性,有不同的看法。

1）自然内生论

这种观点以亚当·斯密、图克、富拉顿等人为代表。他们认为,信用货币是完全根据商品流通的需要而发行的,通过对真实票据的贴现而实现的,因此,它是不会过量的。但这也并不是绝对的。例如,政府为满足财政需要而发行的、强制流通的纸币,则有可能过量发行。再如,就算是企业,为取得利润,它们对贷款的需求有时会无法节制,从而存在过量现象;也有可能,由于效益不好,企业到期贷款不能按期偿还,从而使得通过贷款发行的银行券失去物资保证。

2）控制内生论

这种观点的主要代表人物是桑顿。他认为,货币供给的内生特性,必须通过调控主体的人为干预、人为控制才有可能实现,也就是说,货币的供给量才有可能适应商品流通的需要。在他看来,中央银行必须独享货币的发行权,只有通过中央银行的人为控制,我们才能实现对货币供给的管理。

3）货币供给的外生论

大卫·李嘉图是货币供给外生论的主要代表人物。他对货币供给内生论的三个主要论据作了批驳。第一,关于商品流通需要说,他认为,商品流通需要的货币量是无法确定的,并且还有名义需要量与实际需要量的区别。第二,关于真实票据说,他认为,真实票据说仍不足于保证货币供给的合理性。第三,关于人为控制的货币内生观,他认为,由中央银行对纸币发行实行人为控制无济于事,唯一的办法是恢复金本位制度,恢复银行券对金币的自由兑换,在此基础上,只要盯住金价和汇价,调整银行券的发行量,就足以将货币供给控制在均衡水平。货币供给的外生论的观点,曾在19世纪40年代的英国付诸实施过,产生了有名的"皮尔条例",即"英格兰银行条例"。结果是,由于银行券的发行不随经济状况的变化而伸缩,在发生经济危机时,由于信用停顿,通货奇缺,利率达到了难于想象的程度,以至于不是整个产业界必然破产,就是银行界必然破产。皮尔条例的失败,不仅是通货学派及其主张的失败,而且充分暴露了货币供给外生论的严重缺陷。

3. 虚体通货的供给特性

凯恩斯是一个货币供给的控制内生论者。他认为,只要中央银行控制住了其负债规模,商业银行的准备金总量便处在了其控制之下。但后来凯恩斯注意到,中央银行负债创造的规模可能是由法律等规定,而不能由其自由决定。因此,在其著名的《通论》中,凯恩斯由内生论者转变成了外生论者,认为,黄金之所以为信用货币所替代,就是因为黄金无法由政府根据经济发展的需要来灵活掌握,信用货币就是为了便于政府的灵活掌握而产生的。

弗里德曼也是货币供给的外生论者。他认为,决定货币供给的因素包括贵金属供给的技术条件,但取决于货币体制。他指出,纯粹的信用货币,其供给不是完全可由政府操纵的外生变量,其影响因素中,通货与银行准备金具有较强的外生性。弗里德曼指出,名义货币供给量是外生变量,而实际货币供给量是内生变量;即使名义货币供给量,如果它不是通过政府透支,不是通过中央银行直接向政府购买国库券或贷款投入流通,而是通过中央银行向商业银行及其他金融机构贷款的话,那么,货币供给量最终决定于商业银行,归根到底是大众的货币需求量。正因为如此,货币供给量不可能是一个完全的外生变量,我们也不能把弗里德曼看成是一个完全的外生论者。

9.2 存款货币的创造与消减过程

社会成员将货币存入金融机构后,不但定期存款不会马上提取使用,活期存款也由于"此取彼存"而不会提尽。而且有的提取是采用签发支票的方式进行,而活期存款人签发的支票,有些是转账性质的,只需转到收款人户头上;有些可以和同业清算,相互抵消,无需支付实质性的货币。因此,金融机构总有一个相对稳定的存款余额停留在其内。

金融机构特别是商业银行,一般都以盈利为主要经营目的。它除了保留一部分现金以应付存款人的日常提存之外,如果对于停留在其内的相对稳定的那部分存款余额不加以利用,听任其窖藏在库中,显然是不明智的。金融机构必然会利用这部分稳定的存款,把它们贷放出去或投资出去,以达到保值或增殖的目的。

无论放款还是投资,由于金融机构往往都不需要直接支付现金,而是把贷款额和投资额转入客户在本金融机构所开立的存款账户,以供使用。在这时金融机构可以一举两得:一方面增加贷款和投资,一方面又增加了存款。贷款愈多,存款也愈多,这样货币不流出金融机构体系之外,而在账户上进行流转,金融机构就能因放款或投资而创造出一笔笔新的存款货币。

那么金融机构到底需要保留多少现金,一方面以应付存款人的日常提存,另一方面又能使金融机构获得最大利益呢?这可以根据金融机构自身的经营经验来测算出一个百分比。此百分比通常称为存款准备率;此百分比所构成的准备,称为部分准备制。在现代世界各国,这一存款准备率则多由中央银行规定,故又称为法定存款准备率。金融机构只要按照法律所规定的准备率保持一定的准备金,其余的部分均可以用于放款或投资。

9.2.1 存款货币创造的前提条件

商业银行创造存款货币是有条件的,一般而论,需要两个条件:一是部分准备金制度;二是非现金结算制度。

部分准备金制度又称存款法定准备金制度,是指国家以法律形式规定存款机构的存款必须按一定比例,以现金和在中央银行存款形式留有准备的制度。与部分准备金制度相对的是全额准备金制度。在全额准备金制度下,银行必须保持100%的现金准备。每增加1元存款,银行必须增加1元现金准备,这样银行就没有吸收存款去发放贷款的可能性。而在部分准备金制度下,银行每增加1元存款,不再需要增加1元现金准备,此时银行可以通过保留部分现金准备,而将吸收的存款一部分用于发放贷款和进行投资。比如,部分准备率为20%,那么银行可以将存款的80%通过资产业务运用出去。对一定数量的存款来说,准备比例越大,银行可用于贷款的资金就越少;准备比例越小,银行可用于贷款的资金就越多。所以部分准备金制度是银行创造存款货币的基本前提条件。

非现金结算是相对于现金结算而言的。非现金结算,是在银行存款的基础上,通过信用经营,借助于存款的转移或同业清算抵消部分债权债务的办法,来完成货币的支付。在这种结算制度下,货币的运动最多只是存款从一个存款户转到另一个存款户,只是银行的债权人发生了变化,而作用于支付的货币仍然停留在银行体系内。以存款货币为存在形式,在非现金结算的制度下,银行可以通过记账来发放贷款,从而可以通过创造存款来提供信用。而现金结算则是指直接的现金收付,债权债务关系只能经由现金流通得以消除,这样往往会造成货币沉淀在银行体系之外,从而使得银行信用创造的机能失效。

9.2.2 存款货币的创造过程

考察和理解存款货币的创造过程,对于认识银行的信用创造功能,认识货币的供给机制,均具有极为重要的意义。

为说明存款货币的创造过程,先作如下假定:①暂时不考虑现金流出银行系统外的情况,即所有的借款人、所有的收款人都在银行开有户头,都通过转账来了结它们之间的债权债务关系,而不使用现金;②各银行只保留法定准备金,当其存在超额准备金的时候都会将其悉数贷出,超额准备金为零。

现假定甲企业将 100 万元资金以活期存款的形式存入 A 银行,中央银行规定的法定准备金率为 20%。A 银行在提留 20 万元(100 万元×20%)法定准备金后,其余的 80 万元[100 万元×(1−20%)]可全部贷放出去。经过接受存款和发放贷款两次交易以后,A 银行的 T 字形账户如下所示:

A 银行的 T 字形账户(单位:元)

资产		负债	
准备金	200 000	活期存款	1 000 000
贷款	800 000		

假定 A 银行将 80 万元贷给乙企业,乙企业以借到的这 80 万元全部用于支付货款给了丙企业,丙企业将收到的 80 万元存入了其开户银行 B,B 银行在接受了丙企业的 80 万元活期存款后,按照 20% 的比例提留了 16 万元的法定准备金后,可将余下的 64 万元全部贷放出去。B 银行的 T 字形账户如下所示:

B 银行的 T 字形账户(单位:元)

资产		负债	
准备金	160 000	活期存款	800 000
贷款	640 000		

假定 B 银行将 64 万元贷给丁企业,而丁企业用于支付购房款,将 64 万元给

第9章 货币供给

了戊企业,戊企业将收到的64万元存入其开户银行C,C银行按照20%的比例提留12.8万元的法定准备金后,可将余下的51.2万元全部贷放出去。C银行此时的T字形账户如下所示:

C银行的T字形账户(单位:元)

资产		负债	
法定准备金	128 000	活期存款	640 000
贷款	512 000		

这样,如果各银行始终能不受阻碍的按照法定准备金率的要求,存款在扣除准备金后放贷,贷而又存;存款在扣除准备金再贷,又存……如此循环下去,直至存款在扣除法定准备金后的余额递减至0而无法再继续其循环为止。整个商业银行体系的活期存款派生如表9.1所示。

表9.1 存款货币创造过程表(单位:万元)

银 行	活期存款	法定准备金	贷 款
A	100	20	80
B	80	16	64
C	64	12.8	51.2
D	51.2	10.24	40.96
…	…	…	…
—	500	100	400

表9.1表明,各轮(或各银行)派生出的存款的数量成递减趋势。显然,从各家银行来看,各银行吸收的存款数量是一个无穷递减等比数列。其初始值为100,公比为0.8。这样各银行的存款总数可采用等比数列的求和公式来求得。

等比数列的求和公式为:

$$S_n = \frac{a_1(1-q^n)}{1-q} \tag{9.1}$$

式中,a_1为初始值,当$|q|<1$,$n\to\infty$时,$q^n\to 0$,这样就有:

$$S_n = \frac{a_1}{1-q} \tag{9.2}$$

将上例有关数据代入(9.2)式可得银行体系因上述循环运动而形成的存款总额S_n:

373

$$S_n = \frac{100}{1-0.8} = 500 \text{(万元)}$$

如果将法定准备金率记为 r,银行体系准备金的变动记为 ΔR,由银行体系准备金增加所引起的上述循环运动而形成的活期存款总额的变动记为 ΔD,则存款货币多倍扩张的公式为:

$$\Delta D = \frac{1}{r} \times \Delta R \qquad (9.3)$$

将前面例子的有关数据代入上式可得:

$$\Delta D = \frac{100}{20\%} = 100 \times 5 = 500 \text{(万元)}$$

这样因上述循环而多出来的存款为 400 万元(500 万元－100 万元)。这 400 万元就是由初始存款 100 万元经过上述无限的循环而创造出来的存款,我们通常称之为派生存款;初始的 100 万元存款我们通常称之为原始存款,从更为一般的意义上说,这 100 万元可称为银行实有的初始准备金。法定准备金率的倒数,即 $1/r$,被称为简单存款乘数。

通过上例表明,在部分准备金制度下,一笔初始准备金由整个银行体系通过信用扩张,可产生大于初始准备金若干倍的存款货币。由公式(9.3)可知,这一扩张的数额取决于初始准备金额度的大小和法定准备金率的高低。初始准备金越多,能够创造的存款货币就越多;反之则越少。法定准备金率越高,能够扩张的数额越小;反之则越大。

9.2.3 存款货币的消减过程

现在考虑相反的情况。假设法定准备金率还是 20%,并假设银行系统没有超额准备。

假设 A 银行最初是处于均衡状态,即无超额准备金,法定准备金符合规定,此时 A 银行的 T 字形账户为:

A 银行的 T 字形账户(单位:元)

资产		负债	
准备金	200 000	活期存款	1 000 000
贷款	800 000		

现在假设 A 银行的一客户要求提取 10 万元现金,则 A 银行 T 字形账户变为:

A 银行的 T 字形账户(单位:元)

资产		负债	
准备金	100 000	活期存款	900 000
贷款	800 000		

此时,由于存款人提现 10 万元,使得 A 银行的活期存款和准备金同时减少了 10 万元,准备率下降到 11.1%(100 000/900 000×100%),低于法定准备金率。按照规定 A 银行的准备金应有 18 万元(90 万元×20%),差额为 8 万元(18 万元-10 万元)。为了遵守金融管理法规,A 银行要使其准备金达到法定准备金要求的限额,如果 A 银行的即时融资能力较弱,则必须设法收缩放款。

假设 A 银行向客户追收贷款 40 万元,则其 T 字形账户变为:

A 银行的 T 字形账户(单位:元)

资产		负债	
准备金	100 000	活期存款	500 000
贷款	400 000		

A 银行由于调整了资产结构,即贷款和存款同时减少了 40 万元,使得准备金 10 万元正好符合金融法令规定,即准备率为 20%(100 000/500 000×100%)。如果 A 银行收回的贷款是来自于其他银行,而该银行并无超额准备金,则势必也要紧缩贷款和投资来达到法定准备金率的要求。这样,与存款扩张的过程相对称,经过各银行的辗转提存后,存款将以几何级数减少。这样,最初存款和准备金的减少额 10 万元,将最终导致存款减少 50 万元,相当于最初减少额的 5 倍(1/r=1/20%)。

9.2.4 存款乘数

但事实并非如此简单,在上面的举例分析中,我们做了两个基本假定:一是每家银行在吸收存款后,除了上缴法定存款准备金之外,其余的全部贷出;二是得到银行贷款的客户都会将贷款全部转存银行,以存款划拨方式支付,不提取现金。显然,这些假设在现实经济活动中很难成立。因此,存款乘数也并非是 $1/r$ 如此简单,实际上还有其他漏出因素,叙述如下:

1. 现金漏损

前述的 $\Delta D = \dfrac{1}{r} \times \Delta R$ 这一结论,是假定借款者的收付都是通过转账方式进行的。但是在实际经济生活中,借款人以及作为借款人支付对象的收款人,终究有提现的行为。只要在前述的存款货币创造过程中的任何一轮循环上有人提现,则作为准备金的现金就会流出银行系统,整个银行系统内的准备金数额也会因此而减少,存款货币创造的倍数也必然会缩小。这种现金流出银行系统的情况,我们称之为现金漏损。要测定这一漏损量的大小,可以利用统计方法求取一个"现金漏损率"。因为从银行的统计资料中可以发现在活期存款中,总有一个或大或小的比例部分被要求提取现金。因此,这个活期存款中的平均提现比例(用%表示),就是现金漏损率,又称为现金比率,一般用"c"表示,$c=C/D$(C 为流通中的现金,D 为活期存款)。

"现金漏损率"的存在,其对货币乘数的影响可以视同为法定准备金 r 的存在。因为存款中的现金漏损部分不能再用去进一步创造存款,也正如存款中那部分依法定准备金率而留下来的准备金不能再用去进一步创造存款一样,它们的影响是相同的。这样存款乘数会因多一个参数而降低。此时,考虑到 c 的存在,则 d(存款乘数)应为:

$$d = \frac{1}{r_d + c} \tag{9.4}$$

假定银行的法定准备金率为 20%,在不存在现金漏损的情况下,则存款乘数为 $d=1/0.2=5$。

如果假定现金漏损率为 5%,银行除了提取 20% 的法定准备金外,还要保留 5% 的现金以应付客户提现,则存款乘数为 $d=1/(0.2+0.05)=4$。

2. 超额准备金

在前述的存款货币创造过程中,我们假定任何一家商业银行都要把所有的超额准备金全部贷出,即超额准备金为零。但事实上,银行通常或多或少有一些尚未贷放出去、或不想立即贷放出去的超额准备金保留在自己的手中。一般说来,这种经常为商业银行所持有的超额准备金数额总是其活期存款总额中的一个具有某种稳定性的比例部分(用%表示),我们常常把它记为"e",$e=ER/D$(ER 为超额准备金)。

因为"e"的存在,也必然使银行存款创造的能力受到削弱。这样存款乘数可以修正为:

$$d = \frac{1}{r_d + c + e} \tag{9.5}$$

如前述,假定银行的法定准备金率为 20%,现金漏损率为 5%,再假定超额准备金率为 15%,则 $d=1/(0.2+0.05+0.15)=2.5$。

3. 活期存款转变为定期存款的比率

在现实经济生活中,企业等经济行为主体收入的款项不一定都存入其活期存款户,一部分还会以定期存款的形式存在。当存款以定期形式存在时,尽管银行的存款总数不变以及银行所拥有的全部准备金额不变,但准备金的结构却因此发生了变化,从而对银行的存款货币创造产生影响。

由于银行要按照定期存款(常常记为 D_t)的法定准备率(常常记为 r_t)来提留准备金,而且定期存款的法定准备率通常低于活期存款的法定准备金率,所以定期存款比例越大,要求的法定准备金越低,则对存款总额的加权平均的法定准备金比率就降低,存款的扩张倍数将会更大。

但是仅仅就活期存款而言,假定定期存款占活期存款的百分比为 t,由于按照 $t \times r_t$ 所提存的准备金是用于支持定期存款所需要的,它不能用于支持活期存款的进一步创造,故提存的这部分定期存款的准备金对存款乘数 d 会产生一定影响,可视为法定准备金率的进一步提高,应在 d 的分母中加入此项数值,以作进一步修正,即:

$$d = \frac{1}{r_d + c + e + t \cdot r_t} \tag{9.6}$$

如前述的假定不变,即银行的法定准备金率为20%,现金漏损率为5%,超额准备金率为15%,另外,再假定中央银行对定期存款规定的准备率为3%,活期存款转变为定期存款的比例为50%,则 $d=1/(0.2+0.05+0.15+0.5\times0.03)=2.41$。

上述三个因素均限制了存款货币扩张乘数 d,由于它们在 d 上施加的影响,d 从原先的 5 下降到 2.41。

由此可见,商业银行虽然具有创造存款货币的重要功能,在货币供给机制中发挥巨大作用。但是,商业银行的这种创造存款,进而创造货币供给的能力并不是无限的。其创造能力除了受到中央银行所规定的法定存款准备金率的限制外,还受到现金漏损率、超额准备金率、活期存款转变为定期存款的比率等诸因素的限制。充分考虑各种因素,对观察和控制商业银行信用扩张的能力,控制货币供给量具有十分重大的意义。

9.3 货币供给的决定因素

决定货币供给量及其增减变化的因素可以概括为基础货币和货币乘数两大类。下面着重就这两大类决定因素进行分析。

9.3.1 基础货币

前面我们考察的倍数关系,仅针对一定的原始存款探讨活期存款的扩张机制,如果要从中央银行调控货币供应量的角度,则需要进一步考察货币供应量与中央银行银行自身负债之间的关系。中央银行提供的负债,并非全部表现为原始存款,因而就有必要引入基础货币的概念。

1. 基础货币及其意义

基础货币(B)亦称货币基数(monetary base)或强力货币、高能货币(high-powered money),是一个十分重要的概念。对于这一概念,我们可以从其来源和运用两个方面来加以理解。从其来源看,基础货币是指中央银行的负债,即由货币当局投放并为货币当局所能控制的那部分货币,它只是整个货币供给量的一部分。从其运用看,基础货币是由公众所持有的现金和商业银行的准备金所构成,它是商业银行存款货币扩张的基础。基础货币常用下列公式表示:

$$B = R + C \tag{9.7}$$

式中,B 代表基础货币(也可用符号 H 表示),R 为商业银行的准备金,C 为流通于银行体系之外的现金。

商业银行的准备金以两种具体形式存在:第一,商业银行持有的应付日常业务需要的库存现金;第二,商业银行在中央银行的存款。这两者都是归商业银行持有的中央银行的负债,也是中央银行对社会公众总负债中的一部分。商业银行所持有的这部分中央银行的负债,对商业银行来说,则是其所拥有的一笔资产。这笔以准备金形式持有的资产可分为两部分:一是商业银行按照法律规定不能用于放款盈利的部分;二是由于经营上的原因尚未用出去的部分和不想用出去的部分。前一部分属法定准备金;后一部分属超额准备金。这样,存款准备金、法定准备金与超额准备金具有如下的关系:

存款准备金(R) = 库存现金 + 商业银行在中央银行的存款

法定准备金(RR) = 法定准备金率(r_d) × 存款总额(D)

超额准备金(ER) = 存款准备金实有额(R) − 法定准备金(RR)

从基础货币的构成来看,R 与 C 均为中央银行的负债,中央银行对这两部分都具有直接的控制能力。现金的发放权由中央银行垄断,其发行的程序、管理技术均由中央银行掌握。商业银行的准备金存款,中央银行对其具有较强的控制力。中央银行可以通过调整法定存款准备金率,强制商业银行改变准备金结构,影响商业银行的信贷能力。中央银行也可以通过改变再贴现率、再贷款条件等来改变商业银行的准备金数量,还可以通过公开市场操作,买进或卖出有价证券与外汇来改变商业银行的准备金数量。

中央银行能够直接控制的现金发行和商业银行的准备金存款,之所以被称为基础货币,是因为如果没有现金的发行和中央银行对商业银行的信贷供应,商业银行的准备金存款就难以形成,或者说,它用于创造派生性存款的原始存款的来源就不存在,从而也无从扩大贷款和创造存款。如果中央银行减少基础货币的供给(如缩减或收回对商业银行的放款,从而使商业银行在中央银行的存款减少等等),则商业银行的准备金数额必然减少,在其他条件不变时,必然引起商业银行去多倍收缩放款,去紧缩对企业的信用。这表明基础货币量的伸缩对商业银行的信用规模的影响甚为有力,它直接决定着商业银行准备金的增减。正是从这个意义上说,中央银行控制的基础货币是商业银行借以创造存款货币的源泉。中央银行供应的基础货币,是整个货币供应过程中的最初环节,它首先影响的是商业银行的准备金存款,只有通过商业银行运用准备金存款进行存款创造后,才能完成最终的货币供给。

货币供给的全过程,就是由中央银行供应基础货币,基础货币形成商业银行的原始存款,商业银行在原始存款的基础上创造派生性存款,最终形成货币供给总量的过程。

不过,要清楚的是,在基础货币中,由公众持有的现金,商业银行是不能直接用于创造存款货币的。这是因为:第一,它不直接掌握在商业银行的手中;第二,它是已经通过商业银行的信用扩张而投入流通的货币。银行体系外的现金,只有流入商业银行转化为商业银行库存现金或超额准备金存款时,才能成为商业银行信用扩张的基础。

基础货币中的法定存款准备金也是不能由商业银行直接进行信用创造的货币。因为它必须保留在准备金账户上,商业银行是不能动用的。

可见,能成为商业银行信用创造基础的只是商业银行的超额准备金和其库存现金。

综上所述,基础货币由处于流通中的现金 C 和存款准备 R 构成。处于流通中的现金 C 虽然能成为创造存款货币的基础,但是其量取决于中央银行,中央银行发行多少就是多少,不可能有倍数的增加。引起倍数增加的只是存款准备 R。因此,基础货币与货币供应量的关系可用图 9.1 表示。

2. 基础货币的决定因素

除了由财政部发行并存入中央银行的钞票以外,基础货币作为一种中央银行的负债,它由中央银行的资产业务创造的。中央银行投放基础货币的渠道主要有以下三条:一是直接发行通货,二是变动黄金、外汇储备,三是实行货币政策(其中以公开市场业务为最主要)。

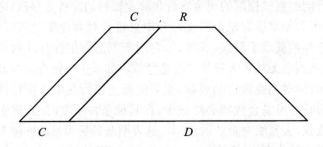

图 9.1 基础货币与货币供给量关系图

从基础货币的投放渠道,我们可以看到,基础货币的决定因素主要有以下11个:

(1) 中央银行在公开市场上买进有价证券;
(2) 中央银行收购黄金、外汇;
(3) 中央银行对商业银行的再贴现或再贷款;
(4) 财政部发行通货;
(5) 中央银行的应收未收款项;
(6) 中央银行的其他资产;
(7) 政府持有的通货;
(8) 外国存款;
(9) 政府存款;
(10) 中央银行在公开市场上卖出有价证券;
(11) 中央银行的其他负债。

在以上11个因素中,前6个为增加基础货币的因素,后5个为减少基础货币的因素,而且这些因素都集中地反映在中央银行的资产负债表上。

在分析基础货币时,西方学者习惯于用一个方程式,即基础货币方程式来表示,这个方程式是根据中央银行资产负债表的各个项目得出的。西方国家中央银行资产负债表的基本构成如表 9.2 所示。

表 9.2 中央银行资产负债表

资产	负债
A_1:对金融机构再贷款	C:流通中的现金
A_2:政府借款	R:金融机构存款(准备金)

(续)表 9.2

资产	负债
A_3：政府证券	L_1：非金融机构存款
A_4：国外资产	L_2：政府存款
	L_3：自有资本
	L_4：其他

根据资产负债表平衡关系，有：
$$A_1+A_2+A_3+A_4=C+R+L_1+L_2+L_3+L_4$$
从而得：
$$C+R=A_1+A_2+A_3+A_4-(L_1+L_2+L_3+L_4)$$
进一步有：
$$B=\sum_{i=1}^n A_i - \sum_{j=1}^m L_j \tag{9.8}$$
上述等式右边各项都会影响基础货币。

中央银行的资产，包括对金融机构的再贷款、政府借款、政府证券、外汇储备和在途资金等。它们的增加会引起基础货币的等额扩张；反之，这些资产项目的减少会相应地减少基础货币供应。

中央银行的负债，包括非金融机构存款、政府存款、自有资本和其他项目。它们的增加会减少基础货币的供给；反之，它们的减少会增加基础货币的供给。

在中央银行的资产中，国外资产包括：外汇储备、黄金和国际货币基金组织的特别提款权。黄金和特别提款权的特点：相对稳定，对基础货币的影响不大。外汇储备是国外资产中影响基础货币的主要因素。

以下我们来举例说明。首先以我国外汇管理中的结售汇制为例。

假设 A 企业出口获得了 1 000 万美元的收入，按美元与人民币当前汇率 1∶6.8 将 1 000 万美元卖给中国银行，则中国银行的 T 形账户为：

中国银行收到 1 000 万美元后的 T 形账户（单位：元）

资产		负债	
外汇	68 000 000	存款	68 000 000

中国银行结汇后将外汇卖给中国人民银行，则中央银行和中国银行的 T 形账户分别为：

中央银行的 T 形账户（单位：元）

资产		负债	
外汇	68 000 000	中国银行存款	68 000 000

中国银行的 T 形账户（单位：元）

资产		负债
在人民银行存款	68 000 000	
外汇	−68 000 000	

从以上 T 形账户可知，中央银行外汇储备资产在增加 6 800 万元的同时，基础货币的投放也等额增加。中国银行的外汇资产虽然减少了 6 800 万元，但是其在中国人民银行的存款则增加了 6 800 万元。

中央银行负债与基础货币之间是一种负相关的变动关系，即中央银行负债方项目增加时，基础货币的投放减少；反之，中央银行负债方项目减少时，意味着基础货币投放增加。

下面以政府存款为例分析中央银行负债对基础货币的影响。

假设财政部发行 1 亿元的国库券，其收入由商业银行存款转入中央银行账户，则财政部 T 形账户的变动为：

财政部的 T 形账户（单位：元）

资产		负债
商业银行存款	−100 000 000	
中央银行存款	100 000 000	

商业银行的 T 形账户（单位：元）

资产		负债	
准备金	−100 000 000	财政部存款	−100 000 000

财政部和商业银行 T 形账户的变动，使中央银行的 T 形账户发生如下变动：

中央银行的 T 形账户（单位：元）

资产	负债	
	商业银行准备金	−100 000 000
	政府存款	100 000 000

第 9 章 货币供给

可见,政府存款增加的结果是使银行系统的准备金减少了 1 亿元,即基础货币减少 1 亿元。

9.3.2 货币乘数

在前面我们讨论了存款乘数,它是指活期支票存款可能产生的倍数。货币与存款是两个不同的概念。货币既包括存款又包括现金,而存款又可以分为定期存款、活期支票存款等。但是,讨论存款乘数的主要目的是为了便于计算真正意义上的货币乘数。

在引入了基础货币这一概念之后,货币供给就可以表述为这样一个理论化的模式:一定的货币供应总量必然是一定的基础货币按照一定的倍数或乘数扩张后的结果,或者说,货币供给量总是表现为基础货币的一定倍数。人们通常将这个倍数,即货币供给量与基础货币的比值,称为货币乘数。货币供给的基本理论模型是:

$$M_s = mB \qquad (9.9)$$

式中,M_s 为货币供给总量;m 为货币乘数;B 为基础货币,由流通中的现金和银行准备金构成。

由货币供给模式可得货币乘数模型:

$$m = \frac{M_s}{B} \qquad (9.10)$$

一般地说,B 的变动可以由中央银行来决定,即可以通过向商业银行发放和回收贷款,以及通过证券的吞吐来主动调控,但中央银行不能完全控制 m。在影响 m 的因素中,活期存款的法定准备金率 r_d、定期存款的法定准备金率 r_t 是由中央银行决定的;超额准备金率 e 却由商业银行决定;现金漏损率 c 和定期存款占活期存款的比例 t 更是由社会大众决定的。正由于此,我们认为货币供给量是一个内生变量,而非完全属于可由中央银行随意决定的外生变量。

前面具体讲述了商业银行具有信用创造功能及其存款货币的创造过程,但究竟存款货币能够扩大多少,其影响因素在现实生活中又是很多的,不过主要的因素则是法定准备金率的高低。

从上面的理论模式可以看到,货币乘数是货币供给机制中的一个至关重要的因素,因此我们应对货币乘数加以考察。不过,如果我们要考察真正意义上的货币乘数则至少应该根据货币层次来分别考察,研究各货币层次的货币乘数。

1. 货币供给决定的一般模型——乔顿模型

乔顿货币乘数模型是由美国经济学家乔顿(Jerry L. Jordan)于 1969 年提出

的。目前,该模型已被看作是货币供给机制的一般模型。

从存款乘数到 M_1 层次的货币乘数,所涉及的范围扩大了,即从可开列支票的活期存款扩大到可开列支票的存款与现金之和。这就是说,M_1 这一层次的货币一般是指流通中的活期支票存款余额(一般记为 D)与现金(一般记为 C),即

$$M_1 = D + C \tag{9.11}$$

而 M_1 与基础货币(B)量之间是有倍数关系的。基础货币是银行的准备金(R)和现金(C)之和,即 $B=R+C$。因此,若用 m_1 代表 M_1 的货币乘数,则可得

$$m_1 = \frac{M_1}{B} = \frac{D+C}{R+C} \tag{9.12}$$

其中,$R=RR$(法定准备金)$+ER$(超额准备金),上式可得:

$$m_1 = \frac{D+C}{RR+ER+C} \tag{9.13}$$

根据前述已知:

$$c = \frac{C}{D} \Rightarrow C = c \cdot D \tag{9.14}$$

$$t = \frac{T}{D} \Rightarrow T = t \cdot D \tag{9.15}$$

$$e = \frac{ER}{D} \Rightarrow ER = e \cdot D \tag{9.16}$$

将上述(9.14)、(9.15)、(9.16)三式代入(9.13)式,可得:

$$m_1 = \frac{D + c \cdot D}{r_d \cdot D + r_t \cdot t \cdot D + e \cdot D + c \cdot D} = \frac{1+c}{r_d + r_t \cdot t + e + c} \tag{9.17}$$

上式的 m_1 被称为狭义货币乘数。其中 r_d 为活期存款的法定准备金率,r_t 为定期存款的法定准备金率,t 为定期存款比率,e 为超额准备金率,c 为现金漏损率或通货比率。

因此,M_1(狭义货币)决定于基础货币与货币乘数这两个因素,且是这两个因素的乘积。

$$M_1 = B \cdot \frac{1+c}{r_d + r_t \cdot t + e + c} \tag{9.18}$$

从上式可知,M_1 的货币乘数主要取决于现金漏损率和银行准备金率,而银行准备金率又包括法定准备金率和超额准备金率。由于中央银行可以决定 B(基础货币)的供给和法定准备金率,同时又可以通过利率、货币政策、金融市场以及行政手段(比如,现金管理制度)等来影响现金漏损率 c,还可以通过利率、基础货币供应及行政手段(比如,规定备付金率)等来影响超额准备金率。因此,中央银行

在 M_1 的供给中起着重要作用。

但是,并不能据此就认为在货币的供给中,中央银行可以决定一切。因为在货币供给的决定机制中,除了中央银行以外,还有两个经济主体,即商业银行与社会公众。它们的行为分别决定了超额准备金率和现金漏损率,从而对货币供给产生重要影响。而且中央银行也不能随心所欲地决定基础货币的供给和法定准备金率。因此,从本质上说,货币供给具有内生性质。

2. 乔顿扩展模型

1) 货币定义扩展为 M_2

根据 M_2(广义货币)的概念,它包括现金及银行体系的所有存款(活期存款和定期存款),其公式为:

$$M_2 = M_1 + T = D + C + T \tag{9.19}$$

其中,T 为定期存款。

如以 m_2 代表 M_2 的货币乘数,则

$$m_2 = \frac{M_2}{B} = \frac{D+C+T}{R+C} = \frac{D + c \cdot D + t \cdot D}{r_d \cdot D + r_t \cdot t \cdot D + e \cdot D + c \cdot D} = \frac{1+c+t}{r_d + r_t \cdot t + e + c} \tag{9.20}$$

其中,m_2 被称为广义货币乘数。可见,M_2 为基础货币与广义货币乘数的乘积。

$$M_2 = B \cdot \frac{1+c+t}{r_d + r_t \cdot t + e + c} \tag{9.21}$$

2) 取消定期存款法定准备金

当取消商业银行定期存款法定准备金后,其狭义货币乘数 m_1 和广义货币乘数 m_2 将变为以下两式:

$$m_1 = \frac{1+c}{r+c+e} \tag{9.22}$$

$$m_2 = \frac{1+t+c}{r+c+e} \tag{9.23}$$

在乔顿模型以及乔顿扩展模型中,决定货币供给的因素共有 6 个,其中:B、r_d、r_t 系由货币当局或中央银行所决定;e 由商业银行所决定;而 c 和 t 则由社会公众的资产选择行为所决定。

由此可见,货币当局或中央银行实际上只能对决定货币供给的部分因素而不是全部因素具有直接的控制能力。这就说明,货币供给并不完全是一个外生变量。

9.4 货币供给理论的发展

自从20世纪60年代以来,西方许多经济学家纷纷致力于货币供给理论的研究,上面所说的乔顿货币乘数模型就是其研究成果之一。但是,乔顿货币乘数模型是在其他货币供给模型的基础上经过改进而形成的。所以在西方经济学界,除了乔顿货币乘数模型以外,实际上还有不少经济学家曾经提出过各自的货币供给模型。其中,最有代表性和最具影响力的还有弗里德曼—施瓦茨货币供给模型与卡甘货币供给模型。

9.4.1 弗里德曼—施瓦茨货币供给模型

弗里德曼(M. Friedman)与施瓦茨(A. J. Schwartz)于1963年出版了《1867～1960年的美国货币史》一书。他们通过对美国近百年货币史的实证研究,提出了一种货币供给决定模型。

根据弗里德曼—施瓦茨的分析,现代经济中的货币存量大致可以分为两个部分:一是货币当局的负债,即社会公众所持有的通货;二是银行的负债,即银行存款,包括活期存款、定期存款和储蓄存款。可见,弗里德曼—施瓦茨所谓的货币实际上是指较为广义的货币。若记:M为货币存量、C为非银行公众所持有的通货、D为商业银行存款,则:

$$M = D + C \tag{9.24}$$

在货币存量中,只有一部分货币能够为中央银行所直接控制。弗里德曼—施瓦茨称之为"高能货币"。高能货币由两部分构成:一是社会公众所持有的通货,二是商业银行的准备金(包括库存现金和存在中央银行的准备金存款)。显然,弗里德曼—施瓦茨所谓的高能货币,实际上就是我们前面所说的基础货币。如果记H为高能货币、R为商业银行准备金,则:

$$H = R + C \tag{9.25}$$

$$\frac{M}{H} = \frac{C+D}{C+R} = \frac{\frac{D}{R}(C+D)}{\frac{D}{R}(C+R)} = \frac{\frac{D}{R} \cdot C\left(1+\frac{D}{C}\right)}{\frac{D \cdot C}{R}+D} = \frac{\frac{D}{R}\left(1+\frac{D}{C}\right)}{\frac{D}{R}+\frac{D}{C}} \tag{9.26}$$

$$M = H \cdot \frac{\frac{D}{R}\left(1+\frac{D}{C}\right)}{\frac{D}{R}+\frac{D}{C}} \tag{9.27}$$

第9章 货币供给

从上述货币供给模型可知,货币供给是高能货币与货币乘数之积。高能货币 H 由中央银行决定,而影响货币乘数的变量在弗里德曼——施瓦茨的分析中简化为两个:商业银行的存款与准备金的比率 D/R 和商业银行的存款与社会公众所持有的通货的比率 D/C。他们称这两个比率及高能货币 H 为"货币存量的大致的决定因素"。

根据弗里德曼——施瓦茨的分析,高能货币的供给由货币当局的行为所决定的,存款与准备金的比率决定于商业银行,但政府可以通过法律与商业银行一起影响这一比率,存款与通货持有量之间的比率主要取决于公众的行为。因此,决定货币供给的主体有三个:货币当局、商业银行和社会公众。

按照弗里德曼——施瓦茨的解释,货币当局能够直接而又有效地控制 H,而 H 对于 D/R 和 D/C 具有决定性的影响。正是由于这个原因,货币当局在控制 H 的同时对 D/R 与 D/C 施加影响,从而决定整个社会的货币供给量。所以,在弗里德曼与施瓦茨看来,货币的供给量归根到底是一个外生变量。

从公式(9.27)可看出,D/R 和 D/C 两者的变化会引起货币存量的同方向变化。D/R 比率越高,一定量的存款准备金所支持的存款就越多。D/C 比率高,高能货币中充当银行准备金的部分也越大。D/R 和 D/C 越大,货币乘数越大,从而导致货币存量也越大。

弗里德曼——施瓦茨利用上述分析框架,检验了美国 1867~1960 年的货币史,得出的结论是:基础货币是广义货币存量长期性变化和主要周期性变化的主要原因。D/R 和 D/C 比率的变化对金融危机条件下的货币运动有着决定性的影响,而 D/C 比率的变化则对货币的温和的周期性变化起了重要的作用。

9.4.2 卡甘货币供给模型

美国经济学家菲利浦·卡甘(Phillip Cagan)几乎就在弗里德曼和施瓦茨写作《1867~1960 年的美国货币史》一书的同时,也系统深入地研究了美国 1875 年至 1960 年这 85 年间货币存量变化的主要决定因素,并于 1965 年出版了他的专著《1875~1960 年美国货币存量变化的决定及其影响》一书。在书中,卡甘的货币供给方程推导如下:

根据货币的定义:$M=C+D$,两边同除以 M,并移项可得:

$$\frac{D}{M} = 1 - \frac{C}{M}$$

两边同乘以 $\frac{R}{D}$ 得:

$$\frac{R}{D} \cdot \frac{D}{M} = \frac{R}{D}\left(1 - \frac{C}{M}\right) \quad (9.28)$$

高能货币 H 为货币供给 M 的一部分，则：

$$\frac{H}{M} = \frac{C+R}{M} = \frac{C}{M} + \frac{R}{M} \quad (9.29)$$

因为(9.28)式子等号左边即为 $\frac{R}{M}$，因此将该式子等号右边项代入(9.29)式，得：

$$\frac{H}{M} = \frac{C}{M} + \frac{R}{D}\left(1 - \frac{C}{M}\right) = \frac{C}{M} + \frac{R}{D} - \frac{R}{D} \cdot \frac{C}{M} \quad (9.30)$$

$$M = \frac{H}{\frac{C}{M} + \frac{R}{D} - \frac{R}{D} \cdot \frac{C}{M}} \quad (9.31)$$

式中，M 为广义的货币存量，H 为高能货币，C 为非银行公众持有的通货，D 为商业银行存款，R 为商业银行准备金。

在卡甘的分析中，决定货币乘数的变量也只有两个：通货与货币存量之比 C/M 以及准备金与银行存款之比 R/D。

卡甘将 C/M 和 R/D 分别称为通货比率和准备金比率。在美国，通货比率在长期中具有下降趋势，卡甘将其归因于收入和财富的增长以及城市化。城市化有助于通货比率下降是因为它扩展了银行业而减少了通货的使用。1875 年以来，美国银行的准备金比率很不稳定，经常处在较大幅度的变动状态中。卡甘认为，这是由两方面的原因造成的，即存款在不同类型、不同地区的银行及不同种类的存款之间的转移和法定准备金的变化。由于竞争性原因，"存款间的转移总的来看是不重要的"，这意味着准备金比率的变动，主要是由法定准备金比率的变化引起的。

卡甘货币供给模型与弗里德曼—施瓦茨货币供给模型，虽有较多的相似之处，但卡甘货币供给模型似乎更为清楚地反映了通货比率与准备金比率这两个因素对货币乘数的影响。通过察看卡甘货币供给模型，我们发现，C/M 与 R/D 这两项的值均小于 1，它们的积也必然小于其中任一项的值。因此，其中任一项的上升必会造成货币乘数的缩小，从而引起货币供给量的减少。反之，其中任一项的下降必会造成货币乘数的上升，从而引起货币供给量的增加。

9.4.3 货币供给新论

历史的回顾告诉我们，以前的货币供给理论都有着一个统一的模式，即货币

第9章 货币供给

供给为基础货币与货币乘数之积。实际上,这一统一的模式都来源于1921年由菲利普斯(C. A. Phillips)提出的简单模型。

在这一统一模式之外,还有一种被称为"新观点"的货币供给理论。这就是人们常说的货币供给新论。货币供给新论形成于20世纪50年代～60年代,其创导者主要是英国《拉德克利夫报告》的作者们,以及美国经济学家约翰·G·格利(John G. Gurley)、爱德华·S·肖(Edward S. Shaw)和詹姆斯·托宾(J. Tobin)等人。

所谓的货币供给新论,是相对于菲利普斯(C. A. Phillips)的简单模型而言的,而不是相对于弗里德曼—施瓦茨货币供给模型与卡甘货币供给模型而言的。1957年,在英国财政部的带领下,成立了以拉德克利夫(Radcliffe)为首的货币运行委员会。其主要任务是调查英国货币与信用系统的运行情况,并据此改进的建议。经过两年的广泛调查和深入研究,该委员会于1959年形成了一份长达350万字的报告,这就是著名的《拉德克利夫报告》。该报告有关货币供给的观点主要有:第一,对经济真正有重大影响的不仅仅是传统意义上的货币供给,而且还包括这一货币供给在内的整个社会的流动性;第二,决定货币供给的不仅仅是商业银行,而且还包括商业银行与非银行金融机构在内的整个金融系统;第三,货币当局所应该控制的不仅仅是传统意义上的货币供给,而且是整个社会的流动性。

美国经济学家约翰·G·格利和爱德华·S·肖于1960年合作出版了名著《金融理论中的货币》。在这本专著里,他们提出了有关货币供给的新观点。他们指出,货币与各种非货币金融资产之间、银行与非银行金融机构之间均具有一定程度的雷同性与替代性。货币的基本特性是具有较高的流动性,因此,在金融市场较为发达的市场经济中,各种非货币金融资产也同样具有较高的流动性。正因为这样,货币与非货币金融资产之间,实际上没有本质的区别。同样,作为货币创造者的银行与作为非货币金融资产创造者的非银行金融机构之间也没有本质的区别。因此,从货币供给角度来看,货币的定义应该是广义的,而不是狭义的。这种广义的货币不仅仅包括通货与商业银行的活期存款,而且还应该包括商业银行的定期存款及各种非银行金融机构所发行的负债。从货币控制来看,要真正控制好货币供给,中央银行不仅仅要控制好商业银行,而且要控制好各种非银行金融机构,只有双管齐下,才能真正奏效。

本章小结

货币供给的变动会影响利率和经济的健康发展,进而影响到经济生活中的每个人。因此,理解货币供给决定机制相当重要。由于银行存款是货币供给的重要组成部分,掌握这些存款的创造与缩减机制是探讨货币供给过程的重要一步。

货币供给理论主要是研究货币供给量由哪些因素所决定,怎样形成,货币当局如何控制的理论,即是研究货币供给量的形成机制、运行机制和调控机制的理论。相对于货币需求理论,货币供给理论的研究要滞后得多。

货币供给的特性,主要指货币供给究竟是外生变量还是内生变量。所谓外生变量,是指货币供给这个变量不是由经济因素,如收入、储蓄、投资、消费等因素所决定的,而是由货币当局的货币政策决定的。所谓内生变量,是指对于货币供给的变动,货币当局的操作起不了决定性的作用,起决定作用的是经济体系中实际变量以及微观主体的经济行为等因素。不同发展阶段的货币,人们对其供给特性的看法是不同的。

商业银行具有创造存款货币的重要功能,在货币供给机制中发挥巨大作用。但是,商业银行的这种创造存款,进而创造货币供给的能力并不是无限的,要受到法定存款准备金率、现金漏损率、超额准备金率、活期存款转变为定期存款的比率等诸因素的限制。

货币供给量取决于基础货币与货币乘数这两个因素,而且是两者的乘积。基础货币从来源上看,是货币当局的货币供应量;从运用上看,它由商业银行的准备金和流通中的通货构成。基础货币的决定因素集中地反映在中央银行的资产负债表上。

根据货币供给决定的一般模型,影响货币乘数的因素有法定准备金率 r_d 与 r_t、定期存款比率 t、通货比率 c、超额准备金比率 e,它们分别由中央银行、社会公众和商业银行等不同主体决定。

货币供给量=基础货币×货币乘数,是一个定义恒等式。不同的研究者,对货币乘数有不同的表达。其中,著名的有弗里德曼—施瓦茨的货币乘数形式和卡甘的货币乘数形式。

【本章重要概念】

货币供给 原始存款 派生存款 基础货币 货币乘数 法定存款准备金比率 通货比率 定期存款准备金比率 超额准备比率 货币供给恒等式 货币供给的内生性 货币供给的外生性

【复习思考题】

1. 为什么研究货币供给时必须对货币供给量划分层次?
2. 什么是基础货币? 它与货币供给量的关系如何?

3. 什么是货币乘数？影响货币乘数的主要因素有哪些？
4. 为什么中央银行对基础货币具有较强的控制力？
5. 银行超额准备金持有量决定于哪些因素？
6. 从目前我国的体制现实，说明货币供给的外生性与内生性。
7. 在卡甘的分析中，影响货币供给量的因素与弗里德曼—施瓦茨分析中的因素有何不同？
8. 假设我们的经济中只有一家银行，准备金比率为10%。如果某人存入了10万元现金，该银行最多能贷出多少？
9. 什么是通货比率？它主要决定于哪些因素？它对货币供给有什么影响？
10. 根据定义，试推导出货币乘数
$$m = \frac{1+c}{r_d + r_t \cdot t + e + c}$$

现代货币金融学

第10章 货币均衡与失衡

▎本章导读▎

在中国近现代史上,国民党统治时期的恶性通货膨胀给中国人民造成了深重的灾难。1935年的法币改革,为国民党政府推行通货膨胀政策铺平了道路。由于国民党政府过分依赖增发货币来为巨额的政府预算赤字融资,在从1935年法币开始走上中国历史舞台至1949年国民党反动政府垮台的短短十几年间,法币经历了一个持续而且不断加速的贬值,最后完全形同废纸,且看100元法币购买力:

1937年可买大牛两头;

1941年可买猪一头;

1945年可买鱼一条;

1946年可买鸡蛋一个;

1947年可买油条1/5根;

1948年可买大米两粒。其贬值速度简直超乎人们的想象。

德国在20世纪20年代早期也经历了恶性通货膨胀。那时德国由于战争赔款,货币供给增加导致的通货膨胀率惊人:流通中的马克从1922年1月的1.15亿增加到1923年1月的13亿,而在1923年12月,这一数字达到了惊人的4.97×10^{20}。过量的货币供给,其结果必然是极高的通货膨胀率。德国物价指数在1914年为100,1922年1月为1440,而在1923年12月已经上升到了1.2616×10^{14},德国马克变得一文不值。

货币均衡与失衡问题历来不管是经济学家还是政府决策者都十分关注的问题,与普通老百姓的日常生活关系密切。

本章我们将两者结合起来,探讨货币均衡与失衡问题,并联系经济的一般均衡,对货币供求与经济运行状况之间的关系进行分析。此外,我们还要对货币失衡及通货膨胀和通货紧缩及其调节问题作具体介绍。

第 10 章 货币均衡与失衡

10.1 货币均衡及其条件

10.1.1 货币均衡的概念

均衡(equilibrium)是一个由物理学引入经济学的概念。经济学引入"均衡"概念,一般是将其用于描述市场供求的对比状态。这里提出的货币均衡与非均衡(失衡)概念,则是用来说明货币供给与货币需求之间的对比关系。

1. 货币均衡的含义

货币均衡是指货币供给与货币需求之间的一种对比关系,是从供求总体研究货币运行状态变动的规律。一般而言,货币供求相等,就称之为均衡;如果货币供求不相等,则谓之失衡。所谓"货币供求相等"用公式表示,即:

$$M_s = M_d \quad 或 \quad M_s - M_d = 0 \tag{10.1}$$

式中,M_s 为名义货币供给量,M_d 为实际货币需要量。必须指出,这里的"="并非纯数学概念。事实上,绝对的货币供给量与货币需要量相等是不可能的。货币均衡的实际意义应是在一定时期内,货币供给量与国民经济发展对货币的客观需求量大体上相适应,包括货币供求总量上的平衡和结构上的平衡。但各自变动着的货币供给和货币需求,只要在客观存在的一定弹性区间内,都属于均衡之列。由于现实经济活动是错综复杂的,各种因素会影响货币的均衡,因此,我们不能孤立地分析货币均衡。

货币均衡是一种受各种因素影响的、相对发展的势态,它是一个动态的、相对的概念。在现代市场经济条件下,一切经济活动都必须借助于货币的运动,社会需求都表现为拥有货币支付能力的需求,即需求都必须通过货币来实现。因此,货币供求均衡,也可以说是由货币的收支运动与它们所反映的国民收入及社会产品运动之间的相互协调一致。

货币均衡要求货币供给量与货币需求量相适应。然而在实践中,要准确地比较两者的数量关系难度较大。货币需求量,反映的是一种难以准确把握和测量的客观需求,它受各种因素(包括政治因素、经济因素、预期及心理因素、甚至风俗习惯等)的影响随时在发生变化;货币供给量,虽然可以通过中央银行或有关货币当局运用各种机制和调控手段进行控制,但同样由于各种因素的影响,其货币政策的实施效果与预期目标也可能会存在差距,甚至存在较大的差距。因此,在现代商品经济条件下,货币供给量不等于货币需求量是经常发生的现象,货币均衡只能是一种动态和相对的平衡,是在经常发生的货币失衡中运用各种调控机制暂时达到的均衡状态,而且这种均衡状态很快又会被打破,又需要再建立新的均衡关系。

可见,研究某一时点上的静态均衡当然是必要的,但是静态均衡只是动态均衡中的一个特例,所以均衡往往是在不断运动过程中达成的一个动态过程,即它并不要求在某一时点上货币供给与货币需求完全相适应,它承认短期内货币供求间的不一致状态,但长期内货币供求之间大体上应是相互适应的。研究货币供求的最终目的,在于及时纠正偏差较大的失衡,来保持货币流通的基本稳定。

2. 货币均衡与信贷平衡

货币均衡与信贷平衡是两个既有联系又有区别的概念。两者的紧密联系表现在:在一定条件下,银行部门的信贷收支可转化为非银行经济部门的货币收支,而非银行经济部门的货币收支也可以通过一定的渠道转化为银行的信贷收支。信贷收支平衡与否,要看社会再生产过程对银行信贷的客观需求与银行信贷的供应是否相适应,归根到底是看货币流通是否正常。而货币均衡与否最终还是看国民经济各部门的货币收支是否协调,货币供给与货币需求是否相适应,其衡量的标志也是看货币流通正常与否。这就是说,货币均衡和信贷平衡,最终都可以通过货币流通状况反映出来。

但货币均衡和信贷平衡又有区别,其主要表现在:①货币均衡反映的是货币运动的状况,受货币流通规律的制约;而信贷收支平衡反映的是银行信贷资金的运动,受信贷资金运动规律的制约。②信贷收支运动主要与生产过程相联系,即信贷规模和增长速度与生产的发展规模和增长速度之间呈正相关;而货币收支运动主要与商品流通过程相联系,即与商品流转的规模和速度呈正相关。③信贷平衡所反映的是社会再生产过程对银行信贷资金需要量与银行信贷资金供给量的协调平衡关系;而货币均衡反映的是国民经济各部门之间和社会再生产各环节的货币收支协调平衡关系,是客观经济过程对货币需要量与银行体系供应到社会的货币量之间的协调平衡关系。

10.1.2 货币均衡与社会总供求平衡

1. 社会总供求的含义

社会总供求是社会总供给和社会总需求的合称。所谓社会总需求,通常是指在一定时期内,一国社会的各方面实际占用或使用的全部产品之和。由于在商品经济条件下,一切需求都表现为有货币支付能力的购买需求,所以社会总需求也就是一定时期社会的全部购买支出。总需求有现实需求与潜在需求之分,现实需求是指有现实购买力的需求,即一定时期内,全社会在市场上按一定价格购买商

第10章 货币均衡与失衡

品和劳务所支付的货币量,以及人们为持有一定的其他金融资产所支付的货币量;而潜在需求,是社会节余的购买力,即尚未实现的需求或将要实现的需求。

所谓社会总供给,通常是指在一定时期内,一国生产部门按一定价格提供给市场的全部产品和劳务的价值之和,以及在市场上出售的其他金融资产总量。由于这些商品都是在市场上实现其价值的,因此,社会总供给也就是一定时期内社会的全部收入或总收入。同理,总供给也有现实的总供给和客观的总供给之分,前者是指现实中社会各生产部门提供给市场的商品量,后者则是指一国的生产能力,即可能生产并提供给市场的能力。

关于社会总供求平衡的含义,可从以下几方面来把握:①社会总需求与总供给的平衡是货币均衡,而不是实物均衡。实物均衡是自然经济的产物,而货币均衡才是现代商品经济总体均衡发展的重要特征。在社会总需求与总供给的平衡关系中,货币资金的运动起着重要作用。②社会总需求与总供给的平衡是市场的总体均衡。社会的总需求与总供给的状况是由货币市场和商品市场的状况来决定的,因此,社会总需求与总供给的平衡,也就是货币市场和商品市场的统一平衡。③社会总需求与总供给的平衡是动态的均衡。社会总需求与总供给的平衡,是现实的社会总需求与短期内可能形成的总供给的平衡,而不是现实的总需求与现实的总供给的平衡。在扩大再生产的条件下,现实的总需求与现实的总供给的平衡是静态的平衡,只是反映简单再生产的要求,而没有能反映扩大再生产的客观要求。因此,只能从动态的角度,从现实的社会总需求与短期内可能形成的总供给相适应的状况来研究社会总需求与总供给的平衡状况。

2. 货币供求和社会总供求之间的关系

在现代商品经济条件下,任何需求都表现为有货币支付能力的需求。任何需求的实现,都必须支付货币。如果没有货币的支付,没有实际的购买,社会基本的消费需求和投资需求就不能实现。因此,在一定时期内,社会的货币收支流量就构成了当期的社会总需求。

社会总需求的变动,一般说来,首先是来源于货币供给量的变动。但是,货币供给量变动以后,能多大程度上引起社会总需求的相应变动,则取决于货币持有者的资产偏好和行为,即货币持有者的资产选择行为。

货币供给量与社会总需求量虽有密切联系,但又是有严格区别的概念。其区别是:①货币供给量是一个存量的概念,而社会总需求量则是一个流量的概念。②货币供给量由现实流通的货币和潜在的货币两大部分构成,社会总需求由流通性货币及其流通速度两部分构成,所以真正构成社会总需求的只能是流通性货币。因此,一定量货币供给量变化以后,能否引起社会总需求量的变化,主要取决于以下两个因素:一是货币供给量中潜在性货币和流通性货币的比例;二是货币流通速度的变化。③货币供给量变动与社会总需求量变动在时间上也不一致。弗里德曼根据美国的实际情况研究表明,货币供给量变动以后,一般要经过6~9个月才会引起社会总需求的变动,而引起实际经济情况的变动,则需18个月左右的时间。

货币供给和货币需求之间有一种相互制约和影响的关系,货币供给在一定条件下改变货币需求,而货币需求的变动,也可以在一定程度上改变货币的供给。而联系货币供给与货币需求的纽带就是国民收入和物价水平。

必须指出的是,实现总需求和总供给之间的平衡,只是反映了简单再生产的客观要求,而现代商品经济发展的一个内在动因是要求现实的总需求略大于现实的总供给。这里,重要的是货币扮演什么样的角色,怎样通过对社会总需求的影响,从而改变社会总供给。

如果把总供求平衡放在市场的角度研究,它包括了商品市场的平衡和货币市场的平衡,也就是说,社会总供求平衡是商品市场和货币市场的统一平衡。社会总供求与货币供求之间的关系,可用图10.1来简要描述。

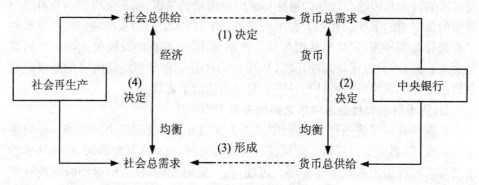

图10.1 货币均衡与经济均衡关系图

图10.1中包括了几层含义:一是社会供给决定了一定时期的货币总需求。因为,在商品货币经济条件下,任何商品都需用货币来表现或衡量其价值量的大小,并通过与货币的交换实现其价值,因此,有多少商品供给,必然就需要相应的货币量与之对应。二是货币总需求决定了货币总供给。就货币的供求关系而言,客观经济过程的货币需求是基本的前提条件,货币的供给必须以货币的需求为基础,中央银行控制货币供给量的目的,就是要使货币供给与货币需求相适应,以维持货币的均衡。三是货币总供给形成了有支付能力的社会总需求,因为任何需求

第 10 章 货币均衡与失衡

都是有货币支付能力的需求,只有通过货币的支付,需求才得以实现。因此在货币周转速度不变的情况下,一定时期的货币供给水平,实际上就决定了当期的社会需求水平。四是社会总需求必须与社会总供给保持平衡,这是宏观经济平衡的出发点和复归点。

在这个关系图中,货币供求的均衡是整个宏观经济平衡的关键。也就是说,如果货币供求不平衡,那么整个宏观经济的均衡就不可能实现。而要货币供求保持均衡,就需要中央银行控制货币的供给,使货币的供给与客观的货币需求经常保持一种相互适应的关系,以保证经济的发展有一个良好的货币金融环境,从而促进经济的协调发展和宏观经济平衡的表现。

10.1.3 货币均衡的标志

货币均衡虽然有一个能够计量的理论模型,但是实践中却难以准确计算出来。换句话说,计算出来的货币供给数量是否能准确地反映客观的货币需求,也难以做出有把握的判断。因此,我们只能通过有关经济变量或指标的变动状况来作基本的分析与把握。

如前所述,货币均衡,在形式上表现为货币供给量与货币需求量的平衡,实质上则是社会总供给与总需求平衡的一种反映。因此,货币是否均衡,仅从货币供求量上是无法说清的。由于货币均衡必然表现为商品和劳务的供给与以货币购买力表示的商品和劳务的需求之间的均衡关系。而这种均衡关系在商品市场中表现为货币流通与商品流通相适应,不存在由于购买手段不足而引起商品积压现象,也不存在购买手段过剩而引起商品供给不足和物价的普遍上涨现象。所以,商品市场物价稳定就成了判断货币供求量是否均衡的重要标志。

商品物价的稳定一般是通过综合物价指数来衡量的。物价指数是报告期物价水平比基期物价水平的变动率。理论上说,物价指数与货币供求量之间有着较高程度的相关关系。在这里,利用物价指数衡量货币供求状况是有前提条件的,这就是以市场供求为基础来决定各种商品的价格。

"票子多了会涨价",这已是人们通常的共识。但值得注意的是,在实际生活中还有不少其他因素影响价格水平,所以除非在物价水平的波动极其剧烈情况下,可以断定货币供求失衡外,而在价格波动幅度不太大的情况下,很难作出究竟多少货币才算正常。

货币均衡,在金融市场上则表现为货币资金的供求平衡和利率稳定。因此,利率也是判断货币均衡与否的重要标志。在金融市场上,货币是特殊的商品,利率则是货币资金的价格,利率确定的原理与物价确定的原理相同。根据流动性偏好理论,利率是由货币的供给与需求决定的,利率与货币需求呈反方向变动,而与货币供给同方向变动。当货币供给与货币需求平衡时,形成均衡利率。一般地说,当市场利率高于均衡利率时,说明市场存在超额货币供给;反之,当市场利率低于均衡利率,则说明市场存在超额货币需求。因此,均衡利率是衡量货币均衡的重要标志。然而,事实上均衡利率的具体水平却很难求出,故只能凭经验进行判断。

判断货币均衡的标志除了上述分析的综合物价水平和均衡利率以外,还可以借助于其他经济指标进行分析。如货币流通速度的变动、货币流通量增长速度与生产和商品流通增长速度的适应程度、市场商品的供求状况等。确定衡量货币均衡状况的标志,其意义在于通过观察这些经济指标量的变化,提供货币是否均衡的信息,并据此判断采取怎样的政策和调节措施。

10.1.4 实现货币均衡的途径与条件

在市场经济条件下,货币均衡主要通过货币供求的内在机制,即资金价格——利率的杠杆作用来实现。

利率作为金融市场上资金的价格,它随着资金供求关系的变化而波动。利率的升降变化又不断地调节货币的供给量和需求量,使之趋向均衡。从货币供给方面来看,贷款利率升高,商业银行贷款收益增加,银行将减少超额准备以扩大贷款或投资业务,结果导致了货币供给量的增加;存款利率的升高,有利于扩大储蓄存款,降低现金漏损率,商业银行利用新增存款发放贷款,也扩大了货币供给量。在一般情况下利率越高,货币供给量就越多;反之,则越少,两者同方向变化。在图10.2中,用货币供给曲线(M_s)表示。另一方面,从货币需求来看,利率越高,社会公众持币的机会成本越大,对货币的需求相应减少;反之,利率越低,货币的需求则越高,两者呈反方向变化。在图10.2中,用货币需求曲线(M_d)来表示。当货币供给与货币需求相适应时,即实现了货币均衡,货币供给曲线(M_s)与货币需求曲线(M_d)的相交点(E)即为均衡点。货币供求均衡点(E)所决定的利率即为均衡利率(i_0),所决定的货币量为均衡货币量(M_e)。从以上的分析中,可以看出货币供求要达到均衡主要依靠利率机制的作用来实现。

需要说明的是,图10.2中货币的均衡点(E),从数学的角度来看,它代表货币供给量与货币需求量相等。但在现实的经济生活中,E代表的不是一个点,而是一个区域或值域。由于各种因素的影响,货币供给量与货币需求量事实上是不可能绝对相等的,货币供给量允许在一定限度内偏离货币需求量,这个限度理论界称之为货币容纳量弹性。货币容纳量弹性是利用了货币资产、金融资产、实物资产间的相互替代效应和货币流通速度的自动调节功能,使货币供给量可以在一定幅度内偏离货币需求量,而不至于引起货币贬值与物价上涨的性质。例如,当$M_s > M_d$时,首先会引起社会成员(个人和企业等)的持币量增加,消费倾向上升。但由于商品供给量有限,不可能使大家的消费愿望都得到满足。于是,必然造成部分人持币待购或购买其他金融资产——股票、债券、存款等。前者会引起货币流通速度减慢,后者会使购买力分流,从而使名义货币供应量同实际货币需求量基本相适应。

至于货币容纳量弹性限度的大小,则是取决于各个时期经济发展状况及中央银行对货币供给的调控能力,而货币政策的真正难度也在于恰当掌握货币容纳量的弹性限度。

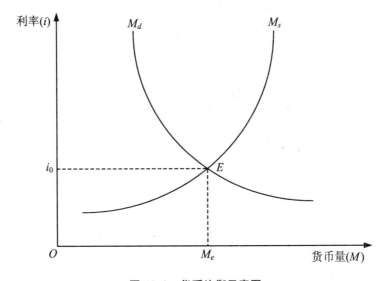

图 10.2 货币均衡示意图

除了上述利率机制外,实现货币均衡还需要具备其他条件。主要是:

1. 发达的金融市场和种类众多的金融工具

发达的金融市场有各种各样可供投资者选择的金融工具,通过各种金融工具的交易促使货币形式的转化。由于不同形式的货币流动性不同,转化为现实货币购买力的速度也不一样,中央银行可以通过公开市场业务调节货币供给的总量和构成,促进货币供求的均衡。

2. 中央银行应拥有调控货币供求的多种手段

实现货币均衡的关键是调控货币供给,而中央银行是控制货币供给的主体。

金融调控手段的多少及有效性的高低,是影响货币均衡实现的重要因素。运用利率机制促进货币均衡的实现,需要以发达的金融市场为前提。就我国目前的情况来看,包括货币市场在内的整个金融市场正处于不断发展和完善的过程中,利率机制尚不健全,为能有效地控制货币供给量,中央银行需要同时采用多种调控手段,既要保留信贷指标控制和再贷款等直接调控手段,又要启用存款准备金、再贴现、公开市场业务等间接调控手段。随着我国市场经济的发展,应逐步建立以间接调控为主导的货币供给机制。

3. 保持国家财政收支基本平衡

政府为弥补财政赤字向中央银行借款或透支,均会直接引起货币供给量的增加,从而影响货币供求的平衡。因此,保持国家财政收支基本平衡,避免财政向中央银行的借款或透支是实现货币均衡的条件之一。

4. 保持国际收支基本平衡

在开放经济条件下,国际收支不平衡,出现顺差或逆差则容易引起本币对外币的升值或贬值,进而直接影响国内市场价格的稳定。因此,只有国际收支的大体均衡,才能保证国内商品市场的供求均衡和货币市场的供求均衡。

此外,国民经济结构是否合理涉及全社会商品供求在结构上的平衡,也直接影响货币供给与货币需求结构的平衡,进而影响货币均衡。因而,建立合理的国民经济结构也是实现货币均衡的一个条件。

10.2 货币失衡及其调整

如前所述,货币供给与货币需求的大体相适应,即 $M_s = M_d$,就称之为货币均衡。如果货币的供给偏离了货币需求,即货币供给大于或者小于货币的需求,即 $M_s > M_d$ 或 $M_s < M_d$,则称之为货币供求失衡。

10.2.1 货币失衡的表现

由于我们讲的货币均衡是一种状态,是一个从均衡到失衡,再到新的均衡的动态过程,因此,货币供求的失衡是一种常见的现象。

1. 货币供给量不足的表现

对个人来说,货币供给量不足,首先使人们的交易需求得不到满足。由于人们手头的货币余额有限,迫使人们不得不调整商品支出和劳务支出的比例,或者不得不压缩开支,减少对社会产品的消费。其次,使人们的资产需求无法满足,从而造成金融资产的交易量缩减,投资规模压缩。

第 10 章　货币均衡与失衡

对企业来说,货币供给量不足使企业的储备资金减少,购买原材料的能力下降,生产萎缩。同时,由于居民的消费支出减少,企业销售锐减,库存爆满,资金循环中断,迫使企业不得不压缩生产规模。

对整个社会来说,由于货币供给量不足,生活生产消费大大减少,造成产品销售困难,资金循环不畅,生产萧条,失业增加,社会资源大量闲置和浪费。

2. 货币供给量过多的表现

货币供给量过多导致的货币失衡,主要表现两个方面:

(1) 使商品价格攀升,诱发通货膨胀。货币供给量过多,使社会总需求膨胀,形成太多的货币追求太少商品的局面,出现商品价格普遍上涨,诱发通货膨胀。

(2) 造成货币流通速度减慢或"强迫储蓄"。在物价受到严格控制的国家,货币多,商品少,人们的手持货币量增多,使货币流通速度下降。其次,由于人们的消费需求得不到满足,因而不得不把剩余货币用于储蓄。

10.2.2　货币失衡的原因

货币失衡的原因究竟从何而来呢？尽管各国货币管理当局都不遗余力地控制货币供给量,但事实证明,货币失衡的现象总是不时地存在着。由于货币失衡总是表现为货币供给量小于或大于货币需要量两种情况中的任一种,所以,这里的分析也分两种情况来讨论。

1. 货币供给量小于货币需要量的原因

如果我们以货币均衡为出发点,那么,货币供给量小于货币需要量的原因只可能是如下两种:

(1) 经济发展了,商品生产和商品流通的规模扩大了,但货币供给量没有及时增加,从而导致流通中货币紧缺。在金属货币流通条件下,这种情况不止一次地出现过。但在纸币流通时代,这种情况出现的概率是比较小的,因为增加纸币供给量对于货币管理当局来说,是一种轻而易举的事情。

(2) 在货币均衡的基础上,货币管理当局紧缩银根,减少货币供给量,从而使得本来均衡的货币走向供应小于需求的失衡状态。这里最著名的例子是 1929 年～1933 年世界经济大萧条中美国联邦储备银行的行为。在这场灾难中,联邦储备银行本应扩大货币供给,放松信用,以帮助商业银行渡过难关,但联邦储备银行在企图减轻股市动荡的良好愿望下反其道而行之,它的"顶风"政策使货币供给量收缩了 1/3,这对于正面临着挤兑危机的商业银行来说,无异是釜底抽薪,各大商业银行频频倒闭,以至于罗斯福总统不得不颁布命令,全国银行一律关门。

2. 货币供给量大于货币需要量的原因

在纸币流通时代,货币供给量大于货币需求量是一种经常出现的失衡现象。究其原因主要有:政府财政赤字面向中央银行透支;经济发展中,银行信贷规模的不适当扩张;扩张性货币政策过度运用;经济落后、结构刚性的发展中国家,货币条件的相对恶化和国际收支失衡,在出口换汇无法满足时,由于汇市崩市、本币大幅贬值造成货币供给量急剧增长。

10.2.3 货币均衡的恢复

从货币失衡到货币均衡,是货币均衡的恢复过程。货币从失衡到均衡,可以通过两种方式:一是自动恢复;二是人为调整。

1. 货币均衡的自动恢复

所谓货币均衡的自动恢复,是指凭借货币流通本身的内在机制进行自动调节。在讨论这一问题时,必要的假定是:政府对经济生活不加干预,中央银行继续执行既定的货币政策,不改变货币供给量。

(1) 货币供给量不足时货币均衡的恢复。由于货币供给量不足,人们的交易性货币需求和资产性货币需求都得不到满足,因此必然引起生活消费和生产消费的相应减少,使企业存货增加,开工不足,社会资源大量闲置,结果必然促使商品价格下跌和货币流通速度加快。由于商品价格下跌,造成决定货币需求量的交易总值减少,进而使人们的交易性货币需求减少。同时由于货币流通速度加快增加了货币流量,这样,货币需求量的下降和货币供给量的相对增加(把货币流通速度因素考虑进去),促使货币达到新的均衡。

(2) 货币供给量过多时货币均衡的恢复。我们假定,社会的物质资源、劳动力资源、技术资源均达到了充分就业水平,人们的投资性货币需求已处于饱和状态。在此种情况下,过多的货币会被全部用于交易。因此,必然引起商品价格的普遍上涨和币值的同比下降。商品价格的上涨和币值的下降,必然使人们的交易性货币需求增加,从而货币在新的价格水平上达到均衡。

在物价受到严格控制的国家,过多的货币量不会通过物价上涨表现出来,而是通过货币流通速度减慢表现出来。货币流通速度的减慢,意味着货币供应量的相对减少,货币需求量的相对增加,从而使货币供求恢复均衡。

2. 货币均衡的人为调整

货币均衡的自动恢复,是要付出很大代价的。所以,政府一般不会袖手旁观,任其自流,而是加强干预,主动调节,设法使货币均衡在短期内尽快恢复。而从货币失衡到货币均衡的人为调整,一般有四步工作要做:第一步是分清失衡的类型,即货币供给量究竟是大于还是小于货币需要量;第二步是分析失衡的原因所在;第三步是要有不同的对策;第四步是采取行动。这里,我们仅以货币供给量大于货币需要量为考察对象,着重讨论货币均衡人为调整的对策问题。

1) 供给型调整

所谓"供给型调整",是指在货币供给量大于货币需求量时,从压缩货币供给量入手,使之适应货币需求量。这包括如下几个层次的措施:①从中央银行方面来看,主要措施有三条:一是在金融市场上卖出有价证券直接回笼货币;二是提高法定存款准备率,收缩商业银行的贷款扩张能力;三是减少基础货币供给量,包括减少给商业银行的贷款指标,收回已贷出的款项等措施。②从商业银行方面来看,一是停止对客户发放新贷款;二是到期的贷款不再展期,坚决收回;三是提前收回部分贷款。③从财政方面来看,一是减少对有关部门的拨款;二是增发政府债券,直接减少社会各单位和个人手中持有的货币量;三是在税收方面采取增设税种、降低征税基数、提高税率和加强纳税管理等措施。

财政税收措施在减少社会各单位和个人的存款与现金持有量的同时,增加了财政金库存数,这从现象上看,似乎没有压缩货币供给量,但是,社会各单位的存款和财政金库存款是两类不同性质的存款,前者流通性强,后者流通性弱。因此,通过财政税收手段将社会各单位的一部分存款转入财政金库存款,就是将一部分现实购买力转化为潜在购买力,从而在实质上起到了压缩货币供给量的作用。

这种靠压缩现有货币供给量来达到货币均衡的"供给型调整"方式,如果仅仅从货币均衡的角度来看,它是有效的,也可以说是一种积极的调节方式。但是,如果我们把它放到整个经济运行机制中去考察,从收缩货币供给量对国民经济的影响来看,那么这种调节方式则可能在有些情况下是消极的。因为货币供给量的收缩,一方面意味着货币供给总量的减少,另一方面又意味着货币存量分布结构的改变。总量收缩对于生产经营性企业来说,可能是可投入的资金来源减少,也可能是已投入的资金被抽回。在资金使用效益短期内无法提高的情况下,社会再生产经营规模就只能在萎缩的状态下进行,从而社会经济发展速度必定受到影响。

2) 需求型调整

所谓"需求型调整",是指在货币供给量大于货币需求量时,从增加货币需求量入手,使之适应既定的货币供给量。

由于货币需求量主要还是一个独立于银行之外的"内生变量",因此,对货币需要量的调整措施更多地在银行之外推行,这包括如下几条措施:①财政部门拿资金,国家物资部门动用物资后备,商业部门动用商品储备,以此增加商品供应量(这是增加货币需要量的同义语)。②银行运用黄金储备和外汇储备,外贸部门组

现代货币金融学

织国内急需的生产资料的进口,以此扩大国内市场上的商品可供量。③国家物价管理部门(受命于国务院)提高商品价格,通过货币需要量的增大来吸收过度货币供给量。例如,零售商品价格的提高就可以很快地收到这种效应。因为商业部门的商品零售额吸收了居民可支配收入的极大部分。因此,任何时候提高商品零售价格都是增加货币需求量,吸收"过剩购买力"的强有力手段。

以上几种措施的采用,就使得投入流通的商品量(Q)增加,商品价格(P)提高,从而商品价格总额(PQ)增大。按照货币需要量计量模型 $M = PQ/V$,此时,只要货币流通速度(V)不加快,或加快的幅度不足以抵消 PQ 增长的幅度,货币需要量就必定增大,从而可以缩小货币供需失衡的缺口,直至完全填平。

3) 混合型调整

所谓"混合型调整",是指面对货币供给量大于货币需求量的失衡局面,不是单纯地压缩货币供给量,也不是单纯地增大货币需求量,而是同时从两个方面入手,既搞"供给型调整",也搞"需求型调整",二者双管齐下,以尽快收到货币均衡而又不会给经济带来太大波动之效。具体的调整手段可参照前述供给型调整和需求型调整的相关内容,这里不再重复。

4) 逆向型调整

所谓"逆向型调整",是指面对货币供给量大于货币需求量的失衡局面,中央银行不是采取"釜底抽薪"之策——压缩货币供给量,而是反其道而行之,采取"火上加油"之法——增加货币供给量,从而促成货币供需在新的起点均衡。这是一种非常特别的调整方法,它是"欲取之,必先予之"和"以退为进"的哲学道理在银行货币供求均衡调节工作中的具体运用。

逆向型调整的内涵是:如果货币供给量大于货币需求量,同时,现实经济生活中又客观存在着尚未充分利用的生产要素(闲置的劳动力和生产资料、开工不足的机器设备等),另一方面又还存在着某些"短线产品",社会需求量很大,可供能力又有限。于是,银行对生产这种"短线产品"的企业和其他"短、平、快"的项目提供追加贷款,以促进生产的发展,通过商品供给量的增加来消化过多供给的货币。这种"逆向型调整"方法不如"供给型调整"方法那么见效,短期内还会有扩大货币失衡的态势,但只要把握好,控制适度,有可能收到事半功倍之效。

至于货币供给量不足的人为调整对策,其基本思路是国家一般采取扩张性的财政政策和货币政策,以扩大货币供应量,增加有效需求,刺激经济增长。第二次世界大战后,西方各国推行的赤字财政政策,就是扩大货币供应量,实现货币均衡措施。

10.3 通货膨胀

在金属货币流通条件下,由于金属货币具有内在的自我调节功能,一般不会出现货币过多而引起物价上涨的现象。虽然在偶然情况下,如金银矿的新发现和大量开采时贵金属猛然增加,也会引起物价上涨,但那只是暂时性和非普遍性的。因此,西方经济学家一般没有对金属货币流通下的通货膨胀问题进行研究,而只是在货币与物价之间关系问题的分析上涉及于此。

进入 20 世纪以来,特别是第二次世界大战之后,随着现代信用货币的广泛流通,金属货币逐步退出流通领域,通货膨胀开始成为经济生活中的经常性和普遍性的现象。20 世纪 70 年代之后,通货膨胀与经济停滞结合在一起,形成严重的滞胀(stagflation)局面。至此,西方经济学界便把通货膨胀作为最主要的经济金融问题之一来进行研究,形成了各种不同的理论观点和政策主张。在当代西方货币金融理论中,通货膨胀理论已成为重要的组成部分。

10.3.1 通货膨胀的定义与测度

1. 通货膨胀的定义

在纸币本位制和物价自由浮动的条件下,通货膨胀是由于货币供应量超过商品流通的客观需要量,从而引起货币不断贬值和一般物价水平持续上涨的经济现象。这一定义表明,货币供应量超过客观需要量是通货膨胀的原因,而物价上涨和货币贬值即货币购买力的下降则是一个问题的两个方面,都是通货膨胀的表现形式。由于前提是物价自由浮动,因此,过多的货币供应量完全可以通过物价自由上涨表现出来,所以西方学者一般将物价上涨率视为等同于通货膨胀率。

在前苏联、东欧和改革开放以前的中国,由于实行全面严格的物价管制,过多的货币量不能立即通过物价上涨表现出来,所以上述定义显然难以正确、科学地表达通货膨胀的内涵。实际情况是,在物价受抑制的条件下,过多的货币量不能通过物价反映出来的部分必然导致货币流通速度减慢,所以货币流通速度减慢是物价管制条件下通货膨胀的一个重要标志。因此,在物价受抑制的条件下,通货膨胀可定义为由于货币供应量超过了客观需要量,从而引起货币贬值、物价上涨和货币流通速度减慢的经济现象。

前苏联学者曾把通货膨胀定义为"资产阶级政府剥削劳动人民的手段";我国学者的传统定义与前苏联学者一样,也把通货膨胀定义为"资本主义经济特有的现象"。这实际上等于把通货膨胀这一经济概念偷换成了阶级斗争的政治范畴。

历史和实际都证明,通货膨胀并非从资本主义社会开始的,更不是资本主义制度特有的经济现象。不管国度如何,也不管原因何在,只要纸币的发行失去控制,就会产生货币贬值、物价上涨,诱发通货膨胀。

目前,在我国学者中已经形成共识,认为所谓通货膨胀,是指在一段时间内,一般物价水平或价格水平持续、显著上涨的经济现象。

通货膨胀的这一定义包含以下几层意思:

首先,通货膨胀是一个动态的时间过程,具有一定的持续性。

其次,通货膨胀不是指个别商品价格的上涨,也不是指价格水平的轻微上扬,而是指大多数商品和服务的价格水平即物价水平的总体上涨,并且上涨的幅度是显著的。

第三,需要说明的是,物价水平的上涨有公开的形式,也有隐蔽的形式,比如在实行物价管制的情况下,表面上不存在物价水平普遍上涨的现象,但却存在着严重的短缺,这实际上是通货膨胀的隐蔽形式,可以称之为隐蔽的通货膨胀。

2. 通货膨胀的测度

在现实生活中,往往会存在这样的情况,即在一部分商品和服务的价格水平上涨的同时,另一部分商品和服务的价格水平却在下跌,而且各种商品和服务价格的涨跌水平不尽一致。在此情况下,应当如何理解大多数商品和服务价格的普遍上涨呢?显然,要判断经济中是否存在通货膨胀,只能使用物价水平或价格水平这一概念。所谓价格水平,是指一个经济中商品和服务的价格经过加权后的平均价格。

因为通货膨胀所描述的是价格水平持续上升的过程,所以在现实生活中,通货膨胀率通常是用各种价格指数来衡量的。价格指数包括消费价格指数、批发价格指数和国内生产总值平减指数三种。如何选择合理的测量尺度,能比较准确、客观地反映通货膨胀程度,是研究通货膨胀并确定治理措施的重要前提。

如前所述,通货膨胀是一种货币现象,但是,这一货币现象很难通过纯粹的货币数量关系予以表现,而只有通过货币和商品(含劳务)的相对数量关系才能获得充分的表现。如货币多了,就意味着商品少了,于是,就会出现货币追求商品的通货膨胀现象。商品价格是商品价值的货币表现,是商品和货币不可分离的数量关系的结晶。在商品价值不变的情况下,用过多的货币来表现数量不变的商品价格,必然导致单位货币价值的减少和物价水平的上升,这就是通货膨胀现象。正因为物价水平能科学地、精确地表现商品和货币之间价值变化的数量关系,因此,它也就成为衡量通货膨胀程度的主要指标。目前,世界上大多数国家主要采用以下三种物价指数作为测量通货膨胀程度的依据。

1) 消费物价指数

消费物价指数又称消费者物价指数(Consumer Price Index,CPI)、居民消费价格指数,是一种用来测量一定时期城乡居民所购买的生活消费品和服务项目价格变化程度的指标。许多国家以该指数代表通货膨胀率。这种指数的优点是资料较易收集,该指数的变动能及时反映消费品供给与需求的对比关系,直接与公众的日常生活相联系,可以观察和分析消费品的零售价格和服务项目价格变动对城乡居民实际生活费支出的影响程度,可反映居民和企业资金松紧变化,是经济周期波动的先行指标。其局限性在于消费品只是社会最终产品的一部分,不足以说明全社会的情况。

2) 批发物价指数

批发物价指数又称生产者物价指数(Producer Price Index,PPI)、工业品出厂价格指数,是衡量工业企业产品出厂价格变动趋势和变动程度的指数,是反映某一时期生产领域价格变动情况的重要经济指标,也是制定有关经济政策和国民经济核算的重要依据。这一指数的优点是对于商业循环较为敏感,可以观察出厂价格变动对工业总产值及增加值的影响,能在最终产品价格变动之前获得工业投入品及非零售消费品的价格变动信息,进而能够判断其对最终进入流通的零售商品价格变动可能带来的影响。但由于该指数不包括各种劳务,所以其变化对一般居民生活的影响也不如消费物价指数那样直接。

3) 国民生产总值(GNP)或国内生产总值(GDP)平减指数①

它是衡量一国经济在不同时期内所生产和提供的最终产品与劳务的价格总水平变化程度的经济指标。它的优点在于反映的范围广、内容全面,能度量各种商品价格变动对价格总水平的影响;缺点是容易受价格结构因素的影响。这一指数的主要用途是对国民经济综合指数进行名义值与实际值的换算。该指数等于以当年价格计算的本期 GNP(或 GDP)和以基期不变价格计算的本期 GNP(或 GDP)的比值。其计算公式为:

$$\text{GNP(或 GDP)平减指数} = \frac{\text{按现行价格计算的 GNP(或 GDP)}}{\text{按基期价格计算的 GNP(或 GDP)}} \quad (10.2)$$

一般来说,可以用上述三种物价指数中的任何一种来测度价格总水平上涨的幅度或称通货膨胀率。其计算公式如下:

$$\pi_t = \frac{P_t - P_{t-1}}{P_{t-1}} \times 100\% \quad (10.3)$$

---

① 平减指数的英文是 deflator,有多种译法,如冲减指数、求实指数、通货膨胀扣除率等。

式中，π_t 为 t 年的通货膨胀率，P_t 为 t 年的价格水平，P_{t-1} 代表 $t-1$ 年的价格水平。

除了上述物价指数以外，零售物价指数、生活费用指数、货币购买力指数、工资指数等也是常用的测度通货膨胀程度的指标。

零售价格指数（Retail Price Index，RPI）是指反映一定时期内商品零售价格变动趋势和变动程度的相对数。零售物价的调整变动直接影响到城乡居民的生活支出和国家的财政收入，影响居民购买力和市场供需平衡，影响消费与积累的比例。因此，计算 RPI，可以从一个侧面对上述经济活动进行观察和分析，为平衡市场供求、加强市场管理、控制货币发行量提供参考。在美国，这个数据由美国的商务部每个月对全国性商业企业进行抽样调查，把用现金或信用卡形式支付的零售的商品均作为调查的对象，包括家具，电器，超市上销售的商品和药品等，不包括服务业的消费。

生活费用指数（Cost of Living Index，CLI）①是反映一定阶层居民在吃、穿、住、用、行等方面所购买的消费品价格和服务项目价格变动趋势和程度的相对数。它和消费品价格指数的差别就在于，前者是城乡居民购买的全部商品价格，而后者只限于消费品价格；同时，前者不仅包括商品支出而且还包括劳务支出，而后者只包括商品部分。生活费用指数一般区分为职工生活费用指数和农民生活费用指数两大类。通过对生活费用指数的计算，可以反映出消费品价格和劳务价格的变动对居民生活水平的影响。

通货膨胀的直接后果就是货币购买力下降、货币贬值。因此，可以用货币购买力指数和货币贬值率来测定通货膨胀率。①货币购买力指数。即反映货币购买力变动情况的相对数，它综合反映各个时期币值的变动情况。这里，货币购买力是指单位货币购买消费品或换取服务产品的能力。一般来说，物价和货币购买力（或称币值）是两个密切相关的范畴，互成反向变动关系。如果价格上涨，单位货币所能买到的消费品和服务数量就会减少，这就意味着货币贬值，货币购买力

---

① 当前，CLI 多是指在不同时点，消费者为达到某一效用（或者福利、生活标准）水平所需要的最小支出之比，有时也称为不变效用指数（constant utility index）、不变满意度指数（constant satisfaction index）、福利指数（welfare index）等。CLI 是建立在经济学基础之上的指数理论，该理论认为，消费者的行为是理性的，在价格发生变化的情况下，消费者会调整自己的消费行为和消费模式，达到消费行为的最优化。CLI 的基本构建方法是：事先设定某一效用水平，分别计算出消费者在报告期和基期为达到该效用水平所需要的最小支出，将二者相除就得到 CLI。

下降;反之,则意味着货币升值,货币购买力上升。②货币贬值率。即用百分比表示的货币贬值的程度。货币贬值在历史上是指单位货币(一般指纸币)实际所代表的金币量低于其名义上所代表的金币量的现象。随着金币的退出流通,纸币贬值已经演变成单位纸币购买力的下降。货币贬值有对外贬值和对内贬值两种形式,货币贬值率的计算方法也不尽相同。衡量一国的通货膨胀程度,一般是看货币对内的贬值程度,它表现为货币含金量或货币的购买力下降的幅度。

通货膨胀的另一个直接后果就是实际工资降低。因此,也可以用实际工资指数测定通货膨胀率。实际工资指数是反映职工在不同时期用同样数量的货币工资所换得的商品和服务数量变动情况的指数。工资可分为名义工资和实际工资两种。考察职工实际工资率的变化,能较好地反映职工实际生活水平变化趋势,分析通货膨胀的程度。

由于各种衡量指标优缺点不同,在测度通货膨胀率并确定治理措施时,应对几种指标进行综合分析,以其中一种为主,兼顾其他指标。

10.3.2 通货膨胀的类型

在经济分析过程中,人们依据不同的标准,对通货膨胀进行分类。具体分类方法一般可归纳如下:

1. 按通货膨胀的表现形式分类

(1) 开放型通货膨胀。又称公开的通货膨胀,是指在物价可自由浮动条件下,货币供应量过多,完全可以通过物价变动表现出来的通货膨胀。

(2) 抑制型通货膨胀。又称隐蔽的通货膨胀,是指在物价受抑制条件下,货币量过多,但不能直接、完全地通过物价反映出来,从而导致货币流通速度减慢,被强制减慢下来的货币流通速度使物价长期、迂回曲折缓慢上升的通货膨胀。其主要表现是市场商品供应紧张,凭证限量供应商品,变相涨价,黑市活跃等。

2. 按通货膨胀的程度或物价上涨的速度分类

(1) 爬行式通货膨胀。又称温和的通货膨胀,是指每年价格水平上涨幅度不超过10%的通货膨胀。其特点是价格水平相对较为稳定,上涨速度缓慢且可以预测,人们对货币较为信任,因而这种通货膨胀一般不会对经济构成明显的不利影响。

(2) 奔腾式通货膨胀。又称跑马式或较严重的通货膨胀,是指每年价格水平上涨幅度在10%～100%之间的通货膨胀。其特点是价格水平迅速上升,货币流通速度迅速提高,货币购买力迅速下降。在此情况下,人们会抢购和囤积商品,采取各种措施避免经济上的损失。

(3)恶性通货膨胀。又称极度通货膨胀、超级通货膨胀,是指每年价格水平上涨幅度在100%以上的通货膨胀。当发生这种通货膨胀时,由于货币购买力迅速下降,因此人们会完全失去对货币的信任,正常的经济联系可能会出现中断,货币体系和价格体系趋向崩溃。例如,第一次世界大战后的德国马克只相当于贬值前的万亿分之一;第二次世界大战后,旧中国的法币、金圆券的贬值程度和物价上涨程度都是天文数字,从而导致整个货币制度的崩溃。

美国经济学家萨缪尔森描述了更为可怕的情形,他把通货膨胀分为温和的通货膨胀(low inflation)、急剧的通货膨胀(galloping inflation)和恶性通货膨胀(hyper inflation)。在他看来,温和的通货膨胀是指通货膨胀率为一位数即不超过10%的通货膨胀,如果通货膨胀率突破两位数,甚至达到三位数,即为急剧的通货膨胀。在这种较高的通货膨胀率下,经济会发生严重的扭曲,货币会明显贬值,人们会积极的囤积商品、购置房产,以此降低高通货膨胀率给自己带来的经济损失,而人们的这种预期心理会使得货币购买力进一步加速下降,通货膨胀率进一步提高,金融市场逐渐消亡,资本逃向国外。恶性通货膨胀是指价格水平每年以百分之一百万,甚至以百分之十亿的速率持续上涨的通货膨胀。当这种通货膨胀爆发后,通常会使整个经济窒息。

3. 按通货膨胀发生的原因分类

(1)需求拉上型通货膨胀。即指单纯从需求角度来寻求通货膨胀根源的一种理论假说。这种理论产生于20世纪50年代以前,这种观点认为通货膨胀是由于总需求过度增长所引起,是由于"太多的货币追求太少的货物",从而使包括物资与劳务在内的总需求超过了按现行价格可得到的总供给,因而引起物价上涨。这种通货膨胀可能通过两个途径产生:一是在货币需求量不变时,货币供给增加过快;二是经济体系对货币需求大大减少,即使在货币供给无增长的条件下,原有的货币存量也会相对过多。

(2)成本推进型通货膨胀。即指通货膨胀的根源在于总供给变化的一种理论假说。具体是指由于商品成本上升,即材料价格上涨、工资保持一定增长水平而使物价水平普遍上涨的一种货币经济现象。此类通货膨胀可归纳为两个原因:一是工会力量对工资提高的要求;二是垄断行业中企业为追求利润制定的垄断价格。

(3)结构型通货膨胀。即物价的上涨是由于对某些部门的产品需求过多,虽然经济的总需求并不过多,但最初由于某些经济部门的压力使物价和工资水平上升,之后使得需求跟不上那些部门的物价和工资额趋于上升,于是便出现全面的通货膨胀。

(4)混合型通货膨胀。即一般物价水平的持续上涨,既不能说是单纯的需求拉上,也不能归咎于单纯的成本推进,还不能笼统概括为社会经济结构的原因,而是由于需求、成本和社会经济结构共同作用形成的一种一般物价水平持续上涨的货币经济现象。

(5) 财政赤字型通货膨胀。其本质上是属于需求拉上型通货膨胀,但它侧重点是强调财政出现巨额赤字而滥发货币,从而引起的通货膨胀。

(6) 信用膨胀型。指由于信用膨胀,即由于贷款没有相应的经济保证,形成信用过度创造而引起的物价上涨的一种信用经济现象。

(7) 国际传播型。又称输入型,指由于进口商品的物价上升,费用增加而使物价上涨所引起的通货膨胀。

4. 按对不同商品价格的影响程度分类

(1) 平衡的通货膨胀。平衡的通货膨胀是指每种商品的价格均按同一比例上升,包括各种生产要素的价格,如:劳动力的价格即工资,土地的价格即租金,资本的价格即利息率等。实际上,各种商品价格按相同的速度和相同的比例上升的情况在现实经济生活中是难以出现的,因此,平衡的通货膨胀在现实生活中更像是一种巧合。多数情况下,通货膨胀都表现为非平衡的通货膨胀。

(2) 非平衡的通货膨胀。非平衡的通货膨胀是指在经济中各种商品的价格按不同比例上涨的通货膨胀。这是一种常见和多发的通货膨胀类型。这种类型的通货膨胀之所以常见,是因为不同商品和服务的价格毕竟受不同因素的影响。因此,在现实生活中,甲商品的价格上升的幅度可能会高于乙商品价格上升的幅度,消费品价格上涨的幅度可能会高于投资品价格的上涨幅度。当然,也可能会出现某些商品价格上升,而另外一些商品价格下降的情形。

5. 按人们对物价上涨的预期分类

按此分类,可将通货膨胀分为可预期的通货膨胀和不可预期的通货膨胀。预期是一种心理,是人们对于未来的经济状况所作出的判断。可预期的通货膨胀是指在较平稳的经济运行过程中,物价水平年复一年地按照某一比例或幅度上升,因而该国国民根据这一上升比例可以预测到未来一年的物价水平,并根据可预测到的价格水平调整自己的消费行为和储蓄行为。在存在可预期通货膨胀的情况下,由于每个人都将物价上涨的因素考虑在其预算收入和预算支出中,这势必造成该国商品和服务的价格与工资、利息、租金、利润等同比例地提高。因此,可预期的通货膨胀具有自我维持的特点,正是因为拥有这一特点,因此价格水平的上涨有点像运动着的物体都存在惯性一样,故人们又将可预期的通货膨胀称为惯性通货膨胀。

但是,并不是所有的通货膨胀都是可以预期的。在一个开放的世界中,由于影响价格水平变动的因素多种多样,并且变化莫测,因此,在大多数情况下,通货膨胀都是不可预期的,包括普通居民和经济学家。没有人能够料到,俄罗斯在1992年放开物价水平后的五年内价格水平居然会上升1 000倍。不可预期的通货膨胀如果出现,它通常会使收入和财富进行再分配,改变收入财富在人们之间既定的分配比例,一些人可能因此而变得富裕,而另一些人可能因此而变得贫穷。

10.3.3 通货膨胀的经济社会效应

通货膨胀对于社会经济发展究竟起到什么作用,会产生哪些方面的影响,对此经济学家们有着不同的观点。

1. 经济增长效应

对于奔腾式的严重通货膨胀,尤其是恶性通货膨胀对社会经济的破坏作用,国际、国内的经济学者已经形成了一致的共识。而对温和的或爬行的通货膨胀的经济社会效应,却存在不同的看法,大体上可归结为促进论(有益论)、促退论(有害论)和中性论三种观点。

所谓"促进论",就是认为通货膨胀具有正的产出效应,有利于促进经济增长。其主要理由是:①资本主义经济长期处于有效需求不足、实际经济增长率低于潜在经济增长率的状态。因此,政府可通过实施通货膨胀政策,增加赤字预算、扩大投资支出来刺激有效需求,推动经济增长。②通货膨胀有利于社会收入再分配向富裕阶层倾斜,而富裕阶层的边际储蓄倾向比较高,因此会提高储蓄率(这对处于发展中的国家尤为重要)从而促进经济增长。③通货膨胀出现后,公众预期的调整有一个时滞过程,在此期间,物价水平上涨而名义工资未发生变化,企业的利润率会相应提高,从而刺激私人投资的积极性,增加总供给,推动经济的增长。促进论的观点在20世纪60年代凯恩斯主义理论流行时比较盛行,在我国和其他一些发展中国家也有一定的市场。但20世纪70年代以来随着凯恩斯主义货币政策在西方国家的破产,人们已普遍认识到通货膨胀对经济的危害。目前大多数经济学家都采纳了有害论的观点,将通货膨胀视为阻碍经济增长的重要原因。

所谓"促退论",与促进论的观点正好相反,是一种认为通货膨胀经济增长的理论观点。这种理论认为,虽然通货膨胀初始阶段,对经济具有一定的刺激作用,但长期的通货膨胀会对经济带来严重的消极影响,降低经济体系运行的效率、阻碍经济的正常成长。其理由主要是:

(1) 通货膨胀会导致纸币贬值,从而妨碍了货币职能的正常发挥。由于货币的购买力下降,人们不愿储蓄或持有现金,影响了货币储藏手段职能的发挥和正常的资本积累。币值不稳还会影响货币价值尺度职能的发挥,加大经济核算的困难,引起市场价格信号紊乱,导致整个市场机制功能失调,严重者甚至会影响货币支付手段和流通手段的发挥,使商品交换倒退到物物交换的原始形态。

(2) 通货膨胀会降低借款成本,诱发过度的资金需求。而过度的资金需求会迫使金融机构加强信贷配额管理,从而削弱金融体系的营运效率。

(3) 持续的通货膨胀会使企业的生产成本包括原材料价格、工资、奖金、利息乃至租税成本大幅度上升,企业和个人预期的利润率降低,不利于调动生产和投资的积极性。而且企业先期积累的各种折旧准备金和公积金也因通货膨胀而贬值,从而使企业设备更新和技术改造能力下降,影响生产发展。

(4) 通货膨胀会破坏正常的信用关系,增加生产性投资的风险和经营成本,从而缩减银行信贷业务,使资金流向生产性部门的比重下降,流向非生产性部门的比重增加,导致产业结构和资源配置不合理,国民经济畸形发展。

(5) 通货膨胀会使国内商品价格上涨相对高于国际市场价格,从而会阻碍本国商品的出口,导致国民收入减少。尤其是对出口依赖程度较大的国家,受通货膨胀的打击更为严重。国内物价的上涨还会鼓励外国商品的进口,加剧国内市场的竞争压力,影响国内的进口替代品生产企业的发展,并引发贸易收支逆差。

(6) 当通货膨胀有加速发展的趋势时,为防止发生恶性通货膨胀,政府可能采取全面价格管制的办法,从而会削弱经济的活力。

此外,通货膨胀还会打乱正常的商品流通渠道,加深供求矛盾,助长投机活动,引起资本大量外流和国际收支的恶化。

所谓"中性论",是一种认为通货膨胀认为实际产出和经济增长既无正效应,也无负效应的理论观点。少数经济学家持有这种观点。这种理论认为,在温和的通货膨胀环境中,必然会形成公众对通货膨胀的预期,由于公众的预期,他们会对物价上涨做出合理的行为调整,使有关通货膨胀各种效应的作用相互抵消,从而对经济增长不发生作用或影响。

2. 强制储蓄效应

这里所说的"储蓄",是指用于投资的货币积累。这种积累的主要来源有三:一是家庭个人;二是公司企业;三是各级政府。在正常情况下,上述三个部门的储蓄有各自的形成规律:家庭部门的储蓄由收入剔除消费支出构成;企业储蓄由用于扩张生产的利润和折旧基金构成;政府储蓄从来源说则比较特殊。如果政府用增加税收的办法来筹资搞生产性投资,那么,这部分储蓄是从其他两部门的储蓄中挤出的,从而全社会的储蓄总量并不增加。如若政府向中央银行借债,从而造成直接或间接增发货币,这种筹措建设资金办法就会强制增加全社会的储蓄总量,结果将是物价上涨。在公众名义收入不变条件下,按原来的模式和数量进行

现代货币金融学

的消费和储蓄,两者的实际额均减少,而其减少部分大体相当于政府运用通货膨胀强制储蓄的部分。

而这里所谓的"强制储蓄"就是指上述后一种情况,即政府财政出现赤字时向中央银行借债透支,直接或间接增大货币发行,从而引起通货膨胀。这种做法实际上是强制性地增加全社会的储蓄总量以满足政府的支出,因此又被称之为"通货膨胀税"。虽然通过通货膨胀强制储蓄可以扩大政府投资,但由于物价水平的上涨和实际利率的下降,其结果会使按原来模式和数量进行的民间消费和储蓄的实际额减少,导致民间资本积累速度下降,并使企业历年所累积的折旧不能满足设备更新需要,从而减少民间资本存量。民间资本和投资的减少部分大体相当于政府运用通货膨胀强制储蓄的部分。因此,强制储蓄的结果不会带来社会总投资的扩大。

但也有人持相反的观点,他们认为,虽然一般货币持有者因通货膨胀而失去的货币价值等于政府所获得的通货膨胀税,但如果政府的储蓄倾向高于货币持有者的一般储蓄倾向,整个国家的平均储蓄水平就会提高,从而增加社会投资总额。尤其是在经济尚未达到充分就业水平,实际 GNP 大大低于潜在 GNP,存在大量闲置生产要素的情况下,政府运用扩张性财政政策或货币政策强制储蓄来增加有效需求,并不会引发持续的物价上涨。

尽管对于大多数发展中国家来说,政府投资在社会总额投资中所占的比重比较大,通货膨胀政策的强制储蓄效应通常也比较大,但是对于中国来说利用通货膨胀的强制储蓄效应却未必能促进经济发展,因为中国是一个资源供给相对短缺和总需求经常过大的国家。如果不适当地运用强制储蓄政策,将会导致需求膨胀,物价迅速上涨和其他各种消极经济效应。不过,当出现了像 1990 年持续市场疲软、经济回升乏力,以及像 1997 年年中开始的市场需求拉动力不足等经济现象时,强制储蓄之类的手段是否可以利用,还是应该探讨的问题。

3. 收入和社会财富的再分配效应

收入和社会财富的再分配效应,是指通货膨胀改变了整个社会原有的收入分配比例和原有财富占有比例。即通货膨胀发生时,人们的实际收入和实际占有财富的价值会发生不同变化,有些人的收入与财富提高或增加,有些人则下降或减少。在充分预期的情况下,通货膨胀对收入和社会财富的再分配效应并不明显,因为各种生产要素的收益率都有可能与通货膨胀作同比例的调整。但实际上人们通常不能正确预期通货膨胀,因此就产生了通货膨胀的再分配效应。在出现通货膨胀的情况下,工薪阶层和依赖退休金生活的退休人员等有固定收入者,其收入调整滞后于通货膨胀,因而会使其实际收入减少;而一些负债经营的企业和非固定收入者能够及时调整其收入,因而可从通货膨胀中获利。但随着通货膨胀的持续发展,员工工薪和原材料价格相应上调,企业利润的相对收益会逐渐消失。因此,通货膨胀的最大受惠者实际上是政府,因为在累进所得税制度下,名义收入的增长会使纳税人所适用的边际税率提高,应纳税额的增长高于名义收入增长,纳税人实际收入将减少。当然,政府支出所购买的商品和劳务的价格也会同时上涨。所以政府是否真正从通货膨胀中受益还要看政府的名义收入增长是否快于物价上涨。

通货膨胀时期,面值固定的金融资产,如固定利率债券和票据等,其价值随着物价的上涨而下跌,而各种变动收益的证券和实物资产,如股票和房地产等,其价值则随物价的上涨而增大。因此,通货膨胀会使持有不同形式资产的人实际占有社会财富的价值发生不同的变化。一般来讲,债权人是通货膨胀的受害者,债务人是通货膨胀的受益者。地主阶级和房地产商常常将土地和房产抵押给银行以取得贷款,通货膨胀会使其房地产升值并减轻他们的债务负担。职能资本家往往利用大量贷款从事经营活动,通货膨胀也会减轻他们的债务负担。而通常人们持有的各种金融资产则分别是社会其他部门的负债,如现钞和国库券是中央银行和政府的负债,各种存款是金融机构的负债,商业票据和公司债券是企业的负债等,因此,通货膨胀在减少这些金融资产实际价值的同时也减轻了这些政府、金融机构和公司企业的债务负担。最易受通货膨胀打击的往往是小额存款人和债券持有人。因为大的债权人不仅可以采取更多的措施避免通货膨胀的不利影响,而且他们通常同时也是更大的债务人,可通过在债务上得到的好处抵消在债权上的损失。

通货膨胀过程中不同阶层消费支出的不同变化对社会财富的再分配也会产生重要影响。假定国民收入主要由工资和利润两部分组成,按照西方经济学理论,工薪收入者的边际支出倾向相对大于利润收入者的边际支出倾向,通货膨胀时期由于物价上涨和人们名义收入的提高,会使工薪收入阶层消费支出的增加相对大于利润收入阶层消费支出的增加,而工薪收入阶层实际收入的增加相对小于利润收入阶层实际收入的增加,因此社会财富的积累和再分配会向利润收入阶层一方倾斜。

4. 资源配置效应

通货膨胀的资源配置效应是指由于通货膨胀改变了各种商品和生产要素的相对价格,使原有的资源配置状况和方式发生变化。然而,对于通货膨胀究竟是使资源配置优化还是恶化,则应针对具体情况进行分析。

1) 资源配置的正效应

例如,在20世纪60年代和80年代中后期的美国通货膨胀中,由于对教育需求量的迅速增加,教师的货币收入增长率大大高于物价上涨率,使教师成为最吸引人的职业之一,从而吸引了不少知识分子从事教育事业,就读教育系科的学生骤然增加,使人力资源的配置得以优化(以前教师的数量较少)。

中国在1979年~1981年的通货膨胀中,由于全国居民消费水平的增长幅度接近或超过了国民收入的增长幅度,使农业和轻工业产品的相对价格有了较大提高,这样,农业和轻工业在这3年中有了较大的发展,对于改变我国长期以来由于"高积累、低消费"和优先发展重工业政策所带来的重工业过重的畸形产业结构的调整,起到了积极的作用。

值得指出的是,虽然通货膨胀对资源配置也能产生正效应,不过有些正效应并不是非要通过通货膨胀才能取得,国家完全可以通过调整相对价格体系或实施一定的产业政策来达到目的,这样就可以避免通货膨胀所带来的负效应。

2) 资源配置的负效应

例如,我国在1984年~1985年的通货膨胀中,一方面消费基金继续膨胀;另一方面轻工业发展受到重工业制约,重工业产品相对价格上涨,使资源从轻工业向重工业逆流,农业和轻工业发展速度下降,物价大幅度上涨。通货膨胀在资源配置方面之所以会产生负效应,可从以下几个方面进行分析:

(1) 在通货膨胀中,各种生产要素、商品和劳务的相对价格会发生很大的变化和扭曲,引起资源配置的低效和浪费。某些价格上涨较快的商品和劳务往往会吸引过多的资金和生产要素投入,导致这类商品和劳务的过度供给和浪费。例如,在通货膨胀期间,房地产被认为最能有效地保值,其价格上涨会较高,从而吸引大量财力、人力和物力的投入。但结果往往是房地产的过度开发导致大量房屋、土地的闲置浪费。再比如,由于商业对产品价格的反应最敏感,因此,在通货膨胀中,商业(尤其是批发业)的利润较为可观,于是造成大量资源投入流通领域,造成流通环节增多,商品价格层层加码,生产企业却得不到价格上涨的好处,这种资源配置的变化既不利于消费者,也不利于生产者,最后必然造成市场疲软和商业亏损,造成资源的极大浪费。

(2) 通货膨胀会助长投机并导致社会资源的浪费。通货膨胀期间,由于投机利润大于生产利润,投机活动大大增加,大量的资源被投机者用于囤积居奇和投机获利,减少了可用于发展生产和技术革新方面的社会资源。

(3) 在通货膨胀期间,为避免金融资产价值的损失,人们会尽量降低持有货币和各种金融资产的比例,并购入各种实物资产。由于实物资产在交易、维护、处置和管理上要花费更多的时间、人力和物力,因而造成了社会资源的浪费。

(4) 通货膨胀会造成市场供不应求的环境,使购买者盲目抢购,不计质量。这种供求失衡的市场状况会掩盖产业结构、产品结构上的矛盾和问题,使企业失去提高产品质量的外在压力,结果使长线产品变得更长,短线产品变得更短,经济结构失衡更为严重。

(5) 通货膨胀会使实际利率下降,打击居民的储蓄意愿,使资本积累的速度降低。虽然金融机构会相应提高存贷款利率,但是其调整幅度和速度往往赶不上通货膨胀率,因而会降低金融机构动员社会分配社会资金的效率。

(6) 在通货膨胀期间,中央银行基准利率的调整往往滞后,使金融机构的正常融资渠道受阻,而民间高利贷则得以盛行,因而会改变正常的利率结构,阻碍长期金融工具的发行,影响金融市场的健康发展及其配置社会资源的功能。

除了上述通货膨胀可能会产生的各种效应以外,当通货膨胀发展到比较严重的程度时,还会破坏经济秩序和社会秩序,不仅加大经济发展的不平衡和经济发展的成本,甚至会引发社会经济危机。主要表现在:

(1) 加剧经济环境的不确定性。在通货膨胀持续发生的情况下,个人和企业的通货膨胀预期将变得难以捉摸,市场行情动荡不定。经济环境的不确定又会影响政府的经济政策目标和宏观调控能力,使政策操作变得无所适从,增大了失误的可能性。

(2) 导致商品流通秩序的混乱。通货膨胀打破了流通领域原有的平衡,使正常的流通受阻。因为在通货膨胀期间,由于流通领域容易获取暴利,大量资金被吸引到流通中从事投机交易,使商品流通秩序极为混乱,产销脱节、商品倒流、囤积居奇、商品抢购等不正常的交易活动,从而人为地加剧了市场的供求矛盾,引发经济的不平衡。而且由于币值的逐步降低,诱发潜在的货币购买力转化为实际的货币购买力,加快货币流通速度,也进一步加剧通货膨胀。

(3) 败坏社会风气,激化社会矛盾。在通货膨胀期间,劳动者的工资所得赶不上投机活动的利润所得,会挫伤劳动者的劳动积极性,助长投机钻营、不劳而获的恶习,而通货膨胀导致不公平的收入和财富再分配,更有可能激化社会矛盾,引起社会各阶层的经济对立。

(4) 助长贪污腐败,损害政府信誉。通货膨胀时期,国家公务人员工资奖金增长通常滞后,实际收入水平下降,因而可能导致一些国家公务员以权谋私、贪污受贿,损害政府形象。通货膨胀严重时,政府会面临要求治理通货膨胀的压力,一旦政府不能有效控制通货膨胀,人民将对政府失去信心,有可能引发货币信用制度危机,甚至会导致政治危机和社会动乱。

10.3.4 通货膨胀的成因

通货膨胀的直接原因是货币供应量超过了客观的需要量。研究通货膨胀的成因,实际上就是研究货币供应量超过客观需要量的原因。货币供给量与货币需求量相适应,是货币流通规律的基本要求。一旦违背了这一经济规律,过多发行货币,就会导致货币贬值,物价水平持续上涨,即通货膨胀。

然而,由于通货膨胀是一种非常复杂的现象,究其原因,西方学者有着不同见解,进而产生不同的理论假说。

1. 需求拉上说与成本推进说

凯恩斯主义的通货膨胀理论是需求决定论。他们认为,当总需求超过充分就业条件下的总供给时,过度需求的存在会引发通货膨胀。他们特别强调,能引发通货膨胀的是总需求,而不是货币量,这就是所谓的"需求拉上"(demand pull)。具体来说,需求拉上说认为通货膨胀的原因在于经济发展过程中社会总需求大于总供给,从而引起一般物价水平持续上升,认为物价上涨是由于需求过多拉起来的。由于流通中的货币都是有支付能力的有效需求,社会总需求大于总供给,意味着较多的货币追逐相对较少的商品,从而引起物价上涨,诱发通货膨胀。而社会总需求之所以会大于总供给,根源在于国民收入的超分配,即国民收入的分配额超过国民收入的生产额。因此,在经济尚未达到充分就业和生产能力尚未被充分利用时,由货币数量增加而导致的总需求增加,只会促使就业增加和产量增加,并不会导致通货膨胀。只有当社会处于充分就业和生产能力已被充分利用时,货币数量的增加才会诱发通货膨胀。

后凯恩斯学派则用"成本推进"(cost push)来解释通货膨胀的成因,认为主要是由于工资增长率超过了劳动生产率的增长速度,结果提高了成本,使物价上涨,产生了通货膨胀。这种由成本推动的通货膨胀又可分为工资推进型通货膨胀和利润推进性通货膨胀。

(1) 工资推进通货膨胀。这种理论是以存在强大的工会组织,从而存在不完全竞争的劳动市场为假定前提的。在完全竞争的劳动市场条件下,工资率取决于劳动的供求,而当工资是由工会和雇主集体议定时,这种工资则会高于竞争的工资。并且由于工资的增长率超过劳动生产率,企业就会因人力成本的加大而提高产品价格,以维持盈利水平。这就是从工资提高开始而引发的物价上涨。工资提高引起物价上涨,价格上涨又引起工资提高,在西方经济学中,称为工资—价格螺旋上升。需要指出的是,尽管货币工资率的提高有可能成为物价水平上涨的原因,但决不能由此认为,任何货币工资率的提高都会导致工资推进型通货膨胀。

如果货币工资率的增长没有超过边际劳动生产率的增长,那么工资推进通货膨胀就不会发生,而且即使货币工资率的增长超过了劳动生产率的增长,如果这种结果并不是由于工会发挥作用,而是由于市场对劳动力的过度需求,那么它也不是通货膨胀的推进原因,原因是需求的拉上。

(2) 利润推进通货膨胀。成本推动型通货膨胀的另一个成因是利润的推进。其前提条件是存在着物品和服务销售的不完全竞争市场。在完全竞争市场上,商品价格由供求双方共同决定,没有哪一方能任意操纵价格。但在垄断存在的条件下,卖主就有可能操纵价格,使价格上涨速度超过成本支出的增加速度,以赚取垄断利润。如果这种行为的作用大到一定程度,就会形成利润推进型通货膨胀。

综观成本推动通货膨胀与需求拉上通货膨胀的区别,一是两者因果关系的不对称性。需求拉上可以在非成本推动下持续发生,而成本推动则不可能在失去需求拉上的条件下持续发生;需求拉上的结果必然造成成本推进,而成本推进的结果则不会直接引起需求拉上。二是不同的紧缩效应。在需求压缩时,如果导致失业增加和产量下降,那么这种通货膨胀就是成本推进型的;反之,则是需求拉上型的。然而,当这两种类型相互交织时,这种区分方法也难以奏效。

两种类型的通货膨胀具有密切的内在联系。一是在同一时间对同一事件,既可看作是成本推进,又可看作需求拉上。例如工资上升,既可看作是成本推进,又可看作是消费需求拉上;再如投资需求过大,既可看作是需求拉上,又可看作是成本推进(原材料、建材等价格上涨)。二是两者相互影响且相互交织,往往难以区分。例如工资上升推动物价,物价上升则必然导致货币投放增加,这种货币投放的增加超过了一定的限度就成为需求拉上,从而进一步引起工资和物价的上升。因此,两者往往交织在一起,难以区分。有人提出,为区别两者,可确定基期,哪种因素发生在前,即为哪种类型的通货膨胀,但在同一个通货膨胀的过程中,由于基期选择的不同,就会得出不同类型的通货膨胀的结论。而区别两者谁先谁后的难度也不亚于区分鸡与鸡蛋产生究竟谁先谁后的难度。有鉴于此,有些经济学家,如萨缪尔逊(Samuelson)和索洛(Solow)就提出了混合型通货膨胀,即需求与成本因素混合的通货膨胀。

这种分析方法还有一个非常重要的缺陷,即从本质上说,它是一种静态的分析方法。它可以解释由于需求曲线或者供给曲线变动引起的价格总水平的一次性上升,但不能用来分析物价的持续上升和刻画通货膨胀过程。

2. 部门结构说

除了总量因素之外,一些经济结构方面的问题,也会使物价水平持续上涨,导致通货膨胀。一些经济学家从经济部门的结构方面来分析通货膨胀的成因,发现即使整个经济中总供给和总需求处于均衡状态时,由于经济部门结构方面的变动因素,也会发生一般物价水平的上涨,即所谓的"结构型通货膨胀"(structural inflation)。结构说的基本观点是,由于不同国家的经济部门结构的某些特点,当一些产业和部门在需求方面或成本方面发生变动时,往往会通过部门之间的相互看齐的过程而影响到其他部门,从而导致一般物价水平的上升。这种结构型的通货膨胀又可分为三种情况:

(1) 需求转移型。这是美国经济学家施瓦茨(C. L. Schultze)于1959年在其《最近美国的通货膨胀》一文中提出的理论观点。由于经济各部门之间发展的不平衡,在总需求不变的情况下,一部分需求会转向其他部门,但劳动力和生产要素却不能及时转移,因此需求增加的部门因供给不能满足需求会使工资和产品的价格上涨,如果需求减少的部门的产品价格和劳动力成本具有"刚性"特点未能相应下跌的话,则物价总水平就会上升。

(2) 外部输入型。这是北欧学派提出的,故又称"北欧模型"或"斯堪的纳维亚模型"①,主要适用于分析"小国开放经济"的通货膨胀问题。其基本思路是:①一国经济部门可分为开放性部门(E)和非开放性部门(S),前者是指与世界市场联系密切的部门,而后者则是指与世界市场没有直接联系的部门;②对于小国经济(其经济对世界市场没有重要影响作用)而言,外部通货膨胀会通过一系列机制传递到其开放性部门,使其通货膨胀率(π_E)向世界通货膨胀率(π_W)看齐;③开放性部门的通货膨胀率和劳动生产率(λ_E)决定该部门的工资增长率(W_E);④而小国开放性部门的工资上涨后,又会使其非开放性部门的工资增长率(W_S)向开放性部门看齐;⑤非开放性部门的产品按成本加稳定的利润定价,从而其工资增长率和该部门的劳动生产增长率(λ_S)与λ_E之差,决定这个部门的通货膨胀率(π_S);⑥开放性部门的通货膨胀率和非开放性部门的通货膨胀率的加权平均数构成国内通货膨胀率(π)。其模型图示如图10.3。

(3) 部门差异型。一国不同的经济部门如产业部门与服务部门、工业部门与农业部门之间劳动生产率的提高总是有差异的,而各部门之间货币工资的增长却存在互相看齐的倾向。当发展较快的经济部门因劳动生产率提高而增加货币工资时,其他部门由于向其看齐也会提高货币工资,从而引起工资成本推进的通货膨胀。尤其在一些发展中国家,传统农业部门和现代工业部门并存,在农业落后

---

① 这一模型最初由挪威经济学家奥克鲁斯特(O. D. Aukrust)首先提出,后又经瑞典经济学家埃德格伦(G. T. Edgren)、法克森(K. O. Foxen)及奥德纳(C. E. Odhner)等人加以发展和完善。

条件的制约下,政府为促进经济发展,往往不得不通过增加农业开支或提高农产品价格来促进农业的发展,从而引发价格总水平的上涨。

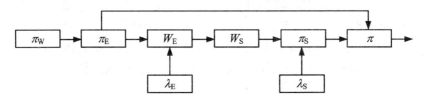

图 10.3 国内通货膨胀率的决定模型

该模型以鲍莫尔的不平衡增长理论为代表。1967 年,在鲍莫尔发表《不平衡增长的宏观经济学:城市危机的解剖》一文,提出了一个以不同劳动生产率增长率为核心的结构性通货膨胀模型。把经济活动分为两个部门:一个是劳动生产率不断增长的工业部门;一个是劳动生产率保持不变的服务部门。但这两个部门的货币工资增长率却是一致的,从而导致服务部门成本和单位产品价格的上升,而工业部门的成本和单位产品价格则保持不变。但由于服务部门产品价格的上升导致价格总水平的上升,形成了结构性通货膨胀。

由上所见,结构性通货膨胀尽管着重于经济结构方面因素变动对物价影响的分析,但实质上不过是成本推进或工资推进的通货膨胀论的修正。

3. 预期说

关于预期的分析是新的通货膨胀理论与传统的通货膨胀理论的一个非常重要的区别。理性预期(rational expectation)理论对于通货膨胀的分析非常广泛而深入,尤其是关于滞胀的原因分析被普遍认为是至今最令人信服的一种解释。

理性预期理论基于以下三个假定:①自然率假定;②理性预期假定;③货币中性与非中性假定。由于经济活动中的公众都是"经济人",已经掌握了大量的信息,形成了"理性预期",因此政府的政策效应被理性预期所抵消,甚至根本不能产生效应。

通货膨胀预期说主要通过对通货膨胀预期心理作用的分析来解释通货膨胀的发生。该理论认为,在完全竞争的市场条件下,如果人们普遍预期一年后的价格将高于现在的价格,就会在出售和购买商品时将预期价格上涨的因素考虑进去,从而引起现行价格水平提高,直至其达到预期价格以上。这种在市场预期心理作用下发生的通货膨胀被称之为"预期的通货膨胀"。

预期心理引致或加快通货膨胀的作用主要表现在三个方面:一是加快货币流通速度。当人们产生对通货膨胀的预期后,会尽快地购买实物资产,而不愿意持有货币,因此货币流通速度被加快,相当于增加了货币流通数量,从而引起通货膨胀。二是提高名义利率。当储蓄者有了通货膨胀预期时,为了保证实际利息收入不变,会要求按照其预期通货膨胀的幅度提高名义利率,而商家和企业经营者则会提高商品价格,以转嫁由于名义利率提高而增大的生产成本或维持利润水平,从而导致通货膨胀。三是提高对货币工资的要求。在通货膨胀预期心理的作用下,工人或企业经营者会要求提高工资和其他福利待遇,从而提高生产成本和产品价格。

西方经济学家对通货膨胀预期如何形成有两种不同的观点。一种观点认为,人们在形成预期时是"向后看"的,即主要根据以往的经验来形成对未来的预期,这种观点被称之为"适应性预期假说";另一种观点则认为,人们在形成预期时是"向前看"的,即主要根据各方面的信息,分析有关变量发展变化的可能,从中形成对未来的预期,这种观点被称之为"合理预期假说"。实际上,人们在形成通货膨胀预期时是二者兼而有之的。在物价持续上涨时期,一旦人们形成通货膨胀预期,就会在各种经济活动中将预期的通货膨胀考虑进去,政府也会根据预期的通货膨胀率制定财政、货币政策,从而使通货膨胀产生惯性。这种由于预期通货膨胀率而持续存在的通货膨胀被称之为"惯性通货膨胀"。预期通货膨胀率会随着市场供求关系的变化和政府调控政策的实施而相应调整。其惯性力的大小主要取决于预期形成的方式。如果人们在形成预期时是向后看的,预期通货膨胀率通常会有较大的惯性;如果人们在形成预期时是向前看的,预期通货膨胀率就会有较小的惯性。

4. 货币主义的通货膨胀论

现代货币主义学派认为,通货膨胀完全是一种货币现象,其原因是货币数量的增加超过了生产增长的幅度,货币数量的过度增长是通货膨胀的唯一原因。因为如果没有货币数量的过度增长,就不会出现总需求膨胀,总需求膨胀只是货币供应量过大的结果。弗里德曼认为,货币需求与决定它的变量之间存在着稳定的函数关系,不会发生难以预料的急剧变化,因此货币供给就自然而然地成为决定物价水平的主要因素。关于通货膨胀的成因,他有一段结论性的描述:"特定的物价和总的物价水平短期变动,可能有多种多样的原因,但是,长期持续的通货膨胀却随时随地都是一种货币现象,是由货币数量的增长超过了总产量的增长所引起的。"①

---

① 见:弗里德曼《货币政策的反向革命》(*The Counter — revolution in Monetary Policy*),1970 年,IEA 研究报告 33 号。

在纸币流通中,货币增长率易于增长的原因是:一是政府开支的迅速增长;二是政府对于充分就业的许诺;三是中央银行错误的货币政策,即中央银行控制的是它没有能力控制的利率。一句话,政府才是通货膨胀的最大根源。对政府来说,通货膨胀是一种开始并无痛苦、甚至令人欢欣的隐蔽的税收——通货膨胀税。另外,弗里德曼对货币增长率变动与一般物价水平变动的相关程度和因果关系做了很多实证研究,发现二者变动的趋势基本一致,而且货币增长率的变动先于相应的物价指数的变动。

以上各学派从各自不同的角度揭示了通货膨胀的直接成因,但货币流通是一国经济状况的综合反映,要揭示通货膨胀的深层原因,还必须深入到社会再生产的过程中。

马克思主义认为,通货膨胀表现在流通领域,根源于生产领域和分配领域。只有深入到生产领域和分配领域,才能找到产生通货膨胀的根本原因。在生产领域,产业结构、产品结构失衡和经济效益低下是诱发通货膨胀的基本原因;在分配领域,投资膨胀、消费膨胀等原因引起的国民收入超额分配,则是诱发通货膨胀的直接因素。

5. 我国理论界对通货膨胀成因的解释

我国对通货膨胀成因的研究主要是以马克思主义货币流通理论为指导,同时也借鉴了西方经济学中的需求拉上说、成本推进说、结构说、预期说等理论,在此基础上结合我国的具体情况从以下几个方面作出了进一步的解释:

(1) 财政赤字说。一国政府在发生财政赤字时通常采取增收节支、直接增发纸币或发行公债等措施弥补。如果国家通过发行债券的方式向社会公众和企事业单位集中资金弥补财政赤字,则一般不会发生通货膨胀,因为财政的超分配没有导致国民收入超分配的发生。只有当发生财政赤字后,政府采用种种方法迫使银行增加货币供应,以弥补财政赤字,才会发生国民收入的超分配,出现财政赤字型通货膨胀。

(2) 信用扩张说。银行信用分配是在企业初次分配和财政再分配基础上进行的分配,是调节和控制社会总需求的最后闸门。如果银行信用调控不当,或创造过多的派生存款货币,就会使社会信用的总规模超过经济发展所决定的信用需求量,导致信用膨胀型通货膨胀的发生。信用的过度扩张主要是由于经济主体对经济形势作出错误的判断、中央银行宏观控制不力、政府实行扩张性的货币政策盲目扩大信用、虚假存款增加、货币流通速度加快、新的融资工具的不断涌现等原因。信用的过度扩张,必然导致货币供应量过度增加,从而引发通货膨胀。

(3) 国际收支顺差说。国际收支顺差尤其是贸易顺差时,导致本国货币的发行和外汇储备同时增加。国内市场上商品的可供量因为出口超过进口而减少,而外汇市场则供过于求,国家不得不增加投放本币以收购结余外汇,因此会出现社会总需求大于总供给的格局,引发过多的货币追逐较少的商品,从而导致通货膨胀。

(4) 体制说。某些国家在经济体制转轨过程中,由于市场机制不健全、产权关系不明晰,国有企业破产和兼并机制不完善,在资金上仍然吃国家银行的大锅饭,停产和半停产时职工工资和经营风险仍由国家承担,必然会导致投资需求和消费需求的过度积累,推动物价水平的上涨。但这种观点难以解释近年来出现的通货紧缩现象。

(5) 摩擦说。在我国特定的所有者关系和特定的经济运行机制下,计划者追求的高速度经济增长及对应的经济结构与劳动者追求的高水平消费及对应的经济结构之间不相适应而产生的矛盾和摩擦,必然会引起货币超发、消费需求膨胀和消费品价格上涨。摩擦说实际上是站在另一角度从体制上说明需求拉上的起因。

(6) 混合说。混合说认为我国的通货膨胀的形成机理十分复杂,其成因可分成三类,即体制性因素、政策性因素和一般因素。体制性因素是指企业制度、价格双轨制、财政金融体制、外贸外汇体制等等改革变化;政策性因素是指宏观经济政策对社会总供求的调控;一般因素则是指在体制性和政策性因素之外,经济发展本身存在的会引起物价水平持续上涨的因素,例如我国人多地少的矛盾等等。

10.3.5 通货膨胀的治理

由于通货膨胀对一国国民经济乃至社会、政治生活各个方面都会产生严重的影响,因此各国政府和经济学家都将控制和治理通货膨胀作为宏观经济政策研究的重大课题加以探讨,并提出了治理通货膨胀的种种对策措施。

1. 控制需求

通货膨胀是社会总需求大于总供给的结果。因此,治理通货膨胀首先是控制需求,实行宏观紧缩政策。宏观紧缩政策不仅是当前各国对付通货膨胀的传统政策调节手段,也是迄今为止在抑制和治理通货膨胀中运用得最多、最为有效的政策措施。其主要内容包括紧缩性货币政策、财政政策、收入政策以及收入指数化政策等。

1) 紧缩性货币政策

紧缩性货币政策又称为"抽紧银根",即中央银行通过减少流通中货币量的办法,提高货币的购买力,减轻通货膨胀压力。具体政策工具和措施包括:①通过公开市场业务出售政府债券,以相应地减少经济体系中的货币存量;②提高贴现率和再贴现率,以抬高商业银行存贷款利率和金融市场利率水平,缩小信贷规模;③提高商业银行的法定准备金率,以缩小货币发行的扩张倍数,压缩商业银行放款,减少货币流通量;④控制政府向银行的借款额度,适当减少或控制国际收支净收入,以控制基础货币的投放。此外,在政府直接控制市场利率的国家,中央银行也可直接提高利率,或直接减少信贷规模。通过以上手段,保证货币供给量增长率与经济增长率相适应。

2) 紧缩性财政政策

紧缩性财政政策主要是通过削减财政支出和增加税收的办法来治理通货膨胀。削减财政支出的内容主要包括生产性支出和非生产性支出,生产性支出主要是国家基本建设和投资支出,非生产性支出主要由政府各部门的经费支出、国防支出、债息支出和社会福利支出等。在财政收入一定的条件下,削减财政支出可相应地减少财政赤字,从而减少货币发行量,并可减少总需求,对于抑制财政赤字和需求拉上引起的通货膨胀比较奏效。但财政支出的许多项目具有支出刚性,可调节的幅度有限,因此增加税收就成为另一种常用的紧缩性财政政策。提高个人所得税或增开其他税种可使个人可支配收入减少,降低个人消费水平;而提高企业所得税和其他税率则可降低企业的投资收益率,抑制投资支出。

紧缩性货币政策和财政政策都是为了从需求方面加强管理,通过控制社会的货币供应总量和总需求,实现抑制通货膨胀的目的。在 20 世纪 60 年代中期以前,一些国家根据英国经济学家菲利普斯(A. W. Phillips)揭示的通货膨胀与失业的相关关系,制定需求管理政策以治理需求拉上型通货膨胀取得了较为显著的成效。菲利普斯曲线(Phillips Curve)是反映一国物价与失业之间存在此消彼涨的关系,当失业率越低时,通货膨胀率越高;反之,失业率越高,通货膨胀率就越低。因此,政府在面临通货膨胀和失业两大经济和社会问题时,会遇到两难的困境,即如果要降低失业率就不得不付出高通货膨胀率的代价,而如果要降低通货膨胀率又不免会导致失业率的上升。为了解决这一难题,政府可运用"菲利普斯曲线"制定一个适当的宏观紧缩或扩张政策。即首先确定社会可接受或容忍的最大失业率和通货膨胀率,并将其作为临界点。如果失业率和通货膨胀率都低于这一临界点,则政府可不必采取措施进行干预;当通货膨胀率超出了临界点,但失业率低于临界点,根据"菲利普斯曲线"就应该采取紧缩性的货币政策和财政政策,在不使失业率超出临界点的前提下,以提高失业率为代价换取通货膨胀率的降低;当失业率超出了临界点,而通货膨胀率低于临界点,则政府可采取扩张性的宏观调控政策,以较高的通货膨胀率为代价,使失业率降低到临界点以下。

但是,20世纪60年代中期以后,由于菲利普斯曲线所反映的物价与失业之间的替代关系发生了变化,较高的通货膨胀与较高的失业率同时发生,即经济中出现了滞胀现象,根据菲利普斯曲线制定的宏观经济调控政策不再奏效,于是一些西方国家又将紧缩性的收入政策作为治理通货膨胀的重要手段。

3) 紧缩性收入政策

紧缩性收入政策是对付成本推进型通货膨胀的有效方法。其理由是依靠财政信用紧缩的政策虽然能够抑制通货膨胀,但由此带来的经济衰退和大量失业的代价往往过高,尤其是当成本推进引起菲利普斯曲线向右上方移动,工会或企业垄断力量导致市场出现无效状况时,传统的需求管理政策对通货膨胀将无能为力,必须采取强制性的收入紧缩政策。紧缩性收入政策的主要内容是采取强制性或非强制性的手段,限制提高工资和获取垄断利润,抑制成本推进的冲击,从而控制一般物价的上升幅度。具体措施一般包括工资管制和利润管制两个方面:

(1) 工资管制。工资管制是指政府以法令或政策形式对社会各部门和企业工资的上涨采取强制性的限制措施。工资管制可阻止工人借助工会力量提出过高的工资要求导致产品成本和价格的提高。工资管制的办法包括:①道义规劝和指导。即政府根据预计的全社会平均劳动生产率的增长趋势,估算出货币工资增长的最大限度即工资—物价指导线,以此作为一定年份内允许货币工资总额增长的一个目标数值线来控制各部门的工资增长率。但政府原则上只能规劝、建议和指导,不能直接干预,因而该办法效果往往不很理想。②协商解决。即在政府干预下使工会和企业就工资和价格问题达成协议,其效果取决于协议双方是否认可现有工资水平并愿意遵守协议规定。③开征工资税。即对增加工资过多的企业按工资增长超额比率征收特别税款。这一办法可使企业有所依靠,拒绝工会超额提高工资的要求,从而有可能与工会达成工资协议,降低工资增长率。④冻结工资。即政府以法令或政策形式强制性地将全社会职工工资总额或增长率固定在一定的水平上。这种措施对经济影响较大,通常只用在通货膨胀严重恶化时期。

(2) 利润管制。利润管制是指政府以强制手段对可获得暴利的企业利润率或利润额实行限制措施。通过对企业利润进行管制可限制大企业或垄断性企业任意抬高产品价格,从而抑制通货膨胀。利润管制的办法包括:①管制利润率。即政府对以成本加成方法定价的产品规定一个适当的利润率,或对商业企业规定其经营商品的进销差价。采用这种措施应注意使利润率反映出不同产业的风险差异,并应使其建立在企业的合理成本基础上。②对超额利润征收较高的所得税。这种措施可将企业不合理的利润纳入国库,对企业追求超额利润起到限制作用。但如果企业超额利润的获得是通过提高效率或降低成本实现的,则可能会打击企业的积极性。此外,一些国家还通过制定反托拉斯法限制垄断高价以及对公用事业和国有企业的产品和劳务实行直接价格管制。

4)收入指数化政策

收入指数化又称指数连动政策,是指对货币性契约订立物价指数条款,使工资、利息、各种债券收益以及其他货币收入按照物价水平的变动进行调整。这种措施主要有三个作用:一是能借此剥夺政府从通货膨胀中获得的收益,杜绝其制造通货膨胀的动机;二是可以消除物价上涨对个人收入水平的影响,保持社会各阶层原有生活水平不至于降低,维持原有的国民收入再分配格局,从而有利于社会稳定;三是可稳定通货膨胀环境下微观主体的消费行为,避免出现抢购囤积商品、贮物保值等加剧通货膨胀的行为,维持正常的社会经济秩序,并可防止盲目的资源分配造成资源浪费和低效配置;四是可割断通货膨胀与实际工资、收入的互动关系,稳定或降低通货膨胀预期,从而抑制通货膨胀率的持续上升。

收入指数化政策对面临世界性通货膨胀的开放经济小国来说尤其具有积极意义,是这类国家对付输入型通货膨胀的有效手段。比利时、芬兰和巴西等国曾广为采用,就连美国也曾在20世纪60年代初期实施过这种措施。但由于全面实行收入指数化在技术上有很大的难度,对一些金融机构会增加经营上的困难,而且有可能造成工资—物价的螺旋上升,反而加剧成本推进型的通货膨胀,因此该政策通常仅被当作一种适应性的反通货膨胀措施,不能从根本上对通货膨胀起到抑制作用。

2. 改善供给

凯恩斯学派和供给学派都认为,总供给减少是导致经济滞胀主要原因。凯恩斯学派认为总供给减少的最主要原因是影响供给的一些重要因素发生了变化,如战争、石油或重要原材料短缺、主要农作物歉收、劳动力市场条件变化、产品市场需求结构变化以及政府财政支出结构、税收结构、转移支付等方面的变化,因而造成了总供给减少并引起通货膨胀。因此,治理经济滞胀必须从增加供给着手。凯恩斯学派提出的对策主要包括:政府减少失业津贴的支付、改善劳动条件、加强职业培训和职业教育、改进就业信息服务、调整财政支出结构和税收结构等,其目的是降低自然失业率,使总体经济恢复到正常状态。供应学派则认为,政府税率偏高是总供给减少、菲利普斯曲线右移的主要原因。过高的税率降低了就业者的税后收入和工作意愿,同时也降低了企业的投资意愿,并助长了逃税行为,造成资源浪费,阻碍了社会生产力的提高和总供给的增长。因此,治理滞胀必须首先降低税率,由此可提高劳动者的工作意愿和劳动生产率,增加储蓄和企业投资,提高资金的运用效率,刺激经济增长和降低失业率,从而走出经济滞胀的困境。

3. 调整结构

考虑到通货膨胀的结构性,一些经济学家建议应使各产业部门之间保持一定的比例,从而避免某些产品供求因结构性失调而推动物价上涨,特别是某些关键性产品,如食品、原材料,这一点尤其重要。

实行微观财政、货币政策,影响需求和供给的结构,以缓和结构失调而引起的物价上涨。微观政策包括税收结构政策和公共支出结构政策。税收结构政策不是指变动税收总量,而是指在保证一定的税收总量的前提下,调节各种税率和施行范围等。同样,公共支出结构政策指在一定的财政支出总量前提下,调节政府支出的项目和各种项目的数额。在当代西方国家,各执政党为了政治上的需要,把建立国家福利制度作为其争取选民的一种手段,财政支出的这种结构性变化,不仅失去了刺激生产、扩大就业的作用,而且使得失业率不急于寻找工作,扩大了失业队伍。降低财政支出中转移支付的比重,增加公共工程等投资性支出,可以扩大就业,增加产出,降低通货膨胀率。

微观货币政策包括利息率结构和信贷结构。旨在通过各种利差的调整,以及通过各种信贷数额和条件的变动来影响存款和贷款的结构和总额,提高资金使用效率,鼓励资金流向生产性部门,遏制消费基金的扩张。

4. 单一规则

现代货币主义认为,造成20世纪70年代资本主义国家经济滞胀的主要原因是政府不断采取扩张性的财政政策和货币政策,所以导致了通货膨胀预期提高、总供给曲线左移、菲利普斯曲线右移。因此,对付停滞膨胀的根本措施在于,政府必须首先停止扩张性的总体经济政策,将货币供给的增长速度控制在一个最适当的增长率上,即采取所谓的"单一规则"政策,以避免货币供给的波动对经济和预期的干扰。货币主义学派强调,在已发生滞胀的情况下,只有严格控制货币供应量,才能使物价稳定,总体经济和社会恢复正常秩序。尽管货币供应量的降低在短期内会引起失业增加、经济衰退加重,但付出这一代价将换来通货膨胀预期的下降和菲利普斯曲线的回落,并最终根除停滞膨胀。

"单一规则"政策对付通货膨胀确实比较有效,20世纪80年代中期以来,美国和其他一些发达国家的实践是其成功的证明。但是对于一些将经济增长作为首要政策目标的国家来说,尤其对那些经济严重衰退、失业率居高不下的国家来说,这一政策有很大的局限性,不顾一切推行的结果可能会导致社会经济的动乱。

总之,治理通货膨胀是一个十分复杂的问题,不仅造成通货膨胀的原因及其影响是多方面的,而且其治理的过程也必然会牵涉社会生活的方方面面,影响到各个产业部门、各个企业、社会各阶层和个人的既得利益,因此不可能有十全十美的治理对策。尤其是我国通货膨胀的治理,必须从我国是一个处于经济转轨时期的发展中的社会主义国家这一特殊的国情出发,认真分析通货膨胀的成因,既要从宏观经济整体出发,保持国民经济的较快增长和总供给的不断增长,解决因产业结构调整和社会劳动生产率提高而出现的失业率提高问题,又要适度控制流通中的货币总量和总需求,防止经济过热导致通货膨胀升温;既要通过推进经济体制改革,整顿经济秩序等综合治理措施,消除通货膨胀的环境因素,又要根据具体原因,采取一些针对性较强的有力措施。在这一正确思想的指导下,20世纪90年代后期,我国政府终于成功地控制了通货膨胀并实现了经济的"软着陆",为我国在市场经济条件下通过间接调控体系,正确地解决宏观经济调控问题,保持国民经济健康稳定的发展取得了有益的经验。

10.4 通货紧缩

10.4.1 通货紧缩及其表现

传统理论认为,通货紧缩(deflation)是物价总水平的持续下跌和货币不断升值的过程,也有学者认为,通货紧缩的基本特征表现为物价水平的连续下降、货币供应量的收缩以及宏观经济产生周期性衰退。

一般认为,通货紧缩不是指一个经济体任何一个组成部分的价格下降,而是指全部经济价格总水平的下滑,也不是价格增长率的下降。通货紧缩可以伴随着经济衰退,也可能出现经济的强劲势头,近年来日本和德国的实践已证明了这点。日本在1998年至1999年经历了CPI和实际GDP同时下降的过程。相反,德国在1999年至2000年经历通货紧缩的同时,实际GDP却表现出了强劲增长,这在现代工业社会中是比较少见的。

20世纪90年代之前,世界各国主要承受通货膨胀的冲击。大多数政策制定者特别是中央银行非常关注商品和服务价格的上涨幅度,财产和股票价格也吸引着经济学家和决策者的注意力。第二次世界大战结束到20世纪70年代,政府决策者一般遵循著名的菲利普斯曲线所概括的通货膨胀和失业之间的交替关系。但是20世纪70年代到80年代滞胀的同时发生,清楚地表明这种交替关系不是绝对的,政策的注意力开始转向在低通胀率下维持经济的稳定。不幸的是20世纪90年代,创造战后经济奇迹的日本经历通货紧缩的冲击,经济开始恶化。起初认为价格的下降可能是临时现象,当时日本政府认为产出仍在增长,计算机技术扩展和新经济时代的到来会促进经济增长。但是到20世纪90年代末,通货紧缩一直在持续并且短期内没有走出通货紧缩的迹象,政府和中央银行承认需求不足导致通货紧缩长期持续。20世纪末,通货紧缩开始向其他国家蔓延,在亚洲比较明显的是中国内地及香港地区、新加坡等国家或地区,均经历了一年以上的通货紧缩。21世纪初,通货紧缩开始在全球蔓延,如德国和美国开始显示价格数月持续走低,发生通货紧缩的可能性成为探讨的热点问题。

虽然用价格水平的持续下降来定义通货紧缩在经济学界几乎已经成为共识,但对"持续"的标准却有不同的看法。目前,中国学者的看法有:①价格水平持续下降半年以上即为通货紧缩;②价格水平持续下降2年以上为通货紧缩;③通货膨胀由正变负为轻度通货紧缩,由正变负超过1年为中度通货紧缩,达到2年则为严重通货紧缩;④通货膨胀率低于1%即为通货紧缩,等等。

此外,有的学者认为,通货紧缩包括价格水平的持续下降和货币供应量的持续下降,我们称之为双要素定义。还有的学者认为,通货紧缩应包括物价水平、货币供应量和经济增长率三者同时持续下降,我们称之为三要素定义。而在三要素定义中,有人主张必须是绝对量,即货币供应量和经济的负增长;也有人认为可以是相对量,即货币供应量和经济增长率的下降,等等。我们主张单要素定义,因为物价水平是反映通货紧缩现象最基本、最显著的特征,它易为大众所掌握且不失科学性。至于双要素定义或三要素定义,涉及的是物价水平下降的成因和后果,情况较为复杂,不同学派可以有不同的解释,可运用于通货紧缩的分类和较深入的研究中。

通货紧缩的表现,除了上述物价水平的下降以外,还可以表现为:

(1) 商品有效需求不足。通货紧缩往往是在通货膨胀得到抑制后发生。在通货膨胀下,市场需求较旺,刺激了企业投资和生产的发展。在通货膨胀得到抑制之后,一种是市场供求趋于正常;一种是在通货膨胀刺激下已经扩大的商品供给与萎缩了的有效需求发生矛盾,以货币计量的商品总需求连续降低。

(2) 生产下降,经济衰退。随着市场萎缩,价格下降,企业订单减少,利润降低甚至发生亏损,生产性投资显著缩小。

(3) 投资风险加大。由于市场萎缩,商品滞销,订单减少,发展前景不明,市场无热点,投资无热项,因而投资风险加大,投资者对新项目采取谨慎态度。

(4) 失业增加,工资收入下降,进一步制约着对商品的有效需求。

10.4.2 通货紧缩的类型

对于通货紧缩,可以按其持续时间的长短、与经济增长及货币政策的关系等来分类。

1. 按通货紧缩的持续时间分类

按通货紧缩的持续时间分类,有长期性通货紧缩和短期性通货紧缩之分。英、美两国 1814 年至 1849 年长达 35 年的通货紧缩,美国 1866 年至 1896 年长达 30 年的通货紧缩,均为长期性通货紧缩。一般将 10 年以上的通货紧缩称为长期性通货紧缩,10 年以下为短期性通货紧缩。此外,也有将持续时间在 5 年~10 年的称作中长期通货紧缩,而 5 年以下才称作短期性通货紧缩的。

2. 按通货紧缩和经济增长的关系分类

按通货紧缩和经济增长的关系分类,则有多种情况。就长期性通货紧缩考察,有伴随经济增长率减缓的通货紧缩,亦有伴随经济增长率上升的通货紧缩。英国 1814 年至 1849 年的通货紧缩是伴随经济增长率上升的,而 1873 年至 1896 年的通货紧缩则是伴随经济增长率减缓的;美国在 1814 年至 1849 年、1866 年至 1896 年的两次长期通货紧缩,均伴随着经济增长率的上升。再按短期性通货紧缩来考察,有伴随经济负增长的通货紧缩,亦有伴随经济正增长,但增长率减缓的通货紧缩,还有伴随经济增长率上升的通货紧缩。资本主义世界的经济危机是典型的伴随经济衰退的通货紧缩。

3. 按通货紧缩和货币政策的关系分类

按通货紧缩和货币政策的关系分类,有货币紧缩政策情况下的通货紧缩、货币扩张政策情况下的通货紧缩和中性货币政策情况下的通货紧缩三种类型。通货紧缩和货币政策是两个不同的概念,尤其不能把紧缩政策和通货紧缩混为一谈。通货紧缩是指普遍、持续的价格下降,如果货币当局采取的紧缩政策是为了治理通货膨胀,就不一定会出现通货紧缩现象。同时,紧缩政策虽然有可能导致通货紧缩,但绝非所有的通货紧缩都来自于紧缩政策:①在金本位制下,由于黄金产量不足所导致的通货紧缩;②由于技术进步、成本下降所导致的通货紧缩;③由于供给相对过剩或需求相对不足而形成的通货紧缩,等等。

10.4.3 通货紧缩对经济社会的影响

一般而言,通货紧缩是供给超过需求的结果。但是仔细分析,导致供给超过需求的原因却是相当复杂的。导致供给超过需求的原因既可能是由供给增加、需求萎缩造成的,也可能是由于供给的增长超过需求的扩张形成的,即供给的增长比需求的扩张更快。从供给的角度分析,供给的增长可能来自生产能力的充分利用,造成了生产过剩,也可能是由技术的创新与进步,提高了劳动生产率所致;从需求角度,需求小于供给可能是由收入的下降引起的,也可能是由于收入增长缓慢,有效需求不足造成的。

由于导致供给超过需求的原因不同,所以理论界又把通货紧缩划分为"好的"通货紧缩(good deflation)与"坏的"通货紧缩(bad deflation),前者对经济增长形成威胁,而后者对经济增长却起到一定的积极影响。

1. 通货紧缩对经济增长的威胁

通货紧缩对社会经济的破坏作用,在资本主义经济危机时期得到了充分的暴露。在资本主义经济周期的危机和萧条时期,货币奇缺,商品物资大量过剩,银行、企业连锁倒闭,物价直线下降,失业率持续上升……整个社会经济陷于巨大的灾难之中。因此,国内外有些学者把经济衰退型的严重通货紧缩视同为经济危机。虽然绝非所有的通货紧缩都有可能诱发经济衰退,但是,物价的普遍、持续下降对经济增长的威胁作用十分明显,具体表现在以下几个方面:

(1) 导致和加速经济衰退。价格总水平的持续下降意味着货币购买力不断提高,消费者会推迟购买,以等待将来更低价格的出现,从而在储蓄增加的同时,个人消费相应减少,使社会总需求受到抑制。另一方面,由于需求抑制导致商业活动相应萎缩,进而影响就业增长、形成工资下降的压力等,经济会因此而陷入通货紧缩的螺旋之中,最终可能导致衰退或萧条。不仅如此,通货紧缩还会使投资项目的吸引力下降。因为持续的物价下降意味着实际利率的上升,使投资成本变得昂贵;加之通货紧缩下社会总供给大于总需求的环境也使投资前景变得黯淡,企业、个人和国家投资的减少必将导致经济增长的下降,也有可能形成甚至加速经济衰退。

(2) 引发银行危机。首先,通货紧缩使实际利率上升,从而增加债务人的负担,债务人因经营困难不能按时还贷,导致银行不良资产的比率上升。第二,通货紧缩会降低资产抵押和担保的价值,银行被迫要求客户尽快偿还贷款,将会导致资产价格的进一步下跌、贷款者净资产的进一步减少,使破产的财富效应趋强。第三,如果预期通货紧缩还将持续,在任何名义利率下,借款者都会愿意借款,而如果预期资产和商品价格会下降,则银行在任何名义利率下都会惜贷。这两方面的共同结果,将导致信贷供给和需求的萎缩。

(3) 负财富效应。通货紧缩在使货币越来越昂贵的同时,却也会产生商品和资产价格的持续下跌(资产—价格通货紧缩),股市的狂泻,产生负面的财富效应,从而降低资产的抵押或担保价值,加速企业的破产过程。此种情况在债务与国内生产总值比率高的国家更易发生。

此外,从政策制定者的角度看,与温和的通货膨胀相比,通货紧缩会给政策带来更大的潜在风险,因为通货紧缩严重地制约了货币政策的实施(费希尔,1996年;格林斯潘,1998年)。克鲁格曼(1998年)也认为,在通货紧缩条件下,货币政策会失去灵活性。我国学者刘国光(1998年)认为,通货紧缩"易于使人们对经济前景的预期黯淡,信心降低,有可能推动经济进一步下滑,不利于启动回升"。

2. 通货紧缩对经济的积极影响

普遍、持续的物价下降意味着单位货币购买力的不断提升,这对每一个持币待购的消费者来说都是有利的。尽管这种利益分配并不公正,它会使富者愈富,但是,它并不会给贫者带来损失,只是按货币持有量的多少而有着不同的受益程度。因此,伴随经济增长率上升的长期轻度通货紧缩,由于对消费者有利而等同于对全体社会成员有利,从而能使社会经济在安定的环境中以一个恰当的速度健康成长。如1814年至1849年的通货紧缩时期,正是美国工业化的初期和中期,GNP年均增长率达5.4%;1866年至1896年的长期通货紧缩,正是美国在经济上赶超英国的时期,GNP年均增长率更高达7.5%。

通货紧缩对经济是否有积极的影响,取决于通货紧缩的形成机制。一般来说,下述情况的通货紧缩是有利于经济的健康成长的:

(1) 在价格自由浮动下的市场竞争中,企业为占领和扩大市场份额而运用降价促销战略。市场价格战的必然结果是所有企业的利润空间缩小,企业为求得生存和发展,不得不努力提高经营管理水平,不断降低成本和提高劳动生产率,进而推动经济的健康发展。因此,只要不是恶性的和破坏性的市场价格战争,由此而产生的通货紧缩,显然有利于经济增长。

(2) 由技术进步、设备更新、有机构成提高而形成的劳动生产率提高和单位产品成本下降,成为商品价格持续下降的原动力,充分显示了科学技术是经济发展第一推动力的功能作用。例如,随着信息技术和网络经济的发展,市场交易环节的减少和交易成本的不断降低提供了价格下降的巨大空间,由此而形成的通货紧缩显然是经济健康发展的标志。

(3) 在全球经济一体化发展的背景下,一个经济开放型的国家不可避免地要遭受到国际市场低价商品的冲击,由此而形成的国内市场的通货紧缩,在短期内会对本国经济的发展造成较大困难,但它能迫使本国企业加快技术进步,降低成本。提高劳动生产率。因此,从长期来看,通货紧缩有利于本国的经济进步,提升本国的国际竞争力,进而促进世界范围内的经济发展。

10.4.4 通货紧缩的原因

正如弗里德曼所讲的那样,宏观经济学家一般承认,从长期来看,通货紧缩和通货膨胀都是货币现象。但是,从短期来看,许多因素可以把经济推向通货紧缩。引发通货紧缩的原因较多,既有货币因素,又有非货币因素;既有生产方面的原因,又有管理方面的原因;既有国外的原因,也有国内的原因。根据近代世界各国发生通货紧缩的情况分析,大体有以下几个方面的原因:

1. 财政货币紧缩

一国当局采取紧缩性的货币政策或财政政策,大量减少货币发行或削减政府开支以减少赤字,会直接导致货币供应不足,或加剧商品和劳务市场的供求失衡,使"太多的商品追逐太少的货币",从而引起物价下跌,出现政策紧缩型的通货紧缩。

如经济学家弗里德曼和施瓦茨认为,美国1920年～1921年出现的严重的通货紧缩完全是货币紧缩的结果。在1919年4月到1920年6月期间,纽约联邦储备银行曾经多次提高贴现率,先后从4%提高到7%。大萧条期间出现的通货紧缩也是同样的原因,当然,货币紧缩往往是货币政策从紧的结果。货币当局为追求价格稳定,中央银行往往把政策目标定为零通货膨胀,从而采取提高利率等手段减少货币供应量。这样政策效果可能从一个极端走向另一个极端(治理了通货膨胀,但却引起了通货紧缩)。因此,不少学者认为,把货币政策目标定为零通货膨胀是非常危险的。

2. 经济周期的变化

经济周期达到繁荣的高峰阶段,生产能力大量过剩产生供过于求,可引起物价下跌.出现经济周期型通货紧缩。

3. 生产力水平的提高和生产成本的降低

技术进步提高了生产力水平,放松管制和改进管理降低了生产成本,因而会导致产品价格下降,出现成本压低型的通货紧缩。

4. 供给结构不合理

如果由于前期经济中的盲目扩张和投资,造成了不合理的供给结构和过多的无效供给,当积累到一定程度时必然会加剧供求之间的矛盾,一方面许多商品无法实现其价值会迫使价格下跌,另一方面大量货币收入不能转变为消费和投资,减少了有效需求,就会导致结构型通货紧缩。

5. 有效需求不足

当预期实际利率进一步降低和经济走势不佳时,消费和投资会出现有效需求不足,导致物价下跌,形成需求拉下型通货紧缩。金融体系的效率降低或信贷扩张过快导致出现大量不良资产和坏账时,金融机构"惜贷"或"慎贷"引起信用紧缩,也会减少社会总需求,导致通货紧缩。

6. 体制和制度因素

体制和制度方面的因素也会加重通货紧缩。如企业制度由国有制向市场机制转轨时,精简下来的大量工人现期和预期收入减少,导致有效需求下降;还有住房、养老、医疗、保险、教育等方面的制度变迁和转型,都可能会影响到个人和家庭的收支和消费行为,引起有效需求不足,导致物价下降,形成体制转轨型的通货紧缩。

7. 本币高估和其他外部因素的冲击

一国实行钉住强势货币的汇率制度时,本币汇率高估,会减少出口,扩大进口,加剧国内企业经营困难,促使消费需求趋减,导致物价持续下跌,出现外部冲击型的通货紧缩。此外,国际市场的动荡也会引起国际收支逆差或资本外流,形成外部冲击性的通货紧缩压力。

美国经济学家A·加利·西林博士在他的《通货紧缩》(1998年)一书中列举了14条导致全球通货紧缩的因素,非常值得我们深思。他认为,导致通货紧缩的因素包括:①冷战结束致使全球军费支出削减;②主要国家的政府支出和赤字下降;③中央银行持续不断地进行反通货膨胀斗争;④七国集团国家退休人员激增,将导致福利下降和支出增长速度放缓;⑤英语国家不断进行结构性重组,全世界都将跟进;⑥高新技术将降低成本并提高劳动生产率;⑦网上信息推动竞争;⑧大众行销降低成本与价格;⑨管制放松,价格下降;⑩资源在全球范围内配置,将使成本降低;⑪全球实行市场经济制度,导致全球供给增加;⑫美元继续保持强势;⑬亚洲的金融与经济危机将加剧全球供过于求并使全球物价下跌;⑭美国人将从举债消费转为储蓄。

10.4.5 通货紧缩的治理

一国如果出现通货紧缩,当局应当如何解决通货紧缩问题呢?除少数经济学家相信经济的自恢复能力外,凯恩斯主义主张政府通过赤字财政政策来刺激经济。货币主义者建议采用扩大货币供应量、降低利率等手段振兴经济。

1. 凯恩斯主义的主张

20世纪30年代大危机后,针对西方世界通货紧缩、经济萧条的状况,凯恩斯主义提出了一套有效需求不足理论和相应的扩张性财政金融政策,并力求通过国家干预来解决问题。这些政策主要有:①膨胀性的货币政策,即增加货币供应量,压低利率,以刺激投资与消费。②赤字财政政策,即政府要用举债的办法发展经济,扩大有效需求。不过,凯恩斯认为应以财政政策为主,以货币政策为辅。其理由是货币政策有局限性,存在流动性陷阱。

凯恩斯主义的经济政策是刺激经济增长的扩张性财政货币政策,对付因通货紧缩带来的经济萧条、失业增加十分有效。以美国为例,20世纪30年代中期失业率最高曾达到24.9%,1942年实行凯恩斯主义的膨胀性经济政策后,当年政府开支比上年增长了一倍,而失业率则从上年的9.9%下降到4.7%。此后30年间美国经济一直保持平衡增长的势头,失业率也基本在4%左右徘徊。于是,许多凯恩斯主义者把这段岁月称为"凯恩斯时代",凯恩斯本人也被尊为"战后繁荣之父"。

2. 货币主义的建议

货币主义在猛烈抨击凯恩斯主义经济理论与政策主张的同时,提出了坚持经济自由主义,反对国家干预,认为货币政策最重要的经济思想,提出以稳定货币,反对通货膨胀为中心的政策主张。

由于货币主义的政策主张是以稳定通货,反对通货膨胀为前提条件的,是以经济自由化和反对政府干预为思想基础的,因此,似乎看不出货币主义在反通货紧缩中有何作为。但仔细分析货币主义的政策主张,有两点值得重视:其一,认为货币数量是经济中唯一起支配作用的经济变量,货币政策是一切经济政策中唯一重要的法宝;其二,扩张性的财政政策如果没有相应的货币政策配合,就只能产生"排挤效应",而不可能产生"乘数效应"。可见,财政政策和其他政策(收入政策、外贸政策、就业政策等)如无货币政策配合,就不可能生效。从这个意义上讲,货币主义实际上是主张通过扩大购买政府债券,降低存款准备率等手段扩大货币供应量,压低市场利率,配合扩张性财政政策达到刺激消费与投资,振兴经济之目的。因而,绝不能认为货币政策对付通货紧缩无能为力。

总之,引发通货紧缩的原因较多,治理的难度也很大,绝不是实行财政、货币政策双扩张就能完全解决问题的,而必须借助诸如收入政策、产业政策、外贸政策、就业政策等宏观政策,并相互配合方能奏效。

本章小结

货币均衡是指货币供给与货币需求之间的一种对比关系,是从供求总体研究货币运行状态变动的规律。一般而言,货币供求相等,就称之为均衡。在商品市场物价稳定是判断货币均衡的重要标志,而在金融市场上利率稳定则是判断货币均衡的重要标志。

如果货币的供给偏离了货币需求,即货币供给大于或小于货币的需求,则称之为货币供求失衡。一般而言,货币供求的失衡是一种常见的现象,即货币失衡总是表现为货币供给量小于或大于货币需要量两种情况中的任一种。从货币失衡到货币均衡,是货币均衡的恢复过程。货币从失衡到均衡,可以通过两种方式,一是自动恢复;二是人为调整。其中货币均衡认为调整的对策主要包括供给型、需求型、混合型和逆向型调整等。

通货膨胀是指在纸币本位制和物价自由浮动的条件下,由于货币供应量超过商品流通的客观需要量,从而引起货币不断贬值和一般物价水平持续上涨的经济现象。在现实生活中,通货膨胀率通常是用各种价格指数来衡量的。主要价格指数包括消费价格指数、批发价格指数和国内生产总值平减指数三种。

通货膨胀对于社会经济发展产生的多反面影响,称为通货膨胀的经济社会效应。主要包括经济增长效应、强制储蓄效应、收入和社会财富的再分配效应以及资源配置效应等。关于通货膨胀成因的理论学说主要有成本推进说和需求拉上说、部门结构说、预期说及货币主义的通货膨胀理论。治理通货膨胀的政策主张主要包括控制需求(主要通过紧缩性的财政政策、货币政策、收入政策及收入指数化政策等)、改善供给、调整结构及遵守"单一规则"等。

传统理论认为,通货紧缩是物价总水平的持续下跌和货币不断升值的过程,也有学者认为,通货紧缩的基本特征表现为物价水平的连续下降、货币供应量的收缩以及宏观经济产生周期性衰退。一般而言,通货紧缩是供给超过需求的结果。然而,由于导致供给超过需求的原因不同,所以理论界又把通货紧缩划分为"好的"通货紧缩与"坏的"通货紧缩,前者对经济增长形成威胁,而后者对经济增长却起到一定的积极影响。

近代世界各国发生通货紧缩的原因大体有财政货币紧缩、经济周期的变化、生产力水平的提高和生产成本的降低、供给结构不合理、有效需求不足、体制和制度因素、本币高估和其他外部因素的冲击等方面。关于通货紧缩的治理,除少数经济学家相信经济的自恢复能力外,凯恩斯主义主张政府通过赤字财政政策来刺激经济;而货币主义者则建议采用扩大货币供应量、降低利率等手段振兴经济。

【本章重要概念】

货币均衡　信贷平衡　社会总供求　货币失衡　供给型调整　需求型调整　混合型调整　通货膨胀　经济增长效应　促进论　强制储蓄　紧缩性货币政策　紧缩性财政政策　单一规则　通货紧缩　有效需求不足

【复习思考题】

1. 如何理解货币均衡的含义?
2. 货币均衡与信贷平衡有何异同?
3. 简述货币供求与社会总供求之间的关系。
4. 简述实现货币均衡的条件与途径。

5. 货币失衡的主要表现是什么？各自产生的原因分别有哪些？
6. 简述货币失衡的调节问题？
7. 什么是通货膨胀？为什么不能将它与货币发行过多、物价上涨、财政赤字划上等号？
8. 为什么说物价水平是测度通货膨胀的主要标志？
9. 简述通货膨胀的类型。
10. 试分析通货膨胀的成因和社会经济效应，并提出治理对策。
11. 试述西方经济学对通货膨胀成因的解释。
12. 什么是通货紧缩？简述通货紧缩的类型。
13. 试述通货紧缩形成的原因。
14. 试全面、客观地评价通货紧缩的社会经济效应，并提出相应对策。

第11章 货币政策与金融调控

本章导读

现代经济的发展,离不开宏观调控。国家宏观调控的基本任务是实现社会总供给与总需求的均衡,保证国民经济持续、稳定、协调发展,推动全社会进步。由于货币供给量的变化是能否实现社会总供求均衡的决定性因素,因此宏观调控的重点是货币供给调控——金融调控。金融调控是通过货币政策来实现的,而货币政策通常又是由中央银行制订与实施的。中央银行作为唯一的货币发行机构,通过一系列行之有效的措施,控制货币供给量,保持货币流通稳定,从而为经济的发展创造良好的金融环境。可见,在现代市场经济中,中央银行的货币政策是对整个经济运行实施宏观调控的最重要的手段之一。因此,有关货币政策的理论也是现代货币金融理论中最重要的内容之一。

所有关于货币银行制度以及经济运行的理论,除了说明货币运动的规律及其对经济的影响以外,最终都要为货币政策的贯彻实施服务。因为不仅理论研究目的是为提高社会福利,而且只有在正确认识货币银行制度和整个经济关系的基础上才能提出合适、有效的货币政策。货币政策理论所要研究的问题很多,内容很丰富,但就基本原理而言,货币政策理论所要研究的主要内容:一是货币政策的最终目标;二是货币政策的主要工具;三是货币政策的传导机制或作用过程;四是货币政策的中介指标;五是货币政策的效果监控或评价。本章将依次讨论这些问题,并就我国中央银行货币政策及金融调控问题作一简要介绍。

11.1 货币政策及其目标

11.1.1 货币政策的概念与特征

货币政策(monetary policy)是指一国货币当局(主要是中央银行)为实现其既定的宏观经济目标,运用各种工具调节货币供应量和利息率,进而影响宏观经济的方针和措施的总和。一般包括三个方面的内容:①政策目标;②实现政策目标所运用的政策工具;③具体执行所达到的政策效果。由于从确定目标到运用工具乃至达到预期的政策效果,这中间存在着一些作用环节,因此货币政策实际还包含中介指标和政策传导机制等内容。

货币政策有狭义和广义之分。狭义的货币政策主要是指中央银行为实现其特定的经济目标而采用的各种控制和调节货币供应量或信用量的方针和措施的总称,包括信贷政策、利率政策和外汇政策。广义的货币政策则是指政府、中央银行和其他有关部门所有有关货币方面的规定以及采取的影响金融变量的一切措施,包括金融体制改革等方面的措施,如扶植金融机构发展,完善金融市场,规范和协调金融业的竞争,提高金融效率,推动信用票据化,等等。

通常人们所说的货币政策是指狭义的货币政策。但无论广义的还是狭义的货币政策,其制定者和执行者主要是中央银行。中央银行代表国家,主要运用货币政策对国民经济活动进行干预和调控。一般来说,货币政策具有如下特征:

(1) 从调节目标上来看,货币政策是一项宏观经济政策。以需求管理为核心的货币政策是一项总量调节与结构调节相结合,并以总量调节为主的宏观经济政策。货币政策的制定和实施,旨在通过对货币供应量、利率、汇率等宏观金融变量的调控,来对整个国民经济运行中的经济增长、通货稳定、国际收支状况、就业水平等宏观经济运行状况产生影响,促进经济协调、稳定、健康地发展,保证宏观经济政策目标的实现。它不涉及单个银行或企业的金融行为。

(2) 从调节对象上看,货币政策是调整社会总需求的政策。货币政策通过调节货币供应量、利率水平和汇率来调控社会总需求。由于货币供给形成对商品和劳务的购买能力,货币作为一般社会财富的表现,货币对商品和劳务的追逐形成社会总需求;而利率水平则通过对投资需求、消费需求的调节,进而影响到社会总需求;汇率的变化将通过对进出口贸易、国际资本流动的影响,形成对社会总需求的调节。因此,货币政策对宏观经济的调节是通过调节总需求实现的,并间接影响到社会总供给的变化,实现社会总需求和社会总供给之间的平衡。

(3) 从调节手段上看,货币政策主要是间接调节经济的政策。国家利用货币政策干预经济,但又不能影响市场机制作用的发挥。因此货币政策对经济的调节,主要是运用经济手段,利用市场机制作用,通过调节货币供应量以及信用总量、利率水平等其他金融变量影响经济主体的行为,来达到间接调节经济变量,影响经济活动的目的。当然,并不排除在特定的经济金融条件下采取行政手段调节的可能性。

(4) 从调节时效上看,货币政策是一种长期与短期共同作用的经济政策。长

第 11 章 货币政策与金融调控

期是就货币政策的四大目标而言的,无论是稳定货币,还是充分就业、经济增长、国际收支平衡等目标,都是一种长期性的政策目标。但是,作为特定条件下的各种具体的货币政策措施,却总是短期的、随机应变的。所以它不仅是一种由短及长,即通过短期性调节达到长期性目标,而且短期措施服从于长期政策目标的政策系统,是目标的长期性与调节措施的短期性结合运作的经济政策。

值得注意的是:在现实生活中,我们有时用货币政策这个词,有时用金融政策这个词。严格地说,货币政策是金融政策的一个重要组成部分。从广义上讲,两个词可以混用,但应该注意,两者并不完全是一回事。因为货币政策是指货币当局利用各种工具调控宏观金融的手段;而金融政策所包含的范围更广,除了货币政策手段外,甚至财政政策都属于金融政策的一种①。

11.1.2 货币政策的目标

货币政策理论所要研究的首要问题是货币政策的目标及其确定。所谓货币政策的目标,是指中央银行制定和实施某项货币政策所要达到的特定的经济目的。这种目标实际上是指货币政策的最终目标。在货币政策理论中,除了这一最终目标之外,还有货币政策的操作目标及中介指标(也称中间目标)等概念。但是,一般所谓的"货币政策目标",尤其是在经济学界关于货币政策目标问题的争论中所称的"货币政策目标",则主要是指这种最终目标。

货币政策是国家控制、调节和稳定货币的一项经济政策,其实质是反映货币与经济发展之间的关系。从这个意义上说,货币政策目标就是国家宏观经济的目标。尽管中央银行的货币政策目标,在不同国家、不同时期的表述有所不同,但是,各国最终都是把协调社会总需求和总供给的平衡作为制定货币政策最终目标的基本着眼点。

1. 货币政策目标的发展演变

货币政策是整个宏观经济政策体系的一部分,所以货币政策的目标与整个宏观经济政策的目标是基本一致的。如何确定货币政策的目标,将关系到货币政策的具体实施和货币政策的实际效果。目前,西方发达国家的货币政策有四大目标,即稳定物价、充分就业、经济增长及国际收支平衡。这四大目标是随着经济形势的变迁和货币政策理论的发展而被相继提出的。因此,从表面上看,货币政策的各个目标都是由货币当局或中央银行所确立的。但是,从实质上看,任何货币

---

① 曹凤岐.货币金融管理学[M].北京:北京大学出版社,2008:129.

政策的目标，都反映了现实的经济金融形势对货币政策所提出的客观要求。

20世纪30年代之前，西方各国的货币政策都只有一个目标，即维持货币价值的稳定。这主要是由当时的货币制度及与此相关的货币理论所决定的。首先，20世纪30年代之前，西方各国普遍实行各种形式的金本位制度。在金本位制度下，几乎所有的经济学家都相信，货币流通的数量将受制于黄金的自动调节机制。因此，保持货币价值的稳定是货币政策的唯一目标。其次，20世纪30年代之前，占统治地位的经济学家都认为货币对经济是中性的，认为货币数量的增减只影响一般物价水平，而不影响实际的经济活动。因此，在那时，货币政策的唯一目标就是保持货币价值的稳定。

20世纪30年代之后，西方各国相继放弃金本位制，金属货币的流通被不兑现的纸币与信用货币流通所取代。在纸币或信用货币流通的条件下，货币流通的数量不再受到自动调节，任何数量的货币一旦投入流通，就不会自动退出流通。因此，货币流通量的多少将直接决定着货币的价值。在纸币或信用货币流通的条件下，币值的稳定与否是以单位货币的购买力来衡量的，而单位货币的购买力通常是以综合物价指数来表示的。所以，稳定物价就成为货币政策的一个最终目标。

1929年，美国股市的狂跌引发了历史上空前严重的世界经济大危机。1929年至1933年间，美国物价水平下跌22%，实际国民生产总值减少31%，失业率高达25%。为了增进国内就业水平，美国通过对外贸易把国内失业和经济萧条转嫁给其他国家。各国政府通过货币的竞相贬值，极力扩大出口，以增加国内就业。1936年，凯恩斯出版《就业、利息和货币通论》一书，提出货币对一国经济，尤其是对就业的重要性。1944年和1946年，英国和美国先后颁布《就业法案》，将充分就业正式列为货币政策的最终目标。

第二次世界大战以后，西方各国纷纷致力于经济复兴，经济增长率普遍较高。20世纪50年代初，美国对朝鲜发动战争。为了筹措巨额战费，美国大量增发货币，造成了严重的通货膨胀。战争结束后，为了制止通货膨胀而采取的一系列紧缩性的措施又导致了经济的衰退，使美国的经济增长率低于其他西方发达国家。为了维护自身的经济实力和国际地位，美国联邦储备体系将追求较高的经济增长率确定为货币政策的又一个最终目标。

早在20世纪50年代，美国国际收支就出现了逆差。开始这种逆差为世界各国提供了必要的国际货币，也使美国从货币的发行上获得巨额的收益，因而受到普遍的欢迎。但是从1958年开始，由于美国日益严重的通货膨胀，对外经济援助和军事费用的大量支出，加上为促进经济增长和实现充分就业而实行的低利率政策,加剧了美国国际收支逆差,致使大量美元外流。这一方面严重影响了人们对美元汇价的信心,另一方面也使各国国际储备增加太快而引发通货膨胀,从而孕育国际货币危机。世界各国把美国的巨额逆差看作是一种危险,并纷纷要求美国实现国际收支平衡,这就使美国处于两难境地,因为要实现国际收支平衡,就必须减少货币供给,提高利率,减少资本流出,这又会造成国内经济的收缩和萧条。到20世纪60年代末,美国资金外流和国际收支逆差进一步加剧,致使美元官定汇价远远高于市场汇价。1971年8月,尼克松总统迫不得已宣布新经济政策,放开汇价,任其自由浮动,并停止美元与黄金的兑换,置国际收支于市场自发调节之中。同时美国国会要求货币当局运用货币政策进行干预,尽快实现国际收支平衡。

不仅如此,随着国际交往的日益密切,尤其是国际间经济交往的日益频繁,国际收支的平衡与否也日益成为每一个经济开放国家所必须关注的一个重大问题。一般地说,无论是国际收支出现较大的顺差还是出现较大的逆差,都将不利于一国经济的稳定与发展。所以,通过实行适当的货币政策来实现国际收支平衡,也就自然成为各国货币当局所确定的一个重要目标。

综上所述,为适应经济形势的变化,西方国家货币政策目标存在着渐进的发展过程,由单一目标逐步发展为四大目标:稳定币值、充分就业、经济增长与国际收支平衡。只是后来国际货币制度发生变化,黄金作为货币的价值实体的功能消失,许多国家的中央银行把稳定币值的目标改为稳定物价。但货币政策的具体目标,却是因国家不同而有所差别、因时期不同而不一致、随经济金融形势的变化而变化的。第二次世界大战后,西方主要发达国家货币政策最终目标的变化情况,可参见表 11.1。

表 11.1　西方六大国货币政策最终目标的变化情况(20 世纪 50～90 年代)①

	50～60 年代	70 年代	80 年代	90 年代
美　国	充分就业	稳定货币	稳定货币	稳定货币
英　国	充分就业 兼顾国际收支平衡	稳定货币	稳定货币	稳定货币
加拿大	充分就业 兼顾国际收支平衡	稳定货币 兼顾国际收支平衡	稳定货币 兼顾国际收支平衡	稳定货币 兼顾国际收支平衡

① 曹龙骐.货币银行学[M].北京:高等教育出版社,2000:428.

	50～60年代	70年代	80年代	90年代
法 国	经济增长、充分就业	稳定货币	经济增长、充分就业	经济增长、充分就业
意大利	经济增长、充分就业	稳定货币兼顾国际收支平衡	稳定货币兼顾国际收支平衡	稳定货币、经济增长、充分就业
日 本	稳定货币兼顾国际收支平衡	稳定货币兼顾国际收支平衡	稳定货币兼顾国际收支平衡	稳定货币兼顾国际收支平衡

2. 货币政策目标的具体含义

1) 稳定物价

稳定物价又称稳定货币，它通常是中央银行货币政策的首要目标，而物价稳定的实质是币值的稳定。所谓币值，原指单位货币的含金量，在现代信用货币流通条件下，衡量币值稳定与否，已经不再是根据单位货币的含金量，而是根据单位货币的购买力，即在一定条件下单位货币购买商品的能力。目前各国政府和经济学家通常采用综合物价指数来衡量币值是否稳定。物价指数上升，表示货币贬值；物价指数下降，则表示货币升值。在货币政策的实践中，中央银行将在通货膨胀时期实行相对紧缩的货币政策，以减少货币流通量，从而遏制通货膨胀；在通货紧缩时期实行相对宽松的货币政策，以适当增加货币流通量，从而抑制通货紧缩。

稳定物价是一个相对概念，就是要控制通货膨胀或通货紧缩，使一般物价水平在短期内不发生急剧的波动。这里的物价是一般物价水平而不是某种商品的价格，某种商品价格发生变动，是竞争中经常出现的自然现象，并不能代表整个商品世界的价格水平发生了变动。事实上某些商品价格的自发调整会促进经济资源的合理配置，从而提高整个社会的经济效益。当然，在实际经济生活中，由于受多种因素的影响，某种商品价格发生变动，在一定时期内会带动其他商品价格发生变动，最终导致一般物价水平的上涨。

2) 充分就业

所谓充分就业，目标就是要保持一个较高的、稳定的就业水平。在充分就业的情况下，凡是有能力并自愿参加工作者，都能在较合理的条件下随时找到适当的工作。在西方经济学中，所谓"充分就业"一般是指消除一国经济中的非自愿失业。所谓"非自愿失业"，是指愿意接受现行的工资水平和工作条件，但仍然找不到工作，从而造成的失业。在现实生活中，除了非自愿失业之外，还有两种失业实际上是不可避免的：一种是自愿失业，另一种是摩擦性失业。前者是指由于工人不愿意接受现行的工资水平和工作条件而造成的失业；而后者则是指由于短期内劳动力供求的暂时失调而造成的失业。很显然,充分就业与这两种失业的存在并不矛盾。因此,作为货币政策的最终目标,充分就业也只是意味着通过实行适当的货币政策,以减少或消除经济中存在的非自愿失业,而并不意味着将失业率降为零。

3) 经济增长

20世纪30年代末、40年代初,英国经济学家哈罗德(R. F. Harrod,1900～1978)和美国经济学家多马(E. D. Domar,1914～1997)相继提出经济增长理论,企图对凯恩斯经济学进行长期化和动态化的发展。20世纪50年代中期,美国经济学家索罗(R. M. Solow,1924～)等人在哈罗德—多马模型的基础上发展出新古典经济增长理论。随后,托宾(J. Tobin,1918～2002)等人又在新古典实物增长理论中引入货币因素,从而提出货币增长理论。货币增长理论主要研究货币同经济增长的内在联系及货币政策对经济增长的重要影响。然而,如何准确地衡量一国的经济增长状况,特别是以何种指标来衡量一国经济的增长速度,却是一个颇有争议的问题。但就目前来看,世界上大多数国家或地区都以人均实际国民生产总值年增长率作为衡量经济增长速度的指标。

4) 国际收支平衡

国际收支平衡通常是指一定时期内一个国家对其他国家的全部货币收入与货币支出保持基本平衡。简言之,其目标就是采取各种措施纠正国际收支差额,使其趋于平衡。所以,略有顺差或略有逆差也可看作是实现了国际收支平衡。国际收支平衡有静态的平衡和动态的平衡两个概念。所谓"静态的国际收支平衡",是指一个国家在一年内的国际收支总额保持基本相抵。所以,它以年末国际收支总额平衡与否作为判别的标准。而所谓"动态的国际收支平衡",则是指一个国家在一个时期(如3年或5年)内的国际收支平衡。从动态的角度看,若一年的逆差能被另一年的顺差所抵消,则也可看作是实现了国际收支平衡。在货币政策的实践中,大多数国家都以静态的国际收支平衡作为货币政策的最终目标。

3. 货币政策目标之间的关系及其协调

1) 货币政策目标之间的关系

如前所述,西方发达国家所确定的货币政策目标是多元化的,但理论分析和政策实践都表明,这些货币政策目标,有的可以兼容协调,如充分就业可以促进经济增长,经济增长又反过来有助于充分就业;有些目标之间却存在着一定的矛盾和冲突,常常不能同时实现。只要稍作分析,我们就可以发现,在这四大目标中,除了充分就业与经济增长之间基本可以兼容协调外,其他任何两个目标之间都有着一定的矛盾和冲突。下面,我们就选择其中较明显的几对矛盾作一简述。

(1) 稳定物价与充分就业的矛盾。事实证明,稳定物价与充分就业这两个目标之间经常发生冲突。这一矛盾可用著名的菲利普斯曲线(Phillips Curve)来加以说明。菲利普斯曲线是用于反映通货膨胀率与失业率之间此增彼减的交替关系的一种曲线[①],参见图11.1。

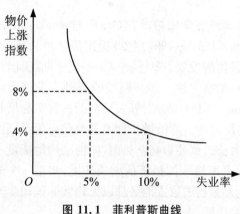

图 11.1 菲利普斯曲线

根据这一曲线,在物价稳定(即通货膨胀率较低,如图11.1中的4%)时,失业率较高(如图11.1中为10%);而当失业率较低(如图11.1中为5%)时,通货膨胀率较高(如图11.1中为8%)。于是,在通货膨胀时,中央银行为了达到稳定物价的目标,必须实行紧缩性的货币政策,以降低通货膨胀率。但紧缩性货币政策的实行却使失业率上升,从而不利于达到充分就业这一目标。反之,在失业率较高的时期,中央银行为了达到充分就业的目标,必须实行扩张性的货币政策,以降低失业率。但扩张性货币政策的实行又往往会导致通货膨胀率相应提高。

(2) 稳定物价与经济增长的矛盾。一般地说,当经济主体的投资热情高涨,从而经济增长率较高时,往往伴随着一般物价水平的上涨,从而通货膨胀率也往往较高。在这种情况下,中央银行为了达到稳定物价的目标,往往实行紧缩性的货币政策。结果,在通货膨胀率下降的同时,经济增长率通常也随之而下降。正因为稳定物价与经济增长之间存在着这样的关系,所以在理论界就有人主张通过适度的通货膨胀来刺激经济的增长。当然,对稳定物价与经济增长是否存在这样的矛盾,也有人提出不同意见。如有人认为,只有物价稳定,才能使整个经济正常运行,从而维持经济的长期增长;也有人认为,只有轻微的物价上涨,才能维持经济的长期稳定与发展。

(3) 经济增长与国际收支平衡的矛盾。在一个开放型的国家,当国内经济衰

---

① 菲利普斯曲线由新西兰经济学家菲利普斯(A. W. Phillips)于1958年在《1861~1957年英国失业和货币工资变动率之间的关系》一文中最先提出。此后,经济学家对此进行了大量的理论解释,尤其是萨缪尔森和索洛将原来表示失业率与货币工资率之间交替关系的菲利普斯曲线发展成为用来表示失业率与通货膨胀率之间交替关系的曲线。

第11章 货币政策与金融调控

退与对外收支逆差同时并存时,中央银行就将陷于这样一种顾此失彼的困境之中:若提高利率,则虽然有利于吸引国外资本流入,从而改善对外收支状况,但是,利率的提高显然更进一步抑制了投资,从而造成本已衰退的经济雪上加霜;反之,若降低利率,则虽然有利于刺激投资,从而促进经济的增长,但是,通常利率的降低却会引起国内资本的流出,从而使对外收支逆差更为严重。

(4) 稳定物价与国际收支平衡的矛盾。在任何一个开放型经济国家,其经济状况通常带有国际化的特征,亦即该国的经济状况与其他国家的经济状况有着密切的联系,并在一定程度上受其他国家经济状况的影响。在世界经济走向一体化和自由化的当今世界,更是如此。一般而言,当一国货币贬值,出现通货膨胀时,社会总需求就会超过社会总供给,使得本国的物价水平高于外国的物价水平。其结果是国内出口减少,进口增加,贸易收支顺差减少或逆差增加,从而对本国的国际收支状况产生不利影响。相反,当本国物价稳定时,如果其他国家出现了通货膨胀,则会出现本国的物价水平相对低于其他国家的物价水平。其结果必然是本国出口增加,进口减少,贸易收支顺差扩大,从而引发本国国际收支的失衡。

从上面的分析可见,在四个政策目标之间的关系中存在着不同程度的冲突和一致,我们将这些关系列于表11.2 中。①

表11.2 货币政策各目标之间的关系

货币政策目标	稳定物价	充分就业	经济增长	国际收支平衡
稳定物价	0	—	*	+
充分就业	—	0	+	—
经济增长	*	+	0	—
国际收支平衡	+	—	—	0

注:表中"+"表示二目标之间基本一致,"—"表示有冲突," * "表示既有一致的一面,也有冲突的一面。

2) 协调货币政策目标之间矛盾的主要方法

由于货币政策的目标之间充满着矛盾和冲突,所以,任何一项货币政策实际上都不能同时达以以上所述的这些目标,或者不能全面地顾及各种目标。在这种情况下,中央银行在制定和执行货币政策时,往往陷于左右为难的困境。因此,选择适当的货币政策或通过其他途径来协调货币政策目标之间的矛盾,是中央银行

---

① 范从来,姜宁.货币银行学[M].南京:南京大学出版社,2000:286.

现代货币金融学

不可回避的一项任务。在货币政策的实践中,协调不同目标之间矛盾的方法很多,其中最主要的有四种:一是运用"临界点原理"进行政策选择,对相互冲突的多个目标统筹兼顾,力求协调或缓解这些目标之间的矛盾;二是根据凯恩斯学派的理论,采取相机抉择的操作方法;三是根据不同时期的经济状况,轮番采取不同类型的货币政策;四是将货币政策与财政政策配合运用。下面,我们依次分析这些方法的具体运用。

(1) 统筹兼顾。这是利用"临界点原理"所进行的政策选择,即结合本国社会对某一问题所能承受的限度,先找出临界点,再选择货币政策的最终目标。在两个目标之间存在矛盾的情况下,中央银行实行任何一种货币政策都只能达到其中一个目标,而且在达到这一目标的同时,还将在一定程度上牺牲另一个目标。但是,如果中央银行对这两个目标同时加以考虑,通过适当的操作,以使这两个目标都能控制在相对合理的、能被人们所接受的水平,就可在一定程度上缓解这两个目标之间的矛盾。例如,稳定物价和充分就业这两个目标之间存在着矛盾,所以,中央银行不可能在同一时间通过实行任何一种货币政策即可如愿以偿地同时达到这两个目标。但是,在制定货币政策时,中央银行可确定一个相对较低的通货膨胀率和一个相对较低的失业率(此为社会可承受的通货膨胀率和失业率),以作为货币政策的最终目标,并通过适当的操作,将这两个目标都控制在预定的目标值以内。

(2) 相机抉择(the discretionary approaches)。相机抉择是凯恩斯学派经济学家提出的关于货币政策操作的主张。所谓"相机抉择",是指货币当局或中央银行在不同时期,应当根据不同的经济形势,灵活机动地选择不同的货币政策,以达到当时最需达到的政策目标。具体而言,在通货膨胀时期,中央银行应当实行紧缩性的货币政策,以抑制通货膨胀;而在经济萧条时期,中央银行应当实行扩张性的货币政策,以刺激投资,促进经济复苏[①]。可见,通过实行相机抉择的货币政策,中央银行可以根据当时的经济形势,区别轻重缓急,优先解决当时的主要问题,以达到当时最需达到的政策目标,并在一定程度上缓和货币政策目标之间的矛盾。

[①] 相机抉择的方法,也称货币政策反经济周期调节,是指货币政策"逆经济风向行事"。当经济增长过快、通胀压力加大时,就实行从紧的货币政策,提高利率或者法定存款准备金率,紧缩货币供给与信贷,给过热的经济降温,抑制过高的通胀率;反之,当经济增长率下滑,或者有衰退风险的时候,货币政策则要降低利率,增加货币供应量和信贷总量,保障流动性供给,刺激投资和消费。货币政策反经济周期调节的应用,旨在调节经济的周期性波动。

(3) 轮番突出。轮番突出就是根据不同时期的经济状况,轮番采取不同类型的货币政策,实现货币政策目标。这是当前各国普遍采用的方法。中央银行不论采用信用扩张政策或信用紧缩政策,其对经济过程的影响都是矛盾的,因此,中央银行只能根据不同时期的特点,采取信用扩张政策或信用紧缩政策,实现货币政策目标。一般情况是,在经济衰退时期,刺激经济增长和维持就业成为主要政策目标,此时就应该选择信用扩张的货币政策;在经济高涨时期,稳定物价和国际收支平衡则成为主要政策目标,此时就应该选择信用紧缩的货币政策。

(4) 政策搭配。当货币政策目标之间存在矛盾,因而同一种货币政策无法同时达到多种目标时,货币政策与财政政策的适当搭配,可以说是一种值得选择的解决矛盾的途径。根据蒙代尔(R. A. Mundell)的政策配合说,财政政策与货币政策可分别解决国内经济问题和国际经济问题。例如,当国内经济衰退与国际收支逆差同时并存时,政府可实行扩张性的财政政策,以促进经济增长;而中央银行则实行紧缩性的货币政策,提高短期利率,以吸引资本流入,从而平衡国际收支。

11.2 货币政策工具

货币政策目标的实现是通过货币政策工具的运用来完成的。所谓货币政策工具,指中央银行为实现货币政策目标所运用的策略手段。货币政策的执行必须通过各种货币政策工具的运用来完成。根据各种货币政策工具的基本性质以及它们在货币政策实践中的运用情况,货币政策的工具大致可分为一般性政策工具、选择性政策工具和其他补充性政策工具三类。

11.2.1 一般性货币政策工具

所谓一般性货币政策工具,是指各国中央银行普遍运用或经常运用的货币政策工具。一般性货币政策工具主要有三个,也称货币政策"三大法宝",即存款准备金政策、再贴现政策和公开市场业务。这些政策工具都属于对货币总量的调节,以影响整个宏观经济。下面,我们就对这三种货币政策工具分别作一比较具体的说明。

1. 存款准备金政策

1) 存款准备金政策的含义

所谓存款准备金政策,就是指中央银行通过调整法定存款准备金比率,来影响商业银行的信贷规模,从而影响货币供应量的一种政策措施。存款准备金是银行及某些金融机构为应付客户提取存款和资金清算而准备的货币资金。准备金占存款总额的比例就是存款准备金率。存款准备金分为法定存款准备金和超额准备金两部分。法定存款准备金是金融机构按中央银行规定的比例上交的部分；超额准备金系指准备金总额减去法定存款准备金的剩余部分。法定存款准备金建立之初的目的，是为了保持银行的流动性。当准备金制度普遍实行，中央银行拥有调整法定准备率的权力之后，就成为中央银行控制货币供应量的政策工具。

如前所述，商业银行通过贷款或投资可创造出成倍的派生存款。在其他情况一定时，存款创造的倍数（即存款乘数）将决定于法定存款准备金比率，即商业银行按法律规定存放在中央银行的存款与其吸收存款的比率。若中央银行降低法定存款准备金比率，则商业银行就会有较多的剩余准备金可用于贷款或投资，并通过整个银行体系的连锁反应而创造出较多的派生存款。反之，若中央银行提高法定存款准备金比率，则商业银行的剩余准备金就会减少，甚至发生法定存款准备金的短缺，从而必须减少贷款或投资，在必要时还必须收回贷款或出售证券，以补足法定存款准备金。在这种情况下，商业银行只能创造出较少的存款，甚至引起存款货币的成倍紧缩。由此可见，中央银行调低法定存款准备金比率，就是实行扩张性的货币政策；反之，则就是实行紧缩性的货币政策。究竟实行扩张性的货币政策还是实行紧缩性的货币政策，将决定于具体的经济形势及货币政策的最终目标。一般地说，当一国经济出现比较严重的通货膨胀时，中央银行将实行紧缩性的货币政策。此时，若采用存款准备金政策，就必须提高法定存款准备金比率。反之，当一国经济发生比较严重的衰退或出现通货紧缩时，中央银行将实行扩张性的货币政策。此时，若采用存款准备金政策，就必须降低法定存款准备金比率。

2）存款准备金政策的效果和局限性

存款准备金政策是一种威力强大但不宜常用的货币政策工具。就这一政策工具的实际效果而言，它往往能迅速地达到预定的中介指标，甚至能迅速地达到预期的最终目标。例如，在一国经济出现比较严重的通货膨胀时，如果中央银行提高法定存款准备金比率，商业银行就必须缩减信贷规模，甚至将收回原来发放的贷款，以弥补法定存款准备金的不足。于是，货币供应量将迅速减少，通货膨胀就将迅速得到遏制。不仅如此，与其他货币政策工具相比，存款准备金政策还具有两个优点：一是中央银行具有完全的自主权，它是三大货币政策工具中最容易实施的手段；二是准备金制度对所有的商业银行一视同仁，所有的金融机构都将受到影响。

但是，存款准备金政策存在三个缺陷：一是当中央银行调整法定存款准备金率时，商业银行可以变动其在中央银行的超额存款准备金，从反方向抵消存款准备金政策的作用;二是存款准备金对货币乘数的影响很大,作用力度很强,往往被当作一剂"猛药";三是调整法定存款准备金率对货币供应量和信贷量的影响要通过存款货币银行的辗转存、贷,逐级递推而实现,成效较慢、时滞较长。因此,存款准备金政策往往是作为货币政策的一种自动稳定机制,而不将其当作适时调整的经常性政策工具来使用。

2. 再贴现政策

1) 再贴现政策的含义与效果

如前所述,中央银行是银行的银行。当商业银行发生资金短缺,或因扩大信贷规模而需要补充资金时,商业银行可凭其贴现业务中取得的未到期的商业票据向中央银行办理再贴现,其再贴现率由中央银行根据当时的经济形势和货币政策的最终目标决定。

所谓再贴现政策,就是中央银行通过提高或降低再贴现率来影响商业银行的信贷规模和市场利率,以实现货币政策目标的一种手段。再贴现政策是中央银行最先采用的、用于控制货币供给量的货币政策工具,它一般包括两方面的内容:一是再贴现率的确定与调整;二是规定向中央银行申请再贴现的资格。前者主要着眼于短期,即中央银行根据市场的资金供求状况,随时调低或调高再贴现率,以影响商业银行借入资金的成本,刺激或抑制资金需求,从而调节货币供给量。后者着眼于长期,对要贴现的票据种类和申请机构加以规定,区别对待,起到抑制或扶持的作用。

再贴现政策的效果或作用途径体现在三个方面:①借款成本效应。即中央银行提高或降低再贴现率就会影响商业银行等金融机构的借款成本,从而影响基础货币的投放,以及货币供应量。如中央银行降低再贴现率,就意味着中央银行鼓励商业银行通过再贴现来扩张信贷规模,从而增加货币供给量;反之,如中央银行提高再贴现率,就意味着中央银行限制商业银行通过再贴现来扩张信贷规模,从而控制货币供给量的增加。②告示效应。即再贴现政策的运用具有一定的"告示效果"。也就是说,中央银行调整再贴现率,实际上是为整个经济社会提供了一种有关货币政策的信息。例如,中央银行降低再贴现率,就意味着中央银行实行的是一种扩张性的货币政策;中央银行提高再贴现率,就意味着中央银行实行的是一种紧缩性的货币政策。由于这种政策信号的提前提供,使人们事先做出相应的反应或作好必要的准备。③结构调整效应。如规定再贴现票据的种类,对不同用途的信贷加以支持或限制,促进经济发展中需要扶持行业部门的发展;还可以对不同票据实行差别再贴现率,从而影响各种再贴现票据的再贴现规模,使货币供给结构与中央银行的政策意图相符合。此外,中央银行再贴现率的变动还将对市场利率产生直接的影响。在利率市场化的条件下,中央银行的再贴现率通常被作为一个国家的基准利率,市场利率将围绕这一基准利率上下波动。

2) 再贴现政策的实施条件及优缺点

总体来说,再贴现政策的实施条件是:①票据业务必须成为经济主体进行融资的主要方式之一;②商业银行主要以再贴现方式向中央银行借款。

再贴现政策的最大优点是中央银行可利用它来履行最后贷款人的职责,通过再贴现率的变动,影响货币供给量、短期利率以及商业银行的资金成本和超额准备金,达到中央银行既调节货币总量又调节信贷结构的政策意向。同时,作为一种一般性的货币政策工具,再贴现政策对一国经济的影响是比较缓和的,它有利于一国经济的相对稳定。

再贴现政策的缺点在于:①中央银行处于被动的地位。中央银行固然能够调整再贴现率,但借款与否和借款多少的决定权在商业银行,所以这一政策难以真正反映中央银行货币政策意向。②当中央银行把再贴现率定在一个特定水平上时,市场利率与再贴现率中间的利差将随市场利率的变化而发生较大的波动,它可能导致再贴现贷款规模甚至货币供给量发生非政策意图的波动。③相对于法定存款准备金政策来说,虽然贴现率比较易于调整,但是随时调整也会引起市场利率的经常波动,从而影响商业银行的经营预期,甚至会导致商业银行无所适从。④再贴现率的调节作用有限。繁荣时期提高再贴现率未必能够抑制商业银行的再贴现需求,因为商业银行的盈利更高;萧条时期降低再贴现率也未必能刺激商业银行的借款需求,因为此时的盈利水平更低。⑤具有顺应经济走势的倾向。繁荣时期的物价上涨使得再贴现票据的金额上升,货币供给增加;萧条时期的物价下跌,又使得再贴现金额下降,货币供给减少。货币政策因此可能在繁荣时期"火上浇油",而在萧条时期"雪上加霜"。

3. 公开市场业务

在一般性货币政策工具中,公开市场业务是西方发达国家采用最多的一种货币政策工具。弗里德曼甚至主张把公开市场业务作为唯一的货币政策工具。在他看来,其他货币政策工具所能做到的,公开市场业务都能做到。

1) 公开市场业务的含义与效果

所谓"公开市场业务"(open market operation,也称"公开市场操作"),是指中央银行通过在公开市场上买进或卖出有价证券(特别是政府短期债券)来投放或回笼基础货币,以控制货币供应量,并影响市场利率的一种行为。

中央银行要在公开市场上买进证券,一般可向商业银行或社会公众买进。这两种买进都将引起基础货币的投放,从而扩大商业银行的信贷规模,并通过乘数

第 11 章 货币政策与金融调控

作用使货币供给量成倍扩张。例如,中央银行向商业银行买进5 000万元政府短期证券,将使商业银行的资产结构出现变化。这种变化表现为其原来持有的政府证券减少了5 000万元,而与此同时,其在中央银行的存款增加了5 000万元。这种资产结构的调整使商业银行增加了5 000万元的准备金,因为在一般情况下,商业银行持有的政府证券不能作为准备金,但它在中央银行的存款却可作为准备金。如果该商业银行原来持有的准备金已经足以支持其持有的存款总额,则它通过出售政府证券所得的5 000万元准备金就全部是超额准备金。如果商业银行不留超额准备金,则在它增加5 000万元准备金后,即可贷款5 000万元。通过整个银行体系的连锁反应,货币供给量将会成倍地增加。所以,中央银行买进有价证券,将使基础货币(在此例中是商业银行准备金)等额增加,从而使整个货币供给量成倍扩张。

值得注意的是,中央银行买进有价证券,不仅将使货币供给量增加,而且还将使市场利率下降。一方面,在货币需求一定时,货币供给的增加将引起市场利率的下降;另一方面,中央银行买进有价证券,将引起有价证券需求增加,从而在有价证券供给一定的条件下,将使有价证券的价格上升。由于有价证券的价格一般与市场利率成反向的变动关系,因此,有价证券价格的上升也将引起市场利率的下降。

与上述买进有价证券相反,中央银行如在公开市场上卖出有价证券,由于这只是其买进有价证券的反向操作,因此,它对商业银行的信贷规模,并进而对货币供给量和市场利率的影响过程,与上述买进有价证券所产生的影响过程正好相反。

由此可见,中央银行买进证券是一种扩张性的货币政策。通过买进证券,中央银行不仅可投放一定量的基础货币,从而使货币供给量成倍增加,而且还将使市场利率下降。反之,中央银行卖出证券是一种紧缩性的货币政策。通过卖出证券中央银行将回笼一定量的基础货币,从而使货币供给量成倍缩减,并使市场利率上升。

2) 公开市场业务的实施条件及优缺点

公开市场业务工具的实施及其作用的有效发挥,必须具备下列条件:①发达的、全国性的金融市场,证券种类必须齐全并达到一定的规模。这是公开市场业务操作的重要条件和基础。②中央银行具有较高的权威性且拥有强大的、足以干预和控制整个金融市场的资金实力。③中央银行应有较高的独立性,应赋予中央银行弹性操作的权力。

作为一般性货币政策工具,公开市场业务具有以下几个重要的优点:①中央银行处于主动的地位,其买进或卖出有价证券的规模完全由它自主决定。这显然是再贴现政策所不能做到的。②具有很大的灵活性。中央银行既可通过大量地买进或卖出有价证券,对基础货币实行较大规模的调节;也可以通过少量地买进或卖出有价证券,对基础货币实行"微调"。③可根据经济形势的变化和政策目标的调整而随时作出逆向的操作。例如,当中央银行发现由于过多地买进了有价证券而引起了货币供应量的过快增长时,它即可通过反向的操作(即卖出相应的有价证券)加以及时地矫正。④对基础货币的调节不仅迅速灵活,而且它所调节和控制的是整个银行系统的基础货币总量,这就使这种政策工具的运用符合政策目标的需要。

当然,公开市场业务也有其局限性,这不仅表现在缺乏上述三个条件的国家不能有效地运用这个政策工具,还表现在收效缓慢。因为政府证券买卖对货币供给及利率的影响需要一定时间才能缓慢地传导到其他金融市场,影响经济行为。此外,公开市场业务的运用,还必须有其他政策工具的配合,可以设想,如果没有存款准备金制度,这一工具是无法发挥作用的。

根据以上分析,一般性货币政策工具及其基本的运用策略可用表 11.3 表示。

表 11.3　一般性的货币政策工具及其基本操作

经济形势 政策工具	通货膨胀 (总需求>总供给)	通货紧缩 (总需求<总供给)
存款准备金政策	提高法定存款准备金率	降低法定存款准备金率
再贴现政策	提高再贴现率	降低再贴现率
公开市场业务	卖出证券,回笼基础货币	买进证券,投放基础货币

11.2.2　选择性货币政策工具

选择性货币政策工具是指中央银行针对个别部门、个别企业或某些特定用途的信贷所采用的货币政策工具。与一般性的货币政策工具不同,选择性的货币政策工具通常可在不影响货币供应总量的条件下,影响银行体系的资金投向和不同贷款的利率。在这类货币政策工具中,较常用的主要有消费者信用控制、证券市场信用控制及不动产信用控制,此外,优惠利率和预缴进口保证金等,也属此类货币政策工具。

1. 消费者信用控制

消费者信用控制是指中央银行对消费者购买房地产以外的各种耐用消费品

所规定的信用规模和期限等的限制性措施。消费者信用控制包括规定分期付款中首次付款的最低金额、分期付款的最长期限以及适用于分期付款的耐用消费品的种类等。在消费信用膨胀时期,中央银行采取消费者信用控制,能起到抑制消费需求和物价上涨的作用;反之,在消费需求不足时期,中央银行可减少或降低消费者信用限制措施,从而起到刺激消费需求的作用,进而有利于经济增长。

2. 证券市场信用控制

在采用证券市场的"信用交易"(也称"保证金交易")方式时,投资者不必缴纳购买证券所需的全部价款,而只要按照一定的比率缴纳保证金,经纪人则可通过向商业银行借款,为其客户垫付一部分价款,以增加成交量。此时,中央银行就可将该种交易中的保证金比率作为限制信用的手段。例如,中央银行将保证金比率从50%提高到90%,则经纪人为客户垫付的款项将由原来的50%减少到10%。这就相应地减少了商业银行对经纪人的放款,从而达到收缩信用的目的。中央银行通过提高保证金比率来控制信用具有其特有的优点,它可在限制对证券市场放款的同时,并不因此而紧缩对其他经济部门的信用,从而可避免因全面的信用紧缩而导致的经济衰退。

3. 不动产信用控制

不动产信用控制是指中央银行对商业银行或其他金融机构的房地产贷款所规定的各种限制性措施,以抑制房地产交易中的过度投机。不动产信用控制主要包括规定商业银行或其他金融机构房地产贷款的最高限额、最长期限以及首次付款和分期还款的最低金额等。

4. 优惠利率

优惠利率通常是作为中央银行对国家重点发展的经济部门或产业,如出口工业、农业等,所采取的鼓励措施。这种优惠利率不仅在发展中国家多有采用,即使在发达国家也是普遍采用的措施。

5. 预缴进口保证金

这是类似证券保证金的做法,即中央银行要求进口商预缴相当于进口额一定比例的存款,以抑制进口的过快增长。此类措施多为国际收支经常出现赤字的国家采用。

11.2.3 其他货币政策工具

在货币政策的具体实践中,除了以上所述的一般性货币政策工具和选择性货币政策工具以外,中央银行还可根据本国的具体情况和不同时期的具体需要,运用一些其他的货币政策工具干预和调控经济。这类货币政策工具很多,其中,既有直接的信用控制,也有间接的信用控制。

1. 直接信用控制

直接信用控制是指中央银行从质和量两个方面,以行政命令或其他方式,直接对金融机构尤其是商业银行的信用活动所进行的控制。其中主要包括:

(1) 信贷配给。又称信用配给或信用分配,是指中央银行根据金融市场的资金供求状况及客观经济形势的需要,权衡轻重缓急,对商业银行系统的信贷资金加以合理的分配和必要的限制。① 目前,在大多数发展中国家,由于其资金严重供不应求,所以信贷配给是一种较为常用的直接信用控制手段。

(2) 流动性比率。它是指商业银行持有的流动性资产在其全部资产中所占的比重。中央银行对这一比率加以规定,并要求商业银行保持这一规定的比率,主要是为了限制商业银行的信用能力,保障商业银行的稳健经营,并限制信用的过度扩张。② 在一般情况下,资产的流动性愈高,则其收益率愈低。所以,商业银行要保持中央银行所规定的流动性比率,就不能任意地将流动性资金过多地用于长期性的贷款或投资。在必要时,商业银行还必须缩减长期贷款所占的比重,相应地扩大短期贷款所占的比重,以提高其资产的流动性比率。

(3) 利率上限。一般是指以法律的形式规定商业银行和其他金融机构存贷款利率的最高水平。利率上限是最常用的直接信用管制工具,美国在1980年前曾长期实行的 Q 项条例可以说是这种管制工具的典型。该条例规定,商业银行对活期存款不准支付利息,对定期存款和储蓄存款支付的利率不得高于规定的最高利率水平。当时实行 Q 项条例的主要目的是防止商业银行之间通过提高利率来竞相争夺存款,并进行高风险的贷款。20 世纪 60 年代,一些发展中国家不顾本国国情,盲目效仿西方国家的廉价货币政策,通过设定利率上限来人为地压低利率水平,导致了金融抑制。现在,随着各国相继实行利率市场化改革,这种货币政策工具已很少被运用。

(4) 直接干预。它是指中央银行直接对商业银行等金融机构的业务范围、信贷政策、信贷规模等业务活动进行干预。

---

① 信用分配的概念最先来自于 18 世纪的英格兰银行,当时为了使各银行的信用不至于过度地扩张,英格兰银行规定了自身每月授信的最高额度,然后将这一额度按各商业银行的大小进行分配。

② 这种制度萌芽于第二次世界大战前期,当时的瑞典、瑞士、丹麦、挪威等国在银行法中规定,商业银行保存的政府债券和存款的比率不能低于法定存款的比率。1970 年,英格兰银行建议银行的流动资产比率为 12.5%,而此前则是 8%。

2. 间接信用指导

间接信用指导是指中央银行通过道义劝说、窗口指导等办法间接影响商业银行等金融机构的信用创造活动。

(1) 道义劝告。这是指中央银行凭借自己在金融体系中的特殊地位和威望,通过对商业银行和其他金融机构发布通告或与这些金融机构的负责人进行面谈等方式,来影响其放款的数量和投资的方向,从而达到控制信用的目的。例如,当国际收支出现逆差时,中央银行可劝告各金融机构缩减国外贷款;又如,在证券市场或房地产市场投机盛行时,中央银行可要求商业银行减少对这些市场的贷款。尽管道义劝告对商业银行和其他金融机构没有法律上的约束力,但是由于中央银行的特殊地位和特殊影响,因此,道义劝告往往是有效的。

(2) 窗口指导。中央银行根据产业行情、物价趋势和金融市场动向,规定商业银行季度贷款的增减额,并"指导"执行。如果商业银行不接受"指导"进行贷款,中央银行可削减对其贷款的额度,甚至采取停止提供信用等制裁措施。窗口指导产生于 20 世纪 50 年代的日本,曾一度是日本主要的货币政策工具。日本银行(日本的中央银行)利用自己在金融体系中的威信以及民间金融机构对它的高度依赖性,通过与民间金融机构的频繁接触,来指导它们自觉地遵守日本银行提出的要求,从而达到控制信贷和调节货币供应量的目的。1977 年之后,基于金融结构的变化、间接工具作用增强,日本银行就很少采用强制色彩的窗口指导政策,只在 20 世纪 90 年代初期泡沫经济和金融风潮时期几度采用。

上述间接信用指导的优点是比较灵活,节省费用,但因缺乏法律约束力,所以要发挥作用,中央银行必须在金融体系中具有较高的地位、声望和控制信用的足够的法律权力和手段。

11.3 货币政策的传导机制与中介指标

货币当局或中央银行在确定了货币政策最终目标之后,就要考虑如何运用货币政策工具,最终实现这些目标。这既涉及货币政策传导机制的问题,也与中介指标的选择有关。因为,任何货币政策工具的运用都不能直接地作用于实际的经济活动,而只能通过对某些中间变量的影响来传导到实际的经济活动,从而间接地达到货币政策的最终目标。在货币政策的执行和作用过程中,这些中间变量就是货币政策的中介指标。而从货币政策工具的运用开始,通过中介指标的传导到最终目标的实现所经过的途径或过程,就是货币政策的传导机制(transmission mechanism)。货币政策的中介指标与货币政策的传导机制密切相关。若对货政策传导机制的解释不同,则对货币政策中介指标的选择也将不同。

11.3.1 货币政策的传导机制理论

一直以来,货币政策传导机制都是宏观经济学中研究的热点问题之一,也是货币政策研究领域的核心内容。货币政策传导机制是指中央银行根据货币政策的最终目标,运用货币政策工具,通过金融机构的经营活动和金融市场传导到企业和居民,对其投资和消费等产生影响的过程。对货币政策传导机制的理论分析,在西方,主要有凯恩斯学派的传导机制理论和货币学派的传导机制理论。

1. 凯恩斯学派的货币政策传导机制理论

凯恩斯学派的货币政策传导机制理论主要来源于凯恩斯出版于 1936 年的《就业利息和货币通论》(简称《通论》)一书。根据凯恩斯的分析,货币供应量的增加或减少将引起利率的下降或上升。在资本边际效率一定的条件下,利率的下降将引起投资的增加,利率的上升则引起投资的减少。投资的增加或减少,又将通过乘数作用引起支出和收入的同方向变动。所以,如果以 M 表示货币供应量,r 表示利率,I 表示投资,E 表示支出,Y 表示收入,则凯恩斯的货币政策传导机制理论就可表示如下:

$$M \rightarrow r \rightarrow I \rightarrow E \rightarrow Y$$

凯恩斯认为,如果货币供应量增加,则利率将下降,从而将刺激投资,最终将通过乘数作用而使收入成倍地增加。在凯恩斯之后,凯恩斯学派经济学家们对凯恩斯的这一理论进行了全面的发挥,并增加了许多新的内容。根据对货币政策的传导机制的分析,凯恩斯学派提出以下几个基本观点:

首先,货币政策必须通过利率来加以传导,因此,货币政策的中介指标应是利率。西方国家在货币政策的长期实践中,实际上正是以利率作为中央银行的控制对象的。

其次,从货币政策的传导机制来看,货币政策的作用是间接的,它必须经过两个中间环节,如果这两个中间环节或其中的一个中间环节出现问题,则货币政策将无效。例如,当一国经济出现"流动性陷阱"时,货币供应量的增加就不能使利率下降,于是,货币政策将无效;又如,在利率下降后,如果投资者对利率的下降并不敏感,即投资的利率弹性缺乏,则货币政策亦将无效。所以,凯恩斯学派强调财政政策的有效性,而认为货币政策是不可靠的。

第三,凯恩斯在《通论》一书中所提出的那一套货币政策传导机制理论,只强调了货币和利率等金融因素的变动对实际经济活动的影响,而没有考虑到实际经济活动的变动,如产量、收入等实物变量的变动,也将对货币和利率产生相应的反作用。例如,货币供应量的增加将导致利率下降,利率的下降将刺激投资增加,投资的增加又将引起收入的成倍增加。凯恩斯的分析就到此为止。但实际上,收入的增加必将引起货币需求的增加。于是,在货币供给不再继续增加时,利率必将回升,从而使原已增加了的投资减少,收入也将成倍地减少。所以,货币政策对实际经济活动的传导机制实际上并不是一个单向的过程,而是货币市场与实物市场之间循环往复的作用与反作用的过程。

此后,一些西方学者对上述的局部均衡分析进行了补充与发展,称为一般性均衡分析。其基本观点是:当中央银行采取松的货币政策致使货币供给量增加时,在总需求不变的情况下,利率会相应下降,下降的利率会刺激投资,引起总支出与总收入相应增加。但利率下降后,降低了存款人的存款意愿,借贷资金的供给会减少或不变。与此同时,商品市场上由于收入的增加又提出了更多的货币需求,结果使货币需求量超过货币供给量,造成下降的利率又重新回升,这是商品市场对货币市场的作用。接着上升的利率又促使货币需求下降,利率再次回落,循环往复,最终达到一个均衡点,这一均衡点同时满足了货币市场与商品市场两方面的均衡要求。

可见,凯恩斯学派在货币传导机制的问题上,最大的特点就是非常强调利率的作用,认为货币政策在增加国民收入的效果上,主要取决于投资的利率弹性和货币需求的利率弹性。如果投资的利率弹性大,货币需求的利率弹性小,则增加货币供给所能导致的收入增长就会比较大。虽然对于传导机制的分析,凯恩斯学派还在不断增添一些新的内容,但主要还都是集中在货币供给到利率之间和利率到投资之间的更具体的传导机制以及一些约束条件方面。毋庸置疑,无论有何进展,凯恩斯学派传导机制理论都是仅仅抓住利率这一环节来展开分析的。

2. 货币学派的货币政策传导机制理论

货币学派的货币政策传导机制理论是在批评凯恩斯学派理论的过程中提出的,因此,它与凯恩斯学派的上述理论有着重大的分歧。货币学派认为利率在货币传导机制中不起重要作用,他们认为货币供给量的变化直接影响支出,然后再由支出影响投资,最终作用与总收入。用符号表示就是:

$$M \rightarrow E \rightarrow I \rightarrow Y$$

货币学派认为,利率在货币传导机制中不起主导作用,而是货币供应量在整个传导机制中发挥着直接作用。货币供应量对名义收入的具体影响过程简述如下:

$M \rightarrow E$ 表示的是货币供应量的变化直接影响支出。其原理是:

第一,根据货币需求理论,货币需求有其内在的稳定性。

第二,弗里德曼的货币需求函数中不包含任何的货币供给因素,因而货币供给的变动不会直接引起货币需求的变化；至于货币供给，在现代货币制度中由中央银行控制，货币主义将其视为外生变量。

第三，当作为外生变量的货币供给改变，比如增大时，由于货币需求并不改变，公众手持货币量会超过他们愿意持有的货币量，即货币供给量大于货币需要量，从而利率下降，公众支出增加。

$E \to I$ 表示的是变化了的支出用于投资的过程，货币主义者认为这是对资产结构进行调整的过程。过程如下：

第一，超过意愿持有的货币，即大于既有需求的货币供给，或用于购买金融资产，或用于购买非金融资产，直至进行人力资本的投资。这样将改变金融市场、商品市场，乃至人力资本市场的均衡。

第二，货币持有者对金融资产、非金融资产以及人力资本的投资会引起这些资产相对收益率的变动。如果投资于金融资产偏多，金融资产市值上涨，受益相对下降，从而会刺激对非金融资产的需求；如果对非金融产品投资增加，也就是说产业投资增加，那么既可能促使产出增加，也会促使产品价格上涨。

第三，上述过程的结果必然会引起资产结构的调整，而在这一调整过程中，不同资产的收益率又会趋于相对稳定状态。

第四，是名义收入 Y。Y 是价格和实际产出的乘积。由于 M 作用于支出 E，导致资产结构调整，并最终引起 Y 的变动，这一变动究竟在多大程度上反映实际产量的变化，又有多大比例反映在价格水平上呢？货币主义者认为，货币供给短期内对两方面均可发生影响，但就长期来说，则只会影响物价水平，即货币是中性的。

显然，与凯恩斯学派强调利率在货币传导机制中的作用不同，货币学派强调的是货币供应量的作用。该学派认为，货币政策的影响主要不是通过利率间接来影响投资和收入，而是因为货币供应量超过了人们的意愿持有量，从而直接地影响到社会的支出和货币收入。

西方经济学家对货币政策传导机制的研究，除了以上两个学派[①]之外，还有

---

① 这两个学派的货币政策传导机制理论观点均可归属于资产组合调整效应的传导机制理论。其基本内容是：中央银行货币政策实施之后，必然改变货币供应量。货币供应量的改变往往引起货币需求和供给的变化。货币供给和需求变化之后，往往改变了经济主体的资产组合中不同资产的收益、风险和流动性，因而破坏了原有的资产组合均衡。在这种情况下，经济主体就会重新调整资产组合，直到重新恢复均衡为止。经济主体调整资产组合的行为，通过改变对不同资产的供给和需求，会在不同程度上影响金融资产的价格和收益，进而影响投资和消费，最终影响实际经济活动。

第 11 章 货币政策与金融调控

许多不同的理论观点。如美国斯坦福大学经济学教授格利和爱德华·肖则强调金融机构在货币政策传导过程中的作用,他们认为金融中介机构在信贷供给过程中通过提高储蓄转化为投资的效率而将对整个经济活动产生重大影响。理性预期学派把不完全信息条件下预期失误作为其货币政策传导机制理论的基础。自20世纪80年代以来,货币政策传导机制研究随信息技术的发展而迅速发展,重新注重金融结构的作用。进入20世纪90年代以后,对各主要变量的不同看法使西方经济学家在货币政策传导机制的研究中,逐渐形成了新的不同理论,如财富变动效应的传导机制理论和信用可得性效应的传导机制理论。

财富变动效应的传导机制理论认为,在货币供应量、财富和国民收入之间存在着一条因果链,货币政策可以通过改变货币供应量影响实际财富存量,进而影响实际经济。

信用可得性效应的传导机制理论则指出,一般说来,货币供应量增加,银行信用可供量也随之增加;相反,货币供应量减少,银行信用可供量也随之减少。信用可得性的变动,必然引起经济主体最终支出的变动,影响国民收入的变动。

11.3.2 货币政策的中介指标和操作指标

1. 货币政策中介指标的含义与功能

货币政策的中介指标,又称为货币政策的中介目标、中间变量、中间目标或货币政策的标的等,它是介于货币政策工具变量(操作目标)和货币政策目标变量(最终目标)之间的变量指标。货币政策目标一经确定,中央银行必须选择相应的中介变量,编制具体贯彻货币政策的指标体系,以便具体的政策操作和检查政策的实施效果。

货币政策是实现一定目标的货币供给,其直接作用对象必然是决定货币供给的主要变量。中央银行采取一系列宏观金融调控措施来操纵货币供给,改变中央银行能够施以直接影响的中介变量值,进而指导和影响社会经济活动,保证国家的宏观经济目标得以实现。从操纵货币供给到影响中介目标的过程则是中央银行调控宏观金融的操作过程。因此,就货币政策的基本环节而言,工具变量、中介变量和目标变量的设置及相互间的关系,是中央银行宏观金融调控决策的基本内容。

货币政策中介目标有以下三种功能:

(1) 测度功能。货币政策最终目标是一个长期目标,从货币政策工具的运用到最终目标的实现,有一个较长的作用过程。在这个过程中间必须设置短期的、数量化的金融变量来测定货币政策工具的作用和效果,预计最终目标的实现程度。

(2) 传导功能。事实上,货币当局本身并不能直接控制和实现货币政策最终目标,只能直接操作货币政策工具来影响最终目标。在这个过程中间,需要一个承前启后的中介或桥梁来传导。

(3) 缓冲功能。中介目标的设置是实现货币政策间接调控的基本条件之一。它能使货币政策工具对宏观经济的影响有一个缓冲过程,货币当局可根据反映出来的信息,及时调整货币政策工具及其操作力度,避免经济的急剧波动。

2. 货币政策中介指标选择的标准

中央银行选择什么变量作为货币政策的中介指标,是决定这种政策能否达到最终目标的关键性环节。一般地说,中央银行选择货币政策中介指标的主要标准有三个,即可测性、可控性和相关性。

(1) 可测性。可测性是指中央银行能够对这些作为货币政策中介指标的变量加以比较精确的统计。所以,中央银行在选择以何种变量作为货币政策的中介指标时,必须遵循以下两个基本原则:一是这种变量必须具有比较明确的定义,以便于中央银行对它加以观察、分析和监测,二是中央银行能够迅速地获取这一变量的准确数据。

(2) 可控性。可控性是指中央银行可以较有把握地将选定的中介指标控制在确定的或预期的范围内。也就是说,中央银行能够运用货币政策工具,作用于这些金融变量,并能有效控制其变动。

(3) 相关性。相关性是指作为货币政策中介指标的变量与货币政策的最终目标有着紧密的关联性。于是,中央银行在执行货币政策时,只要能将其选择的中介指标控制在适当的范围内,就可达到或基本达到其预先确定的最终目标。

除了上述三个标准外,还有抗干扰性和适应性标准。由于货币政策在实施过程中,常会遇到许多外来因素或非政策性因素(即经济内生变量)的干扰,因此,只有选取那些受干扰程度较低的中介指标,才能通过货币政策工具的操作达到最终目标。这里所谓的适应性,即与经济体制、金融体制有较好的适应性。经济及金融环境不同,中央银行为实现既定的货币政策目标而采用的政策工具不同,选择作为中介指标的金融变量也必然不同。

3. 货币政策可供选择的中介目标

根据前述标准,特别是前三个标准所确定的货币政策中介目标通常有两类:一类是总量目标,如货币供应量等;另一类是利率指标,如长期利率等。这些中介目标对货币政策工具反应的先后和作用于最终目标的过程各不完全相同,中央银行对它们的控制力度也不一样。

1) 利率

利率作为货币政策的中介目标已经有相当长的历史,因为中央银行能够直接影响利率的变动,而利率的变动又能直接、迅速地对经济产生影响,利率资料也容易获取。

利率作为中介目标主要是指中长期利率,这是凯恩斯学派所极力推崇的,20世纪70年代以前被多数西方国家的中央银行采纳。利率作为货币政策的中介目标的理由是:一是可控性强。中央银行可以直接控制再贴现率,或者通过公开市场业务和再贴现政策调节市场利率。二是中央银行在任何时候都能观察到市场利率的水平及结构,可以随时进行分析和调整。三是与最终目标的相关性强。凯恩斯主义者认为,中长期利率对投资有着显著的影响,对不动产及机器设备的投资尤其如此,因此利率与收入水平直接相关。

凯恩斯学派主张将充分就业作为最终目标,为了达到充分就业,认为货币政策的中介目标应该是利率而不是货币供应量。他们认为:在利率很低的情况下,货币供应量即使很大,也会被公众吸收、储藏,成为休闲货币,掉入"流动性陷阱",对社会经济的影响微不足道。因此,在凯恩斯主义经济思想的影响下,美国等西方国家过去的传统都是以市场利率为主要的中介目标的。

然而,在现实经济生活中,由于利率具有复杂性、易变性、利率调整的时滞性,特别是真实利率所具有不易测量的性质,这些都使得利率难以成为理想的中介目标。此外,利率兼具经济变量、政策变量特性。作为经济变量,利率变动与经济周期顺循环,即经济景气时,利率趋于上升,经济不景气时,利率趋于下降;作为政策变量,利率变动应与社会总需求的变动方向一致,即当社会总需求过高时提高利率,社会总需求不足时降低利率。但是,对中央银行来说,判断利率变动的性质就有了问题。换言之,中央银行难以知道当前利率变动是利率作为经济变量的变动,还是作为政策变量的变动。或者在多大程度上是作为经济变量的变动,这是很难判断的。而这也就决定了中央银行难以知道货币政策的执行效果。总之,以利率作为中介目标,中央银行在实际操作中常常会因为其政策效果与非政策效果混淆难辨,或者是在政策尚未奏效时即误以为调控成功,或者是难以确定政策是否有效。

2) 货币供应量

货币供应量也称总量目标,这是以弗里德曼为代表的现代货币主义者所推崇的中介目标。货币供应量能够成为货币政策中介目标是因为其符合中介目标的标准:一是可测性,它们都分别反映在中央银行、商业银行和非银行金融机构的资产负债表内,可以随时进行量的测算和分析;二是可控性,M_1和M_2虽不由中央银行直接控制,但中央银行可以通过对基础货币的控制、调整准备金率及其他措施间接地控制住;三是相关性,货币供应量代表当期的社会有效需求总量,对最终目标的实现直接相关。然而,在相关性方面货币供应量存在一些问题,因为在 M_0、M_1、M_2 和 M_3 中,主要是 M_1 和 M_2 中,究竟哪一个指标与最终目标的相关性最强?以货币供应量作为货币政策的中介目标,最大的问题就是指标口径的选择。

现代货币学派认为,利率在货币政策传导机制中并不起重要作用,而是更强调货币供应量在整个传导机制中的直接效果。即货币实际余额的变动可直接影响支出和收入,而不需通过利率对投资和收入的间接传导。鉴于此,现代货币主义则主要以反通货膨胀为货币政策的主要目标。他们提出"单一规则"的货币政策:将货币供应量(M_2)作为货币政策主要的中介目标,主张把货币供应量增长率与国内生产总值增长率保持在一个固定的比率上。在现代货币主义政策思想影响下,美国联邦储备体系也在1979年以后改为以货币供应量(M_2)为货币政策主要的中介目标。

目前将货币供应量作为中介目标所面临的问题是:随着金融产品的不断创新,货币的范围在逐渐扩大并有超出中央银行控制的趋势;货币供应量与经济活动之间的稳定关系也在逐渐破裂,例如,金融资产的财富效应会刺激人们的需求欲望,导致总需求的扩大,而这是中央银行所无法控制的。

值得注意的是,尽管市场利率和货币供应量是各国中央银行货币政策中介指导的通常选择,但是由于各国的经济环境不同,市场经济的发展水平不同,尤其是货币金融领域的特点不同,货币政策中介目标的选择也不能一概而论,而必须根据本国的具体国情,做出适当的选择。即使在同一个国家,也应当根据经济金融环境的变化进行必要的调整。例如,西方发达国家在最近数十年间就曾交替地以市场利率和货币供应量作为其货币政策的中介目标。从最近十多年来有关货币政策问题的理论研究来看,我国经济学界也一直有着不同观点的争鸣。而从货币政策的具体实践来看,我国在计划经济时期实际上主要以现金和信贷规模作为货币政策的中介目标,而目前则主要以各个层次的货币供应量作为货币政策的中介目标。随着经济金融体制改革的深化和对外开放的扩大,我国货币政策中介目标的进一步调整也是完全有可能和有必要的。

4. 货币政策的操作指标

货币政策的操作指标也称近期目标,是指介于货币政策工具和中介目标之间的金融变量。从货币政策发挥作用的全过程来看,操作指标离货币政策工具最近,是货币政策工具直接作用的对象,随工具变量的改变而迅速改变。中央银行正是借助货币政策工具作用于操作指标,进而影响中介目标并实现货币政策的最

第 11 章 货币政策与金融调控

终目标。

操作指标的选择同样要符合可测性、可控性和相关性三个标准。除此之外，操作指标的选择在很大程度上还取决于中介目标的选择。具体而言，如果以总量指标为中介目标，则操作指标也应该选取总量指标；如果以利率为中介目标，则操作指标的选择就应该以利率指标为宜。从主要工业化国家中央银行的操作实践来看，被选作操作指标的主要有短期利率、基础货币和银行体系的存款准备金。

1) 短期利率

短期的市场利率即能够反映市场资金供求状况、变动灵活的利率。在具体操作中，主要是使用银行间同业拆借利率。中央银行将其作为货币政策的操作指标，主要是因为银行同业拆借利率的水平和变动情况很容易就可以得到，因此它的可测性很好。中央银行调控短期利率的手段是公开市场操作和再贴现窗口，具有较强的灵活性。但其作为操作指标存在的最大问题是，利率对经济产生作用存在时滞，同时因为其是顺商业周期的，所以容易形成货币供给的周期性膨胀和紧缩。

2) 基础货币

基础货币是比较理想的操作指标。第一，从可测性来看，基础货币为中央银行资产负债表上的负债，其数量大小随时在中央银行的资产负债表上反映出来，中央银行很容易获得相关数据。第二，从可控性来看，基础货币中的现金，其数量是由中央银行直接控制的；金融机构的存款准备金总量则取决于中央货币政策工具的操作。第三，从相关性来看，中央银行通过对基础货币的操纵，一方面能使商业银行及社会大众调整其资产构成，改变货币乘数；另一方面通过货币基数的变化直接影响货币供应总量，从而影响到市场利率、价格以及国民收入，实现货币政策的最终目标。

3) 存款准备金

银行体系的存款准备金也可以当作货币政策的操作指标，主要是因为存款准备金的变动一般较容易为中央银行测度、控制，并对货币政策的最终目标的实现产生影响。

首先，就可测性而言，无论是法定准备金还是超额准备金，中央银行只要翻开自己的统计报表就可以很方便地得到或者通过相应的估测得到。

其次，中央银行可以通过公开市场业务、再贷款政策和对存款准备金率的调整，保证准备金的可控性。

第三，关于相关性，因为基础货币由流通中的现金和银行准备金组成，通过调控银行准备金就可以改变基础货币，从而改变货币供应量。

尽管如此,由于准备金中超额准备部分决定着银行体系的信贷扩张能力,而超额准备金的大小,取决于商业银行的贷款意愿,而不由中央银行决定。从这个意义上说,中央银行对货币政策目标的控制能力是有限度的。

综上所述,货币政策中介指标和操作指标共同构成了货币政策的中间性指标。两者的主要区别是:货币政策中介目标处于最终目标和操作指标之间,是中央银行通过货币政策操作和传导后能够以一定的精确度达到的政策变量,通常有市场利率、货币供应量,在一定条件下,信贷量、汇率和股权收益率等也可充当中介指标。而货币政策操作指标是中央银行通过货币政策工具操作能够有效准确实现的政策变量,如准备金、基础货币、短期利率(如中央银行利率、同业拆借市场利率、回购协议市场利率、票据市场贴现率等)。操作指标有两个特点:一是直接性,即可以通过政策工具的运用直接引起这些指标的变化;二是灵敏性,政策工具可以准确的作用于操作指标,使其达到目标区。

11.3.3 货币政策的作用过程

一般地说,中央银行通过各种货币政策工具的运用,将对商业银行的准备金和短期利率等经济变量产生比较直接的影响,而这些经济变量的变动将影响到货币供应量和长期利率。由于货币供应量和长期利率将对实际的经济活动产生比较直接的影响,因此,如果货币政策操作得当,则其最终结果将是达到其预定的货币政策的最终目标。

例如,中央银行在公开市场上向商业银行买进一定数量的有价证券,则商业银行的准备金将增加。由于商业银行的准备金是基础货币的重要组成部分,因此,在货币乘数一定的条件下,商业银行准备金的增加将使货币供应量成倍地增加。从其具体的过程来看,当商业银行通过向中央银行出售有价证券而获得准备金后,它即可通过发放贷款或从事投资而引起存款货币的成倍扩张。另外,如前所述,中央银行在公开市场上买进有价证券,将不仅导致货币供应量增加,而且还将导致利率下降。无论是货币供应量增加,还是利率下降,都将引起总需求的增加,尤其是引起投资规模的扩大。于是,其最终结果通常是物价上涨、就业增加和经济增长。这就说明,中央银行通过这一货币政策的执行,在一定程度上达到了充分就业和经济增长这两个最终目标,但未能达到稳定物价这一最终目标,这是由货币政策最终目标之间的矛盾所决定的。

由以上分析可知,货币政策的作用过程大致可用图 11.2 来比较直观地加以表示。

由图 11.2 可看到,货币政策的作用过程或传导机制大致可分为以下三个步骤:第一步,货币政策工具的运用将直接地作用于货币政策的近期中介指标(也称操作指标);第二步,货币政策近期中介指标的变动将影响货币政策的远期中介指标;第三步,货币政策远期中介指标的变动将影响实际的经济活动,从而达到货币政策的最终目标。

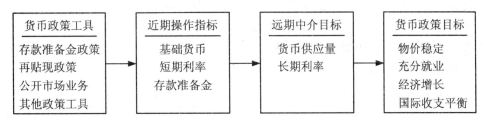

图 11.2　货币政策的作用过程

11.4　货币政策效应

货币政策效应就是货币政策的实施对实现货币政策目标的绩效或有效性,分为时滞效应和数量效应。人们用时间差来衡量货币政策时滞效应,而在衡量货币政策的数量效应即货币政策效应的大小强弱时,则是着眼于货币政策实施所取得的效果与预期所要达到的目标之间的差距。此外,货币流通速度和微观主体的预期等,也是影响货币政策有效性的因素。

11.4.1　货币政策的时滞效应

货币政策从制订到获得主要的或全部的效果,需要经过一段时间,这段时间即称为时滞(time lag)。如果收效太迟或难以确定收效时间,则政策本身能否成立也就成了问题。货币政策的时滞有内部时滞(inside lag)与外部时滞(outside lag)两种。

1. 内部时滞

内部时滞是指作为货币政策操作主体的中央银行制定和实施货币政策的全过程。当经济形势发生变化,中央银行认识到应当调整政策,并着手制定新政策,修正政策的实施方位或力度,再到操作政策工具的过程,每一步都需要耗费一定的时间。内部时滞还可细分为两个阶段:①从经济金融情况发生变化,需要中央银行采取行动到中央银行在主观上认识到这种变化并承认需要采取行动的时间间隔,称为认识时滞(recognition lag)。②从中央银行认识到需要采取行动到实际采取行动的时间间隔,称为行动时滞(action lag)或行政时滞(administrative lag)。

内部时滞的长短,主要取决于中央银行对经济形势变化和发展的敏感程度、预测能力以及中央银行制订政策的效率和行动的决心。如果在经济衰退发生之前或通货膨胀明显暴露之前中央银行就采取扩张的或紧缩的货币政策,则内部时滞就不存在。因此,内部时滞的长短与中央银行能否正确预测,能否提前行动高度相关。而这又与决策人员的素质、中央银行权力的大小以及经济体制的制约程度等问题紧密联系。

2. 外部时滞

外部时滞又称影响时滞,是指作为货币政策调控对象的金融部门及企业部门对中央银行实施货币政策的反应过程。与内部时滞相比较,外部时滞比较客观,且为货币政策时滞的主要部分。一般情况下,它由社会的经济、金融条件决定,中央银行不能直接控制。例如,由于客观经济条件的限制,货币供应量的增加与利率的下降不会立即引起总支出与总收入的增加。就投资而言,企业必须对外部经济信息有较强的敏感性,先作出投资决策,从意向产生到调查再到计划的形成,然后开始订购、运输、再投入生产等等,每一步都需要时间。可见,外部时滞也包括两个部分,即决策时滞(decision lag)和生产时滞(production lag)。

外部时滞的长短,主要取决于货币政策的操作力度和金融部门、企业部门对政策工具的弹性大小。货币政策并不直接控制对商品和劳务的需求,其生效的渠道主要在于投资的反应,而投资的反应是要通过利率起作用的。

总之,时滞是影响货币政策效应的重要因素。如果货币政策产生的影响可以很快表现出来,则中央银行可根据期初的预测值,考察货币政策的生效状况,并对货币政策的调控幅度作适当的调整,从而能够更好地实现预期目标。若货币政策的时滞不定且无法预测,则货币政策实施过程中经济可能会发生较大变化,使货币政策效果可能违背中央银行的初衷,甚至可能使经济、金融形势进一步恶化。因此良好的货币政策应使政策的时滞降低到最低程度。

按照美国的研究表明,货币政策对 GDP 的影响的最高点,一般要经过一至两年的滞后才能达到。

11.4.2 货币政策的数量效应

货币政策的数量效应,即对货币政策效应大小的判断,一般着眼于实施的货币政策所取得的效果与预期所要达到的目标之间的差距。以评估紧缩政策为例,如果通货膨胀是由社会总需求大于社会总供给造成的,而货币政策正是以纠正供求失衡为目标,那么这项紧缩性货币政策效应的大小甚至是否有效,就可以从这样几个方面考察:①如果通过货币政策的实施,紧缩了货币供给,并从而平抑了价格水平的上涨,或者促使价格水平回落,同时又不影响产出或供给的增长率,那么可以说这项紧缩性货币政策的有效性最大。②如果通过货币供应量的紧缩,在平抑价格水平上涨或促使价格水平回落的同时,也抑制了产出数量的增长,那么货币紧缩政策有效性的大小,则要视价格水平变动率与产出变动率的对比而定。若产出数量虽有减少,但减少规模还不算大,而抑制价格水平的目标接近实现,可视为货币紧缩政策的有效性较大;若产出量的减少非常明显,而价格水平目标的实现并不理想,货币紧缩的有效性就较小。③如果货币紧缩政策无力平抑价格上涨或促使价格回落,却抑制了产出的增长甚至使产出的增长为负,则可以说货币紧缩政策是无效的。衡量其他类型的货币政策效应,也可采用类似的思路。

11.4.3 影响货币政策效应的其他因素

1. 货币流通速度

对于货币流通速度的一个相当小的变动,如果政策制订者未能预料到或在估计这个变动幅度时出现小的差错,都可能使货币政策效果受到严重影响,甚至有可能使本来正确的政策走向反面。然而,现实生活中,对货币流通速度的估计,很难做到不发生误差,因为影响它发生变动的因素太多。当然,这也就限制了货币政策的有效性。

2. 微观主体的预期因素

例如,政府拟采取长期的扩张政策,人们通过各种信息预期社会总需求会增加,物价会上涨。此时,工人会通过工会与雇主谈判以提高工资,企业预期工资成本的增大而不愿扩展经营。最后的结果是只有物价的上涨而没有产出的增长。

鉴于微观主体的预期,似乎只有在货币政策的取向和力度没有或没有完全为公众知晓的情况下,才能生效或达到预期效果。但这样的可能性不大:①货币当局不可能长期不让社会知道它所要采取的政策;②即使采用非常规的货币政策,不久之后也会落在人们的预期之内。假如货币当局长期采取非常规的货币政策,则将导致微观经济主体做出错误判断,并会使经济陷入混乱之中。但实际的情况是,公众的预期即使是非常准确的,要实施对策也要有个过程。这就是说,货币政策仍可以奏效,但公众的预期行为使其效应大打折扣。

除了上述因素外,影响货币政策效应的还有其他一些因素,尤其是客观经济条件的变化以及政治因素等。比如,扩张性财政政策偶遇生产要素的结构性短缺、紧缩性政策导致开工率过低等。政治因素对货币政策效果的影响也是巨大的。由于任何一项货币政策方案的贯彻,都可能给不同阶层、集团、部门或地方的利益带来一定的影响。这些主体如果在自己利益受损时做出较强烈的反应,就会形成一定的政治压力。当这些压力足够有力时,就会迫使货币政策进行调整。

11.4.4 货币政策发挥作用的条件及其与财政政策的协调配合

货币政策效应的大小也就是货币政策在实现宏观经济调控中起多大作用的问题。中央银行通过对各类货币政策工具的运用,使基础货币与货币供应量发生变化,引起市场利率发生改变,继而影响投资与消费,影响社会总需求。只有当货币量的变化通过传导媒介影响到社会总需求的变化时,它对实际生产过程才会产生影响。这个传导媒介就是利率。因此货币政策对宏观调控作用的大小,即效果的发挥,主要取决于两个条件:一是货币数量变化对利率的影响程度;二是利率变化对货币需求量的影响程度。一般说来,在市场经济比较发达的国家,企业与各类金融机构都是独立的经济实体,以追求盈利为目的;商品价格由市场供求所决定,生产要素可以自由流动,因此这两方面都有较强的影响,货币政策对经济调控是有效的,但问题是在这两个方面都有不稳定的特点,例如,微观主体的预期就有可能给货币政策带来抵消作用。当中央银行预备采取长期紧缩性的货币政策,减少货币供给量,以提高利率时,微观主体预期中央银行会进一步提高利率水平,因而对实物资产的需求增加,并导致商品生产进一步扩大。这与中央银行实施紧缩性货币政策的目的背道而驰。此外,经济发展过程中客观经济条件的变化也会给这两方面带来不稳定性。比如,在实施扩张性货币政策中,生产领域出现了生产要素的结构性短缺。这时纵然货币的供给很充裕,但由于瓶颈部门的制约,实际的生产也难以增长,扩张的目标即无从实现。由此看来,货币政策的有效性存在一定程度的局限性。而在那些市场经济不发达的国家,由于市场机制不健全,货币政策的有效性将大受影响。

综上所述,货币政策要有效发挥作用,需要有完善的市场机制;微观主体要真正成为自主经营、自负盈亏的经济实体,以利益为导向;生产要素能够自由流动;中央银行要有一定的独立性;要有健全的法制、法规与之配套。但即使在这样的条件下,由于经济状况变化的复杂性,货币政策也会存在一定程度的局限性与滞后性。为了有效地进行宏观调控,在现实生活中,各国都普遍重视货币政策与其他经济政策尤其是与财政政策的协调配合。

财政政策与货币政策是一国重要的两大宏观经济政策。两种政策都可通过影响总需求进而影响总产出与总收入。货币政策通过利率调节投资,影响总需

第 11 章 货币政策与金融调控

求,财政政策是对政府开支及税收进行调节进而影响总需求。但两者也有明显的区别。一般说来,在实现紧缩目标时货币政策比较有效,在实现扩张的目标时财政政策比较有效。例如,为了抑制过度需求,降低通货膨胀,可以运用多种货币政策工具,紧缩银根,减少总需求,操作起来比较及时、灵活。而财政政策却相反,要改变税收与政府开支,对许多国家来说,均需立法机构的讨论,且增税与缩减福利支出这类问题,较难获准通过。在实理扩张的目标中,财政政策的作用比较直接,财政政策通过降低税率可直接鼓励投资;扩大政府开支则往往导致货币供给增加并进而引起总需求的扩张,而且时滞较短。至于货币政策,如果要在比较萧条的情况下通过降低利率以实现扩张的目标,则比较困难。因为投资的积极性在这种条件下往往并非低的利率就能调动起来的。此外,两大政策的另一点区别是:两者性质不同。就严格意义上说,财政政策是依靠行政力量强制推行,是针对特定经济主体,为达到特定目标所采用的措施,主要用以解决经济结构问题;而货币政策则是依靠金融体系,进行一般经济总量的调控。

由于货币政策与财政政策既有相同点,又有不同点。为了有效进行宏观调控,可以将两大政策配合使用。例如为了扭转严重的经济过热或衰退,可采取"双紧"或"双松"的搭配方式;在并非极端的情况下,可采取紧的货币政策与松的财政政策或紧的财政政策与松的货币政策的搭配方式,以中和政策过强带来的消极作用等。

总之,我们既要看到货币政策的作用,又要看到它的局限性与滞后性,采取相应的政策配合,才能取得良好的政策效果。

11.5 我国货币政策与金融调控

我国社会主义市场经济的发展尤其离不开国家的宏观调控,宏观调控的核心是金融调控。从 1984 年 1 月 1 日起,中国人民银行专门行使中央银行职能,逐渐完善货币政策体系,货币政策已成为国家宏观调控的重要政策。进入 20 世纪 90 年代以后,随着中央银行体制的不断完善,我国逐渐建立了以间接调控为主的货币政策调控体系,中国人民银行运用公开市场操作、存款准备金率、利率、再贷款和再贴现等间接调控手段,调节货币供应量,保持币值稳定,促进经济发展。[1]

---

[1] 张晓慧.走向间接调控的中国货币政策[J].中国金融,2008(23):44.

11.5.1 我国货币政策的目标

由于长期实行计划经济体制,在 20 世纪 80 年代中期之前,我国尚无货币政策目标之说。1986 年通过的《中华人民共和国银行管理条例》,首次将金融机构的任务界定为"发展经济、稳定货币、提高社会经济效益",这可以理解为对货币政策目标的一个粗略表述。其后,这一表述逐渐演变为"稳定货币、发展经济"的双重货币政策目标。1993 年 12 月《国务院关于金融体制改革的决定》提出,我国货币政策的最终目标是"保持货币的稳定,并以此促进经济增长",这是对多年来我国货币政策双重目标的重大改革。

国内关于货币政策目标问题的讨论,发生于中国人民银行专门行使中央银行职能之后,到 20 世纪 80 年代末、90 年代初,理论界对此问题的讨论进入高潮。当时,国家管理企业的主要方式正逐渐地由原来的直接控制向间接调控转化。根据具体国情,我国货币政策的目标究竟应该是什么?理论界众说纷纭。但是,归结起来,大致可分为三种不同的观点:

(1) 单一目标论。即认为我国货币政策的目标只有一个。又分两种意见:一是主张以稳定货币从而稳定物价作为我国货币政策的唯一目标,即"单一稳定目标论";二是主张以经济增长作为我国货币政策的唯一目标,即"单一增长目标论"。

(2) 双重目标论。即认为我国货币政策的目标应有两个,一个是稳定物价,另一个是发展经济。但在双重目标论者之间,对稳定物价与发展经济这两个目标孰先孰后,即以哪个目标作为首要目标,也有着不同观点的争议。

(3) 多重目标论。随着对这一问题讨论的深入,理论界还提出了第三种观点,即认为我国货币政策的目标应该与西方发达国家一样,是多重目标,即货币政策最终目标除了稳定物价、促进经济增长外,还应包括充分就业和国际收支平衡。

由此可见,20 世纪 90 年代初,我国金融理论界对于货币政策的最终目标这一问题还有着较为激烈的争论,这种争论对于正确确定我国货币政策的最终目标无疑是有益的。通过这种争论,人们逐渐认识到,作为货币政策的最终目标,币值的稳定与经济的增长实际上是相辅相成、缺一不可的。《中华人民共和国中国人民银行法》第三条规定:"货币政策目标是保持货币币值的稳定,并以此促进经济增长。"这就说明,我国中央银行货币政策的首要目标是保持币值的稳定,但币值稳定的最终目的是促进经济的增长。

这里所谓"保持货币币值的稳定",实际上有着两个既有联系又有区别的含义:一是保持货币的对内价值的稳定,二是保持货币的对外价值的稳定。一国货

第11章 货币政策与金融调控

币的对内价值主要是通过该国国内的一般物价水平直观地反映出来的,而一国货币的对外价值则一般是通过该国货币与他国货币的汇率反映出来的。所以,所谓"保持货币币值的稳定",实际上是要达到以下两个目标:一是保持国内一般物价水平的稳定,二是保持本国货币对外汇率的稳定。只有在这种稳定的国内外金融环境中,才能促进我们经济的增长和发展。

11.5.2 我国货币政策中介指标及操作指标

如前所述,中央银行运用各种货币政策工具,最终实现宏观调控目标是一个较长的传导过程。在此期间,须借助于中介指标,并通过其变化来影响最终目标。中介指标的设立关系到货币政策的实施及最终取得的效果。中央银行选择货币政策的中介指标时,主要以可测性、可控性及相关性为条件或依据。

1994年以前,在理论上和实际操作中,我国均没有明确的货币政策的中介指标,中央银行一直采取以行政命令式的直接调控手段为主,实际选用的中介指标主要是信贷规模(或称信贷总量)及现金发行量。但随着社会主义市场经济体制的逐步确立,经济改革的进一步深化,这两种中介指标已日益显出与经济发展的不相适应。

首先,就现金指标来说,在高度集中的计划经济体制下,它具备了货币政策中介指标的三大条件:现金指标的数据容易获得,并且通过中央银行严格的现金管理措施,使现金指标具有可控性。此外由于现金是当时的"专业银行"信贷资金的一大来源,往往影响信贷规模的大小,也具备一定的相关性。但是经济发展到今天,原有专业银行向商业银行改革已经完成,各行之间业务交叉和开展竞争,现金管理是一个难题;随着金融市场的发展和金融资产的多样化,控制现金只是控制了社会货币供应量的很小一部分,不能反映整个社会货币供应量。由此可见,随着经济的进一步发展,现金作为中介指标的可控性与相关性日渐降低,已不适宜再作为我国货币政策的一大中介指标。

其次,就信贷规模指标而言,我国之所以将其作为一项主要的中介指标,原因是在计划经济下社会货币供应量是由银行信贷与现金两大"闸门"流出的,现金可由中央银行直接控制,通过信贷规模控制,即人民银行年初下达贷款指标,层层分解,不得突破,它的可控性也相当强,在一段时期内的确起到相当有效的作用。但问题是:信贷规模控制在实际执行过程中往往出现偏差,例如,由于"倒逼机制"的存在,造成年初下达的指标屡屡被突破,不得不一次次修改,信贷规模控制近于失效。此外,由于融资方式多样化,大量资金绕过信贷规模流放于社会,控制信贷规模同样不能有效地控制货币供应量,并且存在一定的矛盾,它与宏观经济目标的相关性也在下降。

因此,进入20世纪90年代,我国货币政策中介指标就完成了由信贷计划向货币供应量过渡的准备。1993年12月25日发布的《国务院关于金融体制改革的决定》明确规定:"货币政策的中介指标和操作目标是货币供应量、信用总量、同业拆借利率和银行备付金率。"从1994年开始,中国人民银行逐步缩小了信贷规模的控制范围[①],加速了对货币供应量的统计分析与研究,从当年第三季度起,按季向社会公布货币供应量分层次监测目标,并观察基础货币的变动。1996年,中国人民银行正式将货币供应量作为中介目标,开始公布M_0(流通中的现金)、M_1(狭义货币)和M_2(广义货币)三个层次的货币供应量指标。此后,现金发行量不再作为货币信贷计划中的控制指标,仅作为监测货币信贷形势的一个辅助指标。1998年,中国人民银行取消了对国有商业银行的贷款规模控制,正式编制基础货币规划,货币政策操作向间接调控迈出了重要一步。此后,货币供应量(尤其是M_1和M_2)名副其实地成为我国货币政策中介指标。而信贷计划改为按年(季)下达的指导性计划,但仍将信贷总量指标作为经常性的监测指标。

现阶段我国以货币供应量作为货币政策的中介指标,具有以下几方面的优势:一是能够满足可测性要求。二是具有较强的可控性。随着间接调控工具的广泛运用和不断完善,中央银行有能力通过各种间接调控工具对货币供应量进行控制并影响其变动趋势。三是相关性较好。这一指标对经济生活的作用十分直接,它的变动会立即在经济生活中得到反应。四是选择货币供应量作为货币政策标的,能够有效地抵抗非货币政策因素的干扰,避免政策效果与非政策效果相互混淆。五是符合我国现阶段经济金融的要求。因此,从现阶段我国实际情况出发,应将货币供应量作为货币政策的主要中介指标。[②]

需要说明的是,在货币供应量各层次划分中,M_0的口径太窄,M_2包括了潜在货币,在我国金融市场发育尚不健全的情况下,潜在货币与现实货币的界限比较

---

① 1994年2月,我国在四家国有商业银行(即中国工商银行,中国农业银行,中国银行,中国建设银行)实行"贷款限额项下的资产负债比例管理";1996年12月,除了四大国有商业银行外,其他商业银行实行全面的资产负债比例管理。

② 当然,也有人反对以货币供应量作为我国的货币政策中介指标或标的。主要理由是:就可测性而言,我国目前的货币供应量统计存在结构上的问题,即按照负债主体进行分组而不是按照流动性分组,这种分组方式很难完全准确地计算出实际的货币供应量;就相关性而言,我国货币供应量增长率的变化受行政干预的成分较重,行政干预难免会扭曲货币供应量与经济变量之间的稳定联系。

清晰,因此宜把 M_1 作为货币政策中介指标的重点。M_1 是直接用于市场交易的货币,与经济活动尤其是与物价水平的变动密切相关,因而适宜作为货币政策中介指标的重点。当然,中央银行在重点控制 M_1 的同时,也要兼顾 M_0 与 M_2。因为我国尚处于社会主义初级阶段,市场发育还不健全,各种结算工具没有得到普遍推广,现金与消费品价格的变动存在一定联系,中央银行仍需采取相应调控措施,控制现金投放量。而 M_2 中的居民储蓄在银行存款总额中所占的比重正逐步增加,大量的储蓄存款对通货膨胀构成潜在压力,中央银行同样不能忽视。

在市场经济比较发达的国家除了选择货币供应量作为中介指标外,通常还以利率作为中间指标。但在我国现阶段,利率还不适宜作为我国货币政策的中介指标。主要原因是反映资金供求关系的市场利率尚未真正形成,企业与银行又都缺乏自我约束机制,导致利率变动不能起约束与激励投资和储蓄的作用,阻碍了利率作用的发挥。随着市场机制的健全,利率市场化的形成,利率作为货币政策的中介目标将得到更充分的运用,进而逐步建立以中央银行利率为基础,以货币市场利率为中介,由市场供求决定存贷款利率水平的市场利率体系和形成机制。

就我国货币政策的操作目标来说,在货币政策直接调控阶段,实际上信贷总量既是中央银行货币政策的中介目标,也是日常操作的目标。在货币政策间接调控阶段,货币政策的日常操作主要监测两项指标,一是商业银行的超额准备金率,二是货币市场同业拆借利率或债券回购利率。

11.5.3 我国货币政策工具及其运用情况

当前,公开市场业务、再贴现和存款准备金这"三大法宝"已成为我国中央银行采用的主要货币政策工具。十多年来的实践表明,我国中央银行利用公开市场操作等货币政策工具,调控货币供应量、稳定人民币币值,取得了成功,积累了经验。中央银行对金融形势的监控和对金融机构、金融市场的监管也已经形成了一套较为完善的程序和办法。根据《中华人民共和国中国人民银行法》的规定,我国中央银行货币政策工具包括:①要求金融机构按规定比例交存存款准备金;②确定中央银行基准利率;③为在中央银行开立账户的金融机构办理再贴现;④在公开市场买卖国债和其他政府债券及外汇。因此,我国货币政策工具主要有:存款准备金制度、再贴现与再贷款、公开市场操作和利率工具等。

1. 存款准备金政策

1984 年我国确立了中央银行体制,并同时实行了存款准备金制度。20 世纪 90 年代之后,存款准备金制度一改往日仅作为央行资金来源的角色,开始作为调控基础货币和商业银行货币创造能力的手段加以运用,它在增强中央银行的资金

现代货币金融学

实力,控制商业银行的信贷规模方面起了一定作用。

1998年3月21日,中国人民银行决定改革存款准备金制度,主要内容包括:第一,调整金融机构一般存款范围。将金融机构代理人民银行财政性存款中的机关团体存款、财政预算外存款,划为金融机构一般存款。金融机构按规定比例将一般存款的一部分作为法定存款准备金存入人民银行。第二,将原各金融机构在人民银行的准备金存款和备付金存款两个账户合并,称为"准备金存款"账户。第三,法定存款准备金率从当时的13%下调到8%,由各金融机构总部存入总部所在地的人民银行。对各金融机构的法定存款准备金按法人统一考核。

从2004年4月25日起,中国人民银行实行差别存款准备金率制度,对资本充足率较低、不良贷款比率较高的金融机构实行较高的存款准备金率,从而建立对金融机构的正向激励和约束机制。差别存款准备金率制度的主要内容是,金融机构适用的存款准备金率与其资本充足率、资产质量状况等指标挂钩。金融机构资本充足率越低、不良贷款比率越高,适用的存款准备金率就越高;反之,金融机构资本充足率越高、不良贷款比率越低,适用的存款准备金率就越低。实行差别存款准备金率制度可以制约资本充足率不足且资产质量不高的金融机构的贷款扩张。此项政策调整不影响企业和居民的经济生活。考虑到中国各类金融机构改革进程的差异,尚未进行股份制改革的国有独资商业银行和城市信用社、农村信用社暂缓执行差别存款准备金率制度。

自2003年9月至2008年6月,针对外汇大量流入的情况,中国人民银行搭配使用公开市场操作和存款准备金工具,先后20次提高存款准备金率,由6%调至17.5%,发挥存款准备金工具深度冻结流动性的作用,同时对农村信用社实行较低的存款准备金率,扩大支农信贷资金来源。

2. 再贷款与再贴现政策

中央银行对金融机构的再贷款或再贴现,体现了中央银行作为银行的银行,对金融体系给予的必要的资金支持,实际上已成为我国中央银行向商业银行或其他金融机构提供基础货币的重要渠道。调整再贷款或再贴现量是扩大与紧缩社会货币供应量的有效方法之一。

1984年,在"统一计划,划分资金,实贷实存,相互融通"的信贷资金管理体制下,中国人民银行与专业银行的资金往来采用存贷款形式的运行机制,由此奠定了中央银行通过对金融机构贷款(即再贷款)调控基础货币的基础。在原"借差计划"的基础上,中国人民银行对原专业银行核定了借款基数,并于1985年一次性贷款给原专业银行总行作为铺底资金,此后中央银行对原专业银行贷款成为了吞吐基础货币的主要渠道。1994年以后,中国人民银行通过回收国有银行的部分

第 11 章 货币政策与金融调控

再贷款,对冲因外汇占款增加而投放的基础货币。自 2004 年起,中国人民银行对再贷款实行分类管理,将再贷款划分为三类:一是流动性再贷款,包括短期再贷款和对农村信用社再贷款;二是专项政策性再贷款,包括对中国农业发展银行再贷款、对金融资产管理公司再贷款、对国有商业银行再贷款;三是金融稳定再贷款,包括地方政府向中央专项借款,用于处置证券公司等高风险金融机构的再贷款。

1986 年 4 月公布的《中国人民银行再贴现试行办法》标志着我国的再贴现政策开始运行。中央银行通过调整再贴现率来影响金融机构借入资金的成本,间接影响市场利率,影响社会总供求;另一方面通过审查再贴现票据的资格引导产业结构调整。从 1986 年起,部分省市的银行开始办理商业票据的贴现业务。一些地区人民银行分支机构也相应开办了再贴现业务。1994 年 11 月,为了发挥信贷资金在经济结构调整中的作用,促进商业票据承兑、贴现业务发展,中国人民银行开始大力推广和扩大再贴现业务,当时就安排了 100 亿元专项资金用于有关煤炭、电力、冶金、化工、铁道五行业和棉花、烟草、生猪、白糖四品种已贴现票据的再贴现。1998 年,适应取消国有商业银行贷款规模管理、加强间接调控力度的需要,中国人民银行改革再贴现利率生成机制,再贴现利率作为一种独立的利率体系存在并发挥作用,贴现利率通过在再贴现利率基础上加点的方式生成,加强了再贴现利率与贴现利率之间的关联度。

从相关立法和实践情况来看,1995 年 3 月颁布的《中华人民共和国中国人民银行法》中明确规定:中国人民银行可以利用再贴现政策进行宏观调控。从那时起,人民银行再贴现业务得到了较快发展。现存问题是我国目前商业信用不发达,票据化程度不高,银行与企业的自我约束力低,严重依赖"资金供给制",阻碍了再贴现政策的发挥。实际上,我国中央银行的再贷款一直在其资产中占有很大的比重,这是我国中央银行基础货币吞吐的主要渠道。为此,需要进一步创造条件,大力推广商业票据结算,完善贴现市场,强化预算约束,有效发挥再贴现政策控制信用总量的作用。

3. 公开市场业务

相对于其他货币政策工具,公开市场业务操作灵活弹性大,中央银行可根据经济环境的变化,随时在金融市场上买进或卖出证券,具有完全的主动性,被视为调整货币供应量的较理想的货币政策工具,可用来作为进行日常宏观调控的一种手段。我国公开市场操作包括人民币操作和外汇操作两部分。

伴随着 1994 年外汇管理体制的重大改革,中国人民银行公开市场业务也从外汇市场操作开始起步。1996 年 4 月,中国人民银行启动买卖国债的公开市场业务。1998 年 5 月中国人民银行把国债、中央银行融资券和政策性金融债纳入交易工具之列,拓宽了公开市场业务交易工具范围。

中国人民银行从 1998 年开始建立公开市场业务一级交易商制度,选择了一批能够承担大额债券交易的商业银行作为公开市场业务的交易对象(2010 年公开市场业务一级交易商共包括 40 家商业银行)。这些交易商可以运用国债、政策性金融债券等作为交易工具与中国人民银行开展公开市场业务。从交易品种看,中国人民银行公开市场业务债券交易主要包括回购交易、现券交易和发行中央银行票据。

回购交易分为正回购和逆回购两种:正回购为中国人民银行向一级交易商卖出有价证券,并约定在未来特定日期买回有价证券的交易行为,是从市场收回流动性的操作,正回购到期则为向市场投放流动性的操作;逆回购为中国人民银行向一级交易商购买有价证券,并约定在未来特定日期将有价证券卖给一级交易商的交易行为,为向市场上投放流动性的操作,逆回购到期则为从市场收回流动性的操作。自 2007 年 9 月起,中国人民银行启动并逐步加大以特别国债为质押的正回购操作力度,搭配使用央行票据、特别国债等工具,灵活开展公开市场操作。

现券交易分为现券买断和现券卖断两种,前者为人民银行直接从二级市场买入债券,一次性地投放基础货币;后者为人民银行直接卖出持有债券,一次性地回笼基础货币。

中央银行票据即中国人民银行发行的短期债券,通过发行中央银行票据可以回笼基础货币,中央银行票据到期则体现为投放基础货币。2003 年 4 月以后,中国人民银行将发行央行票据作为央行调控基础货币的新形式,通过发行央行票据收回银行体系多余流动性。

1999 年以来,公开市场操作已成为中国人民银行货币政策日常操作的重要工具,对于调控货币供应量、调节商业银行流动性水平、引导货币市场利率走势发挥了积极的作用。

4. 利率政策

改革开放以来,中国人民银行加强了利率手段的运用。根据宏观经济金融形势调整利率水平与结构,发挥利率杠杆调节总需求的作用。如 1993 年 5 月和 7 月,中国人民银行针对当时经济过热、市场价格上涨幅度持续攀升的情况,两次提高了贷款利率。这两次利率调整,与 1994 年以后出台的其他重大经济改革措施配合,对抑制固定资产投资规模、控制通货膨胀,发挥了重要作用。在稳妥灵活运用利率手段的同时,中国人民银行稳步推进利率市场化改革,通过发展金融市场并创新市场化产品、逐步扩大利率浮动范围、简化利率档次等方式,实现了"存款利率管上限、贷款利率管下限"的阶段性改革目标。一是以放开银行间同业拆借利率为突破口,通过发展市场和创新产品推进债券利率市场化。二是以渐进方式稳步推进存贷款利率改革。三是完善中央银行利率体系,运用货币政策工具调控市场利率。四是培育市场基准利率体系,完善金融机构定价机制。此后,国内利率结构呈现多元化特征,档次分类更加详尽,差别逐渐拉大,市场化定价机制不断完善,1996年CHIBOR以及2007年SHIBOR的投入运行成为利率市场化进程中的重要标志。

目前,中国人民银行采用的利率工具主要有:①调整中央银行基准利率,包括:再贷款利率、再贴现利率、存款准备金利率和超额准备金利率;②调整金融机构法定存贷款利率;③制定金融机构存贷款利率的浮动范围;④制定相关政策对各类利率结构和档次进行调整等。今后中央银行还应进一步运用利率政策,扩大各金融机构的利率浮动权,根据社会资金供求状况,适时调整基准利率,带动金融机构的利率调整,影响市场利率使资金供求趋于平衡,以利于经济的稳步发展。

5. 其他货币政策工具

除了上述几种主要的货币政策工具外,中国人民银行还采用一些选择性的货币政策工具,例如,对国家急需发展的部门和行业,以及一些老少边穷地区,实行优惠利率政策;对国家的重点项目发放专项贷款,等等。同时,还不定期召开行长联席会议,将中央银行的货币政策意图传达给各类金融机构,要求其采取配合措施。

11.5.4 我国金融调控的实践和经验

金融宏观调控是国家对经济总量进行的调节与控制,保证社会再生产协调发展的必要条件,也是社会主义国家管理经济的重要职能。然而,由于不同时期宏观经济体制、运行机制和微观基础不同,我国货币政策调控目标和手段并不相同。

1978年以前,为适应社会主义计划经济体制的需要,我国参照前苏联模式建立起了高度集中的国家银行体系——"大一统"的银行体系。"大财政、小银行"是这一阶段的主要特点,中国人民银行的各项业务仅仅是作为对财政职能的补充,既无调控理念,更无调控主体,金融宏观调控的概念自然无从谈起。因此,严格地说,我国真正意义上的金融调控,是在党的十一届三中全会以后才开始拉开序幕的①。

1. 金融间接调控方式的逐步建立

1984年中国人民银行开始专门行使中央银行职能,在以后的10年里,中国

---

① 王自力. 我国金融调控30年回顾与展望[J]. 甘肃金融,2008(12):4~5.

的货币政策主要采取直接调控方式,即通过控制贷款规模来控制货币。

进入20世纪90年代以后,这一传统做法遇到了严峻的挑战,主要表现在:一是随着金融机构多元化的发展,国家银行贷款规模控制覆盖的范围逐步缩小;二是对外贸易发展迅速,特别是1993年以后外汇占款大量增加,货币供应渠道发生变化,国家银行贷款规模对货币供应量的贡献率下降。

在直接调控显现出越来越大局限性的情况下,中国的金融调控逐步向间接调控转变。从1994年开始,中国人民银行逐步缩小了信贷规模的控制范围,同年4月正式启动外汇公开市场操作,又于1996年4月正式启动人民币公开市场业务。1996年,正式把货币供应量作为货币政策中介目标,并按月对社会公布货币供应量指标。

1997年3月开始,中国人民银行总行向国有商业银行总行开办再贴现业务,这意味着中央银行开始把再贴现作为基础货币投放的渠道之一,并把再贴现率作为重要的调控工具来使用。

从1998年1月1日开始,取消了信贷规模管理方式,开始实行资产负债比例管理;同年,中国人民银行对存款准备金制度进行了改革,合并了存款准备金和备付金,下调了存款准备金比率;同年5月份,恢复了公开市场操作。由此,以取消贷款规模限额控制和扩大公开市场业务操作为主要标志,我国金融调控基本实现了由直接调控向间接调控的转变。具体而言,中国人民银行从直接管理商业银行的资产负债表转向只负责中央银行的资产负债表,从过去依靠贷款规模指令性计划控制,转变为根据货币政策中介目标,综合运用利率、公开市场业务、存款准备金、再贷款、再贴现等货币政策工具,间接调控货币供应量,保持币值稳定,促进经济发展。货币政策工具的市场化程度不断加深,货币政策工具的选择由侧重数量调节逐渐向价格调节过渡,同时不断提高货币政策透明度,注重引导公众预期。各类货币政策工具在金融宏观调控中发挥了重要作用。

综上所述,改革开放以后,伴随着中国人民银行专门行使中央银行职能,货币政策体系逐步完善。在1998年取消贷款规模之前,货币政策调控的特点是主要依靠对信贷及现金规模的直接控制来管理、调节经济运行,防止通货膨胀,促进经济增长。随着社会主义市场经济体制的建立和完善,1998年中国人民银行取消对商业银行的贷款规模控制,货币政策向间接调控过渡,对间接调控机制和价格型调控手段的运用逐步加强。货币政策根据经济运行状况不断调整,既成功地治理了通货膨胀,又有效地防止了通货紧缩,在促进国民经济稳定发展中发挥了越来越重要的作用。

2. 金融间接调控方式的实践与经验[①]

改革开放 30 多年来,我国宏观经济经历了八次较大的宏观调控,包括六次反通胀(1980 年前后、1985 年前后,1988～1989 年、1993～1995 年、2003～2008 年和 2010～2011 年)和两次反通缩(1998～2002 年和 2008～2009 年)。前两轮宏观调控,由于计划经济体制的影响较大而偏重以行政的、直接调控的手段为主。其后的宏观调控虽然行政手段还比较明显,但是经济手段的作用已越来越重要,并注重使用公开市场操作、存款准备金率、存贷款利率等工具对经济进行间接调控。

从近年来治理通货膨胀到防止通货紧缩等过程中,我们探索并积累了实施货币政策的一些经验。

一是货币政策调控必须从我国国情出发,在充分考虑经济发展和就业增长的同时,做好维护价格稳定的工作。通过实施货币政策,创造价格稳定的良好环境,有利于最大程度地实现经济增长与充分就业等多目标间的谐调一致。

二是更加注重价格型工具的应用,发挥价格杠杆的基本配置功能。与行政手段相比,利率等价格杠杆的优势在于能够引导微观主体自发而有序地进行调整。因此,必须不断完善利率的市场形成机制,发挥金融市场在价格发现、资源配置、风险评估等方面的作用。同时,我国作为一个发展中大国,必须牢牢把握对国内经济的调控能力。坚持按照主动、可控、渐进原则推进汇率改革,增强汇率弹性,有利于提高调控货币信贷总量以及运用利率调节经济的能力,提高金融调控的自主性。

三是稳步推进金融市场发展、金融企业改革和支付清算体系建设,完善货币政策传导机制,为金融宏观调控提供基础性条件。货币政策的有效性取决于传导机制的效率。微观层面的金融企业改革和金融市场发展,有助于提高微观主体对货币政策反应的灵敏度。同时,做好政策沟通与预期引导,提高货币政策的有效性。

四是要增强货币政策的前瞻性和科学性。货币政策效应的发挥往往需要一定时间,并且随着我国经济对开放和市场化程度的不断提高,影响经济运行的不确定性因素增加,货币政策决策和调控的难度加大。因此,必须对经济、金融运行状况进行全面监测,科学分析和预测,以准确判断可能出现的通货膨胀和系统性金融风险,增强货币政策决策和实施的前瞻性、科学性和有效性。

---

① 参阅:张晓慧.走向间接调控的中国货币政策[J].中国金融,2008(23):46～47.

五是要加强货币政策与财政政策等其他宏观经济政策的配合。一般来说,货币政策侧重于短期总量调节,熨平短期经济波动,为市场机制发挥配置资源的基础性作用提供适度的宏观环境。而财政政策、产业政策等在促进中长期结构调整方面更具优势。在进行宏观调控时,必须根据经济运行情况有针对性地采用适当的政策搭配,才能取得最好的调控效果。同时要加强货币政策调控与金融监管的协调配合。金融监管的根本目的是维护金融机构的稳健合规运行,夯实金融体系的微观基础;货币政策调控的基本职能是保持总量平衡,为经济增长创造稳定的货币金融环境。两者各司其职,加强协调,形成良性互动,共同促进国民经济发展。

纵观三十多年来的金融改革,我国宏观调控能力大大提高,实现了从无到有、从粗到细、从直接到间接的成功转型。正是由于间接调控方式的不断成熟和有效运用,使经济调控走出了以往"一放就乱,一乱就收,一收就死,一死再放"的怪圈。当前"以间接调控为主,直接调控为辅"的宏观调控模式,以较为完善的货币政策体系为基础,引入市场机制,综合运用多种手段,有力地保证了国民经济发展的持续性与稳定性,避免了经济大起大落现象的重现。

本章小结

货币政策是指一国货币当局(主要是中央银行)为实现其既定的宏观经济目标,运用各种工具调节货币供应量和利息率,进而影响宏观经济的方针和措施的总和。一般包括三个方面的内容:①政策目标;②实现政策目标所运用的政策工具;③具体执行所达到的政策效果。此外,还应包含中介指标和政策传导机制等内容。

货币政策目标是指中央银行制定和实施某项货币政策所要达到的特定的经济目的。目前,西方发达国家的货币政策有四大目标,即稳定物价、充分就业、经济增长及国际收支平衡。但理论分析和政策实践都表明,这些货币政策目标,有的可以兼容协调,如充分就业可以促进经济增长,经济增长又反过来有助于充分就业;有些目标之间却存在着一定的矛盾和冲突,常常不能同时实现。因此,在货币政策的实践中,必须协调或解决不同目标之间的矛盾。究其方法最主要的有四种,即统筹兼顾、相机抉择、轮番出击及政策配合。

货币政策工具是指中央银行为实现货币政策目标所运用的策略手段。根据其基本性质及其在实践中的运用情况,货币政策的工具大致可分为一般性政策工具(即存款准备金政策、再贴现政策和公开市场操作"三大法宝")、选择性政策工具(如消费者信用控制、证券市场信用控制、不动产信用控制、优惠利率和预缴进口保证金等)和其他补充性政策工具(包括直接信用控制工具,如信贷配给、流动性比率、利率上限、直接干预等,以及间接信用指导工具,如道义劝说和窗口指导等)三类。

货币政策的中介指标与货币政策的传导机制密切相关。若对货币政策传导机制的解释不同,则对货币政策中介指标的选择也将不同。货币政策的中介指标是介于货币政策工具变量(操作目标)和货币政策目标变量(最终目标)之间的变量指标。而货币的传导机制即是运用货币政策工具或手段影响中介指标,进而对总体经济活动发挥作用的途径和过程的机能。

货币政策中介指标通常具有测度、传到和缓冲三种功能。中央银行选择货币政策中介指标的主要标准有三个,即可测性、可控性和相关性。此外,还有抗干扰性和适应性标准。可供选择的中介指标主要有利率与货币供应量。货币政策的操作指标是指介于货币政策工具和中介目标之间的金融变量。从主要工业化国家中央银行的操作实践来看,被选作操作指标的主要有短期利率、基础货币和存款准备金。

货币政策效应就是货币政策的实施对实现货币政策目标的绩效或有效性,分为时滞效应和数量效应。前者是指货币政策从制订到获得主要的或全部的效果所需要经过的一段时间,包括内部时滞和外部时滞两种;而后者则是指实施的货币政策所取得的效果与预期所要达到的目标之间的差距。此外,货币流通速度和微观主体的预期等,也是影响货币政策有效性的因素。

从 1984 年 1 月 1 日起,中国人民银行专门行使中央银行职能,逐渐完善货币政策体系,货币政策已成为国家宏观调控的重要政策。进入 20 世纪 90 年代以后,随着中央银行体制的不断完善,我国逐渐建立了以间接调控为主的货币政策调控体系,中国人民银行运用公开市场操作、存款准备金率、利率、再贷款和再贴现等间接调控手段,调节货币供应量,保持币值稳定,促进经济发展。

【本章重要概念】

货币政策　货币政策目标　货币政策工具　存款准备金政策　再贴现政策　公开市场操作　道义劝说　窗口指导　货币政策传导机制　货币政策中介指标　货币政策操作指标　货币政策效应　货币政策时滞效应　内部时滞　外部时滞　货币政策数量效应

【复习思考题】

1. 什么是货币政策?它有哪些构成要素?

2. 西方国家货币政策的最终目标有哪些？中央银行在同一时间实行同一种货币政策能否同时达到这些最终目标？为什么？
3. 如何确定货币政策的中介目标，其主要依据有哪些？
4. 试述货币政策工具包括的内容。
5. 什么是法定存款准备金政策？其效果和局限性如何？
6. 什么是再贴现政策？它有哪些优缺点？
7. 什么是公开市场业务（操作）？它有哪些优缺点？
8. 选择性货币政策工具有哪些？其作用特点如何？
9. 什么是货币政策传导机制？它有哪些新变化？
10. 在货币政策传导机制问题上，凯恩斯学派与货币学派分别有怎样的解释？
11. 如何认识货币政策的效果？
12. 什么是内部时滞和外部时滞？
13. 为什么在宏观调控中，必须配合运用货币政策和财政政策？试结合我国的实际情况作一些分析。
14. 简要分析我国货币政策工具及调控方式转变的必要性。

第4篇

金融改革、开放与监管

第12章 金融创新与金融工程

本章导读

20世纪70年代中期以来,由于西方发达国家金融市场管制的放松,金融产业结构发生了重大变化,各种新的金融产品不断地开发出来,国际金融市场上发生了一种前所未有的变化,那就是金融创新。金融制度、金融机构、金融工具等诸多方面的创新对世界金融业影响深远,并且至今方兴未艾,成为金融发展的全球性趋势。这股金融创新的浪潮不仅革新了传统的金融业务活动和经营管理方式,给整个金融业带来了巨额的利润和空前的繁荣,而且对货币需求、货币供给也产生了很大的影响,改变了金融总量和结构,重塑了金融运行机制,对货币政策的有效性提出了严峻的挑战,也给货币理论提出了新的研究课题。

与此同时,作为金融创新的生命线——金融工程,也正越来越广泛地应用于商业银行、投资银行及其他非金融机构的日常运作之中。它不断地为金融创新提供技术和理论上的支持,成为推动世界经济持续发展的一支重要力量。在20世纪90年代初,许多具有创新思想的银行家和金融业从业人员开始从新的角度认识自己的行为,"金融工程"的说法开始流传。1992年,包括多名诺贝尔经济奖获得者在内的一些学者、金融业实务人员在美国证券交易所、摩根斯坦利、花旗银行等机构的支持下,发起和组建了"国际金融工程师学会"(简称IAFE)。在20世纪90年代,金融工程还作为一个学科正式进入大学校园。例如,在美国,麻省理工学院、哈佛大学、康奈尔大学、斯坦福大学、加州伯克利大学、纽约大学、哥伦比亚大学等著名学府都已经设立了金融工程的学位或专业证书教育。同时,金融工程的学术研究非常迅速地应用化,像纽约工业大学和华尔街的重要金融机构建立了密切的业务合作联系。另外,金融工程也在20世纪90年代大规模现身实务界,许多大型银行(如大通曼哈顿银行、美洲银行等)和非银行金融机构(如高盛、美林、摩根斯坦利等投资银行)都开始雇佣高水平的金融工程师,利用大型计算机和先进的通讯设备,进行标准的金融工程活动。

12.1 金融创新的背景及动因

12.1.1 金融创新的含义

创新概念是由美籍奥地利著名经济学家熊比特(Joseph Alois Schumpeter, 1883~1950)提出的,当时指新的产品的生产、新技术或新的生产方法的应用、新的市场开辟、原材料新供应来源的发现和掌握、新的生产组织方式的实行等。金融创新正是循着这一思路提出的。金融创新背后的根本经济力量是竞争,它通常导致了执行金融功能的方式的改进。

关于金融创新(Financial innovation)的含义,目前国内外尚无统一的解释。有关金融创新的定义,大多是根据熊彼特的观点衍生而来。熊彼特于 1912 年在其成名作《经济发展理论》(Theory of Econoforc DeveloPment)中对创新所下的定义是:创新是指新的生产函数的建立,也就是企业家对企业要素实行新的组合。金融创新就是在金融领域内建立"新的生产函数",是企业家对各种金融要素实行新的结合,是为了追求利润机会而形成的一切市场改革。根据对创新概念的界定,可以将金融创新解释为:金融领域内部通过各种要素的重新组合和创造性变革所创造或引进的新事物。具体而言,金融创新是指金融机构为生存、发展和迎合客户的需要而创造的新的金融产品、新的金融交易方式,以及新的金融市场和新的金融机构的出现。这个概念包括四方面的内容:金融创新的主体是金融机构;金融创新的目的是盈利和效率;金融创新的本质是金融要素的重新组合,即流动性、收益性、风险性的重新组合;金融创新的表现形式是金融机构、金融业务、金融工具、金融制度的创新。金融创新有狭义和广义之分。狭义的金融创新是指金融工具、金融业务的创新。而广义的金融创新则涵盖了金融体系和金融市场上各种革新,包括新制度、新市场、新工具、新业务、新方式、新机构乃至新的组织形式和管理方法等。

12.1.2 当代金融创新的背景分析

金融创新是个历史范畴。第二次世界大战后,西方国家的金融创新是从 20 世纪 60 年代开始,70 年代全面展开,80 年代最为活跃,形成金融创新的浪潮,成为国际金融领域中的显著特征。从当代经济发展史来看,金融创新的国际背景主要有:二战后国际资本流动及欧洲货币市场的建立与发展;20 世纪 70 年代世界"石油危机"以及由此产生的"石油美元"的回流;20 世纪 80 年代国际债务危机的爆发和影响。

1. 欧洲货币市场和资本市场的形成与发展

第二次世界大战后,科学技术的发展促进了生产的国际化和市场的国际化,这就要求资本的国际化与之配套,日益扩大的国外投资和国际资本流动规模呼唤一个发达、高效的国际融资体系。正是在这种背景下,欧洲货币市场和欧洲资本市场相继诞生了。

欧洲货币市场和资本市场的建立标志着国际金融市场发展到一个崭新的阶段。作为新型的国际金融市场,欧洲货币市场和资本市场与传统的国际金融市场有着本质的区别,并决定了它具以下基本特征:①对市场的刺激具有高度灵敏性;②对世界经济的发展具有完全的适应性;③对各种金融业务具有很强的灵活性。因此,欧洲货币市场和资本市场的形成开创了当代金融创新之先河,并进而推动金融工具、金融市场、金融机构以及金融管理等的一系列创新。

2. 全球性"石油危机"及其"石油美元"的回流

20世纪70年代的石油大幅度提价,致使石油输出国形成巨额的国际收支顺差,大量的美元进入这些国家,并流向全世界,形成一种世界范围内流动性极强的、被称为"石油美元"的资金力量。"石油美元"的形成及其回流冲击着国际货币体系和国际金融市场,引起了20世纪70年代世界经济格局的巨大变化。

石油涨价使得世界各国的国际收支发生了严重的不平衡,那些因为支付昂贵的石油费用而出现国际收支逆差的非产油国,不得不进入欧洲货币市场和资本市场寻找资金补充;而以"欧佩克(OPEC)"为代表的产油国则因为国际收支顺差极度膨胀,也需要进入这两个市场寻找投资机会。这一方面促成了欧洲货币市场和资本市场的发展,另一方面导致巨额石油资金流入西欧、美国,形成了"石油美元"的回流,即"石油美元"从石油输出国返回石油进口国。"石油美元"的回流是以在西方工业国的银行存款和直接投资形式实现的。这不仅引起了欧洲货币市场和资本市场的发展,而且也使得这两个市场必须根据国际资本运动的规律及时采取一系列措施,调整业务结构和业务的操作程序,从而推动了新的一轮金融创新。

3. 国际债务危机及其影响

1982年8月,随着墨西哥、巴西、阿根廷等国相继宣布无力偿还外债,国际性债务危机终于爆发。该危机严重削弱了发达国家和发展中国家的经济,加剧了国际金融的不稳定性。这就要求形成新的融资工具和融资方式,以帮助在不稳定的经济环境中运作的投融资双方,降低风险,增加盈利。

一般来说,国际上解决债务危机的方式主要有三种:①调整经济政策以增强偿债能力,包括提高劳动生产率和经济增长率,扩大出口以改善国际收支等。但这种方法不仅历时较长,并可能降低消费,而且为了维持经济增长还得继续举债,这又将增加偿债负担和风险。②减轻债务还本付息的负担,通过再融资办法重新安排债务。在推迟还债期间,债务国可赢得时间纠正某些不恰当的经济政策。③采取某种减债方式,包括根据市场或议定的条件来减少债务或利息支付的存量。

债务危机对国际金融业产生了深远的影响:①国际商业银行不再以20世纪70年代那样的规模和方式放款;②债权人和债务人采取自然风险分担的配套方法来改革旧的融资方式;③处理和缓解债务危机过程中,创造了许多解决债务问题的方法,如债务股权转移、购回旧债发行有抵押条件的新债、债务转换成债券等等。可见,国际债务危机在造成国际金融业动荡不安的同时,也极大地促成了金融工具和融资方式的创新。

12.1.3 金融创新的直接动因

如果说上述背景事件是第二次世界大战后金融创新的基本背景或间接原因的话,那么计算机与通讯技术的发展和世界范围的放松金融管制则是金融创新的直接动因。此外,通货膨胀的加剧和利率的频繁波动、金融业竞争的加剧等,也是当代金融创新的产生的重要原因。

1. 影响深远的计算机与通讯技术的发展

计算机与通讯技术的发展彻底改变了金融观念,直接加快了金融创新和金融革命。计算机和通讯技术的运用使世界范围的银行传统业务发生彻底变革,并通过4个阶段逐步实现。

第一阶段是计算机改革银行传统业务中的计算简单、重复性强、核算数据量大的统计、记账、支票业务处理。使得金融系统的资金运用和调度基本摆脱了手工操作,从而提高了系统的效率。

第二阶段是计算机对银行的资产、负债、中间三大业务实行联机作业管理。通常各银行在总行设置电脑主机,在各分支机构设置分机和终端设备,通过通讯线路与总行联机处理银行三大业务,包括存款、信贷、票据、汇兑、结算、信托等具体项目。这既方便了客户,加强了银行内部的资金营运和管理,也大大提高了资金周转率。

第三阶段是计算机对银行各营业部门实现自动化服务。其主要服务设施是自动出纳机,它是复杂的电脑技术在银行业务领域最完善的运用,它可以安装在任何适当的地点为客户提供24小时准确、迅速、安全、可靠的高质量的服务。可以说,自动出纳机是银行业现代化的重要标志之一。

第四阶段是计算机进行自动转账。这是种连接全国的银行电脑网络系统,它把社会上的企业、银行和家庭联成一体,使得人们在本单位或家用终端机或其他电信设备就可完成账务的清算和结算。这就极大地降低了社会在银行内部的资金营运、清算、联行往来,企业与企业、企业与银行的资金往来,以及职工的工资发放、存取和各种费用的交纳等方面的人力耗费,它使整个社会化生产方式更加成熟,更加富有效率。

计算机与通讯技术在银行领域的运用从根本上改变了金融业的传统观念和传统业务,开创了新的金融业务、新的金融市场以及新的金融管理领域。主要体现在计算机与通讯技术的应用与发展:①促成了融资技术的创新,产生了一批新型账户;②开拓了金融市场,主要表现为电子新技术促进欧洲货币市场和资本市场的新发展;③促成了国际金融业的支付与信息系统的新革命;④使得金融管理方法也不断创新。

综上所述,电子技术的引入使金融业发生了巨变。目前发达国家已经实现了金融业务处理、资金流转及信息处理电子化,电子计算机正把各种金融业务构织进一张巨大的电子网络之中,其终端机触角伸向各个家庭、企业、各地、各国。各类金融机构在新的条件下不断推出新型的金融工具。这些工具有的可满足投资、投机、保值、提高社会地位等多种需求,有的介于定活期存款间、股票债券间、存款与债券间,存款与保险单间,存款与证券间;有的是可转换式的,如贷款转证券,定期转活期,债券转股票等;还有的是与价格指数、市场利率或某一收益率挂钩的弹性收益式的……总之,这些工具品种多样,特性灵活,具有标准化、国际化、通用化的特点。

2. 世界范围金融管制的放松

放松金融管制的根本原因是,金融机构已经能够在电子计算机技术不断进步和国际金融市场发展的条件下,有效地规避传统的管制办法,而且这种规避也确实能够促进经济和金融的发展,这就迫使各国货币管理当局改弦更张,放松金融管制。具体原因包括世界经济形势的重大变化、电子计算机应用技术的不断进步和国际金融市场的发展等。这些原因从本质上讲,既是生产国际化和资本国际化趋势加强的体现,也是国际自发流动性增强、国际融资机制不断完善的要求。在这种环境中,旧的金融管理规章制度已经成为经济发展的障碍,而这种障碍的打破,就必然导致全球性的放松金融管制,进而引发全面的金融创新。

放松金融管制本身就是一种制度创新,它在促使银行传统业务创新的同时,也刺激大批新的金融工具脱颖而出,金融市场随之得到开拓和发展,20世纪70年代通货膨胀后,世界经济和国际金融领域因此呈现出勃勃生机。

3. 通货膨胀的加剧和利率的频繁波动

20世纪60年代以来,西方主要国家的通货膨胀不断加剧,利率水平不断上升,而且变化幅度增大。如美国1980年初的通货膨胀率和利率都跃升至20%。为规避高通胀和高利率风险,金融业创新了各种金融工具及其市场。

4. 金融业竞争的加剧

20世纪70年代以来,西方国家出现了金融管制放松和金融自由化的势头,金融市场上除了原有的银行金融机构之外,各种非银行金融机构大量涌现。这样,不同金融体系之间以及同一金融体系中银行与非银行金融机构之间为了生存和发展,展开了激烈的竞争。在竞争中,各金融机构竭力创新金融产品,开辟新的业务领域。

12.1.4 金融创新的理论流派

金融创新的理论是关于金融创新原因和影响的理论。从金融创新形成的原因分析,金融创新大多数属于政府严格管制的逆效应、高通货膨胀的压力和高技术提供的条件。在金融创新形成浪潮时,西方经济学家对此进行研究,提出各种理论。

1. 技术推进论

这种理论认为,新技术的出现及其在金融业的应用,是促成金融创新的主要原因。特别是电脑和电信设备的新发明在金融业的应用,是促成金融创新的重要因素。早期研究技术创新对经济发展贡献的是熊彼特、韩农和麦道威。他们经过实证研究,提出了新技术的采用是导致金融创新主要原因的理论。

从目前情况看,凡是在计算机和通讯领域有重大进展,首先加以大规模应用的,除了国防就是金融业,金融业成为信息技术发展的一个展示窗口。新技术首先影响的是交易和清算系统,目前流行的各种电子货币、网络货币、电子清算系统就是典型例子。其次,新技术的应用也对传统金融业务和金融工具产生了影响。例如,芝加哥商业交易所(CME)原先有一个流行的S&P500指数期货合约,由于采用了新的电子交易系统,于2000年推出新的E-mini S&P500指数期货合约,从交易时间、合约规模等方面均与原先的合约有所区别,受到了市场参与者的欢迎。目前,我国商业银行正在推行的"一卡通"、"一网通"、网络银行等新业务,也同样离不开网络技术的支持。

2. 规避管制论

这一理论的主要代表人物是凯恩(E. J. Kane)。该理论认为,金融创新主要是由于金融机构为了获取利润而回避政府管制所引起。各种形式的政府管制与控制,性质上等于隐含的税收,阻碍了金融机构获得盈利的机会。因此,金融机构会通过创新来规避政府管制。当金融创新危及金融稳定与货币政策时,金融当局会加强管制,新的管制又会导致新的创新,两者不断交替,形成一个相互推动的过程。可见,在管制和创新之间存在一个"管制—创新—再管制—再创新……"的循环往复的斗争过程,并将其称为"管制的辩证过程"。

从现实情况来看,金融领域内的很多新变化也的确是直接由管制引发的。例如,美国历史上关于利率上限的《Q 条例》导致了银行业 NOW、SNOW 等账户的开设;关于跨州银行业务和银行证券分业管理的法令,导致了金融控股公司的兴起;在我国,关于股票上市的管制条例导致了所谓"一级半"市场的出现;另外,很多结构化金融产品也是直接针对税收等法律限制而设立的。

3. 货币促成论

这一理论的代表人物是货币学派的弗里德曼。这种理论认为,金融创新的出现,主要是货币方面因素的变化所引起的。20 世纪 70 年代的通货膨胀和汇率、利率反复无常的波动,是金融创新的重要成因,金融创新是作为抵制通货膨胀和利率波动的产物而出现的。如 20 世纪 70 年代出现的可转让支付命令账户、浮动利率票据、浮动利率债券、外汇期货等,都是金融创新的产物。

4. 约束诱导论

1983 年,美国经济学家 W·西尔柏(W. L. Silber)提出了关于金融创新的约束诱导假说。该理论认为,金融业回避和摆脱内部和外部的制约是金融创新的根本原因。金融机构之所以发明各种新的金融工具、交易方式和服务种类、管理方法,其目的是摆脱面临的各种内部和外部的制约。金融机构的内部制约是指传统的增长率、流动资产比率、资本率等管理目标;外部制约是指金融当局的各种管制和制约,以及金融市场上的一些约束。当上述因素制约金融机构获得利润最大化时,金融机构就会发明新的金融工具、服务品种和管理方法,增强其竞争功能。应该说,西尔柏从金融机构金融业务和工具创新的分析框架中推出的金融创新理论,对于从供给角度研究金融创新是具有重大理论意义的。

5. 规避风险论

这一理论认为,当代国际金融市场上一些基本条件的变化导致金融市场风险因素增多,为了避免或分散风险,出现了大量的金融创新。事实上,利率、汇率、通货膨胀率、国际资本流动与国家风险的存在的确引发了大量金融业务和金融工具的创新。例如,为了防范利率风险和汇率风险,推出了利率(货币)期货与期权、利率(货币)互换、利率上限、利率下限、利率环等工具;为了防范通货膨胀风险,产生了浮动利率金融工具;为了防范资本市场风险,出现了对冲基金、指数化基金以及指数联结产品,等等。

6. 财富增长论

格林(B. Green)和海伍德(J. Haywood)在研究美国金融业的发展历史时,提出财富的增长是决定金融资产和金融创新需求的主要因素。这一理论认为,科技的进步会引起财富的增加,随着财富的增加,人们要求避免风险的愿望增加,促使金融业发展,金融资产日益增加,金融创新便产生了。

7. 竞争趋同论

这种理论认为,金融企业之间在本质上都属于中介机构,它们的产品和服务很容易相互模仿,最后导致产品和服务的趋同,对于原先的产品和服务,也就相当于一种创新。从目前的情况看,一些保险产品已经和商业银行储蓄产品具有了一定的替代性,商业银行的某些货币市场产品与共同基金份额之间也非常接近。

8. 制度改革论

这一学派以诺斯(D. North)、戴维斯(L. E. Davies)和塞拉(R. Sylla)等人为代表,认为金融创新是一种与经济制度相互影响、互为因果的制度改革,金融体系任何因制度改革而引起的变动都可视为金融创新,如存款保险制度也是金融创新。该学派的理论还认为,金融创新并不是20世纪电子时代的产物,而是与社会制度紧密相关的。政府的管制与干预行为本身已经包含着金融制度领域的创新。在市场活跃、经济相对开放以及管制不严的经济背景下,政府的管制和干预直接或间接地阻碍着金融活动,由此产生的金融创新行为对货币当局实施货币政策构成威胁时,政府会采取相应的制度创新。

9. 交易成本论

希克斯(J. R. Hicks)与尼汉斯(J. Niehans)是这一理论的代表者。该理论的基本命题是"金融创新的支配因素是降低交易成本"。这个命题包含两层意思:一是降低交易成本是金融创新的首要动机,交易成本的高低决定了金融业务和金融工具的创新是否具有实际价值;二是金融创新实质上是对科技进步导致交易成本下降的反应。金融交易成本是个复杂的概念,有广义和狭义之分。狭义的交易成本是指买卖金融资产的直接费用,包括各方转移金融资产所有权的成本、经纪人的佣金、借入和支付的非利息成本等。而广义的交易成本除直接费用外,还包括投资风险、资产预期收益率、投资者的收入和财产以及货币替代的供给等。

上述西方金融创新理论主要是侧重于对金融创新形成原因的讨论。各种理论大多是从某一侧面分析金融创新的原因,而没有对金融创新进行全面、综合的理论分析。因此,各种理论都存在一定的局限性。

12.2 金融创新的主要内容

当代金融创新,种类繁多,范围极广,速度极快。尽管当代人对金融舞台上如雨后春笋般不断涌现的创新有着强烈的感受,但是要详细描述如此大规模、全方位的巨变绝非易事。总体而言,各种金融创新都有着自身的目的和需要。按照熊彼特对金融创新的分类,金融创新大致可以划分为五类:第一类是新科技在金融业的应用;第二类是国际新市场的开拓;第三类是国内和国际金融市场上各种新工具、新方式、新服务的出现;第四类是银行业组织和管理方面的改进;第五类是金融机构方面的变革。按照比较广泛的理解,金融创新的主要内容包括了金融业务的创新、金融市场的创新、金融组织结构的创新和金融制度的创新。

12.2.1 金融业务的创新

一般地说,银行三大业务指的是负债业务、资产业务和中间业务。现代银行业务是从古代的钱币兑换业、近代的高利贷银行等传统的存、贷、汇业务中吸收精华,随着现代经济的发展,而逐渐形成三大业务基本格局的。然而,银行三大业务的每一步发展从本质上说都是属于金融业务创新的一个过程,只是随着时间的推移,这些业务创新的意义又被近期创新所掩盖了。这里我们所指的银行三大业务创新主要包括第二次世界大战以后,特别是20世纪70年代以来所涌现的银行业务创新行为。

(1) 负债业务的创新。负债业务的创新主要发生在20世纪60年代以后。各商业银行通过创新新型负债工具,一方面规避政府管制;另一方面也增加银行的负债来源。主要有:大额可转让定期存款单(CDs);可转让支付命令账户(NOW)以及超级可转让支付命令账户(SNOW);自动转账服务(ATS);货币市场存款账户(MMDAs);货币市场共同基金(MMMF);协议账户;其他创新业务,如股金汇票账户、个人退休金账户及货币市场存单(MMC)等。

(2) 资产业务的创新。一是消费信用,包括一次偿还的消费信用和分期偿还的消费信用。这种资产业务方式发展迅速,已成为有些商业银行的主要资产项目;二是住宅放款,包括固定利率抵押放款、浮动利率抵押放款和可调整的抵押放款;三是银团贷款;四是其他资产业务的创新,如平行贷款、分享股权贷款、组合性融资等。

(3) 中间业务的创新。银行中间业务的创新改变了银行传统的业务结构,增强了竞争力。主要有:一是信托业务,包括证券投资信托,动产和不动产信托、公益信托等;二是租赁业务,包括融资性租赁、经营性租赁、杠杆租赁,等等。

此外,随着信用卡的开发与使用,电子计算机转账系统的应用等,使得银行支付与清算系统创新也得到了巨大的发展。传统的银行支付与清算系统是采取非现金结算方式,及支票、转账结算、信用卡等工具,运用现金、票据、联行往来、邮政汇兑等实现支付和清算的。支付与清算方面的创新大致分为两个阶段:一是对传统支付和清算系统的改良;二是建立以电子计算机网络运行的支付与清算系统。

12.2.2 金融市场的创新

金融市场的创新一方面是指欧洲货币市场上金融工具的创新;另一方面是指衍生金融市场上金融工具的创新。此外,近年来金融市场国际化的趋势日趋增强。

1. 欧洲货币市场的金融工具创新

在欧洲货币市场上,创新的金融工具主要是贷款工具,如多种货币贷款、平行贷款、背对背贷款、浮动利率债券、票据发行便利、远期利率协定等。

2. 金融衍生市场上的金融创新

金融衍生市场也称为派生市场,是相对于基础市场而言的,基础市场包括商品市场、资金市场、证券市场等。金融衍生市场上的金融工具称为衍生金融工具,它们是一种双边合约,其价值取决于基础市场商品或资产的价格及其变化,按合约买方是否有选择权,分为远期类和期权类衍生工具。

(1) 远期类合约。这类合约主要有两个特征:一是合约涉及的商品和金融资产的交割日是未来的某一天;二是合约签定时的价值为零。这类合约的形式主要有远期合约、期货合约和互换合约。

(2) 期权类合约。其特点是合约买方在履行合约上具有选择权,合约签订初期就已经具有价值。这类合约的主要形式有期权合约、利率的上限与下限和互换期权。

此外,在衍生金融工具市场上,还存在着其他类型的工具,如商品派生证券、指数货币期权凭证、弹性远期合约等。人们通过对股价、利率、汇率的预测,以支付少量保证金签订远期合同,进行利率期货、期权,货币期货、期权,股票指数期货、期权及利率调期、货币掉期等交易,以小博大,规避风险,以此形成了期货、期权、掉期等不同衍生工具市场。尤其是20世纪90年代以来,该市场呈现爆发性的增长。

3. 金融市场的国际化

金融自由化的浪潮使各国逐步放松或取消了国内外市场分隔的限制,计算机

第12章 金融创新与金融工程

的引入,更使各国金融市场相互联接,形成了全球性的连体市场,欧洲及亚洲美元市场、欧洲日元市场等新型离岸金融市场也纷纷出现,计算机屏幕式跨国交易业已诞生,金融市场日趋国际化。

12.2.3 金融组织结构创新

金融组织结构创新包括金融机构创新、金融结构创新、金融机构内部管理创新等。

在创设新型的金融机构方面,有以计算机网络为主体而无具体营业点的网络银行;有以家庭为对象使居民不出户即可享受各种金融服务的家庭银行;有专门为企业提供一切金融服务的企业银行;一切业务均由机器受理的无人银行;有多国共组的跨国银行;有各国银行以股权式联合成立的国际性联合银行;经营一切银行和非银行业务,还同时经营商业零售和批发业务的大型复合金融机构。20世纪70年代后,跨国大型复合金融机构、金融百货公司或金融超级市场及投资基金、风险资本公司等新型金融机构风行欧美国家。

金融机构在业务和组织创新的基础上,逐渐打破了职能分工的界限,使分业管制被动放松。例如美国的《金融服务现代化法案》(1999年)等。管制的放松加剧了各类金融机构之间的业务交叉与渗透,进一步模糊了原有的职能分工界限,各种金融机构的性质趋于同质化,各国的金融机构正由分业经营向综合化方向发展。在金融机构组织形式方面,新推出了连锁制、控股公司制,以及经济上相互独立而业务经营上互助互认并协调一致的联盟制银行;在分支机构形式上,创新出全自动化分支点、专业店式分支点、金融广场式分支点。

此外,金融机构还在经营管理方面频繁创新,中间业务特别是表外业务的比重日益加大,业务手段、业务制度、操作程序、管理制度等等被不断革新;金融机构的内部机构设置也在不断革新,各部门权限与关系几乎被重新配置,尤其是经营管理方面不断推陈出新,如20世纪60年代的负债管理,70年代的资产管理及资产组合管理,80年代的资产负债失衡管理和多元化管理,90年代的全面质量管理和全方位满意管理及市场营销管理等。

12.2.4 金融制度创新

就一国而言,金融制度创新一般采用自上而下的方式进行,是由政府提议、批准、授权和推动的框架式的金融创新形式。如浮动汇率制度的实施,利率市场化的实行和放开资本管制的措施等等。这是一种带有突破性的金融改革,是其创新的前提和基础,居于主导地位。

在当今金融自由化、全球经济一体化的大背景下,金融监管制度的创新尤其令人瞩目,主要表现在金融管制的放松和金融监管的国际化。

英国从20世纪80年代开始了金融自由化的进程。1986年10月27日出台的《金融服务法》法案,对伦敦证券交易所的交易制度实施了重大改革,其主要内容之一就是允许非交易所会员公司100%地收购会员公司的股份,组成新的证券交易商号,并且敞开了封闭200多年的交易所大门,允许银行、金融机构和外国证券公司直接入市交易,从而使许多商业银行顺利通过取得伦敦证券交易所某些会员的全部股权,直接参与了证券交易。金融自由化的结果使英国传统的商人银行(即投资银行)和零售银行(即商业银行)业务界限几乎不复存在,商人银行开始经营存贷业务,零售银行也开始从事证券业务,它们的区别仅仅在于业务的侧重点不同。至此,这次史称"大爆炸"式的金融改革,一方面有效地改变了英国证券市场的结构,促进了市场的全面竞争,使英国证券市场发生了根本性的变化;另一方面,更为重要的是英国率先在西方国家中拆除金融"防火墙"(Fire Wall),进而引发一系列西方国家金融混业经营体制的重新确立。

日本的金融自由化进程也是开始于20世纪80年代。以1981年新《银行法》为标志,日本金融制度也进入了综合化发展时期。1985年又打破了商业银行、长期信贷银行和信托银行之间的业务界限,银行系统的竞争度、效率和安全性都提高了。1994年10月,大藏省又破例允许第一劝业银行等五家大型城市银行设立专门从事投资银行业务的分支机构。1998年4月1日开始实施《金融体制改革一揽子法》,该法案由证券交易法、投资信托法、银行法和保险业法等24个与金融改革相关的法律组成,构成了日本金融法律新体系。其最大特点是放宽对银行、证券、保险等行业的限制,允许各金融机构可以跨行业经营各种金融业务,废除了银行不能直接经营证券、保险业务的禁令,扩大了银行的经营范围,银行可开设窗口,买卖股票和各种信托投资产品。

美国是金融业分业管理体制的创始者。然而斗转星移,时过境迁,这一体制已经开始崩溃。美国《1933年银行法》是20世纪30年代大萧条的产物,它人为地在商业银行与投资银行之间设置了一道"防火墙",对银行业实行严格的分业制,强调银行运营的安全性,但不得不以限制竞争和牺牲效率为代价。近20年来,在资产证券化和国际金融一体化的浪潮冲击下,美国单一经营的商业银行饱受不良贷款之苦,靠传统的业务已难以生存下去,经营状况日益恶化,已有1 000多家银行破产倒闭,其主要原因之一就是银行业务过于单一化,尤其是英国与日本分别在1986年与1998年进行了"大爆炸"式的金融改革,突破了传统分业管理的框架,实行了全能银行体制。相反,美国的银行业受于其法律约束,只能在欧

第 12 章　金融创新与金融工程

洲、日本大型全能银行集团的攻势下节节败退。针对几十年来一直延续的金融分业制经营体制，特别是在与欧洲混业制经营的金融业的竞争中，美国金融业接连受挫，诺贝尔经济学奖获得者默顿·米勒教授将金融业分业经营模式称为"美国银行体系的悲哀"。有鉴于此，美国为了巩固其在全球金融领域的霸主地位，终于在痛定思痛之后，前总统克林顿于1999年11月12日签署文件，批准了参众两院先前通过的《金融服务现代化法案》，至此，由美国首先创立、并被实践证明行之有效的金融管理方式，又在它的诞生地被废止了，这一举动不仅给美国乃至全球的金融业带来一场革命，同时也说明了金融业混业经营已经成为当今世界的一大发展趋势，即混业经营乃大势所趋。

另一方面，在20世纪80年代行政式直接金融管制放松的同时，自80年代末开始，国际金融业以控制风险为主要内容的监管创新也不断加强。1975年，在国际清算银行(BIS)主持下成立了专门致力于国际银行监管工作的"巴塞尔委员会"，该委员会分别于1988年、1997年出台了《巴塞尔协议》和《银行有效监管核心原则》，成为国际银行业监管的里程碑。随着国际证券委员会(IOSCO)、国际保险监督官协会(IAIS)、国际投资与跨国企业委员会、期货业国际公会、证券交易所国际公会等国际性监管或监管协调机构和国际性行业自律机构的创立与履职，已架构了国际性金融监管组织体系。面对动荡的国际金融环境和日益严重的金融风险，各国监管当局的联手监管和专门机构的跨国监管正以不断的创新方式和手段，着手创建一个集早期预警、风险防范、事后救援三大系统为一体的新型国际化监管体系。

12.2.5　金融创新的发展趋势[①]

20世纪90年代以来，金融创新主要呈现出以下四个发展趋势：

1. 金融产品、金融工具的创新多样化

创新目的与效果已不单纯是避险及摆脱金融管制，而是包含增加资产流动性、创新信用方式及股权形成方式、提升商业银行服务功能等多重目的。金融产品、金融工具创新表现为四种情况：一是增加流动性创新。包括所有能使原有金融工具提高变现性或可转让性的金融工具和交易产品，如CD_s存款、长期贷款的证券化等。二是信用创造型创新。包括使借款人的信贷资金来源更为广泛的各项金融创新产品，如票据发行便利(Note-Issuance Facilities, NIFs)等。三是股权

---

① 参见：詹向阳. 金融创新四大发展趋势[N]. 国际金融报，2002-08-01(4).

创造型创新。包括使各类经济机构股权资金来源更为广泛、由债权转换为股权的金融创新,如可转换债券(convertible bonds)、附有股权认购书的债券等。四是风险转移创新。包括能在各经济机构之间相互转移金融工具内在风险的所有新工具和新技术,如期权、期货交易、货币与利率互换交易等等。

2. 融资方式证券化

近年来,商业银行传统的吸收存款、发放贷款方式渐趋衰落,而逐步向筹集资金方便、成本低、选择性强、流动性高的证券融资方式转化。一般来说,融资方式证券化包含两个方面:一是金融工具的证券化,即通过创新工具来筹措资金;二是金融体系的证券化,通过提高可转让金融工具(对第三方发行)的相对比重改变传统的融资方式。金融体系证券化与金融创新密不可分,因为证券化过程是通过一系列金融工具来完成的,而这些金融工具又是金融创新的重要组成部分,从这个角度来讲,金融资产证券化趋势是金融创新的必然结果,也是衡量一国金融和金融市场是创新还是呆滞、僵化,是深化还是抑制的标尺。

3. 金融业务的表外化

表外业务是商业银行所从事的未列入资产负债表,以提供担保或中介服务收取佣金和服务费的业务活动。随着商业银行金融创新步伐的加快,传统的融资收益占比在逐步下降,表外业务的种类、收益逐步上升,出现了一系列表外创新业务。从目前情况看,国际商业银行表外业务可以分为四个大类数十个品种:一是银行提供的各种担保,如票据承兑、跟单信用证等;二是贷款与投资承诺业务,如票据发行便利、循环贷款承诺等;三是外汇买卖与投资业务,如互换业务、期权业务、远期利率协议(Forward Rate Agreements,FRA)等;四是利用商业银行现有的人力、技术设备为客户提供中介服务,如代收费业务等。表外业务的迅猛发展正在改变商业银行的风险配置格局,是推动商业银行管理创新的重要动力。

4. 金融市场一体化

资讯技术的进步使全球金融市场连成一体,加快了金融市场的一体化、国际化、网络化。离岸金融市场、金融期货、期权市场的发展,使资本市场与货币市场呈现"无边界的扩张",金融交易日益具有综合化、国际化特征。

12.3 金融创新的作用与影响

当代金融创新浪潮改变了传统的金融观念,使金融发展出现了自由化、国际化和监管强化并存的趋势。就一国经济运行机制和方式而言,其影响是利弊互见,可谓是一柄双刃剑。

第 12 章　金融创新与金融工程

12.3.1　金融创新的积极作用

金融创新的迅速发展产生了显而易见的积极作用,这些作用的实际效果越来越明显地体现在下列几个方面:

1. 提高了金融业的运作效率及金融机构的经营效益

以新型化、多样化、电子化、持续化为特征的当代金融创新,在短短的几十年间,几乎改变了整个金融生活。不断涌现的新工具、新服务和新交易使金融机构的渗透力、活动力及工作效率大大增强,同时突破种种限制,功能无比的创新使不同类型、不同层次的消费需求得以满足,即创新金融机构的"投入"有了明显的"产出",其运作效率显著提高。最明显的标志就是金融创新引起非资产性收益在金融机构总收益中比重的大幅度提高。以美国为例,1980~1982 年,银行非利息收入占总收入的比重为 24%,1992~1994 年这一比重上升为 35%。目前,世界主要国家的非利息收入在银行全部收入中的比重一般都在 20% 以上,个别银行甚至高达 70%,非利息收入已经成为决定银行整体收入状况的一个极其重要的因素。据统计,2007 年非利息收入在银行全部收入中的比重,美国和加拿大平均为 45%,欧洲国家为 44%,澳大利亚等亚太国家为 28%。这与 20 世纪 80 年代以来金融创新的表外化是相吻合的。

2. 促进了储蓄向投资的转化乃至整个经济的发展

从市场角度看,金融创新使金融市场交易品种大大增加,投资者得以进行多元化的投资组合,提高了实际收益,增强了防范风险的能力。对筹资者而言,创新使金融市场的融资渠道拓宽,融资成本下降,融资方式更为灵活。因此,金融创新促进了储蓄向投资的转化,促进了投资,从而促进了经济的发展。

另外,金融创新冲破了传统的管制篱笆,极大地活跃和繁荣了金融业,有利地推动了社会生产和经济的发展,推动了市场竞争,提高了效率,加速了国际经济和金融市场一体化的进程。除金融市场自身的创新如金融衍生市场的扩张能直接促进一体化的趋势外,金融管制的放松,也从宏观上为国际经济和金融市场的一体化打开了方便之门,从而提高了各国金融市场间信息传递和价格反应的能力。

3. 增强了金融产业的发展能力

金融产业的发展能力主要体现为金融机构在经营活动中开创未来的能力,包括开拓新业务和新市场的能力、资本增长的能力、设备配置或更新能力、经营管理水平和人员素质的提高能力,等等。

在当代创新高潮中,激烈的竞争使银行家意识得以强化,强烈的创新意识带来了各金融机构竞相创新的局面,使新服务的设计产业能力也日益增长,特别是

现代货币金融学

新服务在金融业的应用与推广,拓宽了金融机构的创新范围(领域),而许多新业务、新服务的配套性、衍生性、连带性需求,使金融机构的创新能力有了更为广阔的发展空间,金融机构创新能力的增强,使其能够跟上经济发展和不断变化着的客户需求,从而为金融产业发展提供了持续性的动力。与此同时,金融创新使金融业的资本增长能力得以加强,设备的现代化配置及更新能力日益提高,金融机构经营管理水平和人员素质逐渐提高,能力日渐增强。所有这些,都从不同方面增强了金融业的发展能力。

4. 推进了金融自由化的进程

金融自由化是指20世纪80年代西方国家普遍放松金融管制后出现的金融体系和金融市场充分经营、公平竞争的趋势。金融自由化包括四个方面的内容:①价格自由化,即取消利率限制、放开汇率,让金融价格重新发挥市场调节作用;②业务自由化,即允许各类金融机构交叉业务,公平竞争;③市场自由化,即放开各类机构进入金融市场的限制,完善金融市场的管理和丰富金融市场的融资工具和技术;④资本流动自由化。允许外国资本、外国金融机构更方便地进入本国市场,同时也放宽本国资本和金融机构进入外国市场的限制。

金融创新与金融自由化之间相互促进、相互影响。金融创新产生了金融管制的松动效应,出现了金融自由化。金融创新使原有的金融管制措施失去了应有的效力,因而各国金融管理当局不得不取消管制措施。因此可以说,金融创新是金融自由化的结果,而金融自由化又为金融创新的进一步发展提供了宽松的环境,促进了金融创新的发展。

5. 金融创新与金融风险的关系

一方面金融创新具有转移和分散金融风险的功能;另一方面,金融创新也带来了新的金融风险。

从金融创新对金融风险的转移和分散功能看,20世纪70年代以来创新的金融工具,如NOW账户、浮息票据、金融期货、可转让贷款合同及证券化资产等,使金融企业的资产流动性大大提高的同时,规避了利率风险、汇率风险、通货膨胀风险和信用风险等。同时金融创新也为分散和转移风险创造了新的途径,如股票期货指数的产生有利于防范股票市场的系统性风险。从金融制度创新的角度看,金融制度的创新不仅有利于转移金融风险,还有利于加强对金融业的监管,减少金融业的风险,维护金融体系的稳定。

然而,金融创新在转移与分散风险的同时,也制造了新的风险,表现在:

(1)金融创新使金融机构的经营风险增大。金融创新使金融机构同质化,加剧了金融机构的竞争,银行传统的存贷款利差缩小。金融机构不得不从事高风险的业务,这导致金融机构经营风险的增加,信用等级下降。

(2) 金融创新增加了表外风险。即没有在资产负债表中得到反映而又可能转化为银行真实负债的行为所带来的风险。随着表外业务的开展及规模的增大,金融企业的表外风险随时都可能转化为真实风险。

(3) 金融创新推动了金融同质化、自由化和国际化。一国金融机构之间、本国金融机构与外国金融机构之间、国内金融市场与国际金融市场之间的相互依赖性增加。金融体系中出现的任何差错都会涉及整个金融体系安全的"伙伴风险"。由 2007 年美国次贷危机而引发的全球金融危机,就是这方面的典型案例。

(4) 金融创新为金融投机活动提供了新的手段和场所,进而引发更大的金融投机风险。

12.3.2 金融创新对货币供求的影响

货币供求问题历来是货币金融理论的核心内容,也是一国货币政策选择的出发点,当代金融创新对货币需求与货币供给都产生了很大影响,货币供求的机制、总量与结构乃至特性都发生了深刻的变化,对金融运作和宏观调控影响更大。

1. 金融创新对货币需求的影响

金融创新对货币需求的影响主要表现在如下几方面:

1) 金融创新改变了人们的货币需求动机,导致货币需求的结构发生了变化

随着金融工具的不断创新,出现了许多既有交易功能,又有投资功能的新型账户。这种新型账户或投资渠道的出现,改变了货币需求的社会传统和习惯,模糊了交易动机与投机动机的区别。一般来说,人们总是尽量减少对交易性货币的需求,而增加对投机性货币的需求。由于投机性货币需求受利率、汇率等市场因素的影响较多,因此造成整个货币需求量的不稳定。

2) 金融创新导致货币需求的稳定性下降

金融创新在某些场合会使货币需求的利率弹性上升。如上所述,金融创新会使货币需求结构发生变化,交易性和预防性的货币需求减少,投机性的货币需求增加。前两者受规模变量的影响较大,而规模变量在短期内相对稳定;后者主要取决于机会成本变量,受利率、汇率等市场价格因素。这些变量是多变的,并且会及时在金融资产的价格上得到体现。再加上实际运作过程中投机因素等的影响,较小的利率变化也会导致金融资产价格的较大变化,从而导致更大的货币需求变化。

而在另一些场合,金融创新又会使货币需求的利率弹性下降。例如,金融创新导致金融同质性,使商业银行的业务日趋多元化和综合化。在与顾客的金融交

易中,商业银行会全面评价其顾客,利息不再是唯一的决定因素,即商业银行对利率的重视程度下降。此外,金融创新使金融机构的资产构成发生了变化,传统的利差收入在银行总利润中的比重下降,非利差的表外业务收入的比重则上升。因此,随着金融创新的发展,资产证券化趋势增强,资产的替代性、流动性都得到了提高,资产的风险性也发生了很大的变化。这些都使得货币需求不仅受利率变动的影响,而且更趋向于受包括金融资产和实物资产在内的各种资产的相对收益率,以及造成这些相对收益率及其变动的各种资产的供求状况和相对风险性因素的影响,迫使商业银行对其持有的金融资产进行结构调整。也就是说,货币需求对利率变动的敏感度减弱。由此可见,金融创新使货币需求的利率弹性的变化幅度增大,从而导致货币需求的稳定性下降。

3) 金融创新改变了货币的流通速度

从狭义货币来看,金融创新减少了对货币的需求,提高了货币的流通速度。这是因为金融创新推出了很多 M_1 的替代品,并促使大量的 M_1 向此类替代品转移,从而加快了货币的流通速度。从广义货币(M_2)来看,金融创新对货币流通速度的影响则是不确定的。

2. 金融创新对货币供给的影响

金融创新对货币供给的影响虽然没有其对货币需求的影响大,但也不容忽视。因为它既会导致中央银行对货币供给量的控制力的下降,也会促进货币供给理论的发展。金融创新对货币供给的影响主要表现在如下几方面:

1) 金融创新使货币定义及其计量的难度增大,削弱了货币量的可测性

这主要是因为在金融创新完成之后,新的金融工具不断出现。这些新的金融工具在不同程度上都具有货币性,有的金融工具的货币性还非常强。这样,金融资产之间的相互替代性便会加大,例如 NOW、ATS、MMDA、信用卡等都在不同程度地取代货币或执行货币的职能,使得对货币的定义更加困难。在美国,1980年以后,M_1 中增加了许多原来没有的成分,而这部分货币大多来自于米什金所说的"不需经常向联储提供数据"的那些小型机构,从而使联储的估计误差增大。另外,M_1 中新增加的这部分货币与传统的活期存款相比,具有更强的季节性和节日变动性,从而加大了货币定义的难度。因此,在实践中,美、英等国在金融创新活跃的时期都曾多次修改货币的定义。但是,即便如此,它们仍然无法准确地计量货币供给量。

2) 金融创新增大了货币乘数

这主要是因为金融创新后出现的新的金融工具影响了货币乘数中的决定因素,增大了货币乘数。

(1) 使现金漏损率降低。金融创新出现后,一方面新的金融工具提高了金融资产的整体报酬率,增加了公众持有通货的机会成本。公众持有通货的机会成本增加后,就必然会减少对通货的持有量。另一方面,支付和清算系统的创新,使得支付和清算的速度加快,成本降低。这也促使社会公众减少对通货的持有量。这两方面都会使现金漏损率降低,通货—存款比率下降。

(2) 使法定准备实际提取额减少。各国中央银行一般根据存款的流动性不同而采取差别准备金率。而在金融创新中,金融中介机构,尤其是商业银行创造了许多介于活期存款和定期存款之间的新型负债账户,如超级 NOW、ATS、MMC、MMMFS 等。这些新型负债账户虽然在账户分类上属于储蓄存款,但却具有活期存款账户开支票的功能,并且其适用的准备率低于活期存款,从而导致法定存款准备金实际提取额的减少。这种减少对货币乘数的影响类似于法定准备率的下降。

(3) 使银行超额准备减少。这主要是因为金融创新后产生的金融工具的流动性增强,金融机构在需要时,可以轻而易举地从货币市场上随时补充所需的准备金。而且如前所述,因公众持有通货的机会成本增加,公众对通货的偏好减弱,机构不再需要随时保持较多的库存现金,所以超额准备减少,货币乘数相应增大。

上述分析得到了实证的检验。在历时三十多年的当代金融创新中,各国的货币乘数几乎无一例外地增大了。1965～1990 年,美、日、德、英、法五国的平均货币乘数从 5.53 增至 12.80;韩国、泰国、新加坡、南非、阿尔及利亚的平均货币乘数从 2.90 增至 6.03;印度、印度尼西亚、巴基斯坦、尼日利亚、埃塞俄比亚的平均货币乘数从 1.85 增至 3.20。由此可见,在金融创新活跃的发达国家,金融创新对货币乘数的影响较大;而在金融创新不太活跃的发展中国家,金融创新对货币乘数的影响相对较小。①

3) 金融创新使货币供应的内生性日益增强

货币供应的内生性主要指其受经济体系内部因素支配的程度。它与中央银行的可控性有此消彼长的关系。传统的间接货币政策工具主要是控制外生性的货币而被采用,而金融创新一方面通过发挥减少货币需求、加快货币流通速度等作用,改变了货币供应相对量;另一方面通过扩大货币供应主体,加大货币乘数等对现实货币供应产生决定性影响,致使货币供应一定程度上脱离了中央银行的控制,而越来越变得受制于经济体系内部因素的支配。因此,货币供应量就不再是

---

① 参见:生柳荣.当代金融创新[M].北京:中国发展出版社,1998:152～153.

间接货币政策工具能够完全控制的外生变量了,它受经济变量和金融机构、企业、居民行为等内生因素的支配性大大增强。

12.3.3 金融创新对货币政策的影响

前已述及,金融创新对货币需求与货币供给均产生了很大的影响。这些影响通过对货币政策的中间目标、工具、传导机制的影响,必然会反映到货币政策的调控效果上来,从而使货币政策理论面临新的研究课题。

1. 金融创新对货币政策中间目标的影响

如前所述,中央银行为实现最终目标,必须选择可跟踪的中间目标,并加以控制。中间目标的选择虽然因各国金融市场的不同情况而有所区别,但是对充当中间目标的金融变量的"三性"——可测性、可控性和相关性的要求却被视为其应该具备的基本条件。

以往关于中间目标选择的理论和争论都建立在现实经济中存在着理想的中间目标这一假设条件之上,金融创新却破坏了这一假设条件,它使所有可以充当中间目标的金融变量都偏离了中间目标应该具备的基本条件,理想化的中间目标几乎不复存在。

1) 金融创新削弱了中间目标的可测性

金融创新模糊了中间目标的含义,使得中央银行越来越难以观察、监测和分析。例如,货币供给量这个金融变量的含义被金融创新"搅"得非常混乱,特别是创新的持续性使得货币的内涵不断地扩大,不仅现金是货币,账本上的存款数字是货币,计算机存储器里的信号也是货币,甚至"当银行允许顾客超过存款额进行透支时,在允许透支的限度内,可签发支票和使用信用卡结算。这时,货币不仅不存在于衣袋内,也不存在于账户和磁媒体中,而是存在于一种负债的允诺形式之中"①。

不仅如此,随着新的金融工具的不断涌现和金融市场的自由化,金融资产之间的替代性空前增强,交易账户与投资账户之间、狭义货币与广义货币之间的界限逐渐模糊,货币的定义和计量日益复杂化。而货币供给量统计的精确性原本在所有社会经济统计中一直就是比较差的。

2) 金融创新降低了中间目标的可控性

金融创新增强了作为中间目标的金融变量的内生性,使它们与政策工具之间

---

① 黄达. 中国大百科全书:财政税收金融价格卷[M]. 北京:中国大百科全书出版社,1993:23.

的联系日益松散和不确定,中央银行控制中间目标的难度由此增大。

例如,货币供给量是一种常用的中间目标。金融创新使得货币供给的主体增加,货币构成模糊,货币乘数不稳定,货币供给量的内生性增强,中央银行已难以准确地对其加以控制;同时,金融创新使中央银行存款准备金率的覆盖面缩小、作用降低,再贴现率的被动性增强、作用范围缩小,从而使中央银行利用政策工具控制货币供给量的能力减弱。

又如,利率也是一种常用的中间目标。由于利率本身就是一种内生变量,中央银行对其的控制力不是很强,中央银行所能影响的主要是短期利率和名义利率。金融创新完成之后,利率更加复杂多变,金融市场、金融工具和金融交易的创新使短期利率和名义利率的重要性下降。其他利率对中央银行利率变动的反应也迟缓于其对市场内部因素变化的反应,中央银行对利率这一内生变量的控制力进一步减弱。

3) 金融创新弱化了中间目标的相关性

如前所述,货币乘数(m)稳定,意味着基础货币(B)与货币供给量(M)存在一种密切的正向相关关系;货币需求函数稳定,意味着货币量与经济运行之间保持着一种高度相关的关系。而金融创新造成了货币乘数和货币需求的不稳定,控制住基础货币,不一定控制得了货币总量;货币供给达到中间指标,不一定能够实现稳定币值的最终目标。换言之,金融创新降低了货币供给量作为中间目标的重要性。许多西方货币学者的实证研究表明,金融创新降低了货币需求的利率弹性,减弱了利率对货币需求的作用力。换言之,为达到或调整某一货币增长量,必须使利率变动的幅度更大。而这会使利率调整对宏观经济变量的作用相对下降,利率作为中间目标的有用性也就减弱了。

2. 金融创新对货币政策传导机制的影响

金融创新对货币政策传导机制的影响主要表现在如下两方面:

1) 金融创新削弱了货币政策传导的微观基础

(1) 金融市场的创新与发展,为传导的主体——金融机构提供了规避管制的场所。例如,欧洲货币市场的出现和发展,使各国中央银行执行货币政策的难度增大。当存在不利于金融机构的管制措施时,金融机构可以利用欧洲货币市场,规避政策的管制,从而使货币政策的传导受阻,政策失效。

(2) 金融业务的创新、金融机构的多元化和金融同质化,使货币政策传统的传导的主要载体——商业银行的作用下降。在以往的传导机制理论中,商业银行一直"扮演"着至关重要的货币政策的传导角色,中央银行调控宏观经济金融的"三大法宝"主要通过商业银行发挥作用。

在金融创新完成之后,一方面,商业银行为了在激烈的竞争中求得生存和发展,被迫向"非中介化"方向发展,不断开拓新的金融业务。其业务活动发生了很大的变化,从以传统的存贷款业务为主,转向多种业务并重,尤其是增加了证券业务、表外业务以及其他服务性业务的比重,开展了比以往更加多样化、综合性的业务。另一方面,各种非银行金融机构异军突起,成为商业银行强有力的竞争对手,分流了银行的存款来源。更为重要的是,金融同质化后,各种非银行金融机构也在吸收活期存款,也通过开展类似于存贷款的业务,参与社会的信用创造和货币创造活动。

金融创新倾向于扩大信用创造,金融创新完成之后,货币创造的主体不再限于中央银行和商业银行,而是趋于多元化,商业银行的地位发生了变化。这样,传统的以控制商业银行创造派生存款能力为中心而设计的货币控制方法失败。并且随着金融同质化的发展,属于货币范围以外的业务和机构增加,传统的货币政策的传导过程中出现了真空,削弱了中央银行的货币控制基础。

2) 金融创新增大了货币政策传导时滞的不确定性

如前所述,货币政策必须通过金融市场中的金融机构这个传导主体的反应来影响经济变量,才能取得效果。在这个传导过程中,货币政策要受诸多不确定因素的影响,因此,传导时滞本身就存在不确定性。金融创新的不断涌现和迅速扩散,不仅产生了新的金融机构,而且改变了各种金融机构和社会公众的行为,使货币需求和资产结构处于复杂多变的状态。这就有可能延长传导时滞,加重传导时滞的不确定性,使货币政策的传导在时间上难以把握,传导过程的易变性提高,从而给货币政策效果的判断带来较大的困难。

3. 金融创新对货币政策工具的影响

金融创新出现后,在货币政策工具的作用和功效中,发生了不同的影响作用。

1) 金融创新限制了存款准备金机制的作用

(1) 金融创新缩小了存款准备金制度的作用范围。例如,商业银行可以通过对创新工具的使用,如回购协议、MMMF等不受存款准备金制约的非存款工具,更充分地利用货币市场。这样做既能确保其负债规模,又能规避存款准备金对其的约束。商业银行也可以通过负债管理的创新,调整其负债结构,降低存款比例,增加其他资金来源,减少应交准备金。商业银行还可以通过创设不受存款准备金管制的新机构(如设立子公司或附属机构),使存款准备金对其鞭长莫及。

(2) 金融创新增大了商业银行超额准备金的弹性。存款准备金制度发挥作用的基本前提是商业银行的超额准备相对固定。这样,商业银行才能对中央银行存款准备金率的调整作出反应,法定准备金率的变动才能起到收缩信用或扩张货币和信用的作用。金融创新却破坏了这一基本前提。如前所述,由于金融市场和金融业务的创新,商业银行可以通过创新业务和创新工具,轻而易举地通过货币市场,调整其超额准备,从而使超额准备的弹性增大。当中央银行提高存款准备金率,而商业银行不愿收缩信贷时,商业银行可以减少超额准备,以维持其贷款规模。至于货币的流动性不足,也可以通过金融创新来解决。其结果是中央银行难以达到紧缩信用的目的。可见,超额准备金的增强,削弱了存款准备金制度的作用力。

2) 金融创新弱化了再贴现政策的效用

(1) 金融创新使中央银行实施再贴现政策时的被动性进一步加大。如前所述,再贴现政策因受到一些诸如商业银行不愿向中央银行申请再贴现以及贴现窗口管理过严、贷款期限过短等非市场或非价格因素的影响而具有被动性,金融创新则使这种被动性进一步加大。金融市场上兴起的贷款证券化、融资证券化、发行短期存单、从国际金融市场上借款等筹资渠道的创新,为商业银行提供了避开贴现窗口,获得资金融通的机会。商业银行能通过金融市场,以较低的成本筹集到所需的资金,或以较优惠的条件将剩余资金贷出去,以保持资产的良好流动性。随着愈来愈多的市场筹资方式的创新,能一次解决所有需求的金融超级市场得以产生。这使得商业银行对再贴现窗口的依赖性越来越小,中央银行运用贴现率政策,调控经济的做法渐渐失去了意义。

(2) 金融创新使合格票据贴现规定的作用逐渐丧失。金融创新使再贴现的有关规定向自由化方向发展。目前,大多数中央银行不再对再贴现作出严格的规定,其原因有二:①金融创新使"真实票据说"的理论影响逐渐消失,活跃的金融工具创新使新型票据都能符合中央银行的有关规定。②金融机构可以以政府债券为抵押,从中央银行借入准备金。这种方式在再贴现业务中所占的比重越来越大,而它并不受再贴现条件的约束。由此可见,创新使合格票据规定的作用连续丧失,导致再贴现政策的效用不断下降。

3) 金融创新加强了公开市场业务的作用

(1) 金融创新为公开市场业务提供了灵活、有效的手段和场所。金融创新导致的资产证券化趋势为政府融资的证券化铺平了道路。它不仅满足了政府融资的需要,而且为公开市场业务的操作提供了多样化的买卖工具;同时,它还创造了回购协议等灵活有效的买卖方式,使中央银行能更加主动地按既定的时间和数量注入或减少基础货币。

(2) 金融创新使公开市场业务能够更直接地影响金融机构的运作。在金融创新的证券化趋势中,金融机构调整了其资产负债结构,增加了有价证券在其总资产中的比重,特别是政府债券已成为金融机构举足轻重的二级准备。这使得金融机构在补充流动性资产或资产的重新组合中,对公开市场的依赖性增大,而这有利于中央银行加强其公开市场业务的操作效果。

(3) 金融创新使公开市场业务的操作能间接地影响社会公众的行为。随着金融市场和工具的创新,有价证券日益成为社会公众持有的重要资产。因此,社会公众对各种经济信息、动态和金融市场行情十分关注,并据此作出预期,采取行动。政府债券是最具代表性的债券,其收益率和价格在金融市场上具有基准性,其变动必然引起其他有价证券的价格发生相应的变动,从而影响社会公众对经济前景的预期,使他们进一步调整自己的行为。金融创新使公开市场业务不仅可以更有效地调节金融机构的货币供给量,而且可以更深层次地影响社会公众的信用总量。

综上所述,金融创新导致的证券化趋势与金融市场的发展和自由化,使公开市场业务的影响面不断扩大,力度不断加大;有效运用公开市场业务的难度也不断加大。

此外,金融创新使部分传统的选择性政策工具失灵。利率限制、法定保证金、信用配给等典型的传统货币政策工具在金融创新后,特别是规避管制型的金融创新如 NOW 账户、ATS 的出现,使中央银行不得不放弃对其的使用。

4. 金融创新对货币政策效果的影响

金融创新虽然减少了金融机构因市场风险出现危机的可能性,但增加了金融体系的信用风险,从而增加了金融体系危机出现的概率和宏观经济波动的频率,使得单一规则性货币政策的效果明显下降。金融创新加剧了金融机构间的相互竞争,而且易导致过度竞争,这不仅会导致更多的金融机构破产或倒闭,而且使得金融机构的竞争力随着过度竞争行为趋于下降。金融创新亦改变了金融机构内部资产的合理安全比例,增加了金融机构的内在不稳定因素。加之,又由于金融管制的取消,新的监管措施跟不上,从而在金融管理上出现真空。这样,金融创新活动就大大影响了金融体系的安全性和稳定性,经济体系的波动机会大大增多。

12.4 我国的金融创新

我国金融体制改革的过程,是一个金融不断突破传统旧体制,不断推进金融市场化,促进金融发展的过程。从这个意义上说,中国金融体制改革的过程,就是一个金融不断创新的过程。同时,随着我国经济体制改革的日趋深化,金融改革的步伐也日益加快,金融创新也取得了相当的成就。我国金融业的发展从金融机构的组织结构和形式、金融的调控体系,到金融工具及金融交易技术等方面都发生了巨大变化,金融创新在我国也得到了长足的发展。

12.4.1 金融组织体系的创新

这方面的主要表现:一是金融体制发生重大变化。包括从单一制转变为二级金融体制,从"大一统"的银行体制到单一中央银行体制的初建,再到独立的中央银行体制的逐步形成。二是金融体系内金融机构的多样化。包括中央银行大区行架构的形成(1999年);商业金融与政策金融的分离,三家政策性银行的建立(1994年);以国有商业银行、股份制商业银行和城市商业银行为主体的存款货币银行体系形成,以证券经营机构、保险机构、信托投资机构等为主体的非银行金融机构体系形成,以及外资金融机构陆续进入中国市场,一个逐步开放的、金融多业全方位竞争格局的形成等等。

12.4.2 金融宏观调控与监管体系的创新

包括中国人民银行专门行使中央银行职能(1984年),并从1985年开始,中国人民银行开始运用贷款限额、存款准备金比率、中央银行贷款、利率、汇率等多种中央银行通行的货币政策工具;1996年中央银行在上海的公开市场业务操作室运用国库券和外汇进行了公开市场业务;从证监会、保监会、银监会等监管机构的建立到银行、证券、保险分业经营、分业监管体制的形成;从"统存统贷"到"差额包干"、"实存实贷",再到全面实行资产负债比例管理的信贷资金管理体制改革;从高度集中的外汇管理体制到汇率并轨和人民币经常项目下自由兑换的改革;以及从直接金融管制到间接金融调控手段的不断运用等等。

12.4.3 金融工具的创新

在我国除了银行信用外,还有商业信用、国家信用、消费信用等。与此相适应,金融工具也出现了多样化,包括国库券、商业票据、短期融资债券、回购协议、大额可转让存单等货币市场工具创新;长期政府债券、企业债券、金融债券、可转换债券、股票、封闭式基金、开放式基金、股权证等资本市场工具创新,等等。同时,银行本身的业务范围也有了极大的发展和拓展,银行的负债业务除了传统的存款以外,已出现金融债券、大额可转让存单、同业存款、保险储蓄、通知储蓄、礼仪存款、住宅存款等新业务;资产业务除传统的贷款以外,还出现了证券投资、同业放款、住宅贷款、银团贷款以及信用卡等新业务,而且贷款的范围扩大到集体企业、乡镇企业、私营企业、外资企业、个体商户和居民个人。

12.4.4 金融交易技术的创新

我国金融技术创新主要表现在计算机及现代通讯技术在金融业的引入而发生的巨大变化。近几年来,金融交易技术的创新最重要的变化反映在:

(1) 金融机构资金汇划电子化。主要指银行联行业务的发展特别是计算机处理系统的开发及卫星通讯的联网,实现了一次数据输入,一条龙处理联行报单、信封、电稿、转汇清单、录磁数据传输,并可以一台主机多台终端机同时操作,不仅提高了工作效率,缩短了同城和异地金融机构间的对账和清算汇差资金的时间,而且在系统内部及跨系统间设置了一系列防范控制机制,使账务核算、报单、对账等质量显著提高,增进了联行业务银行资产的安全,有利于总行和银行间及时调度资金,提高了全社会资金的使用效率。

(2) 电话银行业务的开办。电话银行实际上是一种与电脑网络联网的银行电脑系统。通过电话,银行客户可以直接办理有关业务和查询业务,有的还增加了传真业务。目前我国许多大中城市都开办了此项业务,不仅方便了银行客户,也推动了银行业务的迅速发展。

(3) 自动银行服务的发展。自动银行的服务是借助于电脑系统,由客户自己通过计算机的提示自动操作完成所需的业务服务的一种新型报务技术。如目前国内已出现的柜员机、电脑触摸屏服务系统、自动提款机等,无需任何银行业务人员提供服务,为促进银行现代化、提高银行服务效率又开辟了一条新的路子。

12.4.5 金融市场创新

包括以同业拆借、商业票据和短期政府债券为主的货币市场的形成;银行与企业间外汇零售市场、银行与银行间外汇批发市场、中央银行与外汇指定银行间公开操作市场相结合的外汇统一市场的逐步建立;以承销商为中介,以股票、债券为主要品种的证券一级市场,以上海(1990 年)、深圳证券交易所(1991 年)场内交易为核心,各地券商营业部为网络,遍布全国各地的国债柜台交易的证券二级市场的建立;以及上海黄金交易所的建立(2002 年),进一步促进了黄金市场的发展,等等。近年来的金融市场创新主要有:

(1) 中小企业板市场的创设。中小企业板,是相对于主板市场而言的,有些企业的条件达不到主板市场的要求,所以只能在中小板市场上市,是深圳证券交易所为了鼓励自主创新,而专门设置的中小型公司聚集板块。板块内公司普遍具有收入增长快、盈利能力强、科技含量高的特点,而且股票流动性好,交易活跃。2004 年 5 月 27 日中小企业板市场在深圳证券交易所开板,首批新和成等 8 家公

第 12 章 金融创新与金融工程

司于当年 6 月 25 日集中在深交所正式挂牌上市。

(2) 创业板市场的出现。创业板又称二板市场,即第二股票交易市场。创业板是指专为暂时无法在主板上市的中小企业和新兴公司提供融资途径和成长空间的证券交易市场,是对主板市场的重要补充,在资本市场有着重要的位置。2009 年 10 月 23 日创业板开板,首批青岛特锐德电气股份有限公司等 28 家创业板公司于 10 月 30 日集中在深交所正式挂牌上市。

(3) 中国金融期货交易所的建立。2006 年 9 月 8 日,中国金融期货交易所在上海期货大厦内挂牌,成为继上海期货交易所、大连商品交易所、郑州商品交易所之后的中国内地的第四家期货交易所,也是中国内地成立的首家金融衍生品交易所。该交易所为股份有限公司实行公司制,这也是中国内地首家采用公司制为组织形式的交易所。中国金融期货交易所股份有限公司注册资本金为 5 亿元人民币。上市品种沪深 300 指数期货于 2010 年 4 月 16 日首发登场。中国金融期货交易所的成立及其沪深 300 指数期货的上市交易,对于深化资本市场改革,完善资本市场体系,发挥资本市场功能,具有重要的战略意义。

(4) 场外金融衍生产品市场从无到有。近年来,我国的场外金融衍生产品市场取得了令人瞩目的发展:产品种类不断丰富,债券远期、外汇远期、外汇掉期、利率互换、远期利率协议、货币掉期等衍生产品先后推出,市场规模逐渐壮大。以人民币利率互换为例,2008 年累计成交 4 040 笔,名义本金总额 4 121.5 亿元,比 2007 年分别增长 106% 和 90%。另据统计,2010 年,人民币利率互换市场发生交易 11 643 笔,名义本金总额为 15 003.4 亿元;2011 年前三个季度,已发生交易 16 925 笔,名义本金总额为 21 546 亿元,同比大幅增长 170.0%。

12.4.6 金融业务的创新

在金融改革和创新中,金融业务得到了拓展。除了传统的金融业务外,随着金融机构的增多,金融市场的扩大,金融业务得到不断的拓展和创新。主要有:一是发行业务由少变多,从 1981 年开始逐步有了国库券、企业债券、企业股票、商业票据等发行业务;二是金融交易业务由少变多,主要有证券交易、外汇交易、黄金交易等。三是不断出现一些新型业务,如保值储蓄、住房储蓄、按揭贷款、信用证、信用卡、代客理财、网上银行、网上证券交易、银行柜台出售开放式基金、投资与保险联结、"银证通"等。

证券公司融资融券业务是指证券公司向客户出借资金供其买入证券或出具证券供其卖出证券的业务。由融资融券业务产生的证券交易称为融资融券交易。融资融券交易分为融资交易和融券交易两类,客户向证券公司借资金买证券叫融

513

资交易,客户向证券公司借证券卖出为融券交易。2008年10月5日中国证监会宣布启动融资融券试点。2010年3月30日,上交所、深交所向6家试点券商发出通知,融资融券于3月31日开始接受交易申报,融资融券业务试点正式开始。

12.5 金融工程

20世纪80年代以来,一门新兴的工程型金融学科迅速发展并风行起来,这就是金融工程(financial engineering)。它将工程学的方法、思维引入到金融领域,结合金融理论和实践,综合采用数学、工程、计算机、信息以及智能化技术来设计、开发新型的金融工具、金融产品和交易方式,迅猛且革命性地改变着金融理论和金融实务,改变着整个资本市场和全球金融状况。本节将对这一新领域的发展进行简要述评。

12.5.1 金融工程概述

1. 金融工程的含义

目前,对于什么是金融工程,不同的人也有不同的定义。有人认为,金融工程是金融学家借助于工程学的方法对金融变量进行数学描述,对各种金融变量之间的关系进行分析,对市场风险进行计算和控制,从而对金融系统进行优化处理。1988年,金融工程的创始人之一芬那蒂(J. Finnerty)在《金融管理》杂志上发表的题为《公司财务中的金融工程》一文中,认为金融工程是"将工程思维引入金融领域,综合地采用各种工程技术方法、设计、开发和实施新的金融产品,以创造性地解决各种金融问题。"具体说来,金融工程包括新型金融工具与技巧的设计、开发和应用,并为现实生活中遇到的金融问题提供解决方案。

一般而言,金融工程的概念有广义和狭义之分。广义的金融工程是指创新型金融工具和金融手段的设计、开发与实施,以及对金融问题给予创造性的解决。关键在于"创新"和"创造",这意味着在思维上的飞跃,具有革命性和创造性。狭义的金融工程则是指金融风险管理,尤其是指对风险敞口准确度量后利用组合金融工具进行结构化管理。近20年来,金融创新的核心在于引入了非常有效的风险管理工具和设计出非常精致的风险管理策略。而新型金融产品(包括金融工具和金融服务)的创造,正是按照企业的实际需要和投资者不同的风险偏好,设计出形形色色的融资和投资方案(这些方案都可看作金融产品),来增大企业的财务价值和(或)投资者的效用。金融工程师的创造性劳动,已经达到"量体定做"的水平。在市场交易层面,致力于获取高于市场平均回报的各种投资工具和投资策略

第 12 章 金融创新与金融工程

(包括套利策略和高成功率的投机策略)的设计、开发与实施,也是金融工程活动的重要方面。

从交叉学科的角度看,金融工程是现代金融学、信息技术和工程方法的结合。金融工程是面向产品创造的工程技术,金融产业与信息产业的结盟,则是它的产业背景。信息技术,尤其是网络技术的发展给金融工程注入了巨大的生命力,充分体现金融工程作为新经济时代新学科的特点。

一般认为,在金融工程的含义中,"新型"和"创造性"最值得重视,它们具有三种含义:一是金融领域中思想的跃进,其创造性最高,如创造出第一份期权合约、第一份互换合约;二是指对已有的观念做出新的理解和应用,如将期货交易推广到以前未能涉及的领域,产生出了金融期货;三是指对已有的金融产品和手段进行重新分解和组合,从而创造出新的金融工具,如远期互换、期货期权、互换期权和许许多多层出不穷的复合金融工具等等。芬那蒂由此将金融工程学的研究范围分成三个方面:一是新型金融工具的设计与开发,这部分内容是目前金融工程学研究的主要领域,从互换、期权、远期利率协议(FRA),到指数期货、利率上限下限、证券存托凭证等皆属此列;二是为降低交易成本的新型金融手段的开发,这包括金融市场套利机会的发掘和利用、交易清算系统的创新等,目的是为了充分挖掘盈利潜力,降低"管制成本";三是创造性地为解决某些金融问题提供系统完备的解决办法,包括各类风险管理技术的开发与运用、现金管理策略的创新、公司融资结构的创造、企业兼并收购方案的设计、资产证券化的实施等。

英国的格利茨(Lawrence Galitz)教授认为,金融工程是"应用金融工具,将现在的金融结构进行重组,以获得人们所希望的结果"。他将金融工具比作机械工程上的工具,可以以标准形式单独使用,也可以根据特定的需要组合起来。当然这里的"结果"不同于机械工程,它指的是特定的金融目标。对投资者来说,它是较高的预期回报;对筹资者来说,它是较低的筹资成本;对一些公司的财务人员而言,它可能是完全避免了汇率风险,不同的风险增益状况或者不同的流动性、不同的目标导致了不同的方法和工具,这也是金融工程不断创新的生命力所在。

综上所述,金融工程是对创新型金融工具与金融手段的设计、开发与实施,以及为金融问题提供创造性的解决方案的过程。金融工程最核心的要点在于"创新"与"创造"。金融工程所要解决的问题无非有两类:一是规避金融机构或企业所面临的金融风险;二是从金融市场的波动中获得收益。从另一个方面来讲,金融工程的最终目的是使得投资者能够获取较大的收益,筹资者能以较低的成本来获得资本。在具体的实践中,它综合运用金融、工程、信息技术、数学、会计、法律等多学科知识,创造性地解决金融问题,因此,金融工程又是一门边缘性、交叉性的学科。金融工程的产生将金融科学的发展推进到一个更高的阶段。

2. 金融工程的创立与发展

金融工程是现代金融学的最新发展,标志着金融科学已经走向了产品化和工程化时代。研究金融工程,对正处于改革开放和飞速发展中的中国金融市场来说,具有极为重要的理论指导意义和实际操作意义。

金融工程的实践活动是由业界带头搞起来的。20世纪80年代以来,随着金融自由化和金融创新的发展,金融工程开始大显身手,尤其是在资本市场的投资银行业务方面,金融工程师们的创造性得到了充分的发挥。形形色色的新型金融产品被创造出来,并投放市场,使金融活动变得极其丰富多彩,炫人眼目,大大地增强了市场流动性,提高了市场的效率和发展了市场的完全性,金融市场变得更为成熟和更为完善。从20世纪90年代开始,金融工程向商业银行业和保险业全面渗透。金融工程为商业银行控制和管理信贷风险创造出各种各样的新技术和新工具。到20世纪90年代后期,金融衍生品市场得以发展,使信用风险可以通过市场交易进行转移,这一新型市场的发展如今正方兴未艾。在保险业中,原来保险公司无力承保的巨灾险,经金融工程设计、开发出各种新的转移和重新配置风险的技术和工具后,巨灾险也可以保了。而且随着金融工程的发展,保险业务和资本市场的投资业务之间的联系也愈来愈紧密了,保险公司的业务技术,也由主要依赖负债项下的精算转向资产项和负债项综合的风险管理。更加令人瞩目的是,金融工程支持了资产证券化业务。20世纪80年代以后蓬勃发展的资产证券化潮流正在深刻地改变全球银行业和资本市场的面貌。就在业界轰轰烈烈地实干之时,学界很快意识到了金融工程的重要性及其发展潜力,一批著名金融学家开始投入研究。学者们深厚的理论功底、高瞻远瞩的眼光、科学的精神和辛勤的劳动,逐步将金融工程发展成为一门比较系统、比较完整的新兴学科。

金融工程虽然是一门年轻的学科,但它的运用却非常的广泛。伴随着金融工程而产生的"金融工程师"如今活跃在西方国家的商业银行、投资银行、投资基金以及大型工商企业,不断创造出新的金融工具,设计出新的交易方式和风险管理技术,为企业开展财务管理、进行投资和融资决策、完善风险管理、从事资本运营等工作提供了新的思路、理论和技术方法。金融工程是西方国家金融领域最前沿、最尖端的学科。同时,金融工程也正不断地为金融创新提供技术和理论上的支持,成为推动世界经济持续发展的一支重要力量。

12.5.2 金融工程迅速发展的原因

金融工程自从产生以来,有了长足的发展。金融工程的迅猛发展并不是一蹴而就的,而是一系列因素综合作用的结果。这些因素可以分为两类。一类是环境因素,是由反映现代公司经营环境特征的因素组成,比如价格的波动性、市场的全球化、税收及会计方面法规的变化、技术的发展和金融理论的进步等;另一类是企业内部因素,比如流动性的需要、经营者与所有者对风险的厌恶程度、代理成本等。归纳起来,近几十年来金融工程迅速发展的原因主要有以下几个方面:

1. 国际经济环境的动荡不定

国际经济环境的动荡不定使各经济实体产生了规避风险的强大需求,为金融工程的出现和发展提供了广阔的历史舞台。布雷顿森林体系的崩溃,使国际货币制度进入了一个全新的浮动汇率时代。风险的加大促使人们去寻找新的方式,以规避风险,减少不确定性。这样,以风险管理为一项主要内容的金融工程就应运而生了。

2. 世界经济的一体化

20世纪60年代以来,生产的国际化和资本流动的国际化趋势日益明显,跨国公司和跨国银行的迅速膨胀,离岸金融市场的蓬勃发展,使生产、经营、融资活动完全打破国界,企业和银行经营活动日益复杂化,风险也日益加大。与此同时,为逃避管制而发展起来的欧洲货币市场和欧洲资本市场有了长足的进步。这两个市场不受任何国家中央银行的单独管理,资金进出自由,利率变动灵活,其范围覆盖全球,24小时运转,为市场参与者利用市场失衡获取超额利润提供方便。为了在新的市场环境下增强竞争能力,实现稳健经营,改善管理,有效控制成本,发掘潜在利润,各企业和银行都在谋求创新的金融工具和风险管理手段。

3. 自由化浪潮使各国纷纷放宽管制

主要发达国家相继取消了外汇管制,允许资本自由流动,也取消了利率管制和金融机构业务范围的限制。所有这些措施因国而异,程度也有不同,但放松管制,鼓励自由竞争却成为一股不可逆转的潮流,这无疑极大地刺激了金融工程的发展。

4. 中介机构的积极参与

20世纪70年代以后,非银行中介机构以其富有竞争力的产品与银行展开了争夺资金和市场的激烈竞争,银行在传统市场上份额不断下降。例如,到1998年4月,美国共同基金管理的资产超过了5万亿美元,高于全美所有银行的资产总额。激烈的竞争迫使银行寻找新的业务方式,而银行的表内业务的规模又受到"巴塞尔协议"规定的资本充足率的限制。这样拓展表外业务就成为必然的选择。而金融工程中的各种交易作为表外业务的重要内容,自然也吸引了众多银行,它们积极网罗人才,更新设备,充分发挥资金、信息、信誉方面的优势,成为发展金融工程主力军。

5. 新技术的推动

20世纪50年代开始的以信息技术为核心的新技术革命,极大地提高了生产力,改变了社会面貌,也为金融工程的产生和发展奠定了坚实的技术基础。新技术的推动体现在以下几方面:

(1) 降低了信息成本,节约了时间,使迅速处理大量资料成为可能。

(2) 拓宽了金融市场,将全球各主要金融市场紧密地联系在一起,从过去相互分割、局部的金融中心转变为广泛而息息相关的全球金融交易系统,从过去简单的借贷关系转变为错综复杂的投资者、中介者、投机者、保值者等关系。

(3) 新技术使交易能迅速而准确地实现,为客户提供了前所未有的获利或避险机会。

(4) 计算机技术的发展使需要复杂计算和大规模数据分析的模型计算成为可能,为开发设计更多更新的金融产品创造了条件。

12.5.3 金融工程的特点

从总体上看,金融工程具有如下特点:

1. 边缘性和综合性

金融工程是现代金融理论和现代工程技术方法相结合的产物,工程技术进入金融领域,使金融学进入了一个新的发展阶段,从原来的描述、分析阶段进入了工程化的新阶段。现代金融理论包括证券组合理论、资产定价理论以及金融衍生产品定价理论,现代工程技术方法包括信息技术、数值计算、仿真模拟、网络图解、人工智能,等等。金融工程跨越多门学科,给从事这一工作的人员提出了更高的要求。

2. 实用性和灵活性

金融科学的工程化本身已经表明,金融学已经走出了抽象的理论研究,开始面向客户、面向市场。在当今的金融市场上,越来越多的客户已经不仅仅满足于利用市场上现有的金融工具,他们需要更满足于他们具体要求的、更"个性化"的产品。正是这种需求推动着金融产品不断更新换代,也使得金融工程学成为理论和实践联系最紧密的学科之一。

形象地说,可以把金融工程看作是以一个个种类各异的金融工具为原件,装配起一架具有特殊性能的"机器"(新的金融产品)。也可以将一个个金融工程部门比作一家家裁缝店,为不同需要的客户"量体裁衣",制作出一件件个性化的"时装"。

进行金融工程的过程可以分为以下几个阶段:①

(1) 诊断:找出问题的根源和性质。

(2) 分析:以现有的法规、技术手段和理论为基础,找出对问题的最好解决方法。最好的方法往往是设计一个新的金融工具或一套新的金融工具,但也有可能是创造一个新的金融中介。

(3) 制造:作为代理承销这种新的金融产品或者通过自己参与交易而组合出这种产品。

(4) 定价:确定制造费用和利润率。

(5) 顾客化:进一步将这种产品进行修改,以满足某个客户的特定需要。因为出于成本方面的原因,某种产品可能不仅仅只针对某一客户,而是否要为单个客户进一步设计制作,也要出于成本和收益方面的考虑。

但是,应该看到,金融工程并不是万应灵丹,它也有局限性:首先,金融工程方法虽然能够改变某个客户的风险/收益状况,但不能消除风险,也不能在风险不变的情况下无限制地增加收益。归根到底,风险总要有人承担,金融工程改变的只是风险和收益在不同偏好客户之间的分配。第二,金融工程给我们带来了层出不穷的金融工具的同时,本身也包含着巨大的风险,就像一把"双刃剑",使用不当,可能会有"杀身之祸"。如1995年的巴林银行倒闭案、1998年的美国长期资本公司的巨额亏损案等,都与金融工程有关。因此,加强对金融工程本身产生的风险的管理对我们正确使用它具有重要的意义。

12.5.4 金融工程在我国的应用前景

1. 金融工程在我国的应用

在我国,金融工程刚刚处于起步阶段,有着广阔的发展前景。可以预见,随着经济的发展,它必将在推动我国金融市场和金融机构现代化、国际化进程中起着越来越重要的作用。换言之,随着经济体制改革的不断深化与金融业的发展,金融工程在我国的应用会越来越广泛,这主要反映在以下几个方面:

(1) 金融工程可以满足市场参与者规避金融风险和资产保值增值的需要。金融市场是一个高风险的市场,但具体到每一个参与者来讲,市场上客观存在的

---

① 另一种关于金融工程的解释如下:金融工程又是一个过程,金融机构出于创造新的衍生工具的目的而使用它。该过程一般包括如下的四个步骤:应客户的要求,设计一个衍生工具;为支持该工具的投资组合或者负债设计一个避险策略;以预期的避险成本为基础,对该工具进行定价;一旦该工具开发成功投入使用,实施该避险策略。

风险并不必然意味着他们必须均等地承受同样大的风险。实际上,金融工程师可以通过对不同的资产进行动态的管理,达到将风险转移到投资者能够并且愿意承担的限度内,满足不同市场参与人的需要。

我们知道,在资本市场上,由于经济金融形势变化较快,资本的供求双方对于市场的利率也会有不同的看法。作为资本的需求方如工商企业,可能会希望发行浮动利率的债券,而投资者也许会更愿意购买固定利率的债券。如何解决这个矛盾呢?金融工程师就会通过一种"利率互换"的方式来满足发行公司和投资者的各自需要。在这个方面金融工程通常采用的一般方法是安排一个"固定利率与浮动利率"的互换交易。另外也有其他的方法来达到这个目标,如发行公司可以发行可赎回的公司债券,或者通过实现各类不同债券之间的转换来达到同样的目的。如何实现相应的目标则是金融工程师的"绝活"。同样,金融工程还可对机构的资产负债表上的资产结构进行结构的重新设计,从而在不断的波动的市场中损失较小,而获得较大的利益。因此可以预计的是,金融工程在我国的兴起,必然大大改变投资者对市场的参与程度,从而会对我国金融业的发展起到较大的促进作用。

2005年6月15日债券远期交易正式登陆全国银行间债券市场。作为银行间债券市场首次面市的金融衍生产品,债券远期交易是央行促进利率市场化,发展资本市场的重大举措。随着人民币债券远期产品正式开始交易,我国金融市场掀开了期盼已久的衍生产品交易序幕,其顺利推出也昭示了我国金融衍生产品市场雏形。同年8月15日,作为完善汇率改革的配套措施之一,我国银行间远期外汇交易也顺利上线。

2010年4月16日首批四个沪深300股票指数期货合约正式登陆中金所上市交易。作为我国资本市场建设中的一项重要基础性制度建设,一项金融工程在我国重要应用的具体体现,随着股指期货上市后其功能的逐步发挥,必将有利于形成股票市场的健康发展,形成股票市场市场化的资产价格形成机制,培育股票市场成熟的机构投资者队伍以及完善股票市场风险管理的内在体制机制,深化市场的功能。

(2)金融工程的应用加剧了金融业的竞争,提高了金融市场的效率,为金融机构带来新的业务机会。国外的经验证明,建立在金融衍生交易产品之上的金融工程已经为金融机构带来全新的业务,成为金融机构新的利润增长点;同时由于金融工程的广泛应用,增加了市场对套利机会的发掘和利用,使得整个金融体系的效率大大增加。不仅如此,由于一些金融商品采用保证金和虚拟资本的形式,对资本的要求不高,各类金融机构也会利用一些衍生产品的杠杆效应进行投机,这样就节省了资本与交易成本,在一定程度上促进了市场的效率,也提高了整个社会的资金利用效率。

(3) 金融工程的应用还可能降低企业的融资成本,有利于促进经济的健康发展。对广大企业而言,运用金融工程使企业满足了规避财务风险的要求,稳定了企业的经营,使企业能够形成合理的经营预期,可以有效地改变企业的内部经营机制,从而能够保证获得一定的利润水平。2006年11月7日,马钢股份公告称,证监会核准公司发行55亿元认股权和债券分离交易的可转债公司债券,国内首只分离交易可转债——06马钢债(126001)由此面世。其最大特点在于,之前的可转债持有人只拥有在规定期限内按一定条件将债券转换为发债公司股票的权利,而分离交易可转债中的公司债券和认股权分别符合上市条件的,可分别上市交易。马钢股份无疑是本次可转债发行的最大赢家,不仅募集到了用于马钢"十一五"总体规划500万吨冷热轧薄板工程项目所需的55亿元资金,而且该笔2006年最大规模的可转债是以当年最低的成本发行的。据中银国际统计,2006年度截至06马钢债发行前,共有16只可转债面世,平均募资规模为8.46亿元,仅为马钢的15%。同时,马钢的融资成本为票面利率1.4%,相对较低。若以融资成本差异简单计算,马钢股份累计少支付利息1.9195亿元。与银行融资成本相比,马钢股份此举可节约成本逾10亿元。同时,因派送认股权证,马钢股份还获得了二次融资的机会。根据相关条款,其后两年内,因认股权证行权,马钢股份又获得43.01亿元的再融资。

(4) 金融工程的应用有利于推动资产证券化的进程,从而对解决我国金融机构的不良资产问题作用重大。由于多种原因,我国金融机构中的大量不良贷款问题已经成为制约我国经济金融业健康发展的主要因素之一,而金融工程师就是专门解决各类金融难题的高手,其中一个主要手段就是推进金融资产的证券化。而金融工程在这个方面可以大有作为,运用得当,可以为国民经济的发展做出重大的贡献。

当然也会产生负面的影响,如果金融机构在运用金融工程中,新金融工具设计、开发不够理想,或者运用不当,会对金融机构带来难以弥补的损失,甚至会给整个经济、金融制度的稳定性带来严重的影响,甚至影响到整个社会政局的稳定。

2. 金融工程在我国应用展望

真正要在我国应用金融工程的工具,是需要有先决条件的。这些先决条件包括:

1) 金融市场特别是金融现货市场的充分发展

金融现货市场的发达是各类衍生金融工具得以产生和发展的必备条件,也是金融工程能够准确地发挥其在经济中的重要作用的前提。否则不但金融工程不能得到很好的应用,而且会使得现货市场的发展受到更大的打击。我国的国债期货市场的试点及其失败就是一个例证。在我国的国债现货市场还不发达的情况下,开办了国债期货市场的试点,结果国债期货成为投机的场所,国债期货的所有经济功能被限制到最小的程度,而投机功能被人为地放大,最终酿成了"327事件"①。股票市场也是一样,如果现货市场不发达,衍生产品市场发展赖以存在的交易机制、风险控制机制和手段、机构投资队伍乃至金融工程人才都不具备,就会大大限制投资者参与市场的兴趣与能力,运用金融工程解决相应的金融问题的能力也就会受到相应的限制。因此,要想金融工程在我国发挥其应有的功能必须大力发展我国的金融现货市场,只有在现货市场高度发达的基础上才能够逐步建立起相应的衍生产品市场,也只有在这些条件逐渐具备的情况下,才能为金融工程在我国的大力发展创造良好的条件。当然,金融工程不能等到所有条件都具备了之后才可以发展,它也可以在我国经济、金融体制逐步改革的进程中找到自己的发展空间。但必须记住的是金融工程并非是万能的,它不能解决所有的问题,它的运用也必须有相应的金融、政策环境,而金融现货市场的完善只是其中必备的条件之一。

2) 金融衍生工具市场的建立与发展

从西方金融工程应用的技术和工具来看. 主要是通过综合运用各类现代的衍生金融工具(如金融远期、期货、期权、互换等及其各种演化形式)来设计相应的金融财务结构,进行动态的金融管理,以解决遇到的金融难题。从这个意义上讲,现代金融衍生工具市场的出现与发展是金融工程得以运作的重要前提条件,否则就谈不到金融工程的应用。

3) 完善配套的经济金融环境

金融工程的实施必须在一定的经济金融环境中才能得到充分运用。这些环境至少包括:含国债利率在内的社会资金利率的市场化程度加深,形成辅以政府的适度调控与管理的利率市场机制;深化我国经济、金融体制改革,深化投融资体制的改革,让企业、金融机构等各类市场参与者真正成为独立的市场主体等。

4) 健全有效的金融监管机制

综观金融工程应用的国内外经验,在创造出巨大社会效益的同时,金融工程的误用也为金融经济形势带来负面的影响。这就要求必须加强对金融工程开发

---

① 指1995年2月23日发生的震动全国的上海万国证券公司严重违规事件。因该违规事件发生在一个代号为"327"的国债期货合约交易中,故称"327事件"。

第 12 章 金融创新与金融工程

和应用的监管,作为有关的监管机构必须真实地负起责任来。这也说明了在金融机构内部加强风险管理制度的重要性,而作为监管当局,了解银行的内部管理,督促其健全风险控制制度就显得更加重要,特别是对于尚处于发展阶段、同时又面临着较大的金融风险的中国金融业来讲,就更有理实意义。

5) 高素质的复合性金融人才

金融工程是被称为"金融工程师"的高级金融管理人才来运作的。成立于 1991 年的"国际金融工程师协会",目前在全球有大量会员。金融工程师与传统的金融理论研究和金融市场分析人员不同,它更注重金融市场交易与金融工具的可操作性,根据客户要求为其"量身设计",将最新的科技手段、规模化处理的工程方法应用到金融市场上,创造出符合客户要求的"个性化"的新的金融产品、交易方式,从而为金融市场的参与者赢取利润、规避风险及完善服务。这些金融工程师具有较综合的知识,包括经济、金融、会计、法律、税务、数学等方面的专业知识,是典型的复合型人才。从目前我国金融教育的现状来看,金融工程方面的人才还太少,远不能满足我国金融业发展的需要。

虽然中国金融工程大发展的条件并未成熟,但实际上经过 30 多年的改革开放,我国的经济金融形势已经发生了重大的变化,初步具备了开展金融工程的条件,西方金融工程的许多成果在中国也已有了应用的价值,为金融工程的大发展作必要的准备已是当务之急。从发展的观点看,由于知识经济在金融领域内的标志就是金融工程。对于金融业来说,21 世纪无疑将是金融工程的世纪,发展金融工程,将是中国金融业甚至整个经济超越西方发达国家的一次重大机遇。[①] 中国近些年经济的高速发展,很大程度上得益于后发优势。现在,也必须以战略的、长远的眼光来看待中国的金融发展。实际上,近些年墨西哥、泰国、韩国、日本、俄罗斯、阿根廷、巴西等国的经济金融危机都暴露了金融业滞后于制造业发展战略的错误,金融先行不应只是某个时候、某个地区的经济发展口号,而应成为一国经济稳定发展的战略着眼点。中国要想成为一个成熟的市场经济国家,必须将金融工程的发展提上议事日程,促进国内金融竞争、逐步放开金融价格、努力消除金融压制、适当鼓励金融创新,适应世界金融业工程化的趋势,促进金融工程的发展。

本章小结

金融创新是指金融机构为生存、发展和迎合客户的需要而创造的新的金融产

---

① 周立.金融工程在风险管理中的比较优势[J].金融与保险,2001(7):5.

品、新的金融交易方式,以及新的金融市场和新的金融机构的出现。金融创新的主体是金融机构;金融创新的目的是盈利和效率;金融创新的本质是金融要素的重新组合;金融创新的表现形式是金融机构、金融业务、金融工具、金融制度的创新。

金融创新的国际背景主要有:第二次世界大战后国际资本流动及欧洲货币市场的建立与发展;20世纪70年代世界"石油危机"以及由此产生的"石油美元"的回流;20世纪80年代国际债务危机的爆发和影响。计算机与通讯技术的发展和世界范围的放松金融管制则是金融创新的直接动因。此外,通货膨胀的加剧和利率的频繁波动、金融业竞争的加剧等,也是当代金融创新的产生的重要原因。

金融创新的理论是关于金融创新原因和影响的理论。金融创新的理论流派有技术推进论、规避管制论、货币促成论、约束诱导论、规避风险论、财富增长论、竞争趋同论、制度改革论、交易成本论等。

金融创新的主要内容包括了金融业务的创新、金融市场的创新、金融组织结构的创新和金融制度的创新。现代金融创新主要呈现出以下发展趋势:金融产品、金融工具的创新多样化;融资方式证券化;金融业务表外化;金融市场一体化。

金融创新的积极作用主要体现在下列几个方面:提高了金融业的运作效率及金融机构的经营效益、促进了储蓄向投资的转化乃至整个经济的发展、增强了金融产业的发展能力、推进了金融自由化的进程。同时,也应注意到金融创新在转移与分散风险的同时,也制造了新的风险。

金融创新对货币需求与货币供给都产生了很大影响,货币供求的机制、总量与结构乃至特性都发生了深刻的变化,对金融运作和宏观调控影响更大。这些影响将通过对货币政策的中间目标、工具、传导机制的作用,反映到货币政策的调控效果上来,从而使货币政策理论面临新的研究课题。

我国金融业的发展从金融机构的组织结构和形式、金融的调控体系,到金融工具及金融交易技术等方面都发生了巨大变化,金融创新在我国也得到了长足的发展。在各种因素的共同作用下,我国金融创新将进入一个全新的发展时期,并将成为推动我国金融发展的重要力量。

金融工程是将工程学的方法、思维引入到金融领域,结合金融理论和实践,综合采用数学、工程、计算机、信息以及智能化技术来设计、开发新型的金融工具、金融产品和交易方式,迅猛且革命性地改变着金融理论和金融实务,改变着整个资本市场和全球金融状况。

第 12 章 金融创新与金融工程

【本章重要概念】

金融创新 石油危机 石油美元 远期类合约 期权类合约 表外业务 存款准备金制度 金融工程

【复习思考题】

1. 金融创新的含义是什么？
2. 为什么金融创新首先出现在发达市场经济国家？
3. 试述金融创新的主要内容。
4. 简述 20 世纪 90 年代以来金融创新的发展趋势。
5. 如何评价金融创新？
6. 简述金融创新对货币供求的影响。
7. 试述金融创新对货币政策的影响。
8. 简要介绍我国金融创新的发展概况及对策。
9. 什么是金融工程？
10. 简述 20 世纪 80 年代以来金融工程迅速发展的主要原因。
11. 金融工程的主要特点是什么？
12. 试述金融工程在我国的应用前景。

第13章 金融与经济发展

本章导读

在第二次世界大战后的最初20年,西方主流的经济发展理论与金融理论基本上是相互分离的。20世纪60年代,以戈德史密斯为代表的一批经济学家肯定金融发展对于一国的经济增长有不可或缺的作用。经济学家爱德华·S·肖和罗纳德·I·麦金农论证了金融部门与经济发展之间存在着密切的关系。他们指出,由于发展中国家存在广泛的"金融压抑"现象,阻碍了金融发展,从而制约了经济增长,所以发展中国家应将金融自由化、金融深化作为发展政策的核心。自此发展中国家先后推开了以金融发展为未来目标的金融改革,同时,发达国家也相继放松金融管制,一场全球范围内的金融自由化浪潮迅速发展。但是人们却忽视了金融自由化所需要的政治经济条件,20世纪末的东南亚金融危机给人们上了生动的一课。危机使马来西亚的人均国民财富水平倒退10年,使泰国的国民财富损失近一半。这场危机还使1998年全球经济增长率降低1个百分点。

金融是随着商品经济的发展而产生和发展起来的,在商品经济的开始阶段金融只是作为商品经济的附属为其提供便利,但是随着商品经济的发展,金融的作用越来越大,并且随着信息化和电子化的发展,金融逐渐脱离实体经济拥有了自己独特的运行机制,发展成为经济活动中一个相对独立因素。一方面,金融通过促进储蓄和投资增长、优化资源配置、便利交换等作用推动经济增长;另一方面,金融风险的存在以及不合理的金融发展又令经济增长受阻。因此,只有合理发展金融才能促进经济发展,有效抑制金融风险,由于发展中国家金融体系不健全,所以合理发展金融对发展中国家尤为重要。

本章在介绍金融发展与经济发展之间关系的基础上,以著名经济学家爱德华·S·肖和罗纳德·I·麦金农的"金融抑制与金融深化"理论为基础,结合西方发达国家以及亚洲和拉美部分发展中国家和地区金融自由化的实践,分析我国的金融改革与深化。

第13章 金融与经济发展

13.1 金融发展与经济发展

20世纪70年代以后,发展经济学开始注意到金融发展与经济发展之间的关系,提出了现代金融发展理论,对发展中国家金融结构的特征与金融体制的改革深化进行了全面深入的解剖。严格地说,金融发展理论所要研究的是一切有关金融发展与经济发展关系的理论。所谓金融发展,主要包括金融资产的发展、金融机构的发展及金融市场的发展;而所谓经济发展,则是指各种实际经济因素的发展,如物质财富的增加、生产技术的进步及经济制度的健全等。

13.1.1 金融发展及其衡量指标

从金融发展的角度出发,可把一国现存的金融工具与金融机构之和看成是一国的金融结构。按照西方经济学家雷蒙德·W·戈德史密斯(Raymond W. Goldsmith)的解释,一个社会的金融体系是由众多的金融工具、金融机构组成的。不同类型的金融工具与金融机构组合,构成不同特征的金融结构。有的社会金融体系中金融工具种类多、数量大、流动性高;同时,金融机构的规模大、数量多、服务范围广,具有较强的竞争实力。而有的社会金融工具种类少、数量不多、流动性也差;同时,金融机构的种类少、规模不大、服务范围有限、服务效率低下。一般来说,金融工具的数量、种类、先进程度,以及金融机构的数量、种类、效率等的综合,形成不同发展程度的金融结构。换言之,金融结构是指各种现存的金融工具与金融机构的相对规模、经营特征和经营方式、金融机构及其分支机构的组织方式、集中程度等等。当然,金融工具的总量规模以及金融机构的资金是最主要的,而且它与经济发展水平之间的关系也最为密切。

所谓金融发展,是指金融结构的变化。金融发展程度越高,金融工具和金融机构的数量、种类就越多,金融的效率就越高。如何衡量一个国家的金融发达程度,西方经济学家提出了衡量金融发展的基本指标。

1. 金融相关率

根据对金融发展的定义,衡量金融发展程度,实际上是衡量金融结构的状态。为此,戈德史密斯提出五个需要考虑的数量指标:①金融资产总额与实物资产总额的比重;②金融资产与负债在各金融机构间的分布;③金融资产与负债在金融机构与非金融机构之间的分布;④各经济部门拥有的金融资产与负债总额;⑤由金融机构发行、持有的金融工具总额。在对不同国家金融结构进行比较时,可能遇到统计数字不全的困难。为此,他提出金融相关率作为金融比较的工具。该指标因其简单、适用、合理而被广泛使用。

所谓金融相关率(Financial Interrelation Ratio,FIR),是指某一时点上现存金融资产总量与国民经济总量(或国民财富)的比例。其中,国民经济总量大致可用当期国内生产总值(GDP)来表示。而金融资产总量的决定因素极为复杂,它由5个主要的因素决定,其中3个为流量指标:①非金融部门发行的金融工具,如股票、债券及各种信贷凭证等;②金融部门(即中央银行、存款银行、清算机构、保险组织和二级金融交易中介)发行的金融工具,如通货与活期存款、居民储蓄、保险单等;③国外部门发行的金融工具。此外还有2个为存量指标。人们常用金融相关率来说明经济货币化的程度,而且将 FIR 的计算公式表述为 M_2/GDP。

一国在经济发展过程中,金融相关率变动的基本趋势是上升的,有时甚至会发生迅速上升的"爆发运动"。但达到一定程度时,这一比例会逐步稳定。随着经济的发展与金融的发展,金融结构也会发生相应的变化,金融机构发行的间接金融工具比重会逐步下降,而非金融机构发生的直接金融工具比重会逐步提高,甚至超过前者。从一定时期的横截面看,经济发达的国家,金融相关率也就高,而经济欠发达的国家,金融工具缺乏,金融相关率也就相应低。

以我国为例,在改革开放初期的20世纪80年代初,金融相关率尚不足100%,而至20世纪90年代后期,金融相关率已达221%,接近了发达国家的比重。金融结构变革与进步显而易见。我国的金融相关率,1978年为95.2%,2000年为225%,22年增长了129.8个百分点,平均每年增长5.9个百分点。尽管与美国、日本、德国、法国等发达国家(1988年)的326%、392%、294%和254%相比还有差距,但与巴西和印度(1988年)的175%和114%相比,已明显居高。①

2. 货币化率

货币化率即社会的货币化程度,是指一定经济范围内通过货币进行商品与服务交换的价值占国民生产总值的比重。随着商品经济的发展,使用货币作为商品与服务交换媒介的范围越来越广。对于这种现象,可称为社会的货币化程度不断提高。由于货币是金融资产的一个重要部分,用货币化率反映一个社会的金融发展程度,也是可行的。在使用货币化率指标时,一个必须重视的问题是货币的定义。随着越来越多的准货币或货币替代物出现,必须及时对货币的定义加以修订。

---

① 杨再平.论我国金融体系的结构问题[J].管理世界,2002(4):12.

13.1.2 金融发展与经济发展的关系

金融发展与经济发展之间究竟存在着何种关系呢？从发展过程与已有的分析来看,金融结构的演进,即金融发展,对一国经济增长有巨大的刺激与推动作用,这是金融结构的进步可改善社会融资的条件,增大资本流量与投资规模,并大大地改进融资的效率,降低资金成本,为资本的流动转移与合理配置创造有利的条件。与此相应,一国经济的增长与发展也会对金融结构的演进与金融的发展产生积极的促进作用。经济的增长,工业化的发展,使国民收入水平较快地增加,社会资金的流量也相应增加,社会对资金的需求量也会上升,金融结构的发展与增长也就具有相应的基础与条件。显然,从市场发展的过程看,如果不加以人为的压制与错误导向,经济的增长必然会引起金融结构的发展与进步。

金融发展对于经济发展的积极作用可以大致归结为以下三个方面：

（1）金融发展有助于实现资本的积聚与集中,可以帮助实现现代化的大规模生产经营,实现规模经济的效益。这个作用是金融的一个基本功能。金融业越发达,迅速积聚资本的功能就越强。在金融高度发达的国家,金融不仅可以帮助迅速集中国内资源,还可以迅速调动国外资源,推进经济发展的国际化和全球一体化。

（2）金融发展有助于提高资源的使用效率,从而提高社会经济效率。发达的金融体系为投资人提供了众多的可选择的投资工具和理想的投资工具流通市场。在充分竞争和较充分竞争的金融市场上,各种金融工具的价格相对趋近于其合理水平,投资人理智的投资行为有助于资源从不善经营管理的企业流向有经营管理能力的企业,实现社会资源的合理配置,提高资源的使用效率。

（3）金融发展有助于提高用金融资产进行储蓄的比例,因而有助于提高社会的投资水平。以实物资产进行储蓄,在投资用途上不易转换。因此,投资对于储蓄的依赖,事实上在很大程度上是对金融资产储蓄的依赖。金融业的发展可以提高金融资产的流动性,使品种和收益率更加多样化,从而提高人们持有金融资产的兴趣,增加金融资产形式的储蓄份额。尽管社会的总储蓄水平并未提高,也会在较大程度上带动投资的增长。当然,如果金融发展可以帮助提高社会的储蓄水平,无疑会更加有助于增加投资。但这个假设能否成立还有待于进一步检验。

经济发展对于金融发展的作用可以归纳为两点：

（1）经济的发展使社会的收入水平不断提高,因而提高人们对金融投资和理财服务的需求。这种需求是社会金融业发展的原动力。

（2）经济发展形成越来越多的大企业集团,这些大的企业集团要求与其融资需求相匹配的现代金融机构为其提供服务。这意味着金融机构的融资规模必须大,融资的效率必须高,融资的手段必须多样化,承担风险的能力必须强。同时,众多新生的、有发展前景的企业也需要金融机构为之提供能适应其需求的服务。经济发展为企业规模及类型带来的变化,是金融工具、金融机构多样化和金融效率迅速提高的直接原因之一。

如果由于某种原因使金融发展不能适应经济发展的需求,则意味着出现金融压抑。

13.2 金融抑制与金融深化

1973年美国斯坦福大学经济学教授罗纳德·I·麦金农(R. I. Mckinnon)出版了《经济发展中的贸易与资本》一书,其同事爱德华·S·肖(E. S. Shaw)也于同年出版了《经济发展中的金融深化》一书。两人都以发展中国家的货币金融问题作为研究对象,从一个全新的角度对金融与经济进行了开创性研究,提出了金融深化理论。他们首次指出发展中国家经济落后的症结在于金融抑制,深刻地分析了如何在发展中国家建立一个以金融促进经济发展的金融体制,即实现金融深化(financial deepening),开创了金融深化理论的先河,这对于迫切希望摆脱贫困的发展中国家来说具有重要的指导意义。

13.2.1 发展中国家金融制度的特征

在经济发展过程中,发展中国家往往面临着储蓄不足,资本短缺,金融市场发展受到抑制等问题,形成经济发展的瓶颈。发展中国家金融制度的基本特征可归结为以下方面:

1. 货币化程度低,金融业发展受到抑制

"货币化"在这里是指货币交易总量占国民生产总值的比例,由于发展中国家分工落后,市场狭窄,存在大量的"物物交换"为基础的自然经济,大量的交易不用货币,不通过市场进行,使发展中国家的经济货币化程度比工业化国家要低得多。与此相应,货币化程度的低下也产生了对金融业与金融市场发展的抑制,储蓄不足,资金缺乏,金融工具单调落后,严重妨碍了人们把收入转化为储蓄,并通过金融业将储蓄转化为投资。

2. 金融业存在双重性质(二元结构),资本市场发展严重滞后

在大多数发展中国家,都存在着双重性质的金融业,即现代金融业与传统金融业的并存。现代部门是指由西方工业化国家输入的用现代方式经营管理的银行和其他金融机构,而传统部门是指本国原有的非现代化的小规模钱庄、票号、当铺、义会等金融机构;现代金融部门大部分集中在大城市与沿海地区,传统部门则存在于小城镇与农村地区。发展中国家这种二元金融结构是由其二元经济结构决定的。

就现代金融业而言,其发展也很不平衡,主要是商业银行的发展占主导地位,而其他非银行金融机构发育迟缓,直接融资工具严重缺乏,致使资本市场得不到有效发展。有些国家根本就没有资本市场,因而也就无法起到大规模动员储蓄资金以促进经济发展的作用。这种金融机构的二元性不仅会削弱政府的货币金融政策效果,甚至会造成背离政策目标的经济后果。

3. 储蓄不足,积累投资率低下

发展中国家的一个重要难题是国内储蓄不足,导致积累与投资率低下,经济增长乏力。

发展中国家往往存在着一个不易摆脱的恶性循环,即由于低收入造成低储蓄率,而低储蓄率又带来了低投资率,低投资率则造成了经济的低增长率,这又反过来造成了低收入水平的循环。在低收入水平上产生低储蓄率,这是显然的。但发展中国家储蓄率的低下还有一个重要的制约因素就是因为国内金融市场发育迟缓,可供选择的金融资产单调,使社会公众的货币收入很难转化为储蓄与投资,市场的动员能力被弱化,妨碍了经济的有效增长,这是金融结构落后对经济发展的障碍。

4. 政府对利率与汇率的管制,妨碍了市场机制的积极作用

对于大多数发展中国家而言,金融体系不健全,金融市场不发达,市场的竞争与调节机制不健全,政府往往以此而对金融活动采用管制与干预的办法。一是实行对利率与汇率的管制,使其不能准确反映资金市场与外汇市场的供求关系;二是实行金融业的国有化经营,限制或取消民营化金融业的发展。在金融业完全由国家垄断控制的条件下,因其缺乏竞争压力和经营动力,往往经营效率低下,难以发挥金融机构调节资源分配,合理分配资金的作用,甚至使金融机构沦为政府实施赤字财政的工具。

当然,以上分析是就一般而言,而并不是所有国家都具有这些特征。

13.2.2 金融抑制

从经济发展的角度看,金融结构不是中性的变量,它既能起到促进经济发展的作用,也可以产生阻碍经济发展的作用。一个健全的金融制度可将储蓄资金有效地动员起来并引导到生产领域,而经济的发展与国民收入的提高也会刺激金融业的发展。而从发展中国家的情况看,恰恰存在着一种金融制度与经济发展之间恶性循环的现象,即金融制度的落后和政府当局不恰当的金融管制政策,对经济发展产生阻滞作用,发展经济学称之为"金融压制"①。

1. 金融抑制的含义

所谓金融抑制,是指一国的金融体系不健全,金融市场机制未充分发挥作用,经济生活中存在过多的金融管制措施,而受到压制的金融反过来又阻滞着经济的成长和发展。

根据金融压制理论的分析,发展中国家的经济结构是被割裂的,自然经济占据很大比重,金融市场,尤其是资本市场欠发达,经济的货币化程度低,信用工具单调,金融领域也呈现明显的"二元化"。由于金融市场落后与信用工具缺乏,人们多数把储蓄作为保值手段,投资者只有在积累了很大数量的现金之后,才能从事投资,而大规模的投资需要大规模的现金积累,使货币与实际资本的形成呈相互补充状态,这是正统货币银行理论所不能说明的。

而发展中国家在金融制度上存在着缺陷,在政策上存在错误导向,表现为不重视发挥市场机制的作用,在金融领域里实施过多的行政干预与管理。

2. 金融抑制的手段和表现

金融当局硬性规定最高存款利率和放款利率(利率管制),使利率不能正确反映发展中国家资金短缺的现象,是金融压制的一个重要方面。由于多数发展中国家存在着较高的通货膨胀率,而政府当局又硬性规定存放款利率,往往使名义利率不及通货膨胀率,导致实际利率为负数。负利率一方面不能吸引社会资金进入金融体系;但另一方面,负利率却刺激了社会更多的资金需求,甚至刺激过多的投机活动。为了解决资金供求的不平衡,金融当局不得不以"信用配额"的方式来分配资金。在此情况下,能够获得优惠利率信贷的多数是享有特权的国有企业与事业机构,或者与官方金融机构有特殊关系的私营企业事业机构。而大多数民营企事业因得不到信贷配额而不得不转向传统的金融机构和高利贷者、当铺等组织求贷,使其发展受到影响。而且由于现代金融机构大都集中于大城市,主要为特权阶层服务,最多只能向城市的大工商企业提供资金便利,广大农民与中小工商业者要想获得资金极为困难。

金融压制的另一现象是对外汇市场的管制,使汇率无法真正反映外汇市场的供求状况。通常的情况是官方汇率高估本国币值而低估外国币值,造成外汇市场

---

① 罗纳德·I·麦金农.经济发展中的货币与资本[M].上海:上海三联书店,1990:96.

的供给不足与需求过高。在高估本币币值的条件下,外汇供给只能依靠配给来维持,而真正能以官方汇率获得外汇的只能是享受特权的机构与阶层。如国营的公司企业,有背景的事业机构,由于外汇价格人为压低,其必然助长外汇的黑市交易。那些官方机构与特权阶层可以通过低价官方外汇的转手交易,获取巨额利润。由于高估本币币值,国内出口业受到损害,尤其是农副产品及其他初级产品的出口所受打击更大。与此相反,低估外汇价格使那些持有官方执照的进口商利用特权获取超额利润。显然,低估汇率只有利于进口与消费,而不利于出口与储蓄,这使本国经济的发展进一步增强了对外援与进口的依赖。

在人为压低利率与汇率的同时,多数发展中国家为了摆脱对进口的过度依赖,往往采取"进口替代"政策,集中资金发展本国的加工工业,尤其是重工业,而导致轻视农业与轻工业的发展。在汇率与利率被人为压低的条件下,资金与外汇的成本不能真实地反映出来。为了摆脱对进口的依赖与外汇需求压力,发展本国加工工业以替代进口成为首选政策,而在发展进口替代工业时,资源往往大量流向大而无效的重工业,与人民生活有直接联系的农业与轻工业则得不到应有的重视与投入。直接后果就是经济结构严重失调,产业技术进步停滞不前,国内就业问题得不到解决,整个国家的工业化与经济发展都受到抑制。

此外,金融压制还表现为政府对金融体系发展的限制。在发展中国家,普遍的情况是现代金融机构数量不足,同业竞争无法展开。而政府出于控制金融体系及资源分配的目的,往往对金融机构的发展实施严格的限制,鼓励那些直接为政府服务,其活动易为政府控制的部门与机构的发展,而限制民间私营金融机构的发展,不允许自由进入金融行业,并通过诸如交易税、印花税、专项资本所得税以及其他法律、法规和行政机构限制私营部门的竞争,形成金融行业的高度垄断和低效率。在高度垄断与低利率状态下,国有的垄断性金融部门即使由于低效率而出现大量赤字,也可以轻而易举地予以解决。这些都无疑会严重影响一国的资源配置效率和经济的发展。

3. 金融抑制的后果

由于金融与经济的密不可分性,金融抑制会对经济发展产生影响。金融压制对经济发展产生的负效应主要有以下几点。

1) 负储蓄效应

在落后国家市场分割和经济货币化程度很低,收入水平低的条件下,金融工具单调,数量有限,资产选择的余地很小,当局的低利率甚至负利率政策无法弥补物价上涨造成的损失,人们被迫采用购买实物(物质财富)、增加消费支出以及向国外转移资金的方式来回避风险,使国内储蓄率受到影响。

2) 负收入效应

公众和企业所持有的实际货币余额(M/P)越多,储蓄和投资就越多,而储蓄和投资的增加又会带来生产的增长和收入的提高。但在金融抑制条件下,当通货膨胀在削减公众持有货币的实际价值时,人们的储蓄倾向降低,相应可用于投资的资金也就减少,国民收入的增长也势必受到影响,这又反过来制约了储蓄与投资的增长,形成一个恶性循环,结果导致了缓慢的收入增长。

3) 负投资效应

在实施金融压制政策的条件下,其投资的重点往往是耗费巨量资金的重工业,由于技术条件的限制,资金密集型的产业并不能带来较高的效率,使投资的边际生产力大大降低,与此同时,传统部门的投资受到限制,阻碍了农业与轻工业的发展,增加了对粮食和原材料的进口需求,而传统行业发展的限制又进一步影响了这些国家出口的增长,导致经济发展缺乏必要投资动力,并更多地依赖外援。

4) 负就业效应

在金融压制战略下,传统部门与小规模生产受到限制,其发展缺乏必要的资金技术投入,劳动较为密集的产业得不到发展,大量乡村劳动力不得不迁徙城市寻找工作。而在大城市,由于进口替代政策注重的是资本密集型产业的发展,如重化工业,其对劳动力的吸收是十分有限的,而大量的未受过专业训练的简单劳动力只能寻找更低工资的职业,甚至处于失业状态,形成了大中城市特有贫民阶层与贫民区。

4. 金融抑制在传统的计划经济体制国家的表现及其影响

金融压制不仅存在于经济落后的发展中国家,而且在传统的计划经济体制国家中也广泛存在着,其对经济发展产生的消极影响也是十分明显的。

从计划经济体制国家看,金融压抑的主要原因不在于经济发展水平与市场发育的程度,而是在于传统计划经济体制的束缚与政策的导向。

从现代经济发展的过程看,市场机制充分发挥作用,以及市场在资源分配中发挥基础性的作用,是离不开一个充分发育成熟的生产要素市场的。那么,金融体系的发展,金融市场的发育是这种市场机制得以发挥积极作用的重要条件。离开了金融市场的发展,也就不可能有市场经济的发展。但从传统的计划经济体制看,由于实行生产资料的国有制与资源的集中计划分配,市场机制在资源配置过程中根本不起任何作用,生产要素根本不进入市场,也无需通过市场进行分配,显然,金融市场也就没有存在的必要,甚至货币与银行体系是否有必要存在一度都成了问题。

从我国传统计划体制的现实看,在高度集权的计划控制体制下,资源集中于国家手中,生产要素的分配是按照计划体系,通过行政力量进行的,市场机制在生产要素的分配中不起作用,需求与供给没有直接的联系,要素分配主要依靠行政力量用实物数量关系来解决,货币金融关系在资源配置中不起作用,货币被保留,只是作为交易的媒介和记账单位,资金市场已无存在必要,也不发生任何实质性影响。

从资金积累,分配与投资过程看,实行的是国家高度集中的统一积累、分配与投资决策体制,社会经济主体没有独立的经营决策的主权,也没有自身独立的经济利益,整个社会经济活动纳入到一个核算体系之中,即统一核算,统负盈亏,企业的收入上交财政,所需开支由财政拨付,甚至连企业的固定资产折旧基金也全额上交财政,所需投资与其他更新改造资金也由财政拨付。在资金分配与投资过程中,计划体系起决策作用,财政系统是资金分配的主渠道,金融体系在资金分配中没有积极主动的功能。银行体系之所以保留,也只是作为财政体系的出纳机构发挥作用。中国人民银行长时期内一直是作为财政部的一个附属机构发挥作用,而没有独立的资金分配功能。

从微观经济活动看,企业不是独立自主经营的经济实体,其生产经营活动完全被限定在完成与超额完成计划任务的范围内,根本没有生产经营的自主选择权。它对生产要素的选择,生产规模的调整均无主动权,也无须金融系统的资金调节。从居民家庭的角度看,由于收入水平很低,且个人收入水平被限制为个人消费支出范围,因而个人收入用于储蓄的比例极低,且金融工具单调,个人与家庭在资产选择上除了储蓄外没有其他途径。地方政府也没有独立的经济利益与决策权力,其经济职能主要局限于实施计划与督促企业完成计划。从市场本身看,它已没有分配资源调节生产要素的功能,生产要素市场完全消亡,金融业与金融市场已无发挥作用的余地。

计划经济体制条件下的严重的金融压抑,也同样导致了经济关系的实物化,经济结构的严重扭曲,生产要素分配与使用效率低下,经济发展严重受阻。

13.2.3 金融深化

爱德华·S·肖和罗纳德·I·麦金农等经济学家一致认为,金融抑制是发展中国家经济发展的一大障碍。针对金融压制战略的后果,发展经济学提出了改变这种状况的金融深化①战略,通过金融体制的改革来促进经济的增长。金融深化

---

① 参见:爱德华·S·肖.经济发展中的金融深化[M].上海:上海三联书店,1990:52.

理论主要针对当时发展中国家实行的金融抑制政策,如对利率和信贷实行管制等提出批评,力主推行金融深化战略,以金融自由化为目标放松或解除不必要的管制,开放金融市场,实现金融市场经营主体多元化以及货币价格(利率)市场化,使利率真实反映市场上资金的供求变化,由市场机制决定生产资金的供求变化和流向,刺激社会储蓄总供给水平的提高,从而便利资本的筹集和流动,有效地解决资本的合理配置问题,提高投资效益,促进经济发展。

1. 金融深化的含义与指标

金融深化是指政府放弃对金融体系与金融市场的过分干预,放松对利率与汇率的管制,使之能充分反映资金市场与外汇市场的供求状况;并实施有效的通货膨胀控制政策,使金融体系能以适当的利率吸引储蓄资金,也能以适当的贷款利率为各经济部门提供资金,以此促进经济的增长。

一般来说,衡量金融深化的标准主要有:

(1) 金融存量指标,如货币供应量;在推行金融自由化政策时,随着金融资产价格的扭曲被消除或缓解,流动性资产的储备就会相应增加,金融资产存量与收入之比,以及它们占有形财富存量的比重都会上升。

(2) 金融资产价格指标,如利率、汇率等,这是金融深化与否的最重要的表征。在金融抑制的经济中,金融资产的需求被低利率所抑制,初级证券的供给则为信贷配给所限制,甚至场外非法市场也被反高利贷和政府的管制所制约。但随着金融深化的展开,利率逐渐能准确地反映客观存在的、替代现时消费的投资机会和消费者对延迟消费的愿意程度。在金融深化的经济中,实际利率的逐步提高,将使各种金融资产利率的差别不断趋于缩小。

此外,衡量金融深化程度的标准还有:金融资产流量、金融体系的规模和结构等。

2. 金融深化的效应

由于通过金融深化可积极推动国内储蓄增长和经济增长,而收入的上升又会导致更多的储蓄,从而产生积极的良性循环,即积极的储蓄效应、投资效应、就业效应与收入效应。

1) 收入效应

即由于货币供应量增加,使企业单位的货币持有额增加,因而提高了社会生产力,引起收入的增长。肖一再强调,实际货币余额(即货币余额的真实价值)并不是社会财富,实际货币余额的增长并不是社会收入的增长。因此,肖所谓的收入效应,是指实际货币余额的增长,引起社会货币化程度的提高,对实际国民收入的增长所产生的影响。肖认为这种收入效应是"双重的",既包括正收入效应,也包括负收入效应。正收入效应是指货币行业为国民经济服务所产生的促进作用；负收入效应则是指货币供应需要耗费实物财富和劳动，减少了可用于国民收入生产的实际资源。金融深化所指的收入效应正是那种有利于经济发展的正收入效应，货币政策的目标正是在不断提高这种正收入效应的同时，相应降低其负收入效应。

2）储蓄效应

即金融深化和金融改革对储蓄的刺激作用。金融深化的储蓄效应主要表现在两个方面：一是由上述收入效应引起的，即金融深化引起的实际国民收入的增加。在储蓄倾向一定的条件下，社会储蓄总额亦将按一定比例作相应的增加。二是由于政府实施金融深化和金融改革的各项措施（如抑制通货膨胀等），提高了货币的实际收益率，从而鼓励人们储蓄，导致整个经济储蓄倾向的提高。

3）投资效应

金融深化的投资效应也包括两方面的含义：一是上述储蓄效应增加了投资的总额；二是金融的深化提高的投资效率。肖认为金融深化从以下四个方面提高了投资的效率：①"金融深化统一了资本市场，减少了地区间和行业间投资收益的差异，并提高了平均收益率"；②促使金融深化的政策减少了实物资产和金融资产未来收益的不确定性，促使投资者对短期投资和长期投资作出较为理性的选择；③资本市场的统一，为劳动力市场、土地市场和产品市场的统一奠定了基础，从而促进资源的合理配置和有效利用，发挥生产的相对优势，提高规模经济的好处，进而提高投资的平均收益率；④金融深化使得建筑物、土地和其他本来不易上市的实物财富可以通过中介机构或证券市场进行交易和转让，在市场竞争的压力下，通过资本的自由转移也可导致投资效率的提高。

4）就业效应

由于利率市场化和实际利率水平的提高，使企业对资本的运用更加谨慎和更注重效益，有限的资本将投向经济效益最高的生产部门，从而促使整个社会生产力水平的提高，并且增加了就业的机会。同时，由于货币实际收益率的上升提高了投资者的资金成本，投资者将倾向于以劳动密集型的生产代替资本密集型的生产，以节约资本的使用，这也将使得整个社会的就业水平得到相应的提高。就业效应对大多数发展中国家尤为重要，因为这些国家往往存在着大量的剩余劳动力，资本却相对稀缺。因此，通过以劳动密集型生产替代资本密集型生产，则既可充分利用这些剩余劳动力，又可缓解资本供不应求的矛盾，使有限的资本得到合理的配置和有效地使用。这将极大地促进一国经济的增长和发展。

3. 金融深化的政策含义

肖和麦金农的金融发展模型论证了金融发展与经济增长之间相互制约、相互促进的辩证关系。他们认为,发展中国家实行低利率政策,不仅不能加快经济发展,反而会导致经济发展速度的下降,金融压制政策所带来的金融萎缩已经成为发展中国家经济增长的重要制约因素,使得发展中国家陷入金融萎缩和经济萎缩的恶性循环。他们认为,打破这一循环的关键,在于放弃这种压制型的金融政策转而采取金融深化的政策。这不仅有助于金融部门自身的发展,而且也为经济增长所必需。因此,他们主张,为了促进经济发展,发展中国家必须解除对金融资产价格的不适当管制,实行以利率自由化为核心的金融自由化政策。

根据理论分析与发展中国家的现实,要打破金融压制状态,实施金融深化战略,其基本的政策含义包括以下几个方面:

(1) 政府当局必须放弃对存放款利率的人为限制,使利率能真正反映资金市场的供求状况,更多地吸引储蓄资金转入投资。金融深化理论指出发展中国家的市场均衡利率应该是正利率,而不应该是负利率,只有正利率才能真正吸引社会储蓄资金的形成并促进资本的形成。因为从发展中国家看,由于储蓄率低,资金极度缺乏,经济中的投资机会极多,资本的预期收益率也较高,因而,较高的名义利率或正的市场利率并不会严重影响投资,但其对储蓄资金的形成有十分积极的刺激作用。而且较高的名义利率或正的市场利率也可以限制资金的过分集约化投入和消费性使用,有利于劳动密集型产业的发展,扩大社会就业机会,提高资金的边际效率。

而要转变负利率为正的市场利率,可采取两种方法。一是提高名义利率,使之高出实际的通货膨胀率,二是通过有效抑制通货膨胀,降低通货膨胀率而使实际利率为正。而抑制通货膨胀不仅有提高实际利率的作用,还有稳定货币促进经济稳定增长的作用。

(2) 政府当局要放弃采用通货膨胀的方式来刺激经济增长。政府可以通过稳定物价与稳定货币的政策来抑制通货膨胀,通过稳定市场物价与经济环境来促进经济增长。因为高通货膨胀既不利于社会储蓄,也不利于实际投资的增加。稳定的政策,金融体系可通过市场均衡利率吸收社会储蓄,一方面社会储蓄率上升,可增加储蓄资金;而另一方面,在市场利率均衡条件下,储蓄资金的增加可极大地促进实际投资的增长,刺激经济在非通货膨胀情况下稳定地增长。

发展中国家的储蓄不足,使很多国家采用增发货币,刺激投资与经济增长的办法,但实际上形成了发展中国家长期的通货膨胀,甚至是恶性的通货膨胀,而储蓄与投资也受到损害,最终也难以实现经济增长的目标。而要抑制通货膨胀,就必须放弃这种基本的方法。在具体的措施上,可采用紧缩通货控制货币供应量的政策,也可通过逐步提高存款利率,以增强对货币的需求的政策。

(3) 政府当局必须放松对金融体系与金融的管制,促进金融业的发展与竞争。发展中国家的金融管制导致金融业的高度垄断与国营机构的控制,并引起了金融业的低效率与服务质量低劣。要改变这种状况,一是要求改变国营机构高度垄断金融业的状态,放松金融业的进人限制,放宽金融机构开业的条件,发展金融业的市场竞争;二是鼓励与促进民营金融事业的发展,特别是在农村地区及非发达地区,政府应大力支持有关金融机构的发展,如农业银行、农村信用合作社、农业贷款协会等,促进农村地区与落后地区金融机构的发展。

与金融业的垄断相适应,发展中国家的金融市场往往也受到严重压制,有些国家根本就没有金融市场。对金融市场的深化要求政府当局在放松对利率与金融机构的管制的同时,放宽对金融工具发行流通的控制,发展规范化的金融市场体系,培育有组织的金融市场主体,允许资本工具的市场流通,使金融市场成为分配资金,调节资源配置的重要渠道。

(4) 政府当局必须放松对汇率的管制,使汇率能真正反映外汇市场的供求状况。汇率的自由浮动,是外汇市场发挥积极作用的基本条件。发展中国家因顾虑国际收支的平衡与本国经济的国际竞争力,往往管制汇率,不让其反映外汇市场的供求状况,结果导致了官方汇率与市场供求的严重脱节与越来越严厉的封闭,对国内经济的发展带来严重的抑制作用。因此,金融深化同样要求政府当局放松对外汇的管制与汇率的控制,逐步形成汇率的市场形成机制与自由浮动。因为汇率及外汇市场的控制放松以后,可使高估的本币价值自然回落,极有利于鼓励本国产品的出口竞争与外资的流入,同时汇率自由浮动以后,更接近于市场汇率,可抑止过度的进口需求,促进国际收支的均衡。当然,发展中国家的经济基础薄弱,承受力较差,汇率与外汇的管制的放松须逐步进行,以免引起本币的过度贬值和对国内经济的打击。

(5) 必须实行财税体制的改革与外贸体制的改革。因为财税政策的扭曲,可导致收入分配的不公,减少社会的金融资产,降低金融资产质量。因此,金融深化要求改革财税体制,一是要求消除财政的赤字改革,抑制通货膨胀;二是财政放弃对金融活动的干预,减少财政性投资、直接拨款和行政性的资金调拨分配,以发挥金融系统的资金调节分配功能;三是实行税制改革,简化税种和降低税收管理成本,并放弃对金融资产收入的歧视性税收政策。在外贸体制改革方面,在汇率自由浮动与外汇市场放松管制的条件下,应逐步取消进出口的歧视性关税,逐步降低本币币值,推进对外贸易的自由化。

4. 对金融深化论的评价

金融深化理论为发展中国家促进资本形成,带动经济发展提供了一个全新的视角和思路。该理论对发展中国家金融压抑及其体制改革提出了重要的思路与政策见解,使金融业的改革与市场化得到了理论与实践的支持。当然,金融深化理论基本上只重视经济发展中金融业的改革,即一种内源性因素,而忽视了重要的外部因素,即对外开放与外部资金流入的重要促进作用。

金融深化对经济理论和货币理论的贡献主要表现在以下几方面:

(1) 发展了传统货币理论。凯恩斯以后的货币经济理论虽然认识到货币对经济所产生的影响,但未能正确认识金融制度在经济增长与发展中的双向作用;而金融深化论对这一问题的独到见解,则弥补了当代货币经济理论的这一缺陷。

(2) 第一次系统地论述了货币金融与发展中国家经济发展的辩证关系,深刻地揭示了发展中国家经济落后的一个十分重要的、但又被长期忽视的因素——货币金融因素。现代货币理论均以货币与真实资本是相互竞争的替代品这一假设为其建立理论模式的基本前提,而金融深化论则对这一理论基础进行了深刻的批判,指出这种情况并不适合于发展中国家。在发展中国家,货币与真实资本在一定范围内是相互辅助的补充品,只有当实际利率超过了一定限度后,人们不愿意把货币转化为真实资本时,两者才能成为替代品。金融深化论的理论基础更符合发展中国家的实际情况,因而该理论对发展中国家更具有现实的指导意义。

(3) 在金融政策方面,金融深化论主张用高利率(即正数实际利率)来鼓励储蓄和投资,这一点既区别于凯恩斯学派,也有异于货币学派。凯恩斯学派把利率视为投资的成本,认为只有低利率才能刺激投资,货币学派则过分注意对货币供应量的控制,而忽视了利率政策的作用。金融深化论认为提高利率(即解除政府对利率的控制,实现利率的市场化)和金融体制改革相配套,使商业银行和金融机构自由地吸收资金和发展业务,将促进发展中国家经济的发展。金融深化论还认为,除利率政策要改革以外,其他政策领域(外汇政策、财政政策)也要实行一系列的改革,减少政府人为干预,发挥市场机制的功能。这些由金融改革而引起的金融深化,必将促进金融体系和实际经济领域的良性循环。金融深化针对发展中国家的实际情况所提的一系列政策建议,是对货币经济理论的又一重大贡献。这一理论及政策建议不仅得到了世界银行与国际货币基金组织的积极支持和推广,同时也得到了许多发展中国家的赞赏,对20世纪70年代以来广大发展中国家的金融体制改革产生了深远的影响。

尽管金融深化论在理论上和政策上为发展中国家的金融体制改革提出了极有价值的指导性意见。但该理论仍有一些不足之处,主要表现在:

(1) 忽视了发展中国家经济结构的严重失衡问题。金融深化论者重视金融制度对于经济发展的促进作用,主张只要大刀阔斧地实行金融体制改革,便可改变发展中国家的金融压制现象,但是,他们却忽略了发展中国家经济结构严重失调的问题。事实上,发展中国家的金融体制改革必须与经济体制改革相配套,才能取得显著的成效。

(2) 过分地强调了自力更生,而忽视了引进外资的必要性。他们认为,只要发展中国家实行金融体制改革,则可从本国资本市场筹集全部发展资金。因而该理论又被称为"自力更生的发展理论"。事实上,大多数发展中国家的国民收入极低,即使实行利率改革(提高利率)也难以吸收足够的储蓄作为建设发展资金。所以发展中国家在工业化初期,适当利用外援,引进外资是十分必要的。

(3) 过分地强调取消政府对金融体系的人为干预,并称金融深化为金融自由化。实际上,即使在高度发达的市场经济体制下,政府仍须对商业银行,金融机构和金融市场实施适度的监督,以防止银行或金融机构的管理不善或其他原因而触发金融危机。因此,为促进发展中国家金融体系和经济的高度发展,政府应放弃不合理的金融管制和干预,但绝不是金融自由化。

(4) 金融深化理论没有充分展开对发展中国家金融深化的过程和阶段的研究。

此外,尽管金融深化理论的推导不无独到之处,但是,它在拉美国家的实践中还是暴露出不少问题,在理论上也遭到了后凯恩斯学派的批评。对金融深化理论的主要批评意见有:①高利率将导致储蓄的减少,而不是像麦金农和肖所认为的那样能增加储蓄;②金融自由化伴随贸易和资本流动的放松或自由化,外资的流入会导致汇率的高估,抑制出口,减少有效需求;③利率高估将加重政府的债务负担,减少政府的有效需求;④高利率导致银行经营风险加大,从而加剧金融业的不稳定性。

13.3　国外金融自由化的实践与启示

金融自由化可以说是20世纪80年代以来,国际金融领域内议论最多的话题之一。所谓"自由化"并非一般意义上的自由发展或自由经营交易,实际上它指的是管理体制的松化或放松管理。无论是发达国家还是发展中国家都实行金融自由化政策,这给我国的金融改革带来了一些启示。

20世纪70年代以后,许多发展中国家和地区开始接受金融深化理论,在本国或本地区推进金融改革,致力于消除金融压制,并取得了很大的成功。巴西、新加坡、新西兰、韩国等国家和我国香港及台湾地区,其改革的主要核心是推进金融自由化。

所谓金融自由化,大致上包含了三项主要内容:一是逐步放松政府对利率的管制,实行较为灵活的管理方式,推进利率决定的自由化。以此来平衡资金市场严重的供求缺口,并消除营私舞弊等腐败现象。二是减少政府对信贷资金的计划控制。大多数发展中国家在信贷资金分配上都实行"指导性信贷计划",实际上是由政府当局用行政命令来分配资金,人为地干预资金的市场调节,导致资源配置上的浪费与无效。因此,金融自由化的改革措施都削减或取消了信贷的指导性计划。三是对金融机构的发展放松控制,主要是取消各种不合理的行政障碍,放松金融业的进入限制,允许本国与外国金融机构的自由进入,以此来消除金融业的垄断与促进同业竞争。

13.3.1 发达国家金融自由化实践

发达国家金融自由化趋势在20世纪60年代末就已开始,当时由于高通胀率和金融市场的一些创新活动,使不少发达国家,如英国、加拿大、法国、丹麦、瑞典等都采取了一些措施来放松金融管理,这些措施主要包括取消贷款和金融批发业务的利率限制,废除不同类型金融机构跨行业经营的限制,放松国际信贷管制等等。但这一金融自由化趋势在20世纪70年代初曾一度停顿,只是到了70年代末才又重新开始发展,并于20实际80年代中后期达到高潮。主要原因是第一次石油危机后,各国出现了严重的通货膨胀和财政贸易双赤字,政府曾一度想通过加强金融控制来减轻通胀影响,并维持较低的利率水平。但是后来经济环境的变化迫使各国不得不走上了金融自由化的道路。

在自由化过程中,发达国家采取的措施并不是同步的,放松管理的程度和速度也各异,归纳起来看,大致可分三种类型:

1. 全面迅速的自由化

这类国家以澳大利亚为代表,新西兰可以归为此类。澳大利亚在1980年之前属于发达国家中金融管制较严的国家之一,政府操纵着金融体系的运转,银行的资产和负债业务均受政府管理,利率水平由政府决定,贷款由政府导向并提供担保,金融业内新企业的进入有各种障碍,外资银行不能轻易进入,国内金融市场与国际金融市场脱轨,外汇汇率由政府管制,调整僵滞。

从1980年取消商业银行和储蓄银行的存款利率上限开始,澳大利亚进行了迅速全面的金融自由化重构。在1980~1985年短短六年时间内,澳大利亚取消或放松了几乎所有的金融管制措施。这些措施包括:取消对存款银行的存贷款利率限制,放松金融机构经营业务范围的限制,使商业银行与储蓄银行的区别消失,并使它们自由从事证券经营;放松新银行进入和银行兼并的限制,取消外汇交易和外汇汇率的管制,将外汇经营权扩大至40多家非银行金融机构,使澳元在市场上浮动;放松金融市场的管制,允许外资银行进入。因此到了20世纪80年代末,澳大利亚变成了发达国家中金融管制最松的国家之一。

2. 全面但渐进的自由化

这类国家以美国为代表,日本也可归入此类。美国自20世纪30年代大危机后逐渐形成了一种各种金融机构分工较明确的"专业化"金融体制,政府和有关管理当局对金融机构的管制虽不如澳大利亚那样严格,但也较严,尤其是对商业银行的管制。日本在战后是依照美国重建的金融体制,在很多方面抄袭了美国的做法,由于政府在经济中的主导作用一开始就比较突出,因此在不少方面政府对金融活动的干预比美国还要多,还要严。

美国金融自由化开始得较早,是从管制较严的银行业率先进行的,1980年的《放松对存款机构管理与货币管制法》和1982年的《加恩—圣·杰尔美存款机构法》两法案的问世,是美国开始进行金融改革的标志。它打破了美国几十年来形成的不同金融机构之间严格的业务限制,使储蓄机构与商业银行的区别趋于消亡,而商业银行则可以通过兼并储蓄机构开展跨州业务,设立变相的分支机构。这些实际上只是以法律的形式确立了已经变革的金融结构的合法性。对于美国银行业迫切需要改革的跨州直接设立自己的分支机构和允许银行投资于股票等问题,20世纪80年代的改革并未能突破原有的限制,直到《1999年金融服务法》的通过,彻底结束了银行、证券、保险分业经营与分业监管的局面。

日本的金融体制与美国相似,20世纪80年代金融自由化归纳起来有三个方面:①利率自由化。日本政府战后一直推行人为的低利率政策,人为地对利率进行干预,20世纪80年以后,日本政府逐步放松了对利率的管理,各种利率均已自由化。②允许金融机构业务相互交叉,主要表现在银行业务与证券业务相互交叉和银行间业务交叉两个方面。③对外金融自由化。从1980年12月通过的《新外汇管理法》开始,日本对外金融交易和银行的对外业务均自由化,日本的金融市场也向国际开放,日元国际化,使之成为主要的国际货币之一。

进入20世纪90年代,日本金融自由化步伐又向前迈了一步,主要表现在以下三方面:①银行、信托公司和证券公司可以出资50%以上收买或成立相互间的子公司,进行业务交叉经营;②扩大有价证券的业务范围,除股票、公共债券、公司债以外,证券投资信托、贷款信托的受益券、商业票据、住宅债权信托、海外大额存单、信用卡债权的证券化商品等都可以在证券市场上交易;③金融机构的合并与转换限制大大放松,使各种金融机构之间的合并成为可能。因此,从20世纪90年代的发展看,日本已进入了全面的金融体制自由化阶段,原有的管理体制已彻底改变。

3. 以证券市场为突破口带动其他方面的自由化

这类国家主要是德国和英国等欧洲国家。德国金融机构比起美国等国一直享有较多的经营业务的自由,业务交叉一直较普遍,素有全能的金融机构之名声,因此,20世纪80年代的自由化主要是以证券市场国际化和多样化表现出来的。1985年德国取消了对欧洲马克为单位的欧洲债券发行规模和时间的限制,使外资银行获得了牵头经营这类发行的权力。1986年以后,又接连采取措施,允许外国银行发行以德国马克为面值的大额存单,允许引入新的金融工具,允许外国银行与其他银行结为银团参与发行联邦债券、邮政债券和国家铁路债券的活动。进入20世纪90年代,德国金融市场的自由化又前进一步,股票贴花税的取消,境外市场的建立,都将使德国在国际金融市场上的地位进一步加强。

英国的金融体制也属于专业化分工的体制,远不如德国那么自由。它在银行监管上有所放松,但更重要的表现在证券市场的管理上,如1980年10月27日采取步骤,取消了传统的股票交易所固定佣金比率规定,取消了股票经纪人和批发商界限,允许本国和外国银行、证券公司、保险公司申请为交易所的会员,也允许外国公司100%地收购交易所会员公司。英国证券市场的自由化,实际还从另一个侧面使英国专业化的金融体制趋于解体,大商业银行现在可以介入证券交易,这就可以使它们集投资银行、商业银行、证券交易商和经纪商于一身,成为多功能的金融机构,从而使金融机构的力量对比和金融结构发生进一步的变化。

13.3.2 发展中国家金融自由化化实践

1. 发展中国家金融自由化涉及的主要内容

20世纪80年代以来,致力于金融改革的发展中国家,如拉丁美洲的阿根廷、智利、乌拉圭等国,亚洲的马来西亚、韩国、斯里兰卡、菲律宾及印度尼西亚等国。按照两方经济学者的概括提法,其改革大都以金融自由化为核心内容,主要有以下几方面。

(1) 放松利率管制。虽然各国在放松利率管制的具体做法和时机选择上不尽相同,但各国放松利率管制的目的是相似的,那就是取消对利率的人为抑制,允许利率根据金融市场上资金供求状况自由浮动,使利率保持在高于通货膨胀率的正值上。根据肖的金融深化理论,利率自由化是使货币深化的主要手段,其积极的影响是多方面的:一是它将有助于国内储蓄的增长;二是利率自由化后有利于国内金融市场的统一;三是利率自由化后,会大大减少低效率的资源使用,这在本质上同增加新的净储蓄一样重要。虽然利率上升对生产投资会有一定的抑制作用,但这种抑制不一定是坏事,因为它可能减少那些效率低下的资本投资,增强可贷资金的有效使用,提高其配置效率和资本形成的质量。

(2) 放松信贷直接管制。这一措施使发展中国家的银行和其他金融机构从受抑制的状态下得到了解脱,有了较大的自由来决定贷款的数量和投向。根据肖的金融深化理论,取消信贷直接管制,开辟了优化储蓄分配的道路,用市场取代了官僚机构,这就会使资金流向效益高的产业和部门,有利于工业和产业的稳定增长,从而可以摆脱经济徘徊的局面。在其他方面,信贷自由化的效应与利率自由化是一样的。

(3) 金融机构私有化。不少发展中国家在金融体制改革的过程中,纷纷将后来政府所拥有的银行或其他金融机构转为股份制银行或公司,然后将其股权全部或部分出售给私营企业,这样做的目的主要是增强金融机构的竞争力,希望以私有化为契机,在金融机构内注入竞争的催化剂,去适应市场深化对金融机构提出的要求。

(4) 金融市场的国际化。金融体制改革后,多数发展中国家都放松了对其金融市场尤其是长期资本市场的管制,资本逐渐开始在国际间流动,同时,不少国家还放松了外汇汇率的管理,逐渐将本国货币与外国货币的汇率转向有管理的浮动。资本管制的松动给发展中国家带来了吸引外资增加的好处,本国资本市场的利率也开始逐渐与国际市场接近。但总体上看,除了个别国家外,发展中国家对资本市场的管制仍比较严,尚未达到多数发达国家的自由化程度,这主要是因为发展中国家国内市场发育程度较低,难以承受国际市场的冲击。另外,国内资本的匮乏也迫使发展中国家不敢轻易取消资本外流的限制。因此,在资本管制的松动方面,发展中国家的紧迫性不强,引起的问题也较少。

(5) 对经营不善、清偿力出问题的银行和其他金融机构进行清理和重整。因 20 世纪 60~70 年代金融抑制而造成的金融资源误导,使很多贷款到期收不回,资本杠杆比率较低的金融机构有不少因此而陷入困境。20 世纪 80 年代很多发展中国家在金融改革的过程中对这些机构进行了清理,通过中央银行的再贷款、贴息、收购坏账、合并等方法对这些金融机构进行了重组。这个重组的过程是长期的,有的国家在金融改革中因其他措施失当又导致了新的坏账问题,所以重组金融机构的过程并非一蹴而就,不少国家至今仍在不断地对丧失清偿能力的机构进行重组。

2. 拉美国家金融自由化的激进改革

最早进行金融体系自由化尝试的是拉美国家,促使它们改革的直接原因是它们国内的严重通货膨胀与经济停滞不前。在拉美国家中,以智利、阿根廷、乌拉圭三国的金融自由化改革最为典型。它们在 20 世纪 70 年代中期实施了金融自由化改革实验,其改革措施主要有四项:①取消对利率和资金流动的控制;②取消指导性信贷计划;③对国有银行实行私有化政策;④减少本国银行和外国银行登记注册的各种障碍。

拉美国家金融自由化改革的效果可从不同角度分析,从金融资产的增长速度看,其金融部门在改革后获得了迅速的发展,从利率水平看,实际利率均出现了正值,但上升速度过快,结果是企业无法偿还贷款,只得破产,通胀压力增加,外资大量流入,这为以后的宏观经济不稳定种下了祸根。从金融改革的最终目标是提高资金分配效益这个角度看,拉美三国金融改革是失败的,因金融自由化后,金融机构正常竞争因素未能发挥主要作用,银行被一些集团所拥有,成为它们的资金供应商,这类贷款常常变成坏账,银行丧失流动能力,央行被迫注资,信贷膨胀最后演变成通胀,实际利率重新变为负值。至 1989 年,金融改革的积极作用丧失殆尽。进入 20 世纪 90 年代后,整个拉美形势开始好转,多数国家经济开始稳定增长,通胀率下降,外资重新大量进入该地区。但是由于 20 世纪 80 年代改革措施失当带来的后遗症是长期的,不可能一下子就治愈,这三国的金融体系仍相当脆弱,很易遭受外部的冲击。如 1994 年墨西哥的比索贬值,引起了以拉美国家为先导的新兴市场国家的货币危机和资本市场危机,经过危机的冲击,金融业的垄断程度进一步提高,这又会给以后金融资源的合理配置带来新的问题,而危机对经济发展造成的直接影响是 GDP 增长率大大减少。

3. 亚洲国家金融自由化的渐进改革

在亚洲,发展中国家金融改革中的典型代表是韩国、马来西亚、印度尼西亚三国,他们开始金融改革的时间虽不一致(韩国 1981 年,马来西亚 1978 年,印度尼西亚 1983 年),但改革的目标基本上是相似的,都是按照金融深化理论的政策建议实施的。

亚洲各国和地区金融自由化改革的主要内容包括:①利率自由化;②减少信贷控制,降低准备金比率;③促进金融机构之间的竞争;④发展货币市场和资本市场;⑤减少资本控制,增强汇率灵活性。综观上述改革内容,其核心是更多地依靠市场力量来提高金融体系的效率,充分发挥货币政策的作用。改革缺乏效率的金融干预机制,为金融体系注入活力。它们在通货膨胀率较低的情况下,采取了较合适的措施,分步骤渐进地改革,基本上取得了预期的效果。利率水平结构较为合理,金融部门得到了发展,金融体系竞争力加强,长期资本供应得到了保证,贷款组合的质量提高,国内外金融市场的一体化程度也有所提高。用肖的金融深化标尺衡量,均达到了消除抑制,推进金融深化的目的,付出的代价也较小。但1997年爆发的东南亚金融危机可以说与该地区的金融自由化改革密切相关。

与1982年的拉美国家债务危机及1994年的墨西哥金融危机相比,1997年爆发的东南亚金融危机则是一场更为严重的、影响更巨大的全面危机。它波及几乎所有的东南亚与东亚国家、地区,造成了更为严重的后果。20世纪80年代以后,东南亚各国经济迅速增长,出口强劲,投资增速迅猛。进入20世纪90年代以后,东南亚各国的金融自由化进程大大加快,先后开放了国内资本市场,货币自由兑换,并允许外资自由流出入,从而吸引了大量外资,尤其是短期资本的进入。但这些国家的金融监管措施并未跟上,国内汇率制度实行联系汇率,因而缺乏弹性,从而为金融危机的爆发埋下了伏笔。

金融危机最早爆发的泰国,进入20世纪90年代中期以后,因出口结构单一而引起贸易赤字,而实行联系汇率制度使其汇率不能体现这种变化,本币被严重高估。与此同时,泰国实行资本账户的全面开放,外国资本可自由流出入,外国居民可在国内开设本币账户并进行融资。这一切,导致1997年夏国际投机资本通过借人大量本币去打击泰铢,而其中央银行为守住联系汇率不得不动用外汇储备去买人本币,而当储备告罄,联系汇率无法维系时,金融危机便立刻爆发,货币贬值,外汇市场严重震荡,股市大幅下挫,境外投资者与国内居民信心受挫,纷纷撤离资本,加剧了市场的崩溃与经济的危机。这场金融危机最终演变成为全面的经济危机,并波及到了东南亚与东亚的其他国家与地区。

金融危机的接连爆发促使人们对金融自由化进行反思。金融深化与金融自由化是一个真正的制度变革与市场化进程,这是发展中国家推进结构改革的必由之路。但金融自由化带来的影响是复杂而广泛的,尤其是国内资本市场的开放与管制的放松,汇率管制的不适应,都有可能遭到资本流动的冲击,引发金融市场与经济体系的不稳定。

13.3.3 国外金融自由化的经验教训

综上所述,发达国家和发展中国家的金融自由化改革是相当不平衡的,既有成功的地方,也有失败的教训,给我们的启示可从以下几方面来分析。

(1) 发展中国家的金融改革不能照搬发达国家金融自由化的措施。因为它们在经济发展水平和市场深化程度上存在着很大差异。金融体系和金融市场在经济中的地位与作用都大不一样。在发达国家,金融体系不是政府财政收入的主要来源,而在多数发展中国家,金融体系是国家财政透支和通货膨胀税的主要依靠者,这就意味着像发达国家那样的自由化会剥夺政府收入,使财政活动遭受不利影响,最终反而使政府更加依赖通货膨胀来减轻财政压力。另外,发达国家金融市场已经有了充分的发展,建立了竞争规则,良好的资信评估制度和会计标准,因此自由化会带来更高的效率,而发展中国家缺乏这些市场设施,金融结构尚未发展到发达国家的阶段,当务之急是构造适应市场深化要求的金融结构,培育市场基础设施,贸然的自由化会导致垄断和道义上的危险,最终会延缓金融市场的真正发展。

当然,从改革的角度看,震动是不可避免的。当发展中国家通过改革促进金融自由化时,它们在金融业的结构与管理措施上可以吸取工业化国家的成功经验,以寻求一个更为稳定的过渡与有效的变革。

(2) 宏观经济稳定,尤其是保持价格稳定和社会总供求大体平衡对放松金融管制至关重要。发展中国家的金融改革通常都是作为宏观经济调整的一个环节提出来的,目的是通过金融改革促进经济的发展和宏观经济环境的改善。在那些宏观经济不稳定的国家里,实行金融自由化政策,高通货膨胀率容易导致高利率和实际汇率浮动,从而使得资金出现不规则的流动,进而引起许多企业和银行的破产。只有首先创造稳定的宏观经济背景,金融改革才能避免上述种种经济不安全状况。

(3) 金融深化应采取适应国情的渐进方式。一步到位式的全面自由化往往会欲速则不达,即使在发达国家,速度过快的金融自由化也带来了很多副作用,如澳大利亚全面迅速的金融自由化就对20世纪90年代初的经济衰退起到了加剧的影响。发展中国家尤其需要一个渐进的过程,去熟悉环境,掌握业务,制定措施。

金融市场的完善和金融体制的健全是现代经济发展中不可缺少的一个重要环节。所以,经济发展的过程必然伴随着金融深化。现代经济发展离不开金融发展的支持,而金融发展又是以经济发展为基础的。一般情况下,一国经济发展水平越高,其金融深化程度往往也越高。因此,金融深化是伴随着整体经济改革发展的一个渐进过程,金融深化的政策措施应根据经济发展的成熟程度和经济运行的内在逻辑做出合理的时序选择和安排,分阶段和有计划地进行。金融深化理论的首倡者麦金农在后期的著作中对此予以高度重视,他指出"十分重要的一点是,每一个国家的自由化过程的先后顺序要正确"(麦金农,1993年)。"财政、货币与外汇政策如何排序是至关重要的。政府不能够也不应该同时采取全部的自由化措施。相反,经济自由化有一个'最佳'的顺序,由于各个国家最初的国情不同,因此这种顺序可能依国家的不同而各异"(麦金农,1993年)。然而,拉美和亚洲的一些发展中国家往往急于求成,采取了过于激进、超前的金融深化战略措施,在宏观经济条件还不具备的条件下,就加快实现金融自由化的步伐,特别是缺乏风险管理和金融监管的能力,过快地放开资本账户。随着金融深化实践的深入发展,麦金农(1993年)对放开资本账户实行货币自由兑换持谨慎态度。他认为:"除非金融稳定和国内市场利率已经形成,否则不宜开放资本账户,实行货币自由兑换,过早开放资本账户会助长资金流动,扰乱经济与金融秩序"。

(4) 金融改革并非单纯的取消管制,而是应改变政府干预的方式。随着直接管制措施的取消,相应的间接管制措施要跟上,同时还要建立与市场金融体系相配套的市场基础设施,包括有关的规范竞争行为的法规和现代化的通讯设施等。否则,市场行为的扭曲和信息传递的不灵和失误都会使资源配置效率低下。

在推进金融深化的过程中,必须十分重视加强对金融市场和金融机构的监管。金融深化(或金融自由化)并不等于放弃政府对银行和其他重要金融机构的监督,让金融业完全放任自由。成功的金融深化不是简单地取消一切法规和管理,而是要求政府必须严格按照市场经济的规则来加强对金融市场和金融机构的有效管理与监督。然而,现代科技在金融领域的广泛应用更是增加了金融监管的难度,为此,金融深化必须要有一个有力的监管体制与之相适应。拉美及亚洲发展中国家的金融自由化实践效果不佳的重要原因之一就是金融监管软弱乏力,缺乏对金融市场和金融机构的监管。由此可见,加强金融监管和维持金融机构的稳定经营是规避金融危机的重要条件。

(5) 常用的衡量金融体系深化度的指标是 M_2/GDP 或 M_3/GDP,它可在一定程度上反映市场机制的深化程度。然而这一指标的上升并不总是代表资源由低效率的生产用途转向了高效率的生产用途,资源配置的总体效率提高了,它只在一定程度上反映了金融机构和金融体系的规模扩展程度。并且,这一指标的变化要通过长期观察,才能说明金融体系的发展程度。

(6) 金融改革与其他一切改革一样,会引起不同利益集团的收入和财富发生转移和变化。比如,利率的提高会使贷款者受益,借款者受损;外汇汇率的上升又会使进口企业成本增加,出口企业盈利增加。这些从长期看对经济发展有利,然而在有关利益集团作出相应的内部结构调整以适应之前,它们可能成为改革的反对者。有些利益集团如果在政治上很有势力,就有可能对金融改革设置各种障碍,从而会使改革效果下降。因此,政府在改革开始前就应分析预测,并采取措施补偿某些利益集团的利益损失,以使金融改革的阻力减少,使改革的措施能够正常健康地得到贯彻执行。

(7) 要积极合理利用外资,保持适度的外债规模。金融深化的目的是通过提高国内储蓄的利用率来促进资本的形成,不应过度依赖国外资本,尤其是外债。然而,由于发展中国家的政府和企业往往有着强烈的发展动机和投资冲动,在推进金融深化的过程中,当出现国内储蓄不能满足其快速发展的要求时,不是把主要精力用在如何提高国内储蓄的利用率上,而是过度依赖外资。尤其是一些发展中国家不是着重吸引外商直接投资,而是以吸收国外贷款为重,且多为短期商业贷款。在缺乏金融监管机制的情况下,大量短期国际投机资本纷纷流向高风险项目,引发金融恐慌和崩溃。总结历史的经验教训,外资既能兴邦,也能丧邦。外债规模不仅仅是经济问题,还有着深刻的政治和社会意义,发展中国家不仅要合理利用外资,而且必须将其控制在 20% 的国际警戒线以内。

13.4 我国的金融改革与深化

以发展中国家体制为分析背景的金融压制论与金融深化论对我国金融业的改革与发展也有着重要的指导意义。我国经济长期以来一直是集中计划控制,存在着严重的金融压抑现象。在推进社会主义市场经济改革的条件下,我们同样也面临着在市场经济条件下推进金融体制改革与金融自由化的问题,并建立起适应市场经济体制的金融制度。

13.4.1 我国金融改革的历程与成效

1978 年以来的经济体制改革与对外开放,使我国的经济管理体制发生了一系列的重大变化,我国经济的增长也明显加快。这无疑也推进了我国金融体制的变革。我国经济体制改革首先是从下放企业经营管理权限的放权让利开始的,它使地方政府与企业的经营自主权不断扩大,投资经营决策的自主性增强,资源分配的市场调节作用加强;另一方面,我国多种经济成分的发展也十分迅速,它有力地壮大了市场经济的成分,加上 20 世纪 80 年代以后的对外开放,特别是入世以来,外资大量进入中国,使我国的经济成分与经济运行过程发生了重大变化。这些变革对传统的金融体制带来了极大的挑战,使其在新的条件下出现了不断的改革。这个改革如前文所述包括了两个阶段,即建立两级银行体制的第一阶段与推进国有银行商业化及发展金融市场的第二阶段。

13.4.2 市场经济条件下我国金融的深化与改革

应当说,我国经济发展中计划压制金融的问题是一直存在的,在已有的金融改革中,金融压抑问题得到了很大的转变,这些改革措施也收到了明显的成效,但从发展市场经济的角度看,我国金融体系存在的矛盾与不适应自然很多,进一步的改革与深化将是促进我国经济稳定增长的重要部分。

1. 我国的金融深化

1) 金融资产总量与结构的变化

金融资产总量是一个量性发展指标,它反映一国金融部门的总体规模和金融发展绝对水平。改革开放以来,我国金融发展的一个突出方面就是金融资产总量的迅速增长,其增长速度明显超过了GDP的增长速度(参见表13.1),体现了经济货币化程度和金融深化程度的持续提高。

表 13.1 1978~1999 年中国金融资产总量与 GDP 的增长变化

年 份	金融资产		国内生产总值(GDP)	
	总量(亿元)	增长速度(%)	总量(亿元)	增长速度(%)
1978	3 418	NA	3 624.1	11.7
1980	4 946	23.7	4 517.8	7.8
1985	12 809	21.5	8 964.4	13.5
1990	37 233	23.6	18 547.9	3.8
1995	125 257	27.5	57 478.1	10.9
1996	153 942	22.9	67 884.6	10.0
1997	188 363	22.4	74 462.6	9.3
1998	209 172	10.8	79 395.7	7.8
1999	230 657	10.3	89 677.1	7.6

资料来源:根据《中国金融统计》、《中国统计年鉴》、《中国金融年鉴》(1978~2000)各期数据计算而得。其中,金融资产总量指标的取值范围包括流通中现金(M_0)、全国城乡储蓄存款总额、全国金融机构贷款总额、财政借款额、全国证券投资余额和保险准备金。

另据易纲、宋旺(2008)统计[①],从 2001 年到 2007 年,我国金融资产总量由 375 833.9 亿元增加到 1 329 631.7 亿元。其中国内金融资产由 346 477.4 亿元增加到 1 162 495.2 亿元;国外金融资产由 29 356.5 亿元增加到 167 136.6 亿元。

1978 年以来,在我国金融资产总量快速发展的同时,金融资产的结构也发生

---

① 易纲,宋旺.中国金融资产结构演进:1991~2007[J].经济研究,2008(8):6.

了很大变化。参见表 13.2。这里的金融资产构成中,主要分为三大类:①货币性金融资产,主要包括现实中的货币和各类存款;②证券类金融资产,主要包括各类有价证券(政府债券、金融债券、企业债券、股票、企业及银行票据以及各类投资基金凭证),表中仅涉及债券和股票(流通市值)两类资产;③具有专门指定用途、以保障为中心的各类专项基金,包括商业保险基金、失业保险基金、养老保险基金、医疗基金、住房基金以及各类公积金等,表中的保险类金融资产是按保险公司的资产计算的,尚未包括社会保障类基金。

表 13.2 1978~2000 年中国金融资产结构的变化(%)

	1978 年	1985 年	1990 年	1995 年	2000 年
一、货币性金融资产	100.00	95.47	91.97	91.12	80.27
1. 流通中现金	14.02	15.78	14.60	11.64	8.50
2. 各项存款	85.98	79.69	77.37	79.48	71.78
其中:居民储蓄存款	13.93	25.91	39.31	43.77	37.30
二、有价证券		3.92	6.72	7.35	17.77
3. 债券		3.92	6.46	5.97	8.44
①国债	0.0	3.79	4.92	4.87	7.93
②金融债券		0.13	0.47	0.14	0.02
③企业债券		0.0	1.08	0.95	0.50
4. 股票(流通股票市值)		0.0	0.25	1.38	9.33
三、保险类基金	0.0	0.61	1.32	1.53	1.96
四、金融资产总值	100.00	100.00	100.00	100.00	100.00

资料来源:王广谦.中国金融发展中的结构问题分析[J].金融研究,2002(5):52.

如表 13.2 所示,货币性金融资产目前仍是我国金融资产的主体,但是,由于证券类金融资产的迅速上升,其结构比重呈下降趋势,2000 年比重为 80.27%(为 138 457.1 亿元)。在货币性金融资产内部,居民储蓄存款的比重上升很快,20 世纪 90 年代,该项比重平均在 40% 左右。在有价证券的分项结构中,股票占金融资产总值的比重上升最快,1990 年时仅占 0.25%,到 2000 年时,按流通股市值占比已达 9.33%(达 16 087.52 亿元);国债占金融资产总值的比重从 20 世纪 80 年代起稳步上升,1985 年时为 3.79%,2000 年已上升至 7.93%(达 13 674 亿元)。保险类金融资产近年来虽然增长很快,但比重仍然很低,2000 年仅占 1.96%(为 3 374 亿元)。

另外,据易纲、宋旺(2008)统计①,从 2001 年到 2007 年,国内金融资产中,货币性金融资产占比由 46%下降为 36.1%(其中流通中现金由 4.5%下降为 2.6%,各类存款由 41.5%下降为 33.5%);金融债券由 2.5%提高到 5.9%;企业债券由 0.3%上升到 0.7%;政府债券由 4.5%下降为 4.2%;股票由 12.6%提高到 28.1%。

2) 金融相关比率的变化

作为不同增长速度的发展结果,以金融资产总量/GDP 表示的金融相关比率反映出一国金融深化的程度。我国金融相关比率的变化情况,参见表 13.3。

表 13.3　1978～1999 年中国金融相关比率的变化(%)

年　份	1978	1980	1985	1990	1995	1996	1997	1998	1999
相关比率	94.31	109.5	142.9	200.7	217.9	226.8	253.0	263.5	257.2

资料来源:由表 13.1 数据经计算而得。

另据易纲、宋旺(2008)统计②,从 2001 年到 2007 年,我国金融相关比率由 330.1%上升到 456.4%。

3) 融资结构的变化

证券资产的快速增长在改变整个金融资产结构的同时,也使企业的融资结构发生了很大变化。如果我国以金融机构贷款代表间接融资总量,以企业股票和债券筹资额代表直接融资总量,则改革开放以来,我国间接融资的比率呈现不断下降的趋势(参见表 13.4)。改革之初的几年中,股票和企业债券开始出现,但其范围和数额很小,且基本上是内部融资的性质。20 世纪 80 年代中期,比较正规的股票和企业债券开始出现,1990 年企业债券的发行余额为 195.44 亿元,股票的累计发行额为 45.9 亿元,直接融资的比例仍然很低。20 世纪 90 年代,随着改革的深入特别是股票市场的发展,直接融资的比例开始明显上升,2000 年直接融资的比重达 27.94%。但如按融资总额计,直接融资的比重仅为 6.99%,这说明我国直接融资的比重还是不高,间接融资比重相对较大,这主要反映出我国社会融资对银行体系的过度依赖,信用渠道比较单一,资本市场欠发达以及证券化程度低下。到 2009 年,企业债券的发行额达到 15 864.0 亿元,股票的累计发行总股本达到 26 163 亿股,其中流通股本达到 19 760 亿股。

---

① 易纲,宋旺. 中国金融资产结构演进:1991～2007[J]. 经济研究,2008(8):8.
② 易纲,宋旺. 中国金融资产结构演进:1991～2007[J]. 经济研究,2008(8):6.

表 13.4 1978～2000 年中国融资结构的变化(亿元,%)

年份	金融机构贷款增额	股票、企业债券融资额			融资比例		金融机构贷款余额	股票、企业债券融资余额			融资比例	
		合计	其中		间接融资	直接融资		合计	其中		间接融资	直接融资
			股票	债券					股票	债券		
1978	192.1						1895.1					
1985	1185.0						6305.6					
1990	3320.6	130.65	4.28	126.37	96.21	3.79	17680.7	241.34	45.9	195.44	98.65	1.35
1995	9727.9	451.12	150.32	300.80	95.57	4.43	50538.0	1648.2	1001.56	646.61	96.84	3.16
2000	5636.8	2186.08	2103.08	83.00	72.06	27.94	99371.1	7471.3	6609.62	861.63	93.01	6.99

资料来源:王广谦.中国金融发展中的结构问题分析[J].金融研究,2002(5):54.

据统计,2010 年,国内非金融机构部门(包括住户、企业和政府部门)融资继续增加较多,融资结构呈明显多元化发展态势。全年国内非金融机构部门累计融资 11.1 万亿元。从融资结构看,居于主导地位的贷款融资额 83 572 亿元,占比由上年的 81.2% 下降为 75.2%;国债融资额 9 735 亿元,占比由上年的 6.3 上升到 8.8%;股票融资 6 116 亿元,占比由上年的 3% 提高到 5.5%;企业债券融资额 11 713 亿元,占比由上年的 9.5% 上升到 10.5%。

4) 金融深化指数(M_2/GDP)的变化

近年来,我国银行信贷活动与货币需求水平在经济生活中的作用不断上升,表现为货币供应量增长速度平均高于经济增长速度,其直接后果就是金融深化指数(M_2/GDP)总体呈上升趋势(见表 13.5),这意味着我国经济的货币化程度在持续稳定地提高,货币对经济的渗透力在不断增强。从另一个角度看,经济货币化程度的过快增长[①],是我国居民的金融投资集中于商业银行的结果,说明我国的资本市场还没有得到充分发展。如果资本市场较为发达,拥有多样化的投资工具,居民的金融投资更多地投向资本市场,则 M_2/GDP 增长速度就会相应放慢。

表 13.5 1978～2010 年我国金融深化指数的演变

年 份	M_0	M_1	M_2	GDP	M_2/GDP
1978	212.0	948.5	1 159.1	3 624.1	31.98
1980	346.2	1 443.4	1 842.9	4 517.8	40.79

---

① 所谓过快增长,是在进行国际比较时,中国的 M_2/GDP 水平与其经济发展水平相比,相对过高。

(续)表 13.5

年份	M_0	M_1	M_2	GDP	M_2/GDP
1985	890.0	3 340.9	5 198.9	8 964.4	58.00
1990	2 644.4	8 793.2	15 293.7	18 547.9	82.46
1995	7 885.0	23 980.0	60 750.0	57 478.1	105.69
2000	14 652.7	53 147.2	134 610.3	89 403.5	150.56
2001	15 688.8	59 871.6	158 301.9	95 933.0	165.01
2002	17 278.4	70 882.2	183 246.9	120 333.0	152.28
2003	19 746.2	84 118.8	219 226.0	135 823.0	161.41
2004	21 468.5	95 971.0	250 802.8	159 878.0	156.87
2005	24 032.8	107 279.9	296 040.1	183 867.9	161.01
2006	27 072.6	126 028.1	345 577.9	211 923.5	163.07
2007	30 334.3	152 519.2	403 401.3	257 305.6	156.78
2008	34 219.0	166 217.1	475 166.6	314 045.0	151.31
2009	38 247.0	221 445.8	610 224.5	340 903.0	179.00
2010	44 628.2	266 621.5	725 851.8	397 983.0	182.38

资料来源:1978~1995 年数据来自《中国统计年鉴》(1999),2000~2010 年数据来自《中国人民银行统计季报》。

从上述四个方面可以看出,与改革开放之前相比,我国金融资产总量有了大幅度的提高,金融结构也有了较大的变化和改善,但在金融产业结构、金融市场结构、企业融资结构和金融资产结构等方面仍然不够合理,制约了金融效率和国际竞争力的提高,影响了金融的发展和对经济的贡献。不仅如此,金融深化指数的高水平,并不代表我国金融业发展的高效率,相反却是计划体制惯性的后遗症。因此,必须进一步深化金融改革,促进我国金融继续深化,进而推动国民经济持续、快速、健康发展。

2. 我国金融深化与改革应涉及的重要方面

1) 加快资本市场的发展,提高直接融资的比重

目前我国融资结构中直接融资的比重与市场经济的运行要求相比仍然很低,要提高直接融资的比重,必须加快金融市场特别是资本市场的发展。资本市场的发展必须与实体经济紧密相连才能对经济发展作出真实贡献。为此,首先需要着

重发展一级市场,为实体经济发展注入更多的资金。其次要着力发展债券市场,尤其应大力发展企业债券市场,充分发挥债务融资的优势,加大企业从资本市场直接融资的比重;稳步发展政府债券(包括地方政府债券)市场;适当扩大长期金融债券的发行,解决商业银行附属资本不足的问题。第三,进一步完善股票市场,规范发展多层次资本市场建设。

2)深化利率管理体制改革,促进利率的市场化

我国的利率一直是受中央银行严格控制,即使在20世纪80年代改革开放几十以后的今天,金融业有了相当大的发展以后,利率仍然直接由中央银行控制。这对于金融业的经营及资金市场供求关系的调节都产生了很大的影响。

利率作为资金的价格与市场供求关系有着直接的联系。在金融业的行政控制条件下,利率的控制是必不可少的部分。但在金融体系控制放松,垄断逐步打破,金融业的竞争日益展开的条件下,利率事实上已变成了一个重要的竞争工具,银行及非银行金融机构在竞争中往往竞相利用利率武器,如提高利率争取储户,降低利率争取贷款客户等等。由于资金市场供求关系的变化,实际市场利率与金融当局的官方利率会发生严重偏离,这会导致种种金融秩序的混乱,如抬高利率吸收储蓄,高利率集资,用平价利率获得贷款抬价转手,以获取利差。这些现象似乎是因为利率管制松动以后出现的。为了避免市场利率的冲击,金融当局则采取了更为严厉的管制措施来控制利率,以防止无规则的竞争与混乱。然而,从经济学基本原理看,对任何短缺资源的价格管制,必然导致黑市现象,这是无法改变的规律。利率的严厉管制必然引起黑市利率与资金分配的混乱。在存在较高通货膨胀率的条件下,实际利率往往为负利率,这更加扩张了对资金的无限制要求,使供求更趋不平衡,黑市利率与资金转手倒卖现象将更加难以控制。

从市场经济体系看,金融业本身的多元化发展已造就了市场竞争的基础,国有银行的企业化经营也要求具备基本的自主经营决策权,在此条件下保持利率的严格管制将损害这种竞争,且使这种管制越来越失去效力。在这样的条件下,客观上要求逐步放松对利率的管制,并最终使利率走向市场化。利率的自由化首先将打击资金的黑市与利率黑市现象,使资金市场的供求更为均衡,竞争更为规范;利率的自由化也将真正抑制对资金的无限制需求,引致资金市场的供求均衡,也有利于消除长期以来一直存在的"投资饥渴症";利率的市场化也最终能体现资源合理配置的要求,调节资金的分配结构,提高资金的使用效率。

显然,利率的市场化是金融深化与改革的重要内容,也是不可回避的措施,当然其改革过程是有条件限制的,主要是当前面临通货膨胀压力,利率管制的放开有可能导致市场利率的大幅度上升,对现有企业及经济体系将产生重大影响。因

此,逐步推进利率的市场化则可以避免过于激烈的振动,使金融业真正在市场条件下层开竞争性经营。

3) 推进信贷资金计划分配的改革,促进资金分配的市场调节

信贷资金的计划分配是金融压制的一个重要部分。在银行业本身企业化经营尚不完善条件下,逐步改变资金管理体制,放松控制是较为现实的方法,对商业银行实行资产负债比例管理是一种积极的尝试,它在暂不放弃信贷资金计划规模总量控制的条件下,允许商业银行在不突破计划额度的前提下,实行资产负债比例管理,促使各银行根据其负债规模来确定资产运用规模,并可自主决定信贷资金的结构与流向,并对资产负债规模实施自主调节。中央银行只是在总量控制下对各银行的资产负债比例实施控制。

资产负债比例管理在一定程度上扩大了商业银行选择资产负债规模与结构的自主权,增加了信贷资金应用的自主决策权力。但规模控制与比例管理仍然限制了银行资金运用方面的自主权,使银行不能根据市场环境与自身的经营状况来积极地调整资产负债结构。资金市场供求的总量与结构性矛盾存在。从金融业改革角度看,尤其是商业银行进入市场从事独立自主经营以后,信贷资金管理体制的改革还须进一步深化,其基本的方向是实行真正的资产负债管理,扩大金融业的经营决策自主权,而金融业的宏观调控完全进入间接的引导管理,以真正体现市场机制的积极作用。

4) 加快发展多元化金融机构体系,促进金融体系的改革与发展

金融体系改革与发展的重要内容是金融机构的发展,它是金融资产增长与市场扩展的重要基础。金融机构发展的限制造成了金融业的垄断与低效率。自从我国实行改革开放以来,我国金融业的高度集中垄断局面有了改变,金融机构有了较长足的发展,表现为中央银行体系的确立,国有银行与中央银行分设并开始向商业银行转化,商业银行的发展,政策性银行的建立和非银行金融机构的多样化发展等方面。

虽然我国金融机构数量已有了很大增长,但从金融发展的角度看,对金融业的进入限制仍然十分严格,金融机构的发展与多样化仍有着一系列严重的障碍,金融业的垄断局面并未完全消除,同业竞争因利率受限制和进入障碍仍然未能全面展开。但另一方面,金融机构发展中的无序现象也妨碍了改革的深入。各类金融机构普遍分设分支机构,非金融企事业单位纷纷涉足金融活动,如盲目多设各类信用合作社,创办各类非银行金融机构,甚至根本就无照经营,造成金融业的秩序混乱与无序竞争。这些现象客观上妨碍了金融当局放宽限制,发展多元金融体系的改革进程,反而使金融体系发展受阻。

在市场经济日益发展完善的条件下,必然要求金融改革的深化,而金融机构的发展是十分重要的部分。这一改革并非要完全取消政府对金融业的监督与管理,而是要改变传统管制方式,建立促进金融业发展的宽松环境。我国金融机构的改革与发展,涉及以下三个重要的方面:

(1) 放松对金融机构发展的严厉管制,放宽对金融机构成立与拓展的限制,降低金融业的进入门槛,允许金融机构在条件具备情况下的发展与竞争,以使金融机构数量与金融资产规模在经济不断增长条件下的相应扩张,促使金融业的发展与有效的同业竞争。

(2) 改变国有商业银行单独发展,垄断分割市场的局面,放宽金融业的进入限制,尤其是允许与鼓励民间金融机构的发展,造成金融业的多元化发展,打破国有金融机构的行业垄断,使金融业逐步发展到足够的数量规模与有效的同业竞争,并以此来促进我国金融业的经营管理。

(3) 在金融市场不断发展的条件下,对非银行金融机构的发展也应采取更为宽松的限制政策,促使各类非银行金融机构的有序发展,并使其在金融体系中的相对地位逐步上升。金融当局的监督与管理更应趋于间接化与指导性,更多地发挥市场机制的调节功能。

5) 促进金融业的对外开放与国际化

与计划经济体制相适应的金融体系是一种封闭的体系,从本质上说,它是排斥对外开放与参与国际金融活动的。在我国实行改革开放以后,整个国民经济体系已逐渐对外开放,介入国际分工与世界市场,这也从根本上为金融体系的对外开放提供了可能性,也为金融业的开放与国际化提供了动力与条件。

金融业的对外开放与国际化需要具备一定的条件,并要求有一个循序渐进的过程。我国金融业的对外开放已经历了初期的阶段,自改革开放以后,我国首先开始了汇率制度的改革,不断调整官方汇率,开办外汇调剂市场,并开始有选择地对外资金融机构开放,允许其进入中国沿海经济特区与开放城市开办金融机构。进入20世纪90年代以后,金融体系的对外开放进一步加快,一方面是汇率制度的进一步改革,实现了官方汇率与市场汇率的合一,开办了外汇交易市场,放宽了外资金融机构的进入限制,外资金融机构的数量进一步增加,业务范围也得到了扩展;另一方面,金融业的开放使我国的金融业开始向海外发展,进入国际金融领域,这包括了银行与其他金融机构开始在海外发展分支机构,拓展海外业务。

但从我国市场经济的发展与对外开放格局看,我国经济的国际化程度不断提高,经济的国际循环也不断增强,金融业的进一步对外开放与国际化也是必然的。从发展的角度看,金融业对外开放与国际化的主要方向有以下方面:

第 13 章　金融与经济发展

首先,进一步扩大我国金融业的对外开放的范围,允许有更多的外资金融机构进入我国开展金融业务与竞争。在实施必要的监督管理条件下,应放宽其进入限制,并在条件逐步成熟后,放宽其业务经营活动的限制,展开正常的业务竞争。

其次,逐步对外开放我国的金融市场,允许外资直接进入中国从事直接的金融投资,以增加外资的输入规模。发展中国家对金融市场的开放往往有顾虑,害怕资本流动造成金融危机。但从经济发展与国际化角度看,随着货币自由兑换与汇率的放开,资本的自由流动是一个重要的投资条件,金融市场的开放可促进资本的流入和从事直接投资,并极大地增加外资输入规模,而本国金融市场的稳定和有序运行以及建设一个有效的监管体系是市场开放的一个基本保证。

第三,扩展本国金融业的国际化经营。金融业的对外开放包含了两重含义,既有外资的进入,也有本国金融业的国际化经营。扩展金融业的海外经营可获得更多的资金与利益,是金融业发展的一个不可缺少的条件。我国金融业在对外开放条件下,为适应经济的国际化与资本的流动,也必须走出国门,扩大国际化经营范围,以求得更大的发展空间。

▌本章小结 ▌

金融发展是指金融结构的变化。金融发展程度越高,金融工具和金融机构的数量、种类就越多,金融的效率就越高。衡量一个国家金融发达程度的基本指标是金融相关率和货币化率。

金融发展有助于实现资本的积聚与集中,可以帮助实现现代化的大规模生产经营,实现规模经济的效益;金融发展有助于提高资源的使用效率,从而提高社会经济效率;金融发展有助于提高用金融资产进行储蓄的比例,因而有助于提高社会的投资水平。经济发展可使社会的收入水平不断提高,增加人们对金融投资和理财服务的需求,是社会金融业发展的原动力。经济发展可形成越来越多的大企业集团,进而要求与其融资需求相匹配的现代金融机构为其提供服务。

金融抑制是指一国的金融体系不健全,金融市场机制未充分发挥作用,经济生活中存在过多的金融管制措施,而受到压制的金融反过来又阻滞着经济的成长和发展。金融压制对经济发展产生的负效应主要为负储蓄效应、负收入效应、负投资效应和负就业效应。

金融深化是政府放弃对金融体系与金融市场的过分干预,放松对利率与汇率的管制,使之能充分反映资金市场与外汇市场的供求状况,并实施有效的通货膨胀控制政策,使金融体系能以适当的利率吸引储蓄资金,也能以适当的贷款利率为各经济部门提供资金,以此促进经济的增长。衡量金融深化的标准主要有金融存量指标和金融资产价格指标。

金融深化可积极推动国内储蓄增长和经济增长,而收入的上升又会导致更多的储蓄,从而产生积极的良性循环,即积极的储蓄效应、投资效应、就业效应与收入效应。

金融自由化,大致包含逐步放松政府对利率的管制,减少政府对信贷资金的计划控制,对金融机构的发展放松控制。

改革开放以来,我国金融运行机制发生了根本性变化,过去普遍存在的金融抑制有所松动,特别是金融机构的多样化、金融工具的创新和金融市场的发展增强了储蓄转为投资的渠道效应,促进了经济发展。

【本章重要概念】

金融发展　金融相关率　货币化率　金融抑制　负储蓄效应　负收入效应　负投资效应　负就业效应　金融深化　金融存量指标　金融资产价格指标　金融自由化　金融资产总量

【复习思考题】

1. 试述经济发展与金融发展之间的关系。
2. 如何理解金融相关率?结合我国的情况谈谈你的看法。
3. 发展中国家传统的金融制度有哪些基本特征?
4. 试述金融抑制及其后果。
5. 什么是金融深化?简述金融深化的效应及政策含义。
6. 如何评价金融深化理论?
7. 发展中国家金融自由化改革有何经验与教训?
8. 简述金融危机与金融自由化的关系。
9. 简述我国金融深化的现状及存在的主要问题。
10. 试述我国金融深化改革的基本内容。

第14章 开放经济下的货币与金融

本章导读

第二次世界大战以后,随着国际贸易、国际投资以及国际资金交易的发展,世界各国(少数国家除外)几乎都已融入全球经济一体化的潮流之中。在开放经济下,完全不受国际经济影响的国别经济已不复存在,单纯把货币信贷及其相互关系局限在国别范围内加以研究,同样也失去了应有的意义,社会经济活动迫切需要从国际范围研究货币信贷及其相互关系。这样,涉外金融理论与政策便应运而生。

但由于涉外金融方面的内容庞杂,问题众多。本章将主要就外汇与汇率理论、国际收支的失衡及其调节问题、国际货币制度及其改革问题以及开放经济条件下一国宏观经济政策的选择问题。

14.1 国际交往中的货币——外汇

在开放经济条件下,外汇是使一国的对外经济能够正常进行的不可或缺的支付手段,而汇率则因此成为一国的重要经济变量。汇率的高低变化会对一国的宏观经济状况产生举足轻重的影响。所以,深入了解汇率与其他因素的相互关系,如何根据一国自身的特点选择合适的汇率制度、稳定汇率水平,已经成为金融学的重要课题。

14.1.1 外汇的概念与特征

外汇是国际经济交往中最普通和最常见的名词,同时,它也是国际金融学中最基本和最重要的概念。

通常情况下,一国的货币只能在该国国境内使用,所以,在国际经济交易中至少有一方需要使用以外国货币表示的支付手段,由此就形成了外汇(foreign exchange)的概念。从完整的角度来看,外汇具有动态(dynamic)和静态(static)两方面的含义。

外汇的动态含义是指将一种货币兑换成另一种货币，借以清偿国际间债权债务关系的一种专门性的经营活动，亦即国际债权债务的清算活动以及货币在各国间的流动。可见，外汇的动态含义所强调的是外汇交易的主体，即外汇交易的参与者及其行为。

外汇的静态含义又有广义和狭义之分。广义的外汇是指一切以外币表示的资产；而狭义的外汇则仅指以外币表示的，可用于国际间结算的支付手段或金融资产。可见，外汇的静态含义所强调的是外汇交易的客体，即用于交易的对象。通常人们最广泛使用的外汇就是这里静态的含义，同时又多指上述狭义的外汇概念。

国际货币基金组织(International Monetary Fund，以下简称 IMF)和我国《外汇管理条例》均对此作了静态意义上的解释。如我国《外汇管理条例》(2008 年 8 月 1 日国务院第 20 次常务会议修订通过，2008 年 8 月 5 日公布并施行)第三条规定：

"本条例所称外汇，是指下列以外币表示的可以用作国际清偿的支付手段和资产：①外币现钞，包括纸币、铸币；②外币支付凭证或者支付工具，包括票据、银行存款凭证、银行卡等；③外币有价证券，包括债券、股票等；④特别提款权；⑤其他外汇资产。"

根据上述外汇的定义(静态)，我们可以得出外汇的三个基本特征：

(1) 外汇是一种金融资产。所谓"资产"，一般是指具有货币价值的财物或权利，或者说是用货币表现的经济资源。资产可以是实物性的，即所谓的实物资产(physical assets)，如土地、机器等；也可以是金融性的，亦即金融资产(financial assets)，如现金、存款、商业票据、有价证券等。既然外汇只能以货币形态得到表现，因此，它必然属于金融资产。所以，实物资产和版权、专利权等无形资产不能构成外汇。

(2) 外汇必须是以外币表示的金融资产。少数国家的货币，如美国的美元，由于种种特殊的原因而在国际间被普遍接受，因此，美国居民常常可以直接用美元对外支付。但是，美元对美国居民而言，显然只是本币，所以，尽管美元通常具有对外支付功能，但美国居民仍然不能由此而将其看作是外汇。

(3) 用作外汇的货币必须具有较充分的可兑换性。这里的可兑换性(convertibility)，是指一种货币能够不受限制地兑换成其他国家的货币的特性[①]。如

[①] 货币的可兑换性的另一个含义是指在金本位制度下，货币能按发行国官方规定的含金量或价格，即黄金官价兑换成黄金的特性。

第 14 章 开放经济下的货币与金融

前所述,人们持有外汇的最基本动机是用于对外支付或办理国际结算,但是,由于各国(或地区)货币制度不同,外汇管制宽严程度不同,以及政府维持货币主权的要求,一国货币通常不能在另一国境内流通使用。在这种情况下,一种货币,如英国英镑的持有者为了清偿由于对外经济交易而产生的国际债权债务关系,或为了在国与国之间进行某种形式的单方面转移,就不得不将英镑按一定的比率兑换成另一种货币,如加拿大元。显然,如果一种货币不具有可兑换性,即不能兑换成其他货币,则其对外支付的能力就几近丧失,外国居民就不愿持有该种货币,其结果就是无法具有外汇的功能。

IMF 为了促进国际经济交易的发展,在《IMF 协定》第八条"成员国的一般义务"中规定,各成员国不能对因经常项目交易而发生的货币兑换要求予以限制。货币的完全可自由兑换意味着任何该种货币持有人均可不受限制地在外汇市场上将其转换成其他货币。在这种情况下,一旦由于国际收支严重恶化、本币遭受投机性攻击或资本外逃等原因,一国的外汇市场就会出现大量抛售本币、抢购外币的风潮,以至于本币汇率面临冲击,外汇储备急剧流失,甚至酿成金融危机。所以,一国是否有能力实行本币的自由兑换,取决于其是否具有稳定对外经济的强大实力,具体而言,取决于其稳定国际收支和汇率的能力以及是否持有充足的外汇储备。

从目前的情况看,实行完全的货币自由兑换的国家主要是西方发达国家和收入相对较高的发展中国家。许多发展中国家由于对外经济实力相对较弱,在世界经济中处于不利地位,因而缺乏实行货币自由兑换的条件。我国自实行改革开放政策以来,对外经济实力得到了很大的提高,在外汇管理方面,市场经济体制也有了一定程度的发育,国际收支状况不断改善,外汇储备迅速增加。因此,1996 年 11 月 27 日,中国人民银行行长戴相龙致函 IMF,正式宣布从 1996 年 12 月 1 日起接受《IMF 协定》第八条款,基本实现了经常项目交易的人民币自由兑换,成为所谓的"第八条款成员国"。近年来,我国经济实力逐步增强,国际收支状况良好,外汇储备逐年增多。因此,资本项目交易的人民币自由兑换将会成为下一步目标。

14.1.2 外汇的职能

外汇作为一种可执行国际支付职能的外国货币,具有国内货币同样的职能,但其职能也有一些特殊性。

(1)价值尺度。外汇实际上是一种国际货币,可以作为衡量各国商品和劳务价值的尺度。它使得以不同的货币标价的各国商品和劳务有了统一的衡量标准。这点它和国内货币的价值尺度职能是一样的,和国内货币不同的是,外汇除了可以作为商品和劳务的国际价值尺度外,它还可以成为其他货币的价值尺度。用于衡量其他外汇的国际价值,甚至是某一国内货币的国际价值,但同商品和劳务不同,两种外汇之间可以互为价值尺度,这点很像早期的实物货币。

(2) 支付手段。外汇作为国际性的支付手段,可用于清算各国间存在的债权债务。在某些国家,当国内货币由于通货膨胀等原因而丧失信誉的时候,外汇甚至还会取代该国货币而成为其国内的主要支付手段。与各国国内的通货不同,外汇作为清偿国际债权债务的支付手段不是由某一个国家通过国家机器强制推行的,而是因外汇发行国的经济实力而为国际经济界自发接受的。

(3) 储藏手段。外汇同国内货币一样,也具有储藏手段的职能。这一职能主要表现在以下两个方面:一是在外汇管制相对较宽的国家,该国居民(个人、企业、社会团体等)往往持有各种形式的外汇资产。一个国家其货币的信誉越差,该国居民持有的外汇资产的比例就越大。二是外汇目前是各国政府持有的国际储备的主要部分。

(4) 干预手段。这是外汇独有的职能。各国政府可以通过在外汇市场上买卖外汇来干涉其货币汇率的走势,从而达到稳定汇率,调节进出口贸易和资本流动,以及平衡国际收支的目的。

14.2 汇率的决定与变动

14.2.1 汇率及其标价方法

外汇的动态含义引出了不同货币的折算问题,这就涉及到了汇率。

汇率(exchange rate)又称"汇价",是一种货币折算成另一种货币的比率,即用一种货币所表示的另一种货币的兑换比率。换言之,汇率就是两种不同货币之间的比价,它反映一国货币的对外价值。由于汇率为外汇买卖确定了标准,因而又称外汇牌价,简称汇价或外汇行市(foreign exchange quotation)。

为了表示两种不同货币之间的比价,先要确定用哪个国家的货币作为标准,由于确定的标准不同,因而便产生了两种不同的汇率标价方法。

1. 直接标价法

直接标价法(direct quotation)又称应付标价法(giving quotation),是以一定单位(如1、100、10000等)外国货币为标准,折算成若干单位的本国货币的汇率表示方法。在直接标价法下,外国货币数额固定不变,汇率涨跌都以相对的本国货币数额的变化来表示。一定单位的外币折算的本国货币增多,说明外汇汇率

(foreign exchange rate)上升,或本币汇率下降;反之,一定单位的外币折算的本国货币减少,说明外汇汇率下跌,或本币汇率上升。由此可见,在直接标价法下,汇率数值的上下起伏波动与相应的外币的价值变动在方向上是一致的,而与本币的价值变动在方向上却是相反的。当前,世界上大多数国家和地区都采用此种标价方法,我国的人民币汇率也采用直接标价法。

美国长期以来一直采用直接标价法,但在第二次世界大战后,随着美元在国际结算和国际储备中逐渐取得统治地位以及国际外汇市场的高速发展,为了与各国外汇市场上对美元汇率的含义及标价方法的标价一致,美国从1978年9月1日起,除了对英镑(以及后来的澳元和欧元)继续采用直接标价法外,对其他货币一律改用间接标价法。

2. 间接标价法

间接标价法(indirect quotation)又称应收标价法(receiving quotation),是指以一定单位本国货币(如1、100、10000等)为标准,折算成若干单位的外国货币的汇率表示方法。间接标价法的特点正好同直接标价法相反,即本币金额不变,其折合成外币的数额则随着两种货币相对价值的变化而变动。如果一定数额的本币能兑换成更多的外币,说明本币汇率上升;反之,如果一定数额的本币兑换的外币数额减少,则说明本币汇率下跌。在间接标价法下,汇率数值的上下起伏波动与相应的外币的价值变动在方向上刚好相反,而与本币的价值变动在方向上却是一致的。目前,英国、美国、澳大利亚和欧元区均采用此种标价方法。从历史上看,英镑曾长期用作国际结算的主要货币,因此,伦敦外汇市场一直采用间接标价法。

直接标价法和间接标价法之间存在着一种倒数关系,即直接标价法下的汇率数值的倒数就是间接标价法下的汇率数值,反之亦然。例如,根据我国中国银行按直接标价法挂牌的100美元=650.29元人民币,我们可很方便地推算出1元人民币=100/650.29=0.153 8美元,即100元人民币=15.38美元。又如,根据伦敦外汇市场上的1英镑=1.593 2美元,运用倒数关系,即可将外汇市场的间接标价法换成直接标价法,即1美元=1/1.593 2=0.627 7英镑。

由于在不同的标价法下,汇率涨跌的含义恰恰相反,因此,我们在谈论某种货币汇率的变动时,必须说明具体的标价方法,否则就容易引起歧义。我们也可以在汇率之前加上外汇或本币等限定词,以说明外汇汇率或本币汇率的变动情况,如外汇汇率上升或本币汇率下跌。

现代货币金融学

14.2.2 汇率的决定

两种货币之间为什么会按某一汇率水平折算、买卖?决定和影响这一水平的因素究竟是什么?这些问题一直是经济学家十分关注的重大课题。汇率作为一种货币现象,显然与一定的货币制度有密切关系。在不同的货币制度中,汇率的决定基础有很大的差异。

1. 金本位制度下汇率的决定

19世纪初,英国确立了金本位制度,接着,其他西方国家也纷纷效尤。由于各国金本位制度之间存在完全的一致性,所以,在这种共同的基础上就形成了所谓的国际金本位制度。在国际金本位制度,尤其是金币本位制度下,各国均规定了每一单位货币所包含的黄金重量与成色,即含金量(gold content)。这样,两国货币间的价值就可以用共同的尺度,即各自的含金量多寡来进行比较。金本位条件下两种货币的含金量对比称作铸币平价(mint par),铸币平价是决定两种货币汇率的基础。例如,在1929年的"大萧条"之前,英国规定每1英镑含纯金7.3224克,美国规定每1美元含纯金1.504 656克,这样,按含金量对比,英镑与美元的铸币平价为7.322 4/1.504 656=4.866 5,即1英镑=4.866 5美元。这一铸币平价就构成了英镑与美元汇率的决定基础。

铸币平价虽然是汇率的决定基础,但它只是一个理论概念,不是外汇市场上实际买卖外汇时的汇率。在外汇市场上,由于受外汇供求因素的影响,汇率时而高于铸币平价,时而又低于铸币平价。然而,汇率波动并非漫无边际,它是有一定界限的,这个界限就是黄金输送点,简称输金点(gold points)。黄金输送点之所以能成为汇率上下波动的界限,是由于在金币本位制度下,各国间办理国际结算可以采用两种方法。一种方法是利用汇票等支付手段,进行非现金结算。但是,如果由于汇率变动导致使用汇票结算对付款方不利时,则可改用另一种方法,即直接运送黄金,因此,便使汇率的波动幅度受黄金输送点的限制。

例如,在第一次世界大战前,英国和美国之间运送价值1英镑黄金的各项费用约为0.03美元。在这种情况下,假定美国对英国有国际收支逆差,对英镑的需求增加,英镑汇率必然上涨。如果1英镑的汇率上涨到4.896 5美元(铸币平价4.866 5美元加运送黄金的费用0.03美元)以上时,则美国负有英镑债务的企业就不会购买英镑外汇,而宁愿在美国购买黄金,并将其运送到英国偿还其债务。由于采用直接运送黄金的方法偿还1英镑的债务只需4.896 5美元,因此,这一引起美国黄金流出的汇率就是黄金输出点,英镑汇率的上升不可能超出黄金输出点。反之,假定美国对英国的国际收支为顺差,英镑的供应增加,英镑的汇率必然下跌。如果1英镑跌到4.836 5美元(铸币平价4.866 5美元减去运送黄金的费用0.03美元)以下时,则美国持有英镑债权的企业就不会出售英镑外汇,而宁愿在英国用英镑购买黄金运送回美国。由于用运送黄金的方法收回1英镑债权可以得到4.836 5美元,因此,这一引起黄金输入的汇率就是黄金输入点。显然,英镑汇率的下跌不可能低于黄金输入点。

由此可见,在金币本位制度下,汇率波动的界限是黄金输送点,最高不超过黄金输出点,即铸币平价加运费;最低不低于黄金输入点,即铸币平价减运费。汇率的波动幅度是相当有限的,汇率一般比较稳定。

第一次世界大战爆发后,参战各国的金币本位制度陷于崩溃。由于战争期间黄金储备的大量流失,战后多数国家只能实行金块本位制或金汇兑本位制。结果,黄金很少直接充当流通手段和支付手段,其自由输出入也受到限制。在金块和金汇兑本位制度下,货币的所代表的金量之比称为法定平价。法定平价也是金平价的一种表现形式,实际汇率因供求关系而围绕法定平价上下波动。但此时,汇率波动的幅度已不再受制于黄金输送点。黄金输送点存在的必要前提是黄金的自由输出入。在金块和金汇兑本位制度下,由于黄金的输出入受到限制,因此,黄金输送点实际上已不复存在。在这两种残缺的金本位制度下,虽然法定汇率的基础依然是金平价,但汇率波动的幅度由政府规定和维护。政府通过设立外汇平准基金来维护汇率的稳定,即在外汇汇率上升时抛售外汇,在外汇汇率下降时买入外汇,以此使汇率的波动限制在允许的幅度之内。很显然,与金币本位制度时的情况相比,金块和金汇兑本位制度下的汇率的稳定程度已大大降低。

2. 纸币本位制度下汇率的决定

纸币是价值的符号。在金本位制度下,纸币因黄金不足而代表或代替金币流通。在与黄金脱钩了的纸币本位下,纸币不再代表黄金或代替金币流通,相应地,金平价(包括铸币平价和法定平价)也不再成为决定汇率的基础。因为此时货币(纸币)的价值基础已无法通过统一的价值实体得到体现。那么,在这种情况下,汇率是如何决定的?

按照马克思的货币理论,纸币是价值的一种代表,两国纸币之间的汇率便可用两国纸币各自所代表的价值量之比来确定。马克思的这一观点,至今依然正确。因此,在纸币本位制度下,纸币所代表的价值量是决定汇率的基础。

在实际经济生活中,由于各国劳动生产率的差异、国际经济往来的日益密切和金融市场的一体化、信息传递技术的现代化等因素,使纸币本位制度下的货币汇率决定还受其他多种因素影响。在世界金本位制瓦解后,汇率动荡不已,西方经济学家纷纷著书立说,来探讨纸币与黄金脱钩后货币汇率的决定,形成了形形色色的汇率决定理论。

3. 西方汇率理论简介

汇率决定理论与国际收支理论是相互联系,不可分割的,共同构成西方国际金融理论的核心内容。同样地,西方汇率理论经历了一个漫长的演变和发展过程,由于汇率属于国际货币问题,直到国际货币产生后对汇率的研究才出现了较系统的理论。西方国家对于汇率研究的学说很多,它们从不同的角度论述汇率问题,有的是论证汇率的决定,有的是说明汇率的变动原因或是对经济的影响。这里择其要者进行简要介评。

1) 国际借贷论(Theory of International Indebtedness)

英国经济学家乔治·葛逊(G. J. Goschen)于1861年在其著作《外汇理论》(*The Theory of Foreign Exchange*)中系统提出了国际借贷论。葛逊认为,汇率的变动是由外汇供求引起的,而外汇供求则源于国际借贷,国际借贷则来自商品的输出入、股票和债券的买卖、利润和捐赠的收付、旅游支付及资本交易等。如国一国的流动借贷(即进入支付阶段的借贷)相等,外汇供求也相等,汇率处于均衡状态。若流动借贷中,流动债权大于流动债务,则外汇供大于求,外汇汇率会下降;反之则外汇汇率会上升。葛逊所说的流动债权和流动债务实际上就是国际收支,所以,该理论又被称为国际收支论或外汇供求论。

葛逊的理论以金本位制为前提,以国际借贷差额,进而以外汇供求的变动来解释汇率的变动。该理论实际上只说明了汇率短期变动的原因,并不能解释在外汇供求均衡时汇率为何处于这一点位,更没有揭示长期汇率的决定因素。

2) 购买力平价理论(Theory of Purchasing Power Parity)

它是一种比较古老的学说,有时又被称为"三P说",在19世纪就已经出现。后来瑞典经济学家卡赛尔(G. Cassel)于1916年又提出这一主张,并于1922年公开发表《1914年以后的货币与外汇》(*Money and Foreign Exchange after* 1914)等著作,进一步阐述这一理论。该理论是西方汇率理论中最具影响力的一种。

购买力平价理论的主要观点或基本思想是:人们之所以需要外国货币,是因为这些货币在外国市场上具有购买力,可以买到外国人生产的商品或劳务;外国人之所以需要本国货币,是因为这些货币在本国市场上具有购买力,可以买到本国人生产的商品或劳务。因此,两国货币的兑换比率,主要是由两国货币在其本国所具有的购买力决定的,两种货币购买力之比决定两国货币的交换比率。

购买力的比率即是购买力平价,同时也是货币汇率决定的基础;汇率变动的原因在于购买力的变动,而购买力变动的原因又在于物价的变动。这样,汇率的变动最终取决于两国物价水平比率的变动。

第14章 开放经济下的货币与金融

在卡赛尔的购买力平价理论中,购买力平价被分为两种形式:一是绝对购买力平价;二是相对购买力平价。

绝对购买力平价指的是在某一时点上,两国的一般物价水平之比决定两国货币间的比率。它是用来说明某一时点上两国货币汇率的决定。由于货币的购买力可表示为一般物价水平(通常以物价指数表示)的倒数,绝对购买力平价的公式可表述为:

$$R = \frac{P_a}{P_b} \tag{14.1}$$

式中,R 为 a、b 两国之间的汇率,P_a 为某时点上 a 国物价总指数(或一般物价水平),P_b 为同期 b 国物价总指数。

相对购买力平价指的是两国货币间的汇率在两个时期的变化,反映着两国在两个时期内物价指数的变化。即两国货币之间的汇率等于过去的汇率乘以两国通货膨胀率(西方学者通常把通货膨胀混同于物价上涨,因而把物价上涨率称为"通货膨胀率")之商。它是用来说明不同时期两国货币汇率的变化。其公式可表述为:

$$R_1 = R_0 \times \frac{I_a}{I_b} \tag{14.2}$$

式中,R_1 为 a、b 两国之间新的汇率,R_0 为两国原来的汇率,而 I_a 为 a 国的通货膨胀率,I_b 为 b 国的通货膨胀率。

同绝对购买力平价相比,学术界对相对购买力平价更感兴趣,因为它可用来预测实际汇率。在预测期内,如两国经济结构不变,两国货币间汇率的变化便反映着两国物价指数的变化。

购买力平价理论提出后 90 多年来,一直受到国际学术界的高度重视。人们围绕它的争论旷日持久,褒贬不一,这就证明了该理论既有合理的一面,也有不足的一面。购买力平价理论的合理性主要表现为:

(1) 该理论通过物价与货币购买力的关系去论证汇率的决定及其基础,这在研究方法上是正确的。虽然卡赛尔没有做更加深入的研究,但他离揭示汇率的本质已相距不远了。

(2) 该理论直接把通胀因素引入汇率决定的基础之中,这在物价剧烈波动、通胀日趋严重的情况下,有助于合理地反映两国货币的对外价值。

(3) 在战争等突发因素造成两国间贸易及货币关系中断之后,重建或恢复这种关系时,购买力平价能够比较准确地提供一个均衡汇率的基础。

(4) 该理论把物价水平与汇率相联系,这对讨论一国汇率政策与发展出口贸易不无参考价值。

购买力平价理论的缺陷主要表现在：

(1) 该理论仅涉及表面现象，未触及本质。纸币代表一定价值量是本质，纸币的购买力仅仅是现象，而汇率也是以两国纸币代表的价值量的比例为基础的。这就说明，卡赛尔的购买力平价理论是把现象当成本质来论述汇率的，这种本末倒置的想法使得该理论无法揭示汇率的本质。

(2) 该理论能够说明汇率的长期变化趋势，而无助于解释短期和中期的汇率变动趋势。因为各国之间在国际收支、经济增长率、利息率水平等方面的差异，以及各种突发性的事件等，都会引起资本在国际间的流动并使市场上外汇供求关系发生变化，从而使汇率发生变化；同时，该理论也忽视了汇率变动本身对货币购买力的影响。事实上，货币购买力只是影响汇率变动的一个重要因素之一。

(3) 该理论的运用有严格的限制和一定的困难。即从统计学的角度来看，它也是有缺陷的。它要求两国的经济形态相似，生产及消费结构大体相同，价格体系相当接近，不然的话，两国货币的购买力就没有可比性。同时，在基期及合适物价指数的选择上，也存在着较大的困难。

(4) 该理论的推论"一价定律"没有现实基础。因为经济生活中的贸易关税、运输费用、产业结构变动和技术进步等都会引起国内价格的变化，使得一价定律无法实现，被称为"未经证明的经济假设"。

3) 汇兑心理学论(Psychological Theory of Exchange)

法国学者阿夫塔里昂（A. Aftalion，1874~1956）在其 1927 年出版的《货币、物价与外汇》一书中，根据奥国学派的边际效用论系统地提出了汇兑心理论。该理论的核心是，汇率的决定与变动是根据人们各自对外汇的效用所作的主观评价。这在当时的汇率理论中，可谓是独树一帜，从而引起极大的反响。

该理论认为，人们之所以需要外国货币，是为了满足某种欲望，如用它来购买商品、支付债务、进行投资、炒卖外汇和抽逃资本等，欲望是使得外币具有价值的基础。因此，外币的价值取决于外汇供需双方对其所作的主观评价，外币价值的高低，又是以人们主观评价中边际效用的大小为转移的。对于每个人来说，其使用外币有着不同的边际效用，因而各自的主观评价也不同。

不同的主观评价产生了不同的外汇供给与需求。供求双方通过市场达成均衡，其均衡点就是实际汇率，它是外汇供求双方心理活动的集中表现。当旧的均衡被打破时，汇率又将随人们对外汇主观评价的改变而达到新的均衡。

汇兑心理论的产生有其特定的历史背景。1924~1925 年，法国的国际收支出现顺差，而法郎的汇率却在下跌。这种现象是国际借贷说和购买力平价说所不能解释的。阿夫塔里昂另辟蹊径,从人们心理上对外币作出的主观评价角度说明汇率的变动,其在方法论上是有新意的。同时,该理论是把主观评价的变化同客观事实的变动结合起来考察的,而且主观的心理活动与客观的经济行为也是有联系的。因此,用人们对外币的主观评价解释汇率的变动,特别是外汇投资和资本抽逃等现象有其合理之处。我们不能否认心理因素对汇率的影响。因为国际上对一种货币的评价一般表现为一种对变动趋势的估计。现在西方流行的汇率预期模式是从外汇市场上取得决定汇率的变量和数值来推断未来的汇率,投资者根据预期决定转移资本的数量和方向,这对外汇市场有很大影响。所以,主观的心理活动与客观经济过程之间有一定的关系。

但是,该理论也有一些缺陷。主要表现在:①它是主观唯心论。即把经济活动者的主观心理预期说成是经济变动的决定因素,显然是不科学的。人们对经济运行的主观预期是客观经济过程在人脑中的反映,客观物质是第一性的,主观判断是第二性的。并且,主观评价的正确与否还取决于人们对经济运行规律的认识能力,以及所能掌握的信息资料。②运用性差。人们的心理活动十分复杂,千变万化,更不容易量化,如何把握他们对外汇的主观评价,并将其运用到汇率和其他经济政策之中,仍有待于进一步的探索。

4) 利率平价论(Theory of Interest Parity)

该理论主要是探讨远期汇率(远期差价)与利率之间的相互关系,其代表人物是凯恩斯和爱因齐格(P. Einzig)。

该理论的基本观点:远期差价是由两国利率差异决定的,并且高利率国货币在期汇市场上必定贴水,低利率货币在期汇市场上必定升水。

在两国利率存在差异的情况下,资金将会从低利率国流向高利率国。但套利者在比较金融资产的收益率时,不仅考虑两种资产利率所提供的收益率,还要考虑两种资产由于汇率变动所产生的收益变动。套利者往往将套利与调期业务结合进行,以避免汇率风险,保证无亏本之虞。大量调期外汇交易的结果,使低利率货币的现汇汇率下浮,期汇汇率上浮;而高利率货币的现汇汇率上浮,期汇汇率下浮。远期差价为期汇汇率与现汇汇率的差额,由此低利率国货币就会出现远期升水,高利率国货币则有远期贴水。随着抛补套利的不断进行,远期差价就会不断加大,直到两种资产所提供的收益率完全相等,这时抛补套利活动就会停止,远期差价正好等于两国利差,即利率平价成立。

该理论对于我们理解期汇汇率的决定以及期汇汇率与现汇汇率之间的关系都很有意义。但这一理论也存在一些缺陷,主要表现为:①它并没有考虑交易成本;②它假定不存在资本流动障碍;③它假定套利资金规模是无限的,故套利者能不断地进行抛补套利,直到利率平价成立。基于以上因素,现实世界中,利率平价往往难以成立。

5) 资产选择论(The Theory of Portfolio Selection)

又称"有价证券选择理论"、"资产市场论(asset market theory)"等。主要代表人物是美国经济学家托宾和马柯维茨(H. M. Markowitz)。

一般而言,资产包括有形资产、无形资产和金融资产三类。但资产选择论研究的对象只限于金融资产。金融资产包括:①货币(含本币和外币及外汇);②存款(含本币存款和外汇存款);③有价证券(含股票、债券、基金证券及票据等,含本币和外币证券)。

根据资产选择论,经济主体选择资产的主要依据:①期待的收益率;②风险的大小;③流动性的强弱。随着各国的利率、通货膨胀率、投资利润率、国际收支和经济增长等各种因素的变化,以本币和外币所表示的各种金融资产的风险和收益也会随之变化,各经济主体必将对其资产组合作相应的调整,从而引起资本频繁地在国与国之间流动,进而引起外汇市场供求关系的变化和汇率的变动。

资产选择论的产生是在各国中央银行拥有大量外汇储备,各大国际银行及金融机构和跨国公司也拥有大量外币金融资产的情况下,汇率经常浮动,保持什么外币资产能获得最大收益,并把风险减到最小的程度。为了调整其资产组合,力求使各种资产的预期边际收益率相等,而预期收益率的变化或相对风险的变动,又引起了汇率的变动。

资产选择论对论述当今发达国家货币汇率的短期变化有一定的参考价值,这是它的主要贡献。该理论的主要缺陷,一是分析的片面性,它只着眼于金融资产,而完全不考虑商品与劳务等的国际经济交易对汇率的影响;二是存在较大的局限性,该理论的成立前提条件是国内外金融市场发达且关系密切、外汇管制取消、汇率完全自由浮动等。而大部分发展中国家,这些条件很难全部具备,因而,该理论的适用性较差。

6) 货币主义的汇率理论(The Monetary Approach)

又称"货币市场理论"。该理论提出了两国货币市场的变动来解释汇率变动的观点,认为在浮动汇率制度下,货币量是决定汇率的主要因素。其代表人物主要是美国经济学家弗里德曼和蒙代尔(R. A. Mundell)等。

货币主义汇率理论的基本特点是:强调货币市场和证券市场在汇率决定进程中的作用,把汇率看作是两国货币的相对价格之比,是由货币市场上均衡条件决定。因此其内容包括:①用货币相对供应量的变动作为解释汇率波动的重要因素,同时还用货币量变动预测汇率;②从长期而言,用两国通货膨胀率的变化说明和预测汇率的变动;③短期内汇率由反映金融资产的变动的货币供求情况决定;④货币当局可以通过变动货币供求率和金融资产收益率来影响汇率。

货币主义者认为,汇率主要由货币市场决定,但也有部分的受商品市场的影响。该理论的前提是:①资本市场开放,以不同货币计值的国内外金融资产,可以互相替代;②市场信息灵通;③可以有充分自由的套购机会,使购买力平价,利率平价,合理预期得以在市场上实现。因此,在自由和信息灵通的市场上,将来的汇率、利率和通货膨胀率差别,远期汇率的升、贴水等各种因素互相影响,同时决定新的均衡汇率。

14.2.3 汇率变动及其对经济的影响

撇开上述汇率理论,从当今世界外汇市场的现实情况来看,市场汇率受多种因素的影响而经常变动、捉摸不定。而汇率的频繁波动,又对一国(或地区)内经济和对外经济产生多方面的影响。

1. 影响汇率变动的主要因素

尽管影响汇率变动的因素纷繁复杂,但其主要因素如下:

1) 国际收支

国际收支是一国对外经济活动的综合反映,其收支差额直接影响外汇市场的供求关系,并在很大程度上决定了汇率的基本走势和实际水平。换言之,国际收支是影响汇率变动的最直接的因素,也是主要原因,尤其"贸易收支"对汇率变动起着决定性的作用。

一般而言,当一国的国际收入大于支出,即出现国际收支顺差时,市场上就会出现外汇的供应大于需求的状况,进而引起外汇的汇率下降或顺差国货币的汇率上升;反之,当一国的国际收入小于支出,即出现国际收支逆差时,市场上就会出现外汇的供应小于需求的状况,进而引起外汇的汇率上升或逆差国货币的汇率下降。

2) 通货膨胀差异

从一定意义上说,通货膨胀差异是汇率变动的根本因素或基本原因。通货膨胀意味着物价上涨,货币的购买力下降,进而导致货币对内贬值。在多数情况下,货币的对内贬值必然会引起对外贬值。然而,如果两国的通货膨胀率相同,则两国货币的名义汇率因通货膨胀的相互抵消,就可能继续保持不变。只有当两国的通货膨胀率存在差异,通货膨胀因素才会对两国货币的汇率产生影响。这种影响表现在,通货膨胀率较高国货币的汇率趋于下跌,而通货膨胀较低国货币的汇率则趋于上升。

具体地说,通货膨胀主要从两方面对汇率产生影响,即通货膨胀对汇率的影响是通过两条"传导机制"进行的:一是通过影响进出口贸易,进而影响外汇供求与汇率。当通货膨胀使一国物价上涨率高于其他国的物价上涨率,而汇率又未能对此及时反映时,该国出口商品的成本会相应提高,这就削弱了该国商品在国际市场上的竞争能力,不利于扩大商品的出口;同时,由于该国物价上涨率高于其他国的物价上涨率,从而增加了进口商品的盈利水平,刺激商品的大量进口。其结果是一国贸易收支恶化,形成外汇市场供求的缺口,进而推动外汇汇率的上升或本币汇率的下跌。二是通过影响国内外实际利差和一国货币在国际市场上的信用地位,从而影响外汇供求与汇率。当一国通货膨胀率高于其他国家,而名义利率又未作调整时,该国的实际利率相对下降,投资者为追求较高的利率,就会将资金转移到国外;同时,一国货币因通货膨胀先后发生对内、对外贬值,还会影响人们对该国货币的信心,进而也会引起资金的抽逃。资金的对外转移或抽逃,会引起外汇供求的变化,导致外汇汇率上升或本币汇率下跌。

由此可见,通货膨胀对汇率的影响特征:一是间接性,即通货膨胀是通过一定的传导机制(如贸易收支、国际间实际利差、货币信用等)而影响外汇供求及汇率;而是时滞性,即通货膨胀对汇率的影响一般要经过一段时间(短则半年,长则数年)才能体现出来,因此,这种影响有时被人们忽视。

3) 相对利率(国际利差)

利率作为使用资金的代价或放弃使用资金的收益,也会影响到汇率水平。通常情况下,一国的利率水平较高,在该国表现为债权的金融资产,如存款、贷款、存单、债券、商业票据等的收益率也相对较高。这就会吸引大量国外资金流入,以投资于这些金融资产。结果,在外汇市场上,外汇的供应就急剧增加,从而导致本币汇率上升。反之该国若降低利率,就会使短期资本流往国外,该国对外国货币的需求增加,造成本币汇率下降。所以,各国利率的变化,尤其是国内外利差,是影响汇率的一个十分重要的因素。由于国际上追求利息收益的短期资本对利率的高低十分敏感,会对利率变动迅速作出反应,因此,利率对汇率的影响可在短期里很快发生作用。从各国的政府行为来看,提高利率往往成为稳定本国货币汇率、防止其大幅度下跌的重要政策手段。

4) 经济政策

主要有财政政策、货币政策、外贸政策和外资政策等等。如财政政策,放松财政就可能会出现财政赤字,其补偿办法主要有:①增收节支。这种办法的结果必然是经济紧缩,物价下跌,出口增加和进口减少,进而出现本币汇率上升或外汇汇率下跌。②增发货币。此时,货币供应量增加会引发物价上涨,出口减少而进口增加,进而引起本币汇率下跌或外汇汇率上升。③举债。为了获得债务收入以弥补财政赤字,一国必然提高利率,而利率的调整特别是国内外实际利差的变化,又会影响到汇率的变化。

此外,一国所采取的影响利率与货币供应量的货币政策、影响贸易收支的外贸政策以及影响资金流出入的外资政策等,也会通过影响外汇供求的变动进而引起一国货币对外汇率的变化。

5) 经济增长差异

国内外经济增长率的差异对汇率变动的影响较为复杂,应视时间长短及经济发达(开放)程度等而有所不同。一方面,一国经济增长率高,则意味着收入上升,由此会造成进口支出的大幅度增长;另一方面,一国经济增长率高,又往往意味着生产率提高较快,由此通过生产成本的下降改善本国产品的竞争地位而有利于增加出口,抑制进口。同时,经济增长势头好,则意味着一国利润率也往往较高,由此吸引外资流入,从而改善资本和金融账户。一般来说,高经济增长率在短期内不利于本国货币在外汇市场的行市;但从长期来看,却有力地支持着本国货币的强势劲头。

6) 政府干预因素

由于汇率变动对一国的进出口贸易和资本流动等有着直接的影响,并转而影响到国内的生产、投资和价格等,所以,各国中央银行为了避免汇率变动,尤其是短期内的剧烈起伏波动对国内经济造成不利影响,往往对汇率进行干预,即由中央银行在外汇市场上买卖外汇,当外汇汇率过高时卖出外汇,回笼货币,而在外汇汇率过低时则买进外汇,抛售本币,使汇率变动有利于本国经济。这种干预有三种情况:一是在汇率变动剧烈时使它趋于缓和;二是使汇率稳定在某个水平上;三是使汇率上浮或下浮到某个比较合适的水平上。总之,在开放的市场经济条件下,中央银行和财政部在外汇市场上买卖货币,对汇率变化的影响是最直接,而且效果也是比较明显的。

7) 预期及投机因素

心理预期有时能对汇率产生重大的影响。心理预期多种多样,包括经济的、政治的和社会的各个方面。就经济方面来说,心理预期包括对国际收支状况、相对物价水平(通货膨胀率)、相对利率或相对资产收益率、政府干预以及对汇率本身的预期等。心理预期的变化会引起外汇市场上的外汇投机及保值活动的变化,进而引起外汇供求及汇率的变动。

除上述因素外,政治因素(政局的稳定性及政策的连续性等)、突发因素(自然灾害、战争及军事冲突等)、外汇储备等因素也通过影响一国的外汇供求进而影响外汇汇率的变动。

上述各种因素的关系,错综复杂,有时各种因素会合一起同时发生作用;有时个别因素起作用,有时各因素的作用又相互抵消;有时某一因素的主要作用,突然为另一因素所代替。但是,在一定时期内(如1年)国际收支是决定汇率基本走势的主导因素;通货膨胀与财政状况、利率水平和汇率政策起着助长或削弱国际收支所起的作用,预期与投机因素不仅是上述各项因素的综合反映,而且在国际收支状况所决定的汇率走势的基础上,起推波助澜的作用,加剧汇率的波动幅度。从最近几年来看,在一定条件下,利率水平对一国货币汇率涨落起重要作用,而从长期来看,相对经济增长率和货币供给增长率决定着汇率的长期走势。

2. 汇率变动对经济的影响

汇率受通货膨胀与国际收支等因素的影响而不断变化,但是反过来又会对一国经济的发展起着重要作用。特别是在当今经济金融全球化的背景下,汇率变动对一国的国内经济、对外经济以及国际间经济联系都产生着重大的影响。

1) 汇率变动对一国国际收支的影响

汇率变动对国际收支的影响,主要是通过对货物及服务进出口、资本流动产生作用而形成影响的。

(i) 汇率变动对货物及服务贸易收支的影响

一国货币汇率变动,会使该国进出口货物及服务价格相应涨落,抑制或刺激国内外居民对进出口货物及服务的需求,从而影响货物及服务贸易收支。例如,一国货币对外汇率下跌(即对外贬值),则本国货物及服务价格相对外国货物及服务价格下降,诱发国外居民增加对本国货物及服务的需求,减少国内居民对外国货物及服务的需求,从而增加出口、减少进口,改善货物及服务贸易收支乃至整个国际收支。反之,如一国货币对外汇率上升(即对外升值),则情况正好相反。

(ii) 汇率变动对资本流出入的影响

资本从一国流向国外,其主要目的是追求利润或避免受损,因而汇率变动会影响资本的流出与流入,但汇率变动对资本流动产生的实际影响要与对汇率变动的预期相结合考察。当一国货币贬值,且人们预期该国货币还将进一步贬值,则资本将流出该国;而当一国货币贬值,但人们预期该国货币已达汇率均衡水平、甚至预期该国货币会有反弹升值的趋势,则资本将流入该国。

(iii) 汇率变动对官方储备的影响

汇率变动直接影响一国储备项目中的外汇储备,主要表现在:①本国货币汇率变动通过资本转移和进出口贸易额的增减,直接影响本国外汇储备的增加或减少。一般地说,一国货币汇率稳定,有利于该国吸收外资,从而促进该国外汇储备增加;反之,则会引发资本外流,使得黄金外汇储备减少。如一国汇率变动使其出口额大于进口额时,则其外汇收入增加,储备状况也改善;反之,储备状况则恶化。②储备货币的汇率下跌,使保持储备货币国家的外汇储备的实际价值遭受损失;而储备货币国家则因该货币的贬值而减轻了债务负担,从中获利。

2) 汇率变动对国内经济的影响

汇率变动对国内经济的影响,具体表现在对物价、产量与收入、资源配置等方面。

(i) 汇率变动对国内物价的影响

汇率变动在不同的经济背景下,会对物价产生不同形式的影响。如当国内经济处于充分就业状态,货币贬值会导致出口增加,贸易收支改善通过乘数的效应扩大总需求,然而,充分就业限制了产量的增加,结果是必然出现"需求拉动"型的物价上涨;与此同时,当货币贬值后,进口商品的本币标价会立即上升。如进口商品为消费品,则会直接影响总的消费品物价水平;如进口商品是资本品,则会加大国内生产的成本,进而形成"成本推进"型的物价上涨。

(ii) 汇率变动对国内产量及收入的影响

如果一国存在着闲置的生产要素,则该国货币贬值将会引起出口增加,贸易收支得到改善。而贸易收支改善将通过乘数效应扩大总需求,进而导致国内产量的增加和国民收入的提高。

(iii) 汇率变动对国内资源配置的影响

当一国货币贬值后,该国商品价格相对于外国商品价格下降,使得该国的出口商品和进口替代商品有较强的竞争力,进而,出口品和进口替代品的生产部门或者扩大产量、或者提高价格,总之,贸易品和生产部门由于货币贬值而产生了较强的发展优势。这就会使得国内资源的配置更倾向于效益较高的贸易品生产部门,甚至形成产业结构的贸易部门导向化。

3) 主要货币汇率变动对国际经济关系的影响

在国际经济关系中,小国与大国,发展中国家与发达国家,其汇率变动所产生的影响是大不相同的。一般地说,在国际经济关系中,小国的汇率变动对其贸易伙伴国的经济影响是微不足道的,而主要工业化国家(发达的贸易大国)的汇率变动对国际经济关系的影响则要大得多,往往成为其他国家密切注视的焦点。其具体影响在于:一是主要工业化国家的货币贬值至少在短期内会不利于其他工业化国家和发展中国家的贸易收支。二是主要工业化国家的货币一般作为国际间计价手段、支付手段和储备手段,其汇率变动将引起国际金融业动荡,在国际贸易和资本流动活动中,将要收进贬值货币的经济主体,其利益受到损失;而将要付出贬值货币的经济主体将从中获利。三是主要货币的汇率不稳,会给国际储备体系和国际金融体系带来严重影响。

14.3 国际收支的均衡与失衡

14.3.1 国际收支的含义

在当代,国际收支是世界各国国民经济的一个重要组成部分。一国的国际收支平衡与否,对其货币汇率和外贸政策的制定以至整个国民经济都有重要的影响。因此,国际收支平衡已成为西方国家调节经济的四大目标之一。

国际收支(Balance of Payments,BOP)是指一定时期内一国或地区的居民和非居民之间,由于经济、政治、文化等各项往来而引起的全部国际经济交易的系统的货币记录。国际收支这一概念的内涵十分丰富,应从以下几个方面加以把握:

(1) 国际收支是一个流量概念。借以区别"国际借贷"(以存量为基础)这一概念。

(2) 国际收支所反映的内容是经济交易。所谓经济交易,一般是指经济价值(商品、劳务或资产等)从一个经济单位向另一个经济单位的转移。根据转移的内容和方向,经济交易可划分为5类:①金融资产与商品和劳务之间的交换,即商品和劳务的买卖;②商品或劳务相互之间的交换,即物物交换;③金融资产相互之间的交换,如国际证券投资等;④无偿的、单项的商品或劳务的转移,如国际间的实物捐赠等;⑤无偿的、单项的金融资产的转移,如国际捐款等。

(3) 国际收支所记载的必须是该国的居民和非居民之间所发生的经济交易。居民(resident)是指在一国或地区居住期限达一年以上的经济单位。否则该经济单位则为该国或地区的非居民(non-resident)。居民与非居民都包括政府、个人、企业以及非盈利性团体四类经济单位。需要指出的是,"居民"是一个经济概念,与法律上的概念"公民"所有不同。它是就经济单位的主要居住地是否在所说国家或地区而言的,而不管其国籍如何①。居民和非居民之间的经济交易会引起国际货币的运动,从而属于国际收支流量的范畴。例如,美国通用电器公司在新加坡的子公司,是新加坡的居民、美国的非居民;子公司与母公司之间的业务往来是新加坡和美国的国际收支流量的内容。

---

① 但有例外,如一国的外交使节和驻外军事人员,一般仍视为派出国之居民;而一些国际性机构,如 IMF、世界银行等,则被视为任何国家的非居民。

第14章 开放经济下的货币与金融

国际收支有狭义和广义之分。从早期重商主义到一战前,国际收支指的就是贸易收支(balance of trade)。二战以前的国际收支概念仍是狭义的,它指的仅是一个国家或地区在一定时期的外汇收支。它是以现金或支付为基础的,这种概念比较偏重于外汇收支,用它来分析一国(地区)对外经济状况和外汇市场的动向,至今仍有一定的理论价值。然而,二战以后,国际市场交易的内容更加广泛,结算方式更加多样化,各种国际融资和资本流动更加频繁,这些变化大大超过了外汇收支的范畴。由于国际收支的这些新的变化和发展,因而,目前普遍流行的是广义的国际收支的概念。它是指一个国家或地区在一定时期各种对外往来所引起的全部国际经济交易的系统记录。它是一国对外往来的集中表现,是以经济交易为基础的,是一个流量的概念。

14.3.2 国际收支平衡表及其基本内容

1. 国际收支平衡表及其编制

国际收支平衡表(Balance of Payment Statement,BOPS)是系统地记录一个国家或地区在一定时期内各种对外往来所引起的全部国际经济交易的一种统计报表,它是集中反映一国或地区国际收支状况的一种流量表。

国际收支平衡表是依据会计学中的复式簿记原理,按照借贷记账法编制而成的。即以借、贷作为符号,以"有借必有贷,借贷必相等"来记录每笔国际经济交易。"借方"项目记录的是:货物和服务的进口、收益支出、对外提供的货物和资金无偿援助、金融资产的增加和金融负债的减少;而"贷方"项目记录的是:货物和服务的出口、收益收入、接受捐赠的货物和资金的无偿援助、金融负债的增加和金融资产的减少。

2. 国际收支平衡表的基本内容

国际收支平衡表的内容甚为广泛。各国根据各自不同的需要,在编制国际收支平衡表时,所编制的项目和计算方式也有所不同,各有自己的特点。为了在世界范围内进行汇总和比较,IMF 在其《国际收支手册》中提出了一套有关 BOPS 项目标准分类的建议,并根据国际经济发展的现状和分析的需要进行调整。IMF 是从 1995 年开始采用《国际收支手册》第 5 版的标准格式,我国也从 1997 年开始按照这一标准格式编制 BOPS。《国际收支手册》第 5 版标准格式的基本内容如下:

1) 经常账户(Current Account)

经常账户也译为"经常项目",因为这里记载的是经常发生的国际经济交易,经常账户反映一国与他国之间实际资源的转移,是 BOPS 中最基本和最重要的项目,与国际收支账户有密切的联系。经常账户包括货物、服务、收益和经常转移四个项目,各项目都要列出借方总额和贷方总额。

(1) 货物(goods)。也称"商品贸易"或"有形贸易(visible trade)"。货物进出口的差额称为"贸易差额",贸易差额是影响国际收支差额的基本因素。IMF建议,所有的进出口一律以商品所有权变化为原则进行调整,均采用离岸价格(FOB价格)计价。

(2) 服务(service)。也称"劳务、无形贸易(invisible trade)"。包括运输、旅游、通讯、建筑、保险、金融服务、计算机和信息服务、专有权使用费和特许费、各种商业服务、个人文化娱乐服务(如音像及有关服务)以及政府服务等。贷方表示收入,借方表示支出。

(3) 收益(income)。也有译为"收入",反映生产要素流动引起的生产要素报酬的收支。包括:①职工报酬,即在外国工作的季节工人、边境工人(不过夜)、短期工作的工人(在国外工作期限一年以内),以及在外国驻本国的使领馆工作的工人领取的报酬记贷方,反之记借方;②投资收益,即资本要素的收入,如利润、利息、股利等。

(4) 经常转移(current transfers)。也称为"无偿转移"或"单方面转移",指商品、劳务或金融资产在居民与非居民之间的单方面的无偿转移。包括:①政府转移,如无偿援助、战争赔款、政府向国际组织定期交纳的费用等;②私人转移,如侨汇、资助性汇款、无偿捐赠、退休金等。

2) 资本和金融账户(Capital and Financial Account)

资本和金融账户是指对资产所有权在国际间流动行为进行记录的账户,包括资本账户和金融账户两大部分。

(1) 资本账户(capital account)。反映资产在居民与非居民之间的转移。这是《国际收支手册》第5版新列的项目,同原来第4版中资本账户的含义是完全不同的。这里的资本账户主要包括两项内容:

第一,资本转移(capital transfers)。主要有投资捐赠(investment grants)和债务注销(debt cancellation)两部分,前者可以现金形式来进行(即定期或不定期向非居民转移资产价值的征收税款,如遗产税等),也可以实物(如交通设备、机器和机场、码头、道路、医院等建筑物)来进行;而后者则是指债权人放弃债权,而未得到任何回报。

第二,非生产、非金融资产的收买或出售。它包括不是由生产创造出来的有形资产(土地和地下资产)和无形资产(专利、版权、商标、经销权等)的收买和出售。值得注意的是,经常账户的服务项下记录的是无形资产的运用所引起的收

第 14 章 开放经济下的货币与金融

支,而资本账户的资本转移项下记录的则是无形资产所有权的买卖所引起的收支。

(2) 金融账户(financial account)。反映居民与非居民之间投资与借贷的增减变化。资本的流动涉及到债权债务关系的变化,反映着对外资产与负债的变化。以前流行的分类是分成长期资本和短期资本,由于金融创新和资本流动的发展,长期资本和短期资本的区分越来越困难,长短期的划分已不再流行。这里的金融账户相当于原来《国际收支手册》第 4 版的资本账户,一般媒介中提及的资本账户实际上就是这里的金融账户。与经常账户不同,金融账户的各个项目并不按借贷方总额来记录,而是按净额来计入相应的借方或贷方。金融账户按功能分类为:

第一,直接投资(direct investment)。它是指一国(地区)居民在国外直接建立企业、购买国外企业一定比例以上股权或利润再投资等行为。其主要特征在于投资者对非居民企业拥有有效的发言权,即以投资者寻求在本国以外运行企业获取有效发言权为目的的投资。至于购买国外企业股权(股票形式)的比例多大为直接投资,而非证券投资,各国标准不一,但最低限度一般在 10~15% 之间。

第二,证券投资(portfolio investment)。证券投资的主要对象为股本证券和债务证券两类形式。对于债务证券而言,它可以进一步细分为期限在一年以上的中长期债券、货币市场工具和其他派生金融工具。

第三,其他投资(other investment)。它是一个"剩余"项目,除直接投资、证券投资和储备等项目以外的所有资本交易均在此记录。具体有贸易信贷、贷款、货币和存款及其他资产负债等形式,其中长期投资指合同期为一年以上的金融交易,短期投资为一年及以下的金融交易。

第四,储备资产(reserve assets)。储备资产是指货币当局可随时动用并控制在手的外部资产。具体包括:货币性黄金、特别提款权、在 IMF 中的储备头寸、外汇资产以及其他对非居民拥有的债权。其中,特别提款权(Special Drawing Rights,简称 SDRs)是 IMF 对会员国根据其份额分配的,可用以归还 IMF 和会员国政府之间偿付国际收支赤字的一种账面资产。

3) 净差错与遗漏(Net Errors and Omissions)

国际收支平衡表采用复式记账法,因此所有账户的借方总额和贷方总额应相等。但由于统计资料来源和时点不同以及一些人为因素(如虚报出口、资本外逃)等原因,往往造成借贷不相等,出现净的借方余额或净的贷方余额。为使国际收支平衡表的借方总额和贷方总额相等,编表人员就人为地在平衡表中设立"净差错与遗漏"这个单独的项目,来抵消这个净的借方余额或净的贷方余额。如果借方总额大于贷方总额,其差额记入此项目的贷方;反之,则记入借方。

14.3.3 国际收支均衡与失衡

1. 国际收支平衡与均衡的概念

关于国际收支的分析实际上是国际收支状况的分析,因此,必须首先弄清国际收支状况的衡量方法或称"衡量标准"。在国际收支的理论研究中,按交易动机的不同或性质的差异,而将反映在国际收支平衡表中各项国际经济交易区分为自主性交易(autonomous transaction)和补偿性交易(compensatory transaction)两大类。

所谓自主性交易,是指个人和企业为某种自主性目的(如追逐利润、旅游、汇款赡养亲友等)而从事的交易。而补偿性交易,是指为弥补国际收支不平衡而发生的交易,比如为弥补国际收支逆差而向外国政府和国际金融机构借款、动用官方储备等等。由于自主性交易具有自发性的特征,其收支难以相抵。因而只有用补偿性交易来弥补,才能取得收支的平衡。因此,通常所说的国际收支不平衡或失衡,指的就是自主性交易不平衡。也就是说,自主性交易是否平衡,是判断一国的国际收支是否平衡的标准或衡量方法。如果一国国际收支平衡表的自主性交易项目出现明显的不平衡,尤其是巨额的、长期的不平衡,就需要分析形成的原因,并进而采取调节措施。

由于一国的对外经济活动与国内经济活动是密切相连的,因此,把国际收支平衡同国内经济的均衡联系起来考察,便产生了国际收支均衡这一更深刻的概念。所谓国际收支均衡,是指国内经济处于均衡状态下的自主性国际收支平衡,即国内经济处于充分就业和物价稳定下的自主性国际收支平衡。国际收支均衡是一国达到福利最大化的综合政策目标。在世界经济日渐一体化的同时,国际收支的调节就不仅仅要实现国际收支平衡,还要实现国际收支均衡这一目标。

2. 国际收支失衡的主要原因

一国的国际收支不平衡可以由多种原因引起。不同原因引起的国际收支失衡,应采用不同的办法来加以调节。按国际收支失衡的原因不同,国际收支失衡具有不同的性质,主要有以下几种:

1) 临时性不平衡(Transitory Disequilibrium)

临时性不平衡是指短期的、由非确定或偶然因素(偶发性因素,如自然灾害、骚乱等)引起的国际收支失衡。这种性质的国际收支失衡程度一般较轻、持续的时间不长、带有可逆性,可以认为——种正常现象。在浮动汇率制度下,这种性质的国际收支失衡有时根本不需要政策调节,市场汇率的波动有时就能将其纠正;

在固定汇率制度下,一般也不需要采取政策措施,只须动用官方储备便能加以克服。

2) 结构性不平衡(Structural Disequilibrium)

结构性不平衡是指一国国内经济、产业结构不能适应世界市场的变化而发生的国际收支失衡。这种国际收支失衡通常反映在贸易账户或经常账户上。与临时性不平衡不同,结构性不平衡具有长期的性质,扭转起来相对较难。

3) 货币性不平衡(Monetary Disequilibrium)

货币性不平衡是指在一定汇率水平下,国内货币成本与一般物价上升而引起的出口货物价格相对高昂、进口货物价格相对低廉,从而引起的国际收支失衡。这种失衡可以是短期的,也可以是中期或长期的。此外,货币性不平衡有时也可能是指一国的价格水平、成本、汇率、利率等货币性因素变动所引起的国际收支失衡。

4) 周期性不平衡(Cyclical Disequilibrium)

周期性不平衡是指一国经济周期波动所引起的国际收支失衡。当一国经济处于衰退期时,社会总需求下降,进口需求也相应降低,国际收支发生盈余;反之,当一国经济处于扩张和繁荣时期,国内投资与消费需求旺盛,对进口的需求也相应增加,国际收支便出现赤字。这种周期性不平衡在二战前的发达资本主义国家中表现得比较明显。战后以来,其表现经常受到扭曲。如1981～1982年,主要发达资本主义国家(日本除外)在衰退期普遍伴有巨额的贸易逆差。

5) 收入性不平衡(Income Disequilibrium)

收入性不平衡是一个比较笼统的概念,可以概括为一国国民收入相对快速增长,从而导致进口需求的增长超过出口增长所引起的国际收支失衡。而国民收入快速增长的原因是多种多样的,可以是周期性的、货币性的,或经济处在高速增长阶段所引起的。

一般来说,结构性不平衡和经济增长等原因所引起的国际收支失衡,因其具有长期的、持久的性质,而被称为"持久性不平衡"(Secular Disequilibrium)。此外,不稳定的投机及资本外逃等国际资本流动因素,也是引起国际收支失衡的一个重要因素。在短期资本流动中,不稳定的投机及资本外逃等是造成国际收支失衡的另一个原因,它们还会激化业已存在的失衡。

14.3.4 国际收支的调节机制与政策

在当今世界经济关系日益密切、经济一体化的情况下,国内外经济的存在着相互影响,一国的国际收支状况对国内经济的影响越来越大。无论是国际收支赤字还是盈余,它们的持续存在都会通过各种传递机制给国内经济产生或大或小的不利影响,妨碍内部均衡目标的实现。因此,当一国(或地区)的国际收支无论是出现逆差(相对压力较大)还是顺差(尽管压力较小),尤其是长期的、巨额的不平衡,各国均要根据具体情况,采取相应措施予以调节,以利本国经济的健康发展。

1. 国际收支的自动调节机制

在完全或接近完全的市场经济中,国际收支可以通过市场经济变量的调节自动恢复平衡。即当一国出现国际收支失衡后,会引起国内某些经济变量的变动,而这些变动反过来又会影响国际收支。因此,国际收支的自动调节(BOP Autonomous Adjustment),是指由国际收支失衡引起的国内经济变量变动对国际收支的反作用过程。值得注意的是,国际收支自动调节只有在纯粹的自由经济中才能产生理论上所描述的那些作用,政府的某些宏观经济政策会干扰自动调节过程,使其作用下降、扭曲或根本不起作用。

1) 货币—价格机制(Money-Price Mechanism)

货币—价格机制是指国内货币存量与一般物价水平变动以及相对价格水平变动对国际收支的影响。较早阐述者是18世纪英国哲学家和经济学家大卫·休谟(David Hume),其在1752年就论述了"价格—铸币流动机制(price specie-flow mechanism)"。两者的主要区别是货币形态。在休谟时期,金属铸币参与流通;而在当代,则基本上是纸币流通。不过,这两种机制论述的国际收支自动调节原理是一样的。该机制有两种表现形式:

(1)国内货币存量与一般物价水平变动对国际收支的影响。参见图14.1所示。

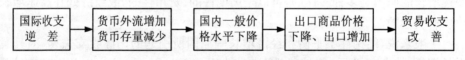

图14.1 货币价格自动调节机制过程图(1)

(2)相对价格(而不是绝对价格)变动对国际收支的影响。参见图14.2所示。

2) 收入机制(Income Mechanism)

收入机制是指当国际收支逆差(或顺差)时,表明国民收入水平下降(或上升),而国民收入下降(或上升)将会引起社会总需求下降(或上升),进口需求下降(或上升),从而贸易收支得到改善。收入机制的自动调节过程可用图14.3来描述。

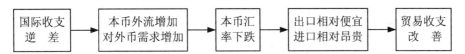

图 14.2　货币价格自动调节机制过程图(2)

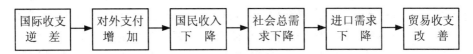

图 14.3　收入机制的自动调节过程图

3) 利率机制(Interest Mechanism)

利率机制是指当国际收支发生逆差(或顺差)时,本币存量相对减少(或增加),利率上升(或下降),表明本国金融资产的收益率上升(或下降),从而对本国金融资产的需求相对增加(或减少),对外国金融资产的需求相对减少(或增加),资金外流减少(或增加)和内流增加(或减少),国际收支得到改善。利率机制的自动调节过程可以用图14.4来描述。

图 14.4　利率机制的自动调节过程图

2. 国际收支的政策调整机制

当一国国际收支失衡时,政府面临着三个层次的政策选择:

通过融资(financing)来弥补国际收支赤字。这是指通过借款或动用外汇储备向外汇市场提供外汇,以弥补外汇市场的供求缺口。

通过调整(adjustment)来消除国际收支赤字。这是指通过各种调整政策来消除外汇市场的供求缺口。

(1) 调节供给的政策。如产业政策、科技政策、制度创新政策等。此类政策旨在改善一国的经济和产业结构,增加出口商品和劳务的生产,提高产品质量、降低产品成本,以此达到增加社会产品的供给,改善国际收支。

(2) 调节需求的政策。主要包括:①支出增减型政策(expenditure-changing policy),是指改变社会总需求或国民经济支出总水平的政策,如财政政策、货币政策等;②支出转换型政策(expenditure-switching policy),是指不改变社会总需求和总支出,而改变需求和支出方向的政策,如汇率政策、补贴和关税政策以及直接管制等。

3. 国际收支调节的主要政策

国际收支调节的具体政策主要有:

1) 外汇缓冲政策

这是指一国运用官方储备的变动或临时向外筹措资金来解决外汇的超额需求和供给。这一政策的特点是简便有效,具适用范围是突发性和季节性的国际收支赤字。在适用范围内,外汇政策能够使本币汇率免受暂时性失衡所造成的波动,有利于本国对外贸易和投资的顺利进行。当然,如果出现巨额、长期的国际收支赤字,这种政策手段是力不从心的。

2) 汇率政策

汇率政策是指通过调整汇率来消除国际收支赤字,通过本国货币汇率的贬值是否能达到改善国际收支的效果,取决于以下几个方面:第一,由于本币贬值所带来的国际收支改善是否大于由此而产生的国民收入上升所引起的诱发性进口;第二,本国现有生产能力是否获得充分利用;第三,贬值所带来的本国商品和劳务在国际市场上相对较低的价格是否能维持较长的时间。

3) 财政政策

它是指政府通过其支出和税收等手段来影响国际收支状况的政策效应。当政府增加支出、或减少税收(或两者同时进行)时,扩张性的财政政策将导致国民收入的增长,进而刺激进口。反之,紧缩的财政政策将减少出口,从而改变国际收支状况。

4) 货币政策

它是指货币当局通过改变货币供给量和调整利率水平来达到影响国际收支状况变动的政策效应。扩张性的货币政策导致货币供给增加、利率水平下降,从而刺激国内投资,使得进口增加;紧缩性的货币政策导致货币供给减少、利率水平上升,从而抑制国内投资,使得进口减少。另一方面,利率的变动又导致国际资本流动的变化,利率下降刺激国内资本外流,并阻碍外国资本流入;反之,利率上升将刺激外国资本流入,并阻止本国资本流出。这些政策效应都将影响着国际收支的状况。

5) 直接管制

它是指政府在不愿或不能利用汇率、财政、货币等方面的政策来消除国际收支不平衡时,政府所采取的强制性管理手段。它具体包括货币管制、财政管制和贸易管制。

(1) 货币管制。其主要手段是外汇管制和汇率管制。外汇管制就是对外汇供给和需求直接干预,以达到间接控制商品、劳务交易及资本流动方向的目的;汇率管制就是官方根据需要确定汇率水平,其具体做法各不相同,一种情况是制定一个统一的官方汇率,另一种情况是制定若干种不同适用范围的官方汇率。

(2) 财政管制。其主要手段有进口关税、进出口补贴等。以进口关税来减少进口,从而改善国际收支状况,一般要视本国对进口品的需求价格弹性,如果需求价格弹性不大,则不能达到目的。进出口补贴手段主要是通过补贴降低本国商品的价格,以增加出口,或者降低进口品价格,以增加进口。

(3) 贸易管制。其主要手段就是进口许可证制和进口配额制。进口许可证制度是进口商必须先获得政府的进口许可证,再凭证购买所需外汇,并办理有关进口手续。进口配额制度是政府对某种商品的进口总额或总量进行限制,并分配给各贸易对方国,由进口商自行进口,额满为止。除此之外,还有一些政府干预手段,如进口保证金制度、出口信贷等。

总之,一国采取什么样的政策来调节国际收支,主要取决于:①国际收支失衡的性质;②国际收支失衡时国内社会和宏观经济结构;③内部均衡与外部平衡之间的相互关系。国际收支政策调节的全部目的(或成功调节的核心)在于:当国际收支失衡时,正确使用并搭配不同类型的调节政策,以最小的经济和社会代价达到国际收支的平衡或均衡。

14.3.5 我国国际收支状况

在新中国建立后的相当长时期内,我国都未编制国际收支平衡表,而只编制外汇收支平衡表。其主要项目为进出口贸易、非贸易和对外援助等,但没有反映与国外的资本往来。随着实行对外开放政策,对外交往扩大,大量引进外资,原来编制的外汇收支平衡表及其项目,已不能反映对外交往的全貌。为加强宏观管理,便于国际金融组织和国外投资者了解我国的国际收支状况,在IMF恢复我国席位和合法权益后,国家统计局和国家外汇管理局便按照IMF的要求,着手编制并从1985年起陆续公布我国的国际收支平衡表,每年对外公布一次。从2005年开始,每年公布两次。

改革开放以来,我国国际收支无论在规模上,还是在构成上都有很大变化。2010年,我国国际收支经常项目、资本和金融项目继续呈现"双顺差",国际储备资产继续增长(见表14.1所示)。经常项目顺差3 054亿美元,较上年增长17%。其中,按照国际收支统计口径计算,货物贸易顺差2 542亿美元,服务贸易逆差221亿美元,收益顺差304亿美元,经常转移顺差429亿美元。资本和金融项目顺差2 260亿美元,增长25%,其中,直接投资净流入1 249亿美元,证券投资净流入240亿美元,其他投资净流入724亿美元。国际储备资产增加4 717亿美元,增长18%,其中,外汇储备资产增加4 696亿美元(不含汇率、价格等非交易价值变动影响),在基金组织的储备头寸和特别提款权合计增加22亿美元。

表14.1　2010年中国国际收支平衡表(单位:亿美元)

项目	行次	差额	贷方	借方
一.经常项目	1	3 054	19 468	16 414
A.货物和服务	2	2 321	17 526	15 206
a.货物	3	2 542	15 814	13 272
b.服务	4	−221	1 712	1 933
1.运输	5	−290	342	633
2.旅游	6	−91	458	549
3.通讯服务	7	1	12	11
4.建筑服务	8	94	145	51
5.保险服务	9	−140	17	158
6.金融服务	10	−1	13	14
7.计算机和信息服务	11	63	93	30
8.专有权利使用费和特许费	12	−122	8	130
9.咨询	13	77	228	151
10.广告、宣传	14	8	29	20
11.电影、音像	15	−2	1	4
12.其他商业服务	16	184	356	172
13.别处未提及的政府服务	17	−2	10	11
B.收益	18	304	1 446	1 142
1.职工报酬	19	122	136	15
2.投资收益	20	182	1 310	1 128
C.经常转移	21	429	495	66
1.各级政府	22	−3	0	3
2.其他部门	23	432	495	63

(续)表 14.1

项目	行次	差额	贷方	借方
二.资本和金融项目	24	2 260	11 080	8 820
A.资本项目	25	46	48	2
B.金融项目	26	2 214	11 032	8 818
1.直接投资	27	1 249	2 144	894
1.1 我国在外直接投资	28	−602	76	678
1.2 外国在华直接投资	29	1 851	2 068	217
2.证券投资	30	240	636	395
2.1 资产	31	−76	268	345
2.1.1 股本证券	32	−84	115	199
2.1.2 债务证券	33	8	154	146
2.1.2.1(中)长期债券	34	19	128	110
2.1.2.2 货币市场工具	35	−11	25	36
2.2 负债	36	317	368	51
2.2.1 股本证券	37	314	345	32
2.2.2 债务证券	38	3	22	19
2.2.2.1(中)长期债券	39	3	22	19
2.2.2.2 货币市场工具	40	0	0	0
3.其他投资	41	724	8 253	7 528
3.1 资产	42	−1 163	750	1 912
3.1.1 贸易信贷	43	−616	5	621
长期	44	−43	0	43
短期	45	−573	4	578
3.1.2 贷款	46	−210	197	407
长期	47	−277	0	277
短期	48	66	197	131
3.1.3 货币和存款	49	−580	303	883

(续) 表 14.1

项目	行次	差额	贷方	借方
3.1.4 其他资产	50	244	245	1
长期	51	0	0	0
短期	52	244	245	1
3.2 负债	53	1 887	7 503	5 616
3.2.1 贸易信贷	54	495	583	88
长期	55	35	41	6
短期	56	460	542	81
3.2.2 贷款	57	791	5 860	5 069
长期	58	100	264	163
短期	59	691	5 596	4 906
3.2.3 货币和存款	60	603	1 038	435
3.2.4 其他负债	61	−3	22	25
长期	62	−4	1	5
短期	63	1	22	20
三. 储备资产	64	−4 717	0	4 717
3.1 货币黄金	65	0	0	0
3.2 特别提款权	66	−1	0	1
3.3 在基金组织的储备头寸	67	−21	0	21
3.4 外汇	68	−4 696	0	4 696
3.5 其他债权	69	0	0	0
四. 净误差与遗漏	70	−597	0	597

注：①本表计数采用四舍五入原则。②从 2010 年三季度开始，按照国际标准，将外商投资企业归属外方的未分配利润和已分配未汇出利润同时记入国际收支平衡表中经常账户收益项目的借方和金融账户直接投资的贷方。2010 年各季度以及 2005～2009 年年度数据也按此方法进行了追溯调整。

资料来源：国家外汇管理局。

第14章 开放经济下的货币与金融

14.4 国际货币制度及其改革

14.4.1 国际货币制度概述

1. 国际货币制度的概念

国际货币制度(International Monetary System),亦称国际货币体系,是指为适应国际贸易与国际支付的需要,各国政府对货币在国际范围内发挥世界货币职能所确定的原则,采取的措施和建立的组织形式。

国际货币制度是国际货币关系的集中反映,是国际金融领域中的中心课题。它构成了国际金融活动总的框架,各国之间的货币金融交往,在各方面均要受到国际货币制度的约束和规范。国际货币制度的基础是储备货币或本位货币;而国际货币制度的核心是汇率制度。国际货币制度一般包括三方面主要内容:

1) 国际支付原则

包括各国货币比价的确定和各国货币兑换性与国际结算的原则。

(1) 各国货币比价的确定。确定各国货币比价的目的,一是为了国际交往与国际支付的需要;二是为了使货币在国际范围内发挥世界货币职能。这里,各国政府需要规定的内容包括本币与外币的比价、货币比价确定的依据、波动的界限、调整及其方法、维持比价采取的措施和是否实行多元化比价。

(2) 各国货币兑换性与国际结算的原则。主要是一国货币能否自由兑换,国际间的债权债务关系用什么方式进行结算,对支付是否加以限制等。

2) 国际收支的调节方式

当出现国际收支失衡时,各国政府应采取什么方法弥补这一缺口,各国之间的政策措施又如何相互调节。

3) 国际储备资产的确定

使用什么货币作为国际间的支付货币,一国政府应持有何种国际储备资产,用以维持国际支付原则和满足调节国际收支的需要。

此外,国际货币制度还应包括黄金、外汇的流动与转移是否自由等内容。

2. 国际货币制度的类型与作用

从不同的角度,国际货币制度可分为不同的类型。①按储备资产的保有形式,国际货币制度可分为国际金本位制、国际金汇兑本位制和国际信用本位制;②按汇率制度的不同,可分为固定汇率制度和浮动汇率制度;③按储备类型,可分为黄金—英镑储备制度、美元—黄金储备制度和多元化储备制度,等等。

国际货币制度作为外部结构和外部功能的统一体,影响着国际间的贸易、金融和投资活动,从而影响着世界经济生活的各个方面。国际货币制度的主要作用是,对国际收支的调节、汇率制度的选择、国际储备资产的创造以及国际货币关系的协调等方面,作出各国普遍接受的、适当的安排。

理想的国际货币制度应能够促进国际贸易和国际资本流动的发展,它主要体现在能够提供足够的国际清偿能力并保持国际储备资产的信心,以及保证国际收支的失衡能够得到有效而稳定的调节;此外,理想的国际货币制度还需有良好的国际收支调节机制,它使各国公平合理地承担国际收支失衡调节的责任,并使调节付出的代价最小。

14.4.2 国际货币制度的历史演进

1. 国际金本位制度

世界上首次出现的国际货币制度就是"国际金本位制度",大约是在1880～1914年之间,达到鼎盛时期。1914～1944年之间处于中断、恢复及崩溃之中。

国际金本位制度是在各国普遍实行金本位制的基础上形成的。1816年英国制定了《金本位制法案》,开始采用了金本位制。此后,其他资本主义各国也先后实行了金本位制。到19世纪后期,各主要资本主义国家已普遍实行了金本位制,从而形成了国际金本位制度。

国际金本位制度的特征主要有:①统一性。主要体现在各国货币发挥职能规定相同,各国采取的措施大致相同,黄金的国际支付原则相同,结算制度与运动规律的统一。②松散性。主要体现在国际金本位制度是自发演变而形成的,没有一个公共国际组织的领导,不接受任何机构的监督,也没有各国共同拟定遵守的制度。③自发性。即在国际金本位制度下,国际收支的调节、汇率的变动、国际储备的分配等,基本上是通过黄金在国际间的自发流动而自动获得的。如"物价—铸币流动机制"。

国际金本位制度是一种比较稳定的货币制度,对世界经济发展所起的积极作用主要有:①有关国家的国际收支可以达到自动调节;②各国货币对外汇率一般比较稳定;③各国的经济政策易于协调。同时,这种国际货币制度对各国国内经济也有较大的积极作用,主要表现在各国货币币值稳定,货币制度基础稳固,因而有利于商品流通(价格与汇率风险等较小),促进各国生产的增长和经济的繁荣。

然而,国际金本位制度也存在一些消极影响,主要表现在:①各国货币供应受黄金数量的限制,不能适应经济增长和贸易扩大的需要;②具有明显的通货与经济紧缩倾向;③英国的货币金融政策影响和支配着其他国家的货币金融活动;

④黄金运送风险较大、费用较高,因而不利于国际贸易的开展。

从19世纪后期国际金本位制度的建立到1914年世界大战爆发的近35年,为国际金本位制度运转比较顺利的时期,同时对这一时期的资本主义世界经济高度繁荣和发展也起了积极有力的作用。然而,一战爆发后,情况急转直下。各主要资本主义国家为战争需要纷纷放弃金本位制度。它们大多停止纸币兑换黄金,并脱离黄金储备而大量发行纸币,同时禁止黄金外流,国际金本位制度陷于瘫痪。一战结束后,虽然各国努力恢复过去的金本位制度,但已有些力不从心了。1929年,自美国开始的世界经济大萧条,使得原本就已十分脆弱的国际金本位制度最终崩溃。

2. 布雷顿森林体系(Bretton Woods System)

第二次世界大战以后,为了稳定战后世界金融秩序,促进世界经济健康发展,建立了一个以美元为中心的国际货币制度,即布雷顿森林体系。

1) 布雷顿森林体系的形成

20世纪30年代,国际货币秩序随着国际金本位制度的崩溃而遭到了严重的破坏,为了结束这种混乱局面,促进战后国际经济新秩序的建立,在第二次世界大战进入高潮的时候,美英两国就对战后重建国际货币制度提出了大胆的设想。

英美两国政府都从本国利益出发设计新的国际货币秩序,并于1943年4月7日分别提出了"国际清算同盟方案"即"凯恩斯计划"(Keynes Plan)和"国际稳定基金计划"即"怀特计划"(White Plan)。这两个计划反映了美英两国经济地位的变化和两国争夺世界霸权的斗争。一方面,两者之间存在着一些共同之处,主要表现在:①都只着重解决经常项目的不平衡问题;②都只着重工业发达国家的资金需求问题,而忽视了发展中国家的资金需求问题;③探求汇率的稳定,防止汇率的竞争性贬值。但在另一方面,上述两个方案在一些重大问题上是针锋相对的,这主要是因为两国各自的出发点不同。美国首先考虑的是要在国际货币金融领域处于统治地位,其次是避免美国对外负担过重。由于战后各国重建的资金需要非常庞大,美国也无法满足,因而坚持存款原则,货币体系要以黄金为基础,"稳定基金"只有50亿美元,以免产生无法控制的膨胀性影响。英国显然考虑到本国黄金缺乏,国际收支将有大量逆差,因而强调透支原则,反对以黄金作为主要储备资产,"清算同盟"要能提供较大量的清偿能力(约300亿美元)。此外,怀特计划建议由"稳定基金"确定各国汇率,而反对"清算联盟"所设想的汇率弹性。

1943年9月~1944年4月,英美两国政府代表曾就国际货币计划进行了频繁的讨论和激烈的争论,之后也吸收了其他一些国家参加讨论。鉴于美国在政治上和经济上的实力,英国最后接受了美国的方案,美国也作出了一些让步,最后双方达成协议。1944 年 7 月 1 日~22 日,为讨论和制定战后国际货币金融合作计划,参加筹建联合国的 44 国代表在美国新罕布什尔州的布雷顿森林(Bretton, New Hampshire)召开了联合国货币金融会议,世称"布雷顿森林会议"。会议通过了以美国怀特方案为基础的《国际货币基金(IMF)协定》和《国际复兴开发银行(IBRD)协定》,统称"布雷顿森林协定"。从此建立了"布雷顿森林体系"。1945 年 12 月 27 日,上述 44 国中的 29 国在美国国务院签字成立了 IMF 和 IBRD。

2) 布雷顿森林体系的主要内容

根据"国际货币基金协定",布雷顿森林体系的内容主要有:

(1) 实行黄金—美元本位制,即以美元为中心的国际金汇兑本位制,具体表现为"双挂钩"安排①。

(2) 建立 IMF 这个永久性的国际金融机构,促进国际货币合作。

(3) 由国际金融机构提供贷款来缓解成员国之间的国际收支失衡。

(4) 取消外汇管制等直接管制措施。这特别是要求成员国不得限制经常项目支付,不得采取歧视性的汇率政策,并实行自由多边结算制度。

(5) 实行国际收支的对称性调节。国际货币基金组织有权宣布国际收支持续顺差国的货币为稀缺货币,其他国家有权对稀缺货币采取临时性的兑换限制。这一项内容并未得到实际贯彻。

3) 布雷顿森林体系的主要特点和作用

与两次大战之间的国际金汇兑本位制相比,布雷顿森林体系的主要特点是:①它以美元为主要储备货币,而战前有英镑、美元、法郎等多种主要储备货币;②它只允许外国官方用美元兑换黄金,而战前私人可以用外汇向实行金币或金块本位制的国家兑换黄金;③它是一种可调整的钉住汇率制(Adjustable Peg System),尽管在现实生活中汇率政策受到严格限制,而战前的金平价则更有刚性;④它有一个国际金融机构(即 IMF)来维持国际货币秩序,而战前没有这样的持久性国际机构。

布雷顿森林体系的建立,是符合当时世界经济形势的。第二次世界大战结束后,各国急需建立和恢复一个多边支付体系和多边贸易体系,以促进贸易的发展和各国经济的恢复和发展。当时,只有美元才有能力在全球范围向这样一种多边

---

① 所谓"双挂钩"安排,指的是美元按每盎司黄金 35 美元的官价与黄金挂钩,美国承担用黄金兑回各国官方持有的美元的义务;各国货币按固定比价与美元挂钩,各国政府有义务通过干预外汇市场使汇率波动不超出上下各 1% 的幅度。只有在成员国出现国际收支根本性不平衡的情况下,才能在与 IMF 协商后改变币值。

体系提供所需要的多边支付手段和清偿手段。因此,布雷顿森林体系促进了战后世界经济的恢复和发展,促进了国际贸易的发展和多边支付体系、多边贸易体系的建立和发展。美元等同于黄金,作为黄金的补充来源不断地流向世界各地,一定程度上弥补了当时普遍存在的清偿能力和支付手段的不足,因而有利于推进外汇管制的放松和贸易自由化,并对国际资本流动和国际金融一体化起到了积极的推动作用。

4) 布雷顿森林体系的基本缺陷及崩溃

尽管布雷顿森林体系曾对当时世界经济的发展起到了积极作用,但这个体系存在着一些根本的缺陷,在世界经济发生变化的过程中,这些根本缺陷最终导致了它的崩溃。

布雷顿森林体系的基本缺陷表现在:

(1) 特里芬难题(Triffin Dilemma)。又称"特里芬两难",是指美国耶鲁大学教授 R. Triffin 于 20 世纪 50 年代提出的,关于在布雷顿森林体系下,美元供给过多就会有不能兑换黄金的危险而发生信心问题,美元供给过少就会发生国际清偿力不足问题,这一无法克服的自身矛盾现象。即在美元坚挺时,其他国家愿意接受它却不能得到它;而在美元疲软时,其他国家能够得到它却又不愿接受它。这是一对难以甚至不能克服的矛盾现象。这主要是因为,布雷顿森林体系是建立在美国一国的经济基础上的,以美元一国货币作为主要的国际储备和支付货币,如果美国国际收支保持顺差,那么国际储备资产就不能满足国际贸易发展的需要,就会发生美元供不应求的短缺现象;但如果美国的国际收支长期保持逆差,那么国际储备资产就会发生过剩现象,造成美元泛滥,进而导致美元危机,并危及布雷顿森林体系。特里芬难题决定了布雷顿森林体系的不稳定性和垮台的必然性。可见,布雷顿森林体系的根本缺陷是美元的双重身份和双挂钩制度,由此导致的体系危机是美元的可兑换性危机或人们对美元可兑换的信心危机。

(2) 调节机制失灵,即调节机制的效率不高。所谓"调节效率高",是指调节成本较低,且分配较均匀,并有利于经济的稳定与发展。但在布雷顿森林体系下,一方面由于汇率呈现"刚性"(可调整但难以调整的固定汇率),难以起到调节国际收支的作用。如当一国发生国际收支逆差时,往往不得不采用国内财政货币政策来进行调节,这样,就使得各国特别看重国际储备的增长,以避免不必要的调节成本发生;而当一国发生国际收支盈余时,又倾向于积累储备以防今后不测。另一方面,布雷顿森林体系下还存在着严重的"调节不对称"现象,这种不对称现象不仅表现在美国和其他国家(逆差时需要紧缩经济予以调节)之间的调节不对称,还表现在顺差国和逆差国之间的调节不对称。

布雷顿森林体系的瓦解过程,就是美元危机不断爆发→拯救→再爆发直至崩溃的过程。其中"美元危机"①是一条中心线索。

1960年10月,第一次美元危机爆发,导致了伦敦黄金市场金价暴涨。在危机爆发前,资本主义世界便出现了相对性的美元过剩,有些国家用自己手中的美元向美国政府兑换黄金,美国的黄金储备开始外流。1960年,美国的对外短期债务(衡量美元外流的重要指标)首次超过了它的黄金储备额。人们开始抛售美元,抢购黄金及其他硬通货(如西德马克等)。为了维持外汇市场的稳定和金价的稳定、保持美元的可兑换性和固定汇率制,美国要求其他资本主义国家在 IMF 的框架内与之合作,稳定国际金融市场。第一次美元危机爆发后,美国及国际社会先后采取了一系列拯救措施,主要包括签订"稳定黄金价格协定"、"巴塞尔协定"(Basel Agreement),建立"黄金总库"(Gold Pool),达成"借款总安排"(General Agreement to Borrow)和"货币互换协定"(Swap Agreement,Reciprocal Agreement)等。然而,由于这些措施都是局部性的,而不是制度性的,即布雷顿森林体系的内在缺陷没有得到根本的纠正,因而难以阻止美元危机的再度爆发。

1968年3月,第二次美元危机爆发,伦敦黄金市场不得不暂时关闭。这主要是由于20世纪60年代中期侵越战争的扩大,美国的财政金融状况明显恶化,国内通货膨胀加剧,美元对内价值不断贬值,美元同黄金的固定比价又一次受到严重怀疑。受1967年英镑危机的影响,外汇市场的投机浪潮于1968年初转向美国及美元,于是爆发了第二次美元危机,巴黎市场的金价一度涨到44美元1盎司。于是美国政府被迫要求英国自1968年3月15日起暂时关闭伦敦黄金市场,宣布停止在伦敦黄金市场按35美元1盎司黄金的官价出售黄金。紧接着,美国及国际社会为了挽救美元危机,又采取了一些拯救措施,主要包括实行"黄金双价制"(The System of Dual price of Gold)、创设"特别提款权"②等。"黄金双价制"实际上意味着以黄金—美元为中心的布雷顿森林体系的局部崩溃,意味着布雷顿森林体系崩溃的开始。

---

① 美元危机是指由美国发生国际收支危机所引起的美国黄金外汇储备额急剧减少,美元汇率猛跌和美元信誉跌落,大量资本从美国逃出,国际金融市场出现抛售美元、抢购黄金与硬通货的风潮。

② 特别提款权是在美国的策动下,由 IMF1969 年 9 月创设并于 1970 年起开始发行的,被称为"纸黄金"。特别提款权既是对黄金的一种节约,又是对美元的一种补充。其性质是一种账面资产。其用途:①可作为会员国的储备资产;②可用于归还基金的贷款;③可用于政府间偿付国际收支逆差;④不能兑换黄金或当作货币用于国际一般支付。

1971年5月和7月,外汇市场再一次出现了抛售美元、抢购黄金和其他硬通货的风潮,即第三次美元危机,且势头更猛。面对猛烈的危机,尼克松政府不得不于同年8月15日宣布实行"新经济政策",停止美元与黄金的兑换,限制美国的进口(征收10%的进口附加税),并逼迫前联邦德国和日本等国实行货币升值,以图改善美国的国际收支。在国际金融市场极度混乱状态的情况下,十国集团经过4个月的讨价还价和磋商,于1978年12月18日达成"史密森协议"(Smithsonian Agreement)①,为挽救固定汇率制度做最后一次尝试。史密森协议虽然勉强维持了布雷顿森林体系下的固定汇率,但美元同黄金的可兑换性则从此中止了,从这个意义上讲,布雷顿森林体系的核心部分已经瓦解。

1973年2月12日,尼克松政府在外汇市场再度爆发美元危机时不得不宣布美元兑黄金第二次贬值,幅度为10%,黄金官价由38美元1盎司进一步提高到42.22美元1盎司;美元对其他主要货币贬值。此时,已有加元、里拉、日元、瑞士法郎和英镑自由浮动。1973年3月,当美元投机活动再一次袭击而来,其他货币也放弃了与美元的中心汇率,固定汇率制度垮台。至此,布雷顿森林体系也随之彻底崩溃。

3. 牙买加体系(Jamaica System)

布雷顿森林体系崩溃后,国际间为建立一个新的国际货币制度进行了长期的讨论与协商,最终各方于1976年1月达成共识,并在牙买加首都金斯敦签署了一个协议,称为"牙买加协议"(Jamaica Agreement),该协议于1976年4月1日生效。自此,国际货币体系进入了一个新的阶段——牙买加体系。牙买加体系没有完全摈弃布雷顿森林体系,它放弃的是布雷顿森林体系下的国际货币制度,即"双挂钩"制度,但继承了布雷顿森林体系下的IMF,并且,IMF的作用还得到了加强。但牙买加体系同布雷顿森林体系仍有着许多重大区别。这些差别的主要特点在于:

(1) 黄金非货币化。黄金既不再是各国货币的平价基础,也不能用于官方之

---

① 史密森协议的主要内容是:①美元对黄金贬值7.89%,黄金官价从35美元1盎司提高到38美元1盎司,但仍然停止美元兑换黄金;②美国取消10%的进口附加税;③调整各国货币对美元的汇率平价(这次汇率平价调整的意义不在于汇率调整本身,而在于它适应了第二次世界大战后各国经济发展不平衡的客观情况,反映出美国地位的下降。这次汇率调整是第二次世界大战后国际货币体系从布雷顿森林体系走向牙买加体系的一个转折点,也是储备货币多样化的正式开始。);④扩大各国货币对美元平价汇率的允许波动幅度,从原来的平价上下各1%扩大到各2.25%,其意图是增加货币制度的灵活性和弹性。

间的国际清算。

(2) 储备货币多样化。美元一枝独秀的局面被以美元为首的多种储备货币体系所取代。

(3) 汇率制度多样化。目前世界各国存在着各种不同的汇率制度安排,混合汇率体制得到发展。

(4) 国际收支的调节由多种机制相互补充。如汇率机制、利率机制、国际金融市场、国际金融机构和动用国际储备资产的调节方式。

总体而言,牙买加体系能在一定程度上反映布雷顿森林体系崩溃后的世界经济格局,比较灵活地适应当时国际经济的发展变化和各主要国家的政策模式,从而对世界经济的运转和发展在一定程度上有推动作用。具体表现在:①国际储备多元化有利于缓解国际清偿力的不足,在一定程度上解决了"特里芬难题";②以浮动汇率为主的混合汇率体制可以灵活地适应不断变化的国际经济状况;③多种国际收支调节机制相互补充在一定程度上缓解了布雷顿森林体系调节机制不灵的困难。然而,牙买加体系的弊端也是显而易见的。首先,国际储备多元化,一方面使得各储备货币发行国,尤其是美国仍然享受向其他国家征收"铸币税"①的特权;另一方面,又缺乏统一稳定的货币标准导致国际经济的动荡与混乱。其次,汇率频繁波动(浮动汇率使然),给国际贸易、投资活动及各国经济带来不利影响,如债务危机、金融危机等。再次,当前的这种以浮动汇率为主体的混合汇率制度,多为管理浮动,并没有隔绝外部经济的冲击。最后,在这种体系下,国际收支调节机制不健全,全球性国际收支失衡现象日益严重。

14.4.3 汇率制度与外汇管制

1. 汇率制度的概念与类型

汇率制度(exchange rate system)又称"汇率安排",指的是一国货币当局对本国货币汇率变动的基本方式所作的一系列安排和规定。

由于各国货币当局对此的安排和规定不同,就有不同的汇率制度。最主要的汇率制度类型是固定汇率制度和浮动汇率制度。除此之外,还存在其他处于固定汇率制和浮动汇率制之间的汇率制度,如爬行钉住(crawling pegging)、汇率目标区(exchange rate target-zone)以及固定汇率制中的特殊类型——货币局(Currency Board)制度等。这里仅就固定汇率制与浮动汇率制作一简要介绍。

---

① 铸币税(seigniorage),指的是货币发行者凭借其发行特权获得的货币面值与发行成本之间的差额。

1) 固定汇率制度(Fixed Exchange Rate System)

固定汇率制度是指政府用行政或法律手段选择一个基本参照物,并确定、公布和维持本国货币与该单位参考物之间的固定比价的汇率制度[①]。充当参考物的东西可以是黄金,也可以是某一种外国货币或一组货币。从历史上看,国际性的固定汇率制度,即被各国普遍实行的固定汇率制度,主要有两种类型:一是金本位制度下的固定汇率制度;二是第二次世界大战结束后建立的纸币流通制度下的固定汇率制度,即以美元为中心的固定汇率制度。

金本位制度下的固定汇率制度是指汇率受金平价的制约,自发地围绕金平价在很小的范围内上下波动的汇率制度;而纸币流通制度下的固定汇率制度则是指两国货币的比价基本固定,把外汇汇率波动的界限人为地规定并控制在一定幅度之内的汇率制度。两者共同之处表现在:一是各国本币都规定有金平价,中心汇率是按两国货币各自的金平价之比来确定的;二是外汇市场上汇率水平相对稳定,围绕中心汇率在很小的限度内波动。而两者的主要区别:一是中心汇率的形成基础不同。如前所述,金本位制度下,中心汇率确定的基础是铸币平价,因而是自发形成的;而在第二次世界大战后建立的纸币流通制度下,中心汇率确定的基础是法定平价,因而需要人为干预来维持。二是汇率的稳定程度不同。在金本位制度下,各国货币的金平价是不会变动的,因此各国之间的汇率能够真正的稳定;而在纸币流通的条件下,各国之间的金平价则是可以调整的,实际上可称为可调整的钉住汇率制(adjustable pegging system),因此汇率稳定性就不如在金本位制度下的情况。

2) 浮动汇率制度(Floating Exchange Rate System)

浮动汇率制度是指货币比价不加固定或规定波动幅度,而听任外汇市场根据供求状况的变化自发决定的汇率制度。浮动汇率制度从不同角度可分为不同类型。

(1) 按政府是否干预外汇市场来划分,有自由浮动(free float)和管理浮动(managed float)之分。①自由浮动又称清洁浮动(clean float),是指政府实行完全不干预外汇市场的汇率制度。这是纯理论上的划分,事实上并不存在。②管理浮动又称肮脏浮动(dirty float),是指政府不时地干预外汇市场,使汇率朝着有利于本国利益方向发展的汇率制度。凡实行浮动汇率制的国家均属这一类型。

(2) 从实行浮动汇率制的国家是否组成国家集团这一角度来划分,有单独浮

---

① 姜波克.国际金融新编[M].4版.上海:复旦大学出版社,2008:184.

动(independent float)和联合浮动(joint float)之分。①单独浮动是指本国货币不与外国任何货币发生固定联系,其汇率根据外汇市场的供求状况单独浮动。如当前的美元、欧元、日元、澳大利亚元、加拿大元以及少数发展中国家的货币等。②联合浮动是指某些国家组成集团来实行对内实行比较固定的汇率,而对外则实行共同浮动的汇率制度。如1973年3月,欧洲经济共同体6国实行的联合浮动:成员国之间的货币保持固定汇率,波幅不得超过各自货币比价的±1.125%。当某成员国的货币受到冲击时,其他5国采取一致行动,干预外汇市场,以维持6国之间的固定比价,但对美元和其他货币则实行共同浮动。

2. 关于汇率制度优劣的争论

我们知道,在现实世界中,实行完全浮动或完全固定的汇率制度,是不存在的或没有的。但在学术研究或探讨中,关于汇率制度的争论主要集中在浮动汇率和固定汇率孰优孰劣这一焦点上。究其原因,一是学术讨论的抽象性;二是其他中介汇率制度的优劣探讨可从浮动汇率和固定汇率的争论中延伸出来。

浮动汇率制和固定汇率制孰优孰劣是国际金融领域中一个长期争论不休的问题。一大批著名学者均卷入了这场争论。比如,赞成浮动汇率制的经济学家有弗里德曼、约翰逊(H. Johnson)、哈伯勒(G. Haberler, 1900~1995)等,赞成固定汇率制的经济学家有纳克斯(R. Nurkse, 1907~1959)、蒙德尔(R. A. Mundell, 1932~)、金得尔伯格(C. Kindleberger, 1910~2003)等。

1) 主张自由浮动汇率制的主要论点

自由浮动汇率制的赞同者列举了汇率自由浮动的若干优点:

(1) 自动调整国际收支失衡。自由浮动汇率可以自动地使国际收支不平衡得到及时、迅速的调整,以避免其长期失衡。当一国国际收支逆差时,外汇市场上对外汇的需求大于供给,外汇汇率上升,改变本国进出口品的价格,使进口减少,出口增加,国际收支平衡。

(2) 提高经济政策的独立性。由于自由浮动汇率可以确保国际收支平衡,使得政府可以将所有政策工具集中处理国内经济问题,从而也保证了本国政府经济政策免受外部因素干扰。

(3) 货币政策的有效性增强。当一国采取反通货膨胀政策时,由于货币供给下降,利率提高,将使进口支出下降,资本流出减少,流入增加,国际收支改善,本国货币汇率上浮而汇率上浮又会刺激进口、阻碍出口,进一步减轻国内通货膨胀的压力。

(4) 有利于资源的有效配置。在自由浮动汇率制度下,汇率是由外汇市场上的供求决定,基本反映了一个国家真实的经济状况。按照此种均衡的汇率比较不同国家的商品价格,可以反映出一个国家在哪些商品生产上具有优势,哪些商品处于劣势,这样,有利于本国在市场机制的引导下,有效地配置本国的有限资源。

(5)免除政府干预之义务。自由浮动汇率下,政府并无维持汇率稳定的义务。由于国际收支能够经常保持平衡,政府没有必要干预外汇市场,从而可以免除干预外汇市场的成本支出,如持有国际储备资产的机会成本,干预外汇市场的操作成本。

2. 主张固定汇率制度的主要论点

(1)避免汇率大幅波动,有利于世界经济发展。倡导固定汇率制的学者认为固定汇率可以避免日常汇率的大幅度波动,它有利于国际范围内的专业化分工,以及国际贸易和国际投资。一般地说,国际贸易和国际投资的最终依据是各国的实际比较利益,即根据生产效率差异确定的比较利益。由于实际比较利益需要通过汇率来计算和比较,这样,固定汇率制就为国际贸易和国际投资提供了一个相对稳定的环境。当然,主张自由浮动汇率的学者并不承认这一点。

(2)固定汇率制下的投机相对稳定。从投机对市场的影响看,投机可以是稳定的,也可以是不稳定的。当外汇汇率上升时,投机者预测外汇汇率将下降,从而卖出外汇;当外汇汇率下降时,投机者预测上升,从而买入外汇。这种投机由于减少了汇率的波动幅度,称为稳定投机。当外汇汇率上升时,投机者预测汇率将进一步上升,从而买入外汇。而当外汇汇率下降时,投机者预测汇率将进一步下降,从而卖出外汇。这种投机由于加大了汇率波动幅度,称为反稳定投机,在固定汇率制下,汇率波动有上下界限,投机者大多能预测汇率向相反方向变动,因此产生稳定投机。而在自由浮动汇率制下,投机者很可能预测同向变动,因此而产生反稳定投机。当然,主张自由浮动汇率制的学者也不能同意这一观点。

(3)有利于稳定物价。在固定汇率制度下,一国若采取膨胀性的货币政策,增加的货币供给会使国内物价水平上升,导致国际收支逆差和国际储备流失。由于国际储备量的限制,该国必须采取措施抑制通货膨胀。所以,固定汇率制具有通货膨胀的"制动器"作用。而自由浮动汇率制度则具有明显的通货膨胀内在倾向。

同时,主张固定汇率制的学者还指出自由浮动汇率制的其他缺点,如汇率变动引起的经济调整,调整成本较大;自由浮动汇率不能保证改善国际收支状况,因为汇率浮动改善国际收支的功能必须具备一系列前提条件,如进出口商品的需求弹性、公众实际收入下降等等。

总之,固定汇率制和自由浮动汇率制基本上属于两种对立的汇率制度,固定汇率制和自由浮动汇率制的各自优点和长处基本上也就是对方的缺点和短处。

两种汇率制度的优劣之争客观上将两种制度特点的分析不断地推向深入,也为现实的汇率制度选择提供了理论基础。至今仍有经济学家们在进行两个制度间的争论,不过,也许我们应该用克鲁格曼(Krugman)的话来作一个总结:"浮动汇率制自 1973 年以来的表现说明:浮动汇率制的支持者和反对者对它的看法都是不正确的。浮动汇率制并不是全然没有问题,也不是一无是处。……我们可以得出一个重要的结论,那就是当各国都只顾本国利益,'独自制定政策'时,任何汇率体系都无法良好地运行。布雷顿森林体系本来发挥着很好的作用,但当美国在约翰逊总统的领导下单方面采取急剧扩张政策时,该体系崩溃了。……同样,当各国无法在共同的宏观经济问题上协调一致时,浮动汇率制度的最大的问题就暴露出来了。全球的平衡和稳定政策是任何国际货币体系成功运作的前提。"①

3. 外汇管制

外汇管制(foreign exchange control)是指一国为了平衡国际收支,减少本国黄金外汇储备的流失,而对外汇的买卖直接加以管制,以控制外汇的供给或需求,维持本币对外汇率的稳定,所施行的政策措施。包括对外汇的买卖、外汇汇率、国际结算、资本流动,以及银行的外汇存款账户等各方面外汇收支与交易所作的规定。

1) 外汇管制的目的和手段

外汇管制是为一国政治经济政策服务的。由于各国的社会制度、经济发展水平等各不相同,它们实行外汇管制的目的或原因也不尽相同;即便是同一个国家或地区,在不同时期其外汇管制所要达到的目的也可能不一样。一般说来,各国(地区)实行外汇管制主要出于以下几个方面的考虑:①改善国际收支状况,促进国际收支平衡;②维护本币对外价值的稳定,促进对外经贸的发展;③防止资本外逃或大量流入,保持本国金融市场的稳定;④保护本国(地区)幼稚工业,发展本国民族经济;⑤加强本国(地区)产品的国际竞争力,争取国外销售市场;⑥阻止国际通货膨胀的输入,稳定国内物价水平;⑦贯彻产业政策,改善经济结构,对某些部门实行外汇优先配给;⑧增加财政收入,缓解财政紧张状况。此外,在其他国家实施外汇管制或贸易限制而对本国出口不利的情况下,该国可以利用外汇管制作为抵御国际贸易保护主义的手段,以迫使其他国家取消或减少保护措施,维护本国经济政治利益。

外汇管制的手段或方法很多,但其基本特征都是政府垄断外汇的买卖。因此

---

① [美]保罗·克鲁格曼,茅瑞斯·奥伯斯法尔德. 国际经济学[M]. 北京:中国人民大学出版社,1998:554.

外汇管制的方法无非是对外汇交易的数量进行限制,或者对外汇交易的价格(即汇率)作出不同的规定,即外汇数量管制和外汇汇率管制。

在数量管制方面,主要手段是配给控制和外汇结汇控制。其具体方法有:①办法出口许可证;②由出口商向指定银行事先报告出口交易情况,请其发给出口证书,藉以办理出口交货业务,并由银行负责收购其所得外汇;③强制居民申报国外资产,必要时强制收购;④在使用外汇时实行配给制,具体是通过进口许可证制和申请批汇制来实现。

在外汇汇率管制方面,主要手段是实行复汇率制度。所谓复汇率制度(Multiple Exchange Rate System),指的是一国货币对另一国货币(主要是国际储备货币)存在着两个或两个以上汇率的制度。此时,不同汇率适用于不同类别的交易项目。复汇率制度的使用原则是对需要鼓励的交易项目规定优惠的汇率,而对需要限制的交易项目规定不利的汇率。

2) 外汇管制的利弊

外汇管制对于发展中国家往往是不可缺少的。它能够在短期内缓和国际收支困难,对于维护水平稳定、抑制物价上涨、促进产业结构改善也能起到一定作用。但外汇管制的弊端也是十分明显的,主要表现在:①阻碍国际贸易的发展,增多国际间的矛盾;②市场的机制作用不能充分发挥;③某些商品的成本增高,导致国内物价的上涨;④限制外资流入,对本国经济的发展并非完全有利;⑤管制成本较大,并容易形成社会腐败之风。所以,总的来说,外汇管制还是弊大于利的,发展中国家的外汇管制就应该只能作为一种暂时的权宜之计,从长期看则应逐步取消外汇管制。

14.4.4 国际货币制度的改革

1973 年史密森协议及布雷顿森林体系崩溃以后,国际间自然形成了目前的以美元为中心的多元化储备和有管理的浮动汇率制度,最初大部分人认为,这种制度只能是一种过渡性的安排,新的国际货币制度不久就会形成。然而,现在看来,这种似乎"无秩序的体系"或"非体系的体系"的确有其优越性的一面,但也有其诸多弊端。为此,国际社会一直在呼唤改革,尽管进展缓慢,但没有停顿。

实际上从 20 世纪 60 年代美元危机不断爆发以来,有关国际货币制度改革的方案和建议层出不穷。主要改革方案与建议有:①创立国际商品储备货币;②建立国际信用储备制度;③在 IMF 中设立"替代账户"(Substitution Account);④恢复金本位制;⑤加强各国经济政策协调以稳定汇率;⑥创立"汇率目标区"(Target Zone)等。但由于发达国从牙买加体系中获益匪浅,对此一直持漠然态度。

然而,进入20世纪90年代以来,随着经济全球化、经济金融化和金融自由化步伐的加快,国际资本尤其是短期投机性资本在国际金融市场上以更大的规模和更快的速度流动,加剧了各国汇率的波动,从而使现行国际货币体系的脆弱性日益暴露出来,相继爆发了一系列金融危机。1992～1993年的欧洲货币危机,1994～1995年的墨西哥金融危机,1997～1998年发端于泰国并迅速蔓延至周边国家和地区的亚洲金融危机,1998～1999年的俄罗斯、巴西金融危机,2001年以来始发于阿根廷并迅速蔓延至巴西、乌拉圭等国家的拉美金融危机,源于美国的次贷危机爆发2008年的全球金融危机无不对现行的国际货币体系提出了挑战。改革现有的国际货币体系,建立公正合理的、为世界大多数国家接受的、资本能够自由而有序流动的国际金融新秩序,已成为国际社会的共同呼声。

目前,作为国际货币制度载体IMF、发达国家集团、发展中国家集团、各国际经济政治组织和著名学者都提出了改革货币制度的方案。综观各类方案,大体可分为以下两种:

1. 在现行的牙买加体系基础上进行调整和改造

在这方面,IMF、发达国家和发展中国家分别提出了自己的观点。从整体看,对现行体系的改革过程充满了利益之争。

IMF方案的主旨可以概括为:加强IMF国际货币体系中的地位。1998年2月,IMF总裁康德苏在该组织的年会上提出了旨在强化IMF作用的六项建议:①通过披露所有相关的经济和财政资料,对各国的经济政策进行更加有效的监测;②实行地区性监测和政策协调;③由IMF和世界银行制定金融系统的监管方案,对金融业进行更为有效的监管;④建立有效的债务处理方法,防止债务危机;⑤加强国际金融组织的作用,并增强其资金实力;⑥继续推进资本自由化。为了担负起以上的责任,应当将目前IMF的临时委员会(见下文)升格为具有决策功能的委员会。但是,这一意见受到了来自美国、英国和加拿大等国的反对。

发达国家虽然一致认为新的国际货币体系应当以开放、稳定和有序为特征,但如何实现这个目标则意见不一。美国不愿放弃自己在国际货币体系中的霸权地位,提出应当进一步推行金融和经济自由化并在更大范围内实行浮动汇率;欧盟和日本则希望削弱美国的势力,提出对市场实行国际干预和监督,并限制汇率波动范围,在各主要货币间设定参考汇率。

发展中国家在金融危机中饱受其害,因此大声疾呼要加强对短期国际游资的监管,并提出应当循序渐进地开放资本市场,希望发达国家能够担负起一部分责任。

2. 重新构造国际货币体系

这一意见主要是由理论界提出的,主要有以下三类方案:

(1) 成立新的更有约束力的国际金融协调机构。这类方案的倡导者认为,目前的国际金融市场缺乏完善的监管体系,各国各自为政,彼此之间没有形成有效的合作,不足以维护国际金融秩序。因此,各国应当让渡更多的主权,成立一个新的具有权威性的国际金融组织负责对全球金融事务实施监管、仲裁和协调,解决债务危机、货币危机,并在法律上对各国具有绝对的约束力。

(2) 重新回到布雷顿森林体系。布雷顿森林体系以严格的汇率与国际收支纪律著称,而这正是牙买加体系所欠缺的,所以应当重新回到金本位制度,以维持国际金融市场的稳定。

(3) 实行全面的浮动汇率制。这种观点正好是第二类方案的相反极端。持该观点者认为,亚洲金融危机之所以爆发,就是因为亚洲各国实行僵化的钉住汇率,如果早些实行浮动汇率,就不会出现这样的问题。

但是,要新建一个国际货币体系不仅头绪众多,成本巨大,而且国际金融界目前迫切希望以最小的成本实现最大的收益,在最短的时间内恢复市场秩序。所以,以上三种方案都仅限于理论上的探讨。

目前,国际货币制度的改革主张都还处于探讨的阶段,但从总体上看,国际社会还是更加倾向于第一种方案。综合各方的观点,这种方案可以修订如下:在现有的国际货币体系基础上进行调整和改革,改进现有的国际金融机构(包括 IMF、世界银行、国际清算银行、区域性银行等),建立新的金融秩序,加强金融监管与援助力度,进一步协调发达国家和发展中国家、国际金融组织和私人组织以及其他各利益冲突方之间的关系,在最大限度内维护主要货币汇率的稳定,减少全球范围内金融危机的发生频率。

然而,该方案牵涉到各方的利益冲突,要达成一致的意见还有待时日。但有一点是可以肯定的,各国和国际组织将做出不懈的努力,在未来几年内向以上的目标迈出重要的步伐。

14.5 开放经济条件下的政策选择

随着经济、金融全球化的不断推进,一国的经济政策不但要受到国内经济条件的制约,而且还要受到国际货币体系、国际经济形势与其他国家经济活动的影响。因此,在开放经济条件下,政府当局如何制定和执行其经济政策(主要是货币政策和财政政策),便成为一个十分重要的问题。

14.5.1 国际货币体系中存在着一个永恒的难题——"三元悖论"

早在布雷顿森林会议确定的固定汇率制于20世纪60年代显现出难以为继的苗头时,一些经济学家就开始论证说,国际货币体系实质上存在着一个根本的两难——更确切地说是"三难"——状况。蒙德尔等人为,一国无法做到想要什么就能得到什么,因为任何汇率制度都要求人们牺牲一些重要目标来实现另一些目标,这是经济逻辑的基本问题。在此基础上,美国经济学家克鲁格曼提出了"三元悖论"。

所谓"三元悖论",即克鲁格曼在早些时候所说的"永恒的三角形"(the eternal triangle)。它指的是下述三个目标中,只能得到两个,三个目标不可能同时实现:①各国货币政策的独立性;②汇率的稳定性;③资本的完全流动性。更明确地说,由于货币投机的威胁,要得到国际货币体系的三个令人垂涎的目标中任何一个,都迫使你放弃其他两个中的一个。结果,只有一个有限的菜单可供选择,菜单上每一个项目在一定程度上都难以令人满意。国际金融一个铁的定律是:各国充其量只能实现这三个目标中的两个。

国际金融中的三难状况迫使各国在以下三种基本汇率制度中作出选择:①允许完全自由的国际交易、使政府可以利用货币政策对付衰退——以汇率反复无常的波动为代价;②以牺牲货币独立来确保货币稳定的固定汇率制度;③能把相对稳定的汇率同某种程度的货币独立协调起来,但却会带来其他问题的资本管制。例如,在1944～1973年的"布雷顿森林体系"中,各国"货币政策的独立性"和"汇率的稳定性"得到实现,但"资本流动"受到严格限制。而1973年以后,"货币政策独立性"和"资本自由流动"得以实现,但"汇率稳定"不复存在。"永恒的三角形"的妙处,在于它提供了一个一目了然地划分国际货币体系各种形态的方法。参见图14.5。

图14.5中,三角形的每一个顶点都表示国际货币体系的一个特征,三角形的每一条边表示一个可能的制度,对应于三者取其二的选择。如图所示,在过去的一个世纪里,我们已经尝试了所有的可能性。当前的欧洲货币联盟、中国香港的货币局制和历史上的金本位制,均选择"汇率稳定"和"资本自由流动",牺牲本国或本地区"货币政策的独立性";而中国内地则是选择"汇率稳定"和"货币政策独立性",放弃"资本的完全自由流动",即只开放"经常账户",不开放"资本和金融账户"。

克鲁格曼认为,"三中择二"是国际经济体系内在的"三元悖论"的体现,可追溯到国际经济学中著名的"蒙德尔—弗莱明模型"。因此,不顾其他两个目标,单追求一个目标(如发达国家近年来向发展中国家所推销的"资本完全自由流动"),在理论上是站不住脚的。

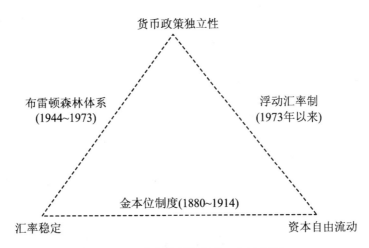

图 14.5 克鲁格曼永恒的三角形图解

那么,为什么西方发达国家在 1973 年以后选择了"资本自由流动"和本国"货币政策独立性"这两个目标呢?克鲁格曼认为,这是因为它们对"汇率不稳定"的承受力较大,而这又是由于国际资本市场对发达国家的信心较大,使发达国家贬值幅度可以恰到好处,不至于过度。相反,国际资本市场对发展中国家信心不足,结果造成发展中国家货币往往在资本外逃压力下过度贬值。因此,克鲁格曼认为,发展中国家的"三中择二",应是选择本国"货币政策的独立性"和"汇率稳定",而放弃"资本的完全自由流动"。他高度赞赏中国中央银行近年来连续降低利率的政策,认为中国货币政策的独立性是其他亚洲金融危机国家所不具备的,其原因正在于中国没有开放"资本和金融账户",没有实行人民币的完全可兑换。他说,中国的选择,对于防止世界重演 20 世纪 30 年代的大萧条意义重大,真是"谢天谢地"。

当然,我们也没必要固守"三中择二"。中国可以选择"浮动汇率+资本控制"的体制。克鲁格曼的"永恒的三角形"的核心启示在于,发展中国家应保持"资本控制"的权利,至于浮动汇率还是固定汇率,则应具体情况具体分析。

由于里根、撒切尔夫人在 20 世纪 80 年代自由主义经济政策的巨大影响,即使在 1997 年亚洲金融危机之后,"限制资本自由流动"也没有成为西方主流媒体的呼声。克鲁格曼的"反潮流"声音,是由于他个人在学术界的极高声誉,才得以发表的。但是,如果我们从"知识经济"的角度来看国际经济体系,便不难看出:既然 21 世纪是以人的创造力为核心的"知识经济"或"后资本主义社会",那么,我们至少没必要一切围绕货币资本的流动来设计新的国际经济秩序。

14.5.2 不同汇率制度下货币政策和财政政策的相对有效性分析:蒙德尔——弗莱明模型

与前述固定汇率和浮动汇率优劣争论相关联的一个问题是:在这两种制度下货币政策与财政政策的相对有效性。20 世纪 60 年代发展起来的"蒙德尔——弗莱明模型"(Mundell-Fleming Model,简称"M-F 模型")对此作了经典的分析。这一分析与研究成果不但深化了人们对开放经济的认识,而且在提高各国制定经济政策水平方面起着十分重要的作用。

M-F 模型是 20 世纪 60 年代开放经济宏观理论的主要模型。该模型的实质,就是将马歇尔—勒纳条件中得出的国际收支的平衡条件,加到凯恩斯学派的 IS-LM 之中,并保留国内外价格水平不变的假定。M-F 模型的主要功绩在于其研究了资本在国际间的运动对宏观经济政策的影响。M-F 模型论述了不同汇率制度下财政政策和货币政策在宏观调控与政策搭配中的相对作用。

1. 固定汇率条件下的宏观政策效应分析

1) 资本自由流动条件下的 M-F 模型

在资本自由流动的情形下,蒙德尔和弗莱明(J. Marcus Fleming)扩展了凯恩斯主义的 IS-LM 分析,提出 M-F 模型。在开放经济条件下,假定资本充分流动,利率平价处处成立。在 M-F 模型中,CM 线①的斜率为无穷大,亦即 CM 线为一水平线,如图 14.6 所示。因为资本自由流动意味着资产所有者认为国内证券与国外证券之间可以完全替代,因此,只要国内利率超过国外利率,就会吸引资本大量内流;或者,只要国内利率低于国外利率,就会使资产所有者抛售国内资产,引起大量资本外流。资本自由流动时的 M-F 模型说明,一国国内的利率水平受国际市场利率水平的影响,政府当局的经济政策不但不能改变利率水平,反而还要受国际资本流动的影响。蒙德尔与弗莱明的这一命题,对除美国等少数几个可以主动影响国际市场利率水平的国家之外的大多数国家来说,显然是可以成立的。

2) 货币政策无效论

假定中央银行试图通过扩张性的货币政策来促进经济增长。货币供应量的

---

① CM 线,即资本流动线,在这里表现为 $i=i^*$,即国内利率水平等于世界利率水平。

增加导致 LM 线右移到 LM'(见图 14.6),利率下降到 A 点。在资本自由流动的条件下,国内利率水平低于国际市场利率水平,结果必然导致人们抛售本国证券资产,争购外币及外国资产。大量的资本外流将会引起国际收支逆差,并加大本币贬值的压力。为了维持固定汇率,中央银行不得不通过公开市场业务买入本币、抛出外汇进行干预,从而抵消了原先扩张货币供给的效应,LM' 又回移至 LM 处。其结果是货币供应量与收入未变,但国际储备下降了。因此,在固定汇率与资本自由流动的情况下,LM 线不能自行移动,货币存量完全是内生的,它不取决于中央银行的行为与资本市场的状况,而主要受商品市场需求变化的影响。

例如,假定由于种种原因(特别是政府通过采取扩张性的财政政策来刺激总需求),人们对商品的需求增加了,此时,IS 线向右移动至 IS'(见图 14.7)。由于收入的增长,经济中存在超额的货币需求,这又会带来国内利率的上升,在资本自由流动的条件下,套利的存在会促使人们抛售外币或外币资产,争购本币或本币资产,引起资本大量流入,导致国际收支顺差,同时使汇率面临升值压力。为了保持汇率水平不变,中央银行将通过公开市场业务进行干预,收购外币、放出本币,使得货币供给量上升,LM 向右移动到 LM' 处。最终结果是:总需求、收入与货币供应量均上升,国际储备增加。

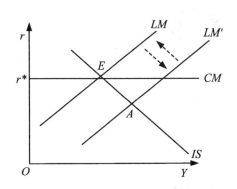

图 14.6 资本自由流动条件下的 M-F 模型　　图 14.7 资本控制下的 M-F 模型

因此,蒙代尔—弗莱明模型的主要结论是:在固定汇率制度下,资本自由流动的条件使得货币政策无力影响收入水平,只能影响储备水平;而财政政策在影响收入方面则变得更有效力,因为它所造成的资本流入增加了货币供给量,从而避免了利率上升对收入增长的副作用。

3)资本完全管制下的情形

在固定汇率条件下,如果政策当局实行资本管制,使得资本在国际间不能自由流动,则国内利率与国际利率水平就可能存在差异,中央银行为了维持固定汇率,也只需对经常项目下的外汇供求负责,LM线会随着国际收支的变化而移动。例如,出口增加会使得外汇市场供大于求,为了稳定汇率,中央银行将不得不增加本币投放,从而使LM线向右移动。

现假定中央银行主动采取扩张性货币政策,货币供应量的增加引起LM线向右移动至LM'(见图14.8),总需求增加的同时,利率下降,整个国内经济投资大于储蓄。为了实现经济均衡,进口必须上升,从而使得经常项目恶化,汇率面临贬值的压力,迫使中央银行抛出外汇,以满足进口需求,这又反过来导致货币供应量下降,LM线向左移动,利率开始上升(如图14.8中虚线箭头所示)。这一过程将持续进行,直至总需求恢复至原来的水平。此时,LM线与利率均回到原来的初始状态,货币政策对经济没有实质性影响。

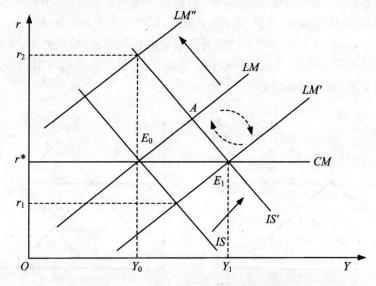

图 14.8 资本完全管制下的 M-F 模型

同样,假定政府增加开支,以刺激总需求,最初,IS线向右移动至IS'。随着总需求的增加,进口开始增加,国际收支恶化,中央银行为了维持汇率稳定,抛售外汇,使得LM线向左移动至上LM''(如图14.8中实线箭头所示)。最终,总需求与国民收入不变,只有利率水平由r^*上升到r_2。

因此,在固定汇率和资本管制的条件下,扩张性的货币政策只能在短期内使得利率下降、总需求扩张,但在长期却不能改变总需求水平,只能使外汇储备减少。同样,在长期内,扩张性的财政政策对总需求的水平没有影响,但它会影响总需求的结构,即增加公共部门的需求,减少私人部门的消费和投资需求(由于利率水平上升)。

2. 浮动汇率条件下的宏观政策效应分析

在浮动汇率制度下,汇率不再是一个政策变量,而是要根据供求状况及时调整。并且,汇率的变动会引起 IS 线的移动:汇率贬值,IS 线右移;汇率升值,IS 线左移。与在固定汇率条件下不同,浮动汇率使得中央银行不再简单地维持汇率,因而能够相对独立地决定货币供应水平。因此,在浮动汇率制度下,宏观经济政策的效应也有很大的不同。

1) 资本自由流动条件下的货币政策

假定中央银行通过公开市场操作增加货币供应量,这一行动将引起图 14.9 中的 LM 线向右下方移动到 LM',同时,利率也下降到 r_1。此时,国内利率低于国际市场上的利率 r^*,由于资本能够自由流动,套利行为使得资本外逃,本币汇率开始贬值;进而,国际收支改善,进口增加,这将使得 IS 线向右上方移动。只要国内利率低于国际水平,汇率贬值的压力就持续存在,IS 线就将继续向右上方移动,直到 IS 线移动到 LM' 线与 CM 线的交点 C,这一过程才会停止下来。在新的均衡点,国内利率等于国际市场上的利率水平,总需求从 Y_0 增加到 Y_1。当然,这时,总需求的增加来自于汇率贬值引起的净出口的增加。与固定汇率条件下相比,货币政策的作用大大增强了;但与封闭经济不同,在资本可以自由流动的前提下,货币政策对经济活动的影响是通过汇率而不是通过利率来实现的。

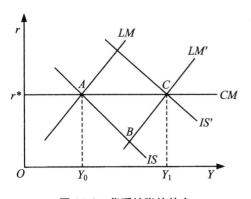

图 14.9 货币扩张的效应

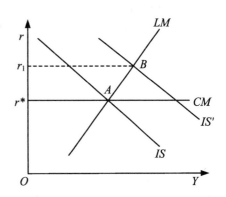

图 14.10 财政扩张的效应

2) 资本自由流动条件下的财政政策

现在再来考虑扩张性财政政策的后果。政府支出的增加首先使得 IS 线向右上方移动到 IS'，在 IS' 与 LM 线的交点 B，国内利率高于世界水平（如图 14.10 所示），这将引起资本流入和本币升值。汇率升值导致经常项目恶化，净出口减少，从而 IS 线向左下方移动。只要国内利率高于国际水平，资本将持续流入，汇率将持续升值，IS 线也将不断向左移动。只有当 IS 线恢复到原来的位置时，最终的均衡才能实现。此时，总需求保持不变。应当注意到：在固定汇率制度下，财政扩张将引起货币供给内生性的增长；但在这里，政府增加支出对总需求的效应被汇率升值所引起的经常项目的变动所抵消，财政政策的扩张效应完全被净出口的减少所"挤出"，政府支出的增加在数量上等于净出口的减少。

3) 资本管制条件下的宏观政策效应分析

在浮动汇率制度下，如果资本处于被管制状态，则私人资本的流动就不复存在，中央银行也无需购买或出售外汇储备，汇率不断调整使得经常项目总是处于不平衡状态。对财政政策而言，政府支出的扩张增加了产出，但与资本自由流动时相比，汇率将会贬值而不是升值，因为政府支出的增加提高了经济对进口的需求，而且，伴随着利率的上升，没有资本的流入，以抵消汇率贬值的压力。对货币政策而言，货币供应量的增加也会引起产出的增长，同时，汇率也会下降，这与在资本自由流动条件下是一样的。需要注意的是，在资本管制的情况下，需求变化的构成会与在资本自由流动条件下有所不同。如果资本是可以自由流动的，政府开支的增加就会挤出净出口，而对消费和投资不会产生作用（因为利率保持不变）；但在资本管制下，政府开支的增加会引起国内利率上升，从而部分挤出利率敏感性的消费和投资，而对净出口不会有较强的作用。货币政策的作用也有类似的差异，当资本可以自由流动时，货币供给对总需求的增加是通过增加净出口来实现的，因为利率不变，消费与投资也不会发生变化；但在资本管制情况下，如果存在货币扩张，经常项目是不会发生变化的，但由于利率水平降低，货币扩张仍能通过提高消费与投资发挥其作用。

综上所述，同样的宏观经济政策，在不同的制度环境下，其作用的大小与发挥作用的机理是完全不同的。在开放经济条件下，货币政策与财政政策的效应在不同的汇率制度安排下有所不同：在固定汇率制度下，财政政策对产出和物价的效果十分明显，而货币政策几乎没有任何作用；但在浮动汇率制度下，财政政策对经济不起任何作用，相反，货币政策却十分有效。资本项目是否开放，也影响经济政策发挥作用的途径：如果资本在国际间可以自由流动，则货币政策与财政政策首先会影响净出口；反之，在资本项目完全被政府所控制的情况下，货币政策与财政

第 14 章 开放经济下的货币与金融

政策首先作用于国内利率敏感性的消费与投资。因此,在开放经济条件下,政策当局在制定和执行本国的经济政策时,必须要区分不同的政策环境,充分考虑到开放经济对国内经济的影响。只有这样,才有利于经济政策目标的实现。

本章小结

通常人们最广泛使用的外汇是静态的、狭义的概念,即以外币表示的,可用于国际间结算的支付手段或金融资产。外汇作为一种可执行国际支付职能的外国货币,其主要职能有价值尺度、支付手段、储藏手段和干预手段等。

汇率是两种不同货币的兑换比率,即用一种货币所表示的另一种货币的价格。汇率有两种基本标价方法,即直接标价法和间接标价法。金本位制度下汇率的确定基础是"金平价",在纸币本位制度下,纸币实际所代表的价值量是决定汇率的基础。西方具有代表性的汇率理论主要有国际借贷论、购买力平价论、汇兑心理论、利率平价论、资产选择论和货币主义的汇率理论等。

当今社会,影响一国货币对外汇率变动的因素主要有:国际收支尤其是贸易收支、通货膨胀及利率的差异、经济政策、经济增长状况、政府干预、预期及投机因素,等等。同时,一国货币对外汇率变动反过来又会对国内经济甚至国际经济的发展产生重要影响。

国际收支是指一定时期内一国或地区的居民和非居民之间,由于经济、政治、文化等各项往来而引起的全部国际经济交易的系统的货币记录。根据IMF《国际收支手册》第5版标准格式,一国或地区国际收支平衡表的基本内容应包括经常账户(具体包括货物、服务、收益和经常转移四个二级账户)、资本和金融账户(具体包括资本和金融两个二级账户,金融账户又含直接投资、证券投资、其他投资和储备资产四个三级账户)、错误和遗漏账户。

通常情况下,诸如临时性的、周期性的、货币性的、收入性的和结构性的因素等,均可引发一国国际收支的失衡。由于持续存在国际收支失衡会对国内经济产生一定的负面影响,因此,当一国或地区的国际收支出现长期或巨额失衡时,各国多会根据具体情况,采取相应措施予以调节,以利本国经济的健康发展。

改革开放以来,我国国际收支在规模和构成上都有很大变化。近年来,我国国际收支持续顺差已对国内经济等产生了重要影响,同时也引起了国内外社会的广泛关注。

国际货币制度一般包括三方面主要内容,即国际支付的原则、国际收支的调节方式、国际储备资产的确定。一个多世纪以来,国际货币制度先后经历了金本位制度、布雷顿森林体系和牙买加体系三个阶段。

汇率制度有两个基本类型,即固定汇率制度和浮动汇率制度。值得注意的是,两类制度孰优孰劣是国际金融领域中一个长期争论不休的问题。

"三元悖论"指的是三个目标(即货币政策的独立性、汇率的稳定性、资本的完全流动性)中,一国政府至多能得到其中的两个,三个目标不可能同时实现。M-F模型是20世纪60年代开放经济宏观理论的主要模型。该模型主要论述了不同汇率制度下财政政策和货币政策在宏观调控与政策搭配中的相对作用。

【本章重要概念】

外汇　汇率　直接标价法　间接标价法　国际借贷论　购买力平价论　汇兑心理论　利率平价论　国际收支　国际收支平衡表　货币—价格机制　国际货币制度　布雷顿森林体系　牙买加体系　汇率制度　外汇管制

【复习思考题】

1. 什么是外汇？其职能有何特殊性？
2. 简述汇率及其标价方法。
3. 简要介绍并评述西方主要汇率理论。
4. 汇率是如何确定的？汇率变动的主要因素有哪些？
5. 试述汇率变动的经济影响。
6. 什么是国际收支？国际收支平衡表的主要内容有哪些？
7. 简述国际收支失衡的原因及其影响。
8. 试论国际收支的调节。
9. 什么是国际货币制度？简述国际货币制度的历史演进。
10. 简要介绍并评述布雷顿森林体系。
11. 简述现行国际货币制度的主要特征、存在问题及改革取向。
12. 什么是固定汇率与浮动汇率制度？浮动汇率制度的主要优缺点有哪些？
13. 简述"三元悖论"的主要内容及政策含义。
14. 简述"M-F模型"的基本含义及政策意义。
15. 试述开放经济下一国宏观经济政策的选择与运用。

第15章 金融监管

▎本章导读 ▎

金融监管问题是20世纪以来一直困扰世界各国金融与经济安全稳定的重大问题之一。20世纪30年代的世界经济大危机和70年代以后尤其是90年代以来频繁爆发的金融风暴、金融危机,提醒人们注意研究、防范和应对金融体系运行与发展失常及其引发的种种消极的经济金融效应;而近年来兴起并不断加深加快的经济金融全球化则进一步要求人们把对金融监管问题的考察视野扩展到金融的所有领域和超越国界的范围。

从逻辑上来说,金融监管首先是一个实践问题,金融监管理论是金融监管实践的抽象总结,它的产生和发展来源于金融监管实践的发展变化。回顾世界历史,人们对于金融监管的关注或需求,一向是对危机的最为直接的反应。无论是美国历史上的各种银行管制条例,还是负责银行监管国际合作的巴塞尔委员会及其一系列影响深远的指导原则,几乎无一例外地都是应对危机的直接产物。不仅如此,人们往往在市场表现出种种失灵时转而求助于政府,指望政府可以力挽狂澜,并且最好是可以未雨绸缪,化危机于无形。因此,金融监管的一般理由与因市场失灵而要求政府介入的一般理由可以说是一致的。

总之,现代金融活动十分复杂,由于它是以货币为媒介、以信用为条件而建立起来,其作用力、影响面是十分广泛而深远的,也就是说金融领域内存在的垄断、外部性、产品的公共性、信息的不完整性、过度竞争带来的不稳定性以及分配的不公平性都会导致金融产品与金融服务价格信息的扭曲,这种金融市场失灵会导致社会资金配置效率下降,因此也必须在对金融运行进行调节的同时,对金融活动进行监督和管理。本章主要介绍金融监管及其理论基础、目标和原则,金融监管的内容与手段或方法,金融监管体制及其演进与趋势,金融监管的协调与合作,以及我国的金融监管等方面的内容。

15.1 金融监管概述

15.1.1 金融监管的含义

金融监管(financial regulation, financial supervision)属于管制的范畴,本质上是一种具有特定内涵和特征的政府规制行为。综观世界各国,凡是实行市场经济体制的国家,无不客观地存在着政府对金融体系的管制。

从词义上讲,金融监管是金融监督和金融管理的总称。金融监督是指金融主管当局对金融机构实施的全面性、经常性的检查和督促,并以此促进金融机构依法稳健地经营和发展。金融管理是指金融主管当局依法对金融机构及其经营活动实施的领导、组织、协调和控制等一系列的活动。

可见,金融监管一般是指金融监管当局基于信息不对称、逆向选择与道德风险等因素,对金融机构、金融市场、金融业务进行审慎监督管理的制度、政策和措施的总和。金融监管有狭义和广义之分。狭义的金融监管是指中央银行或其他金融监管当局依据国家法律规定对整个金融业(包括金融机构和金融业务)实施的监督管理。广义的金融监管在上述含义之外,还包括了金融机构的内部控制和稽核、同业自律性组织的监管、社会中介组织的监管等内容。

金融监管是一种外部力量,因此,金融监管并不能确保金融机构不发生金融风险和损失。

15.1.2 金融监管的理论基础

金融监管的广泛开展是与中央银行制度的产生和发展直接相联系的。19世纪末20世纪初,中央银行制度的普遍确立是现代金融监管的起点,有关的金融监管理论也从此发端。在中央银行统一货币发行、统一票据清算、最后贷款人等职能不断完善发展的过程中,中央银行以及其他一些金融机构逐渐被赋予了金融监管者的地位。20世纪30年代以前的金融监管理论主要集中在货币监管和防止银行挤提方面,讨论的焦点问题集中在要不要建立以中央银行为主体的官方安全网上,对于金融机构经营行为的具体干预则很少论及。这种状况与当时自由资本主义正处于鼎盛时期有关,更受到金本位逐渐崩溃导致的货币混乱的影响。主流的新古典经济学固守着"看不见的手"的信条,但现实经济金融的发展却越来越表明市场的不完全性是客观存在的。20世纪30年代的大危机最终扭转了金融监管理论关注的方向。

现代金融监管的理论基础是金融市场的不完全性。正是由于金融市场失灵[①],才导致政府有必要对金融机构和金融市场进行监管。

1. 金融风险理论

这一理论的基本观点是,金融业是特殊的高风险行业,其运行对社会经济体系的影响特别大,因此,需要政府特别加以监管。金融业的高风险性体现在两个方面:

一是行业风险。金融业是经营货币、证券的特殊行业,而货币、证券的经营是以信用为基础的,信用本身又包含了许多不确定性,这就决定了金融业的内在风险是非常大的。具体而言,金融业具有很高的负债比例(一般银行均在90%以上),自有资金少,营运主要依靠外部资金来源,银行采用部分准备金制,从事短借长贷的期限变换及证券投资等高风险经营,同时又必须随时足额满足客户提款或支付的需要,这使银行的经营具有内在的不稳定性。例如银行的经营必然受到利率、存款结构和规模、借款人的信誉和偿债能力、汇率等因素变化的影响,这些未知因素给银行经营带来了利率风险、流动性风险、信用风险和汇率风险等。所有这些风险不仅需要金融机构本身的防范和控制,更需要政府监管部门的监管。

二是系统性风险。由于信用及金融业务的连锁性,金融风险的传染性特别强,即一家金融机构的危机,很可能危及其他金融机构,最终极易造成整个金融体系的动荡。这种状况也被称为是金融体系的负外部性[②]。例如因金融业内部与其他部门、国内外市场存在着盘根错节的相互依赖性而受外部牵累的伙伴风险;因金融电子化而产生的电子转账和信息系统风险等。这些风险的存在直接威胁着金融业的安全。由于金融机构管理人员因涉及自身的利益或能力所限,往往不能充分评估和处理自身存在的问题和风险,因此需要金融当局从外部对其进行以风险管理为重点的检查督导,确保金融机构的安全和稳健。

不仅如此,在现代金融业发展全球化的趋势下,一国的金融危机还会累积其他国家,以致酿成世界性金融危机。因此,不仅各国各自需要对金融部门进行监管,而且国际间还要进行监管合作与协调。

---

① 金融市场失灵主要是指金融市场对资源配置的无效率。主要针对金融市场配置资源所导致的垄断或者寡头垄断,规模不经济及外部性等问题。现代经济学的发展,尤其是"市场失灵理论"和"信息经济学"的发展为金融监管奠定了理论基础。

② 金融体系的负外部性效应是指金融机构的破产倒闭及其连锁反应将通过货币信用紧缩破坏经济增长的基础。换言之,某些金融活动,尤其是金融机构的破产倒闭及其连锁反应会损害整个金融体系的稳定和公众利益,从而破坏经济增长的基础。

2. 金融市场信息不对称理论

信息不对称在一般市场中普遍存在,在金融市场尤为突出。在金融市场上,债权人、股东、委托人能够掌握到的信息非常有限,而债务人、股份公司和受托人拥有明显的信息优势。信息不对称会导致金融活动中道德风险的发生并遏制交易,从而损害金融稳定和金融效率。比如从"贷款人—银行—存款人"这一关系链看,贷款人与银行之间的信息是不对称的,贷款人具有信息优势,银行很难确切地知道贷款人的真实情况和贷款的具体用途及使用情况;而从银行与存款人之间看,存款人所掌握的信息更不充分,存款人在银行如何使用存款方面知之甚少,也比银行更不清楚其存款的去向和被借款人使用的状况。这就有可能出现贷款人把风险和损失转嫁给银行,银行也有可能把有的风险或损失不适当地转嫁给存款人,导致市场的不公正。同样,在证券公司、保险公司与债权人之间,也会出现类似的不公平状况。对于这种状况,金融机构很难做到自律,债权人更是无法控制,只有依靠政府的监管来解决。

在信息方面还有一个重要的问题就是信息不完全。信息不完全是指信息供给不充分、故意隐瞒真实信息甚至提供虚假信息等。由于信息对于金融交易来说是非常重要的,信息不完全就会导致金融市场交易的不公正和效率损失。对此,也只有依靠政府部门的强制监管才能解决。

3. 金融机构自由竞争悖论

金融业是经营货币的特殊行业,它所提供的产品和服务的特性,决定其不完全适用于一般工商企业的自由竞争原则。第一,金融业的特性决定了金融企业必须具有较大的经营规模,才能达到一定的效率。如果放任金融机构自由竞争,金融业就很容易形成高度集中,并产生垄断。而市场垄断不仅带来社会福利和效率的损失,还会造成其他经济的和政治的不利影响。第二,市场自由竞争的结果是优胜劣汰,但是金融部门的特性决定了任何一家金融机构都不能像一般工商企业那样随便倒闭,关闭金融机构必须有一定的准备和程序,否则很容易引起金融体系的不稳定,甚至危及整个社会经济体系。可见,金融垄断会损害消费者利益和金融效率,而金融业的激烈竞争又会导致金融体系乃至整个经济体系的不稳定。为此,金融业需要有外部监管,促使其既保持一定程度的竞争,但又不是完全的自由竞争,以维持金融体系的稳定。

实际上,有关支持政府在市场失灵情况下实行管制的理论,也都支持金融监管。当然,也有不少理论反对政府管制,认为政府管制不仅不能解决问题,反而会使问题更糟。只有进一步完善市场机制,才能真正解决市场问题。从目前情况来看,由于金融危机的易爆性、其影响的严重性,所以反对金融监管的声音可以说越来越弱。

20世纪80年代以来,金融监管在金融全球化、自由化与金融创新冲击下暴露出诸多问题,这促使各发达国家愈益重视完善以资本充足要求和资产业务管制为核心的监管体系,金融监管理论的研究重点也随之在转向银行资本监管的有效性与中央银行的自利监管、市场纪律与金融监管体系改进中得以不断推进。①

15.1.3 金融监管理论与实践的历史演进

政府干预还是自由放任问题历来是各经济学派争论的主要焦点,尽管金融监管本身并不等同于政府干预,但是金融监管理论却得到政府干预理论的强力支持,因而也随着争论双方的此消彼涨而发生变化。同时,金融监管活动又具有很强的实践性和历史性,因此,我们在对金融监管理论的发展脉络进行回顾分析的时候,既要考虑到当时主流经济学思想和理论的影响,还必须考虑到当时金融领域的实践活动和监管理念。

1. 20世纪30年代以前:金融监管理论的自然发轫

早期的金融监管并没有固定的制度安排可循。政府对金融活动实行监管的法规依据最初可以追溯到18世纪初英国颁布的旨在防止证券过度投机的《泡沫法》②。但真正意义上的金融监管是与中央银行制度的产生和发展直接相关的,可以说,中央银行制度的普遍确立是现代金融监管的起点,有关的金融监管理论也由此初步形成。

众所周知,古典经济学和新古典经济学历来是反对政府干预的,"看不见的手"的信条在理论上与中央银行的金融监管职能相悖。根据亚当·斯密的"真实票据论",只要银行主要投资于体现实际生产的短期商业票据,就不会引发通货膨胀或紧缩,"看不见的手"能够发挥作用,并不需要中央银行专门来管理货币。对此,亨利·桑顿(拥有"中央银行之父"美誉的英国银行家,其代表作为1802年出版的《大不列颠票据信用的性质和作用的探讨》)在1797~1825年的"金块论战"中指出,真实票据的不断贴现过程,将会导致信用链条的延长和信用规模的成倍扩张,故而真实票据原则并不能保证银行有足够的流动性或货币供给弹性,从而避免银行遭到挤提以及引发通货膨胀或紧缩。因此,以真实票据原则发行银行券

---

① 参见:蒋海,刘少波.金融监管理论及其新发展[J].经济评论,2003(1).
② 《泡沫法》(1720年)的颁布起因于17世纪英国的"南海泡沫"案和18世纪法国的"密西西比泡沫"案。《泡沫法》标志着世界金融史上政府实施金融监管的正式开始,它的许多重要原则一直持续影响到今天,但它还并非完全现代意义上的金融监管。

存在发行过度的危险,应该受到集中的监管。在随后半个多世纪的争论中,桑顿的观点得到实践的支持,统一货币发行的中央银行纷纷建立。因此,中央银行制度最初建立的目的在于统一管理发行货币,而不是监管整个金融体系,更不涉及金融机构的微观行为。但由于主流的古典经济学家认为货币是"中性"的,对实体经济并没有实质性影响,因此,从总体上来说,中央银行统一货币就如同统一度量衡,只是为了经济活动的方便,并没有监管或干预金融活动的色彩。

后来,中央银行统一票据结算的职能衍生出"最后贷款人"的职能,才为中央银行监管金融体系奠定了基础。因为中央银行的最后贷款成为其迫使商业银行服从某些指示的砝码,由此,中央银行有可能对金融机构的经营活动进行检查。当然,这种检查只是一种相互之间的协议安排,并不具有法律上的或行政上的强制性,因此还不能算是现代意义上的金融监管①。真正现代意义上的金融监管是从 20 世纪 30 年代的大危机之后才开始的。

总而言之,20 世纪 30 年代以前的金融监管理论主要集中在实施货币管理和防止银行挤提政策层面,对于金融机构经营行为的规制、监管和干预都很少论及。这种状况与当时自由市场经济正处于鼎盛时期有关。然而,20 世纪 30 年代的大危机最终扭转了金融监管理论关注的方向和重点。大危机之后,美国通过立法赋予中央银行以真正的监管职能,从此便开始了政府对金融机构和金融体系实施监管的历史。

2. 20 世纪 30 年代~70 年代:严格监管、安全为主

20 世纪 30 年代金融大危机表明金融市场是不完全的,所谓"看不见的手"无所不能的观点只是一种神话。大危机中,大批银行及其他金融机构的倒闭,给西方市场经济国家的金融和经济体系造成了极大的冲击,甚至危及社会稳定的基础。在这种背景下,立足于市场不完全、主张政府干预的凯恩斯主义取得了经济学的主流地位,要求强化对金融体系监管的理论主张也受到推崇。在这一时期,金融监管理论主要以维护金融体系安全,弥补金融市场的不完全为研究的出发点

---

① 中央银行制度建立初期,金融监管的重点主要是货币发行与流通。中央银行致力于集中货币发行、建立银行准备金制度,并解决商业银行过度发行而导致的货币混乱、兑付困难和破产倒闭的问题。19 世纪末以后,各国逐步加强了对银行业的监管,规定开业条件、管理货币发行与流通,还通过制定法律和条例,将银行的最低资本额、现金储备、资产种类等也纳入监管范围。总之,20 世纪 30 年代前,在以新古典学派为代表的经济自由主义占主导地位的时期,各国金融监管是粗线条和宽松式的;监管主体、职能、作用均有限;监管目标不明确、内容不全、措施不力、方法原始、手段单一;监管的有效性不高。

和主要内容。主张政府干预,弥补市场缺陷的宏观政策理论,以及市场失灵理论和信息经济学的发展进一步推动了强化金融监管的理论主张。这段时期的金融监管理论研究成果认为,自由的银行制度和全能的金融机构具有较强的脆弱性和不稳定性,认为商业银行过度参与投资银行业务,并最终引发连锁倒闭是经济危机的导火索。

因此,在凯恩斯主义宏观经济理论的影响下,传统上中央银行的货币管理职能演变成制定和执行货币政策,并服务于宏观经济政策目标,金融监管之严厉甚至倾向于政府的直接管制。同时放弃自由银行制度,对金融机构的经营范围和方式进行全面的管制和干预,并且非常强调金融体系的安全性。这一阶段金融监管的主要特征是加强立法、增加限制性政策,主要表现在对利率的限制以及对金融机构业务活动的限制。

3. 20 世纪 70 年代～80 年代末:金融自由化、效率优先

严厉的金融监管付出了金融体系效率损失的沉重代价,20 世纪 70 年代困扰西方国家长达十年之久的"滞胀"宣告了凯恩斯政府干预主义的破产。在金融领域,金融自由化理论逐步发展起来,并在学术理论界和实际金融部门不断扩大其影响。

金融自由化理论主要从两个方面对 20 世纪 30 年代以后的金融监管理论提出了挑战。一方面,金融自由化理论认为政府实施的严格而广泛的金融监管,使得金融机构和金融体系的效率下降,压制了金融业的发展,从而最终导致了金融监管的效果与促进经济发展的目标不相符合;另一方面,金融监管作为一种政府行为,其实际效果也受到政府在解决金融领域市场不完全性问题上的能力限制,市场机制中存在的信息不完备和不对称现象,在政府金融监管过程中同样会遇到,而且可能更加严重,即政府也会失灵。

"金融压抑"和"金融深化"理论是金融自由化理论的主要部分,其核心主张是放松对金融机构的过度严格管制,特别是解除对金融机构在利率水平、业务范围和经营的地域选择等方面的种种限制,以恢复金融业的竞争,以提高金融业的活力和效率。实际上,金融自由化理论也不是全面否认金融监管,它只是认为在金融体系比较稳定的情况下,金融体系的效率成为更重要的目标,因此,金融监管要充分考虑金融机构和金融体系的效率。

如果说 20 世纪 30～70 年代金融监管理论的核心是金融体系的安全优先的话,那么,金融自由化理论则尊崇效率优先的原则。20 世纪 30 年代以前基本不受管制的自由金融体系在 30 年代的大危机中崩溃,导致金融体系的安全性成为人们优先考虑的目标。20 世纪 30～70 年代日益广泛、深入的金融监管,特别是那些直接的价格管制和对具体经营行为的行政管制,严重束缚了金融机构自主经营和自我发展的手脚,而在存款保险制度已充分发挥其稳定作用、银行挤提现象已经大为减少的情况下,金融机构的效率、效益要求就日益凸显出来,并超越了安全性目标的重要性。所以,金融自由化理论并不是对政府金融监管的全面否认和摒弃,而是要求政府金融监管做出适合于效率要求的必要调整。

4. 20 世纪 90 年代以来:安全和效率并重

自由主义经济理论的"复兴",并没有否定市场的固有缺陷,它们与"政府干预论"的差异主要体现在"干预"的范围、手段和方式等方面。因此,无论是在发达国家还是在发展中国家,金融自由化的步伐一直没有停止,在 20 世纪 80 年代后半期和 90 年初,金融自由化达到了高潮,很多国家纷纷放松了对金融业的管制。然而从 20 世纪 90 年代初开始,一系列区域性金融危机的相继爆发,迫使人们又重新开始关注金融体系的安全性及其系统性风险,金融危机的传染与反传染一度成为金融监管理论的研究重点。在 1997 年亚洲金融危机以前,面对各国金融开放的热潮,一批有识之士,如斯蒂格里茨(Joseph E. Stiglitz)和日本的青木昌彦(Masahiko Aoki)曾经提出过的金融约束论,成为金融监管理论进一步发展的标志性文献。对于金融危机爆发的原因,在理论界研究甚多。一般倾向于认为,金融自由化和金融管制的放松并不是最主要的,事实证明,很多高度开放的经济体,同时拥有较高的金融自由度和市场稳定性,并且为经济发展提供了效率保证。一些专家认为,问题的关键可能在于,那些实行金融自由化的国家,其政府管理金融活动的能力,以及经济发展和开放策略的顺序可能存在差异。

20 世纪 90 年代的金融危机浪潮推动了金融监管理论逐步转向如何协调安全稳定与效率的方面。与以往的金融监管理论有较大不同的是,现在的金融监管理论除了继续以市场的不完全性为出发点研究金融监管问题之外,也开始越来越注重金融业自身的独特性对金融监管的要求和影响。这些理论的出现和发展,不断推动金融监管理论向管理金融活动和防范金融体系中的风险方向转变。鉴于风险和效益之间存在着替代性效应,金融监管理论这种演变的结果,既不同于效率优先的金融自由化理论,也不同于 20 世纪 30 到 70 年代安全稳定优先的金融监管理论,而是二者之间的新的融合与均衡。

不仅如此,面对经济一体化、金融全球化的发展,对跨国金融活动的风险防范和跨国协调监管也已成为当前金融监管理论的研究重点。以国际清算银行、国际货币基金组织等为代表的国际金融组织对国际金融监管理论的发展做了新的贡献。

15.1.4 金融监管的目标和原则

1. 金融监管的目标

金融监管目标可分为一般目标和具体目标。一般目标是指维护金融体系的稳定、健全和高效,保证金融机构和金融市场稳定健康地发展,保护金融活动各主体特别是存款人的利益,推动金融和经济的发展。这是世界上几乎所有国家都要求达到的目标,所以是金融监管所要达到的一般的、总体的或者说基本的目标。金融监管的一般目标可以分成四个层次理解:

一是减少金融风险,确保经营的安全。金融监管当局的根本目的就是通过监管,确保金融业安全经营,保证金融机构的正常经营活动,不发生或尽可能减少当事人的损失,从而保护存款人的利益和金融体系的安全。

二是实现公平有效的竞争,促进金融业的健康发展。公平竞争是市场经济的客观要求,通过金融监管当局的监管、引导、调控,为金融业的发展创造一个良好、公平的竞争环境,鼓励金融业在竞争的基础上提高效率,促进社会经济的顺利发展。

三是实现金融业经营活动与国家金融货币政策的统一。金融机构以追逐商业利润为主要目的,其经营活动常常会与国家的货币政策或社会规范产生矛盾,抵消甚至破坏国家货币政策的实施效果。因此,必须通过强有力的监督管理,限制金融机构的那些与国家的货币政策目标违背的经营活动,确保商业银行等金融机构的经营活动与中央银行货币政策目标和社会规范保持一致。

四是增强本国金融业在国际市场上的竞争力。

但是,由于各国的历史、经济、文化发展背景和发展水平不一,一国在不同的发展时期经济和金融体系发展状况不一,因此,金融监管的具体目标会有所不同。不仅各国的具体目标不一样,而且一国在不同时期的具体目标也会有所调整和变化。有的国家更注重金融体系的安全,有的则更注重效率;一国有的时期更注重安全,而在有的时期则更注重效率。各国金融监管的具体目标都体现在其中央银行法或银行法中。如美国的《美国联邦储备法》规定,其目标是维护公众对银行系统的信心,建立一个有效的、有竞争力的银行服务系统,保护消费者利益,允许银行系统适应经济的变化而变化。

2. 金融监管的原则

1) 金融监管的基本原则

金融监管的基本原则是指能够全面、充分地反映金融法所调整的金融监管关系的客观要求,并对监管关系的各个方面和全过程都具有普遍意义的基本准则。

金融监管的基本原则主要有以下六点：

(1) 依法监管原则。世界各国金融监管体制和风格虽各有不同，但在依法监管这一点上是共同的。依法监管有两方面的含义：一是所有金融机构都必须接受国家金融监管当局的监管，不能有例外；二是金融监管必须依法进行，以确保金融监管的权威性、严肃性、强制性和贯彻性，从而确保金融监管的有效性。因此，金融法规的完善和依法监管是有效监管的基本前提。

(2) 适度竞争原则。在市场经济体制下，竞争是必然规律，但竞争必须适度，才能提高效率，才能克服市场经济的负面效应。适度竞争原则要求金融监督管理的重心应放在创造适度竞争的环境上；放在形成和保持适度竞争的格局和程度监测上；放在避免造成金融高度垄断，失去竞争从而失去活力和生机上；放在防止出现过度竞争、破坏性竞争，从而危及金融业的安全和稳定上；要求金融监管做到"管而不死，活而不乱，限制过度竞争，而又不消灭竞争"，既要反垄断，又要避免恶性竞争，引导金融机构企求利润但又不能疯狂冒险，有风险但又要保障安全。总之，既要避免金融垄断造成金融体系失去效率和活力，又要防止过度竞争波及金融业的安全和稳定。

(3) 自我约束原则。外部监管是相对有效的，但仅有内部监管又存在道德风险，因此要把两者结合起来。这就要求金融机构建立健全内部控制制度，充分发挥金融机构的自我约束能力，实现"外控"以"内控"为基础，"外控"与"内控"相结合。按照这一原则要求，只要金融业的经营活动符合金融法律、法规规定的范围、种类和可承担的风险程度，并依法经营，监管当局就不应做过多的干涉。总之，要尽可能少影响金融机构正常的经营活动，控制监管的负效应。

(4) 综合性管理原则。即金融监管应着眼于管理的系统化、最优化，将行政的、经济的、法律的管理手段综合配套使用；将直接的、间接的，外部的、内部的，自愿的、强制的，正式的、非正式的，报表的、现场的，事先的、事后的，国内的、国外的，经常性的、集中突出性的，专业的、非专业的，资产的、负债的等等，各种不同管理方式和管理技术手段结合起来，综合配套使用。值得注意的是，此项原则同时也强调一国国内各监管机构之间、各国监管机构之间的相互协调。

(5) 社会经济效益原则。即在实施监管的过程中，应充分考虑到：金融机构的设立及其业务活动是否符合经济发展的需要，是否有利于提高社会经济效益；金融市场的运行状况及各个主体的行为是否有利于促进整个社会经济的稳定运行和发展，在此基础上来确定监管重点和选择相应的管理手段。

(6) 管理机构的一致性原则。即金融监管各级机构应该按同一标准要求进行监管。

第15章 金融监管

2)巴塞尔委员会的《有效银行监管的核心原则》

1997年9月,巴塞尔委员会公布了《有效银行监管的核心原则》,这些原则涉及到监管体系的各个方面,渗透到监管工作的各个环节,贯穿于监管行为的整个过程。因此,各国基本上都将其作为金融监管的指导原则。

(1)监管主体的独立性原则。这一原则要求金融监管机构有明确的责任和目标,享有操作上的自主权和充分的资源。同时,为了监管的有效性,还应提供一些条件,如稳健而连续的宏观经济政策、完善的金融部门公共设施、有效的市场约束机制、高效率解决金融问题的程序和提供适当的系统性保护机制等。

(2)依法监管的原则。依法监管是各国都严格执行的原则。

(3)内控和外控相结合的原则。由于各国金融监管模式、具体的监管风格的不同,其监管工作中内控和外控侧重点也有所差异。有的以外控即从外部强制性监督管理为主,如美国和日本等国的情况;有的则以内控即在诱导劝说基础上的内部自我约束和自我管理为主,如英国及其他一些西欧国家。

外部控制主要是指市场准入、日常监管等。内部控制主要是组织机构健全、会计准则严格规范以及业务操作上的"双人原则"。事实上,要保证金融监管的有效性,需要内控和外控的结合。因为外控无论多么缜密严格,如果监管对象不配合、不合作,设法逃避应付,那么外控监管的效果就会大打折扣;而如果过于寄希望在金融机构的内控上,那么一些不负责任的冒险经营者及无力进行有效内控者,就很容易出问题。所以,从客观上来说,金融监管中必须是内控和外控相结合。

(4)稳健运行与风险预防原则。金融监管要以保证金融部门的稳健运行为原则,为此,监管活动中的组织体系、工作程序、技术手段、指标体系设计和控制能力等都要从保证金融体系的稳健出发。当出现异常情况时,如有金融机构无力继续经营时,监管机构要参与促成其被接管或合并,如果这些办法都行不通以致不得不关闭,那么,监管机构也要有足够的能力保证在关闭这家金融机构时不影响整个金融体系的稳定。

(5)母国和东道国共同监管的原则。这是金融全球化形势下的必然要求。一些金融机构实行跨国经营,对其监管必须由母国和东道国共同努力。母国和东道国之间可以达成相关的双边协议,做到信息共享、监管行为协调,共同对跨国金融业实行有效的监管。

现代货币金融学

15.2 金融监管的内容和手段

15.2.1 金融监管的内容

金融监管的内容从不同的角度看有不同的方面。从金融机构工作性质看,金融监管的内容有事务性监管和业务性监管;从监管的目的看,金融监管的内容又可分为合规性监管和审慎性监管;而从金融业务流程看,金融监管内容主要有市场准入监管、业务运作过程监管和市场退出监管。在此,主要从准入、运作过程和退出三个方面阐述金融监管的内容。

1. 市场准入监管

金融监管是从市场准入监管开始的,把好市场准入这一关,可以把一些不符合要求、有可能对金融体系造成危害的机构拒之门外。各国的金融监管部门一般都参与设立金融机构的审批过程。对金融机构市场准入监管的关键是合格的管理人员和最低限度的资本金额,尽管各国在这两个方面的具体要求不尽相同,但都非常重视对这两个条件的审核控制。

金融监管部门对金融机构市场准入的监管,或者说对申请设立金融机构的审批,一般考虑必要性和可能性两个方面。在设立金融机构必要性方面的主要内容有:①是否适合宏观经济发展的需要。经济发展离不开金融业的支持,但金融业的发展也必须适应宏观经济的需要。金融机构不是越多越好,金融机构设立过多,除了造成资源浪费外,更严重的是会引起金融机构之间过度的竞争,从而使潜在风险大大增加。因此,新设金融机构必须考虑是否符合宏观经济的需要。②是否符合金融业发展的政策和方向。根据金融部门内各类金融机构的发展情况,金融管理当局会出台一些旨在促使金融部门平衡发展的政策。这样,在审批新设金融机构时,应考虑到要符合金融部门发展政策的要求。另外,在金融业发展全球化的趋势下,金融部门的国际化是发展方向,因此,应适当放松外国金融机构进入国内市场的控制。③是否符合地域分布合理化要求。在新设金融机构方面,应考虑到地域空间布局的合理性,这样,既能有效发挥金融机构的作用,又不至于造成过度竞争的不良局面。

在设立金融机构的可能性方面,则主要考虑:①资本金要求。银行资本是指可以自主取得以抵补任何未来损失的资本部分。足够数量的资本金是金融机构抵御风险能力的重要标志。除了资本金数量外,资本金必须真实合规、足额到位,并且股东结构合理,不能过分集中。②管理人员要求。由于金融机构业务专业性

第 15 章 金融监管

强、责任性要求高,所以对从业人员的要求也特别高,金融机构负责人、各级管理人员和业务人员都必须符合任职资格。任职资格条件除了职员基本素质外,还必须具备业务知识、法律、法规和政策方面的知识;不仅具有理论知识,还必须具有实践经验。③金融机构的内部组织结构、制度建设和业务发展规划。新设金融机构在这些方面的建设不仅要符合一般工商企业的规范要求,更要符合金融业发展的特殊要求,即稳健运营、风险防范等。④经营场所的要求。具有固定的、一定面积的营业场所,并且具备安全、消防及其他与业务有关的设施。

2. 业务运作过程监管

对市场准入的监管只是把好了进门这一关,金融机构成立后,对其业务运作过程的监管,才是金融监管的重头戏和主要内容。对金融机构的业务运作过程监管主要包括以下一些内容:

1) 资本充足率监管

对于商业银行等金融机构的资本金要求,除了在设立时的最低资本金数额外,运行时还要求银行自有资本与资产总额、存款总额、负债总额之间保持适当的比例。资本充足率的最普遍定义是指资本对风险资产的比例。此外,衡量资本充足性还有其他许多标准,如资本存款比率、资本对负债总量的比率、资本对总资产的比率等。

由于银行在运营时,其资产规模、负债规模在不断变化之中,当资产规模非常大的时候,总资产规模的一个很低的亏损比例,就可能侵蚀掉大部分甚至全部的资本金。因此,相对于其资本金规模来说,资产规模过大时,银行的风险是非常大的。这就要求监管部门对银行的资本充足比例有一定的要求。1988 年的巴塞尔委员会颁布的《统一的国际银行资本衡量与资本标准的协议》规定,银行资本与风险加权的资产总额的比例不低于 8%,其中核心资本的比例不低于 4%。尽管当时达成这一协议的只有 10 个国家,但该协议所规定的资本充足率标准已为世界各国普遍接受,在实际监管中,都按这一标准来要求。

2010 年 9 月 12 日,巴塞尔银行监管委员会管理层会议在瑞士举行,27 个成员国的中央银行代表就加强银行业监管的《巴塞尔协议 III》(Basel III)达成一致。协议规定,全球各商业银行 5 年内必须将一级资本充足率的下限从现行要求的 4% 上调至 6%,过渡期限为 2013 年升至 4.5%,2014 年为 5.5%,2015 年达 6%。同时,协议将普通股最低要求从 2% 提升至 4.5%,过渡期限为 2013 年升至 3.5%,2014 年升至 4%,2015 年升至 4.5%。截至 2019 年 1 月 1 日,全球各商业银行必须将资本留存缓冲提高到 2.5%。另外,协议维持目前资本充足率 8% 不变;但是对资本充足率加资本缓冲要求在 2019 年以前从现在的 8% 逐步升至

10.5%。最低普通股比例加资本留存缓冲比例在2019年以前由目前的3.5%逐步升至7%。协议要求各成员国从2013年1月1日起将协议列入法律当中,并且要求从当日起各成员国的商业银行必须满足其最低要求。此次协议对一级资本提出了新的限制性定义,只包括普通股和永久优先股。会议还决定各家银行最迟在2017年底完全接受最新的针对一级资本的定义。此协议是近几十年来针对银行监管领域的最大规模改革。各国央行和监管部门希望这些改革能促使银行减少高风险业务,同时确保银行持有足够储备金,能不依靠政府救助独立应对今后可能发生的金融危机。同年11月12日,在G20首尔峰会结束后发布的《首尔宣言》中通过了《巴塞尔协议III》和有关资本流动性和全球大型金融机构(SIFI)的国际标准和原则。

2) 流动性要求

银行资产的流动性对银行整体经营的安全性同样是非常重要的。资产的流动性是指资产可以变现的程度,主要有变现的容易程度及变现的价格。如果一种资产很容易出售以变现,则流动性高,反之则低。当然,这其中还要考虑出售价格,容易出售是指能以没有损失或者承受较少损失的价格出售,如果要依靠大幅度降价来出售,则视同流动性低。一般来说,短期资产的流动性比长期资产高,流动资产的流动性比固定资产高。

当银行流动性不足时,面对存款人取款需要,银行要么折价出售资产变现,要么无法满足提款需要。这样,在前一种情况下,银行要承受较大的损失,在后一种情况下,则要面临挤提的危险。这对于银行来说都是非常不利的。而从贷款人角度看,如果银行流动性不足,就没有现金可贷,无法满足贷款需要,这无疑会失去收入来源,同样威胁银行的正常运作。

要对银行资产的流动性作出准确的评价是非常困难的事情,要考虑的因素特别多,各种因素的不确定性又非常大。在目前的实际工作中,各国的监管方法有所不同,但基本上都会主要考虑银行资产负债的期限结构搭配和利率结构搭配这两个方面。

3) 业务范围监管

在金融机构的业务范围限定方面,各国之间有非常大的差异,这与不同国家不同的经济金融发展水平、不同的金融监管水平以及历史发展习惯有关。德国的商业银行可以经营任何金融业务,被称为是全能银行;而我国实行的是严格的分业经营。在美国20世纪30年代大危机之后,金融业也实行严格的分业经营,但自1999年《金融服务现代化法》颁布后,美国金融业混业经营的趋势越来越明显。

在混业经营方面,不同国家的做法也不一样。有的国家不允许银行直接经营非银行业务,但可以通过银行控股公司方式,由附属机构经营非银行业务;有的国家允许银行经营非银行业务,但要控制非银行业务的规模;有的国家允许特别的银行经营非银行业务,但对其进行特别的管理。从目前金融业发展趋势看,在金融市场一体化、金融创新层出不穷的情况下,金融业的混业经营已是大势所趋。

4) 贷款风险管理

获取最大利润是金融机构的经营目标,所以金融机构总是倾向于向盈利率最高的项目贷款或投资。但是,盈利与风险是成正比的,盈利水平越高,其隐含的风险也越大。因此,世界各国的金融监管机构都尽可能地限制金融机构的贷款或投资过于集中,一般会对一家银行向单一的贷款者的贷款比例作出限制,比如在全部贷款中,对某一家企业的贷款不能超过一定比例。贷款不能过分集中,要分散风险,这不仅是金融监管部门的要求,也是金融机构本身的经营战略之一。同时,分散风险,不仅在贷款者之间,还要考虑在行业之间、地区之间适当地分散风险。

风险管理和风险监管是一项专业性很强、难度也很大的工作,仅仅对各种风险逐项控制还不够,更重要的是各种风险之间的关系及影响,如表内业务风险与表外业务风险,资产风险与负债风险等。

5) 外汇风险管理

金融机构有本币资产,还有外汇资产,因而也有外汇资产风险监管问题。而且由于以下两个原因,一些国家对金融机构外汇风险的监管特别严格:①外汇风险的不确定性更大,因为有些影响国际收支均衡进而影响外汇汇率的因素本国根本无法控制,完全受制于外国的情况;②国际收支均衡与否对一国经济发展有重大影响,有些国家对此非常重视。英国、日本等国对外汇风险的监管非常严格,相对而言,美国、法国、加拿大等国比较宽松。

6) 准备金管理

准备金制度的目的之一也是为了保证存款人的存款安全,同时也是为了银行本身的安全。商业银行的资本充足率与准备金制度有密切的关系,因此,对银行资本充足率的监管应考虑到准备金因素。各国的准备金制度也不尽相同,有的国家根据不同类别的金融机构、不同经营规模的金融机构、不同期限的存款,甚至经济发展水平不同的地区,实行不同的准备金率;但也有的国家不作如此具体的划分,比如不管银行规模大小,实行统一的准备金率。

3. 对有问题金融机构的最后挽救及市场退出监管

1) 对有问题金融机构的最后挽救和保护措施

金融监管部门在监管过程中,一般会尽量避免单个金融机构因经营不善而给社会带来的震动。出现这种情况,监管部门会尽力采取挽救和保护措施,主要包括以下几种方式：

（1）存款保险制度。存款保险制度是一种金融保障制度，是指利用保险的方式，对存款者的利益进行保护，从而保障金融系统稳定的一种制度安排。具体而言，经营存款保险的保险机构按一定的标准，向吸收存款的银行或其他金融机构收取保险费，并建立保险基金，当投保的银行或金融机构因遭受合同约定的风险事故，而无法满足存款人的提款要求时，保险机构则根据合同约定数额支付保险金，这便是存款保险制度的一般做法。

存款保险最早产生在美国。1929~1933年的大危机期间，由于恐慌性的挤兑，美国大概有9096家银行破产，广大存款者的利益和信心受到了极大的打击。在这种背景下，美国国会于1933年迅速颁布和实施了《格拉斯—斯蒂格尔法》(Glass-Steagall Act)，并建立了世界上第一个存款保险机构——联邦存款保险公司(Federal Deposit Insurance Corporation，简称FDIC)。自FDIC建立后，美国银行系统的存款安全得到了极大的保障，银行因为挤兑破产的概率明显下降。20世纪60年代中期以来，随着金融业日益自由化、国际化的发展，金融风险明显上升，绝大多数西方发达国家相继在本国金融体系中引入存款保险制度，印度、哥伦比亚等部分发展中国家和我国台湾地区等也进行了这方面的有益尝试。到2006年6月，全球共有95个国家和地区建立了这一制度。此外，还有20多个国家和地区正在研究、计划或准备实施之中。目前，大多数国家法律规定，存款在最高限额内，损失100%赔偿，超出限额则部分赔偿，存款者也承担一部分损失。

从目前已经实行存款保险制度的国家来看，保险机构的组织形式主要有三种：一是由政府出面建立，如美国、英国、加拿大；二是由政府与银行界共同建立，如日本、比利时、荷兰；三是在政府支持下由银行同业联合建立，如德国。存款保险的方式有强制保险（如英国、日本及加拿大等）、自愿保险（如法国和德国等）和强制与自愿相结合保险（如美国等）三种方式。存款保险费的交纳一般是按存款总额的一定百分比。

（2）最后援助措施。中央银行或监管当局对发生清偿能力困难的银行，往往提供紧急援助，视为金融体系的最后一道防线。最后援助措施主要有：一是直接贷款；二是组织大银行救助小银行或者安排大银行兼并小银行；三是由存款保险机构出面提供资金，解决困难；四是购买银行资产；五是银行收归政府经营，全部债务由政府清偿。

（3）最后制裁措施。对商业银行违背政策等问题，中央银行等监管机构往往采取最后制裁措施。一是经济惩罚，如实行惩罚性利率、罚款等；二是停止对其贷款和贴现；三是建议撤换高级管理人员；四是撤销该行在存款保险公司的保险权，降低其社会信誉;五是提出诉讼,迫使其倒闭。

2) 市场退出监管

由于金融业的重要性和相互之间影响的敏感性,金融机构的市场退出与其市场准入一样重要,也不得擅自退出。因为金融机构的退出会影响到整个金融体系的稳定和存款人的正当权益。金融机构的市场退出可分为主动退出和被动退出两类:主动退出是因为分立、合并或者出现企业章程所规定的事由而需解散;被动退出则是由法院宣布破产、严重违规、资不抵债等原因,金融机构被依法关闭。

(1) 对金融机构破产倒闭的监管。当金融机构经营管理不善,出现严重亏损,以致资不抵债时,金融监管部门要对其实行关闭处理。为了树立社会公众对金融业的信心,并保证金融机构提供金融服务的连续性,金融监管部门一般对将要关闭的金融机构实施经营管理权的接管,当接管期结束后,能恢复经营的继续营运,否则由法院依法宣告破产,并在金融监管部门的监督下,依法进行清算。

(2) 对金融机构变更、合并的监管。这里包括濒临倒闭、出现企业章程所规定的事由而需要解散、因其他原因合并的所有金融机构。为了对社会公众负责,为了维护金融体系的稳定,金融监管部门对上述金融机构的债务偿还和其他相关过程进行监管。

(3) 对违规金融机构终止经营的监管。金融监管部门对于严重违反国家法律、法规、相关政策的金融机构,有权作出停业整顿以致终止经营的决定。对这类金融机构,金融监管部门必须对其资产负债情况、高级管理人员及其他业务事项进行全面的审查,并作出处理。这些处理措施包括:纠正错误,恢复正常营运;注销该机构,并进入破产程序;对金融机构主要负责人按规定进行处罚。

15.2.2 金融监管的手段与方法

1. 金融监管的手段

金融监管的手段可以分为法律手段、经济手段和行政手段。

法律手段是金融监管的基本手段,金融监管的依据是国家的法律、法规,金融监管部门依法对金融机构及其经营活动进行监督、稽核和检查,并对违法违规者进行处罚。金融监管部门依法监管,金融机构依法经营并接受监管,这是金融监管的基本点。目前,世界各国普遍遵循这一准则。

经济手段是指通过经济利益方面的奖惩来推行监管,这在大多数情况下也是依据法律、法规,所以实际上是法律手段的辅助。

行政手段则是通过行政命令的方式进行监管,这在某些特殊时期、特定环境下采用,效果比较明显。一些市场机制、法律、法规体系还不健全的发展中国家和

现代货币金融学

体制转轨国家,经常会采用这一手段。但是,市场经济是法制经济,无论监管者还是被监管者,都要依法行事。为了维护金融监管的权威性和公正性,必须依法监管。因此,从发展趋势看,行政性监管手段将逐步取消,最终过渡到完全依据法律、法规来实施金融监管。

2. 金融监管的方法

这里仅就银行业监管的基本方法作一简要介绍。一般而言,银行业监管的基本方法有两种,即非现场监督和现场检查。如果从银行的整体风险考虑,还应包括并表监管。在进行现场检查后,监管当局一般要对银行进行评级。

1) 非现场监督

又称非现场监测(监控、检查或监管)等,是指监管当局针对单个银行在并表的基础上收集、分析银行机构经营稳健性和安全性的一种方式。具体来说,非现场监督是银行业监管机构对银行业金融机构报送的各种经营管理和财务数据、报表和报告,运用一定的技术方法就银行的经营状况、风险管理状况和合规情况进行分析,以发现银行风险管理中存在的问题,评价银行业金融机构的风险状况。非现场监督包括审查和分析各种报告和统计报表。这类资料应包括银行机构的管理报告、资产负债表、损益表、现金流量表及各种业务报告和统计报表。非现场监管在进行商业银行风险评级、风险预警以及指导现场检查中都有重要作用。通过非现场监管,能够及时和连续地监测银行的经营和风险状况,实现对银行风险状况的持续监控和动态分析。

非现场监督有三个主要目的:一是评估银行机构的总体状况。通过一系列指标和情况的分析,判断银行经营状况的好坏,对银行风险进行预警,以便及时采取措施防范和化解银行风险。二是对有问题的银行机构进行密切跟踪,以使监管当局在不同情况下采取有效监管措施,防止出现系统的和区域的金融危机。三是通过对同组银行机构的比较,关注整个银行业的经营状况,促进银行业安全稳健运行。

2) 现场检查

现场检查是指通过监管当局的实地作业来评估银行机构经营稳健性和安全性的一种方式。现场检查内容一般包括合规性和风险性检查的两个大的方面。合规性是指商业银行在业务经营和管理活动中执行中央银行、监管当局和国家制定的政策、法律的情况。合规性检查永远都是现场检查的基础。风险性检查一般包括其资本金的真实状况和充足程度、资产质量、负债的来源、结构和质量,资产负债的期限匹配和流动性、管理层的能力和管理水平、银行的盈利水平和质量,风险集中的控制情况,各种交易风险的控制情况,表外风险的控制水平和能力,内部控制的质量和充分性等等。

现场检查与非现场监督是密切关联的银行监管方法。非现场监督体现了风险监测和预警这一监管原则,而现场检查则是验证银行的治理结构是否完善,银行提供的信息是否可靠,是从实证的角度来发现和预防风险。

3) 并表监管

银行监管的一个关键因素,是监管当局要有能力在并表的基础上对银行进行监管。

并表监管又称合并监管,是指在所有情况下,银行监管当局应具备了解银行和集团的整体结构,以及与其他监管银行集团所属公司的监管当局进行协调的能力。包括境内外业务、表内外业务和本外币业务。

4) 监管评级

目前,国际上通行的是银行统一评级制度,即"骆驼评级制度"(CAMELS,Capital—资本,Asset—资产,Management—管理,Earnings—收益,Liquidity—流动性,Sensitivity—敏感性)。检查主要是围绕资本充足性、资产质量、经营管理能力、盈利水平、流动性及市场敏感性进行。具体评级中,主要以风险程度、资产质量和盈利状况作为主要标准,同时也参照检查中的其他违规问题和监管当局的印象来进行打分。

为在我国建立规范统一的商业银行监管评级体系,2006年1月12日,中国银监会发布了《商业银行监管评级内部指引(试行)》,它确定了具有中国特色的"CAMELS+"的监管评级体系。即对商业银行的资本充足、资产质量、管理、盈利、流动性和市场风险状况等六个单项要素进行评级,加权汇总得出综合评级,而后再依据其他要素的性质及其对银行风险的影响程度,对综合评级结果做出更加细微的正向或负向调整。综合评级结果共分为6级,其结果将作为监管机构实施分类监管和依法采取监管措施的基本依据。对于评级结果为5级和6级的高风险商业银行,银监会将给予持续的监管关注,限制其高风险的经营行为,要求其改善经营状况,必要时可采取更换高级管理人员、安排重组或实施接管甚至予以关闭等监管措施。

15.3 金融监管体制

金融监管体制是指为实现特定的社会经济目标而对金融活动施加影响的一整套机制和组织结构的总和。与之密切相关的基本要素:一是体制参与者,即由谁监管和对谁监督,核心是金融监管机关的设置、职责职权的依法定位;二是如何监管,即为实现金融监管目标而采用的各种方式、方法和手段,体制的各种参与者按照一定方式有规律地相互作用,以完成特定的目的。可见,对金融监管体制的研究涉及对金融监管机关组织构成及职权的分析,金融监管机关对金融机构作用机制的分析等。值得注意的是,与金融监管体制相似的概念是金融监管模式。金融监管模式一般是指一国关于金融监管机构和金融监管法规的结构性体制安排。广义的金融监管模式是指一国金融监管的制度安排,包括金融监管法规体系、金融监管主体组织结构、金融监管主体的行为方式等。狭义的金融监管模式指金融监管主体的组织结构。这里介绍的金融监管体制的概念与狭义的金融监管模式相近。

15.3.1 金融监管体制的类型与差异

当今世界,随着金融混业经营与金融全球化的深入发展,各国和地区的金融监管体制已发生了很大变革。金融全球化的发展使金融国界正在逐渐消失,金融领域的国际合作不断加强,任何一国都不可能脱离开放的国际环境孤立运行。西方发达市场国家通过长期的探索和实践,逐渐形成了一整套可供借鉴的金融监管模式;新兴市场国家和地区在金融体制改革和开放过程中,都不同程度受到金融危机的洗礼,这些国家为了克服金融危机,对原有金融监管体制进行了大刀阔斧的改革,取得明显成效。分析表明,各国金融监管模式的形成都有其深刻的历史背景和渊源,有着长期的发展过程。金融监管体制的差异,一方面表现在金融监管模式的不同,另一方面也表现在中央银行在金融监管中的作用不同。

1. 金融监管模式的主要类型

从目前看,经发展演变和调整后的全球金融监管体制主要可分为三类,即统一监管模式、分业监管模式和不完全统一监管模式。根据国际货币基金组织对全球85个主要国家和地区所作的调查,截止2004年底,实行统一监管的国家29个,占比34%,主要为欧洲国家;实行半(不完全)统一监管的国家21个,占比25%;实行分业监管的国家35个,占比41%。就金融经营体制与监管体制的对应关系来说,目前国际上主要有四种对应模式:分业经营分业监管,如中国和法国;分业经营统一监管,如韩国;综合经营分业监管,如美国;综合经营统一监管,如新加坡、英国、日本等。短期来说,金融监管体制与金融经营体制未必一定完全对应,但长期看还是应该相对应。

1) 统一监管模式

统一监管模式指由一个机构统一负责至少对银行、证券、保险三大主要金融领域的审慎监管和市场行为监管。统一监管主要是为了适应金融业务综合化的发展

第15章 金融监管

趋势而产生,也是全球金融监管体制的发展趋势[①]。统一监管的典型国家为新加坡和英国。此外,日本、韩国、印度以及德国等欧洲大陆国家也采用了这一监管模式。

新加坡是最早实行统一监管的国家(1984年),也是最为统一的国家,即由新加坡金融服务局(Monetary Authority of Singapore,MAS)负责所有金融监管领域[②],履行相当于我国"一行三会"的职能。英国和新加坡相似,由英国金融服务局(Financial Services Authority,FSA)实施对所有金融机构的审慎监管和市场行为监管,区别在于英国的中央银行与金融监管机构相分离,不承担微观监管责任,但负责货币稳定和金融稳定,同时承担外汇、期货和贵金属交易方面的监管。

统一监管模式的优势体现在:①成本优势。统一监管可节约技术和人力的投入,更重要的是可大大降低信息成本,改善信息质量,获得规模效益。②改善监管环境。表现在三个方面:一是提供统一的监管制度,避免由于多重监管者的监管水平、强度不同,使被监管者面临不同的监管制度约束;二是被监管者可以避免不同监管机构之间的监管重复、分歧和信息要求上的不一致性,降低成本;三是对于一般消费者,明确的监管机构使他们在其利益受到损害时,能便利地进行投诉,解决问题,降低相关信息的搜寻费用。③适应性强。金融业务创新日新月异,统一监管模式可迅速适应新业务,避免监管真空,降低新的系统性风险,同时也可减少多重监管制度对金融创新的阻碍。统一监管在监管金融集团时优势尤为明显,有利于全面评估整个集团的风险,实现有效并表监管。④责任明确。由于所有的监

---

① 国际学术界对很多国家选择统一监管的原因进行了案例和实证研究,发现除了为适应本国金融综合(或混业)经营的发展趋势外,选择统一监管的因素还包括:①中央银行参与监管的程度。研究表明,中央银行参与监管程度越高,实行统一监管的可能性越小;②本国经济规模。经济规模越小的国家,选择统一监管的可能性越大;③近期金融危机的影响。这主要反映在亚洲国家,1997年~1998年亚洲金融危机之后,以韩国和日本为代表的一些亚洲国家和地区开始检讨其金融结构和金融监管体系,并逐步转向统一监管体制;④一国的法律制度。以德国和斯堪的纳维亚半岛国家为代表的大陆法国家选择统一监管的可能性更大。

② 新加坡金融服务局成立于1971年,长期以来是除货币发行外拥有所有中央银行职能的机构(货币发行由1967年成立的货币局专门管辖)。1977年和1984年,新加坡金融服务局先后将保险机构和证券机构的监管纳入麾下,因此,新加坡金融服务局在1984年就已成为一个真正意义上的全能型监管机构,比挪威的金融管理局还早两年。2003年,新加坡货币局划归金融服务局,货币发行权一并移交到金融服务局。至此,新加坡金融服务局成为全球最为独特的一个金融监管机构,这一机构集货币发行、货币政策、金融稳定、风险控制、金融机构审慎监管、投资者保护、金融业反垄断与反不正当竞争的诸多权力义务于一体,是真正意义上的超级金融监管机构。

管对象被置于一个监管者的监管之下,监管者的责任认定非常明确。

统一监管模式的弊端在于:①由于不同领域风险不同,监管目标并不一致,如果不对监管目标加以清晰界定,其监管效率甚至可能低于分业监管;②原有分业监管带来的法律法规不协调等可能导致监管合力难以形成,不能达到预期的监管一致性和效率;③缺乏监管竞争,易导致官僚主义;④可能产生道德风险并蔓延到整个金融领域;⑤难以培养专业领域的金融监管人才。

2) 分业监管模式

分业监管模式是在银行、证券和保险三大主要金融领域分别设立专业监管机构,负责全面监管(包括审慎监管和市场行为监管)。目前分业监管模式较为普遍,较为典型的国家主要有加拿大、法国、波兰、中国和美国等。

在加拿大,加拿大银行、银行总监察局和加拿大存款保险公司共同负责银行业的监管。加拿大银行主要从信用控制的角度进行监管,银行总监察局则主要监管银行经营是否安全稳妥和守法,加拿大存款保险公司主要负责为银行提供资金、管理方面的援助,增强公众信心。

法国银行业的监管机构主要有国家信贷委员会、银行委员会和法兰西银行。其中,国家信贷委员会负责银行的注册登记,审查银行资本额、法律身份等;银行委员会负责监督银行是否遵守各项银行法律、法规,监控银行财务状况,确保银行稳健经营;法兰西银行负责实施现场检查。

分业监管模式的优点在于:①监管分工明确,能较好地避免危机的连锁反应。②有监管专业化优势,每个监管机构只负责相关监管事务。这种专业化监管分工有利于细分每项监管工作,有利于达到监管目标,可提高监管效率。③有监管竞争优势。每个监管机构之间尽管监管对象不同,但相互之间也存在竞争压力。

分业监管模式的缺点表现在:①监管机构权力交叉重叠,金融法规不统一,降低了监管效率和监管一致性。②各监管机构之间协调性差,容易出现监管真空地带,或是不可避免地产生摩擦。这主要体现在对金融集团的监管,难以全面把握集团整体风险。如果各监管主体之间未能建立有效的信息共享制度,易导致监管套利行为①。③从整体上看,分业监管各个机构庞大,监管成本较高,规模不

---

① 监管套利(regulatory arbitrage)是指金融机构利用监管政策间的矛盾进行套利。具体而言,金融监管套利是指各种金融市场参与主体通过注册地转换、金融产品异地销售等途径,从监管要求较高的市场转移到监管要求较低的市场,从而全部或部分地规避监管、牟取超额利益的行为。金融监管套利虽然在一定程度上有助于消除监管政策的漏洞,但是从宏观看它不仅浪费资源,也损坏了金融监管的效率。目前,监管套利正逐渐成为金融监管领域的一个热门话题,从而引起各方的高度关注。

经济。

当前,我国也是分业经营分业监管的代表国家。此外,值得注意的是,有些国家在回归综合经营后,依然实行分业监管,但根据需要做出一些改进,实现某种程度上的统一,如美国的"伞"式监管。

美国 1999 年颁布《金融服务现代化法案》(Financial Services Modernization Act),允许通过金融控股公司同时从事银行、证券、基金、保险与商人银行等业务。为适应此变化,美国在改进原有分业监管体制的基础上,形成了独有的"伞"式监管模式,主要体现在其对金融控股公司的监管上:即指定联储(Fed)为金融控股公司的伞式监管人(umbrella supervisor),负责对金融控股公司的综合监管;同时,金融控股公司附属各类金融机构按所经营业务的种类而非机构类型接受不同行业主要监管人的监管(被称为功能监管人)。伞式监管人与功能监管人必须相互协调,共同配合。为避免重复与过度监管,伞式监管人的权力受到限制,也就是说,联储必须尊重功能监管人的权限,一般不得直接监管金融控股公司的附属机构,而应尽可能采用功能监管人的检查结果。在未得到功能监管人同意的条件下,联储不得要求非银行类机构向濒临倒闭的银行注入资本;当控股公司或经营非银行业务的子公司威胁银行业务子公司稳定性时,联储有权干预。通过这种特殊的监管安排,金融控股公司的稳健性与效率可以得到一定保障。但这种模式过于多边分散,是由美国监管体制复杂多层的历史和双轨银行制(联邦注册和州注册银行,其中联储负责监管联邦银行)决定的,如果不能建立良好的沟通协调机制,很容易造成职责不明,监管扯皮等弊端。此外,也使美联储成为唯一一家能同时监管银行、证券和保险行业的机构,监管职能进一步集中整合到中央银行,容易造成监管垄断。

3) 不完全统一监管模式

又称"半统一监管模式",是在金融业综合经营体制下,对完全统一和完全分业监管的一种改进型模式。这种模式可按监管机构不完全统一和监管目标不完全统一划分,分别有牵头监管和"双峰式"监管模式。

牵头监管模式是指在多重监管主体之间建立及时磋商和协调机制,特别指定一个牵头监管机构负责不同监管主体之间的协调工作,代表国家为巴西。在巴西,国家货币委员会是牵头监管者,负责协调中央银行、证券和外汇管理委员会、私营保险监理署和补充养老金秘书局分别对商业银行、证券公司和保险公司的监管。巴西中央银行的主要职责是制定和执行货币政策,同时负责所有金融机构的市场准入,制定监管标准和监管政策,并具体实施监管。

"双峰式"监管模式建立在功能监管基础上,也就是根据金融监管的两大主要功能领域,即审慎监管(这里也包括宏观监管)和市场行为监管进行监管。这种监管一般设置两类监管机构,一类负责对所有金融机构的审慎监管,控制金融体系的系统性风险(从这个角度上讲,双峰监管也是一种统一监管);另一类负责对所有金融机构的信息披露和市场行为进行监管,故这种模式被称为"双峰"模式,代表国家为澳大利亚和奥地利。澳大利亚历史上由中央银行负责银行业的审慎监管。1998年7月开始实行新的监管体制。其具体安排是,澳大利亚审慎监管局(APRA)负责对包括银行、证券和保险公司在内所有金融机构的审慎监管;澳大利亚证券投资委员会(ASIC)负责所有金融机构的信息披露和市场行为监管。中央银行专司货币政策职能,不参与金融机构的监管。此外,协调监管机构和中央银行的职责归财政部。

与统一监管模式相比,不完全监管模式在一定程度上保持了监管机构之间的竞争与制约作用,各监管主体在其监管领域内保持了监管规则的一致性,既可发挥各个机构的优势,还可将多重机构的不利最小化。与完全分业监管模式相比,不完全监管模式降低了多重监管机构之间互相协调的成本和难度。同时,对审慎监管和业务监管分别进行,避免出现监管真空或交叉及重复监管。另外,不完全监管模式具有分业监管模式的优点,通过牵头监管机构的定期磋商协调,相互交换信息和密切配合,降低监管成本,提高监管效率。

不完全监管模式的弊端在于:可能存在监管上的"灰色区域",也没有考虑到不同金融机构之间的差异,难以有效针对不同金融机构的特点采取相应的监管措施。

2. 中央银行在金融监管中的作用

除了统一或分业,金融监管体制的差别还体现在中央银行是否参与金融监管。业界普遍认同的观点是,中央银行应该参与宏观监管,维护整个金融体系的稳定,同时承担最后贷款人职责。但在中央银行是否应该参与单个金融机构的微观监管,参与程度和方式问题上,依然存在较大争议。这一争议无论在统一监管模式还是分业监管模式下都存在。世界银行和国际货币基金组织2005年的评估报告中指出,如果建立一个统一的金融监管机构,则该机构从中央银行分离的可能性非常大。事实上,目前大多数实行统一监管体制的国家都分离了中央银行的微观监管职能。当然,仍有不少经合组织国家(OECD国家)的中央银行参与金融监管,而在非OECD国家,绝大多数中央银行仍然参与金融监管。

中央银行参与微观监管同样存在利弊两方面。其主要好处在于,一是货币政策与银行监管具有较强相关性,有利于信息交流和政策协调。二是有利于发挥最后贷款人职能。如果中央银行不承担监管职责,没有掌握必要的监管信息,那么在进行援助时就会进退两难。

其主要弊端在于:第一,货币政策和银行监管之间存在利益冲突。一般说来,货币政策是逆经济周期操作,而监管政策则有顺经济周期操作的性质,这是二者冲突的根源所在。第二,同时担任银行监管人和最后贷款人可能产生道德风险。作为银行监管者,为了在可能的金融危机中不成为被指责的对象,在承担最后贷款人职责时往往存在过度借贷倾向,从而引发道德风险问题,也具有通货膨胀效应。

从各国情况看,中央银行监管职能的整合与分离都只是相对而非绝对的,其区别仅仅在于运用正式还是非正式的监管权力。无论采用何种方式,金融监管者和负责金融稳定者都必须进行深度合作。事实上,中央银行无论是垄断金融监管职能还是完全脱离金融监管,都是不现实的。

3. 关于金融监管体制的几点结论与启示①

纵观各国关于金融监管体制的理论探讨和实践选择,可以得出以下一些初步结论:

(1) 各种金融监管体制均有利弊,并不存在一个普遍适用的最优体制。理论上讲,尽管金融监管体制对监管有效性有着重要意义,但它只是为有效监管提供良好环境,本身并不能确保监管的有效性。

(2) 一国金融监管体制的选择必须考虑本国国情和经济、金融的发展状况,同时充分考虑一国的金融发展历史、文化和现有法律体系。金融监管体制的选择与本国金融体系结构(银行、保险、证券和资本市场的各自发达程度和相对重要性)以及金融机构的特点(分业经营或综合经营、金融集团的发育程度)高度相关。

(3) 任何国家必须全面分析金融监管体制调整所带来的成本收益,包括调整过程本身蕴涵的风险。在操作过程中需要审慎推进,避免对金融产业的发展产生不良影响。

尽管不存在普适性的最优模式,但是一般说来,业内普遍认为良好的金融监管体制需要具备如下特点:

(1) 能够确保金融监管目标明确,运作独立,覆盖所有金融机构(包括金融集团)和功能领域,有效应对现有金融体系的各种风险,并能适应金融体系的不断发展。

(2) 能够兼顾监管效率和监管有效性。也就是说,一方面,各监管机构之间

---

① 参见:易华. 学习领会十七大精神,完善我国金融监管体制[EB/OL]. http://finance.sina.com.cn/money/bank/bank_yhfg/20071120/11334195133.shtml

现代货币金融学

分工明确,不存在过多交叉监管和重复监管;另一方面,不存在重大监管真空。

(3) 金融调控和金融监管以及不同金融监管机构之间能够建立良好的监管协调机制。

(4) 能够有效避免监管机构自身的道德风险。

15.3.2 金融监管体制的演进与改革动向

1. 金融监管体制的演进

金融市场的变革和创新不断对传统的金融监管模式提出新的挑战,为适应现代金融市场发展的现实需要,世界各国都在不断改革金融监管的机构设置和实践做法,探索金融监管模式的现代化。这里就美英两国金融监管体制的发展历程作一简要介绍。

1) 美国金融监管体制的发展历程

1782年,美国第一家银行北美银行在费城成立;1790年,美国第一个证券交易所费城证券交易所成立。早期的银行业和证券业完全是自由市场,没有专门性立法,基本是自律管理。

1791年和1816年,联邦政府先后成立美国银行和美国第二银行,赋予其商业银行和中央银行的双重职能。1864年,美国国会通过《国民银行法》,以国民银行体系取代分散的各州银行,协调货币流通。为了防范金融危机,美国国会于1913年通过《联邦储备法》,标志着美国金融监管制度走向成熟阶段。受古典和新古典自由主义经济思想的影响,20世纪30年代之前的美国金融监管强调自律,重视市场选择。

20世纪30年代的经济大危机使美国银行业遭受了沉重打击。最终调查认为危机的原因是商业银行从事证券业务对联邦储备体系造成损害,使银行有悖于良好经营原则。为了防止金融灾难再次发生,美国国会和监管当局于1933年制定并通过了《格拉斯—斯蒂格尔法》,它成为美国金融监管的标志性法律。美国的金融业从自由发展走向全面监管,也开始了对银行业、证券业和保险业分业经营的监管模式。分业经营在控制风险、规范市场方面起到了良好的作用,但其局限性也日益突出。随着科技进步,投资银行业务兴盛,银行业出现了打破分业经营限制的要求。

20世纪60～70年代金融自由化的浪潮推动了金融监管放松的步伐,随着英国等国金融监管的放松,80年代到90年代,美国也作了一系列金融监管改革,以1980年《存款机构放松监管和货币控制法》和1982年《存款机构法》的通过为标志,美国的金融监管进入了放松管制的阶段。在这个过程中,监管部门为追求效率放松了管制。金融自由化的浪潮给金融机构带来了活力,同时也带来了危机。据统计,从 1982 年到 1992 年,美国共有 1 442 家银行倒闭。此时,政府开始重新权衡金融体系的效率与稳定,金融监管新政不断推出,美国又进入到金融再监管阶段。

1999 年 11 月,美国国会参众两院通过了以金融混业经营为核心的《金融服务现代化法案》,亦称《格雷姆—里奇—比利雷法案》(Gramm-Leach-Bliley Act),从而废除《格拉斯—斯蒂格尔法》。这是对全部金融法律突破性的修改和整合,是美国金融业从分业经营转到混业经营的标志,金融业跨区域综合化混业经营得到了法律上的确认。美国也改进了原有的分业监管体制,形成一种介于分业监管和统一监管之间的新的监管模式,学界称之为"伞形监管模式"。在这种模式下,金融控股公司的各子公司根据业务的不同,接受不同行业监管机构的监管,而联邦储备理事会为金融控股公司伞状监管者。美国的州政府在银行业、保险业和证券业方面也具有一定的监管权限。

2) 英国金融监管体制的发展历程

英国金融业发展及金融监管的历史比较悠久。1694 年英格兰银行的成立标志着现代金融业的形成,但是其后很长一段时间都没有关于银行的专门立法。可见,英国金融业早期处于自律状态,金融机构间的相互信任与合作促进了行业发展。1720 年和 1844 年通过的《泡沫法》和《英国银行法案》(也称《皮尔条例》)构成了英国早期的金融监管法规。在 20 世纪 30 年代大危机之前的金融监管很少直接干预金融机构的经营行为。大危机使各国加强了对金融的监管,英国也不例外。从 20 世纪 40 年代开始,英格兰银行行使对银行业的监管职能。

1973 至 1975 年,英国发生银行业危机,促使《1979 年银行法》出台。英国金融监管向法制化、正规化的道路迈出了不小的一步。1985 年,英国成立了证券与投资委员会(Security and Investment Board, SIB),当时是非政府监管组织,到 1986 年《金融服务法》颁布实施后,财政部正式授权 SIB 全面监管英国的证券市场,主要是对自律性专业组织进行监管。1987 年,英国通过的《1987 年银行法》取代了《1979 年银行法》,进一步奠定了金融监管工作的法律基础,监管体系框架基本形成。

此后,随着 20 世纪 80 代后金融混业经营的发展,分业监管已逐渐不能适应金融管理的需要。1992 年 7 月,拥有 45 家分行的国际商业信贷银行(Bank of Credit and Commerce International,BCCI)因被发现做假账和丧失清偿能力而被英格兰银行关闭;1995 年 2 月,英国最古老的商业银行巴林银行(Barings Bank)因其内部管理不善倒闭。这些事件的发生促使英国进行了一次深刻的金融改革,将监管职责从中央银行即苏格兰银行剥离出来,从而确保央行制定货币政策的独立性;同时将原来各个监管部门合并,于1997年5月将英格兰银行监管部门、SIB和其他金融自律组织合并,成立了新的综合性金融监管机构——金融服务局(FSA)。1998年6月1日以后,FSA接管了英格兰银行对商业银行监管的职能,以及SIB监管投资机构的权力。FSA的主要目标有:保护金融服务业消费者的利益;维护公正、透明和有序的市场;维护对金融体系的信心。2000年,英国通过了《金融服务与市场法案》(Financial Services and Markets Act,FSMA),进而从法律上确认了这种金融监管体制的改变,该法也成了英国金融业的"基本法"。2004年10月和2005年1月英国又分别把抵押贷款业务和保险业务的监管转移到FSA。至此,银行业、保险业和证券业的监管被统一起来,英国的金融监管体制从根本上发生了改变,成为一个实行统一金融监管的国家。

2006年10月,英国FSA宣布对其监管方法进行重大变革,在全球范围内首先倡导原则导向监管。原则导向监管通过制定恰当原则,根据对执行结果的检查来决定是否采取强制措施,强调效率与创新,能发挥金融机构的自主性。近年来原则导向监管理念不断升级,并逐渐成为英国金融业的一个特点。

原则导向监管的思想从在英国成立的国际会计准则理事会(IASB)制定的国际财务报告准则(International Financial Reporting Standards,IFRS)中也可以体现出来,对比美国通用会计准则(Generally Accepted Accounting Principles,US GAAP)和IFRS可知,前者偏重规则导向,后者偏重原则导向。

2. 金融危机暴露出金融监管体制存在的弊端[①]

2008年,肇始于美国的国际金融危机,不仅重创了美国和全球的金融体系,而且导致全球性经济衰退。国际金融危机不仅暴露出美国等一向尊奉的市场原教旨主义的片面性,而且暴露出国际金融监管体制的诸多问题,主要包括以下这些方面:

1) 监管真空长期存在,风险不断累积

从20世纪70至80年代开始,全球发达经济国家纷纷放松金融管制,银行不仅直接吸纳存款,更通过资产证券化的方式,打包出售贷款,从证券市场直接获得资金;随着投资银行业务的兴起,金融机构杠杆比率不断上升,金融产品的品种不断增加;金融机构过度冒险,监管部门却没有及时防控,造成风险不断累积,最终爆发危机。

---

① 参见:邹功达,曹晓军.新的国际金融监管体制改革及其对中国的影响[N].期货日报,2009-9-23:08.

早在2007年2月,次贷危机萌芽之初,汇丰控股最先发出警告,称由于大批房贷客户无力偿还贷款,公司为其在美房屋按揭业务增加18亿美元坏账拨备;同时,美国第二大次级贷款抵押机构新世纪金融公司也发布了盈利预警。当时市场上很少有人重视问题的严重性,但实际上危机已经孕育了很久。

2) 监管理念墨守成规,沟通协调不畅

首先是监管机构设置过多,但是监管理念却没有跟上金融创新的步伐,各自为政,重复监管,多头管理带来了过高的监管成本,且造成监管的权威性和效力下降。各监管机构在危机前未能形成全面有效的风险监管系统,危机爆发时又不能一致行动,及时出手,结果造成危害蔓延,金融危机愈演愈烈。

有研究表明,这次金融危机爆发以后,部分发达国家监管机构与中央银行、财政部门之间的沟通障碍给金融救助和金融稳定工作带来被动,这反映出监管体系的失效。例如,美国前财长保尔森将美国金融监管体系称为是几个金融监管机构拼凑而成的。不仅是各个国家的金融监管协调不足,全球金融监管协调也有待进一步加强。

3) 监管机构明显缺位,缺乏约束机制

以麦道夫案为例,伯纳德·麦道夫(Bernard Madoff)设下"庞氏骗局"[①]骗取500亿美金巨款。根据美国证券交易商协会的记录,截至2008年11月17日,麦道夫公司管理的资产有171亿美元,但它常年聘用的会计师事务所却仅有3名员工,与其规模很不相称。一位证人证实,在过去9年里曾5次向美国证券交易委员会(SEC)检举麦道夫欺诈行为,事实依据充足。面对如此破绽明显的骗局,美国证券交易委员会却迟迟没有出手。金融监管机构的不作为给投资者带来极大的损失。

4) 监管套利频繁发生,危害全球市场

监管套利可以在一国之内,也可能是在国家之间进行。如果一个国家的金融

---

① 庞氏骗局又称"庞齐骗局",这是一种最古老和最常见的投资诈骗,是金字塔骗局的变体,很多非法的传销集团就是用这一招聚敛钱财的,这种骗术是一个名叫查尔斯·庞齐(Charles Ponzi,1878~1949)的投机商人于1919年在美国波士顿"发明"的。庞氏骗局在中国又称"拆东墙补西墙"、"空手套白狼"。简言之,庞氏骗局是指以高资金回报率为许诺,骗取投资者投资,用后来投资者的投资去偿付前期投资者的欺骗行为。自庞齐以后,不到100年的时间里,各种各样的"庞氏骗局"在世界各地层出不穷。随着中国改革开放的进程,改头换面的"庞氏骗局"也大量进入中国。在20世纪80年代,我国南方地区曾经出现一种"老鼠会",就是"庞氏骗局"的翻版。而更令人熟知的"庞氏骗局"改进版,就是各种各样的传销。一些在中国发生的非法集资案,大多也都是"庞氏骗局"的再现。

监管过于严格,该国的金融机构和业务就会被其他监管宽松的国家所吸引。类银行金融机构涌现、场外产品发展、对冲基金在离岸金融中心注册都是监管套利的表现。监管套利的趋势会影响各国金融政策的制定者,带来监管标准的下降,给国际金融市场带来巨大的风险。

3. 金融监管体制改革的最新动向

随着经济全球化步伐的加快和金融形势出现新的变化,国际金融监管层和业界人士已就金融监管体制改革的必要性形成共识,而愈演愈烈的金融危机则加剧了改革的紧迫性。2008年全球金融危机发生以后,欧美各国痛定思痛,认识到金融监管滞后导致系统性风险失控是引发金融危机的主要原因之一,纷纷谋划金融监管体制改革。2009年以来,美国、英国和欧盟相继推出了金融监管改革方案,都把强化金融监管、维护金融市场的稳定作为应对危机的重要举措,国际金融监管体制正在经历一轮新的变革。

1) 美国金融监管体制改革的新举措

2008年3月,贝尔斯登公司(Bear Stearns Cos.)因无法满足投资者的流动性需求,向美联储提出申请破产保护,美国金融监管体制的问题凸现。随后在3月31日,美国财政部向国会提交了一份金融监管体制改革方案。美国财政部表示,金融监管体制改革有两大目的:一是要增强美国资本市场的竞争力;二是要保护美国消费者利益和维护市场稳定。改革内容涉及多项裁撤、整合联邦监管部门的计划;强调由规则监管逐步转向灵活的原则监管;强调监管合作;突出美联储的监管地位,赋予其更大权力,使之成为金融监管的核心;建议整合现存的银行监管架构。

为了防止危机重演,从2009年起,美国进行了"大萧条"后最大规模的金融修法活动。2010年7月21日,巴拉克·奥巴马总统签署了被称为"美国史上最为严厉的金融监管法案"——《多德—弗兰克华尔街改革和消费者保护法》(*Dodd-Frank Wall Street Reform and Consumer Protection Act*,简称《多德—弗兰克法案》)。表明美国在金融监管领域的监管模式发生了彻底的转变,通过改善美国金融体系中的问责和透明度致力于提高美国金融系统的稳定性,终结金融机构"太大而不能倒"的局面,完善紧急救助保护美国纳税人、保护消费者免受滥用金融服务陈弊之害。该法案包括以下几个核心内容:①设立金融稳定监管委员会,负责监测和处理威胁国家金融稳定的系统性风险,实现不同监管机构之间的信息共享与协调监管;②将之前缺乏监管的自营交易及场外衍生品市场纳入监管视野;③注重宏观审慎监管、严格金融监管标准、扩大监管覆盖范围以及强调跨机构协调监管,强调要把所有具有系统重要性的金融机构纳入到宏观审慎的监管框架之下;④重组银行监管机构,对美联储监管权限进行规定,在扩大美联储监管范围的同时也要求其增加透明度;⑤在财政部设立联邦保险办公室来统一监管保险行业;⑥对个体金融消费者进行保护,专门设立个人消费者金融保护署。该法的通过表明美国在金融监管领域对原有模式的根本变革,开始了向统一监管的转变。

2) 英国金融监管体制改革的新举措

2007年,英国五大抵押借贷机构之一的北岩银行(Northern Rock Bank)因为受到美国次级房贷的拖累,在市场资金流通不佳的情况下,发生挤兑,濒临破产,后被英格兰银行注资。北岩银行成为英国金融界第一个美国次贷危机的受害者。其后,英国重新审视了其建立于1997年的金融监管体制。

2009年2月,英国议会通过了《2009年银行法案》。此法案明确规定了英格兰银行作为中央银行在金融稳定中的法定职责和核心地位,强化了相关的金融稳定政策工具和权限,赋予英格兰银行在预防和应对金融风险时以更大的责任和权限;设立了特别应对机制干预和处置问题银行;强调改善金融监管部门之间的协调机制。同年7月8日,英国发布了金融监管改革白皮书——《改革金融市场》。改革方案的主要内容包括:一是保持英格兰银行、金融服务局和财政部组成的英式金融监管"三驾马车"模式不改,将加大金融服务局制定金融监管规则的权力,同时提出成立金融稳定委员会,出现重大风险时协调三方采取干预行动;二是规定英国政府有权在存款机构出现严重危害金融稳定的风险时对其进行国有化,北岩银行、苏格兰哈里法克斯银行(Halifax and Bank of Scotland,HBOS)等一系列银行就实现了事实上的国有化;三是提出四项措施防控大型金融机构的全新风险(加强市场纪律、加强监管、金融机构提前制定应对倒闭风险预案和改善证券化产品与金融衍生品市场架构);四是提出谁犯错谁买单的原则,以保护纳税人利益,解决金融体系风险的成本来源问题,表示要完善2001年推出的金融服务补偿计划(FSCS),进行更充分的事前融资;五是保护消费者利益,确保竞争开放的市场;六是强调金融监管的国际合作。

2010年7月,为了对整体金融体系的系统性掌控,英国政府决定拆分金融服务局,将监管职责和权力集中到英格兰银行。英国新任财政大臣奥斯本表示,未来两年,金融服务局的职能将由三个机构取代,它们分别是:英格兰银行下辖的金融政策委员会主管宏观经济风险;风险管理局负责监管包括银行、保险业等金融机构的风险;独立的消费者保护局,负责监管向一般消费者提供服务的金融机构,并稳定金融市场。

新的金融改革蓝图的主要目的是为了提高信息共享,更好地发挥协同作用,但统一的审慎监管的这一基本原则是不变的。

4. 英美两国金融监管体制演进与动向比较①

1) 两国金融监管发展历史和改革动向具有相似性

比较英美金融监管模式的演变进程，可以看出两国的金融发展历史和监管变革历程具有极大的相似性，从自由到监管，再从放松管制到加强监管。事实证明"自由银行业"以及"最少的监管就是最好的监管"思想的极端和缺陷，因为"放心地让银行去自己管自己，等于是让偷猎者去站岗放哨"。虽然在历史的演进过程中，两国形成了截然不同的监管模式——英国的统一监管和美国的分业监管，但是最新的改革证明，统一监管将是共同的方向和趋势。我们还可以看出，任何一国金融监管的变革都离不开法律的制定，从最早的《泡沫法》《国民银行法》等，到近期的《2009年银行法案》、《多德—弗兰克法案》等等，法律和制度的制定是金融发展的风向标。

2) 原则监管重于规则监管

历史表明，金融创新和金融监管总是沿着"创新—监管—再创新—再监管"的轨迹演进。但通行的规则监管模式（即监管部门制定明确而细致的规则，金融机构在规则之内照章办事，法不禁止则通常可行）缺少必要的灵活性，落后于创新的步伐，而当二者距离过大时，就容易产生危机。鉴于此，原则监管（相对于规则监管以规则和标准为中心，重视过程、产品而言，原则监管是一种以原则为导向、重视结果的监管方式）的理念得到更多的重视，特别是英国推行以原则为基础的监管改革帮助英国维持了金融系统稳定，原则监管也逐渐被其他国家所采纳。

3) 英美改革代表了全球未来金融监管的发展方向

美国和英国的金融监管改革在内容上具有趋同性，主要表现在以下几个方面：加强各部监管部门之间的协调；央行的监管权限扩大；更加重视强宏观审慎性监管，以减少系统性风险；更加注重保护消费者的利益。更重要的是，英美的金融监管改革代表了世界金融监管模式在未来的发展方向——统一监管。统一监管模式是顺应国际金融业发展趋势的：有利于监管机构间的协调，避免监管真空；产生规模效应降低监管成本；由于混业经营形成的全能银行或金融控股公司会减少金融机构的数量，实行统一监管有利于政府集中精力对几家大银行进行监管。

15.3.3 金融监管的国际协调

经济、金融全球化无所不在，它产生的影响广泛而深远。这种影响带来的、也

---

① 参见：冯融，付彩芳. 英美金融监管制度演变历程比较及启示[J]. 中国发展观察，2010(11)：10.

第15章 金融监管

是21世纪人们最关心的问题之一,就是面对全球化如何趋利避害,如何在推动全球经济发展的同时维护经济、金融秩序乃至国际社会秩序的稳定。这种问题的答案可能有多个,但其中的一个答案肯定是国际社会加强在这方面的监管。而就全球化的本质与影响而言,这种监管的重心有逐渐从一国向多国或国际社会演化的趋势。也就是说,在经济、金融全球化的背景下,我们要从更高的角度来看待金融问题,加强金融监管的国际间协调与合作。实际上,近年来经济、金融全球化导致的国际经济金融关系的深刻变化,已使金融监管的国际协调与合作成为国际经济协调与合作的主旋律。在信息不完全程度仍很深、金融体系仍很脆弱、国际投机势力仍很强大、各国相互依存性仍在增强的世界里,这种主旋律还会继续下去。

1. 金融监管国际协调的背景

1) 金融全球化迅速发展

20世纪90年代以来,随着经济一体化的进程,金融全球化迅速发展,这主要表现在:一是金融机构的跨国经营和规模的迅速扩张。二是金融市场的全球联动。网络信息技术的发展使得全球金融市场越来越连接成为一个整体,金融市场的同质性进一步提高。一国的金融事件会迅速传播影响到其他国家的金融市场。三是金融产品的不断创新。在金融创新的推动下,一方面是金融活动效率的提高,另一方面也带来了新的系统性金融风险。四是金融资本的频繁跨国流动。

2) 金融自由化程度加深

伴随着20世纪70年代初美国经济学家麦金农和肖的金融深化理论,一方面许多国家加快开放资本账户和金融市场,放松了对于跨国金融机构的各种限制,跨国银行得到了全面发展和迅速扩张,其触角已经伸到了几乎每一个新兴市场。另一方面,在金融全球化过程中,通过日益频繁的并购活动,金融资本的相互渗透和竞争,金融机构呈现出大型化、业务交叉、国际化等特征。

3) 金融风险的全球性

随着金融自由化程度的日益加深和金融全球化的迅速发展,各类金融风险的全球性特征日趋明显,其危害也在全球蔓延。此类风险主要包括外汇市场风险、国际银行业的风险、国际证券市场的风险和金融衍生工具的风险等。

2. 金融监管国际协调的方式

金融监管的国际协调主要是指国际经济组织、金融组织与各国以及各国之间,在金融政策、金融行动等方面采取共同步骤和措施,通过相互间的协调与合作,达到协同干预、管理与调节金融运行并提高其运行效益的目的。金融监管国际协调的主体主要是各国政府监管当局以及国际社会成立的各种机构,比如国际货币基金组织(IMF)、世界银行(WB)、国际清算银行(BIS)、世界贸易组织

(WTO)、巴塞尔银行监管委员会(BCBS)、国际证券委员会组织(IOSCO)、国际保险监督官协会(IAIS,又称国际保险监管者协会)等。

从形式上看,金融监管的国际协调有规则性协调和相机性协调。规则性协调主要由全球性的经济金融组织通过制定明确的规则来指导各国采取政策措施从而达到国际间协调。优点是权威性、连续性强;缺点是规则一旦确定就不能随时更改,要延续一段时间,可能与实际情况脱节。相机性协调是针对某一特定情况各国采取的政策组合和共同行动措施。优点是灵活性、时效性、针对性比较强;缺点是协调成本高、约束力较弱。

此外,金融监管的国际协调,从地域上看,分为全球性的国际协调和区域性的国际协调;从协调所涵盖的内容看,分为综合性的国际协调和专门化的国际协调;从协调频率上,分为经常性的国际协调和临时性的国际协调。

3. 金融监管国际协调的机制

随着各国对于国际金融监管协调的重视,协调的机制也逐渐完善。主要通过以下几个机制进行:

1) 信息交换

两国或者多国之间的信息交换是国际协调最基本的内容之一。可交换的信息包括各国的宏观经济形势、汇率、干预外汇市场的意愿、金融政策的制定等方面。由于金融业迅速发展,金融业务活动不断扩大和创新,各国的金融监管政策和措施不断地改进和变化,各国间、各国与国际经济金融组织间的信息交流更加迫切和必要。

2) 政策的相互协调

在信息交流的基础上,各国可以进一步采取一致的经济金融政策,每个国家在确定自己的政策同时考虑其他国家的目标和政策立场,避免政策所带来的溢出效应,寻求共同目标价值。同时,各国对政策工具及其规模和运用做出合理的时间安排,以避免同其他国家产生矛盾和冲突。

3) 危机管理

针对金融领域突发的、影响特别严重的事件,各国进行协调和采取共同的政策以避免危机的传播,寻求政策合力共同解决金融风险。

4) 联合行动

在各国通过信息交换,达成共同的目标价值,便可以进行联合行动。联合行动是共同协调的最高形式,往往可以很快起到明显效果。

15.4 我国的金融监管

金融监管是经济监督的重要组成部分,随着我国金融业快速发展,金融改革继续深化,金融领域开放不断扩大,金融运行日益复杂。在这样的形势下,金融监管已成为金融工作的重中之重,成为保障金融业持续健康发展和安全运行的"助推器"和"稳定器"。在"十一五"期间,我国金融监管体制进一步健全。特别是面对2008年下半年以来国际金融危机的冲击,我国金融监管体系充分发挥了保护金融安全"稳定器"的作用。

15.4.1 我国金融监管发展的历史回顾

从1949年建国以后到1978年开始实行改革开放政策之前,我国实行的是高度集中的计划经济管理体制。在这一体制下,金融的运行主要靠国家编制计划,通过金融机构的严格执行来实现,信贷的数量和投向、利率等都由国家计划确定,政府支配银行全部剩余并承担全部经济风险。因此这一阶段几乎不存在金融监督管理,虽然也要检查计划执行情况,但绝非现代意义上的金融监管。

中国的现代金融宏观调控体系是在改革开放后逐渐形成和建立起来的,这一过程学界普遍认为可分为两个阶段。

第一阶段是中国人民银行统一监管时期(1978~1992年)。在这一时期,中国的经济体制改革以农村为突破口,并慢慢转向宏观经济领域。金融领域的改革,使我国的金融体制发生了结构性的变化。工行、农行、中行、建行四大国有商业银行恢复成立,1983年9月中国人民银行成为独立的中央银行,此后以交通银行、招商银行和华夏银行为代表的一批商业性银行相继成立,实现了金融机构的多元化,中国人民银行开始作为中央银行行使各个方面职能。然而,由于当时中国的金融市场还不发达,银行以外的金融机构还不多,因此,在1984至1992年的这段时期,集货币政策和所有金融监管与一身的中国人民银行是中国金融监管的主要机构。可见,这段时期中国仍然实行的是集中统一管理体制。

第二阶段是分业监管时期(1992年至今)。在这一时期我国金融业分业监管体制逐步建立和完善。随着金融机构种类多样化和金融业务品种的多元化,证券市场、保险市场快速发展,以及分业经营格局的基本形成,原有的监管体制已经不适应新的金融格局和加强金融管理的要求。20世纪90年代后我国陆续成立了中国证券业监督管理委员会(1992,简称"证监会")、中国保险业监督管理委员会(1998,简称"保监会")和中国银行业监督管理委员会(2003,简称"银监会")。至此,中国人民银行多年来集货币政策制定和银行监管于一身的"大一统"时代宣告结束,我国初步形成了人民银行、银监会、证监会、保监会(即"一行三会")四机构分工负责,相互协作的金融监管体系。其中,中国人民银行主要制定和执行货币政策,对货币市场和外汇市场进行监督与管理;银监会负责统一监督管理全国银行、金融资产管理公司、信托投资公司及其他存款类金融机构;证监会依法对全国证券、期货市场实行集中统一监督管理;保监会统一监督管理全国保险市场,维护保险业的合法、稳健运行。

此后,2003年12月27日,第十届全国人大常务委员会第六次会议通过了《中华人民共和国银行业监督管理法》(下称《银行业监督管理法》)、《关于修改〈中华人民共和国中国人民银行法〉的决定》和《关于修改〈中华人民共和国商业银行法〉的决定》,并于2004年2月1日起正式施行。三部银行法和《证券法》、《保险法》、《信托法》、《证券投资基金法》、《票据法》及有关的金融行政法规、部门规章、地方法规、行业自律性规范和相关国际惯例中有关金融监管的内容共同组成了我国现行的金融监管制度体系。

为了对金融机构和金融市场更好地进行统一和综合监管,银监会、证监会、保监会于2004年6月共同签署了金融监管分工合作备忘录,对各自的监管职责予以明确,对合作监管办法作了明确规定,从而建立了银监会、证监会、保监会"监管联席会议机制"。银监会、证监会、保监会任何一方与金融业监管相关的重要政策、事项发生变化,或其监管机构行为的重大变化将会对他方监管机构的业务活动产生重大影响时,应及时通告他方。若政策变化涉及到他方的监管职责和监管机构,应在政策调整前通过"会签"方式征询他方意见。对监管活动中出现的不同意见,三方应及时协调解决。

15.4.2 我国现行的金融监管体系

1. 我国的整体金融监管系统

我国的整体金融监管系统包括金融监管组织监管系统、金融机构自律监管系统、行业自律监管系统、市场监督系统、行政法制监督系统等五个方面的监管系统,形成了对于金融机构的自我约束与外部约束、行政手段监管与法律手段监管相结合的基本框架。

1) 金融监管的组织系统

目前,我国已形成了由人民银行、银监会、证监会、保监会分别对不同领域金融活动进行监管的金融监管组织系统,并以立法的形式授予这些机构法定的监管权限,监管机构对金融机构依法进行监管,通常把这些机构依法进行的监管叫做采用法律手段进行监管。这些机构的职责就是对金融机构及其活动进行监管;其监管具有法制性、规范性、连续性、强制性等特点,因而是五个监管系统中最主要、最重要的监管系统。该系统监管的特点是依法监管,因而,法制建设是保障金融监管工作的基础,它致力于解决金融监管中行政手段所无法解决的难题,并发挥着引导和促进的作用。所以,加强金融监管的法制建设,是我国的迫切任务。

2) 金融机构自律监管系统

在完善的金融监管中,各金融机构既是被监管的对象,也是基础性监管的自律主体。在目前,各银行机构内部都设立了稽核、监察等部门,以加强内部控制,并按照央行的监管要求,以国家的经济、金融法规及内部控制制度为基础,发挥其自我约束、自我监察、防微杜渐的基础性作用,增强其自律能力。

3) 行业自律监管系统

为避免金融机构之间的不正当竞争,规范和矫正金融行为,以促进其协作运行和共同繁荣,金融行业内自律监管不可或缺。2000年5月成立的中国银行业协会,它作为银行业利益的代言人,以及行业纠纷的调解人,并且作为一种民间金融监管组织,从平等协商、互助互惠的原则出发,可以制定同业公约,加强行业管理,协调各方面关系,从而有效地沟通监管机构与金融机构之间的信息,有利于金融监管当局实施宏观金融管理。此外,中国证券业协会(1991年8月28日成立)和中国保险行业协会(2001年2月23日成立)也在相关金融领域发挥了行业自律组织的应有作用。

4) 市场监督系统

市场的监督,主要包括客户和社会舆论的监督。要发挥市场的监督作用,则要求金融业增加透明度,包括业务制度方面的规范、经营过程及财务信息方面的透明度,这样才能通过客户的选择与社会舆论监督系统来协助监管机构对金融业进行监管。目前,一方面,各金融机构通过建立社会举报制度和问题查处程序形成强大的社会监督威慑力,督促各金融机构依法经营和规范行事。另一方面,还利用了社会机构协助进行监督管理,如会计师事务所、律师事务所等。

5) 行政监管系统

行政监督系统包括工商行政管理、财政税务审计等政府部门的各种专项审计和专项检查,以及政府对特种金融工具如债券、股票等的直接或间接监管。

2. 中国银行业监督管理委员会

中国银行业监督管理委员会(China Banking Regulatory Commission, CBRC),简称"银监会"。根据国务院授权,中国银监会统一监督管理银行、金融资产管理公司、信托投资公司及其他存款类金融机构,维护银行业的合法、稳健运

现代货币金融学

行。中国银监会于2003年4月28日正式成立。银监会内设15个部门,其主要业务部门按监管对象划分。如银行监管一部,承办对国有商业银行及资产管理公司等的监管工作;银行监管二部,承办对股份制商业银行、城市商业银行的监管工作;银行监管三部,承办对政策性银行、邮政储蓄机构以及外资银行等的监管工作;非银行金融机构监管部,承办对非银行金融机构(证券、期货和保险类除外)的监管工作;合作金融机构监管部,承办对农村和城市存款类合作金融机构的监管工作。

中国银监会实行垂直管理模式,在中央为银监会,一般在各省设立银监局,在各地级市设立银监分局。

3. 中国证券业监督管理委员会

中国证券业监督管理委员会(China Securities Regulatory Commission, CSRC),简称"证监会"。1992年10月,国务院证券委员会(简称国务院证券委)和中国证券监督管理委员会(简称中国证监会)宣告成立,标志着中国证券市场统一监管体制开始形成。1998年4月,根据国务院机构改革方案,决定将国务院证券委与中国证监会合并组成国务院直属正部级事业单位,依照法律、法规和国务院授权,统一监督管理全国证券期货市场,维护证券期货市场秩序,保障其合法运行。经过这些改革,中国证监会职能明显加强,集中统一的全国证券监管体制基本形成。1998年9月,国务院批准了《中国证券监督管理委员会职能配置、内设机构和人员编制规定》,进一步明确了中国证监会为国务院直属事业单位,是全国证券期货市场的主管部门,进一步强化和明确了中国证监会的职能。

中国证监会设在北京,内设18个职能部门,1个稽查总队,3个中心。目前中国证监会在省、自治区、直辖市和计划单列市设立36个证券监管局,以及上海、深圳证券监管专员办事处。

4. 中国保险业监督管理委员会

中国保险业监督管理委员会(China Insurance Regulatory Commission, CIRC),简称"保监会"。中国保监会成立于1998年11月18日,是国务院直属事业单位。根据国务院授权履行行政管理职能,依照法律、法规统一监督管理全国保险市场,维护保险业的合法、稳健运行。2003年,国务院决定,将中国保监会由国务院直属副部级事业单位改为国务院直属正部级事业单位,并相应增加职能部门、派出机构和人员编制。

中国保险监督管理委员会内设15个职能机构,并在全国各省、直辖市、自治区、计划单列市设有35个派出机构。

5. 对我国现行金融监管体系的简要评价

尽管目前国际上尚无唯一最佳的金融监管组织模式,但监管职能独立分设于中央银行之外已成为许多国家的选择,我国也已实现了监管职能与中央银行的分离。就我国而言,各金融监管机构作为国务院下设的正部级事业单位,根据不同的授权,实行分业监管,维护金融业的合法、稳健运行。在我国目前的政体安排与现实国情条件下,这种"金融消费者(存款人、投资者、投保者等)—中央政府(国务院)—监管机构(银监会、证监会、保监会)"的委托代理链条设计,能充分保证监管者独立行使监管职能,有利于最大限度地保护广大金融消费者的合法权益。可见,我国现行的分业监管、相互合作的金融监管体制基本适应金融机构和金融市场发展的实际需要,是我国现阶段现实的选择,对我国的金融业的发展发挥了积极的作用。然而,随着改革开放的进一步深化,金融创新活动和金融自由化的发展,我国金融监管体系中所存在的问题也日益凸现。如监管职能的重叠,易导致摩擦及管理效率低下;混业经营和金融创新的发展增加了监管难度;世界性的金融体系加大了金融风险在全球范围的传导;金融监管缺乏完善的法律制度。这些问题严重影响我国的金融安全和金融机构的竞争力。针对出现的一系列问题,我们必须采取相应措施以提高金融监管效率,使我国的金融监管与国际接轨,保证国家的金融安全。

英美金融监管的演变历史为我国金融监管体系的完善提供了有益的借鉴:应加强中央银行在宏观审慎监管和防范系统性金融风险方面的职能;解决对金融控股公司的监管真空;加强各金融监管机构之间的协调;加强金融消费者保护。

同时应该清楚,没有一种模式是完美而具有普适性的,一国金融监管体制是同其政治、经济、文化和历史等因素相联系的,我国金融监管当局应当大力研究金融发展和监管的历史,深入研究各国案例和法规,借鉴国际经验,根据自己的实际情况来架构符合本国特色的金融监管体系,以规避风险和促进金融业健康发展。

15.4.3 我国金融监管的目标与内容

1. 我国金融监管的目标

我国的金融监管目标体现在有关的金融法规中。我国现阶段的金融监管目标可概括为:

一般目标:①防范和化解金融风险,维护金融体系的稳定与安全。②保护公平竞争和金融效率的提高,保证中国金融业的稳健运行和货币政策的有效实施。

具体目标:经营的安全性、竞争的公平性和政策的一致性。其中,经营的安全性是指保护存款人和其他债权人的合法权,规范金融机构的行为,提高信贷资产质量;竞争的公平性是指通过监管当局的金融监管,创造一个平等合作、有序竞争的金融环境,保证金融机构之间的适度竞争;政策的一致性是指通过监管,使金融机构的经营行为与中央银行的货币政策目标保持一致。通过金融监管,促进和保证整个金融业和社会主义市场经济的健康发展。

2. 我国金融监管的内容

1) 银行业监管的主要内容

(i) 市场准入监管

市场准入监管是指银行监管当局根据法律、法规的规定,对银行机构进入市场、银行业务范围和银行从业人员素质实施管制的一种行为。银行监管当局对要求设立的新银行机构存在的必要性及其生存能力两个方面进行审查。

根据《中华人民共和国商业银行法》(1995年5月10日通过,2003年12月27日修正)的规定,在我国设立商业银行应具备的条件:一是有符合本法和《中华人民共和国公司法》规定的章程;二是有符合本法规定的注册资本最低限额;三是有具备任职专业知识和业务工作经验的董事、高级管理人员;四是有健全的组织机构和管理制度;五是有符合要求的营业场所、安全防范措施和与业务有关的其他设施。同时,设立商业银行,还应当符合其他审慎性条件。

其中,关于注册资本,《中华人民共和国商业银行法》规定:设立全国性商业银行、城市商业银行和农村商业银行的注册资本最低限额分别为10亿元、1亿元和5000万元人民币。注册资本应当是实缴资本。国务院银行业监督管理机构根据审慎监管的要求可以调整注册资本最低限额,但不得少于上述规定的限额。

(ii) 市场运营监管

市场运营监管是指对银行机构日常经营进行监督管理的活动。概括起来讲,市场运营监管的主要内容包括以下几个方面:

(1) 资本充足性。根据中国银监会《商业银行资本充足率管理办法》(2007年修订版),我国商业银行资本充足率的计算应建立在充分计提贷款损失准备等各项损失准备的基础之上。商业银行资本充足率不得低于8%,核心资本充足率不得低于4%。商业银行资本充足率的计算公式为:

$$资本充足率 = \frac{(资本-扣除项)}{(风险加权资产+12.5倍的市场风险资本)}$$

$$核心资本充足率 = \frac{(核心资本-核心资本扣除项)}{(风险加权资产+12.5倍的市场风险资本)}$$

其中,商业银行资本包括核心资本和附属资本。核心资本包括实收资本或普通股、资本公积、盈余公积、未分配利润和少数股权。附属资本包括重估储备、一

第 15 章 金融监管

般准备、优先股、可转换债券、混合资本债券和长期次级债务。商业银行的附属资本不得超过核心资本的 100%;计入附属资本的长期次级债务不得超过核心资本的 50%。计算资本充足率时,扣除项包括商誉、商业银行对未并表金融机构的资本投资、商业银行对非自用不动产和企业的资本投资;计算核心资本充足率时,核心资本扣除项包括商誉、商业银行对未并表金融机构资本投资的 50%、商业银行对非自用不动产和企业资本投资的 50%。银行的风险加权资产是指按照各种资产不同的风险权重比例计算的资产总量。

根据资本充足率的状况,中国银监会将商业银行分为三类:资本充足的商业银行(资本充足率不低于 8%,核心资本充足率不低于 4%)、资本不足的商业银行(资本充足率不足 8%,或核心资本充足率不足 4%)和资本严重不足的商业银行(资本充足率不足 4%,或核心资本充足率不足 2%)。

(2) 资产安全性。国际通行的做法是分为五类:即正常贷款、关注贷款、次级贷款、可疑贷款、损失贷款,通常认为后三类贷款为不良贷款。

资产安全性监管的重点是银行机构风险的分布、资产集中程度和关系人贷款。根据中国银监会《商业银行风险监管核心指标》(2006 年 1 月 1 日试行),在我国衡量资产安全性的指标为信用风险的相关指标,具体包括:

一是不良资产率,即不良资产与资产总额之比,不应高于 4%。其中,不良贷款率(即不良贷款与贷款总额之比)不应高于 5%。

二是单一集团客户授信集中度,即最大一家集团客户授信总额与资本净额之比,不应高于 15%。其中,单一客户贷款集中度(即最大一家客户贷款总额与资本净额之比)不应高于 10%。

三是全部关联度,即全部关联授信与资本净额之比,不应高于 50%。

(3) 流动适度性。银行机构的流动能力分为两部分:一是可用于立即支付的现金头寸,包括库存现金和在中央银行的超额准备金存款,用于随时兑付存款和债权,或临时增加投资;二是在短期内可以兑现或出售的高质量可变现资产,包括国库券、公债和其他流动性有保证的低风险的金融证券,主要应付市场不测时的资金需要。

对银行机构流动性监管的主要内容:一是银行机构的流动性应当保持在适度水平。二是监测银行资产负债的期限匹配。银行监管当局必须对银行机构的流动性资产、流动性负债,长期资产和长期负债以及资产负债的总体结构情况进行监督,使之保持在规范标准的水平。三是监测银行机构的资产变化情况。包括对银行的长期投资、不良资产和盈亏变化的监督。

根据中国银监会《商业银行风险监管核心指标》,我国衡量银行机构流动性的指标主要有：一是流动性比例，即流动性资产与流动性负债之比，衡量商业银行流动性的总体水平，不应低于25％；二是流动负债依存度，即核心负债与总负债之比，不应低于60％；三是流动性缺口率，即流动性缺口与90天内到期表内外流动性资产之比，不应低于－10％。

（4）收益合理性。对银行机构的财务监管主要有以下内容：

第一，对收入的来源和结构进行分析。收入是通过资产获得的，通过收入来源和结构的分析，可以了解收入的主要来源，以及生息资产、非生息资产的结构，从而判断银行的资产构成是否合理、资产质量的优劣。

第二，对支出的去向和结构进行分析。支出主要包括利息支出和经营成本。通过支出去向和结构的分析，可以了解银行利息支出、经营成本的高低，判断银行负债结构是否合理。

第三，对收益的真实状况进行分析。主要包括应收利息、应收未收利息、应付利息、应付未付利息、呆账准备金和坏账准备金的提取等。

根据中国银监会《商业银行风险监管核心指标》，我国关于收益合理性的监管指标包括：一是成本收入比，即营业费用与营业收入之比，不应高于45％；二是资产利润率，即净利润与资产平均余额之比，不应低于0.6％；三是资本利润率，即净利润与所有者权益平均余额之比，不应低于11％。

（5）内控有效性。根据2005年2月1日起施行的《商业银行内部控制评价试行办法》，中国银监会对银行内部控制的评价应从充分性、合规性、有效性和适宜性等四个方面进行。

内部控制评价应该遵循的原则包括：一是全面性原则，评价范围应覆盖商业银行内部控制活动的全过程及所有的系统、部门和岗位；二是统一性原则，评价的准则、范围、程序和方法等应保持一致，以确保评价过程的准确及评价结果的客观和可比；三是独立性原则，评价应由银监会或受委托评价机构独立进行；四是公正性原则，评价应以事实为基础，以法律法规、监管要求为准则，客观公正，实事求是；五是重要性原则，评价应依据风险和控制的重要性确定重点，关注重点区域和重点业务；六是及时性原则，评价应按照规定的时间间隔持续进行，当经营管理环境发生重大变化时，应及时重新评价。

(iii) 处理有问题银行及市场退出监管

（1）处理有问题银行。有问题银行是指因经营管理状况的恶化或突发事件的影响，有发生支付危机、倒闭或破产危险的银行机构。有问题银行的主要特征是：内部控制制度失效；资产急剧扩张和质量低下；资产过于集中；财务状况严重恶化；流动性不足；涉嫌犯罪和从事内部交易。

监管当局处置有问题银行的主要措施:一是督促有问题银行采取有效措施,制订详细的整改计划,以改善内部控制,提高资本比例,增强支付能力;二是采取必要的管制措施;三是协调银行同业对有问题银行进行救助;四是中央银行进行救助;五是对有问题银行进行重组;六是接管有问题银行。

(2) 处置倒闭银行。银行倒闭是指银行无力偿还所欠债务的情形。广义的银行倒闭有两种情况:一是银行的全部资产不足抵偿其全部债务,即资不抵债;二是银行的总资产虽然超过其总负债,但银行手头的流动资金不够偿还目前已到期债务,经债权人要求,由法院宣告银行破产。

处置倒闭银行的主要措施:一是收购或兼并;二是依法清算。

2) 证券业监管的主要内容

(i) 证券业监管的法律法规体系

中国证监会对于证券业的监管,已经初步形成了以证券法律为核心,以部门规章为主体的证券业监管法律法规体系。其中第一层次的依据是《公司法》、《证券法》、《证券投资基金法》等法律;第二层次是制订部门规章,包括《证券公司检查办法》、《客户交易结算资金管理办法》等;第三层次是在《办法》下面再制定关于机构、业务、人员、内部控制方面的监管规则,包括证券公司审批规则、证券公司分支机构审批规则等。

(ii) 上市公司监管

证券业监管的上市公司监管和服务对象为辖区内上市公司、拟上市公司、从事证券期货业务的会计师事务所及资产评估公司等中介服务机构。

(1) 对拟公开发行股票公司的监管。监管内容主要是:负责监管辖区内拟公开发行股票公司的辅导改制工作;对辖区内拟公开发行股票公司及有关中介机构在股票发行审核和承销过程中涉嫌违规的行为进行核查,并出具核查意见;对中介机构在公司上市后履行持续义务的情况进行监管。

(2) 对上市公司的监管。监管内容主要是:上市公司的信息披露、公司治理结构、重大资产重组、吸收合并、上市公司收购及股东持股变动等并购重组事宜和上市公司融资情况进行监管,并建立上市公司各类监管档案。

(3) 审计及评估业务监管。监管对象主要是会计师事务所、资产评估机构的相关人员的职业道德、独立性和专业胜任能力进行监督检查,对其申报材料中的疑点进行核查,并收集其相关信息。

(iii) 证券公司监管

我国对于证券公司的监管框架主要包括证券公司市场准入、经营风险防范、退出、从业人员监管等机制。这部分主要的依据为2006年1月1日起施行的《中华人民共和国证券法》(以下简称《证券法》)。

(1) 市场准入制度。《证券法》第 129 条规定:"证券公司设立、收购或者撤销分支机构,变更业务范围或者注册资本,变更持有百分之五以上股权的股东、实际控制人,变更公司章程中的重要条款,合并、分立、变更公司形式、停业、解散、破产,必须经国务院证券监督管理机构批准。证券公司在境外设立、收购或者参股证券经营机构,必须经国务院证券监督管理机构批准。"

《证券法》第 124 条规定,设立证券公司应当具备的条件:一是有符合法律、行政法规规定的公司章程;二是主要股东具有持续盈利能力,信誉良好,最近 3 年无重大违法违规记录,净资产不低于人民币 2 亿元;三是有符合本法规定的注册资本;四是董事、监事、高级管理人员具备任职资格,从业人员具有证券从业资格;五是有完善的风险管理与内部控制制度;六是有合格的经营场所和业务设施;七是法律、行政法规规定的和经国务院批准的国务院证券监督管理机构规定的其他条件。

《证券法》第 127 条的规定,证券公司经营证券经纪、证券投资咨询及与证券交易或证券投资活动有关的财务顾问业务的,注册资本最低限额为人民币 5000 万元;在证券承销与保荐、证券自营、证券资产管理、其他证券业务四类中,经营其中业务之一的,注册资本最低限额为人民币 1 亿元,经营其中两项以上业务的,注册资本最低限额为人民币 5 亿元。证券公司的注册资本应当是实缴资本。

(2) 证券公司经营风险防范机制。第一,证券公司应当建立内部控制及有关隔离制度。《证券法》第 136 条规定:"证券公司应当建立健全内部控制制度,采取有效隔离措施,防范公司与客户之间、不同客户之间的利益冲突。证券公司必须将其证券经纪业务、证券承销业务、证券自营业务和证券资产管理业务分开办理,不得混合操作。"第二,证监会对证券公司财务及审计的监管制度。《证券法》第 148 条规定,证券公司应当按照规定向国务院证券监督管理机构报送业务、财务等经营管理信息和资料。国务院证券监督管理机构有权要求证券公司及其股东、实际控制人在指定的期限内提供有关信息、资料。该法第 149 条还规定,国务院证券监督管理机构认为有必要时,可以委托会计师事务所、资产评估机构对证券公司的财务状况、内部控制状况、资产价值进行审计或者评估。第三,证券公司应当按照现代企业制度的要求,建立并健全符合公司法规定的治理结构,应当建立独立董事制度。

(3) 对证券从业人员的监管机制。一是建立了对证券从业人员资格管理、年检制度。二是对证券公司高管人员进行任职资格审查,建立高管人员保荐推荐制度。三是强化证券公司高管人员的持续培训。

(4) 证券公司市场退出制度。《证券法》第153条规定:"证券公司违法经营或者出现重大风险,严重危害证券市场秩序、损害投资者利益的,国务院证券监督管理机构可以对该证券公司采取责令停业整顿、指定其他机构托管、接管或者撤销等监管措施。"

(iv) 资本市场监管

在监管资本市场方面,证监会认为:交易体系的建立应当置于监管部门的监督与监控之下,符合监管原则;应当对交易进行日常监管,保证在平等和公平原则上的交易完整,达到市场不同参与者需求之间的适当平衡;监管应当推进交易的透明度;监管条例应有助于发现和阻止市场操控、内幕交易等不公平交易;监管体系应当保证市场参与者进行必要的风险管理;市场清算应当置于监管部门的监视之下,保障清算体系的公平、有效和有利于降低风险。

3) 保险业监管的主要内容

(i) 保险业监管的法律法规体系

保险法律体系是由各种规范保险活动的单行法律、法规、条例、决定、办法等法律文件组成的一个内容相互补充、完整统一的有机整体。其所规范的对象,主要包括保险监管机关、保险公司、保险中介机构、投保人、被保险人、受益人等。

我国现行关于保险业监管的法律法规主要包括《中华人民共和国保险法》(2009年10月1日起施行,以下简称《保险法》)、《保险公司偿付能力管理规定》(2008年9月1日起施行)、《保险保障基金管理办法》(2008年9月11日起施行)、《保险公司管理规定》(2009年10月1日起施行)、《保险资金运用管理暂行办法》(2010年8月31日起施行)等等。

(ii) 偿付能力监管

我国目前对偿付能力的监管标准使用的是最低偿付能力原则,中国保监会的干预界限是以保险公司的实际偿付能力与此标准的比较来确定。

首先,保险公司最低资本规定。《保险法》规定,设立保险公司,其注册资本的最低限额为人民币2亿元,且注册资本必须为实缴货币资本,这是偿付能力监管的基石。在公司成立后,必须将其注册资本的20%作为法定保证金存入中国保监会指定银行,专用于公司清算时清偿债务。《保险公司偿付能力管理规定》规定,保险公司应当具有与其风险和业务规模相适应的资本,确保偿付能力充足率不低于100%。偿付能力充足率即资本充足率,是指保险公司的实际资本与最低资本的比率。

其次,准备金规定。保险公司是典型的负债经营型企业,需要加强对保险公司保险准备金的真实性和充足性的监管。我国准备金的提取比例由《保险法》统一规定,经营人寿保险业务的保险公司按有效人寿保单的全部净值提取未到期责任准备金;经营非寿险业务的,从当年自留保费中按照相当于当年自留保费的50%提取未到期责任准备金。

最后,投资监管。《保险法》规定,保险公司的资金运用必须稳健,遵循安全性原则。保险公司的资金运用限于下列形式:银行存款;买卖债券、股票、证券投资基金份额等有价证券;投资不动产;等等。

(iii) 公司治理监管

《公司法》和《保险法》的要求,各保险公司都必须建立股东大会、董事会、监事会和经理层的组织架构,形成公司治理结构的基本框架。董事会制度要不断健全,保险公司要在董事会下设置了专门委员会,其中包括审计委员会、薪酬委员会和提名委员会等;保险公司还可以引入了独立董事,发挥独立董事制度的作用。各保险公司都要制定完备的股东大会、董事会和监事会议事规则,对各机构的主要职能、议事和决策程序作了较为详细的规定,初步形成了分权制衡机制。

(iv) 市场行为监管

2006年《国务院关于保险业改革发展的若干意见》指出保险业监管必须改进现场、非现场检查,严厉查处保险经营中的违法违规行为,提高市场行为监管的针对性和有效性。各保监局从当地实际情况出发,针对专业保险中介机构的特点,重点关注以下几个方面:①机构设立或变更事项的报批手续是否完备;②资本金、出资额是否真实、足额;③内部控制制度建设是否完善,包括是否根据有关法律和章程建立了完善的法人治理结构,是否建立了规范、完整的财务和业务管理等制度,是否制定了员工职业道德规范、保险中介服务规范等;④规章制度执行情况;⑤高级管理人员的任职资格和从业人员的持证情况;⑥监管费是否及时上缴、是否按规定提取营业保证金或办理职业责任保险;⑦业务经营状况和财务状况;⑧向保险监管机构上报的各类报告、报表、资料等是否真实、及时。

15.4.4 金融监管的协调与合作

1. 金融监管与货币政策的相互协调

建立货币政策与金融监管有效协调机制,必须从我国的现实国情出发,深入研究货币政策与金融监管二者的关系。

1) 金融监管与货币政策之间的关系

从理论上讲,货币政策和金融监管目标并不相同。按照人民银行法规定,货币政策的目标是稳定币值,并以此促进经济增长。金融监督的目标则是保护存款人的利益,维护金融体系的稳定运转,促进金融业公平竞争。从实现目标的手段

第 15 章 金融监管

上看,货币政策实施主要靠利益传导。金融监管目标的实现主要依靠法规和行政手段等强制力实施。甚至可以这样说,货币政策目标是人民银行给"自己"制定的操作目标,金融监管目标则由各个商业银行分别承担。从作用范围看,货币政策对经济生活的影响更为广泛、深刻;金融监管主要影响金融机构。由此可以看出,二者目标不同,货币政策和金融监管存在冲突的可能。由于金融监管依靠强制力实施,对金融机构是硬约束,冲突的结果必然是货币政策目标让位于金融监管。现阶段,我国货币政策和金融监管的运作实践也正说明了这个问题。

可见,将金融监管职能和货币政策职能相分离,是为了提高货币政策的独立性和金融监管的专业性。然而,从根本上讲,货币政策与金融监管又是相辅相成的。

首先,货币政策与金融监管的最终目标一致,均是为了金融稳定。比较而言,货币政策对经济活动的影响更为广泛和深刻。一般来说,货币政策目标应优于金融监管目标。只有金融体系出现系统性风险并足以破坏金融体系的稳定运行,金融监管目标才上升到优于货币政策目标的地位。一旦系统性的风险得到有效控制,货币政策与金融监管应协调运作。同时,从我国的实际情况出发,货币政策和金融监管都应积极服务和服从于经济发展这个大局。货币政策不但要保持币值的相对稳定,并且要促进经济的增长。而金融监管也必须为金融业健康稳定的发展创造良好的环境,促进金融业的有序竞争,为经济发展提供更好的支持。因此,货币政策和金融监管目标的根本一致性,是有效协调机制运作的基础。①

其次,金融监管是贯彻落实货币政策,实现货币政策目标的重要保证,有效的金融监管是货币政策传导机制顺畅、市场预期稳定的基础和保证。

再者,金融监管信息的准确反馈又可以促进货币政策的制定和执行。

因此,货币政策与金融监管辩证关系决定了二者需要相互协调和配合,以便实现金融业稳定、币值稳定、经济增长稳定的目标。

2) 金融监管与货币政策的协调内容

(1) 对商业银行监管和微观传导机制运行的协调。在货币政策传导上由中央银行的货币政策和金融监管职能的分离,使得中央银行难以直接干预货币政策在金融机构和金融市场中的传导,这就需要监管部门之间的配合。

(2) 统计数据和信息的协调。中国人民银行和三家监管机构应建立完善信息共享制度,组建统一的信息平台,统一数据标准,定期信息发布制度,通过多种

---

① 参见:周波.建立货币政策与金融监管有效协调机制的现实途径[J].济南金融,2001(7):16.

手段向公众公开相关的金融信息,提高信息的透明度。

(3) 危机机构处理的协调。应急机制在发挥作用的时候,需要金融机构救助政策的协调配合。在救助措施的配合上,对仅是出现流动性不足问题的金融机构,可由中国人民银行提供一定的流动性支持,同时由金融监管机构介入,督促金融机构提高自身的流动性;对资不抵债的金融机构,中国人民银行要行使最后贷款人的职责,监管机构要对该金融机构采取接管或破产的措施。

2. 不同金融监管机构之间的协调

金融监管内在的竞争和冲突,尤其是金融集团的发展带来的强化效果,使得金融监管协调机制成为题中应有之义。面对金融机构界限的日益模糊,传统的以经营机构作为监管基础的机构监管(institutional regulation, entity regulation)逐渐转向以业务或产品作为监管基础的功能监管(functional regulation),以使监管权限的划分更为合理;在此基础上,通过牵头监管者、伞形监管架构乃至单一监管机构等不同方式,协调监管运作。

1) 分业监管体制下综合经营带来的挑战

我国目前已经涌现出多种类型的金融控股集团,主要有以下几类:第一类是由非银行金融机构投资形成的控股公司,如中信控股公司、光大金融控股集团、中国平安保险集团等;第二类是产业资本投资形成的控股公司,如首创集团、海尔集团、宝钢集团等,类似企业性质的金融控股公司全国范围内还有很多;第三类是一些地方政府整合当地金融机构组建的金融控股集团,比如上海新国际集团、河南省建投集团等;第四类是由商业银行搭建的金融控股集团平台,如目前工行、农行、中行、建行、交行五个大型商业银行搭建的金融控股集团平台雏形已现,招商银行、民生银行等也在加快搭建自己的金融控股平台。可以说,中国分业经营体制正在加速向综合经营体制转变,银行、证券、保险、基金等金融业务相互交叉融合的时代正在加速到来。然而,这种综合经营体制的日趋形成,却对现行分业监管体制带来了诸多方面的挑战。

(1) 来自金融控股集团监管的挑战。早在2003年9月,银监会、证监会、保监会已采取主监管制度来实行对金融控股集团的监管,但在具体监管过程中谁该承担主要责任不太明确,容易导致监管权力或是相互争夺或是互相推诿,使协调效果大打折扣。对于控股公司是非金融企业的金融控股公司往往游离于监管之外。

(2) 来自金融控股集团资本监管的挑战。金融控股集团拥有不同的金融机构,相互之间还有交叉持股或者贷款、担保、投资等复杂的债权债务关系,这使得金融集团的风险敞口和资本实际分布和总额都不同于一般的单个金融机构。如何综合衡量整个金融控股集团的风险大小并没有确切定论。加之不同的金融控股集团的子公司构成不同,内部设置的对于信息流动和业务交叉的防火墙不同,这些都使得金融控股集团的监管成为难题。

(3) 机构监管和功能监管的挑战。机构监管是按照金融机构的业务类型进行监管,一个金融机构只有一个监管机构负责监管。功能监管则是按照金融体系所具有的相对固定的金融功能作为区分基础进行监管,一个金融机构只要从事不同功能的金融业务就要受到多方的监管。机构型监管容易造成重复监管和监管缺位,特别是对于跨市场金融产品的金融控股公司;功能型监管的缺点就是缺乏对于金融机构整体经营状况的认识。因此,金融监管机构在以机构监管为主的基础上,还要协调好跨市场、多功能产品的监管。

2) 分业监管体制下金融监管机构的协调

在当前分业监管体制下,应针对前述来自金融控股集团综合经营的挑战,必须在健全监管法律的基础上,适应金融业综合经营的新形势,加快现行法律法规清理、修订工作。在监管体制上,应构建功能监管与机构监管相结合的矩阵式监管架构。既要避免监管交叉和监管重叠,又要适应金融控股集团发展的趋势,完善金融监管协调机制,强化跨行业监管,避免监管空白和监管缺位。

(1) 增强联席会议制度的权威,强化主监管方的权力。目前,我国三大监管机构签署了合作备忘录,在明确各自分工的基础上,建立了定期信息交流制度、经常联系机制和联席会议机制。但是,监管联席会议制度的实际运行和效果不尽如人意,原因之一是这种协调机制的制度性和权威性有待加强。建议进一步通过法律法规的强制力保证监管联席会议制度的运作,明确规定其运行机制,各方的分工和合作等。此外,对于目前监管金融控股公司所采取的主监管制度,要进一步明确各自的权利和义务,主监管方可以拥有要求其他监管方配合的法律权利,这样当金融控股公司出现问题时,可以及时进行调查和处理,防止风险的暴露和扩散。

(2) 加强金融监管机构操作层面上的协调。除高层协调外,金融监管机构下属的职能部门也应加强日常交流和协作。

(3) 监管协作的具体内容。首先是信息共享,可建立统一的信息收集和处理中心,专门进行信息的收集、处理和提供,提高信息获取效率;其次是对混业经营中出现的监管真空和监管重叠进行协调清理;最后是金融控股集团的监管,要统一监管规范,共同制定金融控股集团资本大小、风险资产暴露、业务和信息防火墙设置的具体监管措施。

本章小结

金融监管一般是指金融监管当局基于信息不对称、逆向选择与道德风险等因素,对金融机构、金融市场、金融业务进行审慎监督管理的制度、政策和措施的总和。金融监管有狭义和广义之分。

现代金融监管的理论基础是金融市场的不完全性。正是由于金融市场失灵,才导致政府有必要对金融机构和金融市场进行监管。相关理论主要有金融风险理论、金融市场信息不对称理论和金融机构自由竞争悖论等。金融监管目标可分为一般目标和具体目标。一般目标是指维护金融体系的稳定、健全和高效,保证金融机构和金融市场稳定健康地发展,保护金融活动各主体特别是存款人的利益,推动金融和经济的发展。但是,由于各国的历史、经济、文化发展背景和发展水平不一,一国(或地区)在不同的发展时期经济和金融体系发展状况不一,因此,金融监管的具体目标会有所不同。

金融监管的基本原则是指能够全面、充分地反映金融法所调整的金融监管关系的客观要求,并对监管关系的各个方面和全过程都具有普遍意义的基本准则。这些原则主要有依法监管、适度竞争、自我约束、综合性管理、社会经济效益、管理机构的一致性原则等。从金融业务流程看,金融监管的内容主要有市场准入监管、业务运作过程监管和市场退出监管。金融监管的手段可以分为法律手段、经济手段和行政手段。

金融监管体制是指为实现特定的社会经济目标而对金融活动施加影响的一整套机制和组织结构的总和。金融监管体制的差异,一方面表现在金融监管模式的不同(如统一监管、分业监管和不完全统一监管模式),另一方面也表现在中央银行在金融监管中的作用不同。比较英美金融监管模式的演变进程,可以看出两国的金融发展历史和监管变革历程具有极大的相似性,从自由到监管,再从放松管制到加强监管。值得注意的是,在经济、金融全球化的背景下,我们要从更高的角度来看待金融问题,加强金融监管的国际间协调与合作。

我国的现代金融宏观调控体系是在改革开放后逐渐形成和建立起来的,这一过程学界普遍认为可分为两个阶段。第一阶段是中国人民银行统一监管时期(1978~1992);第二阶段是分业监管时期(1992年至今)。目前,我国初步形成了人民银行、证监会、银监会、保监会(即"一行三会")四机构分工负责,相互协作的金融监管体系。

我国现阶段的金融监管目标可概括为:一般目标:①防范和化解金融风险,维护金融体系的稳定与安全。②保护公平竞争和金融效率的提高,保证中国金融业

第 15 章 金融监管

的稳健运行和货币政策的有效实施。具体目标:经营的安全性、竞争的公平性和政策的一致性。

我国金融监管的内容因行业的不同而有所区别。对银行业、证券业和保险业监管的具体措施构成了我国目前金融监管的主要内容。同时,还应注意建立货币政策与金融监管有效协调机制,以及分业监管体制下金融监管机构之间的协调与合作。

【本章概念】

金融监管　金融风险　信息不对称　信息不完全　资本充足率　《巴塞尔协议 III》　存款保险制度　现场监督(检查)　非现场监督(检查)　金融监管体制　统一监管体制　分业监管体制　不完全统一监管体制　金融监管套利　银监会　保监会　证监会　机构监管　功能监管　金融控股集团

【复习思考题】

1. 金融监管的理论基础是什么?主要有哪些具体理论?
2. 简要阐述金融监管理论与实践的历史演进。
3. 金融监管的目标和原则分别有哪些?
4. 金融监管一般应包括哪些方面的内容?
5. 金融监管的手段和方法分别有哪些?
6. 金融监管模式主要有哪些类型?分别有何利弊?
7. 中央银行参与金融监管的主要利弊分别有哪些?
8. 简要阐述美、英两国金融监管体制的发展历程。
9. 简要阐述金融监管国际协调的背景、方式与机制。
10. 试述我国现行金融监管体制的形成、特征并作简要评价。
11. 我国对银行业监管的主要内容有哪些?
12. 我国对证券业和保险业监管的主要内容分别有哪些?
13. 金融监管与货币政策有何关系?两者之间的协调主要包括哪些内容?
14. 在我国现行分业监管体制下,面对金融控股集团综合经营的挑战,如何在不同的金融监管机构之间进行协调?

参考文献

[1] 马克思. 资本论[M]. 北京：人民出版社，1975.

[2] 约翰·梅纳德·凯恩斯. 就业、利息和货币通论[M]. 上海：商务印书馆，1983.

[3] 劳埃德·B·托马斯. 货币、银行与金融市场[M]. 北京：机械工业出版社，1999.

[4] 弗雷德里克·S·米什金. 货币金融学[M]. 7版. 北京：中国人民大学出版社，2006.

[5] 劳伦斯·S·里特，威廉·L·西尔伯，格雷戈里·F·尤德尔. 货币银行与金融市场[M]. 大连：东北财经大学出版社，2008.

[6] 罗纳德·I·麦金农. 经济发展中的货币与资本[M]. 上海：上海三联书店，1988.

[7] 爱德华·S·肖. 经济发展中的金融深化[M]. 上海：上海三联书店，1988.

[8] 雷蒙德·W·戈德史密斯. 金融结构与金融发展[M]. 上海：上海三联书店，上海人民出版社，1995.

[9] 菲利普·莫利纽克斯，尼达尔·沙姆洛克. 金融创新[M]. 北京：中国人民大学出版社，2003.

[10] 彼得·S·罗斯，西儿维娅·C·赫金斯. 商业银行管理[M]. 8版. 北京：机械工业出版社，2011.

[11] 保罗·R·克鲁格曼，茅瑞斯·奥伯斯法尔德. 国际经济学[M]. 8版. 北京：中国人民大学出版社，2011.

[12] 托马斯·A·普格尔. 国际金融[M]. 北京：中国人民大学出版社，2009.

[13] 戴国强. 货币金融学[M]. 2版. 上海：上海财经大学出版社，2006.

[14] 曹龙骐. 金融学[M]. 2版. 北京：高等教育出版社，2006.

[15] 黄达编. 金融学[M]. 2版. 北京：中国人民大学出版社，2009.

[16] 王松奇. 金融学[M]. 2版. 北京：中国金融出版社，2005.

[17] 严存宝，石全虎. 金融学教程[M]. 北京：中国金融出版社，2009.

[18] 曾康霖.金融学教程[M].北京:中国金融出版社,2006.
[19] 陈宏.货币银行学[M].上海:立信会计出版社,2008.
[20] 范从来,姜宁,王宇伟.货币银行学[M].3版.南京:南京大学出版社,2006.
[21] 方显仓.货币银行学[M].北京:北京大学出版社,2009.
[22] 冯瑞.货币银行学[M].北京:清华大学出版社,2011.
[23] 胡庆康.现代货币银行学教程[M].4版.上海:复旦大学出版社,2010.
[24] 蒋先玲.货币银行学[M].北京:中国金融出版社,2010.
[25] 潘淑娟.货币银行学[M].北京:中国财政经济出版社,2008.
[26] 张尚学.货币银行学[M].北京:科学出版社,2010.
[27] 曾红燕.货币银行学[M].北京:中国物资出版社,2008.
[28] 卞志村,等.国际金融学[M].北京:人民出版社,2009.
[29] 杜佳.国际金融学[M].北京:清华大学出版社,北京交通大学出版社,2009.
[30] 刘舒年,温晓芳.国际金融[M].4版.北京:对外经济贸易大学出版社,2010.
[31] 姜波克.国际金融新编[M].上海:复旦大学出版社,2008.
[32] 李小牧.国际金融学教程[M].北京:中国人民大学出版社,2008.
[33] 裴平,等.国际金融学[M].3版.南京:南京大学出版社,2006.
[34] 秦凤鸣,徐涛.国际金融学[M].北京:经济科学出版社,2008.
[35] 朱海洋.国际金融[M].上海:上海交通大学出版社,2008.
[36] 刘红忠,蒋冠.金融市场学[M].上海:上海财经大学出版社,2006.
[37] 张亦春,郑振龙,林海.金融市场学[M].3版.北京:高等教育出版社,2008.
[38] 王广谦.金融中介学[M].北京:高等教育出版社,2003.
[39] 戴国强.商业银行经营学[M].3版.北京:高等教育出版社,2007.
[40] 王广谦.中央银行学[M].2版.北京:高等教育出版社,2006.
[41] 周延军.西方金融理论[M].北京:中信出版社,1992.
[42] 陈雨露.现代金融理论[M].北京:中国金融出版社,2000.
[43] 唐旭,等.金融理论前沿课题:第3辑[M].北京:中国金融出版社,2009.
[44] 白钦先,刘刚,郭翠荣.各国金融体制比较[M].2版.北京:中国金融出版社,2008.
[45] 王曙光.金融发展理论[M].北京:中国发展出版社,2010.
[46] 黄达,刘鸿儒,张肖.中国金融百科全书[M].北京:经济管理出版社,1990.
[47] 中国人民银行金融稳定分析小组.中国金融稳定报告:2011[M].北京:中国金融出版社,2011.
[48] 中国人民银行上海总部《中国金融市场发展报告》编写组.2010年中国金融

市场发展报告[M].北京:中国金融出版社,2011.
[49] 中国证券监督管理委员会.中国证券监督管理委员会年报:2009[M].北京:中国财政经济出版社,2010.
[50] 中国证券监督管理委员会.中国资本市场发展报告[M].北京:中国金融出版社,2008.
[51] 中国人民银行货币政策分析小组.中国货币政策执行报告:2010年第四季度[R].
[52] 中国人民银行上海总部国际金融市场分析小组.2010年国际金融市场报告[R].
[53] 中国银行业监督管理委员会.中国银行业监督管理委员会2010年报[R].